KB263996

익숙한 게임 용어로
1,900개 영단어 어휘 확장

# 게임 중독
# 단어 중독

## 하

이성민, 이성옥 지음

맘 토

# 게임중독
# 단어중독 하권
익숙한 게임 용어로
1,900개 영단어 어휘 확장

초판발행 2018년 1월 17일

지은이: 이성민, 이성옥
일러스트: 김보람, 이성민
펴낸곳: 맘토
출판등록: 제324-2016-000034호
주소: 서울시 강동구 동남로29길 2F
전화: 02.6080.4412
홈페이지: www.moms-mentor.com

**ISBN** 979-11-962726-3-0
ISBN 979-11-962726-1-6 (세트)

게임 오버. 로그 아웃. 시스템 종료.
그리고 이제는 책상 앞에 앉아
영어책을 펼치는 친구에게.

이 성 민

# 차례

**챔피언의 스킬과 연관하여
단어 이미지를 공부**

**①**

특정 스킬이 발사되어 공격하는
순간을 떠올리며
단어의 이미지를 만들어 보세요.

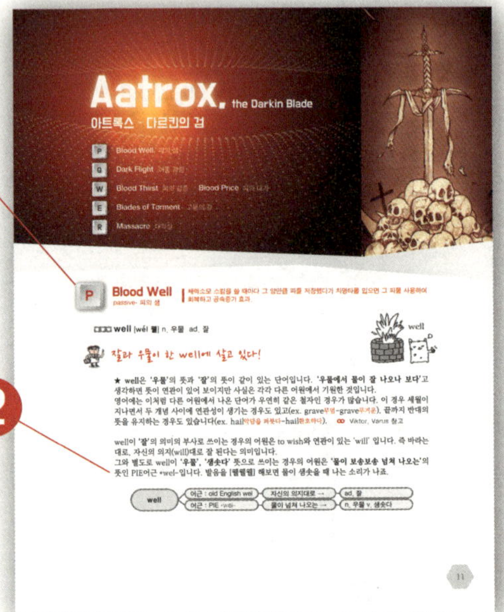

**각 단어의 어원을 살펴보며 이해**

**②**

어원을 알면 모르는 단어도 뜻을
유추할 수 있게 되지요.

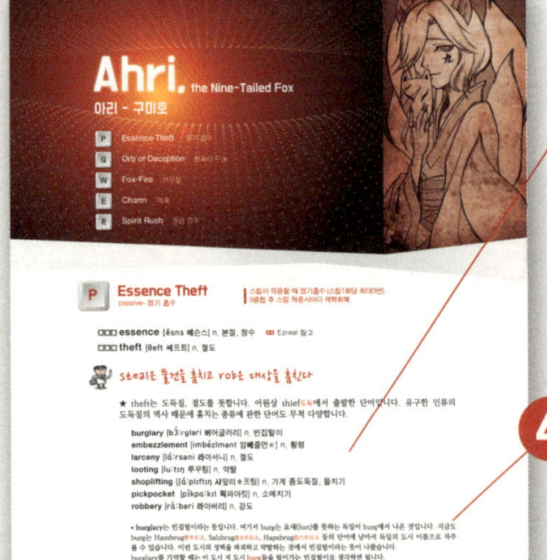

**③**

**연관된 단어 추가 습득**

비슷한 단어를 연결시켜요~

**④**

**연관 단어에 대한 자세한 설명 읽기**

막무가내로 외울 수는 없죠.
단어의 자기소개서를 확인합시다.

## 단어 쉽게 외우는 방법을 보며 연구 ⑤

외울 수만 있다면 무슨 짓이든
다 해보는 겁니다.

## 단어와 관련된 상식을 읽어보기 ⑥

단어의 배경지식을 알면 기억도 잘
되는 법.
영어시험은 상식시험이죠.

## 단어가 사용된 문장 속에서 용례 이해 ⑦

문장에서 단어는 어떻게 사용되는지
원어민의 이야기를 들어봅시다.

**Miasma**
W – 독기의 늪 | 카시오페아가 7초 동안 독구름을 만들어 냄. 독구름을 지나는 적은 2초 동안 중독과 마법 피해. 둔화 효과가 발생. 계속 독구름에 노출되면 중독 시간이 초기화.

☐☐☐ **miasma** [miǽzmə 미애즈머] n. 불쾌한 공기

★ miasma는 독기나 불쾌한 냄새, 기운 등을 의미합니다. 같은 철자의 라틴어인 miasma에서 나온 단어인데 그 기원상 얼룩이나 오염을 뜻하는 mole과 관련되어 있습니다.

**mole** [moul 모울] n. 점, 얼룩, 두더지

miasma불쾌한 공기를 기억하는 방법은 (전국의 '미애' 이름을 가진 사람에게는 미안하지만) 미애를 불쾌한 냄새가 나는 친구로 가정하고 "크..냄새 누구지?" "미애지 머.."의 대화를 이용하면 됩니다.

### Miasma theory(불쾌한 공기이론)의 최후

Miasma theory란 '불쾌한 공기'가 전염병의 원인이라는 이론입니다. 그리스 시대로부터 전해져 내려오는 이론이었는데 19세기 중반까지도 원시생물이 발견되기 전까지는 의사들은 이 Miasma 설을 믿고 있었습니다. 주로 전염병이 생기는 곳은 가난하고 위생이 불결한 곳이 많았으므로 나쁜 공기나 나쁜 날씨, 가난 등이 병을 전파시킨다고 여겼던 것입니다.

그러다가 1854년 영국 런던에 치명적인 콜레라가 대유행을 하게 됩니다. 환자들은 심사를 즉죽 계속하다가 검푸르게(dead-blue) 몸이 변해가며 죽어갔습니다. 모두 Miasma를 콜레라의 원인으로 생각할 때 John Snow란 의사는 콜레라가 발생한 집들을 지도에 위치표시를 하기 시작했습니다. 바로 예방의학계의 전설인 유명한 John Snow씨의 [콜레라 지도]였습니다. John은 도시의 콜레라 환자들이 한 상수도 펌프를 사용하는 집들에서 발생하는 것을 발견합니다. 그 수원(水源)은 오물처리장과 맞닿아있다는 것도 알아냈습니다. 동의 병균이 상수도에 스며들어 병을 일으켰음이 밝혀진 것입니다.

이후 Miasma 설은 모두 폐기되었고 공중위생은 선진국의 가장 중요한 도시설계의 기본이 되었습니다.

---

### Annie

★★★★★ **pyromania** - Pyromania is a type of impulse control disorder.
방화벽(火癖)은 충동조절장애의 하나이다.

★★★☆☆ **arson** - A 19-year-old woman and three men were charged with arson.
19세의 여자와 세 명의 남자가 방화 혐의로 기소됐다.

★★★☆☆ **arsonist** - The fire detectives concluded it was the work of an arsonist.
화재조사관은 그것이 방화범의 소행인 것으로 결론지었다.

★★★★☆ **kleptomania** - Kleptomania is the recurrent failure to resist urges to steal items that you generally don't really need.
절도 도벽(盜癖)은 당신이 보통은 정말 필요하지 않은 물건을 훔치려는 충동을 막는 것에 반복적으로 실패하는 것이다. (의역 - 훔치려는 충동을 참지 못 하는 일이 반복적으로 일어나는 것이다.)

★★★☆☆ **bibliomania** - The bibliomaniac collected 300 copies of this book for the past 10 years.
그 서적광(書籍狂)은 과거 10년 동안 이 책을 300권 수집했다.

★★★☆☆ **disintegrate** - His old cottage was completely disintegrated by frost and rain.
그의 낡은 오두막은 서리와 비로 인해서 완전히 분해됐다.

★★★☆☆ **integration** - a seamless integration (이음매가 보이지 않는) 완벽한 통합

★★★☆☆ **integral**- It is integral to eat all the snacks before your brother comes home.
너의 형이 집에 오기 전에 간식을 모두 먹어치우는 것이 필수적이다.

★★★☆☆ **differential** - New government said that it aims to narrow the wage differential between the employees.
새 행정부는 노동자간 임금 격차 해소를 목표로 한다고 말했다.

★★★☆☆ **tangible** - A leader of city of Merchants should have tangible assets like a dragon's egg.
상인의 도시의 지도자는 용의 알 같은 유형 자산을 가지고 있어야한다.

★★☆☆☆ **contact** - Contact the wizard if you are in need of a potion.
만일 네가 마법물약이 필요하다면 마법사에게 연락해어라.

★★★★☆ **incinerate** - The lake was engulfed in the toxic smoke of burned plastic, as they incinerate their trash in a big bonfire.
그들이 자신들의 쓰레기를 커다란 모닥불에 소각하자 그 호수는 불에 탄 플라스틱의 독성 연기에 에워싸였다.

★★★☆☆ **indicate** - I indicated that he should go ahead of me on the death drop ride.
나는 죽음의 하강 놀이기구에서 그가 나보다 먼저 타야 한다고 시사했다.

★★★☆☆ **investigate** - The police investigated who ate my chocolate pie.
경찰은 누가 내 초콜릿 파이를 먹었는지 조사했다.

★★★☆☆ **intimidate** - The author refused to be intimidated by threats of zealots.
그 작가는 광신도들의 협박에 겁을 먹지 않았다 (직역 - 겁먹기를 거부했다)

★★★☆☆ **initiate** - Although the pills obviously initiate chemical effects on the brain, no one has yet explained the exact process.
그 알약이 뇌에 화학적 효과를 내기 시작했지만 아직까지 아무도 그 정확한 과정을 설명하지 못했다.

★★★☆☆ **molten** - molten lava 녹은 용암

★★★☆☆ **summon** - He was summoned to the principal's office for smoking behind his school.
그는 학교 뒤에서 담배를 피운 것 때문에 교장실에 호출되었다.

★★★★★ **necropolis** - When arms and heads smashed through the ground at the necropolis, I knew I was in trouble.
네크로폴리스(죽은 자의 도시)에서 팔들과 머리들이 땅을 뚫고 나올 때, 나는 내가 곤경에 빠진 것을 알았다.

· Asset · Thing of value.

# 일러두기

★ 영어를 제외한 외국어(라틴어, 그리스어, 프랑스어, 고(古) 독일어, 고(古) 영어)는 회색 글씨체로 적었습니다.

★ 본문에 사용된 단어는 영어가 익숙해지도록 영어를 기준으로 한글 조사를 붙였습니다.
　 ex) scurvy괴혈병가, business사업를, crime범죄은

★ 단어를 외우기 위한 방법으로 제시된 문장과 일러스트에는 표준어규칙을 적용하지 않고 사투리, 비속어, 발음대로 쓰기 등도 이용했습니다.

★ 대졸 수준을 넘어서는 단어나 게임어, 전문어는 진하게 표시하지 않았습니다.

★ 발음기호에는 한글로 읽는 법도 같이 적었고 최대한 원어민의 발음을 참고했으며 우리말에 없는 발음은 자음만 표시하는 방법을 사용했습니다.

★ 중요 단어는 게임의 아이템 등급처럼 5단계로 난이도를 구별하였습니다.

　　1 단계 : ★☆☆☆☆ - 중 1,2 수준
　　2 단계 : ★★☆☆☆ - 중 3 수준
　　3 단계 : ★★★☆☆ - 수능 수준
　　4 단계 : ★★★★☆ - 수능 최고급, 대학 1 수준
　　5 단계 : ★★★★★ - 대학 이상 수준

★ 예문의 해석은 되도록 직역을 하되 되도록 우리말 어순과 어법에 맞도록 바꾸었습니다.

★ 그림에 들어간 영어 단어는 알파벳 이미지를 만들기 위해 첫 철자를 대문자로 적었습니다.

## P **Granite Shield**
passive - 화강암 방패

말파이트는 여러 겹의 돌로 감싸져 있어 자신의 최대 체력의 10%만큼의 피해를 흡수.
말파이트가 10초 동안 공격받지 않으면 보호막이 재생성됨.

□□□ **granite** [grǽnɪt **그래니ㅌ**] n. 화강암　∞ Gnar 참고

### granite(화강암)는 grain(곡식)을 닮은 돌

★ granite는 단단하기로 유명한 '**화강암**'을 뜻하는데 그 표면 모양이 grain곡물을 모아 놓은 것처럼 보여서 지어진 이름입니다.
화강암을 포함한 암석에 관한 연구를 하는 학문을 lithology암석학이라고 합니다.
lithology암석학는 '**돌**'을 뜻하는 그리스어 어근 litho에 학문을 뜻하는 어미 -logy가 붙은 것입니다.

**lithology** [lɪθάːlədʒɪ 리**싸**알러지] n. 암석학

litho-는 원소 중 가장 가벼운 금속인 lithium리튬의 어근으로도 사용됩니다.
또한 litho-는 -(l)ite처럼 변해 어미로 사용됩니다. 이 경우 -(l)ite는 mineral광물을 뜻하게 되고
meteorite운석, dynamite다이너마이트 등 여러 단어에서 볼 수 있습니다. 챔피언 Malphite말파이트의
이름도 -lite가 어미로 사용된 것으로  보입니다.

그 외에 암석학에서 볼 수 있는 다른 암석 이름도 알아보겠습니다.

**basalt** [bəsɔ́ːlt 버**서얼**ㅌ] n. 현무암
**limestone** [láɪmstoʊn **라임**스토운] n. 석회암
**quartz** [kwɔːrts 쿼어츠] n. 석영, 수정
**marble** [máːrbl **마아**블] n. 대리석　　∞ Gnar 참고
**sandstone** [sǽndstoʊn **샌**드스토운] n. 사암

* basalt는 현무암을 말합니다. 단어에 salt가 들어가지만 소금과는 전혀 관계가 없고 '**매우 단단한 돌**'을 뜻하는
라틴어 basanites에서 나온 단어입니다. basanites는 touchstone시금석을 뜻하는 basanos에서 기원하였습니다.
　　여기서 시금석이란 잘 연마된 검은 석영으로서 gold나 silver의 합금에 문질러 그 성분이나 순도를
검사하는 돌을 말합니다.
　　'**시금석**'이란 말은 금속의 확인뿐만 아니라 사람이나 정책, 상황 등을 테스트해보는 기준이 된다는
뜻으로 의미가 확대되어 자주 사용됩니다.

**touchstone** [tʌ́tʃstoʊn 터치스토운] n. 시금석(試金石), 기준

* lime은 석회를 말하고 거기에서 limestone석회암 단어가 나왔습니다. 석회 mortar모르타르의 경우 모래와 석회,
물을 섞어서 말리면 나중 단단하게 변하므로 고대의 건축에 많이 사용되었습니다. 이 시멘트처럼 사용되는 석회의
진득진득한(sticky) 성질 때문에 lime은 어원이 slime슬라임이란 말과 연관이 되어있습니다.
여기서 slime슬라임은 '**점액**'이란 뜻인데 온라인게임에서 1레벨 몬스터로 가장 자주 나오는 진흙괴물을 부를 때도
사용되는 단어입니다.

* quartz는 유리의 재료인 석영을 말합니다. 단단하다는 뜻의 PIE어근 *(s)twer-에서 나온 단어입니다.
거의 모든 손목시계에는 이 quartz가 적혀있습니다. 이는 석영의 고유진동수를 기준으로 그 시계를 맞춘 것을 알리기
위해서입니다.
quartz석영가 온도에 가장 둔감한 물질이기 때문에 정확성을 요구하는 시계에 선택된 성질이라 하겠습니다.

* marble은 대리석입니다. 복수형인 marbles라는 단어를 더 자주 볼 수 있습니다. marbles는 어린이들이 가지고
노는 대리석으로 만든 돌을 의미했는데 보드게임 [Blue marble부루마블]같은 경우에도 작은 주사위 블록을 가지고
노는 게임이란 의미에서 marbles가 사용됩니다.
그리고 marble과 발음만 비슷한 marvel이란 단어가 있습니다. 캡틴 아메리카, 헐크, 아이언맨, 스파이더맨 등을
만든 유명한 미국의 만화회사인 [Marvel Comics마블 코믹스]가 이 marvel이란 단어를 사용합니다. 결국 이 회사는
대리석이나 마블게임과는 관계가 없는 것이지요.

**marvel** [máːrvl **마아**블] v. 경이로워하다  n. 경이
　→ **marvelous** [máːrvələs **마아**벌러ㅅ] a. 경이로운

# Seismic Shard

Q - 지진의 파편

(액티브) : 말파이트가 원초적인 원소 에너지를 사용하여 땅을 통해 대지의 조각을 날려 피해를 입히며 4초 동안 이동 속도를 훔침.

□□□ **seismic** [sáɪzmɪk **사이즈믹**] a. 지진의

□□□ **shard** [ʃɑːrd 샤아ㄷ] n. (유리, 얼음 등의) 파편　∞ Lissandra 참고

## seismic(지진)은 shake(흔들다)에서 나온 것

★ seismic은 '지진의'란 뜻의 형용사입니다. seismic은 'shake흔들다' 뜻의 그리스어 seiein에서 나온 단어입니다. 같은 뜻의 'earthquake지진'처럼 쉽고 좋은 단어를 두고도 전문가 사이에 많이 사용됩니다. seismic의 어근인 seismo-(지진의)는 geology지질학 분야에서 학술적인 용어를 만들 때 자주 사용됩니다.

외울 때는 seismic의 발음이 size와 비슷하다는 점을 이용해서 'seismic지진의 **사이즈**(크기)가 진도 7.0이야.'로 기억하면 되겠습니다.

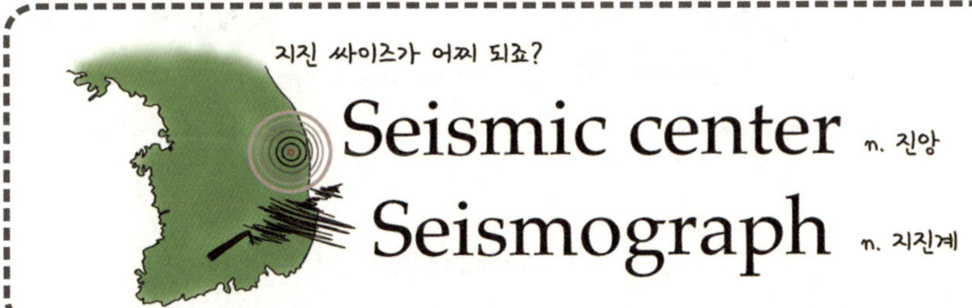


지진의 종류는 tectonic earthquake구조지진, volcanic earthquake화산지진, collapse earth-quake함몰지진로 나뉩니다.

구조지진은 지구 지각을 구성하는 plate판 구조의 이동과 충돌 때문에 발생하고, 화산지진은 화산의 폭발로, 함몰지진은 지하의 공동의 함몰로 발생합니다.

지진이 발생하면 seismic wave지진파가 발생하는데 seismograph지진계를 통해 seismic center 진앙까지의 거리를 측정할 수 있습니다.

지진의 규모인 magnitude진도는 지진의 강도를 나타내는 개념으로 리히터가 처음 제안했기 때문에 Richter scale리히터규모이라고 부릅니다. 리히터 규모를 이용하여 tremor미진부터 강진까지 얼마나 강한 지진인지, 어떤 결과를 낼 수 있는지 표현할 수 있습니다.

리히터규모로는 진도 1이 증가할 때마다 진폭은 10배, 방출되는 에너지는 32배 증가합니다.

**geology** [dʒɪáːlədʒɪ 지**아알**러지] n. 지질학
**tectonic** [tektáːnɪk 텍**타아**닉] a. 구조상의　∞ Orianna 참고
**seismic wave** 지진파
**seismograph** [sáɪzməgræf **사이**즈머그래ㅍ] n. 지진계
**seismic center** 진앙

**magnitude** [mǽgnítuːd **매**그니튜우드] n. 규모, 중요도
**tremor** [trémə(r) **트레**머] n. 미진, 떨림　∞ Rammus 참고
**seismic design** 내진설계(耐震設計)

* magnitude규모는 라틴어인 magnus(great위대한) + tude(추상명사화 어미)의 조합으로서 어떤 물질이나 사건의
거대함을 나타내는 단어입니다.

* tremor떨림는 손을 달달 떠는 것을 생각하면 되는데 땅이 약하게 흔들리는 미진(미약한 지진)이란 뜻도 됩니다.
tremor는 보통 고령으로 파킨슨병에 걸린 환자에게서 볼 수 있는 증상입니다.
'겁을 먹고 떨다'는 뜻의 라틴어인 tremere에서 기원했고 terror테러나 tremble떨다과 어원이 관련되어 있습니다 .
외울 때는 'trrrr프르르르 떨리는' 느낌을 단어 tremor에서 가져오면 됩니다.

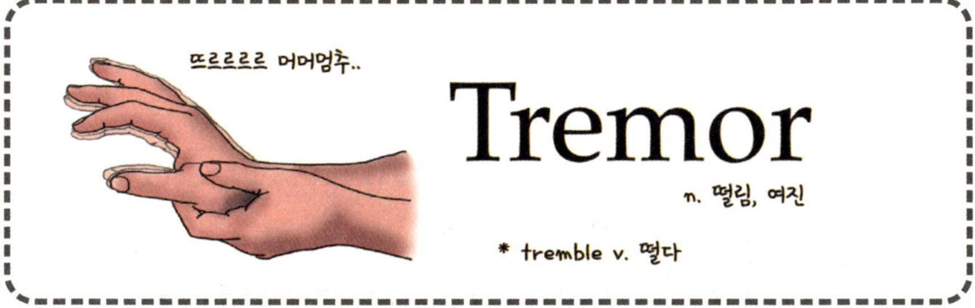


### seismic design(내진설계)

　우리나라처럼 지진의 경험이 별로 없어서 seismic design내진설계의 규제가 약한 나라는 강진이 왔을 경우 큰
피해가 예상됩니다. 원자력발전소나 교량은 진도 7까지 견디도록 설계되었다고 하지만 일반 건축물의 '내진
설계율'은 서울의 경우 40%가 넘지 않고 내진 설계가 적용된 건물도 진도 6 이상을 견딜지는 미지수입니다.

　우리보다 훨씬 지진에 강인하게 단련된 일본이지만 2011년 진도 9의 대지진과 그에 따른 tsunami쓰나미로
사망자 1만3천명, 재산 340조의 피해가 발생하였다고 합니다. 한반도에 만일 지금 진도 7 이상으로 지진이
발생한다면 상상을 초월하는 피해가 올 것으로 보입니다. 최소 수십만 명의 사망자와 수백만의 이재민 그리고
거의 대부분의 건물과 사회기반시설의 파괴가 따를 것입니다. 진도 9라면 더 말할 것도 없습니다.

## W　Brutal Strikes
### W - 난폭한 일격

(기본 지속 효과) : 말파이트가 10의 추가 방어력을 얻음.
(사용 시) : 기본공격으로 15/만큼의 추가 피해를 공격대상과 주위의 적들에게 입힘.
6초간 유지.

□□□ **brutal** [brúːtl **브루으틀**] a. 잔혹한

## "You too, Brutus!브루투스 너마저!" brutal하구나!

★ brutal잔혹한은 짐승을 뜻하는 brute에서 나온 단어입니다. 명사로는 brutality잔인성입니다.

**brute** [bruːt 브루으ㅌ] n. 짐승　∞ Cho' Gath 참고
**brutality** [bruːtǽlətɪ 브루으탤러티] n. 잔인성

어원을 보면 brutal은 무겁다(heavy), 무디다(dull)의 뜻인 라틴어 brutus에서 기원했습니다. 이후 **'조잡한(coarse)'**이라는 뜻으로 발전한 뒤 마지막으로 짐승처럼 **'잔혹한'**이라는 뜻이 되었습니다. brutus는 시저의 양아들인 Marcus Junius Brutus브루투스의 이름과도 같은 철자입니다. Julius Caesar시저가 황제가 되려한다고 양아버지를 칼로 찔러 죽인 잔인한 브루투스의 이미지를 사용하면 brutal잔혹한은 외우기 쉬워집니다.
시저는 "et tu, Brute! 브루투스 너마저!" 라는 말을 남기고 살해당합니다. 이는 "you too, Brutus!"란 뜻의 라틴어입니다. 요즘은 믿었던 사람에게 배신을 당했을 때 쓰는 관용어가 되었습니다.
사실 브루투스는 시저의 애인이 다른 남자와 결혼 후 바로 낳은 자식이어서 시저는 브루투스가 진짜 자신의 아들일지도 모른다고 생각하고 있었습니다. 브루투스에게 찔리며 죽어가는 시저의 심정이 이해가 갑니다.

그리고 brutal 이외에 다같이 **'짐승 같은'**으로 번역이 되지만 약간씩 뉘앙스가 다른 단어들이 있어서 구별해보겠습니다.

| | | | |
|---|---|---|---|
| 짐승 같은 | brutal | 인간성의 부족상태인 폭력, 잔인성에 중심 | brutal war 잔혹한 전쟁 |
| | brutish | 짐승의 본능에 충실함에 중심 | brutish stupidity 짐승처럼 멍청한 |
| | bestial | 퇴화하여 인간의 모습이 없다는 점에 중심 | bestial noise 짐승 같은 괴성 |
| | feral | 흉포성, 야생성에 중심 | feral cat 들고양이 |

**bestial** [béstʃəl 베스철] a. 짐승 같은
**feral** [ffərəl ㅎ피어럴] a. 야생의, 흉포한　∞ Lulu 참고

* bestial은 '짐승 같은'이라는 뜻이고 beast짐승와 관련된 단어입니다. '짐승과 같다(like a beast)'는 뜻의 라틴어인 bestialis에서 기원한 단어입니다. 월트디즈니사(社)의 영화인 [The beauty and the beast미녀와 야수]에서의 야수를 생각하면 되겠습니다. 단어 **beast**에서 **'a'**가 빠져 bestial이 된 사실을 잘 유추해 내야하는 단어입니다.

* **feral**야생의은 들고양이를 뜻하는 feral cat이란 단어에서 자주 볼 수 있습니다.
feral은 야생(wild)을 뜻하는 라틴어 ferus에서 나온 단어로 fierce사나운, ferocious흉포한,
ferocity흉포성와 어원이 같습니다.
ferocious를 외울 때는 '**저 녀석 피로 씻었어.. 흉포해.**'로 발음을 이용하면 됩니다.

**fierce** [fɪrs ㅎ피어스] a. 사나운
**ferocious** [fəróuʃəs ㅎ퍼**로우**셔스] a. 흉포한　　　∞ Cho' Gath 참고
　　→ **ferocity** [fərá:sətɪ ㅎ퍼**라아**서티] n. 흉포함

# Ground Slam
E - 지면 강타

(액티브) : 말파이트가 땅을 내리쳐 충격파를 만들어 냄. 충격파는 기본 피해에 말파이트 방어력의 30% 만큼의 추가 피해를 입히며 이에 맞은 적은 3초 동안 공격 속도가 감소.

# Unstoppable Force
E - 멈출 수 없는 힘

(액티브) : 말파이트가 목표 위치로 난폭하게 돌진하여 적에게 피해를 입히고 공중으로 띄워 올림. 말파이트는 돌진 중 받는 모든 방해 효과를 무시.

□□□ **unstoppable** [ʌnstá:pəbl 언스**타아**퍼블] a. 막을 수 없는　　∞ Sion 참고

# Malphite

★★★★☆ granite - The granite was mined from the mountainside. 그 화강암은 산비탈에서 채굴되었다.

★★★☆☆ lithology - the lithology of South Wales 사우스 웨일즈의 암석들

★★★★☆ basalt - When wet, the basalt changes color from silvery grey to gleaming black.
물에 젖으면 현무암은 색깔이 은회색에서 반짝이는 검정색으로 바뀐다.

★★★☆☆ limestone - Alligators make holes in the limestone. 악어는 석회석 안에 구멍을 뚫는다.

★★★☆☆ quartz - The watchmaker inserted a little piece of quartz when making a watch.
그 시계공은 시계를 만들 때 작은 수정의 한 조각을 집어넣었다.

★★★☆☆ marvel - While standing on a beach in Florida, I marveled at the power of the rockets that lifted
the spaceship into space.
나는 플로리다의 해안에 서있는 동안 우주로 우주선을 들어 올리는 로켓의 힘에 대해  경이로워했다.

★★☆☆☆ sandstone - an endless sea of sand and tan-coloured sandstone
끝없는 모래 바다와 황갈색의 사암

★★★☆☆ touchstone - The alchemist used a touchstone to test the purity of the metal.
연금술사는 그 금속의 순도를 검사하기 위해 시금석을 사용했다.

★★★☆☆ marvel - the marvels of technology 기술의 경이로움

★★★☆☆ marvelous - Ronaldo scored a marvelous goal by bending the ball into the top corner.
호날두는 (골대) 맨 위쪽 구석으로 공을 휘게 해서 경이로운 골을 기록하였다.

★★★★☆ seismic - a seismic change 격심한 변화

★★★☆☆ shard - the shards of glass that pierced hands and knees 양손과 양 무릎을 파고든 유리조각들

★★★☆☆ geology - the region's peculiar geology 그 지역의 특이한 지형

★★★☆☆ tectonic - the movements of the tectonic plates 지각판들의 운동

★★★★☆ seismograph - This is similar to seismologists using seismographs on Earth to detect earthquakes.
이것은 지진을 감지하기 위해 지구에 지진계를 사용하는 지진학자들과 유사하다.

★★★☆☆ magnitude - The earthquake that hit Chili was a magnitude 8.8 on the Richter scale.
칠레를 강타한 지진은 리히터규모 8.8의 강도였다.

★★★☆☆ tremor - an aftershock from a tremor in March 3월에 있었던 미진의 후속파(여진)

★★★☆☆ brutal - a brutal murder 잔인한 살인

★★★☆☆ brute - Her husband was a drunken brute. 그녀의 남편은 술 취한 야수였다.

★★★☆☆ brutality - The brutality of the mad king should never be forgotten.
그 미친 왕의 잔인성은 절대 잊히면 안 된다.

★★★☆☆ bestial - bestial and barbaric acts 짐승 같고 야만적인 행위들

★★★☆☆ feral - gangs of feral youths 흉포한 젊은이로 이루어진 깡패들

★★★☆☆ fierce - The fierce dragons couldn't be stopped by mercenaries of the merchant guild.
그 사나운 드래곤들은 상인길드의 용병으로는 멈추게 할 수 없었다.

★★★☆☆ ferocious - a most ferocious and savage looking one 가장 흉포하고 무자비하게 생긴 놈

★★★☆☆ ferocity - Bears show great ferocity when protecting their cubs.
곰은 자신의 새끼를 보호할 때는 대단한 흉포함을 보인다.

★★★☆☆ unstoppable - Some call him the unstoppable force.
어떤 이들은 그를 막을 수 없는 힘이라고 부른다.

# Malzahar, the Prophet of the Void

## 말자하 - 공허의 예언자

- **P** Summon Voidling  공허충 소환
- **Q** Call of the Void  공허의 부름
- **W** Null zone  무의 지대
- **E** Malefic Visions  재앙의 환상
- **R** Nether Grasp  황천의 손아귀

---

**P** **Summon Voidling**  | 말자하가 스킬을 4번 시전할 때마다 공허충 하나가 소환.
passive - 공허충 소환

□□□ **summon** [sʌ́mən 써먼] v 소환하다    ∞ Gnar 참고

### summon은 출석을 요구하는 것

★ summon은 마법으로 몬스터나 유저를 소환하는 온라인 게임의 용어입니다. 법정으로 피고나 증인을 소환하거나 회의를 소집할 때도 summon을 사용합니다.
원래 summon은 '**부르다**'는 뜻의 라틴어 summonere에서 나온 단어로서 sub(under아래로) + monere(warn경고하다)의 조합입니다. 즉 어원상으로는 '**판사 아래로(출석) 오라는 경고**'를 말하는 단어입니다.
summon을 기억할 때는 모바일게임 [Summoners war서머너즈워]를 이용하면 됩니다.

"""

국내게임회사 컴투스의 작품인데 [서머너즈워]는 물, 불, 빛, 암 속성의 몬스터를 소환하여 육성하는 게임입니다. summon 단어 외운다는 핑계로 다운로드를 해볼 만합니다.

### 소환사의 협곡

summon은 LOL의 중요한 맵인 [Summoner's Rift소환사의 협곡]을 통해서 익숙한 단어입니다.

**summoner** [sʌ́mənər **서머너**]  n. 소환사
**rift** [rɪft 리프트] n. 균열   ∞ Kassadin 참고

rift는 균열, 열곡이라는 뜻인데 지진 등으로 만들어진 이런 갈라진 틈을 통해서 lava용암 같은 것이 올라오게 됩니다. LOL의 Summoner's Rift는 **'소환사의 협곡'**보다 **'소환사의 균열 혹은 열곡'**으로 해석하는 것이 정확합니다. 그러나 번역이라는 것은 너무 학술적이면 이해도가 훨씬 떨어집니다. 결국 제대로 우리 실정에 맞게 [Riot games]에서 번역을 한 결과가 더 나아보입니다.

그리고 [Rift 온라인]이란 MMORPG 게임에서도 rift 단어를 볼 수 있습니다. 대담하게도 [WOW]의 아성을 무너뜨리겠다며 제작기간 5년, 제작비 550억 원이나 들여 북미에서 개발하여 2011년에 출시한 게임입니다. 한때 미국에서 [WOW]를 제치기도 했습니다. 그러나 넷마블이 공들여 관리한 국내에서는 [블레이드앤소울]과 [디아블로3] 출시와 맞물려 현지화, 타격감 등의 문제로 큰 흥행을 이끌어내지는 못했습니다. 결국 2013년 국내서비스가 종료된 아쉬운 게임입니다.

**Q** **Call of the Void**
Q - 공허의 부름

(액티브) : 말자하가 공허로 이어지는 두 개의 문을 염. 얼마 뒤 문이 닫히며 80의 마법 피해를 입히고 적 챔피언을 1.4초 동안 침묵시킴.

□□□ **void** [vɔɪd 보이드] a. 공허한   ∞ Lissandra 참고

## Null zone
W - 무의 지대

| (액티브) : 말자하가 5초 동안 부정적인 에너지로 가득 찬 지대를 생성. 이 지대 위에 선 적은 초당 총 체력의 4%만큼 피해를 입음.

□□□ **null** [nʌl 널] a. 아무 가치 없는

**null은 'O'보다 더한 '대상 없음'의 뜻**

★ null은 '0 (zero)', '무효'라는 뜻으로 쓰이지만 숫자 '0'과는 의미가 살짝 다릅니다. '0'은 음수와 양수의 중간 값으로서 한 지점을 가리킬 수 있지만 null은 '아무 것도 없음', '대상 없음'의 완벽한 공허함을 나타냅니다.
컴퓨터 프로그래머는 이러한 '0'과 'NULL'의 차이를 명확하게 알아야 수십억 원의 피해를 주는 치명적인 에러를 막을 수 있습니다.
null에 -fy(化하다)의 어미가 붙은 nullify는 '없애다', '폐지하다'라는 뜻으로 쓰입니다.

**nullify** [nʌlɪfɑɪ 널리파이] v. 무효화하다
**nullification** [nʌləfɪkéɪʃən 널러피케이션] n. 무효

또한 null은 LOL의 Basic item 중 하나인 [마법무효화의 망토(Null-Magic Mantle)]에서도 사용되는 단어입니다.
여기서 null은 '무효'라는 뜻으로 사용되었고 mantle은 manteau망토의 뜻입니다.

## Malefic Visions
E - 재앙의 환상

| (액티브) : 말자하가 대상의 머리 속에 최후의 광경을 보여주며 4초 동안 80 마법 피해.

□□□ **malefic** [məléfɪk 멀레ㅎ픽] a. 사악한, 재앙의    ∞ LeBlanc 참고
□□□ **vision** [víʒn 비젼] n. 시력, 시야, 환상

★ malefic은 거의 maleficent로 대체되어 사용되는 단어입니다. 둘 모두 '**해로운**'이라는 뜻이며 접두사 '**mal(惡)**'이 있어서 금방 이해가 가는 단어입니다.
챔피언 LeBlanc르블랑의 〈Sigil of Malice악의의 인장〉 스킬의 malice를 보며 '**해로운**'이라는 뜻으로 사용되는 mal-이 들어있는 여러 단어들을 함께 정리했었습니다.

## vision(환상)은 video와 관계된 단어

★ vision은 imagination상상이나 supernatural초자연적인 현상에서 본 '**환상**'을 말합니다. 환상뿐 아니라 단순하게 '**시각이나 시력**'을 의미하기도 합니다.
vision은 '**see보다**'라는 뜻의 라틴어 어근 videre에서 나온 단어입니다. vision은 간단하게 video 비디오를 생각하면 쉽게 어근이 떠오르는 단어입니다.

 **visionary** [víʒənerɪ **비**져네리] a. 선견지명의  n. 선지자 ∞ Nunu 참고
  vision + -ary(형용사형 어미)
 **visualize** [víʒuəlaɪz **비**쥬얼라이즈] v. 시각화하다, 상상하다 visual + -ize(~化하다)

vision은 예전엔 prophet예언자 같은 사람이 환상을 보는 종교적인 체험을 의미했었으나 현재는 젊은이나 기업의 미래에 대한 밝은 전망 등을 말할 때 사용됩니다.

챔피언 Malzahar말자하는 별명이 〈the Prophet of Void〉입니다. 공허의 예언자입니다. 보통의 prophet예언자은 그들이 본 vision환상을 다른 이에게 전달해 주는데 비해, 챔피언 말자하는 적의 머릿속에 hallucination환상을 강제로 심어버리거나 공간을 창출해 그 속에 빠져들게 만드는 스킬을 사용하고 있습니다. 우리나라 학교에서 가끔 선생님이 학생들의 머리에 강제로 미래에 대한 vision을 심어버리는 스킬을 시전하는 것과 비슷합니다.

prophecy를 외울 때는 '**앞으로 펫이** 지배하는 세상이 온다.'고 예언하는 강아지를 생각하면 발음이 비슷합니다.

 **prophet** [prá:fɪt **프라아**ㅎ핏] n. 예언자, 선지자
 → **prophecy** [prá:fəsɪ **프라아**ㅎ퍼시] n. 예언

마지막으로 vision 앞에 prefix접두사가 붙은 좋은 단어들을 정리해보겠습니다.

1. en(안으로)
   **envision** [ɪnvíʒn 인**비**젼] v. (미래의 일을) 마음속에 그리다, 상상하다
   **envisage** [ɪnvɪzídʒ 인**비**지지] v. (미래의 일을) 마음속에 그리다, 상상하다

2. pro(앞으로)
   **provision** [prəvíʒn 프러**비**젼] n. 제공, 공급
      ← **provide** [prəváɪd 프러**바이**드] v. 제공하다
   **improvise** [ɪmprəváɪz **임**프러바이즈] v. 즉흥연주하다

3. in(아니다)
   **invisible** [ɪnvízəbl 인**비**져블] a. 보이지 않는
      → **invisibility** n. 투명   ∞ Khazix 참고

4. super(위의)
   **supervision** [suːpərvíʒən 수우퍼**비**젼] n. 감독, 관리
      ← **supervise** [súːpərvaɪz **수우**퍼바이즈] v. 감독하다

| en + vision | 상상을 부여하다 → | v. 상상하다 |
| pro + vision | 앞을 바라보다 → | n. 제공 |
| in + visible | 보이지 않다 → | a. 볼 수 없는 |
| super + vision | 위에서 바라보다 → | n. 감독 |

### vision에 관한 가장 기묘한 종교화

　vision과 관련된 이야기의 (정말) 마지막으로, 세상에서 가장 재미있고도 기묘한 종교적 vision환상의 명화가 스페인 Madrid마드리드 Prado프라도 미술관에 전시되어 있습니다. 바로 Alonso Cano알론소 카노 作의 [the Visioin of Saint Bernard성 베르나르두스의 환상]입니다.
　성모 마리아의 vision환상을 본 성 베르나르두스의 이야기를 그림으로 표현한 것인데 milk모유 젖을 저렇게 쏜다는 상상이 대단합니다.

성화를 보고 성 베르나르두스를 존경해야하는데 결과적으로 약간의 성적인 이미지가 발생하는 그림들이라서 이야기거리가 되는 작품입니다.
같은 프라도 미술관의 Francisco Ribalta리발타가 그린 [Christ embracing st. Bernard그리스도의 포옹]이라는 작품도 종교적 희열의 표정묘사가 특이해서 homosexual동성애자들에게 이슈가 되는 그림이라고 합니다.

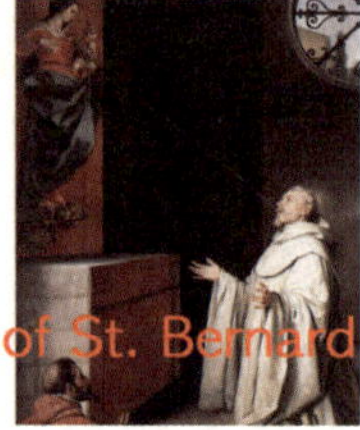


## R  Nether Grasp
E - 황천의 손아귀

▌(액티브) : 공허의 정수를 부어 적 챔피언을 제압하고 2.5초 동안 250의 마법 피해.

□□□ **nether** [néðə(r) 네더] a. 아래의

□□□ **grasp** [græsp 그래스ㅍ] v. 꽉 붙잡다    ∞ Zyra 참고

★ grasp는 '**꽉 붙잡다**'라는 뜻으로 grab과 어원이 같습니다.
grasp는 어깨나 손을 꽉 움켜잡을 수도 있지만 '**말하는 요점을 꽉 붙잡다**'는 개념도 발생하여 '**요점을 파악하다, 이해하다**'라는 뜻으로도 사용됩니다.
grasp 이외에도 '**잡다**'나 '**따라오다**'는 뜻의 동사들인 catch나 get, follow 등도 모두 물리적인 행동에서 관념적인 '**이해하다**'라는 뜻도 파생되었습니다.

> I didn't catch what you said. 네가 말한 것을 못 알아챘다.
> Do you follow me? 이해하고 있어?
> Get it? 이해가?

# Malzahar

★★★☆☆ summon - He was summoned to the court.
그는 법정으로 소환되었다.

★★★☆☆ summoner - the undead summoner 언데드 소환사

★★★☆☆ rift - Maokai fell through a rift in space to another dimension.
마오카이는 공간의 균열을 통해 다른 차원으로 떨어졌다.

★★★☆☆ void - The deal was now void because Billy cheated on his test.
빌리가 시험에서 부정행위를 했기 때문에 그 거래는 이제 무효였다.

★★★☆☆ null - his null life 그의 공허한 인생

★★★☆☆ nullify - Nullify the deal, so that we can go for lunch.
그 거래를 무효화해라. 우리가 점심을 먹으러갈 수 있도록.

★★★☆☆ nullification - a judicial nullification 법적인 무효화

★★★☆☆ malefic - the spider's malefic eyes 거미의 사악한 눈

★★☆☆☆ vision - a leader of vision 비전이 있는 지도자

★★★☆☆ visionary - Our new coach is a visionary, so hopefully our team will improve.
우리 새 코치는 선견지명이 있는 사람이다. 그래서 희망컨대 우리 팀은 향상될 것이다.

★★★☆☆ visualize - It is grim to think about death when we're visualizing our future.
우리가 우리의 미래를 상상할 때 죽음에 대해 생각하는 것은 암울하다.

★★★☆☆ prophet - a weather prophet 일기 예보자

★★★☆☆ prophec - the ultimate rosy prophecy
극단적으로 낙관적인 예언

★★★☆☆ envision - I envision a world where robots and humans live together.
나는 로봇과 인간이 공생하는 세상을 마음속에 그리고 있다.

★★★☆☆ envisage - I envisage a plausible future where alternative fuel would be much more widely used.
나는 대체연료가 훨씬 광범위하게 사용되는 그럴듯한 미래를 상상한다.

★★★☆☆ provision - Our alien enemies were provided with provisions to keep them alive.
우리의 외계인 적은 그들의 생존을 유지할 수 있도록 보급품을 공급받고 있었다.

★★★☆☆ provide - We were provided with a map of the area.
우리는 그 지역의 지도를 제공받았다.

★★★☆☆ improvise - Clinton had to improvise a speech for the happy couple.
클린턴은 그 행복한 짝을 위해 즉석연설을 해야 했다.

★★★☆☆ invisible - an invisible hand
보이지 않는 손(경제학용어)

★★★☆☆ supervision - This slaves will work without supervision.
이 노예들은 감독 없이 일할 것이다.

★★★☆☆ supervise - Supervise the younger kids for me.
나를 위해서 어린 애들을 좀 감독해줘.

★★★☆☆ nether - We will soon be holding this conversation in the nether world.
우리는 곧 저 세상에서 이 대화를 하고 있을 것이다.

★★★☆☆ grasp - I grasped the big bang theory.
난 빅뱅이론을 완전히 이해했다.

# Maokai, the Twisted Treant

## 마오카이 - 뒤틀린 나무 정령

| P | Sap magic | 마법 흡수 |
| Q | Arcane Smash | 비전 강타 |
| W | Twisted Advance | 뒤틀란 전진 |
| E | Sapling Toss | 묘목 던지기 |
| R | Vengeful Maelstrom | 복수의 소용돌이 |

---

**P** **Sap magic**
passive - 마법 흡수

마오카이는 근처에서 스킬이 시전 될 때마다 그 힘을 흡수하여 마법 흡수 스킬을 충전. 이 효과가 5번 중첩되면 다음번 기본 공격 시 마오카이가 체력을 회복.

□□□ **sap** [sæp 샙] n. 수액  v. 약화시키다

**sap은 내 몸의 수액을 뽑아서 약화시키는 것**

★ sap은 나무의 수액을 말합니다. 주스나 용액을 의미하는 PIE어근 *sab-에서 나온 단어입니다. sap이 동사로 쓰이면 **'약화시키다'**라는 뜻이 됩니다. 이는 외부에서 식물의 수액을 빨아들여 식물을 약화시키는 행위를 말합니다.
또한 sap**약화시키다** 동사는 식물뿐 아니라 인간에게도 적용되어 **'(천천히) 기력을 쇠잔하게 만들다'**는 뜻으로 사용됩니다. sappy라는 형용사형은 **'수액이 많은'**이라는 뜻입니다.

sap이 나온 김에 나무와 관련된 단어들을 모아보았습니다. 쉬운 단어들이지만 생각이 나지 않을 때가 많습니다. 눈을 감고 그루터기에서 피어난 싹에서부터 잎사귀까지 나무의 이미지를 생각하며 연상법으로 쭉 기억하는 것이 좋습니다.

숲의 잘린 stump**그루터기**에 sprout**새싹**이 핍니다. cotyledon**떡잎**이 두 쪽으로 올라와 자라더니 금방 커다란 trunk**나무줄기**가 됩니다.
stem**줄기**에는 bark**나무껍질**가 감싸고 있고 나무를 받쳐주는 strut**지주**이 있습니다. 자세히 보니 상처가 나서 sap**수액**이 흐르고 수액이 진해져 resin**수지**이 맺힌 것이 보입니다.
다시 나무 위를 보니 branch**가지**와 twig**잔가지**이 있고 잔가지에는 bud**눈**가 자라고 있습니다. 그리고 잎눈이 자라서 초록색 leaf**잎**가 됩니다.

stump 그루터기 - sprout 새싹 - cotyledon 떡잎 - trunk, stem 줄기
bark 나무껍질 - strut 지주 - sap 수액 - resin 수지
branch 가지 - twig 잔가지 - bud 눈 - leaf 잎

## Q  Arcane Smash
Q - 비전 강타

마오카이가 충격파를 일으켜 적을 뒤로 날려버리고 70/의 마법 피해를 입히며 1.5
초 동안 속도를 20%만큼 늦춤.

□□□ **arcane** [ɑːrkéɪn 아아케인] a. 신비로운　　∞ Kog'Maw 참고

□□□ **smash** [smæʃ 스매쉬] v. 박살내다

## W  Twisted Advance
W - 뒤틀린 전진

마오카이가 비전 에너지로 가득한 구름으로 변신하여 대상 적에게 다가가 1초
동안 고정시키고 대상의 최대 체력의 9%에 해당하는 마법 피해.

□□□ **twist** [twɪst 트위스ㅌ] v. 휘다

□□□ **advance** [ədvǽns 어드밴스] n. 진군, 전진

### 쓰러져 와르르..thwart(좌절시키다)

★ twist는 '**휘다**'라는 뜻인데 트위스트 춤을 통해서 알고 있는 쉬운 단어입니다. twist의 어원이
되는 PIE어근 *terkw-에서 나온 다른 단어들을 찾아볼 만합니다.
이 어근에서 나온 단어로는 torque구동력, thwart좌절시키다, queer기묘한 등이 있습니다.

torque [tɔːrk 토어크] n. 회전력　　∞ Aatrox 참고

**thwart** [θwɔːrt 쓰워어ㅌ] v. 좌절시키다
**queer** [kwɪr 퀴어] a. 기묘한, 성소수자의

* thwart는 동사로 '**좌절시키다**'라는 뜻입니다. 어원이 되는 twist비틀다의 뜻을 가진 PIE어근 *terkw-에 '**가로로 가로지르다**'는 뜻이 있어서 뭔가를 하려고 하는데 막대기로 막아버린 상황을 나타냅니다. 인터넷 용어로 OTL에 해당하는 단어입니다.
thwart를 기억할 때는 twist하며 '**좌절해서 쓰러져..와르르**'의 발음을 이용하면 됩니다.

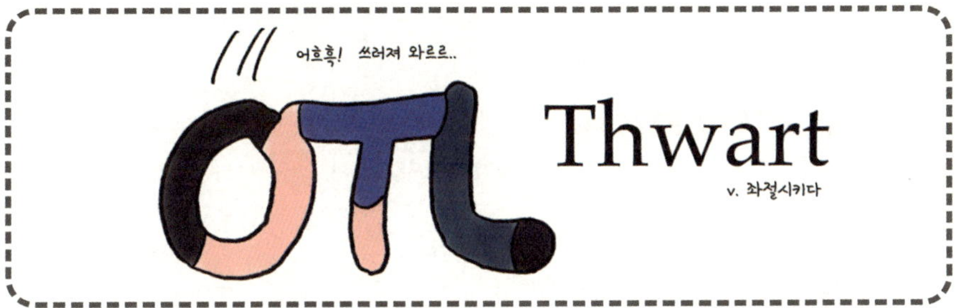


* queer는 '**기묘한**'의 뜻인데 어원이 되는 twist의 뜻을 가진 PIE어근 *terkw-에 비스듬한(oblique), 이상한(odd)의 뜻이 있어서 뭔가 꼬인 것을 나타내는 단어입니다. 자음이 /t/가 /q/로 바뀌어서 어원의 원형을 찾기가 힘든 기묘한 단어입니다. 요즘은 성소수자를 나타내는 단어로 더 자주 쓰여서 퀴어 영화, 퀴어 웹툰, 퀴어 축제 등의 단어에서 자주 볼 수 있습니다.

## 잘못된 어근 추측에서 탄생한 advance

★ advance는 '**앞으로 나아가다**'라는 뜻입니다.
원래 라틴어에 abante라는 단어가 있어서 같은 '**앞으로 나아가다**'라는 뜻이었습니다. 이 라틴어 abante는 우리나라 현대자동차의 모델 [Avante아반떼]로 익숙한 단어입니다.
또한 abante는 프랑스어에서 영어로 수입된 avant-garde아방가르드: 전위예술란 단어에도 쓰입니다.

그런데 라틴어 abante는 원래 접두어가 없는 하나의 단어인데 영어에서는 이 단어가 '**a(앞을 뜻하는 전치사 ad)와 어근 bante의 조합**'인 것으로 착각하고 ad로 되살려서(d를 덧붙여서) advance란 단어를 만들게 되었습니다.
결국 advance는 어근을 잘못 알고 만든 단어이므로 친척 단어가 없는 외톨이 단어가 되었습니다. 즉 라틴어에는 bante라는 어근이 없으므로 영어에서 advance 외에는 bante나 vance라는 어근의 단어를 찾아 볼 수가 없습니다.
그냥 advance에서 나온 단어인 advantage가 외로이 있을 뿐입니다. 잘못 만들어진 단어의 비애입니다.

**advantage** [ədvǽntɪdʒ 어드밴티지] n. 이익

## Sapling Toss
E - 묘목 던지기

마오카이가 묘목을 던져 착지 시 40의 마법 피해.
날아간 묘목은 착지한 지역을 지키면서 다가오는 적에게 80의 마법 피해를 입히며 자폭.
여기에 맞은 적들은 1초간 속도가 50% 느려짐. 묘목은 35초 동안 유지.

□□□ **toss** [tɔːs 토어스] v. 가볍게 던지다

## Vengeful Maelstrom
E - 복수의 소용돌이

(활성화/비활성화) : 마오카이가 마법의 소용돌이를 만들어 자신과 아군
챔피 언을 보호하며 대상이 입히는 피해를 20% 감소시킴.
저장된 에너지를 해방시켜 소용돌이 안에 있는 적에게 100의 마법 피해.

□□□ **vengeful** [vénd3fl **벤지ㅎ플**] a. 복수심에 불타는
□□□ **maelstrom** [méɪlstrɑːm **메일스트라암**] n. 큰 소용돌이, 대혼란    ∞ Kennen 참고

### venge(복수)는 힘으로 말하는 것

★ vengeful은 이글이글 '복수심에 가득 차있는'의 뜻입니다. venge와 형용사형 어미
-ful의 조합 입니다. 어근인 venge는 라틴어 vindicare에서 나왔습니다. 그런데 이
라틴어 vindicare의 숨은 뜻이 무척 재미있습니다.

vindicare = vis(force힘) + dicere(say말하다) : 힘으로 말하다

단어 자체가 복수란 '주먹으로 말을 하는 것'이라고 가르쳐주고 있습니다. 국가가 성립되어 폭력을
monopolization독점하기 전까지는 개인과 개인, 집단과 집단 간의 분쟁은 힘으로 해결하는 경우가
많았습니다.
특히 철저한 복수는 우발적이고 반복적인 violence폭력를 억제하는 수단으로 꼭 필요했습니다.
옛날에는 제대로 복수를 해주지 않으면 쉽게 보여서 결국 멸망하게 되었던 것입니다.
venge의 단어 안에 폭력을 해결해온 인류의 역사가 들어있어서 신기합니다.

이처럼 중요한 venge라는 단어는 계통도를 그려보는 것이 이해가 쉽습니다.

라틴어 vindicare → **venge** → **vengeful**  a. 복수심에 가득 찬
                    → **avenge**  v. 복수하다 → **avenger**  n. 복수하는 사람
                    → **revenge**  n. 복수 → **revengeful**  a. 복수심에 불타는
                    → **vengeance**  n. 복수
            → **vindicate**  v. 정당성을 입증하다 → **vindication**  n. 입증
                    → **vindictive**  a. 복수를 하려고 하는, 앙심을 품은

avenge [əvéndʒ 어**벤**지] v. 복수하다
revenge [rɪvéndʒ 리**벤**지] n. 복수    ∞ Syndra 참고
vindicate [víndɪkeɪt **빈**디케이트] v. 정당성을 입증하다, 무죄를 입증하다
vindication [vɪndəkéɪʃən 빈디**케이**션] n. 입증, 옹호
vindictive [vɪndíktɪv 빈**딕**티브] a. 복수를 하려고 하는, 앙심을 품은

* **avenge**는 a(ad-향하여) + venge(복수)의 조합으로서 복수하다는 의미이고 영화 [Avengers어벤져스]로 익숙한
단어입니다.

* **revenge**도 마찬가지로 re(강조) + venge(복수)로 이루어져 복수하다는 뜻입니다.

* **vindicate**는 '**정당성을 입증하다**'라는 뜻입니다. 우리말 뜻으로는 이해가 어렵지만 상황으로 이해하면 쉽습니다.
피의 복수를 달콤하게 성공하고 나면 (그래도 죄를 저지른 것이므로) 정당한 복수였다고 증명할 필요가 생깁니다.
**"이 사람이 우리 아버지를 죽였으므로 내가 복수한 것이오! 정당한 복수이므로 나는 죄가 없소!"** 라고 외치며 당당하게
vindicate정당성을 입증하다해야하는 것입니다.
지금도 인도나 파키스탄 같은 곳 일부에서는 정당한 복수는 처벌받지 않는 경우가 많습니다.
우리나라도 조선시대까지는 부모의 복수를 위해 살인을 한 경우에는 사형을 처하지 않았습니다. 다만 법의 판결을
기다리지 않았다는 이유로 유배형 정도의 처벌을 받았습니다. 오히려 부모의 복수를 하지 않는 자는 불효자로 인식
되기도 했습니다.
이처럼 vindicate란 단어는 '**복수**'라는 뜻에서 '**무죄입증**'이라는 뜻으로 발전하였으므로 씨족집단에서 거대 국가로의
발전과정이 연관된 문화인류학적인 단어라고 할 수 있겠습니다.
vindicate를 외울 때는 **빈대**가 **개**의 피를 빨아먹는(eat) 자신은 무죄라고 주장하는 이미지를 생각하면 재미있습니다.

# 복수를 대신 해주는 국가

역사학자인 Ian Morris이언 모리스는 [War! What is it good for전쟁의 역설]이라는 책에서 복수와 그와 연관된 전쟁이 인류문명의 발달에 끼친 ironic역설적인한 결과를 설명했습니다. 과거 1만 년 전 인류의 인구가 600만 명이었을 때 폭력으로 죽은 인구의 비율이 현재 전쟁을 포함한 모든 폭력과 복수에 의해 죽는 인구보다 100배가 더 높았다는 연구를 발표한 것입니다. 즉, 국가가 법에 의해서 복수를 대신해주는 시대에 와서야 비로소 인류는 비교적 안전하게 되었다는 설명입니다.

그렇게 질서를 유지하기 위해 국가는 다음 두 자기 요소를 만족시키며 폭력과 복수를 독점한다고 합니다. 먼저 국가는 피해자가 된, 또는 피해자가 될 예정인 국민에게 perpetrator가해자에 대한 righteous revenge정당한 복수를 기대하게 하여야 합니다. 그 다음 모든 국민에게 personal revenge사적 복수에 대한 국가의 처벌에 대해 두려움을 가지게 만들어야 합니다.

이 두 가지 조건을 만족하지 못하면 사회는 반복되는 폭력이 난무하게 되고 국가는 결국 chaos혼란에 빠지게 됩니다. 그만큼 복수의 해결은 인류의 역사에서 중요한 위치를 차지한 것이었습니다.

# Maokai

★★★☆☆ sap - Sap oozes from the pine trees until you fill the bucket.
그 양동이를 채울 때까지 소나무에서 새어 나온 수액을 채취하거라.

★★★★☆ arcane - the arcane subject of speciality
전문성이라는 난해한 주제

★★★☆☆ smash - My mom smashed my new computer into pieces after seeing my report card.
내 성적표를 본 뒤에 우리 엄마는 내 새 컴퓨터를 때려 부쉈다.

★★★☆☆ twist - Would you twist the cap off this bottle?
이 병의 뚜껑 좀 비틀어 따주실래요?

★★☆☆☆ advance - As the fog lifted, the French army advanced forward.
안개가 걷힘에 따라 프랑스 군은 앞으로 전진 했다.

★★★★★ torque - a torque converter 회전력 변환장치

★★★☆☆ thwart - We thwarted the teacher's plan to have daily tests by protesting in front of the Blue House.
우리는 청와대 앞에서 항의하는 것으로 선생님의 매일 시험 보기 계획을 좌절시켰다.

★★★☆☆ queer - His queer behavior at last night's party will go down in history as the strangest dance move ever.
어젯밤 파티에서 그가 한 괴상한 행동은 가장 이상한 춤 동작으로 역사에 남을 것이다.

★★☆☆☆ advantage - What's the advantage of studying in the library?
도서관에서 공부하는 것의 장점이 뭐니?

★★☆☆☆ toss - The private tossed me the grenade and I tossed it back.
그 이등병은 나에게 수류탄을 던져주었고 나는 다시 되돌려 던져주었다.

★★★☆☆ vengeful - a vengeful spouse or parent
복수심을 품은 배우자나 부모

★★★☆☆ avenge - We avenged the loss by winning the next four consecutive games.
우리는 그 다음 연속 네 게임을 이겨서 그 패배에 복수했다.

★★☆☆☆ revenge - as sweet as revenge 복수처럼 달콤한

★★★☆☆ vindicate - He was vindicated by the experts' report.
그는 전문가 보고서로 정당성을 입증 받았다.

★★★☆☆ vindication - a complete vindication for the Blue house
청와대를 위한 완벽한 (정당성에 대한) 입증

★★★☆☆ vindictive - a vindictive action 보복적인 행동

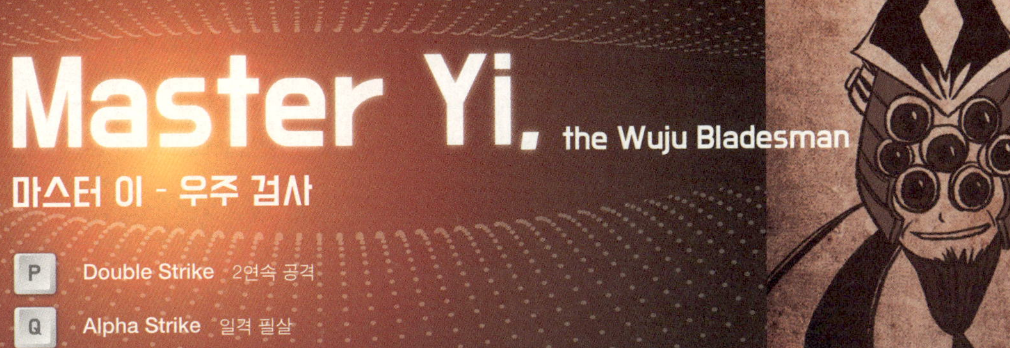


## **Double Strike**

**P** | 매 4번째 기본 공격마다 마스터 이가 2번 연속 공격.(두 번째 공격은 50%의 피해)

passive - 2연속 공격

 **two(둘)의 뜻인 접두사는 duo, bi, di, ambi가 있다**

★ **double** 뜻을 가진 접두사는 duo-, bi-, di-, ambi-가 있습니다. 관련 단어를 정리해보겠습니다.

| | |
|---|---|
| **duo-** | duplicate 복제하다, dubious 의심하는 |
| **bi-** | bicycle 자전거, bilateral 양쪽의, bilingual 이중 언어를 구사하는, binary 이진법의 |
| **di-** | dilemma 딜레마, diverge 갈라지다, division 분할 |
| **ambi-** | ambivalent 양가감정의, amphibian 양서류, ambiguous 모호한 |

**duplicate** [dúːplɪkeɪt 듀우플리케이트] v. 복제하다
**dubious** [dúːbɪəs 듀우비어ㅅ] a. 의심하는
**amphibian** [æmfíbɪən 앰ㅎ피비언] n. 양서류

＊ duplicate는 '복제하다'라는 뜻인데 라틴어 duplicare에서 나온 단어로 duo(two) + plicare(ply=fold접다)의 조합입니다. 즉 데칼코마니처럼 '두개로 접었다'는 뜻입니다. 이 plicare 어근은 챔피언 레오나에서 다루었습니다.

＊ dubious는 '의심하는'라는 뜻이고 doubt의심하다와 관련이 있습니다. 어원상으로 '두 개 중에서 하나를 고르면서 (정답을) 의심해야하는 상황'을 뜻합니다.
기억할 때는 doubt의 스펠링을 이용하거나 '정답이 더블이었어(두 개였어)..'라고 시험 볼 때 답을 의심하는 상황을 생각하면 됩니다.

* amphibian은 개구리, 도롱뇽 같은 '양서류(兩棲類)'를 뜻하는데 물과 뭍의 양쪽에서 서식한다는 의미입니다. 그리스어 amphibios에서 나온 말인데 amphi(two) + bios(life생명)의 조합입니다.

## Alpha Strike
Q - 일격 필살

마스터 이가 전장을 순간 이동하며 최대 적 4명을 공격하여 각각에게 25의 물리 피해를 입히고 미니언과 몬스터에게는 75의 추가 피해. 이 동안 마스터 이는 공격을 받지 않음. 일격 필살에는 치명타가 적용될 수 있으며 이 경우 총 공격력의 물리 피해를 추가. 기본 공격을 하면 일격 필살의 재사용 대기시간이 1초 감소.

## Meditation
W - 명상

마스터 이가 정신을 집중하여 4초간 초당 30의 체력을 회복. 마스터 이의 체력이 1% 줄어들 때마다 재생되는 체력이 1% 증가. 정신 집중 동안 피해가 50% 감소.

□□□ **meditation** [medɪtéɪʃn 메디**테이**션] n. 명상

## mediation(명상)으로 마음 속을 measure(재다)

★ meditation명상은 measure재다, 측정하다 뜻의 medical과 연관되어 있습니다. 의학은 우리 몸의 문제를 알아보는 것인데 반해 명상은 우리 마음을 들여다보는 것입니다.
기독교에서 묵상이나 불교에서의 명상 모두 번역할 때는 meditation을 사용합니다.

meditation 외에 **'무언가에 대해 깊이 생각하는 것'**에 대한 단어들을 보겠습니다.

**contemplate** [kάːntəmpleɪt **카안**텀플레이트] v. 고려하다
**chew over** (차근차근) 곰곰이 생각해보다 : **ruminate**와 비슷합니다.
**ponder** [pάːndə(r) **파안**더] v. 숙고하다
**muse** [mjúːz **뮤으즈**] v. 사색하다
**ruminate** [rúːmɪneɪt **루우**미네이트] v. 반추하다

* contemplate는 con(함께) + temple(사원)의 조합입니다. 고대 temple신전은 신이 보낸 augur전조를 받아들이는 곳이고 그 전조를 보기 위해서 함께 응시하며 고민하는 것이 단어의 기원입니다.
contemplate의 뉘앙스는 심각한 고민이 아니고 '..해볼까?' 정도로 고려하는 것입니다. 오랜 시간 결정하려고 생각은 하고있지만 엄청난 고민은 아닙니다. 외계인의 미스터리를 고민하거나 차나 사볼까 하고 고민할 때 쓰는 표현입니다. 이보다 강하게 고려하는 것은 consider입니다.

1. He contemplates buying a new car.
2. He considers buying a new car.

1을 의역해보면 '그는 새 차를 사보는 것을 생각해봤다.'인데 실제로 살 가능성은 별로 없어 보입니다.
2에서는 의역해보면 '그는 새 차를 사는 것에 대해 고려했다.'이고 긍정적으로 곧 차 전시장에 가서 살 듯합니다.
contemplate를 암기할 때는 함께(con) 절(temple)에 가서 고민한다고 생각하면 편하겠습니다. 절은 기본적으로
조용하게 해탈을 고민하는 곳이니까요.

* ponder는 (풀리지 않는 문제를) 곰곰이 생각해보는 것입니다. 어원은 pond연못와는 관계가 없고 무게를 나타내는
pound파운드와 연관이 있습니다.
그래도 ponder를 외울 때는 pond에 빠지듯 생각에 '뽕' 빠진 모습을 연상하면 편합니다.

* chew over는 말 그대로 씹고 또(over) 씹는 것인데 ruminate처럼 소가 반추하듯이 문제를 자꾸 곰씹어 보는 것을
말합니다.
chew는 '음식을 씹다'라는 뜻인데 흔히 편의점의 '츄잉껌'을 떠올리면 기억하기 편합니다.
chew의 어원인 PIE어근 *gheu-에서 나온 단어들은 모두 이로 씹는 동작과 관련되어 있는 것들인데 chin턱, jaw턱,
cheek빰 등이 이에 해당됩니다.

chew [tʃuː 츄우] v. 씹다

* muse는 예술가에게 영감을 주는 제우스의 9명의 딸들을 말합니다. 9명의 딸은 각자 영감을 주는 예술 분야가 따로
있습니다. 예를 들어 Erato에라토는 사랑의 시인들에게 영감을 주고 Euterpe에우테르페는 flute플루트 연주자들에게
영감을 주는 식입니다. 그래서 예술가들은 흔히 자신의 연인에게 "오! 나의 뮤즈여!"라고 부릅니다.
muse가 동사로 사용되면 백일몽처럼 '옛 일을 회상하다'거나 '영감을 찾다'라는 뜻이 됩니다.
amuse는 a(to) + muse(뮤즈)의 조합으로서 '즐겁게 하다'라는 뜻입니다. amuse의 명사형이 들어간 amusement
park가 바로 에버랜드나 롯데월드같은 '놀이 공원'을 말합니다.
참고로 music음악, museum박물관, mosaic모자이크 같은 단어들은 모두 이 muse에서 기원한 단어들입니다.

* ruminate는 '**반추하다**'라는 뜻입니다. 식도를 뜻하는 라틴어 rumen에서 나온 단어입니다. 영어로 rumen<sup>반추위</sup>(反芻胃)은 소나 낙타, 사슴, 기린 같은 ruminants<sup>반추동물</sup>의 4~5개로 나누어진 위장을 말합니다.
사람이 ruminate한다고 할 때는 소처럼 생각을 되씹어서 고민하고 또 고민하는 것을 비유하는 것입니다.
ruminate를 외울 때는 단어발음 그대로 반추동물의 위장 공간이 네 개이니 '**반추동물은 room이 4개**'라고 외우면 과학적이면서도 기억하기 좋습니다.

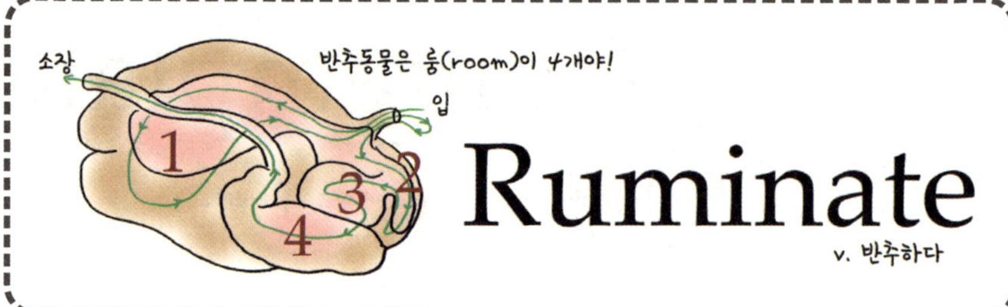


### 지구온난화의 주범 반추동물

지구온난화를 악화시키는 것은 소(cow)들입니다. 바로 소들의 생산하는 방귀와 트림이죠. 소 1마리가 1년간 배출하는 메탄가스(트림+방귀)의 양은 고기소는 53kg, 젖소는 121kg이라고 합니다. 이는 차 1대가 1년 동안 배출하는 양과 같고 전 세계의 소를 합하면 매년 21억 ton에 이르러 인간이 생산하는 온실가스의 4%를 넘게 차지한다고 합니다. 지구의 소를 전부 죽여 방귀를 못 만들게 해도 지구온난화가 해결되진 않겠지만 과다하게 소모되는 소고기의 대량생산에 대해서는 여전히 의문이 남습니다.

미국은 전 세계 인구의 4%밖에 차지하지 않지만 소고기 소비량은 25%를 차지합니다. 그리고 이 소를 먹이기 위해서 엄청난 옥수수가 소모됩니다. 미국 옥수수 생산량의 약 40%는 가축의 사료가 됩니다. 미국인이 한국 수준으로만 소를 적게 먹는다면 남는 옥수수를 수출해서 세계의 기아는 바로 해결이 가능한 것입니다. 물론 그 경우 돈이 안 되는 옥수수를 미국 농부들이 재배할 가능성이 없으므로 그냥 인도적인 상상일 뿐입니다.

이처럼 별로 죄가 없어 보이는 순한 소들이 지구온난화뿐만 아니라 빈곤국의 기아와도 연관되어 있다는 점이 신기합니다.

**E**

## Wuju Style
E - 우주류 검술

(기본 지속 효과) : 공격력이 10% 증가.
(사용 시) : 5초 동안 기본 공격으로 10의 추가 고정 피해. 그 후 우주류 검술 스킬이 재사용 대기에 들어가면 기본 지속 효과가 사라짐.

□□□ highlander [háɪləndə(r) **하**이랜더] n. 산악지방 사람

## 고지대 사람 highlander(하이랜더)

★ highlander는 주로 고지대인 스코틀랜드 사람을 말합니다. 영국의 지질 구조상 원래 유럽대륙의 일부입니다. 북서부의 스코틀랜드 고산지, 웨일즈의 중북부, 북아일랜드는 스칸디나비아 반도와 연결된 산지구조이고 그 남쪽은 프랑스 브르타뉴반도와 동일한 계통의 낮은 지대입니다.
동해안 Middlesbrough미들즈브러 부근에서 남해안 Exeter엑서터까지 일직선을 긋게 되면 그 북쪽이 산지가 험한 highland가 됩니다.

영국의 각 land(high, intermediate, low)는 지리적으로도 구별이 되고 인종, 문화적으로도 다르게 발전하였습니다. 영국이어도 같은 영국이 아닌 것이지요.

반항적인 스코틀랜드 고지대인을 다룬 영화는 여러가지가 있습니다.
그중 크리스토퍼 램버트 주연의 영화 [Highlander하이랜더]는 영생하는 하이랜더들이 숙명적으로 서로를 죽이는 이야기입니다. 만일 다른 하이랜더의 목을 칼로 자르게 되면 하얀 빛과 함께 자신이 죽인 하이랜더의 생명의 기운을 빨아들이는 것입니다.

Christopher Lambert
# Highlander
하이랜더

# Master Yi

★★★☆☆ **duplicate** - To duplicate his nearly perfect project results, I simply just copied him.
그의 거의 완벽한 프로젝트의 결과를 복제하기 위하여, 나는 간단히 그냥 그의 것을 복사했다.

★★★☆☆ **dubious** - He got the dubious honor of being known as the smelliest kid in school.
그는 학교에서 가장 냄새 나는 아이라고 알려지는 좀 수상쩍은 영예를 얻었다.

★★★★☆ **amphibian** - Aren't you surprised that amphibian cars didn't catch on?
너는 수륙양용차가 유행하지 않았다는 것이 놀랍지 않니?

★★★☆☆ **meditation** - Meditation helped her calm down.
명상은 그녀가 진정하는 데 도움이 되었다.

★★★☆☆ **contemplate** - Hidden beneath jungle plants, I contemplated my next move.
정글 식물 밑에 숨어서, 나는 다음 행동을 계획했다.

★★★☆☆ **ponder** - The council will not let you ponder upon the problem.
의회는 네가 그 문제에 대해 곰곰이 생각하도록 내버려두지 않을 것이다.

★★★☆☆ **muse** - She mused after I suggested about moving to France.
그녀는 내가 프랑스로 이사를 가는 것을 제안하자 사색에 잠겼다.

★★★☆☆ **ruminate** - The question ruminated in my mind, until I said the right answer.
내가 정답을 말할 때까지 그 질문은 내 마음속에서 곰씹어졌다.

★★★☆☆ **chew** - I will chew over your proposal tonight.
오늘밤에 너의 제안을 곰곰이 생각해 보겠다.

★☆☆☆☆ **highlander** - A highlander built his own house with only materials on his land.
그 하이랜더(고지대인)는 자기 땅에 있는 재료만을 이용해서 자기 집을 지었다.

# Miss Fortune,



## 미스 포츈 - 현상금 사냥꾼

| P | Strut | 활보 |
| Q | Double Up | 한 발에 두 놈 |
| W | Impure Shot | 불순물 탄환 |
| E | Make It Rain | 총알은 비를 타고 |
| R | Bullet Time | 쌍권총 난사 |

---

## Strut

passive - 활보

미스 포츈은 5초간 직접 피해를 입지 않으면 이동속도가 25 증가. 이동 속도는 초당 8씩, 최대 70까지 가능.

□□□ **strut** [strʌt 스트럿] v. 뽐내며 걷다

### strut은 stiff(뻣뻣한) 자세로 걷는 것

★ strut은 으스대며 몸을 반듯하게 세우고 걷는 동작을 말합니다. stiff뻣뻣한하다는 뜻의 PIE어근 *ster-에서 나온 단어입니다.

걷는 것도 여러 종류가 있으므로 나열해보겠습니다. 인물의 성격과 상황에 따라 다양한 동사들을 사용할 수 있어야 표현력이 향상됩니다.
아래의 '걷는' 동사들 각각의 외우는 법은 어원이나 관련어, 발음 등을 이용해서 만들었습니다.

| swagger | 으스대며 걷다 = strut | 흔들거리다(sway)를 떠올릴 것. 힙합의 swag스웩~ |
| --- | --- | --- |
| wander | 방황하다, 헤매다 | 바람(wind)처럼 떠 도는 방랑자(wanderer) |
| shuffle | 발을 질질 끌며 걷다 | shuffle dance를 떠 올릴 것 |
| stroll | 산책하다 | 어슬렁거리는 점성술사(astrologer)와 관련 |
| stumble | 발을 헛디디다, 휘청거리다(stagger) | 발을 헛디뎌서 tumbling하는 것 상상 |
| limp | 절뚝거리다 | 사지(limb)가 잘린 모습 |
| stomp | (화가 나서) 쿵쿵거리며 걷다 | 의성어 스톰프! 스톰프! 도장(stamp) 연관 |
| trudge | (지쳐서) 터덜터덜 걷다 | (힘)드렀지.. |
| creep | 기다(crawl), 살금살금 가다(sneak) | He's a creep! (걔 정말 벌레처럼 싫어!) : 욕임. |

| roam | 배회하다 | 게임에서 돌아다니는 몹 : 로머(roamer) |
| --- | --- | --- |
| stride | 성큼성큼 걷다 | 소금쟁이(water strider) 상상 |
| hike | 도보여행하다 | 하이킹(hiking) |
| trek | 오지여행하다 | 트레킹(trekking) |
| march | 행군하다 | 결혼 행진(wedding march) |
| pace | (초조하게) 서성거리다 | pace는 명사로 속도. 초조해서 속도 있게 걷는다는 뜻. |
| sneak | (몰래) 살금살금 가다 | 뱀(snake)과 관련 |
| plod | (지쳐서) 터벅터벅 걷다 | 의성어 플롯. 플롯. 플롯. |
| crawl | (엎드려) 기다 | 자유형 수영법 = 크롤(crawl) |

**trudge** [trʌdʒ 트러쥐] v. 터덜터덜 걷다
**stride** [straɪd 스트라이드] v. 성큼성큼 걷다

＊ trudge는 힘든 눈길이나 진흙길을 터덜터덜 걷는 모습을 나타냅니다. 외울 때는 '**눈길을 걸을 때 힘들었지**'로
발음을 기억하면 됩니다.
발음과 뜻이 쿵쾅거리며 걷는 trundle과 비슷하여 같이 기억할만합니다.　∞ Trundle 참고

＊ stride는 큰 발걸음으로 '**성큼성큼 걷다**'라는 뜻입니다. 보통 큰 발걸음을 내딛는 것은 싸울 때 강한 주먹으로 한 대
치기 위한 행동이므로 strong강한이나 struggle몸부림치다, strive분투하다의 발음과 의미가 개입된 단어입니다.
같은 고(古) 독일어에서 기원한 현대 독일어의 streit는 아직도 싸움을 의미하는 단어로 사용되고 있습니다.
stride를 기억할 때는 소금쟁이(water strider) 단어를 이용해 긴 발을 이용하여 쭉쭉 가는 모습을 떠올리면 됩니다.

# Double Up
### Q - 한 발에 두 놈

미스 포츈이 적을 관통하는 총알을 발사해 그 뒤의 적을 맞히며 첫 번째 대상에게는 20의 물리 피해를, 두 번째 대상에게는 40의 물리 피해를 입힘.

# Impure Shot
### W - 불순물 탄환

(기본 지속 효과) : 기본 공격 시 추가 마법 피해를 입히며 최대 5회까지 누적 중첩되어 추가 마법 피해.
(사용 시) : 다음 6초 동안 기본 공격의 공속이 20% 상승하며 자동으로 활보 효과를 부여.

□□□ **impure** [ɪmpjúr 임퓨어] a. 불순물이 섞인

## impure(불순하고) 상스러운 단어 대정리

★ impure는 '순수하지 않다'라는 뜻이고 im(in-반대) + pure(순수한)의 조합입니다.
명사형은 impurity이고 사물이나 화학물질에 대한 불순함뿐만이 아니라 사람의 부도덕과 음란함을 말할 때에도 사용합니다.
외설적이고 음란하다, 또는 상스럽다는 뜻의 단어로는 lewd, obscene, vulgar 등이 있는데 좀 더 점잖게 표현하고 싶을 때는 improper, offensive, immoral을 사용합니다.

**lewd** [luːd 루으드] a. 외설적인
**obscene** [əbsíːn 업**시인**] a. 음란한
**vulgar** [vʌ́lgə(r) **벌거**] a. 상스러운

**indecent** [ɪndíːsnt 인**디이슨**ㅌ] a. 노출이 심한, 외설적인    in(반대) + decent (점잖은)
**offensive** [əfénsɪv 어ㅎ**펜**시브] a. 모욕적인, 불쾌한
**improper** [ɪmprάːpə(r) 임**프라아**퍼] a. 부당한, 부도덕한, 부적절한   im(in-반대) + proper(적절한)
**immoral** [ɪmɔ́ːrəl 이**모어**럴] a. 부도덕적인   im(in-반대) + moral(도덕적인)

* lewd는 '**외설적인**'이라는 뜻입니다. 성직자가 아닌 laicus평신도를 뜻하는 라틴어와 연관되어 있습니다.
영어로 평신도는 layman이라고 합니다. 이 '**여성을 눕히다(lay)**'의 성적인 의미가 미국에서 slang으로 나타나서 lewd가 되었다고 어원학자들은 보고 있습니다.
lewd는 발음이 '**벌거벗은**'의 뜻인 **nude**누드와 비슷하므로 외울 때는 야한 생각을 하며 외설적으로 기억하면 되겠습니다.

* obscene은 '**음란한**'이라는 뜻입니다. 철자가 보기에는 '**ob(off) + scene(장면) : 눈뜨고는 못 볼 장면**'의 조합처럼 보이고 뜻까지 딱 맞아서 이걸로 외우고 싶어집니다. 하지만 어원상 다른 라틴어 기원의 단어입니다. ob(onto) + caenum(filth더러움). 즉 '**더러운 상태에 있는 것**'이라는 뜻에서 나왔습니다.
그러나 외우고 싶은 대로 외워야 잘 기억됩니다.
obscene을 기억할 때는 바바리맨이 눈뜨고는 못 볼 음란한 **장면**을 연출하면서 "**업신여기냐?**"고 물어보는 상황을 만들면 편합니다.

* vulgar는 '**상스러운**'이라는 뜻입니다. vulgar는 평민의 입장에서 좀 억울한 단어입니다. 처음에는 그냥 평민이라는 뜻이었는데 차차 '**평민의 → 대중적인 → 상스러운**'으로 의미가 발전했기 때문입니다. 주로 말투나 행동이 고급스럽지 않다는 의미입니다. vulgar를 기억할 때는 그냥 '**벌거**'(벗은)으로 외우는 것이 편합니다.

참고로 vulgar와 연관된 vulgaris란 단어가 있습니다.
마시는 불가리스가 아닙니다. 불가리스는 라틴어 학명으로 쓰이는 단어인데 '**심상성(尋常性)**'이라는 의학용어입니다. 보통이고 흔하다는 이야기인데요. 모두의 고민인 여드름의 병명이름이 바로 Acnes Vulgaris 심상성좌창입니다.
한글로는 '**보통의 흔한 여드름**'이란 뜻입니다. 지피지기해야 백전백승이므로 여드름 때문에 고민이신 분을 위해 적어보았지만 이 라틴어 질환명을 외울 필요는 없습니다.

* decent는 수준이나 질이 썩 '**괜찮은**' 것을 말하며 '**예의가 바른**'을 뜻하기도 합니다. 어원은 take의 뜻인 PIE어근 *dek-입니다. 조건에 맞게 적합하므로 받아들인다(take)는 의미입니다. 명사형은 decency 품위입니다.
decent는 멀리 dignity 위엄이나 decorate 장식하다와도 어원이 관련되어 있습니다. 이런 단어들은 모두 옷을 잘 갖춰 입은 모습과 관련이 있습니다.
decent도 '**상황에 맞게 옷을 잘 입었다**'라는 뜻에서 '**질이 괜찮다**'와 '**예의바르고 존경할만하다**'라는 의미까지 나오게 되었습니다. 따라서 decent는 good, proper, not bad 등으로 바꿔 쓸 수 있습니다.
반대로 decent에 in을 붙여서 indecent가 되면 '**옷을 대충 입었다**'는 뜻이고 바로 '**외설적인**'이라는 의미가 됩니다.
옷을 잘 입었다고 이렇게 예의바르다(decent)라고 칭찬을 해주고 대충 입었다고 외설적이다(indecent)라고 비난을 하니 일종의 외모지상주의나 겉모습으로 사람을 판단하는 느낌을 주는 단어입니다.

| decent | indecent |
| --- | --- |
| (dressed) | (undressed) |
| 옷을 잘 입은 | 옷을 대충 입은 |
| 예의바른, 썩 괜찮은, (상황에) 적절한 | 외설적인, 부적절한 |

* offensive는 농구의 offensive foul(공격자반칙)에서처럼 '**공격의**'라는 뜻도 있지만 '**모욕적인, 불쾌한**'이라는 뜻도 있습니다. 상스러운 단어를 쓰면 공격적이고 모욕적이며 불쾌하게 하므로 자연스런 뜻의 분화로 보입니다.

> **I don't mean to offend you.** 너를 불쾌하게 할 생각은 아니었어.

* improper는 proper적절한에 반대의 접두어 im(in-의 변형)을 붙여서 만든 단어입니다. proper는 적절하다는 뜻인데 라틴어 pro privo에서 나온 것으로서 번역하면 '**for private(개인을 위한 특별한 것)**'이란 뜻입니다.
개인을 위해 만들었으므로 적절하다라는 뜻이 된 것입니다. 군대에 가보면 왜 개인을 위한 사제품이 군용품보다 몸에 적절한지 proper의 어원을 금방 이해하게 될 것입니다.
proper는 이렇게 '**개인**'이라는 의미가 숨어있어서 명사형이 두 가지가 생겼습니다. 즉 개인의(personal) 라는 뜻이 발전된 property가 되면 '**(개인 소유의) 재산**'의 의미가 됩니다. 그리고 proper의 '**적절한**'의 뜻을 그대로 이어받으면 명사 propriety가 되어 '**적절함, 예절**'의 뜻이 되는 것입니다.
proper를 기억할 때는 proper를 '**pro(위하여) personal**'로 생각하고 어원처럼 '**개인을 위한 것이니 적절하다**'고 생각하면 됩니다.

| 라틴어 pro privo<br>개인을 위한 | proper a. 적절한 → | property n. 재산 |
| --- | --- | --- |
| | | propriety n. 적절성, 예절 |

**property** [prɑ́ːpərtɪ 프라아퍼티] n. 재산
**propriety** [prəprɑ́ɪətɪ 프러프라이어티] n. (도덕적) 적절성, 예절

* immoral은 '**비도덕적**'이라는 뜻입니다. moral도덕적인에 반대의 접두어 im(in-의 변형)을 붙여서 만든 단어입니다. moral hazard(도덕적 해이)라는 용어를 통해 익숙한 단어입니다. moral의 명사형은 morality도덕입니다.
moral과 immoral을 외울 때는 어버이날에 '**모(母)랑 놀아드리면 도덕적이고, 이쁜 이모랑 놀러 나가면 비도덕적**'이라고 생각하면 재미있습니다.

참고로 morale모랠이란 단어가 있습니다. 군대에서 군인의 사기나 의욕을 나타내는 말입니다. 군인이 가져야 할 가장 좋은 도덕은 '**사기**'이기 때문에 나온 단어입니다.
morale모랠을 기억할 때는 사단장이 병사들에게 "**이 모래를 치우면 모레 걸그룹 트와이스를 불러주겠다!**"고 사기를 진작시키는 장면을 떠올리면 됩니다.

**morality** [mərǽlətɪ 머랠러티] n. 도덕
**morale** [mərǽl 머랠] n. 사기, 의욕

# Make It Rain
E - 총알은 비를 타고

미스 포츈이 공중을 향해 쏘아올린 수백 개의 총알이 0.5초 뒤 지면에 내려 꽂히며 2초 동안 90의 마법 피해를 입히고 1초에 걸쳐 적의 속도를 40% 늦춤.

 **Bullet Time**
R – 쌍권총 난사



□□□ **bullet** [búlɪt  불릿] n. 총알

## bullet(총알)은 bulla(수포)같이 볼록한 물건

★ bullet은 라틴어 bulla 기원으로 '봉해진 물질'을 말합니다.
bulla는 둥글게 부풀어 오른 모습을 말합니다. 보통 총알이나 대포알의 불룩하게 둥근 모습이 bulla
수포처럼 보여서 bullet의 단어가 만들어졌습니다.
pellet도 bullet처럼 총알을 의미하지만 산탄총알처럼 작은 알을 말합니다.

참고로 bullet-proof는 '방탄의'라는 뜻으로서 방탄유리나 방탄조끼, 방탄소년단 등의 용어를 만들
수 있는 단어입니다.
여기서 -proof는 '증명'이라는 뜻에서 '증명된 힘(tested power), 능력'이라는 뜻이 나온 것입니다.
한글에서는 '막을(防) 수 있는 능력'으로 번역을 하면 됩니다. 이렇게 -proof를 명사 A뒤에 가져다
붙이면 명사 A를 방지한다는 뜻의 새로운 단어가 만들어집니다. 거의 문일지백(聞一知百)의 만능
어미라 부를 수 있습니다.
waterproof방수나 fireproof방화, foolproof간단한 등의 단어에서 자주 볼 수 있습니다. 그 외에도
또한 rustproof녹방지, childproof아이들은 못 만지는, shockproof충격방지, weatherproof비바람방지,
soundproof방음 등 기본 단어 앞에 방(防)자만 붙이면 모두 해석이 되는 것들이 많습니다.

    **pellet** [pélɪt 펠릿] n. 작은 탄환
    **bulletproof vest** 방탄조끼        **bulletproof glass** 방탄유리

### bullet effect(탄환효과)

bullet에 관계되어 'bullet effect탄환효과'라는 용어가 있습니다. 심리학이나 매스미디어학에서 쓰는 용어인데
'마법의 탄환효과'로 알려져 있습니다. 대중들이 라디오나 TV같은 대중매체에 노출될 때 메시지에 수동적이고
획일적으로 반응하는 모습을 설명하는 용어입니다.
1938년 미국 CBS 라디오 드라마에서 40분정도 화성인 침공을 다룬 웰스의 소설인 [War of the Worlds]를
방송했는데 중간에 청취한 사람들 600만 명 중 120만 명이 실제로 짐을 싸서 피난을 가는 상황이 벌어졌습니다.
화성인 침공의 소설을 실제상황인 것처럼 방영한 드라마이므로 시민들은 정보에 즉각 반응한 것입니다.

이후 미국라디오 방송에서 상황극은 금지되었고 이러한 현상은 심리학자들 사이에 '미디어의 마법 총알 같은
강력한 효과'라는 의미의 bullet effect 또는 hypodermic needle theory피하주사이론로 불리게 됩니다.

이런 탄환효과는 이제 다양한 정보원이 있고 판단력이 증가된 현대인과 현대사회에서는 보기 힘들어졌지만
요즘도 주가가 소문에 반응하여 걷잡을 수 없이 오르내릴 때는 bullet effect라는 용어를 사용합니다.
처음 라디오가 세상에 등장했을 때 이 신문물은 인류의 행동에 bullet effect라는 변화를 만들었습니다. 요즘
발달하고 있는 AI(인공지능)도 곧 인류의 행동에 변화를 가져와 심리학자들을 행복하게 만드는 새로운 용어를
탄생시킬지도 모릅니다.

# Miss Fortune

★★★★☆ strut - The guy who got 100% on his test strutted around the class.
시험에서 100점을 맞은 그 녀석은 교실을 으스대며 걸었다.

★★★★☆ trudge - Disappointed in love, he trudged down the stairs in silence.
사랑에 실패하여, 그는 계단을 조용히 터덜터덜 걸어 내려갔다.

★★★☆☆ stride - It was twenty-four years ago when they was striding across the road.
그들이 길을 성큼성큼 건너가고 있었던 것은 24년 전이었다.

★★★☆☆ impure - the gold mixed with impure minerals
순수하지 않은 광물들이 섞인 금

★★★☆☆ lewd - He was fired for lewd behavior, and not for losing the company millions of dollars.
그는 회사가 수백만 달러를 손해 보게 만들어서가 아니라 외설적인 행동 때문에 해고되었다.

★★★☆☆ obscene - very offensive and highly obscene
매우 불쾌하고 대단히 상스러운

★★★☆☆ vulgar - His vulgar language surprised his teacher.
그의 상스러운 말은 그의 선생님을 놀라게 했다.

★★★☆☆ indecent - an indecent exposure
외설적인 노출 : (공공장소에서의) 성기 노출죄

★★★☆☆ improper - It was improper of him to pass notes around during the test.
그가 시험시간에 공책을 여러 사람이 보게 돌리는 것은 부적절했다.

★★★☆☆ immoral - It was immoral of him to not help his LOL classmates.
그가 그의 LOL 급우들을 돕지 않는 것은 비도덕적이었다.

★★★☆☆ property - Laura shamelessly ripped off other people's property.
로라는 뻔뻔하게 다른 사람의 재산을 훔쳤다.

★★★☆☆ propriety - the ethical propriety 윤리적인 예절

★★★☆☆ morality - the public morality 사회 도덕

★★★☆☆ morale - He knew how to stir up the morale of his troops.
그는 자신의 군대의 사기를 진작시키는 방법을 알고 있었다.

★☆☆☆☆ bullet - as fast as a bullet 총알처럼 빠르게

★★★★★ pellet - The intruder found the owner's pellet gun and shot her three times in the head.
그 침입자는 주인의 공기총을 발견했고 그녀의 머리에 세 방을 쏘았다.

# Mordekaiser. the Master of Metal

## 모데카이저 - 금속의 주인

- **P** — Iron Man  철인
- **Q** — Mace of Spades  스페이드의 철퇴
- **W** — Harvesters of Sorrow  슬픔을 거두는 자
- **E** — Siphon of Destruction  파멸의 흡수
- **R** — Children of the Grave  무덤의 자식들

## Iron Man
passive - 철인

모데카이저의 스킬은 체력을 소모하지만 입힌 마법 피해량의 25%를 일시적인 보호막으로 전환. 보호막의 내구도 최대치는 최대 체력의 25%임.

★ Iron man은 마블코믹스사의 [아이언맨]을 떠 올리게 합니다. 완전 부자이고 똑똑한 천재이지만 arrogant거만하고 뭐든 자기 마음대로 하는(indulgent) 성격의 매력남입니다.
아이언맨의 성격을 나타내는 두 단어를 보겠습니다.

**arrogant** [ǽrəgənt 애러건ㅌ] a. 오만한, 거만한
**indulge** [ɪndʌ́ldʒ 인덜지] v. 제 맘대로 하다

* **arrogant**는 arrogance오만에서 만들어진 단어로 ar(ad:to) + rogare(ask)의 라틴어 기원의 조합입니다.
스스로 높은 체하고 있는 체하는 모습을 나타내는 단어입니다.
arrogant를 외울 때는 '**1등 한 번 하더니 거만한 애로 간 듯**'한 친구를 생각하면 되겠습니다.

* indulge는 주로 좋지 않은 것들, 예를 들면 음식이나 연애 혹은 방탕한 것들을 절제심이 없이 마음껏 즐기는 것을 말합니다. **'탐닉하다'**라는 말로 표현할 수 있습니다. indulge는 탐닉하는 대상 속에 있게 되므로 'indulge in A'처럼 전치사 in과 함께 자주 쓰입니다.
dulge 어근은 **'놀다(play)'**는 뜻의 PIE어근 *dlegh-에서 나온 것으로서 indulge는 노는 것에 빠져있는(in) 모습을 연상하면 됩니다. PIE어근 *dlegh-는 영어 play의 어원인데 /d/ 철자가 /p/ 철자로 바뀌어서 사용되고 있습니다.
indulge를 암기할 때는 **'음식을 멀지 않고(in) 제 멋대로 폭식하는 것'**을 연상하는 것이 편합니다.

 **Mace of Spades**
Q - 스페이드의 철퇴

(액티브) : 모데카이저의 다음 세 번의 공격이 강화. 첫 번째 공격은 추가 마법 피해. 각 공격 당 추가로 지난 피해량의 3배를 입힘.

□□□ **mace** [meɪs 메이스] n. 철퇴
□□□ **spade** [speɪd 스페이드] n. 삽　　∞ Talon 참고

★ mace는 전투용 곤봉모양의 철퇴로 적의 갑옷을 부수는 목적으로 사용된 무기입니다.
mace는 쉬운 단어이므로 여기에 -ration이 붙은 단어를 보겠습니다. maceration은 mace와는 관계가 없는 단어인데 포도주를 사랑하는 극소수의 사람만 알고 있는 프랑스어로서 마세라시용, 한문으로는 침용(浸溶)이라는 뜻입니다. 포도주를 담글 때 포도껍질까지 물에 담궈서 맛과 향을 낸다는 뜻이고 학문에서는 그냥 **'물에 담그다, 해리'**라는 뜻으로 사용됩니다.

★ **spade**는 삽을 말하고 shovel과 바꿔 사용할 수 있습니다.

**shovel** [ʃʌvl **셔블**] n. 삽　　∞ Talon 참고

# Harvesters of Sorrow
## W - 슬픔을 거두는 자

(패시브) : 주변에 아군이 있어도 미니언 경험치를 100% 획득.
(액티브) : 아군 챔피언과 서로를 향해 이동할 때 이동 속도가 75 상승.
둘이 닿으면 둘 다 4초에 걸쳐 마법 피해.

☐☐☐ **harvester** [háːrvɪstə(r) **하아비스터**] n. 수확용 기계, 수확하는 일꾼
☐☐☐ **sorrow** [sáːrou **사아**로우] n. 슬픔

## harvest(수확)은 autumn(가을)의 뜻

★ **harvest**는 수확을 말합니다. 원래 어원상으로는 harvest는 가을을 뜻하는 autumn을 의미해서 **'수확을 해야 하는 계절'**을 나타냈습니다. 그러다가 13세기에 이르러 **'수확하는 행위'** 자체의 뜻으로 바뀌었습니다.
같은 어원에서 나온 독일어 herbst는 지금도 **'가을'**과 **'수확'**을 동시에 의미합니다. 영어에서는 이제 harvest에서 **'가을'**이라는 뜻은 사라지고 **'수확'**이라는 뜻만 남았습니다.

harvester는 수확하는 일꾼으로서 reaper와 같은 의미입니다.
미국에서는 대규모 농장이 많아서 combine harvester가 사용됩니다. 우리말로는 그냥 콤바인 이라고 부릅니다. 추수와 탈곡, 때로는 포장까지 한 번에 하는 기계라서 combine을 사용합니다. combination콤비네이션 피자를 생각하면 결합하다는 뜻의 combine을 기억하기 편합니다.

**reaper** [ríːpə(r) **리이**퍼] n. 수확하는 사람이나 기계
**combine** [kəmbáɪn 컴**바인**] v. 결합하다

# E — Siphon of Destruction
### E - 파멸의 흡수

(액티브) : 모데카이저가 원뿔 지역에 35의 마법 피해.
적중한 챔피언 하나당 최대 15%의 보호막을 얻음.

□□□ **siphon** [sáɪfn **사이**ㅎ픈] n. 사이펀  v. 뽑아내다    ∞ Nasus 참고
□□□ **destruction** [dɪstrʌ́kʃn **디스트럭션**] n. 파괴    ∞ Xerath 참고

## '빨대 꼽아 쭉쭉' siphon(사이펀)

★ siphon은 대기의 압력차를 이용해서 액체를 다른 쪽의 용기로 옮길 수 있는 관모양의 장치를 말합니다. 또한 siphon은 물을 조금씩 쭉쭉 뽑아내는 행위도 나타내므로 '**흡수하다**'라는 뜻으로도 자주 사용됩니다.
우리말로 옮기자면 '**빨대를 꼽아 뽑아내다**'가 가장 의역으로서 적절합니다. 이때의 siphon은 눈에 보이는 액체의 이동뿐만 아니라 돈, 세금, 기름 등을 빼돌린다는 의미로 사용됩니다.
우리나라에서도 수사기관과 기자들 사이에서 통하는 '**빨대**'라는 속어가 있습니다. 이때의 '**빨대**'는 수사정보를 빼돌리는 정보제공자를 의미합니다.

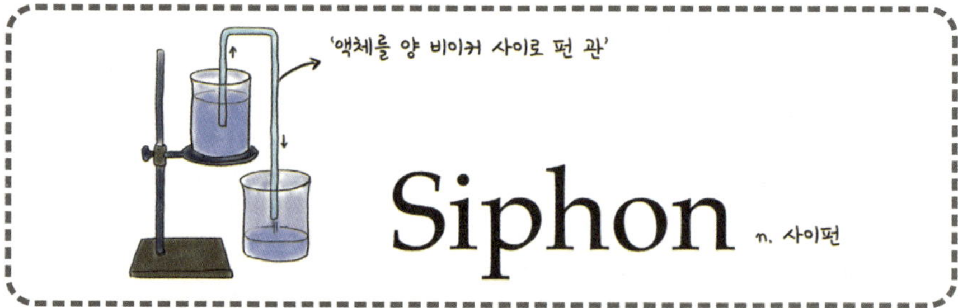


siphon은 일종의 물을 이동시키는 기구인데 그 이외에도 여러 기구를 통해 인간은 중력의 차이를 극복하고 물을 이동시키는데 노력해왔습니다.
논에 물을 대기위한 관개(irrigation)시설도 물의 이동과 관계된 것입니다.

**irrigate** [írɪgeɪt **이리게이트**] v. 물을 대다, 관개하다

* **irrigate**는 (논에) 물을 대는 것을 말하는 단어입니다. irrigation은 어원상 ir(in안으로) + rigare(water)의 라틴어 조합인 irrigare에서 나온 단어입니다. rain도 이 rigare 어근에서 기원했습니다.
그 외에도 물을 부어서 씻어내는 행위에도 이 irrigation을 사용합니다.
예를 들어 눈에 티가 들어갔을 때 생리식염수로 씻어내는 경우나 독약을 먹었을 때 위세척을 하는 경우가 irrigation 에 해당하겠습니다.
irrigate를 외울 때는 자기 논에 물을 대려 수문을 열며 "**이리로 게이트**를.."이라고 말하는 농부를 생각하면 됩니다.

# Irrigate
v. 관개하다, 물을 대다

## destruction은 structure(구조물)을 de(아래로) 부숴버리는 것

★ destruction은 '**파괴**'라는 뜻인데 de(down아래로) + structure(구조, 세움)의 조합으로 분해할
수 있습니다. structure는 '**세우다**'라는 뜻의 라틴어 **struere**에서 나왔습니다.
destruction은 무너뜨려 버리는 것으로서 construction(세우는 것)과는
반대 동작입니다. 동사는 destroy입니다.

**destroy** [dɪstrɔɪ 디**스트로이**] v. 파괴하다
**destructive** [dɪstrʌ́ktɪv 디**스트럭티브**] a. 파괴적인

destroyer

참고로 destroy에 -er이 붙은 destroyer는 '**파괴자**'란 뜻도 있지만 함선을 구분할 때의 '**구축함**'을
뜻하기도 합니다.

그 외에 destruction처럼 structure가 들어간 단어를 보겠습니다.

**instruction** [ɪnstrʌ́kʃn 인스트**럭**션] n. 지시, 설명    in(on) + struction(구조, 세움)
**construction** [kənstrʌ́kʃn 컨스트**럭**션] n. 건설    con(함께) + struction(구조, 세움)
**obstruction**  [əbstrʌ́kʃn 업스트**럭**션] n. 방해    ob(against 반대) + struction(구조, 세움)
**reconstruction** [riːkənstrʌ́kʃn 리컨스트**럭**션]  n. 재건  recon(다시 함께) + struction(구조, 세움)
**deconstruction** [diːkənstrʌ́kʃn 디컨스트**럭**션] n. 해체    ∞ Velkoz 참고
decon(down아래로 함께) + struction(구조, 세움)

### 군함의 종류

 구축함은 destroyer, 순양함은 cruiser, 호위함은 frigate입니다. 제일 큰 함정인 전함은 battleship입니다.
항공모함을 제외한 군함을 크기순으로 나열해보겠습니다.

 1. battleship전함 : 최고의 공격력과 방어력을 갖추고 함대함 전투를 했었으나 제 2차 세계대전 후 미사일과
항공기의 발달로 지금은 모두 퇴역하였습니다. 13,000t~45,000t.
 2. cruiser순양함 : 단독으로 전술임무를 수행하도록 방공미사일과 대함미사일을 운용하게 설계된 대형군함.
10,000t 이상이 대부분입니다.

3. destroyer**구축함** : 대함, 대잠, 방공 등의 목적으로 사용되는 중형군함입니다. 만재 배수량 3000~8000t 사이의 군함입니다.

4. frigate**호위함** : 프리깃함은 만재 배수량 3000t급 이하의 소형군함입니다. 구축함의 기능을 수행합니다.

5. corvette**코르벳함** : 연안경비를 수행하는 600~1300t급의 군함입니다. patrol frigate(초계함)도 여기에 속합니다.

6. patrol killer**고속정** : 연안경비용의 150~200t급의 경비정입니다. 미사일고속정도 있습니다.

# Children of the Grave
R - 무덤의 자식들

(패시브) : 드래곤의 힘: 드래곤에게 피해를 입히면 10초 동안 저주.
(액티브) : 대상 챔피언에게 저주를 걸어 최대 체력의 25 %를 훔침.
저주 효과: 저주 받은 유닛은 모데카이저의 아군에게 처치 당하면 45초 동안 모데카이저의 노예가 됨. 적의 주문력의 30%와 추가 체력의 25%를 얻음.

□□□ **grave** [ɡreɪv 그레이브] n. 무덤

# Mordekaiser

★★☆☆☆ **arrogant** - He was arrogant to think he can be always the best player.
자신이 항상 최고의 선수일 수 있다고 생각할 만큼 그는 오만했다.

★★★☆☆ **indulge** - My father brought me to a buffet and said "please indulge."
아버지는 나를 뷔페에 데려가서 "맘껏 먹어라."고 말하셨다.

★★★★★ **mace** - Anywhere the warrior went, he carried around a mace.
그 전사는 어디를 가든지 메이스(철퇴)를 들고 다녔다.

★★★☆☆ **spade** - Standing on the opposite side, again insert the spade into soil.
반대편에 서서, 다시 한번 삽을 흙에 집어넣어 봐라.

★★★☆☆ **shovel** - I used a shovel to plant lettuce for a school project.
나는 학교 프로젝트를 위해 상추를 심는데 삽을 사용했다.

★★★☆☆ **harvester** - Billy the farmer bought a harvester to save time on his farm.
농부 빌리는 자기 농장에서 시간을 절약하려고 수확기를 하나 구매했다.

★★★☆☆ **sorrow** - the look of deep sorrow and despair
깊은 슬픔과 절망의 표정

★★☆☆☆ **reaper** - He was on the edge of the reaper' scythe that morning.
그날 아침 그는 죽음의 사신의 낫 옆에 있었다. (거의 죽을 뻔 했다.)

★★☆☆☆ **combine** - If we combine our armies, we will surely win.
우리가 군대를 통합한다면 확실히 이길 것이다.

★★★☆☆ **siphon** - Sarah had attempted to siphon off her father-in-law's fortune.
사라는 시아버지의 재산을 빼돌리려고 시도했었다.

★★☆☆☆ **destruction** - a trail of destruction 파괴의 흔적

★★★☆☆ **irrigate** - He irrigated his crops before the aliens stole all the water on Earth.
외계인들이 지구의 모든 물을 훔쳐가기 전에 그는 그의 곡식(밭)에 물을 대었다.

★★☆☆☆ **destroy** - Social media can destroy your relationship forever.
소셜 미디어는 네 인간관계를 영원히 파괴할 수 있다.

★★★☆☆ **destructive** - The killer robots had destructive lasers, so we need special preparation.
그 살인 로봇은 파괴적인 레이저를 가지고 있어서 우리는 특별한 준비가 필요하다.

★★★☆☆ **instruction** - The Ministry of Defence said it would issue an instruction to an officer in the field.
국방부는 현장의 장교에게 지시를 내릴 것이라고 말했다.

★★★☆☆ **construction** - under construction 공사중

★★★☆☆ **reconstruction** - Reconstruction of the army base starts tomorrow.
그 군사기지의 재건은 내일 시작한다.

★★★☆☆ **deconstruction** - deconstruction of subject 주제의 해체

★★★☆☆ **grave** - the family grave in the cemetery
공동묘지에 있는 가족무덤

# Morgana. Fallen Angel
## 모르가나 - 타락한 천사

**P**    Soul Siphon    영혼 흡수

**Q**    Dark Binding    어둠의 속박

**W**    Tormented Soil    고통의 대지

**E**    Black Shield    칠흑의 방패

**R**    Soul Shackles    영혼의 족쇄

## Soul Siphon   ❘ 10의 추가 주문 흡혈을 얻음.
passive - 영혼 흡수

□□□ **siphon** [sáɪfn **사이**ㅎ픈] n. 사이펀 v. 뽑아내다    ∞ Mordekaiser 참고

## Dark Binding   ❘ 어둠의 에너지를 발사하여 첫 번째로 명중한 대상을 2초 동안 속박하고 80의 마법 피해.
Q - 어둠의 속박

□□□ **binding** [báɪndɪŋ **바인**딩] a. 법적 구속력이 있는    ∞ Lux 참고

★ bind는 '**묶다**'라는 뜻입니다.
잘 묶으려면 잘 꼬아놔야 하므로 여기서는 bind와 관련시켜서 entangle 단어를 같이 보겠습니다.
entangle은 en(into) + tangle(얽힌 것)의 조합이고 '**얽어매다**'의 뜻입니다. tangle은 명사로는
실이나 머리카락 같은 것이 '**얽히고 꼬인 것**', 동사로는 '**헝클어지게 하다, 꼬이다**'라는 뜻입니다.
뭔가를 복잡하게 tangle얽힌 것시키는 것이 entangle얽어매다입니다.
entangle은 **탱글탱글**한 포도가 덩굴에 얽어 매여 있는 모습을 연상하면 기억하기 좋습니다.

    **entangle** [ɪntǽŋgl 인**탱**글] v. 얽어매다

## Tormented Soil
W - 고통의 대지

| 지정한 지역에 5초 동안 저주. 저주 받은 대지 위에 있는 적은 잃은 체력에 비례하여 매 초 16에서 36의 마법 피해.

□□□ **torment** [tɔ́ːrment **토어먼트**] n. 고통 ∞ Aatrox 참고

□□□ **soil** [sɔil 소일] n. 토양

### Tormented Soil(고통의 대지) 스킬은 아프리카를 말하는 스킬일까?

★ 챔피언 Morgana모르가나의 Tormented soil고통의 대지라는 스킬은 아프리카 대륙을 이야기하는 단어로도 생각할 수 있습니다.
서구로부터 끊임없는 착취와 억압을 당해온 [고통의 대지]라고 부르기에 아프리카 대륙보다 적절한 곳은 찾기 힘듭니다.

아프리카를 이러한 고통의 대지로 만든 자연요소로는 가뭄으로 인한 황량한(barren) 대지, 기아와 질병 등을 들 수 있습니다.
그리고 인적요소로는 계속되는 내전, 제국주의(imperialism)와 패권주의(hegemonism)의 영향, 그리고 이젠 이슬람 원리주의(fundamentalism)를 들 수 있겠습니다.

**barren** [bǽrən 배런] a. 황량한
**fundamentalism** [fʌndəméntəlɪzəm ㅎ펀더멘털리즘] n. (종교의) 원리주의
　　　　　　　　　　　　fundamental(근본적인) + -ism(-주의)
**imperialism** [ɪmpírɪəlɪzəm 임피리얼리즘] n. 제국주의　imperial(제국의) + -ism(-주의)
**hegemonism** [hɪdʒémounɪzəm 히제모우니즘] n. 패권주의
　　　　　　　　　　　　hegemony(패권) + -ism(-주의)

* barren은 '**황량한**'이라는 뜻인데 황무지의 모습을 말합니다.
얼핏 보면 barren 단어의 철자와 느낌은 bare벌거벗은와 비슷하므로 나무도 없이 벌거벗은 땅을 상상하면 좋습니다.
정 barren의 뜻이 기억나지 않을 때는 한글 발음 '(빛)**바랜** 황량한 **버린** 땅'을 이용하면 됩니다.

* fundamentalism원리주의은 bottom바닥을 뜻하는 foundation기초에서 나온 단어입니다.
투자에 있어서 기초 자금이 되는 fund펀드(기금)를 생각하면 되겠습니다.

* imperial제국의은 empire제국에서 나온 단어입니다.

* hegemony패권은 '헤게모니'라고도 하는데 영어식 발음은 [히제모우니]입니다.
'hegemony헤게모니 (패권)를 장악한다'는 것은 중학교 1학년에 올라가 남학생들이 처음 만나면
반에서 짱 먹으려고 1주일간 다투다가 그 중 한 명을 모두 인정하게 되는 현상이 국가 간에 일어나는 것을 말합니다.
패권을 뜻하는 단어는 그 외에도 super에서 나온 supremacy나 우세를 뜻하는 dominance같은 것이 있습니다.

**supremacy** [suːprémǝsɪ 수우프레머시] n. 패권
　← **supreme** [suːpríːm 수우프리임] a. 최고의
**dominance** [dámǝnǝns(ɪ) 다미넌 ㅅ] n. 우세

# 아프리카로 간 오사마 빈라덴

아프리카의 역사 중 한 페이지에 관심을 기울여보면 요즘 가장 세계적인 문제인 이슬람과 서구문명의 충돌을 이해할 수 있습니다.

2001년 〈9.11테러〉를 보면서 Osama Bin Laden오사마 빈 라덴은 왜 비행기를 돌진시키는 그런 일을 했을까 궁금하게 됩니다. Saudi Arabia사우디아라비아에서 부족할 게 없던 손꼽히는 부자였던 그는 아프리카의 메마른 땅 수단(Sudan)으로 가서 4년을 살며 19세기 후반 영국에 저항한 이슬람 지도자 Mahdi마흐디의 정신을 배우게 됩니다.

바로 Islamic fundamentalism이슬람원리주의입니다. 오사마 빈 라덴은 마흐디처럼 이슬람을 결집시켜 당시 영국에 해당하는 지금의 Imperialism제국주의의 대표 미국에게 복수를 하고 이슬람 중심의 정의로운 정신을 일깨우려 했던 것입니다. 그리고 오사마 빈 라덴에게 〈9.11테러〉를 당한 미국은 복수심에 불타 이라크침공을 하고 아프가니스탄과 파키스탄으로 알카에다를 쫓아다니게 됩니다.

이렇게 전쟁으로 불안정해진 이라크에서 지금의 시리아 난민사태의 주 원인인 IS(Islamic state)가 발생하고 거기에 동조한 과격분자들은 서구에 다시 테러를 일으키는 악순환이 이어지고 있습니다.

## Black Shield
### E - 칠흑의 방패

아군 챔피언에게 5초 동안 지속되는 보호막을 침. 이 보호막은 70의 마법 피해를 흡수하고 유지되는 동안 모든 종류의 방해 효과에 면역.

## Soul Shackles
### R - 영혼의 족쇄

주변의 적 챔피언에게 어둠의 사슬을 걸어 150의 마법 피해를 입히고 3초 동안 20% 둔화를 검. 사슬을 건 상태로 3초가 지나면 150의 추가 마법 피해를 입히고 1.5초 동안 기절시킴.

□□□ **shackle** [ʃǽkl **섀클**] v. 족쇄를 채우다  n. 족쇄

## Shackle(족쇄)은 Shake(흔들다)되는 사슬 링

★ shackle은 무언가를 단단하게 붙잡는 도구인 족쇄를 채우는 것을 말합니다. 쇠사슬로 흔들흔들 이어져 있는 모습 때문에 어원상 shake흔들다와 연결되어 있다고 언어학자들은 추측하고 있습니다. 따라서 shackle족쇄을 기억할 때는 철커덩 컬커덩 쇠사슬을 흔들다(shake)라고 생각하면 됩니다.

shackle족쇄은 18세기에는 shackledom이란 단어를 통해 **'결혼'**의 다른 표현으로도 사용되었다고 합니다. 이 shackledom은 freedom이나 wisdom에서처럼 -dom을 붙여 추상명사화한 것입니다. 결혼을 족쇄로 표현했다는 사실이 재미있습니다.

shackle 이외에도 인간을 구속하는 기구는 여러 가지가 있는데 최근에는 수갑이 많이 사용됩니다.
수갑은 handcuffs 혹은 짧게 cuffs라고도 부르고 irons, manacles라고 부르기도 합니다.
또한 노예에게 족쇄는 가장 크게 느껴지는 물건이었는데 아프리카인들은 18세기까지는 족쇄와 함께
극악한 노예선에 태워져서 대서양을 가로 질러 미국에 팔려나갔었습니다.
미국의 노예들은 rigorous엄격한 감시와 노동에 시달리다가 1865년에 링컨 대통령이 노예제를 폐지
(abolish)하고 나서야 조금 한 숨을 돌리게 됩니다.

**rigorous** [rígərəs 리거러ㅅ] a. 철저한, 엄격한
**abolish** [əbáːlɪʃ 어바알리쉬] v. 폐지하다

* **rigorous**는 '**철저한**' 또는 '**엄격한**'이라는 뜻입니다. rigid딱딱한가 명사가 된 rigor엄격에 -ous 어미가 붙어 다시 한
번 형용사형이 된 것입니다. 물건이 단단하고 딱딱하다는 뜻에서 사람이 철저하고 엄격하다는 뜻이 나왔습니다.
rigorous는 rigid나 rigor 단어를 알고 있다면 기억하기 편한 단어입니다.
그러나 만일 난생 처음 보는 단어라면 rigorous의 발음을 이용해 노예상인이 "**니그로**(negro)**를 철저히 감시해!**"라고
가혹하게 대하는 모습을 연상하면 됩니다.
물론 negro니그로는 흑인을 비하하는 심한 인종차별주의적인 단어라서 함부로 사용하면 안됩니다.

* **abolish**는 폐지하다는 뜻입니다. 법률이나 제도, 나쁜 습관 등을 없애는 것이죠. 어원은 '**파괴하다**'라는 뜻의 라틴어
abolere에서 나왔습니다.
이는 ab(from) + adolere(grow)의 조합으로서 더 이상 (식물이) 자라지 못하고 파괴되었다는 뜻입니다.
abolish를 기억할 때는 앞발로 규제와 잘못된 것을 싹 쓸어내어 폐지한다고 기억하면 편합니다. '**앞발로 쉭~**' 치우는
모습을 떠올리면 됩니다.

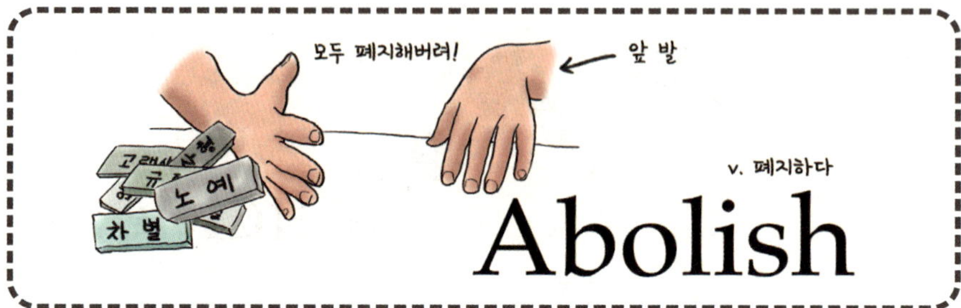


## 아프리카 노예무역이 끝나며 생긴 일

 미국에선 링컨이 1865년 노예제를 폐지했지만 19세기 후반까지도 아프리카의 북부에는 아직 잔인한 slave trade노예무역가 존재했었습니다. 제국주의 강대국인 영국도 1877년 〈영국-이집트 노예무역 금지법〉을 만들고 Egypt이집트에 압력을 넣어 Sudan수단의 Khartoum카르툼에 있는 노예시장을 폐쇄하게 했습니다.

 당시 영국은 이집트에 대리통치 형식으로 영향력을 행사하고 있었습니다. 구한말 일본이 조선에게 간섭하듯이 영국은 Cairo카이로에 군대를 배치하고 내정을 간섭했었던 것입니다. 또한 그 이집트는 남쪽의 수단을 거의 자기 속국으로 생각하고 있었습니다. 이렇게 이집트는 영국의 명령에 따라 수단으로부터의 노예수입을 금지하게 됩니다. 그러자 노예무역으로 먹고 살던 수단사람들은 〈노예무역금지법〉에 큰 반발을 하게 되고 자신을 이슬람 선지자로 선포한 Mahdi마흐디를 중심으로 제국주의에 반대하는 대규모 반란을 일으키게 됩니다.

 반란의 초반에 영국은 큰 패배를 당하고 진압하러 간 유명한 카르툼의 Charles Gordon고든 총독도 반란군에게 죽임을 당하게 됩니다. 당시 세계 최강이고 패배를 모르는 영국군을 상대로 창과 칼로 무장한 사막의 반란군들이 대단한 승리를 거둔 것입니다. 이후 영국군은 몇 년이 지나고 나서야 기차와 기관총을 이용하여 반란군을 간신히 패배시킬 수 있었습니다.
 이렇게 마흐디는 패배하고 노예무역은 영원히 종말을 고했지만 이 〈Sudan수단 전쟁〉은 마흐디정신으로 남아서 향후 무슬림의 서구 세력에 대한 저항의 표본으로 큰 영향을 미치게 됩니다.

# Morgana

★★★☆☆ **siphon** - The large chain stores began to siphon off the profits from the small local stores.
거대 체인점들이 작은 지역 상점들로부터 이익을 빨아들이기 시작했다.

★★★☆☆ **binding** - a binding agreement 체결된 합의

★★★☆☆ **entangle** - The professional baseball players were entangled in a cheating scandal.
그 프로야구선수들은 사기스캔들에 휘말렸다.

★★★☆☆ **torment** - My mom tormented me about my old smelly shoes.
엄마는 냄새나는 내 헌 신발 때문에 나를 괴롭혔다.

★★☆☆☆ **soil** - Our science teacher told us to examine a handful of soil.
우리 과학 선생님은 우리에게 흙 한줌에 대해 조사하라고 말했다.

★★★☆☆ **barren** - While walking for hours along the barren landscape in search for water,
they spotted a saguaro cactus.
물을 찾아서 여러 시간동안 황무지를 걷다가 그들은 사와로 선인장을 발견하였다.

★★★☆☆ **fundamentalism** - Christian fundamentalism 기독교 근본주의

★★★☆☆ **imperialism** - Japanese imperialism was defeated by the nuclear bomb.
일본 제국주의는 핵폭탄에 의해 패하였다.

★★★★☆ **hegemonism** - the communist expansionism and the Soviet hegemonism
공산주의 확장주의와 소비에트 패권주의

★★★☆☆ **supremacy** - The supremacy of our team is shown by our 10-0 record.
우리 팀의 우위는 우리의 10-0 기록이 보여준다.

★★★☆☆ **supreme** - the Supreme Court 대법원

★★★☆☆ **dominance** - The Portugal soccer team showed dominance during this tournament.
포르투갈 축구팀은 이 토너먼트동안 우세를 보여주었다.

★★★☆☆ **shackle** - It's not easy to remove the shackles of society.
사회적 굴레들을 없애는 것은 쉽지 않다.

★★★☆☆ **rigorous** - After hours of rigorous training, she was ready for her first match.
여러 시간의 혹독한 훈련 후, 그녀는 첫 시합을 할 준비가 되어 있었다.

★★★☆☆ **abolish** - They should abolish a corrupt system entirely.
그들은 부패한 시스템을 완전히 폐지해야 한다.

# Nami, the Tidecaller
## 나미 – 파도 소환사

P  Surging Tides  밀려오는 파도

Q  Aqua Prison  물의 감옥

W  Ebb and Flow  밀물 썰물

E  Tidecaller's Blessing  파도 소환사의 축복

R  Tidal Wave  해일

---

## P Surging Tides  | 나미의 스킬의 영향을 받은 아군의 이동속도가 1.5초동안 증가
passive - 밀려오는 파도

□□□ **surge** [s3ːrdʒ 써어지] v. 밀려들다, 급등하다  ∞ Irelia 참고

□□□ **tide** [tɑɪd 타이드] n. 조수(潮水)  ∞ Vladimir 참고

### tide(조수)는 time of day의 준말

★ tide는 기조력에 의해 밀물과 썰물이 발생하는 '**조수**'를 뜻합니다.
tide는 어원상으로 고영어인 tid에서 나왔는데 이는 '**time of day**시간의 한 점'를 의미합니다.
형용사형인 tidal을 자주 볼 수 있습니다.

**tidal** [tάɪdl **타이**들] a. 조수(潮水)의  ∞ Fizz 참고

tidal force기조력란 지구의 원심력과 태양과 달의 인력의 합을 말합니다. 이때의 인력은 질량에 비례하고, 거리의 세제곱에 반비례합니다.
태양의 질량은 어마어마하지만 달이 지구에 더 가까이 있으므로 달의 인력이 태양보다 약 2배 더 큽니다. 그래서 조수 간만의 차는 달의 영향을 더 받습니다.
거기에 태양까지 일렬로 서면 상호간에(reciprocal) 작용하는 힘이 더 커져 밀물과 썰물의 차이가 증가하게 되는 것입니다.
태양과 달과 지구가 일직선으로 설 때 발생하는 높은 조석의 차이는 spring tides대조라고 부르고 달과 지구 태양이 직각으로 위치할때의 높은 조석의 차는 neap tides소조라고 부릅니다.

reciprocal [rɪsíprəkl 리**시**프러클] a. 상호간의
= mutual [mjú:tʃuəl **뮤우추얼**] a. 상호간의

* reciprocal은 '**상호간의**'라는 뜻입니다. 서로를 향해 주거니 받거니 힘이 작용하는 모습을 말합니다.
reciprocal은 라틴어인 reciprocus에서 나온 단어인데 반복되는 작용을 설명하는 단어답게 그 자체에 '**앞뒤로
왕복하다**'는 뜻이 들어있습니다. 즉 recus(back) + procus(forward)의 합으로서 접두사 re(다시, 뒤로)와 접두사
pro(앞으로)를 떠올리면 이해가 가는 단어입니다.
상호간의 반복을 나타낼 때 우리말은 '**앞뒤로**'라는 순서인데 라틴어, 영어에서는 '**뒤앞으로**'의 순서여서 문화간의
차이가 느껴지는 단어라고 하겠습니다.
reciprocal을 기억할 때는 단어에서 **re**와 **pro**를 찾아내어 '**뒤앞**'으로 이해하며 대칭성을 떠올려야 합니다.

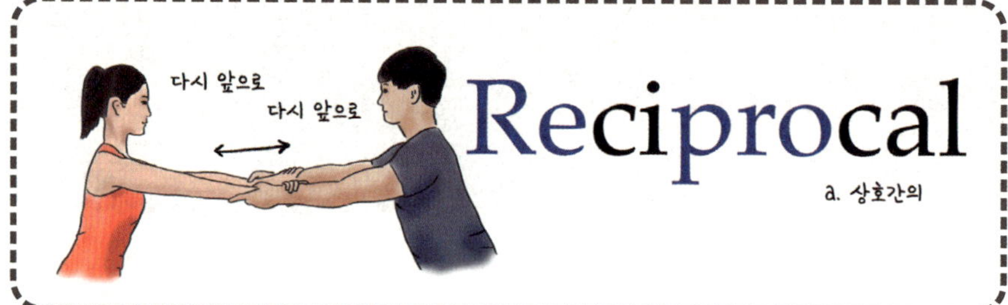


* **mutual**은 '**상호간의**'라는 뜻인데 reciprocal을 외울 때 같이 기억해야 하는 동의어입니다. mutual의 어원은 역시
같은 '**상호간의**'라는 뜻의 라틴어 mutuus입니다.
mutual은 서로 동등한 관계에서 사용이 가능한 단어입니다. mutual love(상호간의 사랑)나 mutual help(상호간의
도움), mutual respect(상호간의 존경)의 예처럼 동등한 두 주체의 작용에 쓰입니다.
또한 mutual과 관련해서 우리에게 익숙한 표현으로 '**상호확증파괴**'란 말이 있습니다. 핵전쟁의 무서움을 나타내는
말인데 '**네가 나에게 핵미사일을 쏘면 나도 너에게 핵미사일을 쏴서 확실하게 같이 멸망할 것이다**'라는 뜻입니다.
그러니 서로 핵 억지력을 가지게 되는 것이지요.
이 상호확증파괴를 영어로 MAD(Mutual Assured Destruction)라고 부릅니다. 단어의 약자 그대로 '**미친(mad)**'
인류의 행동이라고 할 수 있습니다.
mutual을 기억할 때는 서로 죽이며 이 상호확증파괴를 하는 철이 없는 인간의 '**무(無)철**'한 모습을 떠올리면 됩니다.

**Q**  **Aqua Prison**
active - 물의 감옥

나미가 지역을 대상으로 물방울을 날림. 선택 영역 지면에 물방울이 닿으면 적에게 75
마법 피해를 입히고 1.5초 동안 물방울에 갇혀서 기절 상태.

☐☐☐ **aqua** [ǽkwə **애쿼**] n. 물

☐☐☐ **prison** [prízn **프리즌**] n. 감옥    ∞ Ryze 참고

 # aqua는 '물 수(水)'

★ aqua는 '물'이라는 뜻인데 aquarium수족관에서처럼 접두사로 사용되거나 aqua regia왕수처럼 복합어로 쓰이기도 하고 aqua물 그 자체로도 사용됩니다.
aqua의 형용사형은 aquatic, aqueous의 두 가지가 있습니다.
두 형용사는 뜻이 약간씩 다른데 aquatic은 aquatic plants수생식물에서처럼 '수생의'라는 뜻으로 사용되고 aqueous는 aqueous solution수용액의 예처럼 '물과 같은'이라는 의미로 쓰입니다.
'A의'라는 말과 'A 같은'이라는 말은 엄연히 다르므로 두 형용사의 사용에 주의해야 합니다.

그럼 aqua에서 기원한 단어들을 보겠습니다.

**aquatic** [əkwǽtɪk 어퀘틱] a. 물속의, 수생의
**aqueous** [éɪkwɪəs 에이쿼스] a. 물과 같은
**aquarium** [əkwérɪəm 어퀘리엄] n. 수족관
**aqualung** [ǽkwəlʌŋ 애퀄렁] n. 잠수용 수중 호흡기
**aqua regia** [ǽkwə-ríːdʒɪə 애퀘리이지어] n. 왕수(王水)

* aquarium은 수족관입니다. aqua(물) + -ium(공공장소)의 조합입니다. 여기 접미사 -ium은 여러 사람이 모이는 공공장소를 가리키는 명사를 만드는 어미입니다. 가끔은 일반 명사나 원소의 이름에도 사용됩니다.
-ium은 삼성미술관의 이름인 리움미술관에서도 볼 수 있습니다. 설립자인 이건희 회장의 Lee에 -ium을 붙여서 만든 이름입니다. 이렇게 -ium이 들어간 단어도 모아서 기억할 만 합니다.

**stadium** [stéɪdɪəm 스테이디엄] n. 경기장
**auditorium** [ɔːdɪtɔ́ːrɪəm 오어디토어리엄] n. 객석, 강당
**gymnasium** [dʒɪmnéɪzɪəm 짐네이지엄] n. 체육관
**condominium** [kɑːndəmíɪnɪəm 카안더미니엄] n. 아파트
**sodium** [sóʊdɪəm 소우디엄] n. 나트륨(Na)
**potassium** [pətǽsɪəm 퍼태시엄] n. 칼륨(K)

* aqualung애퀄렁은 aqua(물) + lung(폐)의 조합입니다. 애퀄렁은 처음엔 잠수용 수중 호흡기를 나타내는 상표명이었다가 일반호칭이 된 단어입니다.
우리나라에는 '대일밴드'나 커피에 넣는 '프리마'처럼 처음 보는 물건이 그 아류를 모두 대표하는 단어가 된 경우가 많습니다. 호치키스, 봉고, 스티로폼, 크레파스, 폴라로이드, 나일론, 브루스타..등도 마찬가지입니다.

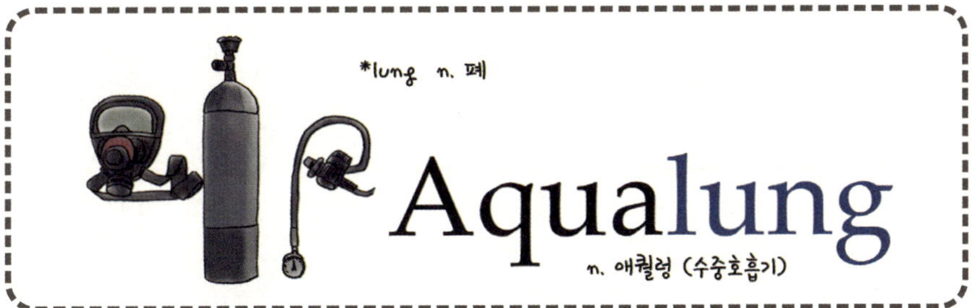

**aqua regia(왕수)**

**aqua regia**는 왕수(王水)라는 뜻입니다. 왕수란 진한 염산과 진한 질산을 3:1의 비율로 혼합한 용액입니다. 이름에서 느낌이 오듯이 강한 산성의 용액이고 실험실에서 소량을 흡입해도 호흡기점막에 손상을 받을 수 있는 화학용액입니다. 왕수를 쉬운 영어로 바꾸면 royal water가 됩니다. 왕수가 금이나 백금 같은 noble고귀한한 금속을 용해시킬 수 있는 용액이라서 그러한 이름이 붙었습니다.

뒷부분의 라틴어 regia는 regal제왕의을 생각하면 뜻의 유추가 가능한 단어입니다.

## W Ebb and Flow
active - 밀물 썰물

밀려드는 파도를 보내 아군이나 적 챔피언을 맞힘. 아군을 맞히면 65만큼 치유하고 근처 적 챔피언에게 튕김. 적을 맞히면 70의 마법 피해를 주고 근처 아군 챔피언에게 튕김. 각 대상에는 한 번만 튕기며 최대 3명의 대상에게 튕김.

□□□ **ebb** [eb 엡] n. 썰물

### ebb(썰물)은 off에서 나온 단어

★ **ebb**는 조수의 변화에서 썰물을 말합니다. 어원상 ebb는 off의 뜻인 PIE어근 *apo-에서 기원한 것입니다. ebb은 물이 빠져 나가는(off) 모습에서 만들어진 단어입니다.

반대로 물이 밀려오는 밀물은 flow또는 flood를 사용합니다. 밀물은 물이 해안으로 밀려들어오는 (flow) 것이거나 물이 차서 홍수(flood)가 나는 것이니까요.　∞ Fizz 참고

챔피언 피즈에서도 보았듯이 조수의 변화를 말할 때 우리나라는 **'밀물과 썰물'**이라고 하지만 영어는 **'썰물과 밀물'**의 순서로 표현합니다. 즉 ebb and flow 또는 ebb and flood의 순서를 사용합니다.

비슷한 천문현상으로서 달이 차고(wax) 기울고(wane)하는 현상에는 wax and wane영고성쇠이란 표현을 씁니다. 여기서 영고성쇠(榮枯盛衰)란 **'흥할 때가 있으면 망할 때도 있다'**라는 뜻입니다.

## E Tidecaller's Blessing
active - 파도 소환사의 축복

아군 챔피언을 6초 동안, 혹은 3번의 공격까지 강화시켜 기본 공격으로 25의 추가 마법 피해를 입히고 공격 당한 적을 1초 동안 15% 느리게 만듦.

□□□ **blessing** [blésɪŋ 블레싱] n. 축복　∞ Kayle 참고

## blessing(축복)은 blood(피)가 옷에 튀길 비는 것

★ blessing은 축복을 의미합니다. 동사 bless는 '**축복을 빌다**'라는 뜻이고 "God bless you!" 처럼 신이 축복을 내려 건강, longevity장수 또는 행운을 가지기를 기원하는 인사말로 자주 쓰입니다. bless는 proto-Germanic(원시 독일어)의 blodison에서 나온 단어인데 '**blood피가 튀었다**'란 의미였습니다. 이는 이교도들이 제단에서 사람이나 동물의 죽인 후 주변에 피를 뿌리는 의식에서 나온 것입니다. 피가 옷에 묻거나 얼굴에 튀면 축복을 받는 것이지요. 이 어원의 유래를 알게 되면 친구가 "God bless you!"라고 인사를 할 때마다 자신의 몸에 bloo피가 튀는 것처럼 느끼게 됩니다.

**longevity** [lɑːndʒévətɪ 라안**제**버티] n. 장수(長壽)

* longevity는 인간의 가장 큰 꿈인 '**장수(長壽)**'를 말합니다.
어원인 라틴어 longaevus는 long + aevum(life인생)의 조합입니다. 말 그대로 '**긴 인생**'이란 뜻입니다.
이 라틴어의 어근인 시대나 인생을 의미하는 라틴어 aevum은 영어단어 aeon(=eon)영겁에 그 자취가 남아 있습니다.
longevity를 외울 때는 간단히 "장수란 안죽고 길long게 버티는 것이여~!"라고 말씀하시는 할아버지를 떠올리면 됩니다.

### Tidal Wave
active - 해일

적들을 공중으로 띄워 150만큼의 피해를 입히고 50% 만큼의 둔화를 거는 거대한 해일을 소환. 둔화 효과는 해일이 이동한 거리에 따라 최소 2초에서 최대 4초까지 적용. 해일을 맞은 아군은 밀려오는 파도의 효과를 두 배로 받음.

## tidal wave(해일)는 tsunami(쓰나미)

★ tidal wave는 보통 거대한 '**해일**'을 말하는데 이는 tsunami쓰나미와 같은 말로 사용됩니다. 일본은 쓰나미를 완화시키거나 막기 위한 거대한 벽을 바닷가에 세우고 있습니다. 보통 바닷가 앞에 12~15m 높이로 벽을 만듭니다.
문제는 그 벽이 쓰나미의 속도를 늦추거나 높이를 줄일 수는 있어도 쓰나미가 30m(10층 빌딩

높이)를 넘기도 하므로 지역의 파괴와 인명피해를 줄이는 데에는 도움이 안 된다는 것입니다.
이렇게 쓰나미가 방어벽을 넘거나 topple넘어뜨리다할 수 있는 문제를 해결하기 위해 일본은
buoy부이를 먼 바다에 띄우는 시스템(emergency alert system)을 개발했습니다.

부이는 평상시 먼 바다에서 파도에 따라 fluctuation오르내리기하다가 비정상적으로 큰 변동을
보이면 경고를 발하는 시스템입니다. 그러나 이마저도 지진 후 5분도 안 돼서 밀어닥칠 수 있는
쓰나미의 특성상 대처에 어려움이 많습니다.

참고로 파도를 주무기로 사용하는 우리의 챔피언 Nami나미의 이름은 일본어 tsunami쓰나미에서
'tsu'를 뺀 것입니다.

**topple** [táːpl 타아플] v. 넘어뜨리다　　∞ Renekton 참고
**emergency** [imɜ́ːrdʒənsɪ 이머어전시] n. 비상사태
**alert** [əlɜ́ːrt 얼러어ㅌ] a. 정신이 명료한
**fluctuation** [flʌktʃuéɪʃən ㅎ플럭츄에이션] n. 변동, 오르내림　　∞ Ryze 참고

Homo Erectus

* **alert**는 '**정신이 명료한**'이라는 뜻입니다. 반대말로는 confused혼란스러워 하는가 있습니다.
alert는 서있다(erect)는 뜻의 라틴어 erigere에서 나왔는데 탑이 높게 세워져서 충실하게 경계중인
모습을 표현하는 단어입니다.　여기서 erect는 '**직립원인(直立猿人)**'을 말하는 Homo Erectus호모
에렉투스를 생각하면 이해하기 편합니다.
또한 alert는 명사로는 '**경계태세**'를 말하고 동사로는 '**경보를 알리다**'라는 뜻입니다.
alert는 잠에서 헤매는 사람의 정신을 명료하게 해주는 시계의 alarm알람과 발음과 뜻이 비슷하므로
연상해서 암기하기 좋습니다.

**erect** [irékt 이렉ㅌ] a. 똑바로 선, 발기한
**confuse** [kənfjúːz 컨ㅎ퓨즈] a. 혼란스러운
　→ **confusion** [kənfjúːʒn 컨ㅎ퓨젼] n. 혼란

* **fluctuation**은 변동이나 '**반복적인 오르내림**'을 뜻합니다.
wave파도를 의미하는 라틴어 fluctus의 동사형 fluctuare에 명사화 어미가 붙어 나온 단어입니다. '**흐르다**'라는
뜻의 flow나 '**유창한**'이라는 뜻의 fluent, 그리고 '**액체**'라는 뜻의 fluid 등이 모두 같은 어원에서 기원한 것입니다.
fluctuation은 파도가 위아래로 흔들리거나 깃발이 앞뒤로 펄럭이는 모습이 대표적인 이미지입니다.
fluctuation을 외울 때도 깃발이 '**펄럭펄럭**'하는 발음과 이미지를 이용하면 기억하기 좋습니다.

# Nami

★★★☆☆ surge - flooding caused by tidal surges
조수(潮水)가 밀려들어 발생한 홍수

★★★☆☆ tide - Tonight's full moon changed the tides.
오늘밤의 보름달이 조류를 바꿨다.

★★★☆☆ tidal - strong tidal currents 강력한 조류(조수의 흐름)

★★★☆☆ reciprocal - We made a reciprocal deal in which I gave my friend a 10,000won game coupon and he gave me his favorite mechanical pencil.
우리는 상호호혜적인 거래를 했는데, 나는 내 친구에게 만 원짜리 게임쿠폰을 주고, 친구는 그가 가장 아끼는 샤프펜슬을 나에게 준 것이다.

★★★☆☆ mutual - mutual respect 상호 존중

★★★☆☆ aqua - The army was low on aqua and had to give up.
그 군대는 물이 부족했고 그래서 포기해야했다.

★★☆☆☆ prison - Lane captured after escape from prison in Lima.
레인은 리마의 감옥에서 탈출한 후 체포되었다.

★★★☆☆ aquatic - aquatic sports 수상 스포츠

★★★☆☆ aqueous - an aqueous solution 수용액

★★☆☆☆ aquarium - At the aquarium, they saw a shark eat a sea turtle.
아쿠아리움(대형수족관)에서 그들은 한 상어가 바다거북을 먹는 것을 보았다.

★★★★☆ aqualung - a mouthpiece of aqualung 잠수용 수중호흡기의 마우스피스

★★☆☆☆ stadium - a public stadium 공설운동장

★★★☆☆ auditorium - All the students heard a K-1 fighter talk about fighting in the auditorium.
모든 학생이 강당에서 K-1 파이터가 싸움에 대해 이야기하는 것을 들었다.

★★★☆☆ gymnasium - an indoor gymnasium 실내 체육관

★★★☆☆ condominium - resort condominium 휴양 콘도미니엄

★★★★★ sodium - When we added sodium, the experiment blew up.
우리가 소금을 첨가하자 그 실험물은 폭발했다.

★★★★★ potassium - potassium levels in blood 혈액의 칼륨농도

★★★☆☆ ebb - the ebb tide 썰물

★★☆☆☆ blessing - divine blessing 신의 은총

★★★☆☆ longevity - A big part of the longevity of a game is its fun factor.
게임의 장수에 있어 큰 부분은 그것의 재미요소이다.

★★★☆☆ topple - The insurgent troops were able to topple the government.
그 반란군은 정부를 전복시킬 수 있었다.

★★☆☆☆ emergency - an emergency case 구급상자

★★★☆☆ alert - Ken and his team were already alert to the danger.
켄과 그의 팀은 이미 위험에 대해 주의하고 있었다.

★★★☆☆ fluctuation - My score fluctuates based on the amount of time I study.
내 점수는 내가 공부한 시간의 양에 따라 오르내린다.

★★★☆☆ erect - By erecting the tallest tower in the world, the city became famous.
세계에서 가장 높은 타워를 세움으로 그 도시는 유명해졌다.

★★★☆☆ confuse - Jack was confused at a critical moment.
잭은 중요한 순간에 혼란스러워했다.

★★★☆☆ confusion - confusion about what really happened
실제로 일어난 일에 대한 혼란

# Nasus, the Curator of the Sands
## 나서스 – 사막의 관리자

- **P** Soul Eater  영혼 포식자
- **Q** Siphoning Strike  흡수의 일격
- **W** Wither  쇠약
- **E** Spirit Fire  영혼의 불길
- **R** Fury of the Sands  사막의 분노

---

**P** **Soul Eater**
passive - 영혼 포식자 | 나서스가 입힌 물리 피해의 10% 만큼 체력을 회복.
레벨 1, 7, 13일 때 증가.

## curator(전시책임자)는 전시물을 cure하는 사람

★ 모래폭풍을 사용하는 챔피언 Nasus나서스는 별명이 the curator of sands사막의 관리자입니다. curator큐레이터는 요즘에 뜨는 직업으로서 museum박물관이나 gallery전시관에서 전시물을 관리하고 배치하는 업무를 담당하는 사람을 말합니다. 그 분야에 관한 전문적인 지식과 함께 예술적인 감각도 가지고 있어야 하는 직업입니다.

curator큐레이터는 감독관을 나타내는 같은 철자의 라틴어인 curator에서 나온 단어입니다. 어원상 **'돌보다, 치료하다'** 뜻의 cure에 기원이 있는 단어입니다.
curator를 기억할 때도 전시책임자가 부서진 전시물을 cure한다고 생각하면 됩니다.

챔피언 나서스는 curator의 어원 그대로 사막을 감독하고 지키는 역할을 하고 있습니다.
게다가 나서스는 이집트 신화의 Anunis아누비스 신의 모습처럼 자칼의 얼굴을 가진 인간 형태여서 사막에서 미이라를 지키는 curator의 컨셉이 더욱 어울립니다.

    **cure** [kjur 큐어]  v. 치료하다, 낫게 하다
    **curator** [kjuréɪtə(r) 큐레이터]  n. (박물관의) 전시책임자

## Siphoning Strike
active - 흡수의 일격

나서스의 다음 1회의 공격이 추가 물리 피해. 만약 미니언, 정글 몬스터가 이 스킬에 타격을 당해 죽을 경우 스킬의 추가 물리 피해가 영구적으로 3 증가. 나서스가 챔피언이나 대포 미니언, 큰 정글 몬스터를 흡수의 일격으로 물리쳤을 때 증가량이 2배 상승.

□□□ **siphon** [sáɪfn **사이**ㅎ**픈**] n. 사이펀  v. 뽑아내다  ∞ Mordekaizer 참고

## Wither
active - 쇠약

나서스가 적 챔피언의 노화를 촉진시켜 이동 속도와 공격 속도를 35% 감소시킴. 5초 동안 추가 둔화효과만큼 더 느려짐. 만약 지속 시간이 짧아진 경우는 추가 둔화 효과가 더 빨리 적용되서 최대 둔화효과까지 적용. 공격 속도는 절반만 감소.

□□□ **wither** [wíðə(r) **위더**] v. 시들다

### wither(시들다)는 더운 weather(날씨)에서 나온 단어

★ wither는 '시들다'라는 뜻입니다. 중세 영어 wydderen에서 나온 단어로서 dry up(말라버리다), shrivel(쪼글쪼글해지다)이라는 뜻입니다. 어원을 따라가보면 wither는 철자가 거의 비슷하게 생긴 weather날씨 단어와 관련이 있습니다.

기억할 때도 단어 wither에서 **weather**를 유추해내고 태양 아래의 뜨거운 날씨에서 식물이 시들어 부서지기 쉬운(fragile) 모습을 떠올리면 됩니다. wither는 식물이 시드는 것을 표현하기도 하지만 사람이나 군중의 열기나 정열이 가라앉을 때에도 사용할 수 있는 단어입니다.

**shrivel** [ʃrívl **슈리블**] v. 쪼글쪼글해지다
**fragile** [frǽdʒl ㅎ**프래즐**] a. 부서지기 쉬운

* shrivel은 '**쪼글쪼글해지다**'라는 뜻입니다. shrivel 단어도 wither시들다와 마찬가지로 식물이나 동물에서 수분이
빠져나가는 현상에 사용됩니다.
어원상 shrivel은 '**쪼글쪼글해지다**'라는 뜻의 Scandinavian스칸디나비아어(語) skryvla를 영어에 받아들인 것입니다.
shrink줄어들다, shrimp새우처럼 오므라드는 모습을 연상시키는 단어에서 비슷한 어근을 찾아볼 수 있습니다.
shrivel을 기억할 때는 새우 shrimp의 철자를 이용하여 '**shrimp가 뱰**뱰꼬여 쪼그라졌다'로
이미지를 만들면 됩니다.

**shrink** [ʃrɪŋk 슈링크] v. 줄어들다, 오므라들다.  n. 정신과 의사(속어)
**shrimp** [ʃrɪmp 슈림프] n. 새우



* fragile은 부서지거나 '**파손되기 쉽다**'라는 뜻입니다. 주로 공항에서 짐을 부치거나 택배를 보낼 때 그 안에 깨지기
쉬운 유리 같은 물건이 들어있다고 표시하는 sign사인에서 자주 볼 수 있습니다.
'**부서지다(break)**'라는 뜻의 라틴어 frangere에서 나온 단어입니다.
fragile을 외울 때는 break의 발음을 기억하거나 한글발음 그대로 '**던지면 부러질..뿌라질**'이라고 기억하면 됩니다.

## 뇌를 오므라들게 하는 정신과의사



정신과의사를 속어로 shrink라고 부릅니다. 이는 뇌를 쪼글쪼글하게 만든다는 head
shrinker의 준말로 그 역사를 알고 보면 무시무시한 단어입니다.

남미의 Equador에쿠아도르나 Peru페루 같은 곳에 가면 원주민들은 trophy전리품용이나
ritual의식용, 혹은 trade거래용으로 사람의 머리를 가공합니다. 사람 주먹만 한 크기로
사람머리를 shrink한 다음 부적처럼 가지고 다니는 전통입니다.
원주민들이 수박만한 크기의 사람머리를 주먹의 크기로 만들 때는 복잡한 과정을 거칩니다. 먼저 skull두개골와
fat지방과 flesh살을 제거하고 눈구멍과 입구멍을 꿰맨 다음에 둥그런 나무틀에 머리껍질을 고정시킵니다.
그리고 약초와 여러가지 성분을 넣은 후 끓인 다음에 꺼내어 건조시키고 마지막으로 잿가루로 표면을 비벼주면
이 모든 과정이 끝이 납니다.

psychiatrist정신과의사가 다루는 분야는 사람의 심리와 정신영역이기 때문에 그가 머릿속을 오물딱 쪼물딱하는
느낌이 나므로 이런 shrink라는 속어가 나온 것으로 보입니다.

## Spirit Fire
active - 영혼의 불길

나서스가 5초간 대상 지역에 영혼의 불길을 만들어 냄. 해당 지역에서 영혼의 불꽃에 맞을 경우 즉시 마법 피해를 입으며 지역에 있는 동안 매 초당 피해. 지역에 있는 동안 방어 감소 디버프에 걸리며 그 지역에 나와서는 1초 동안 디버프에 걸림.

□□□ **spirit** [spírɪt 스피릿] n. 정신, 영혼, 기분   ∞ Ahri 참고

## SPirit과 SOUl의 차이는 서양 사람도 버벅거린다

★ spirit은 정신, 영혼, 기분, 마음, 생명력, 용기 등 여러 가지 뜻으로 사용됩니다.

**spiritual** [spírɪtʃuəl 스피릿츄얼] a. 정신의, 종교의

spirit정신은 사고하는 의지를 가진 마음을 의미하여 body육체와 반대되는 개념입니다. 그에 반해 soul영혼은 종교적인 혼을 말합니다.
둘은 명백히 다른 개념이지만 둘 모두 눈에 보이지 않는 것들이어서 우리는 정신과 영혼을 혼동해서 사용하기도 합니다.

서양 사람들도 spirit정신과 soul영혼은 차이를 설명하라고 하면 버벅거립니다. 우리도 가끔씩 무슨 일을 해 놓고도 내 정신이 한 건지 내 영혼이 한 건지 ambiguous모호한한 것을 느낍니다.

**ambiguous** [æmbígjuəs 앰비규어ㅅ] a. 모호한, 애매한

* ambiguous는 '애매모호하다'라는 뜻입니다. 어떤 일이나 사물에 두 가지 뜻이 있거나 의심이 가고 사실에 변화가 가능할 때 쓰는 단어입니다. 어원은 wander방황하다라는 뜻의 라틴어 ambigere입니다.
이 라틴어는 ambi(about) + agere(act)의 조합으로 이루어진 것입니다. 여기서 ambi-는 '양쪽의, 둘 다'라는 의미로 사용되는 중요한 접두어입니다. 즉 뭔가 정해지지 않아 '주변을 왔다갔다'하는 행동을 묘사하는 단어입니다.
ambiguous는 흔히 equal에서 나온 equivocal동등한이란 단어와 혼동하여 사용됩니다.
ambiguous를 기억할 때는 이명박 전 대통령의 애칭이 'MB'였던 점을 떠올리며 (사실과는 관계없이) 그의 설명이 애매모호하다고 이미지를 만들면 편합니다. 매우 정치적인 암기법이라 'MBguous'하게 설명할 수밖에 없네요.

# R　Fury of the Sands
active - 사막의 분노

나서스가 자신의 본래의 모습을 15초 동안 해방. 지속 시간 동안 나서스의 평타 사거리가 50 증가하고 최대 체력이 증가하며 나서스의 주변에 모래 폭풍을 만들어내 주위 적들에게 데미지를 줌.

□□□ **fury** [fjúrɪ ㅎ**퓨리**] n. 분노　　∞ Rek' Sai 참고

## fury(분노)는 맘속에 불이!

★ fury는 분노를 말하는데 wrath분노, anger화, rage격분 등의 단어와 비슷한 뜻입니다.
fury는 자기 자신에게 표출할 수도 있고 상대방을 질책(reprimand)하거나 꾸짖으며(admonish) 나타낼 수도 있습니다.
아무런 이유 없이 죄 없는 대상을 공격하는 사회를 향한 분노표현은 누구나가 희생자가 될 수 있다는 점에서 큰 문제라고 할 수 있습니다.

fury는 쉬운 단어이긴 하지만 정 안 외어질 때는 '**분노는 마음속에 불이 일어나는 것**'으로 발음대로 기억해도 됩니다.

**reprimand** [réprɪmænd 레프리맨ㄷ] v. 질책하다
**admonish** [ədmáːnɪʃn 어드**마아**니쉬] v. 꾸짖다

* reprimand는 상대방을 야단치며 질책하는 것을 말합니다. 어원은 '**억압하다**'는 뜻의 라틴어인 reprimenda에서 나온 단어입니다. 억누르다라는 뜻의 repress도 reprimand와 어원이 관련되어 있습니다.
reprimand는 비슷한 뜻의 admonish꾸짖다와 바꾸어 사용할 수 있습니다.
reprimand를 외울 때는 윗사람이 "**이따위로 밖에 보고서를 못 써? 다시(re) 빨리 만들어와!**"라고 질책하는 모습과 발음을 떠올리면 됩니다.

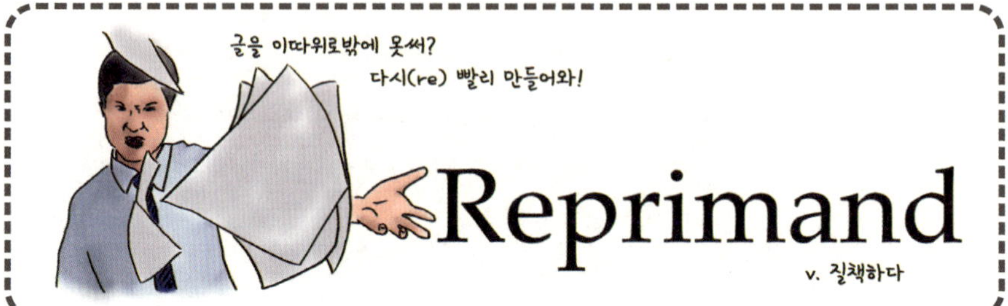


* admonish도 reprimand처럼 상대방을 꾸짖고 책망하는 것입니다.
라틴어 admonere에서 나온 단어인데 ad(to향하여) + monere(충고하다)의 조합입니다.
이는 상대에게 경고하거나 제안을 하는 것을 말합니다.
여기서 라틴어 monere 어근은 mind나 monitor 등의 단어와 연관되어 있습니다.
admonish는 원래 상대방의 '마음을 향한 가벼운 충고'라는 의미로 시작되었지만 충고는
항상 조금만 쎄게 하면 야단치는 것이 되므로 의미가 나중 '꾸짖다'로 자연스레 바뀌었습니다.
admonish를 기억할 때는 "어디서 먼 짓이야!"라면서 여자가 어딘가를 만지려고 집적대는 남자를 강력하게 꾸짖는
모습을 떠올리면 됩니다.

# Nasus

★☆☆☆☆ **cure** - Finally scientists have discovered a cure for game addiction.
마침내 과학자들은 게임중독에 대한 치료법을 발견했다.

★★★☆☆ **curator** - We arrived just in time to be part of the curator led tour.
우리는 큐레이터가 안내하는 투어에 참가 할 수 있는 시간에 딱 맞게 도착하였다.

★★★☆☆ **siphon** - Hackers siphon off money from all the Swiss accounts.
해커들은 모든 스위스 계좌에서 돈을 뽑아냈다.

★★★☆☆ **wither** - After all flowers have withered, cut off the stem.
꽃이 모두 시든 뒤에는 줄기를 잘라라.

★★★☆☆ **shrivel** - The alien's head shriveled up in the rain.
그 외계인의 머리는 빗속에서 쪼글쪼글해졌다.

★★★☆☆ **fragile** - An old fragile lady inched on to the field and suddenly scored 5 goals in 5 minutes.
한 늙고 연약한 여자가 경기장으로 서서히 움직이더니 갑자기 5분 만에 5골을 기록하였다.

★★★☆☆ **shrink** - We should shrink the size of government.
우리는 정부의 규모를 줄여야 한다.

★☆☆☆☆ **shrimp** - I'll be right back with your grilled meat and shrimp.
네 구운 고기와 새우를 가지고 금방 돌아올게.

★★☆☆☆ **spirit** - Strange to tell, a spirit came to me in a dream and told me "6,9,23,27,41,43".
말하기 이상하지만, 유령이 꿈에 나타나 "6,9,23,27,41,43" 이라고 나에게 말했다.

★★★☆☆ **spiritual** - human spiritual welfare 인간 정신의 복지

★★★☆☆ **ambiguous** - The meaning of some songs are ambiguous by nature.
몇몇 노래의 의미는 본래 모호하다(알쏭달쏭하다).

★★★☆☆ **fury** - tears of fury and frustration
분노와 좌절의 눈물

★★★☆☆ **reprimand** - I was reprimanded for smoking in the corridor.
나는 복도에서 담배를 피웠다고 질책을 당했다.

★★★☆☆ **admonish** - Bush admonished the students to keep quiet.
부시는 학생들을 조용히 하라고 꾸짖었다.

# Nautilus, the Titan of the Depths
## 노틸러스 - 심해의 타이탄

| | | |
|---|---|---|
| **P** | Staggering Blow | 강력한 일격 |
| **Q** | Dredge Line | 닻줄 견인 |
| **W** | Titan's Wrath | 타이탄의 분노 |
| **E** | Riptide | 역조 |
| **R** | Depth Charge | 폭뢰 |

---

**P** ## Staggering Blow
passive - 강력한 일격

| 노틸러스의 기본 공격이 추가 물리 피해를 입히고 대상을 0.5초간 이동 불가로 만듦. 이 효과는 동일 대상에는 9초에 한 번만 발동.

□□□ **stagger** [stǽgə(r) 스태거] v. 휘청거리다

 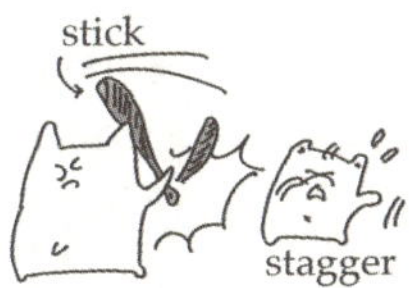



**stagger는 stick으로 한 대 퍽 쳐서 휘청거리는 모습**

★ stagger는 몸이 비틀거리거나 휘청거리는 것을 말합니다. stagger는 stick막대기과 관계가 있는 단어인데 막대기로 사람을 한 대 퍽(!) 때려 휘청거리게 만드는 모습에서 나온 단어입니다. lurch휘청거리다와 거의 같은 의미로 사용됩니다.

   **lurch** [lɜːrtʃ 러치] v. 휘청거리다

stagger 단어의 첫 이미지를 생각한다면 역시 '**zombie stagger**'를 떠올려야 합니다. zombie좀비는 stagger할 뿐 절대 바른 자세로 걷지 않습니다. 휘청휘청하며 발을 질질 끌고 손을 내리며 다가오는 것입니다.

stagger와 비슷한 표현으로는 zigzag, reel, totter 등이 있습니다. zigzag는 '**갈지자 모양으로 좌우로 움직이다**'라는 뜻이고 reel은 '**릴(얼레)이 움직이듯이 왔다갔다 하다**'라는 뜻입니다. 얼레란 연을 날릴 때 실을 감아 돌리는 도구를 말합니다. 릴(얼레)을 막대기에 꽂고 줄을 감을 때 좌우로 흔들리는 모습을 떠올리면 됩니다. 또한 totter는 '**seesaw시소처럼 움직이다**'라는 뜻인데 toddler아장아장 걷는 아이의 뒤뚱뒤뚱 걷는 모습과 관계되어있는 단어입니다.

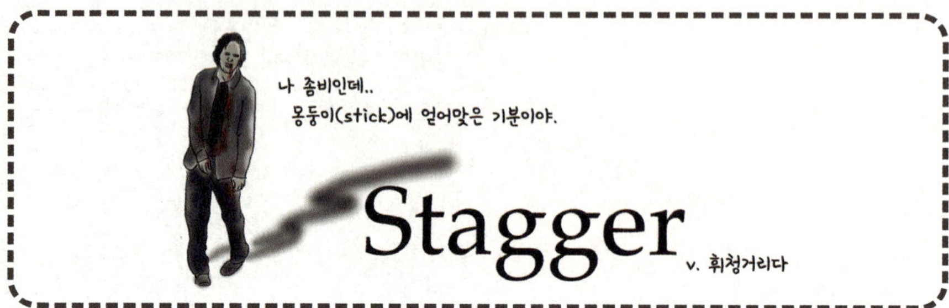

**Q**

## Dredge Line
active - 닻줄 견인

노틸러스가 전방으로 닻을 던짐. 적 유닛에게 맞으면 노틸러스와 대상이 가까이 당겨지며 60의 마법 피해를 입히고 잠깐 기절시킴. 닻이 만일 지형을 맞히면 노틸러스가 전방으로 끌려가며 재사용 대기시간이 감소.

□□□ **dredge** [dred3 드레지] v. 준설하다

## dredge(준설하다)는 drag(끌다)에서 나온 단어

★ **dredge**는 강이나 운하 바닥에서 배가 통과하게 할 목적이나 수심을 깊게 할 목적으로 모래 등을 퍼 올리는 것을 말합니다. 이 dredge는 drag끌다에서 나온 단어입니다. 운하의 본고장이라 할 중세 네덜란드에서 준설에 사용되던 drag-net(저인망)을 네덜란드어로 **dregghe**라고 불렀는데 이것이 영어에 도입된 것입니다.
**drag**끌다의 스펠링을 dredge에서 유추해내며 기억해야하는 단어입니다.

## Titan's Wrath
active - 타이탄의 분노

노틸러스가 10초 동안 어둠의 기운으로 자신을 감싸고 10초 동안 다음 65의 피해를 흡수. 보호막이 지속되는 동안 노틸러스가 기본 공격은 2초에 걸쳐 공격 대상 주위의 모든 유닛들에 30의 추가 마법 피해.

☐☐☐ **wrath** [ræθ 래쓰] n. 분노   ∞ Rek' Sai 참고

★ wrath는 anger나 rage보다 좀 더 강력하거나 강한 존재의 노여움을 말합니다.
하나님이나 황제폐하의 진노 또는 최소한 [WOW] 확장팩의 제목인 [Lich King리치왕의 Wrath분노]
정도는 되어야 쓸 만합니다.

WOW 확장팩 '리치왕의 분노'

## Riptide
active - 역조

노틸러스가 지면을 내리쳐 주위의 땅을 폭발. 폭발할 때마다 범위 내의 유닛들에 60의 마법 피해를 주고 1.25초간 30% 둔화. 이 둔화 효과는 시간이 지나면 사라짐. 한 유닛이 폭발에 여러 번 맞을 수도 있지만 추가 폭발에 입는 피해는 50% 감소.

☐☐☐ **riptide** [ríptaɪd 립타이드] n. 역조(逆潮)

riptide는 갈기갈기 rip(찢어버리다)하는 tide(조류)

★ riptide는 '역조'를 말하는데 두 개의 조류가 부딪혀서 큰 물결을 만드는 것을 말합니다.
rip은 '찢다, 찢어내다'라는 뜻으로서 riptide는 이 찢기듯이 격한 tide조류를 표현합니다.
영어에서는 물의 흐름을 tide 대신에 currents로 쓰기도 합니다. 따라서 riptide역조를 같은 말로
rip currents이안류라고 부르기도 합니다. rip currents는 해수욕장에서 수영하던 피서객이 해마다
이안류(離岸流: 해안을 떠나는 물의 흐름)에 휩싸여 바다 쪽으로 떠내려가는 사고를 말합니다.

이안류에 의해 먼 바다로 쓸려나가는 급박한(imminent) 상황에서 사람들은 두려움에 해안을 향해
헤엄을 치게 됩니다. 그러나 해안 방향은 흐름을 역류하는 방향이라서 흐름의 직각 방향으로 수영을
해서 빠져나와야 합니다.

imminent [íminənt 이미넌트] a. 급박한, 임박한

* imminent는 다음 사건이 거의 '임박한' 것을 말합니다. 라틴어인 imminere에서 나온 단어로서 im(in) + minere (튀어나오다)의 조합입니다. 다음에 일어날 일이 송곳처럼 막 튀어나오는 모습을 의미하는 단어입니다.
유의어 impending임박한과 바꾸어 쓸 수 있습니다.
imminent를 외울 때는 '임(im)박한'의 발음을 이용해도 되고 또는 숲속에서 곰을 만난 두 친구 중 한 명이 이미 튀어버려서 "이미 넌 튀.."라고 말하는 이솝 우화의 급박한 모습을 떠올려도 됩니다.

| R | **Depth Charge** | 노틸러스가 충격파를 발사하면 적 챔피언을 추격함. 관통하는 적들에게 125의 마법 피해를 주고 이들을 공중에 띄움. 충격파가 목표 대상에게 맞으면 폭발하면서 200의 마법 피해를 주고 공중으로 띄우며 1초 동안 기절시킴. |

**Depth Charge**
active - 폭뢰

□□□ depth [depθ 뎁쓰] n. 깊이

nautilus(노틸러스)는 심해생물인 앵무조개

★ depth charge는 폭뢰를 말합니다. 다른 말로 depth bomb이라고 부릅니다.
폭뢰는 물속에서 일정한 깊이에 이르면 저절로 터지게 만든 수중폭탄이고 주로 잠수함을 대상으로 사용하게 됩니다.

그래서 폭뢰는 때로 '**대잠폭탄**'이라는 뜻으로 'antisubmarine bomb'라고도 불립니다.

이 폭뢰를 사용하는 챔피언 Nautilus노틸러스에 대해 알아보겠습니다.
Nautilus노틸러스는 〈심해의 타이탄〉이라는 별명으로 LOL 챔피언의 하나이지만 원래는 깊은 바다에
사는 나선형의 chamber구획가 특징인 앵무조개가 바로 영어로는 nautilus입니다.
앵무조개는 몸의 구조가 매우 원시적이어서 '**살아있는 화석**'이라고도 불립니다. 앵무조개의 각각의
구획에는 물이 차있는데 이 물의 삼투압을 조절하여 buoyancy부력를 얻습니다. 즉 submerge잠수할
때는 구획 속의 염분의 농도를 높여 서서히 가라앉고 반대로 위로 올라갈 때는 피 속으로 염분을 옮겨
구획 속의 염분의 농도를 낮춰 서서히 떠오릅니다.

> **buoyancy** [bɔ́ɪənsɪ **보어이**언시] n. 부력
> **submerge** [səbmɜ́ːrdʒ 서브**머어지**] v. 물속에 잠기다
>  ⇔ **emerge** [ɪmɜ́ːrdʒ 이**머어지**] v. 모습을 드러내다

* buoyancy는 물에 물체가 뜰 수 있는 힘인 '**부력(浮力)**'을 말합니다. 물위에 위치를 표시하기 위해 설치하는 부표
(浮標)인 buoy부이의 명사형입니다. 뭔가를 한 곳에 고정시키는 chain을 뜻하는 고(古) 프랑스어 boie와 관련이
있습니다. buoyancy나 buoy를 외울 때는 한문의 '**뜰 부(浮)**'와 발음이 비슷하므로 쉽게 기억할 수 있습니다.

* submerge는 물속에 잠기는 것을 말합니다. sub(under아래로) + mergere(merge담그다)의 조합으로서 '**가라
앉다**'라는 뜻의 라틴어인 submergere에서 나온 단어입니다. 어근이 되는 merge는 처음에는 '**dip in(담그다)**'의
뜻이었는데 최근에는 '**재산상의 합병**'의 뜻으로 더 자주 사용됩니다.
merge는 인수합병을 뜻하는 M&A(merger and acquisition)란 용어로 유명합니다.

* emerge는 submerge의 반대어로서 '**(물속이나 어둠속에 있다가) 밖으로 모습을 드러내다**'라는 뜻입니다. 이때는
e(ex-밖으로) + mergere(merge담그다)의 조합입니다.
emerge는 물속에서 상어가 물 위로 튀어 오르거나 봄이 되어 새싹이 돋거나 정치에 새로운 세력이 나타나는 등의
예에서 사용할 수 있는 단어입니다.
이 emerge에서 '**갑작스런 출현**'을 뜻하는 emergence란 명사형이 나왔고 또 이 emergence갑작스런 출현에서 다시
갑작스런 출현이니 주의를 요한다고 '**응급**'이라는 뜻의 emergency란 단어가 나왔습니다.

| emerge | v. (모습을) 드러내다 |
| --- | --- |
| → emergence | n. (갑작스런) 출현 |
| → emergency | n. (주의를 요하는) 응급 |

# Nautilus(노틸러스)의 이름을 가진 잠수함들

 LOL 챔피언 Nautilus는 심해를 둥둥 떠다니는 앵무조개의 컨셉을 직접 따온 것은 아니고 앵무조개의 이름을 딴 여러 강력한 잠수함의 이름들에게서 그 이미지를 받아온 것으로 보입니다. 예전부터 잠수함들은 앵무조개의 이름을 따서 Nautilus란 이름을 즐겨 사용해왔습니다. 마치 전투기의 명칭에 매(hawk)나 독수리(eagle) 이름을 자주 사용하는 것과 같은 이치입니다.

 그런데 Nautilus란 이름은 배에서 배로 대대로 전해진 경향이 있습니다. 먼저 1800년에 만들어진 최초의 실용적인 잠수함의 이름이 Nautilus였습니다. 이 잠수함은 나폴레옹 앞에서 시연할 때 물이 질질 새서 실패할 정도로 그리 성공적이지는 못했지만 최초로 잠수함의 개념을 실제로 보여준 배입니다.
 그 다음 Jules Verne쥘베른은 소설 [Twenty Thousand Leagues Under the Sea해저2만리]에 나오는 잠수함 이름에 Nautilus를 사용합니다. 1800년에 만들어진 최초의 잠수함 이름을 따서 소설 속의 배 이름을 지은 것입니다. 그 후 nautilus란 명칭은 여러 수상 배(surface ship)나 잠수함에 쓰이다가 1954년의 최초의 핵잠수함 이름이 Nautilus 가 되면서 더욱 유명해지게 됩니다.

# Nautilus

★★★☆☆ **stagger** - The tired gamers staggered home after a long night.
긴 밤을 지낸 후 지친 게이머들은 휘청거리며 집에 갔다.

★★★★☆ **lurch** - When he heard that the police were looking for him his heart gave a lurch.
경찰이 그를 찾고 있다는 것을 듣고 그의 심장은 급격하게 요동쳤다.

★★★★☆ **dredge** - The river was dredged to allow battleships to pass.
그 강은 군함이 통과할 수 있도록 준설되었다.

★★★☆☆ **wrath** - The bullish boy felt the wrath of his angry teacher.
그 악동은 화가 난 선생님의 분노를 느꼈다.

★★★☆☆ **riptide** - Inspectors concluded the missing person was killed by a riptide.
조사관들은 그 실종된 사람이 역조(逆潮)에 의해서 사망한 것으로 결론을 내렸다.

★★★☆☆ **imminent** - If a war breaks out, we all could be in imminent danger.
만일 전쟁이 터진다면 우리는 급박한 위험에 처할 수 있다.

★☆☆☆☆ **depth** - The deepest depth of the lake is 30 meters.
그 호수의 가장 깊은 수심은 30미터이다.

★★★★☆ **buoyance** - Some people sink like a stone, while others are extremely buoyant.
어떤 사람들은 돌처럼 가라앉지만 반면에 어떤 사람들은 극도로 물에 잘 뜬다.

★★★☆☆ **submerge** - An American nuclear submarine submerged with its hatch still open.
한 미국의 핵잠수함이 그것의 해치를 열어둔 채 잠수에 들어갔다.

★★★☆☆ **emerge** - The Joker emerged from the toxic chemicals with super powers and an ugly face.
조커는 슈퍼파워와 흉한 얼굴을 가지고 독성 화학물로부터 모습을 드러냈다.

# Nidalee, the Bestial Huntress

## 니달리 - 야성의 사냥꾼

| | | |
|---|---|---|
| **P** | Prowl | 수풀 배회 |
| **Q** | Javelin Toss / Takedown | 창 투척 / 숨통 끊기 |
| **W** | Bushwhack / Pounce | 매복 덫 / 급습 |
| **E** | Primal Surge / Swipe | 태고의 생명력 / 할퀴기 |
| **R** | Aspect Of The Cougar | 쿠거의 상 |

## P Prowl
### passive - 수풀 배회

수풀을 통과하면 니달리의 이동 속도가 2초간 10% 상승하며 적 챔피언 쪽으로 갈 때는 30%까지 증가. 챔피언이나 몬스터에게 창 투척과 매복 덫을 맞히면 사냥이 발동되어 4초간 그 위치가 드러남. 이 동안 니달리는 이동 속도가 10% 상승. 이 때 첫 번째 쿠거 스킬이 강화.

.□□□ **prowl** [prɑʊl 프라울] v. 서성거리다, 배회하다

## prowl은 어슬렁거리며 먹이를 찾는 것

★ prowl은 짐승이 먹이를 찾아 어슬렁거리는 것이나 범인이 취약한(vulnerable) 범행 대상을 찾아 주변을 '**배회하다**'라는 뜻입니다. 그러므로 우리말의 도둑을 말하는 '**밤손님**'하면 영어로는 a night prowler 정도가 적당하겠습니다.
prowl처럼 어슬렁거리는 것을 표현하는 비슷한 단어로는 stroll산책하다, roam떠돌아다니다, wander 방황하다 등이 있습니다.

    **prowler** [prɑ́ʊlə(r) 프라울러] n. (야간에) 범행하려고 돌아다니는 자
    **vulnerable** [vʌ́lnərəbl 벌너러블] a. 상처받기 쉬운, 취약한

* vulnerable은 타격이나 공격에 상처받기 쉬운 '**취약한**' 상태를 말합니다. wound상처를 뜻하는 라틴어 vulnerabilis에서 나온 단어인데 스칸디나비아 신화의 전사들의 천국인 발할라(Valhalla)와 관련이 있는 단어입니다.
명사형인 vulnerability취약성는 범죄관련 신문에서 자주 볼 수 있는 단어입니다.
vulnerable을 외울 때는 재미있게 고기집에서 숯불을 운반하며 "**불너**요~. 화상사고에 **취약한 상황이군.**"하는 모습을 떠올리면 됩니다.

# Vulnerable
a. 상처받기 쉬운, 취약한

## Javelin Toss / Takedown
active - 창 투척 / 숨통 끊기

(인간 형태) : 니달리가 투창으로 50의 마법 피해. 창 투척이 니달리의 기본 공격 범위를 넘어가면 피해량이 늘기 시작해 최대 거리에서의 총 피해량은 150까지 증가.
(쿠거 형태) : 니달리의 다음 공격이 4의 마법 피해. 숨통 끊기는 대상의 잃은 체력 1%당 2.5%의 추가 피해.

□□□ **javelin** [dӡǽvlɪn **재블린**] n. 투창
□□□ **takedown** [téɪkdɑʊn **테이크다운**] n. 테이크다운

★ javelin은 주로 원거리무기로 사용된 창을 말했으나 현재는 경기용 '**투창**'을 말합니다. 찌르는 spear창가 아니므로 가벼웠으며 좀 더 멀리 던지기 위해 가죽 끈을 사용하기도 하였습니다.
javelin을 외울 때는 발음 그대로 "**투창 잡을 인간~!**"하며 창을 던지는 것을 떠올리면 됩니다.

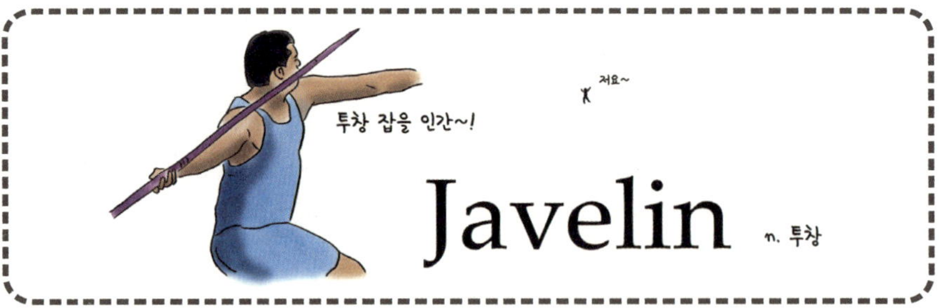


# Javelin
n. 투창

★ takedown은 레슬링에서 상대를 재빨리 쓰러뜨리는 동작을 말합니다.

 **Bushwhack / Pounce**

active - 매복 덫 / 급습

(인간형태) : 니달리가 2분 동안 유지되는 매복 덫을 설치. 적이 밟으면 모습이 드러나며 4초간 40만큼의 마법 피해.
(쿠거형태) : 니달리가 전방으로 뛰어오르며 주변 적들에게 50의 마법 피해. 쿠거 형태로 유닛을 처치하면 급습 재사용 대기시간이 1.5초로 초기화. 대상을 급습할 경우재사용 대기시간이 1.5초로 초기화.

□□□ **bushwhack** [búʃwæk **부쉬왝**] v. 매복하다

□□□ **pounce** [pɑʊns **파운스**] v. 확 덮치다

★ bushwhack은 'bush덤불 속에 숨어서 매복하다'라는 뜻도 있지만 '오지에 살다'라는 뜻도 있고 'bush덤불를 치면서 길을 내다'라는 뜻도 있습니다. bushwhack 단어의 의미는 ambush매복하다를 떠올리면 유추하기 편합니다.
여기서 whack은 '세게 후려치다'라는 뜻인데 whacked out하면 '몹시 지쳤다'라는 뜻입니다.

★ pounce는 동물이나 격투기선수가 상대를 잡으려고 확 '덮치다'라는 뜻입니다.
중세 영어에 매의 발톱을 말하는 pownse란 단어와 연관이 있습니다.
어원상 punch펀치와도 관련이 있는 단어여서 기억할 때는 격투기선수가 펀치와 함께 덮치는(pounce) 모습을 떠올리면 됩니다.

 **Primal Surge / Swipe**

active - 태고의 생명력 / 할퀴기

(인간형태) : 니달리가 아군 챔피언을 치료하고 7초 동안 공격속도를 20% 증가시킴.
(쿠거형태) : 니달리가 전방의 적들을 발톱으로 공격하여 마법 피해.

□□□ **primal** [práɪml **프라이믈**] a. 원시의

□□□ **surge** [s3ːrd3 **서어지**] v. 밀려들다, 급등하다    ∞ Irelia 참고

 **primal은 원시의 뜻**

★ primal은 '원시의, 태고의'라는 뜻의 형용사이고 the first처음를 의미하는 라틴어 primus에서 나온 것입니다.
라틴어 primus에서 기원한 단어는 대표적으로 prime이 있습니다. prime minister수상의 단어나 영화 [Transformer트랜스포머]에서 대장로봇인 Optimus Prime옵티머스 프라임의 이름으로 익숙한 단어입니다.
그 외의 primus 관련 단어를 정리해보겠습니다.

**prime** [prɑɪm **프라임**] a. 주된, 주요한
**primary** [práɪmerɪ **프라이**메리] a. 주된, 주요한

**primacy** [prάɪməsɪ 프라이머시] n. 으뜸

**primate** [prάɪmeɪt 프라이메이트] n. 영장류, 대주교
**primitive** [prímətɪv 프리미티브] a. 원시의
**primordial** [prɑɪmɔ́ːrdɪəl 프라이**모어**디얼] a. 원시의   ∞ Veigar 참고

여기서 primitive와 primordial의 경우 둘 다 '**원시의**'라는 뜻이지만
primitive는 원시사회나 문명, 동물의 초기발달을 의미하는 구문에 사용되고
primordial은 원시생물이나 원생동물처럼 지구의 탄생이나 진화에 관한 용어에 사용됩니다.
즉 실제로는 primitive는 수만~ 수십만 년 전의 것을 다루는 용어이고 primordial은 수억 년 전의
것을 다루는 셈입니다.

primordial은 쉽게 prime으뜸의 의미를 생각해서 기억해도 되고 영화 [트랜스포머]에서 옵티머스
프라임이 원시시대에 떨어진 후 다른친구가 위치를 물어보는 것으로 이미지를 만들어도 좋습니다.
"**프라임 어디여?**" "**원시시대여.**"



| primitive | a. 원시의 | ex) 원시사회, 원시문명 | 수만~ 수십만 년 전 |
|---|---|---|---|
| primordial | a. 원시의, 원생의 | ex) 원시생물, 원생동물 | 수억 년 전 |

생물학 용어가 나온 김에 생물의 분류에 관한 단어들을 보겠습니다. 이 중에 생물의 분류(균류~
포유류)는 기본적인 어휘이므로 기억하는 것이 좋습니다.

| 균류 | fungi | 계(界) | kingdom |
|---|---|---|---|
| 원생동물 | protozoa | 문(門) | phylum(동물) division(식물) |
| 어류 | fish | 강(綱) | class |
| 양서류 | amphibian | 목(目) | order |
| 파충류 | reptile | 과(科) | family |
| 조류 | birds | 속(屬) | genus |
| 포유류 | mammal | 종(種) | species |

 **Aspect Of The Cougar**
active - 쿠거의 상

| (인간 형태) : 니달리가 쿠거로 변신. 기본 스킬이 숨통 끊기나 급습, 할퀴기로 바뀜.
| (쿠거 형태) : 니달리가 인간 형태로 돌아옴.

☐☐☐ **aspect** [ǽspekt 애스펙ㅌ] n. 양상, 측면
☐☐☐ **cougar** [kúːɡə(r) 쿠우거] n. 퓨마　∞ Irelia 참고

## spect는 scope에서 기원한 어근으로 see(보다)라는 뜻

★ aspect는 어떤 물체의 한 facet면이나 일이 돌아가는 한 양태(측면)를 의미합니다. 라틴어 어근인 ad(to향하여) + specere(scope보다)의 조합으로서 **'한 쪽을 보다'**라는 뜻입니다.
aspect는 물체나 현상의 한 면을 말하는데 비해 **'건물의 정면'**을 말할 때는 facade퍼사드란 단어를 사용합니다.

　**facet** [fǽsɪt ㅎ패싯] n. 측면, 양상
　**facade** [fəsáːd ㅎ퍼**사아**ㄷ] n. 건물의 정면

* facet은 물건이나 사건의 한 측면을 말합니다. 프랑스어인 facette에서 나온 단어인데 face + -atte의 조합입니다. 여기서 어미로 사용된 -atte는 **'작다'**라는 뜻의 접미사입니다. 즉 여러 모습 중 작은 하나를 뜻합니다.

* facade는 건물의 정면을 말합니다. 역시 프랑스어인 facade에서 나왔고 건물의 정면은 건물의 얼굴이므로 face를 떠올리면 쉽게 기억할 수 있는 단어입니다.

aspect에서 spect 어근은 **'보다(look at)'**라는 뜻의 어근으로서 널리 쓰이고 있습니다. spect의 어원인 라틴어 scope도 역시 영어에서 그대로 **'보다(look at)'**라는 뜻의 어근으로 쓰입니다.
microscope현미경, telescope망원경 같은 친숙한 단어들이 그 예입니다.
또한 spect 어근은 무지개의 spectrum스펙트럼이나 영화 [007 Spectre스펙터]에서 유명한 악당조직 이름인 **'스펙터'** 등에도 사용됩니다.

그 외 spect가 어근으로 사용된 단어를 보겠습니다.

**spectacle** [spéktəkl **스펙**터클] n. 구경거리
**spectator** [spékteɪtər **스펙**테이터] n. 관중
**species** [spíːʃɪːz **스피이**시이즈] n. 종(種)

또한 spect 어근 앞에 여러 전치사를 붙여서 중요한 동사들이 많이 만들어져서 사용됩니다.

| | | | | | |
|---|---|---|---|---|---|
| respect | v. 존경하다 | | re(back) 다시, 되돌아서 | | |
| suspect | v. 의심하다 | | sus(sub, up to) 면밀히 | | |
| inspect | v. 조사하다 | = | in(into) 안으로 | + spect 보다 | |
| prospect | v. 전망하다 | | pro(forward) 앞으로 | | |
| retrospect | v. 회고하다 | | retro(backward) 뒤로 | | |
| introspect | v. 내성하다, 자기반성하다 | | intro(inward) 안으로 | | |
| circumspect | a. 신중한 | | circum(around) 주위로 | | |
| reinspect | v. 재조사하다 | | re + in 다시 안으로 | | |

# Nidalee

★★★☆☆ **prowl - The lion is on the prowl for his lunch.**
그 사자는 점심거리를 찾기 위해 배회하는 중이다.

★★★☆☆ **prowler - She saw a prowler at the bedroom window.**
그녀는 침실 창문에서 (밖에) 수상한 사람을 보았다.

★★★☆☆ **vulnerable - If a lion runs on to the school field, slow kids will be the most vulnerable.**
만일 사자가 학교운동장을 달려든다면, 느린 아이들이 가장 취약할 것이다.

★★★★☆ **javelin - Who threw this Javelin?  It almost killed me.**
누가 이 투창을 던졌지? 거의 나를 죽일 뻔했어.

★★★☆☆ **takedown - Jessy was struggling to learn judo throws and wrestling takedowns.**
제시는 유도 메치기와 레슬링 테이크다운(쓰러뜨리기)을 배우기 위해 애썼다.

★★★☆☆ **bushwhack - They had to bushwhacked through the woods.**
그들은 숲을 헤치고 나아가야 했다.

★★★☆☆ **pounce - He saw a tiger pounce on a tiny bird.**
그는 호랑이가 아주 작은 새 한 마리를 덮치는 것을 보았다.

★★★☆☆ **primal - Wild animals have a primal instinct and it is deeply rooted in their nature.**
야생 농물흔 원초적인 본능을 가지고 있고, 그것은 그들의 본성에 깊이 뿌리박혀있다.

★★★☆☆ **surge - a surge of crowd** 군중의 쇄도

★★★☆☆ **prime - A nurse's prime concern is the well-being of the patient.**
간호사가 가장 신경 쓰는 것은 환자의 안녕이다.

★★☆☆☆ **primary - His primary duty is to load the missiles.**
그의 주요 임무는 미사일을 장전하는 것이다.

★★★☆☆ **primacy - London's primacy as a financial center**
금융의 중심지로서 런던의 탁월성

★★★☆☆ **primate - He passed the primate a banana whenever he got the right answer.**
그는 그 영장류가 정답을 맞힐 때마다 바나나 하나를 건네주었다.

★★★☆☆ **primitive - primitive tribes** 원시 종족들

★★★☆☆ **primordial - primordial forms of life** 원시 생물

★★★☆☆ **aspect - I don't understand one aspect of this game.**
나는 이게임의 한 면이 이해가 안 돼.

★★★★★ **cougar - Boone recovered existing top predators such as cougars, wolves, and bears.**
분은 쿠거나 늑대, 그리고 곰 같은, 존재하는 최상위 포식자의 발견했다.

★★★☆☆ **facet - the angles of the 58 facets on a diamond**
다이아몬드에 있는 58개 면의 각도들

★★★☆☆ **facade - The facade of the building was decorated with game characters.**
그 건물의 정면은 게임 캐릭터로 장식되어 있었다.

★★★☆☆ **spectacle - I do not want to be a spectacle.**
나는 구경거리가 되기를 원하지 않는다.

★★★☆☆ **spectator - Eighty thousand spectators saw the American Football match in the domed stadium.**
팔만 명의 관중이 돔형 지붕 경기장에서 미식축구 대결을 관람했다.

★★☆☆☆ **species - endangered species** 멸종위기종(種)

# Nocturne, the Eternal Nightmare

## 녹턴 - 영원한 악몽

- **P** Staggering Blow  강력한 일격
- **Q** Dredge Line  닻줄 견안
- **W** Titan's Wrath  타이탄의 분노
- **E** Riptide  역조
- **R** Depth Charge  폭뢰

□□□ **nightmare** [náɪtmer **나이트메어**] n. 악몽

**nightmare(악몽)는 밤의 mare(암말)이 아니고 밤의 mare(악마)**

★ Nightmare악몽가 챔피언 녹턴의 별명처럼 깨어날 수가 없고 eternal영원하다면 그것처럼 잔인한 형벌은 드물 것입니다.
보통 nightmare는 명화에서도 그려지듯이 mare암말를 의미한다고 생각하지만 사실 nightmare의 mare는 goblin고블린을 의미하는 PIE어근 *mora-에서 나온 단어입니다.

nightmare악몽란 단어의 어근이 되며 동시에 악몽을 일으키는 이 goblin고블린은 여러 다양한 devil악마 중의 하나이고 보통 incubus인큐버스라고 불립니다.
고블린은 비록 여러 온라인게임에서는 '**잡몹**'으로 등장하지만 어원학상으로는 나름 족보있게 14세기까지 기원이 올라가는 친구입니다.

**nightmare악몽 = goblin고블린 = incubus인큐버스**

그리고 여러 게임에서 박쥐날개에 약간 야한 옷을 입거나 거의 벗은 채로
나오는 succubus서큐버스는 이 incubus인큐버스의 여성형이 되겠습니다.
그림상으로 19금인 incubus와 succubus는 단어 자체의 어원도 19금의 성적인 의미가 있습니다.
두 단어의 어원이 되는 cubus는 라틴어 cubare에서 나온 것인데 이는 '**눕다(lie down)**'의 뜻입니다.
여기에 위를 뜻하는 in(upon)과 아래를 뜻하는 sub(under)가 접두사로 각각 붙어서 성적체위를
나타내고 있습니다.

| | | |
|---|---|---|
| **incubus**인큐버스 | in(upon위로) + cubus(lie down눕다) | 남성형 고블린(devil) |
| **succubus**서큐버스 | sub(under아래로) + cubus(lie down눕다) | 여성형 고블린(devil) |

이 라틴어 cubare 어근은 새가 알 위에 앉는(cubus) 모습과도 일치하므로 신생아실의 incubator
인큐베이터의 어근이 되기도 합니다. 새의 털에 의해서 따뜻하게 알이 덥혀지는 것처럼 히터에 의해
신생아의 체온을 따뜻하게 유지하는 장치가 바로 incubator인큐베이터입니다.

incubus [íŋkjubəs 인큐버스] n. (남자)악령, 큰 골칫거리
→ incubator [íŋkjubeɪtə(r) 인큐베이터] n. 보육기, 부화기
succubus [sʌ́kjubəs 서큐버스] n. (여자)악령

### 게임속의 succubus(서큐버스)

중세 사람들은 악마 succubus서큐버스가 섹시한 여성으로 가장해 잠을 자는 남성의 정액을 꿈을 통해 채취하고 다시
incubus인큐버스로 변하여 남성형 악마가 되어 잠을 자는 다른 여성을 꿈속에서 임신시킨다고 생각했습니다. 그리고
그 때문에 세상에 악마가 없어지지 않고 끊임없이 나타난다고 여겼습니다. 이것은 당시의 남성에게는 'wet dream
몽정'의 죄의식을 해소하는 해석이 되었고 또한 아버지를 알 수 없는 아이(사생아)를 임신한 여자에게도 변명의 근거가
되었습니다.

이런 서큐버스는 요즘엔 온라인게임을 야하게 만드는데 주로 사용되는 캐릭터가 되었습니다. 예를 들어 [WOW]같은
경우 서큐버스는 레벨 20에 소환할 수 있는 흑마법사의 소환수인데 거의 벗고 있습니다. 또한 [디아블로 III]에서는 액트
3에서 장거리 몹으로 나와 게이머를 힘들게 만들지만 왠지 눈을 즐겁게 해주기도 합니다. [마비노기]에서 서큐버스는
[라비 던전]의 보스로 등장하여 공격을 당할수록 점점 옷이 찢어지는 모습을 보여줍니다.
게임사 입장에서 succubus서큐버스는 '**벗고 다니는 나쁜 악마**'이므로 19금(禁) 게임을 만드는 몹 캐릭터로 소중하게
사용됩니다. 게임 속에서 벗은 여자를 때릴 수 있다는 약간 sadistic가학적인 개념까지 들어갈 수 있으니까요.

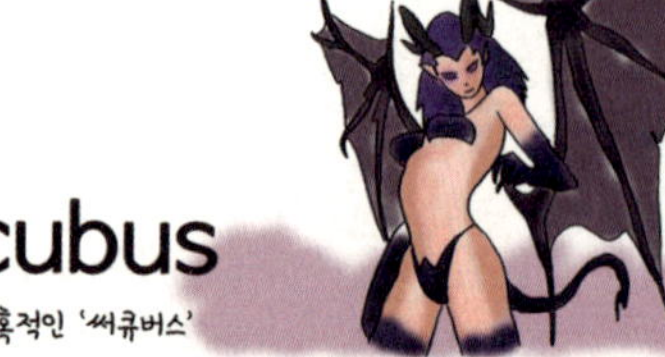


매혹적인 '써큐버스'

## Umbra Blades
passive - 그림자 칼날

매 10초마다 녹턴의 공격은 주변의 적들에게 공격력의 120%만큼의 피해. 또한 공격받은 적들의 숫자에 비례해 체력을 회복.

□□□ **umbra** [ʌ́mbrə 엄브러] n. 본영

### umbra(본영)는 행성 umbrella(우산)에 가려진 그림자

★ umbra는 라틴어 철자 umbra가 그대로 영어에 사용되는 단어로서 **'본영(본래의 그림자)'**이라는 뜻입니다. umbra는 원래는 일반적인 그림자(shade)라는 뜻이었는데 나중 17세기에 천문학 용어로 사용되어 일식이나 월씩 때의 행성의 그림자를 말하게 되었습니다.
더 자세하게 보면 일식이나 월식 때 진한 그림자에 덮이는 부분은 umbra본영라고 부르고 덜 어두운 부분은 penumbra반영이라고 부릅니다.
umbra 어근의 쓰인 관련 단어로는 umber, umbrella가 있습니다.

umber [ʌ́mbə(r) 엄버] n. 암갈색
umbrella [ʌmbrélə 엄브렐러] n. 우산

* umber엄버색는 shade그림자가 드리워진 갈색을 말하고 umbrella우산는 shade그림자를 만드는 물건입니다.

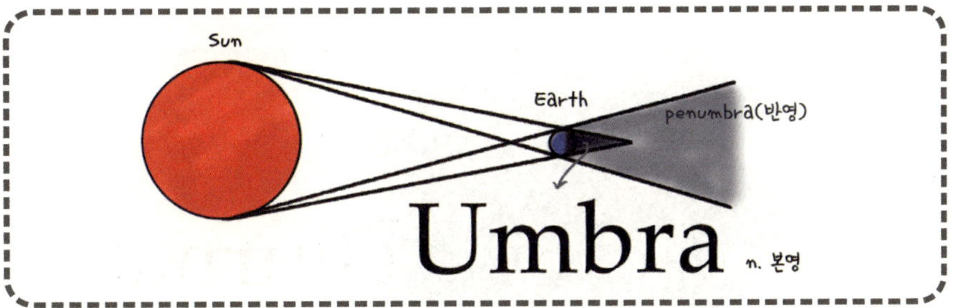

## Duskbringer
active - 황혼의 인도자

녹턴이 황혼의 자취를 남기는 그림자의 단검을 던져 맞은 모든 적에게 물리 피해를 입히고 맞은 챔피언에게는 5초 동안 황혼의 자취를 남김.
자취 위에서 녹턴은 유닛 충돌을 무시하며 공격력과 이동 속도 증가.

□□□ **dusk** [dʌsk 더스ㅋ] n. 황혼

# dusk(황혼)는 dust(먼지) 색의 하늘

★ dusk는 모든 것이 obscure불분명한해지고 점점 어두워지는 '황혼'을 말합니다.
dusk는 dark어두운나 dust먼지와 발음과 의미가 연관되어 있습니다.
챔피언 Nocturne녹턴이 사용하는 Q스킬 〈Duskbringer황혼의 인도자〉는 이러한 'dusk황혼를 bring 가져오다'하는 자란 개념으로 LOL에서 합성한 단어입니다.
nocturne녹턴이라는 단어 자체가 밤에 연주하는 서정적인 피아노곡을 뜻하는 '야상곡'이어서 더욱 어울리는 스킬이라 하겠습니다.

> obscure [əbskjúr 업스큐어] a. 무명의, 불분명한, 모호한
> nocturne [nɑ́ːkt3ːrn **나악**터언] n. 야상곡, 녹턴
> ← **nocturn** [nɑ́ktəːrn **낙**터언] n. (가톨릭) 저녁기도
> → **nocturnal** [nɑːkt3́ːrnl 나악**터어**늘] a. 야행성의, 밤의
> ⇔ **diurnal** [dɑɪ3́ːrnl 다이**어어**늘] a. 주행성의, 하루 동안의　　∞ Bard 참고

* nocturne녹턴은 '야상곡'을 말하는데 일상에서 자주 보기는 힘든 단어입니다.
그러나 어두운 밤을 불러오는 챔피언 Nocturn녹턴의 이름을 가지고 우리가 야행성이란 뜻의 nocturnal낙터늘이란 단어를 건질 수만 있다면 LOL에 쏟아부은 수많은 시간이 전혀 아깝지 않습니다. nocturnal야행성은 diurnal주행성의 반대되는 개념입니다.



* diurnal은 낮에 활동한다는 '주행성'이라는 뜻으로서 야행성의 반대말입니다. dies(day) + urnus(시간을 뜻하는 라틴어 접미사)의 조합이고 day(날, 낮) 단어를 기억하여 유추하면 기억되는 단어입니다.
diurnal을 암기할 때는 기상나팔을 부는 군대에서 "**해가 뜨고 있다. 다 일어나!**"라고 훈련교관이 활동시간을 알리는 모습을 생각하면 됩니다.

**W**

## Shroud of Darkness
active - 어둠의 장막

(기본 지속 효과) : 녹턴이 칼날에 힘을 불어넣어 공격 속도 증가.
(활성화) : 녹턴이 그림자 속으로 사라져 주문 보호막을 1.5초간 만듦. 적의 주문을 성공적으로 막았을 경우 패시브로 인한 공격 속도 증가량이 5초 동안 2배로 증가.

□□□ **shroud** [ʃraʊd 슈라우ㄷ] n. 장막

□□□ **darkness** [dάːrknəs 다아크너스] n. 어둠

## shroud(장막)는 뭔가를 어둠이나 천으로 덮는 것이다

★ shroud는 뭔가를 덮는 '**장막**'을 뜻하는데 동사로 쓰이면 어둠이나 구름 혹은 천 같은 것이 넓게 '**뒤덮다, 가리다**'라는 뜻이 됩니다.

> The street was shrouded in mist.
> 그 거리는 안개에 에워싸여졌다.

또한 죽은 사람에게 입히는 수의를 뜻하기도 하는데 예수님의 십자가 처형 후에 입혀진 것으로 추정되는 유명한 '**토리노의 수의**'는 The Shroud of Turin 또는 The Holy Shroud라고 부릅니다.

### 토리노의 shroud(수의)

토리노의 shroud수의에 투영된 것은 신장 175cm의 30~40대 남자가 가혹한 torture고문를 당하고 손목을 십자가에 못 박힌 자국과 함께 머리의 가시관의 흔적과 오른쪽 갈비뼈 부위의 큰 상처가 있는 모습입니다. 모두 성경에서 설명된 예수님의 crucifixion십자가처형의 모습과 같습니다. 게다가 이 shroud수의를 촬영한 필름을 음전시키면 사람의 모습이 뚜렷하게 나타납니다.

16세기 터키에서 옮겨온 이 shroud수의는 카메라 필름의 원리가 개발되기 전이라서 투영 방식의 fabrication위조이 불가능할 때인데 이런 유물이 존재하는 것은 놀라운 일입니다. 이 토리노의 shroud수의의 진위는 아직도 논란이 많지만 이탈리아의 토리노 주교좌성당에 교황 베네딕토 16세가 방문하여 그 의의를 높이 평가하기도 하였습니다.

진실이 무엇이든 이 토리노의 수의는 우리가 어쩌면 '**신의 아들**'의 사진을 보고 있는지도 모른다는 경외감을 불러일으키는 mystery미스테리가 가득한 유물이라고 할 수 있겠습니다.

# Unspeakable Horror
active - 말할 수 없는 공포



□□□ **unspeakable** [ʌnspíːkəbl 언스피이커블] a. (나쁜 것이) 이루 말할 수 없는

□□□ **horror** [hɔ́ːrə(r) 호어러] n. 공포, 경악

★ horror는 공포를 말합니다. 어원은 종교적인 경외를 의미하는 같은 철자의 라틴어 horror에서 기원하였습니다. 공포영화를 뜻하는 호러무비(horror movie)로 잘 알려진 단어입니다.

**horrify** [hɔ́ːrɪfɑɪ 호어리ㅎ파이] v. 소름끼치게 만들다
**horrible** [hɔ́ːrəbl 호어러블] a. 끔찍한

horror와 비슷한 공포의 감정을 표현하는 단어로는 shaking, terrifying, shivering, trepid 등의 단어가 있습니다.

**shake** [ʃeɪk 세이크] v. 흔들리다
**terrify** [térɪfɑɪ 테리ㅎ파이] v. 무섭게 하다　　∞ Fiddlesticks 참고
**shiver** [ʃívə(r) 쉬버] v. 떨다
**trepid** [trépɪd 트레피ㄷ] a. 덜덜 떠는

* shiver는 '덜덜 떨다'라는 뜻인데 jaw턱을 뜻하는 고(古)영어 ceafl에서 나온 단어로 생각됩니다. 이는 이빨이 딱딱 부딪히는 모습을 표현한 것인데 차차 shake 단어의 영향을 받아 /c/가 /sh/로 바뀐 단어입니다.
shivering은 추위와 공포 모두의 영향을 받아 떨 수 있으므로 명사로는 '떨림, 전율'을 의미하게 됩니다.
shiver를 기억할 때는 추운 전방에서 혹한기 훈련을 하는 군인이 **덜덜 떨면서** 뱉는 열여덟이라는 **숫자 욕**을 생각하면 됩니다. 고운 말을 씁시다.

* trepid는 '겁을 먹고 덜덜 떠는'이라는 뜻입니다. scared겁먹은의 의미인 라틴어 trepidus에서 나온 단어인데 이 라틴어는 tremble떨다 뜻의 PIE어근인 *trem-에서 기원한 것입니다.
이 trepid 앞에 in(반대의)이 붙은 intrepid는 '용감무쌍한'의 뜻으로서 자주 볼 수 있는 단어입니다.
trepid를 외울 때는 어느 날 아침 소녀가 일어나서 창문 밖으로 뜰을 바라봤는데 시체와 피가 가득한 것을 보고 겁을 먹고 덜덜 떨며 "**엄마~! 뜰에 피가..**"라고 외치는 장면을 떠올리면 강렬하게 기억됩니다.

Trepid
a. 벌벌 떠는

**Paranoia**
active - 피해망상

넉턴이 4초 동안 모든 적의 시야를 줄이고 동맹 간의 시야 공유를 차단. 시야 공유는 챔피언, 미니언, 와드, 포탑, 소환사 주문 처리안을 포함. 지속 시간 중 상대 챔피언에게 피해망상을 한 번 더 사용하면 넉턴은 대상에게 날아가 물리 피해.

□□□ **paranoia** [pærənɔ́ɪə 패러**노이**어] n. 편집증

## paranoia(편집증)는 정신을 para(옆에) 놔두고 온 사람

★ paranoia는 아주 잘 체계화가 되어있는 delusion<sup>망상</sup>인 '**편집증**'을 말합니다.
그리스어 paranoos에서 기원했는데 이는 para-(주변, 옆) + noos(mind마음)의 조합으로서 바로
'**정신을 옆(para)에 두고 있는 사람**'이라는 뜻입니다.

prarnoia처럼 망상을 하는 비슷한 질환으로는 조현병(schizophrenia<sup>정신분열증</sup>)이 있습니다. 둘 다 대학교 1학년 수준의 어려운 단어입니다.

**schizophrenia** [skɪtsəfríːnɪə 스키처ㅎ**프리이**니어] n. 조현병(정신분열증)

정신분열증의 단어의 조합은 schizo(split분열) + phren(mind마음) + ia(명사형어미)입니다.
여기서 schizo-는 split<sup>분열</sup> 즉 '**나누어졌다**'라는 뜻이고 phren은 diaphragm<sup>횡경막</sup>을 말하는데 이는 옛 사람들이 mind<sup>마음</sup>이 있는 곳이라고 생각했던 장기입니다.
-ia는 질환명을 만드는 명사형 어미입니다.
종합해보면 '**마음이 나눠진 사람**'을 말하는 질환명이 되겠습니다.



### 편집증과 정신분열증(조현병)

paranoia<sup>편집증</sup>은 망상이 기묘해보이기는 하지만 그렇다고 사회생활에 있어서 커다란 이상이 있어보이지는 않습니다. 누군가 나를 미행한다고 생각한다든가 부인이 바람을 몰래 피고 있다는 생각 같은 것이죠. 이러한 paranoia<sup>편집증</sup>은 증거가 없어도 또는 사소한 이상만 있어도 그것을 자신의 망상에 끼워 맞춰서 과대화하거나 현실화합니다. 전체 인구의 1~4%가 앓고 있습니다.

조현병(schizophrenia<sup>정신분열증</sup>)은 그 망상이 아주 기괴하며 환청이나 환각이 자주 동반됩니다. 귀에서 누가 "**저 놈을 죽여야 해, 저 놈을 죽여야 해, 어서! 어서!**"라고 말하는 소리가 들리기도 하죠. 거기에 영향을 받은 행동을 하다보니 실제로도 괴성을 지르거나 이상한 표정을 짓기도하고 횡설수설하는 전형적인 미친 것 같은 모습을 보이는 경우가 많습니다. 유병율은 1%입니다.

| paranoia | 편집증 | 괴이하지 않은 망상 | 환각(환청, 환시)나 착각이 없음 |
|---|---|---|---|
| schizophrenia | 정신분열증 | 기괴한 망상 | 환각(환청, 환시)동반 |

# Nocturne

★★☆☆☆  **nightmare** - The president had a nightmare about a missile hitting the capital.
대통령은 미사일이 수도를 강타하는 악몽을 꾸었다.

★★★☆☆  **incubus** - a big incubus in developing countries
개발도상국들의 큰 골칫거리

★★★☆☆  **incubator** - an incubator for premature babies
미숙아을 위한 인큐베이터

★★★☆☆  **succubus** - a seductive succubus during a night
밤 동안의 유혹적인 서큐버스

★★★★★  **umbra** - length of umbra
본영(本影 : 본그림자)의 길이

★★★★★  **umber** - burnt umber 암갈색

★★★☆☆  **umbrella** - an umbrella effect 우산 효과

★★★☆☆  **dusk** - We played pocket ball from dusk until dawn.
우리는 해질녘부터 새벽까지 포켓볼을 쳤다.

★★★☆☆  **obscure** - Kenneth mumbled an obscure reason for being late.
케네스는 늦은 것에 대한 애매한 이유를 중얼거렸다.

★★★☆☆  **nocturne** - a tranquil nocturne 고요한 야상곡

★★★☆☆  **nocturnal** - How can nocturnal animals see at night?
야행성 동물은 어떻게 밤에 볼 수 있을까?

★★★☆☆  **diurnal** - The diurnal tide has been the town's sole source of energy for years.
그 일일조(하루 동안의 밀물과 썰물)는 여러 해 동안 그 도시의 유일한 에너지원이었다.

★★★☆☆  **shroud** - The government is cloaked in a shroud of secrecy.
그 정부는 비밀의 장막에 가려져 있다.

★★☆☆☆  **darkness** - an utter darkness 칠흑 같은 어둠

★★★☆☆  **unspeakable** - WWII had many unspeakable horrors.
제2차 세계대전에는 말로 할 수 없는 끔찍한 일이 많았다.

★☆☆☆☆  **horror** - Since horror movies rely on music, movie score composers carefully consider how to use familiar sounds in unusual ways.
공포 영화는 음악에 의존하고 있으므로, 배경음악 작곡가는 친숙한 소리를 특이한 방식으로 사용하는 방법을 신중하게 고려한다.

★★★☆☆  **horrify** - some horrifying scenes in movie
영화의 소름끼치는 장면들

★★★☆☆  **horrible** - I had a horrible dream last night.
나는 어젯밤 무서운 꿈을 꾸었다.

★☆☆☆☆  **shake** - Trump shook the Prime Minister of Vietnam's hand so hard he left a mark on his hand.
트럼프가 베트남 수상의 손을 너무 세게 악수해서 그의 손에 자국을 남겼다.

★★★☆☆  **terrify** - My daughter was terrified of insects.
내 딸은 곤충에 기겁했다.

★★★☆☆  **shiver** - He shivered when he felt a ghost touch him on the back.
그는 유령이 그의 등을 만지는 느낌을 받았을 때 떨었다.

★★★☆☆  **trepid** - The trepid fisherman was afraid to go out during the storm.
겁 많은 그 어부는 폭풍우 동안 밖으로 나가기를 두려워했다.

★★★★☆  **paranoia** - Gerry Mulligan trying to control his paranoia of ghosts.
게리 멀리건은 그의 유령에 대한 편집증을 조절하려고 노력하는 중이다.

★★★★★  **schizophrenia** - the hallmark symptom of schizophrenia
정신분열증의 특징적인 증상

# Nunu, the Yeti Rider

누누 - 설인 기수

| **P** | Visionary | 선지자 |
| **Q** | Consume | 잡아먹기 |
| **W** | Blood Boil | 끓어오르는 피 |
| **E** | Ice Blast | 얼음 덩어리 |
| **R** | Absolute Zero | 절대 영도 |

## Visionary

passive - 선지자

| 누누는 기본 공격을 5번 하면 다음 스킬을 마나 소모 없이 사용 가능.

□□□ **visionary** [vízənerɪ **비**져네리] a. 선견지명의 n. 선지자　∞ Ahri 참고

### visionary(선지자)는 vision을 본 예지력이 있는 사람

★ visionary는 원래는 신이 내린 vision환상을 보고 그를 따르는 백성에게 길을 제시하는 선지자를 말합니다. 요즘에는 외교의 장이나 경제시장에서 예지력을 가지고 비전을 제시하는 국가지도자나 CEO를 표현하는 단어로도 사용됩니다.
이러한 지도자 혹은 선지자들은 obscure불문명한한 미래로 plausible그럴듯한한 말과 증거를 가지고 사람들을 이끌어야 하므로 skeptical의심 많은한 사람들에게 비난받기 쉽습니다.

**obscure** [əbskjúr 업**스큐**어] a. 무명의, 불분명한, 모호한　∞ Nocturne 참고
**plausible** [plɔ́ːzəbl **플로어**저블] a.이치에 맞는, 그럴듯한　∞ Gragas 참고
**skeptical** [sképtɪkl **스켑**티클] a. 회의적인

* obscure는 잘 보이지 않아 불분명하다는 뜻입니다. dim어둑하다, unclear불분명한와 바꿔 사용할 수 있습니다. ob(over위로) + scurus(cover덮개)의 조합인 라틴어 obscurus에서 나온 단어입니다. 원래 뜻은 **'덮개가 덮여있어 그 위로 바라보니 보이지가 않다'**는 것입니다.
어근인 라틴어 scurus(cover덮개)는 sky의 어원이기도 합니다. 하늘도 땅을 덮는 일종의 덮개입니다. 어두운 하늘이 내려와서 땅을 덮어버리면 풍경이 불분명해지는 황혼이 되는 것이지요.
obscure를 외울 때는 건물에 침입한 도둑들이 어둠 때문에 **"불분명해서 안보여..불을 앞서 켜!"**라고 말하는 상황을 생각하면 됩니다.

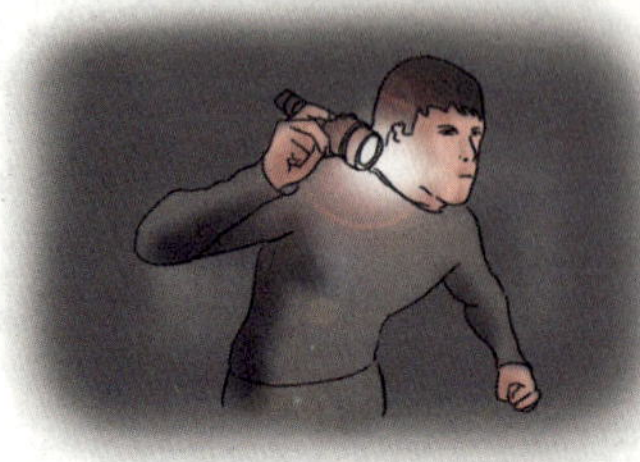



# Obscure
a. 불분명한

* plausible은 '**그럴듯한**'이라는 뜻인데 원래는 '**받아들일만한**', '**박수를 받을만한**'의 의미에서 시작한 단어입니다. 어원 상 '**박수**'를 뜻하는 라틴어 plaudere와 관련이 있습니다.
plausible그럴듯한에서 시작하여 명사형인 plausibility타당성, 앞에 im이 붙은 반대말인 implausible믿기 어려운 등의 단어가 나왔는데 모두 자주 사용되는 고급 단어입니다.
plausible을 외울 때는 공화당 대통령후보로서 상상을 초월하는 공약을 선보였던 허경영씨가 주택문제를 해결하기 위해 '**집을 풀로 지어블**'거라는 그럴듯한 공약을 하는 모습을 상상하면 재미있습니다. 그의 꽤 plausible그럴듯하지만 implausible믿기어려운한 공약들은 선거때 많은 관심을 받았습니다.

# Plausible
a. 그럴듯한

* skeptical은 상대의 말을 의심하고 회의적인 태도를 보이는 것을 말합니다. 요즘말로 '**태클을 거는**' 것입니다.
skeptic은 어원상 '**보다**'라는 뜻의 scope와 관련이 있는 단어입니다. 고대 그리스의 회의론자들을 skeptics스켑틱스라고 불렀는데 말로 하면 절대 안믿고 눈으로 꼭 보겠다고 하는 자들입니다.
skeptical회의적인을 외울 때는 버스요금을 내리겠다고 발표할 때 "**또 버스값 뛰겠?**"하며 국가정책에 회의적인 모습을 보이며 기억하면 됩니다.

## Skeptics(회의론자)

유명한 철학자 Pyrrho피론을 따르는 그리스 회의론자들은 우리가 인식하는 사물의 환각적인 특성을 이해하고 있었으며 진실은 다른 곳에 있을 수 있다는 사실을 강조한 철학자들입니다. skeptics회의론자에 따르면 우리는 "~은 ~이다"라고 정확하게 말을 할 수는 없으며 기껏해야 사물이나 진실이 "~처럼 보인다"라고 말할 수밖에 없다고 주장합니다.
그러므로 참과 거짓의 명제가 설정될 수 없게 되고 논리학상 명제 없는 논리는 설정될 수 없으니 논리로 진리를 알 수는 없다고 생각했습니다.

그래서 skeptics스켑틱스(회의론자)들은 유명한 Epoche에포케란 단어를 만들어냅니다. 에포케는 진실이 정확하지 않으니 **'대상에 대한 판단을 중지'**한다는 뜻입니다.

skepticism회의주의은 근세에 이르러 positivism실증주의과 결부되어 David Hume흄에 의해 "절대적 진리는 인식불가능"이라는 사상으로 발전하였습니다. 비록 skeptics회의론자라는 단어가 일상에서는 부정적인 의미로 사용되고 있지만 진리에 대한 탐구의 자세로서 의심하고 회의하는 행위는 근세 rationalism합리주의의 기반이 되었습니다.

## Consume
active - 잡아먹기



□□□ **consume** [kənsúːm 컨**수**움] v. 소모하다　　∞ Ahri 참고

★ consume은 재료나 연료, 시간 등을 소모하다는 뜻입니다. 라틴어 consumere에서 기원했는데 이는 con(강조의 com) + sumere(take 가져가다)의 조합입니다.
어근인 sumere는 좀 더 분해해볼 수 있는데 이는 sub(under) + emere(buy 사다)의 합입니다.
**'사서 가져가 버리는 것'**이 소모의 뜻이 된 것입니다.

단어의 기원을 보면 소비자 입장에서의 소모가 아니라 판매자입장에서의 소모 개념이 나온 것임을 알 수 있습니다. 즉 판매대에서 물건을 소비자가 다 가져가버려서 소모되어 버린 상황을 consume 이 나타내는 것으로 보입니다.
consume을 기억할 때는 한글 발음을 이용해 쇼핑 중독자가 돈을 펑펑 **'크게 (큰) 쏨'**하는 모습으로 기억하면 됩니다.
소비자는 consumer가 되고(암기: **큰쏨어**) 소비는 consumption입니다.

**consumer** [kənsúːmə(r) 컨**수**우머] n. 소비자
**consumption** [kənsʌ́mpʃn 컨**섬**션] n. 소비

## Blood Boil
active - 끓어오르는 피



□□□ **boil** [bɔil 보일] v. 끓다

# boil은 boiler(보일러)가 하는 일

★ boil은 물이나 기름 같은 액체가 끓는 것을 말합니다. 비슷한 의미의 단어로는 seethe, bubble, simmer가 있습니다.

> **seethe** [síːð **시이드**] n. (물이) 끓다
> **simmer** [símə(r) **시머**] v. 끓이다

seethe는 '**물이 끓다**'라는 뜻이지만 일상에서는 주로 사람 마음속이나 대중의 분노가 부글부글 끓을 때 사용되는 단어입니다. bubble은 명사로는 '**거품**', 동사로는 '**거품이 일다**'라는 뜻입니다. simmer는 '**요리할 때 물이 끓다**'란 뜻으로 자주 쓰입니다. simmer의 발음을 해보면 끓는 소리의 의성어로 들리기도 하고 스펠링 자체에 '**mm**'이 보글보글 끓는 물방울처럼 보이기도 합니다. boil은 소독하기 위해서나 증기기관 또는 화학작용을 위해 끓인다는 느낌입니다.

## 물이 끓을 때 온도에 따른 단어와 요리재료

다음은 요리 재료에 따라서 물을 끓이는 단계를 표현한 요리사의 simmer와 boil 사용 예시입니다. 요리를 하는 기분으로 보면 이해가 쉬울 것입니다.

**bare simmer** : 조그만 방울들이 하나 둘씩 여기저기서서 올라오는 상태 (식물 줄기요리)
**simmer** : 작은 기포가 꾸준하게 보글보글 올라오는 상태 (고기나 콩요리)
**vigorous simmer/gentle boil** : 작은 기포가 많이 올라오면서 표면에서 터지고 증기가 올라오는 상태
　　　　　　　　　　　　　　　　　(소스를 만들기 위해 졸일 때)
**boil** : 큰 기포가 올라오고 많은 증기가 생기는 상태 (감자, 고구마 요리)
**rolling boil** : 엄청난 기포들이 요동치고 증기가 솟구치는 상태 (파스타나 야채를 잠깐 데칠 때)

참고로 끓는 것과 관계된 이 모든 단어들을 암기할 때는 분자운동에 관한 〈Boyle's Law보일의 법칙〉을 발견한 17세기의 과학자 Boyle보일을 이용하여 기억하면 재미있습니다.
즉 동료 과학자가 라면 물을 끓이는 과학자 보일에게 "**보일씨~ the버블 심해!**"라고 말하는 모습을 떠올리면 4가지 끓는 뜻의 단어가 한 문장에 들어가게 됩니다. (boil-seethe-bubble-simmer)

## Ice Blast
*active - 얼음 덩어리*

| 누누가 적에게 얼음 덩어리를 던져 85의 마법 피해를 입히고 3초 동안 이동 속도를 20%, 공격 속도를 25% 늦춤.

## Absolute Zero
*active - 절대 영도*

| 누누가 주변 열기를 빨아들이며 최대 3초간 정신 집중. 근처 적들은 이동 속도 50%, 공격 속도 25% 감소. 정신 집중이 끝나면 근처의 적은 마법 피해.

□□□ **absolute** [ǽbsəluːt 앱설루우트] a. 완전한, 완벽한

### absolute(완벽한) 사람은 자유로운 사람

★ absolute는 '**완전한**'이라는 뜻이고 라틴어인 absolutus에서 나왔습니다.
이는 라틴어 동사 absolvere의 과거분사형이고 동사 기본형은 ab(away탈락) + solvere(loose 느슨하게 하다)의 조합입니다. 여기서 solvere는 solve문제를 풀다 동사의 어원입니다.
즉, '**풀어진**'이라는 뜻으로서 독립적으로 본체로부터 떨어졌다는 이야기입니다. 긴 글로는 복잡하니 간단히 표로 정리해보겠습니다.

| 라틴어 solvere | solve | v. 문제를 풀다 |
|---|---|---|
| 라틴어 absolvere | ab + solve | v. 완전히 문제를 풀다 |
| 라틴어 absolutus | ab + solved = absolute | pp. 완전히 문제가 풀어진 = a. 완전한 |

이후 absolute의 단어는 '**구속으로부터 자유, 완벽함**'이라는 뜻이 나오게 되었고 나중에는 뭐든 마음대로 하는 사람을 의미하게 되어 (정치적으로) '**절대적인**'이라는 뜻이 발전하게 되었습니다.
이런 absolute의 '**왕이 구속받지 않고 절대적인 권력을 휘두르다**'라는 정치적인 의미는 absolute monarchy절대왕정의 시작과 함께 18세기에 최초로 기록되었습니다.
이처럼 absolute는 '**떨어진, 독립적인**'에서 '**자유로운, 완벽한**'이라는 의미로 갔다가 또 '**독재적인, 절대적인**'이란 뜻으로 여러 번 의미가 발전한 단어입니다.

| **absolute** | 떨어진, 독립적인 → | 자유로운, 완벽한 → | 독재적인, 절대적인 |
|---|---|---|---|

**monarchy** [mɑ́ːnərkɪ 마아너키] n. 군주국 (the monarchy군주제)
← **monarch** [mɑ́ːnərk 마아너ㅋ] n. 군주　mono(alone홀로) + arch(rule다스리다)

absolute완전한를 기억할 때는 단어 안에서 solve문제를 풀다를 찾아내 뜻을 유추하면 됩니다. 그것이 어려우면 발음을 이용해 경주에서 '완벽하게 앞 설 루트'를 개척한 자동차를 떠올리면 됩니다.

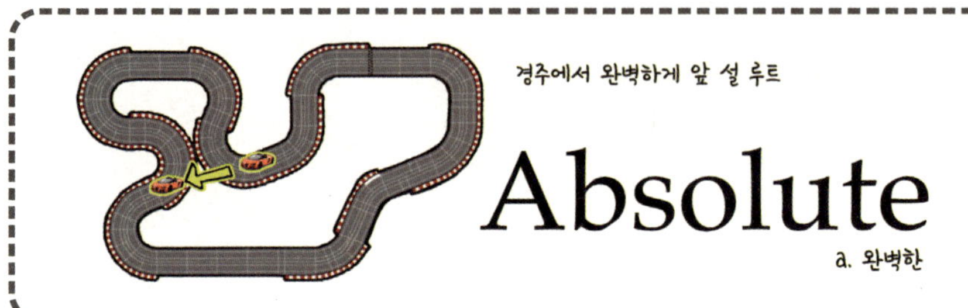


다시 챔피언 누누의 R스킬 이야기로 돌아와서 절대영도에 대해 보겠습니다. 챔피언 Nunu누누의 스킬 〈Absolute Zero절대영도〉는 화씨로 −273.16˚C를 말합니다. 모든 것이 얼어있는 온도입니다.
그런데 왜 위로는 수십만 도까지 뜨거운 온도가 있는데 아래로는 왜 무한대로 온도가 더 떨어지지 않고 절대 0도에서 끝나느냐는 물음이 있습니다.
정답은 간단한데 온도란 에너지를 말하는 것이기 때문입니다. 에너지란 '존재'하는 것이고 '존재가 없는 상태(無)'보다 '더 없는 상태'는 없기 때문입니다. 무(無)보다 더한 무(無)는 역시 무(無) 이니까요.



## 가장 높은 온도는 몇 도인가

 절대 0도가 존재하여 온도의 아래로는 제한이 있는데 그럼 에너지가 무한인 위로도 온도의 upper limit상한이 있을까 연구한 과학자들이 있었습니다. 그들에 의하면 역시 온도의 상한도 존재할 것으로 추측됩니다. 온도가 올라가며 물질이 입자로 분해될 때 그 입자의 수가 무한하다면 온도는 더 이상 그 부피 안의 입자들의 운동을 가속하는 데(온도를 올리는 데) 사용되지 않고 입자의 숫자를 증가시키는 데(온도는 그대로) 모두 사용됩니다. 즉 아무리 에너지를 가해도 온도가 더 이상 오르지 않는 점이 생기는 것입니다.

 이러한 이론에 의하면 하나의 최대온도가 존재하고 이 값의 온도에서 energy density에너지 밀도는 무한대가 됩니다. 과학자들에 따르면 이 값은 약 2조K가 될 것이라고 합니다. 그런데 이 상한온도가 바로 우주의 빅뱅의 시점과 관련되어 있습니다. 즉 우주의 뜨거운 시작온도가 2조K의 온도라는 것과 지금의 식어버린 우주의 온도 3K(배경복사)를 가지고 우주의 나이를 역으로 계산할 수 있는 것입니다. 처음과 끝의 온도 차이와 시간당 식는 비율을 안다면 그 총 시간을 계산할 수 있는 것이지요.

 우주는 시계가 거꾸로 갈수록 점점 좁은 곳에 모여 있었으며 동시에 아주 뜨거웠으며 그러던 어느 처음 순간 모든 입자가 풍부해서 더 이상 뜨겁지 못할 상한에 있었을 것으로 예측됩니다. 그 순간이 바로 빅뱅의 100분의 1초전이라고 합니다. 137.98 ± 0.37억 년 전 이야기입니다.

# Nunu

★★★☆☆ **visionary - the visionary city planning**
비전 있는 도시 계획

★★★☆☆ **obscure - The teacher's obscure test question lead to many possible answers.**
그 선생님의 모호한 시험문제는 여러 가능한 답이 나오게 했다.

★★★☆☆ **plausible - It is plausible for Psy to be a street musician while traveling around Europe.**
유럽을 여행하는 동안 싸이가 거리의 악사가 되는 것은 있을 수 있는 일이다.

★★★☆☆ **skeptical - I'm skeptical if the Loch Ness monster is real.**
나는 네스호의 괴물이 실제인지에 대해서는 회의적이다.

★★★☆☆ **plausibility - The plausibility of a world war in the next 100 years is very high.**
다음 100년 안에 세계전쟁(발발)의 개연성은 매우 높다.

★★★☆☆ **implausible - It is implausible that smoking cures cancer.**
흡연이 암을 치료한다는 것은 있을 법하지 않다.

★★☆☆☆ **consume - We consume a good deal of sugar in drinks.**
우리는 상당히 많은 양의 당분을 소비한다(섭취한다).

★★☆☆☆ **consumer - I saw a consumer buy 20 video games at a time.**
나는 비디오 게임 스무 개를 한 번에 사는 소비자를 보았다.

★★★☆☆ **consumption - Statistics show consumption of fast food is decreasing around the world.**
통계는 패스트푸드 소비가 전 세계적으로 감소하고 있는 것을 보여준다.

★★☆☆☆ **boil - The recipe calls for boiling the chicken with ginseng for 20 minutes.**
그 레시피는 닭고기를 인삼과 함께 20분 동안 끓이라고 되어있다.

★★★★☆ **seethe - in the middle of the seething crowd**
들끓는 군중사이에서

★★★☆☆ **simmer - After boiling, let it simmer for 10 minutes.**
일단 끓으면 그것이 부글부글 끓도록 10분간 놔둬라.

★★☆☆☆ **absolute - Power tends to corrupt, and absolute power corrupts absolutely.**
권력은 부패하는 경향이 있다. 그리고 절대 권력은 절대적으로 부패한다.

★★★☆☆ **monarchy - limited monarchy** 입헌군주제

★★★☆☆ **monarch - a monarch of the Chosun Dynasty** 조선왕조의 군주

# Olaf. the Berserker
## 올라프 - 광전사

| | | |
|---|---|---|
| **P** | Berserker Rage | 광전사의 분노 |
| **Q** | Undertow | 역류 |
| **W** | Vicious Strike | 광포한 공격 |
| **E** | Reckless Swing | 무모한 강타 |
| **R** | Ragnarok | 라그나로크 |

---

**P** **Berserker Rage** ▮ 손실된 체력 1%마다 올라프의 공격 속도가 1%씩 증가.
passive - 광전사의 분노

□□□ **berserker** [bərsə́ːrkər 버**서어**커] n. 광전사

## berserker(버서커)는 셔츠를 벗은 광전사

★ berserker는 영국에서 북유럽 노르만 전사를 부를 때 쓰는 말이었습니다.
원래 '**옷통을 벗고 다니는 전사들**'이라는 뜻의 고대 노르만어 ber-(bare벌거벗은) + serkr(shirt 셔츠)의 조합에서 나온 것입니다. 그러다 나중 '**초인적인 힘을 가진 전사**'를 뜻하게 되었습니다.
일본의 유명한 만화 [베르세르크]로 익숙한 단어입니다. 또한 여러 온라인게임의 클래스 중 하나인 '**버서커(berserker)**'로도 많이 들어본 단어입니다.
집채만 한 검을 든 베르세르크의 가장 멋진 명대사 "넌 이미 죽어있다."를 기억하실 것입니다.

Berserk
베르세르크

# Undertow
### Q - 역류

(액티브) : 올라프가 지정한 곳에 도끼를 던져 도끼에 맞은 모든 적에게 70의 물리 피해를 입히고 거리에 비례해서 2.5~4초 동안 이동 속도를 늦춤.
올라프가 도끼를 집으면 재사용 대기시간이 4.5초 감소.

□□□ **undertow** [ʌ́ndərtoʊ **언더토우**] n. 저류

## TOW는 wire(와이어)로 끄는 대전차미사일

★ undertow는 바닷물이 해안에 부딪힌 후 바다 쪽으로 물살이 쓸려나가는 것을 말합니다. 또는 어떤 상황에서 **'뭔가 물 밑으로 흐르고 있는 듯한 분위기'**를 말하기도 합니다.
만일 어느 축구선수가 자살골을 넣고 결승전에서 진 다음 라커룸에 들어갔다면 선수단 모두가 조용히 자신을 비난하는 분위기를 느낄 수 있을 것입니다.
이 조용히 물밑으로 흐르는 분위기를 **'undertow하고 있다'**라고 표현할 수 있을 것입니다. undercurrent나 underset과 같은 의미입니다.
undertow에서 tow는 **'끌다'**라는 뜻입니다. tow는 주로 자동차나 보트를 예인해 **'끌다'**라는 의미로 사용됩니다. 그래서 견인차는 tow truck이 됩니다.

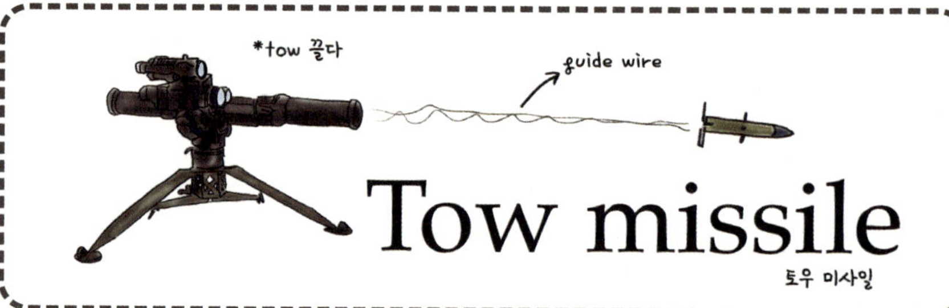


### TOW 대전차미사일

tow를 보면 밀덕 중에는 바로 TOW 대전차미사일을 생각하는 분도 있겠지만 이 미사일의 명칭은 tow 단어 그대로는 아니고 약자를 재치있게 만든 것입니다. 즉 **'guide wire유도와이어를 미사일이 끈다'**는 tow 이미지가 나오도록 단어를 잘 조합해서 abbreviation약자를 만든 것입니다. **'Tube launched, Optically tracked, Wire guided(TOW)'**가 full name정식 명칭입니다. 이처럼 영어 약어에는 약어 자체가 다시 그 full name을 대표하도록 만들어진 것이 많습니다.
Tow 대전차미사일의 약어를 해석해보면 **'튜브로 발사되고 사수가 직접 와이어로 유도하여 표적을 맞추는 방식'**이란 뜻입니다. 이런 유도방식은 높은 명중률을 자랑하지만 사수가 끝까지 표적을 향하고 조정해야하기 때문에 전차에 발각되면 위험하다는 단점이 있습니다.

# Vicious Strike
**W** - 광포한 공격

| (액티브) : 6초 동안 올라프의 공격 속도가 40% 증가하고 생명력 흡수율이 9% 증가. 올라프의 체력이 2% 줄어들 때마다 치유와 체력 회복량이 1% 증가.

□□□ **vicious** [víʃəs **비**셔ㅅ] a. 악랄한

## vicious(악랄한)은 '악(惡)'의 뜻인 vice에서 나온 단어

★ vicious는 vice악덕에서 나온 단어입니다. 악(惡)을 뜻하는 어근 mal-처럼 vice가 들어간 단어는 나쁘다는 뜻을 나타내게 됩니다. 그런데 경찰서에서는 그 악(惡)을 여러 종류로 분류해서 대처하고 있는데 그 여러 악 중에서도 vice는 섹스, 마약, 도박 등 인간의 '**중독적인 품성에 관련된 악(惡)**'으로 정해져 있습니다.

예를 들면 경찰서의 한 부서인 vice squad풍기사범 단속반는 마약이나 매음 전담반이 되는 식입니다. 이때의 squad는 경찰서의 강력계, 청소년계처럼 범죄의 한 분야를 다루는 부서를 말합니다.

> **vice** [vaɪs 바이스] n. 범죄, 악
> **squad** [skwɑ:d 스꽈아ㄷ] n. (경찰서)계, 선수단　　∞ Udyr 참고

참고로 vice는 또 다른 어원에서 기원한 '**대리**'를 뜻하는 deputy부(副)의 대용인 접두사로 자주 사용됩니다. 예를 들어 vice-president부통령, vice-principal교감, vice-chairman부의장 등 다양하게 쓸 수 있습니다.

또한 vice는 vice versa라는 라틴어를 그대로 쓰는 경우에도 사용됩니다. 라틴어이므로 영어에서도 [바이스 베르사]라고 읽는 사람이 있습니다만 일반인들은 그냥 [바이스 버어사]라고 발음합니다. vice versa의 뜻은 '**그 반대도 마찬가지**'입니다. vice(대리) + versa(turn반대)의 조합인데 '**순서가 바뀌다**'란 뜻에서 '**뒤집어도 같다**'라는 의미가 나온 것입니다.

> I love my girlfriend and vise versa. 난 내 여자 친구를 사랑하고 여자 친구도 마찬가지다.

> **virtue** [vɜ́:rtʃu: **버어**츄우] n 미덕　⇔　vice 악덕
> → **virtuous** [vɜ́:rtʃuəs **버어**츄어ㅅ] a. 고결한　⇔　**vicious** 악랄한
> → **virtual** [vɜ́:rtʃuəl **버어**튜얼] a. 사실상의, 거의 다름이 없는　　∞ Urgot 참고

＊ virtue미덕는 vice악덕의 반대의미입니다. 재미있게도 virtue의 어원의 발전과정은 feminist페미니스트들이 싫어할 만한 순서를 거쳤습니다. virtue의 어근이 되는 라틴어 vir는 남자(man)를 뜻하는데 여기서 나온 virtue는 '**남자다움, 힘, 용기**'등을 의미했다가 나중 '**미덕, 도덕적 행동**'의 뜻으로 발전한 단어이기 때문입니다. 마치 남자다움이 미덕이고 여자다움은 악덕이라고 말하는 단어처럼 보입니다.

페미니스트의 눈에는 virtue미덕가 지독히도 남성중심적인 사고에 기반을 둔 단어로 보일만 합니다.

어쨌든 우리는 virtue미덕와 vice악덕는 반대어로 삼아 두 단어를 동시에 기억하는 것이 좋습니다. 또한 virtue를 외울 때는 '**좋은 벗 강추**'에서처럼 미덕을 보여주는 벗을 추천하는 이미지를 사용하면 좋습니다.

# Virtue n. 미덕

* virtuous는 '**미덕이 있는, 고결한**'이라는 뜻입니다. virtue미덕의 형용사형이므로 이해가 쉽습니다. 그런데 virtue 에는 또 다른 형용사형인 virtual이 '**사실상의, 거의 다름이 없는**'의 뜻으로 존재합니다. virtual은 '**좋은 것과 거의 비슷하다**'는 식으로 뜻이 발전한 것입니다. 요즘에 virtual은 VR(Virtual Reality)가상현실의 예에서처럼 '**가상의**'라는 뜻으로 주로 사용됩니다.

## vicious cycle(악순환의 고리)

vicious가 들어간 용어 중에 vicious cycle악순환이라고 아주 마음이 슬퍼지는 개념이 있습니다. 이 비셔스 사이클의 예로는 '**아빠가 때리니깐 그 아들이 놀게 되고, 노니깐 아들의 학력이 떨어지고 학력이 떨어지니 나중 자라서 제대로 취직을 못해 수입이 줄게 되고, 수입이 줄어서 폭력으로밖에 권위를 못 세우니 다시 자신의 아들을 때리는 아빠가 되는**' 악순환의 고리가 있겠습니다.

vicious cycle악순환의 또 다른 예는, 아토피 피부염이 있거나 모기에 물렸을 경우가 있습니다. 가려우니 긁게 되고 긁으니깐 염증세포가 모이고, 모인 염증세포가 염증물질을 분비하여 더 가려워지는, 그래서 또 더 긁게 되는 vicious cycle악순환이 생기게 되는 것입니다.

우리 주변에는 우리가 쉽게 눈치 채지 못하는 vicious cycle악순환이 항상 존재합니다. 무엇인가 상황이 점점 악화되는 것을 발견하였다면 고리의 요소를 파악하고 끊어서 virtuous cycle선순환으로 돌려야 합니다.

## Reckless Swing
E – 무모한 강타



□□□ **reckless** [rékləs 레클러스] a. 무모한

## reck은 모(謀), reckless는 무모(無謀)

★ **reckless**는 reck(조심하다) + less(없는)의 뜻인데 reck은 거의 쓰지를 않고 오히려 reckless를 자주 볼 수 있습니다.

reckless는 careless부주의한의 뜻을 넘어서 '**겁을 상실한 무모함**'을 의미합니다.
reckless를 한문으로 보았을 때도 거의 구조가 비슷합니다. 무모하다는 말은 '**모(謀)가 없다**'라는 말이고 여기서 '**모(謀)**'는 '**reck = 미리 준비하고 앞뒤를 잘 헤아리다**'라는 뜻입니다. 이런 준비성 있는 '**모**'가 없으면 '**무모**'한 사람이 되는 것이지요.

| 무모하다 | |
|---|---|
| 무(無) + 모(謀) | 헤아림이 없다 |
| reck + less | 조심성이 없다 |

reckless는 무모해서 때로는 용감해 보이는 중2의 성격을 표현해주는 대표적인 단어입니다. 비슷한 뜻의 rash나 imprudent, impetuous도 신중하지 못하고 경솔하다는 뜻이어서 이 단어들은 '**중2병이 있는 친구들**'에게 사용하기 좋습니다.
reckless의 단어를 기억할 때는 reck를 발음대로 컴퓨터의 랙(lag)으로 기억하여 **랙**이 **없는**(-less) 피시방에 간 친구가 신난다고 **무모한** 러쉬를 감행하는 것을 이미지로 삼으면 됩니다.

**rash** [ræʃ 래쉬] n. 발진  a.경솔한
**imprudent** [ɪmprúːdnt 임**프루우**든ㅌ] a. 신중하지 못한
**impetuous** [ɪmpétʃuəs 임**페츄**어ㅅ] a. 성급한, 충동적인

* **rash**는 주로 명사로 사용되며 피부에 생기는 발진을 말합니다. 몸이 간지러워(itching) 피부를 긁거나 또는 피부 allergy알러지가 생기거나 measles홍역나 chickenpox수두 같은 병에 걸리게 되면 피부에 빨간 발진이 생기게

되는데 이를 rash라고 부릅니다. 이때의 어원은 라틴어 rasus인데 '긁어진(scraped)'이라는 뜻입니다. 즉 피부를 긁게 되면 생기는 빨간 선이라는 의미입니다.

rash가 형용사로 사용될 때는 **'성급하게 서두르다'**는 뜻입니다. **'발진'**이라는 뜻인 rash의 명사형 의미와는 거리가 멀죠. 이는 형용사의 의미가 원시독일어인 빠르다(quick)라는 뜻의 *raskuz에서 나와서 그런 것입니다.

* imprudent는 im(not) + prudent(신중한)의 조합입니다. 말 그대로 **'신중하지 않다'**는 뜻입니다. 단어의 모태가 되는 prudent는 우리에게 익숙한 단어입니다. 영국 1위의 생명보험회사이고 우리나라에서도 유명한 [Prudential 프루덴셜 생명]의 회사명을 통해 CF 등에서 자주 보는 단어이기 때문입니다.
자신이 죽게 될 경우를 대비하여 남은 가족을 위하여 **'신중하게'** 선택해야하는 생명보험을 다루는 곳이므로 이름을 꽤 잘 지은 회사라고 하겠습니다.
prudent의 어원은 준비하다(provide)라는 뜻의 라틴어 providence를 줄여서 쓴 prudens에서 나온 단어입니다.
어원 속에 〈신중한 사람은 무엇이든 미리미리 준비한다〉는 심오한 교훈이 들어있는 단어입니다.

* impetuous는 수많은 im-접두사를 가진 단어의 홍수 속에서 어려워 보이는 단어입니다. 어려운 단어일수록 더욱 철저한 연구를 통해 습득하면 뿌듯합니다. 라틴어 petere(rush at급습하다) 어근을 통해서 impetuous와 관계된 단어를 알아보겠습니다.
impetuous는 **'성급하게 힘으로 밀어붙이다'**라는 뜻입니다. **'빠른 움직임'**을 의미하는 라틴어 impetus에서 나온 단어이고 im(into) + petere(rush at)의 조합입니다. 영어로도 impetus는 자극제나 추동력을 의미합니다.
여기서 추동력이란 물체를 앞으로 움직이게 만드는 **힘**을 말합니다.
이 **'힘으로 밀어붙이다'**라는 뜻의 petere 어근은 차차 급습하다(rush at), 찾다(seek), 공격하다(attack) 등 힘과 관련된 여러 뜻이 더해지게 됩니다.
또한 petere 어근은 모양새도 조금씩 변하여 pet, pit, petit, peal 등 여러 모습으로 영어단어에서 나타납니다.
예를 들어 petition청원도 이 petere 어근에서 나온 것인데 이는 신에게 뭔가를 해달라고 찾고(seek) **'간청하다'**라는 의미가 되겠습니다.
그 외에도 petere 어근이 사용된 단어는 compete겨루다, repeat반복하다, appetite식욕 등이 있습니다.

| impetus | im(안으로) + petus(급습하다) | n. 자극제, 추동력 | |
| --- | --- | --- | --- |
| compete | com(함께) + pete(찾다) | v. 겨루다 | → competition n. 경쟁 |
| repeat | re(다시) + peat(찾다) | v. 반복하다 | |
| appetite | ap(향하여) + petite(찾다) | n. 식욕, 욕구 | |

이렇게 impetuous성급한을 통해서 impetus추동력을 생각해내고 다시 petition청원의 단어까지 미친 듯이 이끌어낼 수 있다면 거의 **'어원계의 광전사 올라프'**라고 부를 만하겠습니다.

**impetus** [ímpɪtəs 임피터스] n. 자극제, 추동력
**petition** [pətíʃn 퍼티션] n. 청원

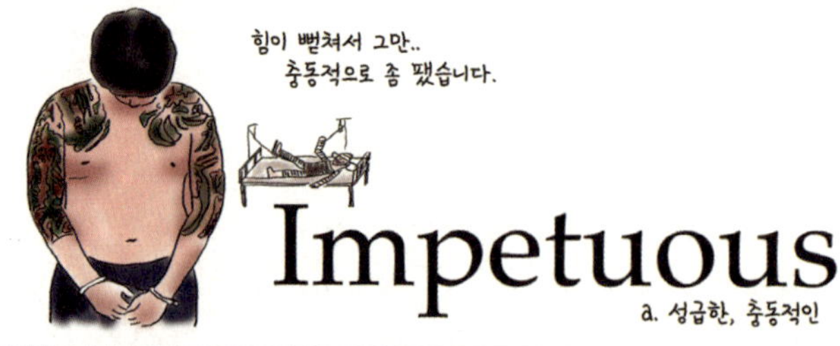

impetuous는 외울 때 pet 어근을 통해서 외우는 것이 가장 좋습니다. 그러나 기억이 나지 않을 때는 한글 발음을 이용해서 조폭이 '**힘이 뻗쳐서**' 사람을 **충동적**으로 패버리는 것을 이미지로 암기해 볼 수 있겠습니다.

# Ragnarok
R - 라그나로크

(기본 지속 효과) : 올라프가 10의 방어력과 마법 저항력을 추가.
(액티브) : 올라프가 6초 동안 기본 지속 효과를 받지 못하는 대신 방해 효과에 면역이 되고 40의 추가 공격력을 얻음. 사용 직후 1초 동안 적에게 다가갈 때 이동 속도가 50% 상승.

□□□ **ragnarok** [rɑ́ːgnərɑk **래**애그너락] n. 라그나로크

★ **ragnarok**는 Norse mythology북유럽신화에 나오는 '**세계종말의 날**'을 말합니다. 그날이 오면 악마와의 거대한 전쟁이 나게 되고 Odin오딘이나 Freyr프레이어, Heimdallr하임달, Loki로키 등 여러 신들이 죽은 다음 세상은 여러 재앙을 맞으며 마침내 세상이 물에 다 잠기게 됩니다.
그리고 물이 사라지면 세상은 더욱 비옥해지고 두 명의 인간생존자와 신들은 또 다시 만나게 된다는 전설입니다.
우리에겐 [라그나로크] 온라인게임으로 이미 익숙한 단어입니다.

# Olaf

★★★★☆ undertow - We won the battle only because the strong undertow killed the creature.
우리가 전투에 이긴 것은 순전히 (수면 밑의) 강한 저류가 그 생물체를 죽였기 때문이다.

★★★☆☆ vicious - The vicious warrior who used his comrade as a shield was the only one left standing.
자신의 전우를 방패로 삼은 그 악랄한 전사가 살아남은 유일한 사람이다.

★★★☆☆ vice - He was told to avoid bad vices, but his friends told him differently.
그는 나쁜 짓을 하지말라는 말을 들었지만, 친구들은 그에게 다르게 말했다.

★★★☆☆ squad - A squad of marines blew-up their headquarters.
해병 분대 하나가 자신들의 본부를 폭파시켰다.

★★★☆☆ virtue - a higher standard of virtue 더 높은 미덕의 기준

★★★☆☆ virtuous - an honest and virtuous man 정직하고 고결한 남자

★★★☆☆ virtual - a state of virtual civil war 사실상의 내전상태

★★★☆☆ reckless - A reckless driver smashed into a police office.
한 부주의한 운전자가 경찰서로 (차를) 처박았다.

★★★☆☆ rash - a rash decision 성급한 결정

★★★☆☆ imprudent - Local hospitals should minimize the imprudent use of antibiotics.
지역병원들은 신중하지 않은 항생제의 사용을 최소화하여야 한다.

★★★★☆ impetuous - Now, you're looking at the results of the impetuous impulses of the youth.
이제, 여러분은 젊은이의 성급한 충동이 만든 결과를 보고 있습니다.

★★★★☆ impetus - a fresh impetus 신선한 자극

★★★☆☆ petition - Everyone signed a petition to make this book mandatory for all English classes.
이 책을 전(全) 영어 수업에 의무적으로 사용하게 하자는 청원서에 모든 사람이 사인했다.

# Orianna, the Lady of Clockwork

## 오리아나 - 시계태엽 소녀

**P** — Command: Clockwork Windup  시계태엽 감기

**Q** — Command: Attack  공격

**W** — Command: Dissonance  불협화음

**E** — Command: Protect  보호

**R** — Command: Shockwave  충격파

---

### P — Command : Clockwork Windup

passive - 시계태엽 감기

오리아나는 자신의 구체를 주문과 공격의 매개체로 사용. 오리아나와 구체가 너무 멀리 떨어져 있으면 구체는 오리아나에게로 되돌아감. 오리아나의 기본 공격이 10~50에 해당하는 마법 피해를 추가. 4초 안에 같은 대상을 추가로 공격하는 경우 20%만큼의 마법 피해를 추가. 이 추가피해는 최대 2번까지 중첩.

☐☐☐ **command** [kəmǽnd 커**맨**ㄷ] n. 명령

☐☐☐ **windup** [wáɪndʌp **와인**더ㅍ] n. 결말, 태엽 감기

### command는 manus(손)으로 명령하는 것

★ command는 명령을 뜻합니다. 라틴어 mandare(mandate 권한)에서 나왔는데 manus(hand 손) 어근과 관련이 있습니다.

라틴어 어원인 manus(hand 손)는 예로부터 다른 사람에 대한 지배를 나타냈습니다. 특히 남편의 아내에 대한 권위를 의미하기도 했습니다. 이 manus 어근에서 나온 단어를 보겠습니다.

**manual** [mǽnjuəl **매뉴**얼] a. 손으로 하는, 육체노동의  n. 매뉴얼(설명서)

**mandate** [mǽndeɪt **맨**데이트] v. 명령하다  n. 권한

**mandatory** [mǽndətɔːrɪ **맨**더토어리] a. 의무적인

**commend** [kəménd 커**멘**드] v. 칭찬하다

**recommend** [rekəmɛ́nd 레커**멘**드] v. 추천하다

* mandate는 manus(hand 손) + dare(give 주다)의 조합에서 나왔습니다. 라틴어인 mandare는 '남의 손에 몸을 맡기다'라는 말이고 이것이 라틴어 과거분사형이 되어 '명령하다'라는 뜻이 되었습니다.

여기에서 나온 mandatory는 형용사로서 '**의무적인**'이라는 뜻이고 compulsory강요적인와 거의 같은 의미입니다.
mandatory는 국방의 의무가 있는 우리나라에서 자주 사용되는 단어입니다.
mandatory를 암기할 때는 여자친구가 "**자기 남자(man)되또? 군대 가자. 의무적이야.**"라고 놀리는 것을 상황극으로
만들면 재미있습니다.

It is mandatory for Korean young man to join the army.
한국의 젊은이는 군대에 가는 것이 의무적이다.

* commend는 '**칭찬하다**'라는 뜻입니다. 비슷한 스펠링의 command명령와 어원은 같은데 모음/e/와 /a/가 차이가
나면서 뜻이 분화되었습니다.
사실 칭찬하면서 일을 시키는 것이나 명령하면서 일을 시키는 것이나 당하는 사람의 입장에서는 결과의 차이가 거의
없습니다. 다음 그림은 commend칭찬과 command명령의 애매한 구분을 잘 보여주는 예가 되겠습니다.

또한 command에 '**그룹의 참가원**'을 의미하는 명사화 접미사 -ado가 뒤에 붙은 commando코만도는 commander
사령관의 지휘를 받는 특수부대를 뜻하는 단어가 됩니다.

* recommend는 '**추천하다**'라는 뜻입니다. 언어학자 중에는 이 recommend가 짧아져 commend칭찬가 되었다고
하는 사람도 있습니다.
추천서를 뜻하는 '**letter of recommendation**'에 적혀있어야 하는 내용은 그 대상에 대한 칭찬이 주를 이뤄야하므로
추천과 칭찬은 서로 연관이 있어 보입니다.
참고로 commend와 철자가 비슷한 comment언급나 commence시작하다는 어원이 전혀 다른 단어입니다.

**comment** [kάːment 카아멘트] n. 논평, 코멘트　v.논평하다　com(함께) + ment(기억하다)
**commence** [kəméns 커멘스] v. 시작하다　com(함께) + initiate(시작하다)

★ **windup**은 wind up이 붙어서 만들어진 단어입니다. 명사로서 '**결말**'이나 '**끝장**'이라는 뜻이고 어떤 작업의 '**최후의 손질**'을 말하기도 합니다. 이외에도 windup와인드업은 pitcher투수가 mound 마운드에서 pitching피칭을 하기 전에 몸을 꼬는 동작을 말하기도 하고 태엽을 감는 것을 나타내기도 합니다. 원래 wind up으로 띄어 쓰면 무언가를 주섬주섬 챙겨서 끝내려고 하다는 동사의 뜻이므로 우리말의 "끝쳤다. 짐싸자!"라는 속어 표현과 느낌이 비슷합니다.

## Command : Attack
Q - 공격

(액티브) : 오리아나가 구체에게 목표 지점으로 돌진하라고 명령하여 구체가 대상 지점으로 가는 동안 마주치는 대상에게 60의 마법 피해. 여러 대상을 공격 시 매 타격마다 10%만큼 적은 피해를 줌. (최저 40%)

□□□ **attack** [ətǽk 어**택**] n. 공격

★ **attack**은 공격이란 뜻의 쉬운 단어이긴 하지만 어원상 attach붙다와 연결되어 있다는 점이 재미있습니다. 적에게 달라붙어 싸운다는 것으로 이해하면 되겠습니다.
heart attack심장마비나 attack dog전투견에서 사용의 예를 볼 수 있습니다.

## Command : Dissonance
W - 불협화음

오리아나가 구체에게 에너지를 방출하도록 명령하여 주변에 있는 적에게 70의 마법 피해. 이때 자기장이 3초 동안 발생하여 2초 동안 적의 이동 속도를 200%만큼 낮추고 아군의 이동 속도는 20%만큼 높임. 이 효과는 시간이 흐르면 점점 약해짐.

□□□ **dissonance** [dísənəns 디서넌스] n. 불협화음

★ dissonance는 dis(apart) + sonance(울림)로 분해해볼 수 있는데 원래 라틴어인 dis(apart 떨어져서) + sonare(to sound소리의)의 조합에서 나온 단어입니다.
소리가 조화롭지 않고 제각각인 불협화음이란 뜻입니다.

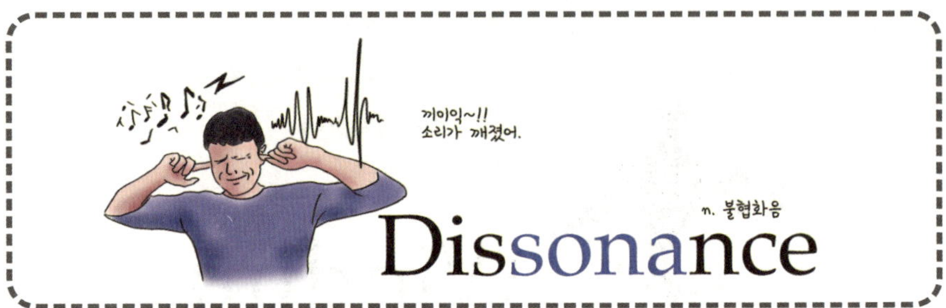


dissonance의 어근이 되는 라틴어 sonare는 자동차 이름이기도 한 [Sonata소나타]를 통해 많이 볼 수 있는 '소리의'라는 뜻의 라틴어입니다. 물론 소나타는 기악곡의 한 형태이기도 합니다.
sonare의 명사형인 라틴어 sonus소리가 들어간 단어들은 챔피언 Lee Sin리신의 〈sonic wave음파〉의 스킬에서 이미 보았습니다.

여기서는 sonance울림가 들어간 다른 단어들인 resonance공진, consonance일치 등을 sonance를 바탕으로 해서 정리해보겠습니다.

**sonance** [sóunəns(ɪ) 소우넌스] n. 울림
**resonance** [rézənəns 레저넌스] n. 울림, 공명, 공진　　∞ Ekko 참고
**consonance** [káːnsənəns 카안서넌스] n. 조화　=　harmony

| - | | sonance n. 울림 |
|---|---|---|
| dis | | dissonance n. 불협화음 |
| re | + sonance | resonance n. 공진 |
| con | | consonance n. 조화 |

* **resonance**는 '울림, 공명'이라는 뜻입니다. re(다시) + sonare(sound소리)의 조합입니다.
이미 챔피언 Ekko에코의 Z-drive resonance공진 스킬을 통해 이미 확인하였습니다.

* **consonance**는 '조화'라는 뜻입니다. com(함께) + sonare(sound소리)의 조합으로 '조화로운 소리가 난다'는 의미입니다.

참고로 dissonance처럼 '불협화음'을 나타내는 유의어로 discord불화가 있습니다. 이때 discord는 dis(apart) + cord(chord화음)의 조합이고 서로 화음(chord)이 안 맞는(dis) 상태를 의미합니다. 음악에서 화음(chord)이 안맞을 때나 사람 간에 의견이 맞지 않아 불화가 있을 때 이 discord를 쓸 수 있습니다.

**discord** [dískɔːrd 디스코어ㄷ] n. 불화, 다툼, 불협화음

dissonance불협화음와 관련된 재미있는 psychology심리학 용어로서 cognitive dissonance인지적 불협화란 것이 있습니다. cognition인지 란 **'어떤 사실을 인정하여 아는 것'**을 말합니다. 그런데 인지하는 도중 선택의 상황에서 두 요소가 충돌을 일으키는 경우가 있습니다. 예를 들어 술을 마시고 있는데 술은 해롭다는 것을 알고 있다거나 연세대에 원서를 접수했는데 고려대의 지원율이 낮은 것을 알게 되는 상황이 바로 **'인지적 불협화'**가 발생하는 때입니다.

〈인지적 불협화의 원리〉란 상충되는 두 가지의 요소가 심리적 불편함을 일으키는 상황에서 inconvenient truth 불편한 진실보다는 reassuring lie편안한 거짓을 선택하는 심리반응을 말합니다. 즉 "술을 먹어도 우리 간은 금방 회복된다더군. 고려대는 무척 공부 잘하는 아이들이 몰렸겠지."라고 결론짓는 것이죠. 인지적 불협화가 생기면 사람은 진실을 받아들이거나, 두 요소를 절충하거나, 거짓을 선택(합리화)합니다.

이 원리는 자신의 cognition인지 안의 긴장과 불편함을 해소하려는 심리적 안전장치라고 할 수 있습니다. 흔히 연애학에서 볼 수 있는 현상인 아주 매력적인 여자가 의외로 형편없는 남자를 계속 만나는 이유도 이런 〈인지적 불협화의 원리〉 때문입니다. 이 여자는 고통스러운 진실(남자가 가난하고 못생기고 능력이 없음)을 받아들일 수 없어서(받아들이면 자신이 어리석게 선택했다는 것을 인정해야 하므로) 합리화(실제로는 숨겨진 호감을 가진 남자였어)를 선택하며 남자와 헤어지지 않는 것입니다.

**cognitive** [káːgnətɪv 카아그너티브] a. 인지의
**cognition** [kɑːgníʃn 카아그니션] n. 인지

---

# E Command : Protect
### E - 보호

(지속 효과) : 구체가 보호하는 아군의 방어력과 마법 저항력이 증가.
(액티브) : 오리아나가 구체에게 아군을 따라다니며 이들을 보호하게 함. 중간에 마주치는 적은 방어막 총 수치의 75%만큼의 피해를 받음.

□□□ **protect** [prətékt 프러**텍트**] v. 보호하다

## protect에서 tect는 cover(덮개)라는 뜻

★ protect는 **'보호하다'**라는 뜻인데 pro(미리) + tect(cover덮다)의 조합으로 이루어져 있습니다. 여기서 tect는 **'cover덮개'**라는 뜻으로서 적의 공격에 대비하여 **미리 안전하게 방패나 보호물을 덮어놓는다'**는 개념입니다.
이 tect 어근을 단어에서 발견하면 한문으로 **'뚜껑 개(蓋)'**로 바꾸면서 뜻을 유추해보시기 바랍니다.

**protection** [prətékʃn 프러**텍션**] n. 보호
**protective** [prətéktɪv 프러**텍티브**] a. 보호하는
**protector** [prətéktə(r) 프러**텍터**] n. 보호구, 보호자

tect(cover) 어근이 들어간 단어 중 protect와 비슷한 품사 변화를 보이는 것이 detect입니다.
detect는 de(away멀리) + tect(cover덮다)의 조합으로서 '숨겨진 것을 들추어내다'는 뜻입니다.

    **detect** [dɪtékt 디**텍**ㅌ] v. 발견하다 → **detection** n. 감지
    **detective** [dɪtéktɪv 디**텍**티브] n. 형사   ∞ Gangflank 참고
    **detector** [dɪtéktə(r) 디**텍**터] n. 탐지기

또한 tect 어근이 들어간 tectorial은 '**덮개의**'란 뜻의 형용사이고 지구의 cover껍질인 지각(地角)을
다루는 tectonics는 '**지질학**'이란 뜻입니다.
그 외에도 tect(cover) 어근을 추적하다 보면 로마의 귀족의 외투인 toga토가, 단단한 등의 돌기로
무장한 공룡 Stegosaurus스테고사우르스 등의 단어를 발견할 수 있습니다.

    **tectorial** [tektɔ́ːrɪəl 텍**터**어리얼] a. 덮개의
    **tectonics** [tektánɪks 텍**타**닉ㅅ] n. 지질구조학   ∞ Velkoz 참고

Stegosaurus

---

## R — Command : Shockwave

R - 충격파

(액티브) : 오리아나가 구체에게 충격파를 방출하도록 명령하여 근처에 있는 적에게 150의 마법 피해를 주며 적을 잡아당김.

□□□ **shockwave** [ʃáːkweɪv **샤아**ㅋ웨이브] n. 충격파

### 초음파에도 사용되는 shockwave(충격파)

★ shockwave는 충격파란 뜻인데 인터넷 멀티미디어 재생프로그램 상표여서 익숙합니다. Adobe
flash를 설치하게 하는 것이죠.
의학에서는 ESWL쇄석술이라는 아주 어려운 단어가 있습니다. kidney신장이나 ureter요관에 돌이
들어있는 환자에게 몸을 invasive침습적으로 자르고 들어가지 않고 외부에서 충격파만으로 돌을
깨서 그 조각이 잘게 부수어져 오줌으로 나오게 하는 방법입니다.

**Extracorporeal Shock Wave Lithotripsy(ESWL)** : 체외충격파쇄석술

이 어려운 단어를 분해해보면 좋은 어근을 몇 개 뽑아낼 수 있습니다.

shockwave

| | |
|---|---|
| **extra-** : 밖의(外) | |
| **corporeal** : 신체의(體) : corpus는 body신체를 의미하는 라틴어 | |
| **shock wave** : 충격파 | **trip** : 깨다(碎) : drill드릴, throw던지다 |
| **litho-** : 돌의(石) : lithology암석학 | **-sy** : 기술(術) |

# Orianna

★☆☆☆☆ **command** - Arnold commanded the army into battle by pushing red button.
아놀드는 빨간 버튼을 눌러 군대가 전투에 뛰어들도록 명령했다.

★★★☆☆ **windup** - OK, let's windup a talk. 좋아, 이야기를 끝내자.

★★☆☆☆ **manual** - Harry Potter read the manual for the monster eating, fire breathing robot in math class.
해리 포터는 괴물의 식성과 불을 뿜는 로봇에 대한 안내서를 수학시간에 읽었다.

★★★☆☆ **mandate** - She officially handed him the mandate to form a government.
그녀는 정부를 구성할 권한을 그에게 공식적으로 넘겼다.

★★★☆☆ **mandatory** - Did you know that it is mandatory for everyone to give me a present on my birthday?
너 혹시 내 생일에는 모든 사람이 내게 선물을 주는 것이 의무적이라는 것을 알고 있었니?

★★★☆☆ **commend** - The judge commends him for his courageous actions.
그 판사는 그의 용기 있는 행동에 대해 칭찬했다.

★★★☆☆ **recommend** - I recommend that you read this book everyday, so that you can remember all the words.
나는 네가 모든 단어들을 기억할 수 있도록 이 책을 날마다 읽는 것을 권한다.

★★★☆☆ **comment** - comments on the proposals 제안에 대한 논평

★★★☆☆ **commence** - Commence fire! 사격 개시!

★☆☆☆☆ **attack** - The jeep was attacked by banana hat wearing monkeys.
그 지프차는 바나나 모자를 쓴 원숭이들에게 공격받았다.

★★★☆☆ **dissonance** - None of the audience really knows the formal role of dissonance in this music.
청중들은 모두 이 음악에서의 불협화음의 형식적인 역할을 전혀 모른다.

★★★☆☆ **resonance** - an emotional resonance 감정적인 여운

★★★☆☆ **discord** - domestic discord 가정불화

★★★☆☆ **cognitive** - I was cognitive of the importance of my final exams.
나는 기말고사의 중요성을 인식하고 있었다.

★★★☆☆ **cognition** - Helena devoted her life to the study of human cognition and language understanding.
헬레나는 인간 인지와 언어 이해의 연구에 그녀의 일생을 바쳤다.

★★☆☆☆ **protect** - Use a sunscreen that protect harmful UV rays from the sun.
태양에서 오는 해로운 자외선으로부터 보호하는 자외선차단제를 사용하여라.

★★☆☆☆ **protection** - a protection against the infection 감염에 대한 보호

★★★☆☆ **protective** - He is protective of his LOL identification and password.
그는 자신의 LOL 아이디와 비번에 대해 방어적이다.

★★★☆☆ **protector** - ear protectors 방음 보호구

★★★☆☆ **detect** - The computer engineer detected an error in the AI programming code.
그 컴퓨터 엔지니어는 인공지능 프로그래밍 코드에서 오류를 감지했다.

★★☆☆☆ **detective** - Mary hired a private detective to catch her cheating spouse.
매리는 바람을 피우는 그녀의 배우자를 잡기 위해 사설탐정을 고용했다.

★★★☆☆ **detector** - Wesley, the office automation assistant, went through the metal detector.
사무 자동화 보조원인 웨슬리는 금속 탐지기를 통과했다.

★★★☆☆ **tectonics** - the plate tectonics 판구조론

★★★☆☆ **shockwave** - the shockwave of the explosion 폭발의 충격파.

# Pantheon, the Artisan of War

## 판테온 - 전쟁의 장인

| | | |
|---|---|---|
| P | Aegis Protection | 방패 방어술 |
| Q | Spear Shot | 투창 |
| W | Aegis of Zeonia | 제오니아의 방패 |
| E | Heartseeker Strike | 심장 추적자 |
| R | Grand Skyfall | 대강하 |

## pan은 모든, theo는 신

★ 〈전쟁의 장인〉이라는 별명을 가진 챔피언 pantheon판테온의 이름 자체를 연구해 보겠습니다.

pantheon [pǽnθiɑːn 팬씨아안] n. 만신전(萬神殿), 판테온   ∞ Irelia 참고

pantheon판테온은 우리말로 만신전(萬神殿)을 뜻합니다. 만신전이란 '**모든(萬) 신을 모신 곳**'이라는 뜻으로서 그리스-로마시대는 다신교의 시대였기 때문에 가능한 신전의 형태입니다.

pantheon은 pan(all모두) + theos(god신)의 조합으로 만들어진 단어인데 단어의 구성 성분에 우리가 공부하기 좋은 어근이 들어 있습니다.

먼저 pantheon의 앞쪽 부분인 pan을 보겠습니다. pan은 all(모든)을 뜻하는 접두사로서 그리스 신화의 'Pandora's chest판도라의 상자'를 생각하면 쉽게 외워집니다.

그리스 신화에서 Pandora판도라는 제우스가 신들을 총동원하여 그들의 좋은 점만 뽑아서 만든 최초의 여성입니다. 신들의 아름다움을 그대로 받은 미모와 지혜를 갖추고, 아름다운 목소리까지 가진 치명적인 매력을 가진 여인이었습니다. 그래서 '모든(pan) 선물(dora : gift)을 받은'의 뜻으로 이름이 Pandora가 되었습니다.

그 후 Epimetheus에피메테우스에게 시집을 간 Pandora는 제우스가 절대 열지 말라고 준 상자를 호기심에 열어보는 장본인이 되어 그 속의 모든 재앙을 인간 세상에 선물한 여인이 됩니다.
Pandora 외에도 pan이 들어간 단어는 pandemic, panacea 등이 있습니다.

**pandemic** [pǽndemɪk 팬데믹] n. 전 세계적인 유행병　∞ Yorick 참고
**panacea** [pǽnəsíːə 패너**시이**어] n. 만병통치약

* panacea는 모든 질병을 치료하는 만병통치약을 말합니다. pan(all) + acea(cure치료하다)의 그리스어 조합 panakeia에서 나온 단어입니다. acea는 영어에서 –iatric이란 접미사의 어근이 되는 단어로서 '~을 치료하는'의 뜻으로 사용됩니다.
예를 들어 소아를 치료하는 소아과는 pediatrics인데 pedo-(소아의) + -iatric(치료하는)의 조합으로 만들어집니다.
또한 노인의학이면 geriatrics가 되겠습니다.
panacea를 기억할 때는 한글발음을 이용해서 '**만병통치약을 먹고 병이 모두(pan) 낫씨어**'로 기억하면 편합니다.

그다음 pantheon의 뒤쪽 부분인 -theon은 god신을 뜻하는 그리스어 theos에서 기원한 것입니다.
이 theo-가 들어가서 신(神)을 의미하는 단어들이 몇 가지 있습니다.

**theology** [θɪáːlədʒɪ 씨**아알**러지] n. 신학　∞ Irelia 참고
**theocracy** [θɪáːkrəsɪ 씨**아아**크러시] n. 신권정치　∞ Irelia 참고

## P Aegis Protection　| 공격이나 기술을 4번 사용하면 40 이상의 기본 공격과 포탑 공격을 한 번 방어.
passive – 방패 방어술

□□□ **protection** [prətékʃn 프러**텍**션] n. 보호　∞ Orianna 참고

## Q Spear Shot　| (액티브) : 대상에게 창을 던져 물리 피해.
Q – 투창

□□□ **spear** [spɪr 스피어] n. 창

## 근접전투용 창 spear

★ **spear**는 일반적인 나뭇잎 모양의 창날이 달린 근접전투용 창을 말합니다. 이 spear는 중무장 기사들의 마창시합용의 lance와 투척용의 javelin과는 다른 모양의 창입니다.

역사상 가장 유명한 spear창은 성창(聖槍)이라 불리는 Spear of Longinus롱기누스의 창입니다.
예수님이 십자가에 못 박혔을 때 로마 병사 중 한 명이 죽음을 확인하기 위해 창으로 그의 옆구리를 찔렀는데 그 병사의 이름이 Longinus롱기누스입니다.
성창은 The Holy Grail성배와 더불어 가장 유명한 성(聖)유물입니다. 현재 비엔나에 있는 이 창이 genuine진품의 성창인지는 아직도 의견이 분분합니다.

**genuine** [dʒénjuɪn 제뉴인] a. 진품의 (=original)

* **genuine**은 '**진품의**'라는 뜻인데 '**타고났다**'는 뜻의 라틴어인 gignere에서 나온 단어입니다. 단어의 기원에서는 아이가 데려온 자식이 아니고 친아버지에게서 태어난 적자임을 의미했습니다. 그러다 나중 물건이 진품이라는 뜻으로 바뀐 것입니다. 그래서 어원도 유전자를 뜻하는 gene과 연관되어 있습니다.
genuine을 외울 때는 한글로도 '**진**' 발음이 들어간 점을 이용하여 '**진(품)인**'으로 발음하며 이해하면 편합니다. 같은 뜻의 단어로 authentic과도 바꿔 쓸 수 있습니다.

또한 spear와 관련되어 spearhead라는 단어가 있는데 이는 공격의 선두에 서는 '**선봉**'을 말합니다.
긴 창대보다 먼저 도착하게 되는 창두(槍頭)의 특성에서 전투의 제일 앞에서 돌격하는 선봉의 의미가 나온 것입니다.
참고로 선봉을 뜻하는 또 다른 단어 vanguard도 spearhead와 함께 자주 사용되는 단어입니다.

**vanguard** [vǽngɑːrd 뱅가아드] n. 선봉



그런데 vanguard보다 오히려 프랑스어 '**아방가르드**'를 더 자주 들어 보았을 것입니다.
아방가르드가 현대미술사에서 나오는 말이어서 익숙한 것인데 avant-garde아방가르드는 전위예술을 뜻하는 말이고 기존 예술을 부정하는 혁신적인 20세기 초의 예술의 한 형태를 말합니다. 예술계 변화의 선봉이란 뜻이죠.

* vanguard는 전투에 가장 앞장서서 돌진하는 '선봉'을 뜻합니다. avant-garde라는 프랑스어에서 나온 단어입니다. 이 프랑스어는 avant(in front앞에서) + garde(guard보호하다)의 조합이고 앞의 a가 없어지고 영어로 vanguard가 된 것입니다.

## 비엔나의 성창과 나찌

성창은 The Holy Grail성배와 더불어 가장 유명한 성(聖)유물입니다. 이 창을 가지고 전쟁을 하면 승리한다는 전설이 있고 King Arthur아더왕의 전설에도 이 창의 이야기가 나올 정도로 유럽인의 마음을 움직인 창입니다.

성창은 바티칸의 것 외에도 여러 곳에 genuine진품의 성창이라고 주장되는 물품들이 있는데 가장 유명한 것은 Austria오스트리아 Vienna비엔나 Hofbrug호프부르그 궁전의 왕실 박물관에 있는 창입니다.

비엔나에 있는 창에 관해 가장 흥미로운 주장은 Hitler히틀러와 연관된 것입니다. 히틀러는 이 창을 비엔나에서 탈취한 후 전쟁에서 승승장구했다고 합니다. 그러다가 이 성창이 연합군의 손에 들어간 지 90분 뒤에 히틀러는 자살하게 되었다고 합니다. 사람들은 이후 비엔나의 성창이 진품이라고 여기지만 다른 이야기도 있습니다.

히틀러가 죽고 제 2차 세계대전이 끝난 후에 연합군 대령으로 참전했던 의사이자 교수인 Dr. Buechner는 독일군의 U-boat함장에게서 그 후 히틀러가 진품 성창을 Antarctic남극의 비밀장소에 나찌의 다른 보물과 함께 숨겼다는 것을 들었다고 합니다. 그리고 다시 살아남은 Nazi secret society나찌 비밀 조직에 의해 되찾아져서 유럽 어딘가에 보관되어 있다고 그 함장이 사진과 기록을 보내주었다고 합니다. 고로 비엔나의 성창은 가짜인 셈이죠. 언젠가 숨겨놓았던 성창을 들고 나찌가 다시 부활할 지도 모릅니다.

## Aegis of Zeonia
W – 제오니아의 방패

(액티브) : 적에게 뛰어들어 방패로 후려쳐 마법 피해를 입히고 1초간 기절시키고 방패 방어술을 활성화.

□□□ **aegis** [íːdʒɪs **이이지스**] n. (아테나의) 방패   ∞ Jarvan IV 참고

## Heartseeker Strike
E – 심장 추적자

(패시브) : 15% 이하의 체력을 가진 적에게 가하는 평타와 투창은 100% 확률로 치명타.
(액티브) : 0.75초간 전방을 향해 물리 피해를 세 번 줌.
챔피언에게는 두 배의 피해.

□□□ **seeker** [síːkə(r) **시이커**] n. ~을 찾는 사람

## seeker는 seek(찾다)하는 자

★ seeker는 '~을 찾는 사람'의 뜻입니다. 대표적으로 job seeker구직자, asylum seeker망명신청자, heat seeker열추적미사일 등이 있습니다. LOL게임에서 챔피언 판테온의 창은 무시무시하게 심장을 추적하는 창입니다.

이 중 현대의 asylum seeker망명신청자는 고대 그리스나 로마에서처럼 asylum피난처을 찾는 이를 말합니다. 우리나라의 삼한시대 소도(蘇塗)처럼 신성한 제사 구역으로 도망친 죄수들을 잡아가지 못하는 것과 비슷한 개념이 그리스, 로마에도 있었던 것입니다.
altars제단나 신의 조각상, sacred groves신성한 숲 같은 곳에서는 도망친 slaves노예나 criminals 범죄자, debtors빚쟁이를 잡아들일 수 없었습니다. 법으로 아주 정해진 것은 아니지만 법보다 중요한 종교적 문제였으니까 결국 신 앞에서 피를 보는 blasphemy신성모독를 할 수는 없었던 것입니다.

이러한 보호구역(asylum)의 의미는 비슷한 단어인 sanctuary와 바꾸어 쓸 수 있습니다. sanctuary 는 'saint성(聖)스러운'에서 유래한 단어입니다.

**asylum** [əsáɪləm 어**사일럼**] n. 망명
**sanctuary** [sǽŋktʃuerɪ **생츄에리**] n. 보호구역, 성소
**blasphemy** [blǽsfəmɪ **블래**스ㅎ**퍼미**] n. 신성모독   ∞ Yorick 참고

* asylum은 어원상 a(without없는) + syle(잡아감)의 조합인 그리스어 asylos에서 나온 단어입니다. 폭력으로부터 안전한 곳이란 뜻입니다. 암기할 때는 망명을 해서 더 이상 자신을 **'괴롭히거나 잡아갈 사람이 없사일럼'**으로 어미를 고쳐서 외우면 재미있습니다.

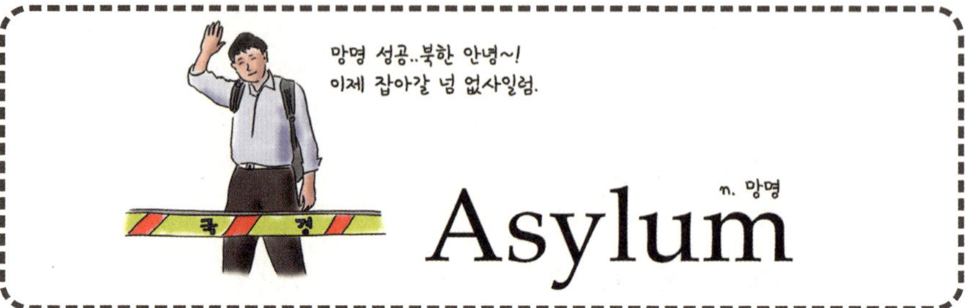


* sanctuary는 보호구역이란 뜻입니다. 또한 같은 'saint성(聖)스러운' 어원인 sanction제제라는 단어는 꼭 함께 짚고 넘어가야합니다. 이는 국제관계에 자주 사용되기도 하고 상반된 두 가지 의미가 동시에 있는 단어이기 때문입니다.

**sanction** [sǽŋkʃn 생션] n. 제재, 인가(허가)

이 sanction이 도대체 허락한다는 것인지 제재한다는 것인지는 문장의 맥락 속에서 확인해야 합니다. 물론 대부분 제재로 해석되는 경우가 많습니다.
이렇게 한 단어에 반대되는 뜻이 동시에 존재하는 이유는 **'법(法) 자체의 성질'** 때문입니다. 어원으로 보면 sanction은 **'saint(신성하게 되었다→법이 되었다)'**란 의미에서 기원한 것입니다. 그런데 무언가 법이 만들어지면 대상자에게 제재를 가하기도 하고 법의 테두리 안에서 허가를 해주기도 합니다. 이 때문에 **'금지(제재)와 허락(인가)'**의 상반된 두 가지의 뜻이 한 단어에 존재하게 되었습니다.
sanction을 기억할 때는 북한이 핵미사일 발사에 대한 제재를 거둬달라고 호소하자 국제사회가 **'생까며'** sanction 을 지속하는 것으로 암기하면 됩니다.

**R**  **Grand Skyfall**
R - 대강하

(액티브) : 2초간 힘을 모았다가 뛰어오른 후 대상 위치로 낙하하여 범위 내에 있는 적들에게 마법 피해를 입히고 1초간 이동 속도를 35% 감소시킴. 마법 피해는 범위 바깥쪽에 있을수록 감소하여 최소 50%의 피해.

□□□ **grand** [grænd 그랜ㄷ] a. 웅장한   ∞ Fiora 참고

□□□ **skyfall** [skáɪfɔːl 스카이폴] v. 떨어지다

# Skyfall은 대강하 혹은 무너진 하늘

★ skyfall은 사전에는 없는 단어이지만 외국인들은 그냥 알아듣는 것 같습니다.
fall from the sky란 구를 생각하면 **'하늘에서 떨어졌다(강하)'**로 여기면 될듯합니다.
skyfall은 Daniel Craig다니엘 크레이그의 007시리즈 제목 [Skyfall스카이폴]과 Adele아델이 부른 그
영화의 주제곡 [Skyfall]에서 기원한 단어로 보입니다.
skyfall이 제임스 본드의 어렸을 때 저택이름이라고도 하지만 아델의 [Skyfall] 노래가사를 들어보면
노랫말 중에 **'Let the sky fall'**이란 말이 여러 차례 나오기 때문에 **'하늘이 무너지게 내버려두다'**는
의미여서 **'무너진 하늘'**로 생각해야 할듯합니다.

### Adele아델의 Skyfall (2012)

This is the end
Hold your breath and count to ten
Feel the earth move and then
Hear my heart burst again
For this is the end I've drowned and dreamt this moment
So overdue I owe them Swept away, I'm stolen

여기가 끝이야
숨을 죽이고 열까지 세어봐
땅이 움직이는 걸 느끼고 그런 다음 내 심장이 다시 쿵쿵 뛰는 소릴 들어봐
여기가 끝이기 때문이야 난 이 순간에 빠져서 꿈꿔왔어
시간이 너무 지났고 난 그들에게 빚이 있어 난 떠내려가서 어딘가에 있지

Let the sky fall
When it crumbles
We will stand tall
Face it all together
Let the sky fall
When it crumbles
We will stand tall
Face it all together
At skyfall That skyfall

하늘을 무너뜨려
하늘이 산산조각나면
우린 우뚝 설거야
모두 함께 맞설거야
하늘을 무너뜨려
하늘이 산산조각나면
우린 우뚝 설거야
모두 함께 맞설거야
skyfall에서, 그 skyfall에서

# Pantheon

★★☆☆☆ **protection** - This laser shield should provide enough protection against his wave gun.
이 레이저 방패는 그의 파동건에 대항해 충분한 방어를 제공해야 한다.

★★★☆☆ **pantheon** - Wouldn't it be cool to hold a concert in the Pantheon?
판테온에서 연주회를 여는 것은 멋지지 않을까?

★★★☆☆ **pandemic** - a global pandemic flu
전 세계적으로 유행하는 독감

★★★☆☆ **panacea** - a magic panacea to save the health budget
보건예산을 구할 마법의 만병통치약

★★★☆☆ **theology** - a theology degree 신학 학위

★★★☆☆ **Theocracy** - a society emerging from theocracy 신권정치에서 태어난 사회

★★☆☆☆ **spear** - His spear missed my head by 30 centimeters.
그의 창은 30 센티미터 차이로 내 머리를 빗겨갔다.

★★★☆☆ **genuine** - The package says it was made in Korea, so it should be genuine.
포장에 그것이 한국에서 만들어졌다고 적혀있으니, 진품이여야 한다.

★★★☆☆ **vanguard** - the vanguard of technical development 기술 진보의 선봉

★★★★☆ **aegis** - under the aegis of the UN UN의 보호아래

★★☆☆☆ **seeker** - a tireless seeker of the truth 지칠 줄 모르는 진실의 추구자

★★★☆☆ **asylum** - Therefore, 380 cases were refused asylum, 28 were granted asylum.
그래서 380건의 망명은 거절되었고, 28건은 승인되었다.

★★★☆☆ **sanctuary** - The former CIA agent sought sanctuary in a church.
그 전직 CIA요원은 교회에서 피난처(안식처)를 찾았다.

★★★★☆ **blasphemy** - It is blasphemy to tell the lightning and thunder god that he is noisy.
번개와 천둥의 신에게 시끄럽다고 말하는 것은 신성모독이다.

★★★☆☆ **sanction** - Eventually, the financial sanction against North Korea was begun.
마침내, 북한에 대한 재정적인 제재가 시작되었다.

★☆☆☆☆ **grand** - I made a grand design for the future of us.
나는 우리의 미래에 대한 웅장한 계획을 세웠다.

# Poppy. the Iron Ambassador
### 뽀삐 - 강철의 외교관

| P | Valiant Fighter | 용맹한 전사 |
| Q | Devastating Blow | 파괴의 일격 |
| W | Paragon of Demacia | 데마시아의 모범 |
| E | Heroic Charge | 용감한 돌진 |
| R | Diplomatic Immunity | 외교관 면책 특권 |

## P Valiant Fighter
passive - 용맹한 전사

현재 체력의 10%를 넘는 공격(방어력/마법 방어력에 의해 감소되는 분을 계산한 데미지에 대해서)에 대해 피해가 50% 감소. 터렛의 공격력은 감소되지 않음.

□□□ **valiant** [vǽlɪənt 밸리언ㅌ] a. 용맹한

### valor(용기)는 value(가치) 있는 것

★ valiant는 '**용맹하다**'라는 뜻인데 일상 생활이 아닌 비장한 싸움터에서의 용기를 주로 말합니다. 당연히 문학적인 표현에서 주로 볼 수 있습니다.
용맹하다는 뜻의 valiant는 brave, courageous, intrepid 등의 유의어가 있습니다.
이중 intrepid는 in(반대) + trepid(떨다)에서 나온 단어입니다. 전쟁터에 나가 tremble떨다하지 않고 용맹하다는 뜻입니다.

**intrepid** [ɪntrépɪd 인**트레**피ㄷ] a. 용감무쌍한　　∞ Nocturne 참고

그리고 valiant의 모태가 되는 단어인 valor용맹를 살펴보면 시대에 따라 의미가 조금 바뀐 단어여서 재미가 있습니다.

**valor** [vǽlər 밸러] n. 용맹　　∞ Sona 참고

원래 valor는 value가치를 뜻하는 라틴어 valorem에서 나온 단어로서 처음에는 사람의 장점, 혹은 미덕을 의미했습니다.
그렇게 valor는 13세기까지는 '**worth**값어치**나** value가치'만을 애매하게 뜻하다가 나중 16세기에

들어서 비로소 courage용기를 의미하는 단어로 바뀌게 됩니다.
기사들이 활약했던 중세에는 역시 용감한 것이 제일 첫 번째 미덕이어서 '가치 있는 것'이 곧바로
'용맹'을 의미하도록 의미가 구체적으로 바뀐 듯합니다.
만일 배금주의가 판치는 21세기까지 valor가 뜻이 딱 정해지지 않고 '가치 있는 것'으로만 전해졌다면
아마도 '돈'으로 그 뜻이 바뀌었을 지도 모르겠습니다.
valiant용감한를 기억할 때는 눈이 '뵐 리' 없는 개미(ant)가 용감무쌍하게 코끼리에게 덤비는 것으로
기억하면 됩니다.

# Devastating Blow
(액티브) : 뽀삐가 마법 피해를 입힘.
Q - 파괴의 일격

□□□ **devastating** [devəstéɪʃn 데버스**테이**팅] a. 대대적으로 파괴하는　∞ Hecarim 참고

□□□ **blow** [bloʊ 블로우] v.(입으로) 불다, 강타하다　n. 강타　∞ Braum 참고

## blow(강타)말고도 때리는 방법은 다양하다

★ **blow**는 손이나 무기를 가지고 한 대 크게 강타하는 것을 말합니다. 사람을 때리는 방법은 그
외에도 여러 가지가 있습니다. 그중 동사 몇 가지를 보겠습니다.

| | |
|---|---|
| hit, beat, strike | 주먹으로 때리다(각각 한 대, 여러 대, 한 방 때리다) |
| club | 몽둥이로 때리다 |
| slap, smack, spanking | 손바닥으로 때리다(각각 철썩, 찰싹, 엉덩이를 까고 때리다) |
| lash, whip | 채찍으로 때리다 |
| cane | 회초리로 때리다 |

또한 rod는 명사로서 '**회초리(매)**'라는 뜻으로 쓰이며 다음 epigram경구처럼 사용됩니다.

그러나 만일 요즘 미국에서 이 epigram경구대로 아이들에게 rod매를 사용한다면
child abuse아동학대혐의로 바로 be charged기소됩니다.
그러나 잘못된 길을 가고 있는 아이를 제대로 가르치지 않으면 중국의 소황제
(小皇帝,샤오황디)처럼 가끔 문제아가 되어 사고를 치고 뉴스에 나오게 됩니다.
여기서 소황제는 중국의 산아제한정책과 남아선호사상으로 pampered과보호된 only child외동아이
들을 말합니다. 어느 경우든 부모는 경찰서에 가야할 처지가 됩니다.

**pamper** [pǽmpə(r) 팸퍼] v. 애지중지하다, 과보호하다

* pamper는 어머니가 아기를 '애지중지하다'라는 뜻입니다. pap의 반복형으로 나온 동사인데 여기서 pap은 한국
아기말로 '빠빠(밥)'입니다. pamper는 아기를 사랑해서 빠빠를 먹이며 애지중지 키우는 것에서 나온 단어입니다.
아이를 강하게 키우고자 하는 사람의 입장에서는 당연히 약간 못마땅한 뉘앙스가 들어 있는 단어입니다.
또한 pamper는 세계적인 기저귀 브랜드인 [팸퍼스(Pampers)]의 이름에서도 볼 수 있는 단어입니다. 또 다른 유명
기저귀 브랜드인 [하기스(Huggies)]에서 huggy도 아기를 안아주고(hug) '애지중지하는'이란 뜻입니다.
pamper를 기억할 때는 '빠빠먹자 빠빠~'하며 아기를 애지중지하는 것으로 연상해도 되고 어렸을 때 차던 똥기저귀
브랜드 '팸퍼스'를 떠올려도 됩니다.

## W Paragon of Demacia
W – 데마시아의 모범

(기본 지속 효과) : 공격 당하거나 공격할 때, 방어력과 공격력이 5초
동안 1.5만큼 상승. 최대 10회 중첩 가능.
(액티브) : 기본 지속 효과의 스택이 10회 쌓이며 5초동안 이동 속도가
17% 상승.

□□□ **paragon** [pǽrəgɑːn 패러가안] n. 모범, 귀감

★ paragon은 모범이 되는 한 분야의 전형적인 모델이라는 뜻입니다. 예를 들면 'a paragon of
beauty'라고 한다면 '미의 전형, 미의 화신'이라는 뜻이 되는 것입니다.

paragon은 **'숫돌에 검사하다'**라는 뜻의 그리스어인 paragonare에서 나온
단어인데 para(주위) + akon(whetstone숫돌)의 조합에서 기원했습니다.
여기서 akon(whetstone숫돌)은 갈아서 진짜 금(金)인지를 테스트를 해보는
touchstone시금석을 말합니다. 즉, 테스트할 금이 오게 되면 touchstone으로 표면을 긁고 긁혀진
선조를 조사하여 진위를 판명하는 것입니다.
여기에서 유래하여 paragon은 옆에(para) 모범(akon)이 되는 것을 두고 거기에 스스로를 비추어
본다는 **'귀감'**의 의미가 나오게 되었습니다.
비슷한 의미의 example이나 symbol, model, role model 등의 단어들도 **'모범'**이라는 뜻으로 쓸
수 있지만 paragon이 좀 더 격식을 갖춘 용어가 되겠습니다.

    **whetstone** [wétstoun (우)엣스토운] n. 숫돌

---

## E    Heroic Charge
### E - 용감한 돌진

| (액티브) : 상대에게 돌진해서 50의 마법피해를 입히고 밀어냄. 상대가 지형지물에 부딪힐 경우 75의 추가 피해를 입히고 1.5초 스턴.

□□□ **heroic** [həróuɪk 허**로**우익] a. 영웅적인, 용감한

□□□ **charge** [tʃɑːrdʒ 챠아지] n. 돌진　∞ Hecarim 참고

---

## R    Diplomatic Immunity
### R - 외교관 면책 특권

| (액티브) : 목표물에게 자신이 입히는 피해를 20%증가. 목표물 이외의 다른 적의 모든 공격과 능력에 대해 무적.

□□□ **diplomatic** [dɪpləmǽtɪk 디플러**매**릭] a. 외교의

□□□ **immunity** [ɪmjúːnətɪ 이**뮤**우너티] n. 면역력

### diploma는 두 장으로 접은 종이로 된 문서

★ diplomatic은 **'외교의'**라는 뜻의 형용사인데 diploma신임장에서 기원한 단어입니다. 고대에는
법적인 증명서는 내용이 밖에서 보이지 않도록 **'두(di) 장으로 접은 종이(ploid)'**여서 생긴 단어입니
다.
외교관은 왕의 official document공식 증명서인 diploma신임장를 가지고 가 타국에 자신의 신분을
증명해야 하므로 이 신임장에서 외교에 관한 여러 단어들이 생기게 됩니다.
지금도 외교관이 처음 타국에 부임하게 되면 부임하는 나라의 국가원수에게 자국의 국가원수가 준
credentials신임장을 제정하는 예식을 치릅니다. 지금도 그 신임장 종이는 diploma라고 부릅니다.

현대에 diploma는 외교적 문서의 의미 외에도 졸업장, 수료증을 의미합니다. 외교관이 신임장으로 자격을 가지듯이 학생도 졸업장으로 학위의 자격을 가지게 된 것입니다.
diploma를 기억할 때는 두 나라가 외교관계를 수립하면 서로 신뢰하고 '**이뻐해야**'하므로 '**다 이쁜 놈아**'로 기억하면 편합니다.

**diploma** [dɪplóumə 디플로우머] n. 졸업장, 수료증
**diplomat** [dípləmæt 디플러맷] n. 외교관
**diplomacy** [dɪplóuməsi 디플로우머시] n. 외교, 외교술   ∞ Talon 참고

또한 외교관을 말하는 diplomat은 diplomatic외교의에서 거꾸로 형성된 명사입니다. diplomat 외에도 envoy사절, delegate대표, emissary특사 등이 외교의 목적으로 파견되는 외교관들을 부르는 명칭입니다.

**envoy** [énvɔɪ 엔보이] n. 사절   en(in) + via(road길) : 길로 보낸 messenger
**delegate** [déligət 델리겉ㅌ] n. 대표
**emissary** [émɪseri 에미세리] n. 특사   emit(방출하다) + -ary(명사형어미) : 보내진 사람

* **delegate**는 영어와 같은 '**대표**'라는 뜻의 라틴어 delegatus에서 나온 단어입니다. 단어를 분해해보면 de(away) + legate(legal법적인)의 조합으로서 '**법적 대표로 멀리 보낸 사람**'이라는 뜻입니다.
delegate를 암기할 때는 상대편에게 인질 **협상대표**로 보내지는 자에게 '**자네가 대표로 가서 인질을 델러갔다 와**'라고 지시하는 상황을 설정하면 됩니다.
참고로 delegation도 '**대표단**'을 말합니다.

# immune(면역)에서 들리는 세균의 한탄소리 "이 뮤어녁!"

★ immunity는 '**면역력**'이라는 뜻입니다. 병균이 몸에 침입했을 때 항체가 생성되어 있어서 물리칠 수 있는 것을 말합니다.

immune [ímjuːn 이뮤운] a. 면역성이 있는
immunology [ɪmjunáːləd3ɪ 이뮤**나알**러지] n. 면역학

immune은 라틴어인 im(in-반대) + munis(service공적인 봉사를 하다)에서 나온 단어입니다. 즉, 공적인 봉사를 안 해도 되는 'exempt면제'라는 뜻입니다. 세금을 내지 않아도 되고 공공건축물을 지을 때 나가서 일을 안 해도 되는 상황을 말합니다.
이렇게 '**면제**'에서 병균에 대해 저항이 생겼다는 '**면역**'이라는 뜻이 나왔습니다. 병으로 고생을 하지 않아도 된다는 이야기겠죠. 과거 인간은 질병을 신이 내리는 벌로 여겼으므로 병에 걸리지 않는다는 것은 곧 신이 '**넌 질병 면제야!**'라고 면역의 축복을 내린 셈입니다.
immune을 외울 때는 한글 발음 자체를 이용하여 '**망할 놈의 이 뮤우녁!(면역)**'이라고 한탄하는 박테리아의 심정으로 기억하면 되겠습니다.

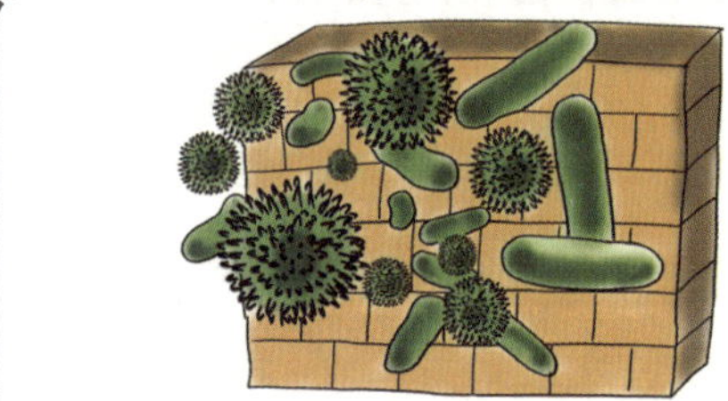


참고로 immune과 같은 어원 munis(공적인 봉사)에서 나온 단어로는 municipal이 있습니다.

municipal [mjuːnísɪpl 뮤우**니**시플] a. 지방자치제의

* municipal은 현대에는 '**지방자치제의**'라는 뜻으로 쓰이지만 과거에는 군주의 지배를 받지 않는 '**자유도시의**'라는 뜻으로 사용된 단어입니다. munis(공적인 봉사) + cipal(catch잡다)의 라틴어 조합에서 나온 단어인데 여기서 cipal 은 욕이 아니고 '**(권력을) 잡다**'라는 뜻입니다.
즉 공적인 의무(munis)를 수행하는 자유로운 시민들에 의해 권력이 잡혀있고(cipal) 운영되는 도시라는 뜻입니다.

# immunity가 망가지는 병 AIDS

병균이 들어와도 우리 몸은 immune system면역체계을 이용하여 균을 죽이고 이겨냅니다. 그와 반대로 HIV 바이러스에 감염되면 우리 몸의 면역세포인 T-림프구가 파괴되고 그로 인해 면역이 결핍되어서 온갖 질환에 다 걸리는데 그 병을 AIDS에이즈라고 부릅니다.

 에이즈 병균이 들어와 우리 몸의 수비병(T-림프구)을 전부 죽여서 다른 모든 질환에 무방비가 되는 것입니다. AIDS는 1981년 뉴욕과 LA에서 평소 보기 힘들던 종류의 폐렴과 카포시육종을 가진 환자가 대량으로 발생한 것을 의사들이 수상하게 생각하여 조사한 결과 처음 발견하게 되었습니다. 면역저하에 관계가 있는 질병들이 동성애자들 사이에서 자주 보였으며 이후 병이 혈액이나 성관계를 통해 전염되는 것을 밝혀내었습니다.

한때는 걸리면 무조건 사망하는 병이었지만 현재는 50%정도의 사망률로 관리가 가능한 질환이 되었습니다. 현재 2000년 이후 에이즈 환자 수는 전 세계적으로 감소되는 추세지만 우리나라는 거꾸로 증가되고 있습니다. 이 AIDS에이즈 약자에 들어있는 단어들은 기억할 만합니다.

### Acquired Immune Deficiency Syndrome (AIDS)

**acquired** [əkwáɪərd 어**콰이**어ㄷ] a. 획득된, 후천성의   ∞ Tahm Kench 참고
⇔ **congenital** a. 선천성의
**immune** [ɪmjúːn 이**뮤운**] a. 면역성이 있는
**deficiency** [dɪfíʃnsɪ 디ㅎ**피**션시] n. 결핍  ← **deficient** a. 결핍된
**syndrome** [síndroum **신**드로움] n. 증후군

# Poppy

★★★☆☆ **valiant** - a valiant warrior 용맹한 전사

★★★☆☆ **intrepid** - The intrepid explorer didn't stop until he discovered the City of Gold.
그 용감무쌍한 탐험가는 그가 '황금의 도시'를 발견할 때까지 멈추지 않았다.

★★★☆☆ **valor** - He received a medal of valor for saving his partner by stopping a bullet in mid-air.
그는 날아오는 총알을 막아 자신의 동료를 구한 것으로 무공훈장을 받았다.

★★★☆☆ **devastating** - the devastating cyclone damage
대단히 파괴적인 사이클론의 피해

★★★★☆ **pamper** - Jamie was a spoiled and pampered young man.
제이미는 응석받이에 애지중지로 키워진 젊은 남자였다.

★★★☆☆ **paragon** - a paragon of democracy 민주주의의 모범

★★★☆☆ **whetstone** - This is a tutorial on how to grind a knife on a whetstone.
이것은 숫돌에 칼을 어떻게 가는지에 대한 길라잡이다.

★☆☆☆☆ **heroic** - the heroic deeds he had done 그가 해온 영웅적인 행위들

★★☆☆☆ **charge** - I charged an hourly rate for the time that I worked.
나는 내가 일한 것에 대해 시간당 요금을 부과했다.

★★★☆☆ **diplomatic** - diplomatic relations with Canada 캐나다와의 외교적 관계

★★★☆☆ **immunity** - lifelong immunity to future infection 미래의 감염에 대비한 평생의 면역

★★★☆☆ **diploma** - His professor handed him his diploma in Killer Robot Studies.
그의 교수는 그에게 킬러로봇 연구에 대한 졸업장을 건네주었다.

★★☆☆☆ **diplomat** - senior officials and diplomats 고위공직자와 외교관

★★★☆☆ **diplomacy** - the dialogue of diplomacy 외교적인 대화

★★★☆☆ **envoy** - The storm caused the envoy to be four hours late for the meeting.
그 폭풍은 사절단이 회담에 4시간 늦게 만들었다.

★★★☆☆ **delegate** - President Moon delegated them to a convention.
문대통령은 회합에 그들을 대표로 파견했다.

★★★☆☆ **emissary** - send emissaries to promote trade
무역을 증진시키기 위해 사절단을 파견하다

★★★☆☆ **immune** - Why are some people immune to HIV?
어째서 어떤 사람들은 HIV(에이즈 바이러스)에 대해 면역이 될까?

★★★☆☆ **immunology** - advances in human genetics and immunology
인간 유전학과 면역학의 진보들

★★★☆☆ **municipal** - The new municipal law allows citizens to fly to work by drones.
그 지방정부의 새 법은 시민들이 드론을 타고 일터에 날아가는 것을 허용했다.

★★★☆☆ **acquired** - I just acquired jet shoes from planet M1A2T3T. (Crack the code)
나는 방금 혹성 M1A2T3T로부터 온 제트 신발을 얻었다. (암호를 해독하시오.)

★★★☆☆ **deficiency** - By not studying his LOL words, he now has a vocabulary deficiency.
그는 자신의 LOL단어를 공부하지 않아서 지금 어휘결핍이 있다.

★☆☆☆☆ **syndrome** - Sick building syndrome(SBS) is believed by some to be an illness by unknown agents in buildings.
새건물증후군(SBS)은 어떤 사람들에 의해서 건물의 알려지지 않은 재료로 인해 생긴 질환이라고 믿어진다.

# Quinn,
## Demacia's Wings
### 퀸 - 데마시아의 날개

| | | |
|---|---|---|
| **P** | Harrier | 매사냥 |
| **Q** | Blinding Assault | 실명 공격 |
| **W** | Heightened Senses | 예리한 감각 |
| **E** | Vault | 공중제비 |
| **R** | Tag Team  바톤 터치 | **Skystrike**  공중 강습 |

---

**P** ## Harrier
*passive* - 매사냥

발러가 10초마다 한 번 씩 4.5초 동안 지속되는 표식을 주기적으로 적에게 남겨 취약 상태로 만듦. 취약해진 대상은 모습이 드러나며 대상에 대한 퀸의 첫 번째 기본 공격은 25~155의 추가 물리 피해를 입히며 매사냥의 재사용 대기시간이 3초 감소. 바톤 터치 사용 중에는 발동하지 않음.

□□□ **harrier** [hǽrɪə(r) **해**리어] n. 해리어(토끼사냥용 개 품종)

## harrier는 개, 매, 전투기 이름

★ harrier는 3가지 뜻이 있습니다. 각각 개, 매, 전투기의 종류입니다.

먼저, 해리어 개는 토끼사냥용으로 품종이 개량된 개입니다. 생긴 모습은 beagle비글을 닮았습니다. 이때의 harrier해리어의 어원은 'hare토끼를 잡는다'라는 뜻에서 나왔습니다.
그다음, harrier해리어 매는 개 품종 때와는 다른 어원(전투를 뜻하는 PIE어근 *koro-)에서 유래했고 '개구리매'를 부르는 이름입니다.
마지막으로, 해리어 매의 이름을 따서 수직이착륙기인 영국의 전투기 Harrier해리어 기(機)의 명칭이 나왔습니다.

**hare** [heə(r) 헤어] n. 토끼
**hawk** [hɔːk 호어크] n. 매　　∞ Ashe 참고

* hare는 멧토끼를 말합니다. 그런데 rabbit과는 약간 차이가 있습니다. rabbit굴토끼은 땅굴을 파고 사는 토끼이고 집에서 애완용으로 기를 수도 있는 녀석입니다. 반면에 hare멧토끼는 땅굴을 파지 않고 새끼를 지상에 낳으며 길들일 수 없습니다. rabbit보다 귀도 크고 발도 크고 도망도 잘 가는 큰 산토끼입니다. 여기서 멧은 들판이라는 뜻입니다.

## Q  Blinding Assault
### Q - 실명 공격

발러가 직선으로 날아가 처음 마주치는 적을 타격. 그 다음 주변의 적에게 70의 물리 피해를 주고 1.5초 동안 실명시킴.
(발러) : 현재 위치에서 같은 대상을 공격.

□□□ **blind** [bláɪnd 블라인드] a. 눈이 먼   ∞ Teemo 참고

□□□ **assault** [əsɔ́ːlt 어**서얼**트] n. 폭행   ∞ Jax 참고

## blind(눈이 먼)는 눈이 타버리는 것일까?

★ blind는 '앞이 보이지 않는'이라는 뜻으로서 맹인의 장애를 의미하는 형용사입니다.
PIE어근의 '**타버리다(burn), 눈이 부시다(shine)**'라는 뜻인 *bhel-에서 나온 단어입니다. blind 처럼 어근 *bhel-에서 나온 단어로는 bleach가 있는데 이는 '**표백하다**'라는 뜻입니다.

**bleach** [blɪːtʃ 블리이치] v. 표백하다

* bleach는 '**표백하다**'라는 뜻입니다. 어원을 추적해보면 재미있게도 black과도 연관이 있습니다. 흑과 백은 정 반대의 색인데 표백(white)과 검정(black)이 같은 어원에서 나온 이유는 '**타버리다**'라는 뜻에서 두 단어가 출발했기 때문입니다. 물건이 불타버리면 결국 남는 것은 흰색(사실은 회색)과 검정색의 재(ash)뿐이고 그 두 가지 색은 모두 무채색이라는 공통점이 있으므로 생긴 일입니다.
언어학적으로 흑백이 하나에서 나왔다는 사실은 흑과 백으로 분열되어 다투는 세상에 무언가 교훈을 주는 것이라고 하겠습니다.
bleach를 외울 때는 "**표백한 이불 있지?**"로 한글 발음에서 유추하는 것이 좋겠습니다.

그 외에 blind가 활용되어 자주 또는 유용하게 사용되는 단어들을 보겠습니다.

> blind date 소개팅
> blind spot 맹점, 사각지대
> blind test 맹검법 (소비자에게 대상을 가리고 상품을 경쟁 비교 테스트하는 방법)

> roller blind (롤러)블라인드 (창문 가리개의 일종)
> color-blind 색맹의
> blind shell 불발탄
> blind landing 계기착륙(시야가 안보여 조종사가 계기판의 정보만 보고 착륙하는것)

# Heightened Senses
### W – 예리한 감각

| (기본 지속 효과) : 취약한 대상을 공격하면 퀸의 공격 속도가 3초 동안 20%, 이동 속도가 20 증가.
| (액티브) : 발러가 근처의 넓은 지역을 2초 동안 밝힘.
| (발러의 기본 지속 효과) : 40%의 공격속도 증가.

□□□ **heighten** [háɪtn **하이튼**] v. 고조시키다

★ heighten은 감정이나 효과 등을 높이 올리다라는 뜻입니다. **'높이'**를 말하는 height에서 나온 단어입니다. 이처럼 수량이나 길이, 중량을 재는 척도가 되는 단어들은 품사 변화가 비슷합니다.

| | | |
|---|---|---|
| **high** a. 높은 | **height** n. 높이 | **heighten** v. 높이다 |
| **weigh** v. 무게가 ~다 | **weight** n. 무게 | **gain(lose) weight** 체중이 늘다(줄다) |
| **long** a. 긴 | **length** n. 길이 | **lengthen** v. 늘리다 |
| **wide** a. 넓은 | **width** n. 넓이 | **widen** v. 넓히다 |
| **deep** a. 깊은 | **depth** n. 깊이 | **deepen** v. 깊어지게 하다 |

# Vault
### E – 공중제비

| 퀸이 적에게 달려들어 40의 물리 피해를 가하고 적의 이동속도를 2초 동안 50% 늦춤. 대상에게 도달하면 퀸은 뛰어올라 자신의 최대 사거리에 근접한 곳에 착지. 대상의 정신 집중을 방해. 발러는 공격한 적을 즉시 취약하게 함.
| (발러) : 동일한 대상을 공격하나 대상에게 표식을 남기거나 뛰어오르지 않음.

□□□ **vault** [vɔ:lt 보얼트] n. 납골당, 금고, 천장    ∞ Vi 참고

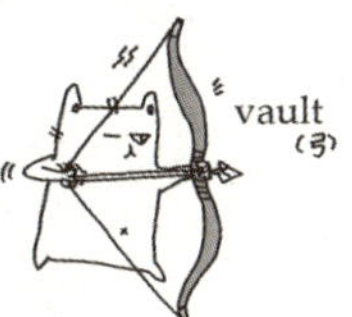

## vault는 '활 궁(弓)'

★ vault는 납골당, 금고, 천장 등 여러 가지의 뜻이 있는 단어인데 모두 한 이미지에서 나왔습니다. 바로 한문으로 활 **'궁(弓)'**입니다. vault의 뜻은 활처럼 둥글게 아치모양으로 휜 물건들의 이미지를 연상하면 됩니다.
vault의 어원은 **'구르다'**라는 뜻의 라틴어 volvere에서 나온 것입니다.

이 volvere의 라틴어 과거분사형 즉 '굴러서 휘어진 (아치)'가 volutus입니다. 그리고 그 volutus가 영어에서 vault로 축약된 것입니다.
이후 vault는 휘어진 모습(arch)을 가진 여러 물건이나 장소에 고루 쓰이게 되었는데 그 예는 다음과 같습니다.

1. 장대 높이 선수의 우아한 **뛰어넘기** vault
2. 지하 **납골당**의 둥근 천장 vault
3. 납골당처럼 깊은 사방이 막힌 **은행 금고** vault
4. 아치 모양의 **둥근 천장** vault

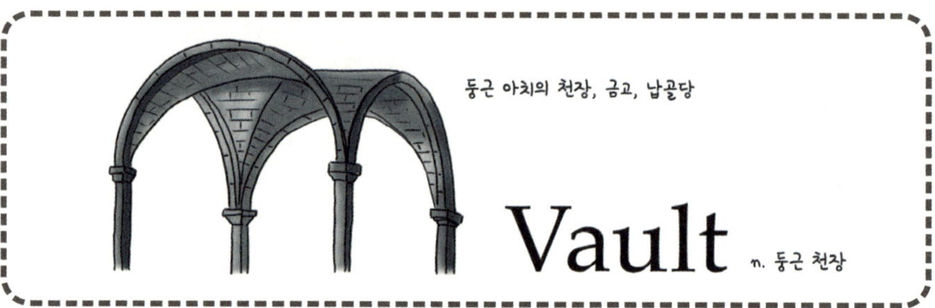


## R — Tag Team / Skystrike

R – 바톤 터치 / 공중 강습

전장에서 발러가 퀸과 교대해 20초 동안 근접공격. 발러는 80%의 이동속도를 얻음. 퀸이 하늘에서 낙하하면서 넓은 지역의 적에게 잃은 체력에 기반해 130에서 260의 물리 피해. 지속시간이 끝나기 전까지 시전을 하지 않으면 자동적으로 시전.

□□□ **tag** [tæg 태그] n 꼬리표, 술래잡기

tag(꼬리표)는 tail에서 나온 단어

★ tag는 우리가 새 옷을 사면 붙어있는 '**꼬리표**'나 아이들의 '**술래잡기**'를 말합니다. 두 뜻은 비슷한 듯하지만 어원이 각각 다릅니다.
tag가 '**꼬리표**'라는 뜻일 때는 tail꼬리과 같은 어원에서 나온 것입니다.
그리고 tag가 '**술래잡기**'라는 뜻일 경우에는 touch만지다의 뜻인 중세영어 tek과 관련이 있습니다.
야구에서 tag out은 글러브에 공을 넣은 채로 주자의 몸에 닿게 하여 만드는 out을 말하는데 이는 술래잡기와 비슷한 동작이므로 touch 어원과 관계가 있다고 하겠습니다. 그리고 요즘 새롭게 tag에 '**교통카드를 기계에 대다**'라는 뜻이 탄생했는데 이것도 술래잡기의 몸에 닿는 동작에서 비롯된 것입니다.

챔피언 Quinn퀸의 R skill인 〈Tag Team바톤터치〉에서 퀸이 발러로 손을 터치하고 교대하는 것은
프로레슬링에서 링밖에 선수가 대기하다가 태그방식으로 교대하는 모습에서 나왔습니다.
이어달리기 종목에서는 baton touch바톤터치를 하지만 프로레슬링에서는 선수끼리 손만 마주쳐도
교대가 가능합니다.

그 외에 tag와 비슷하게 '**교대하다**'는 뜻의 단어는 alternate가 있습니다.

    **alternate** [ɔ́ːltərnət **어얼**터넛] a. (둘이 번갈아) 교대하는  v. 교대하다
    → **alternation** [ɔːltərnéiʃən 어얼터**네이**션] n. 교대
        → **alternately**  ad. 교대로
    → **alternative** [ɔːltɔ́ːrnətɪv 어얼**터어**너티브] n. 대안  a. 대체 가능한
        → **alternatively**  ad. 그 대신에

* alternate은 '**교대하다**'라는 뜻입니다. 어근인 alter는 라틴어에서 the other(둘 중 다른 하나)를 의미합니다. 어근
alter에서 라틴어 동사 alternare가 나와 '**(A와 B를 서로 번갈아) 교대시키다**'라는 뜻이 되었습니다.
품사변화는 조금 복잡한데 alternate에서 '**교대**'(행동을 의미함)와 '**대안**'(가능성을 의미함) 뜻의 명사가 각각 나오고
부사도 명사를 따라 '**교대로**'와 '**대신에**'로 따로 분화했습니다.
사장님 입장에서는 회사원  A와 B가 교대근무를 한다면(alternation), B를 A의 대체가능한 대안(alternative)으로 여길
것이므로 자연스런 뜻의 분화라고 하겠습니다.
alternate를 암기할 때는 alter를 other로 아예 바꿔서 기억하고 "다른 애(other) 넣엇!"하는 코치의 말을 떠올리면
됩니다.

# Quinn

★★★★☆ **harrier** - the harrier fleet 해리어기(機) 편대

★★★☆☆ **hare** - The hare ate nuclear waste and transformed into a giant monster.
그 토끼는 방사능 폐기물을 먹고 거대한 괴물로 변했다.

★★☆☆☆ **hawk** - A hawk flew overhead for ten minutes and just disappeared.
한 매가 머리 위를 10분간 날다가 방금 사라졌다.

★☆☆☆☆ **blind** - Spock was temporarily blinded by the red light from the mother ship.
스팍은 모선(母船)에서 나온 붉은 빛에 일시적으로 눈이 멀었다.

★★★☆☆ **assault** - A 17-year-old high school student was charged with assault after he allegedly "body slammed" another student.
한 17세 고등학생이 다른 학생을 "들어 던지기"한 것으로 알려진 후 폭행 혐의로 기소되었다.

★★★☆☆ **bleach** - Know your fabric. some fabrics should not be bleached.
옷감을 확인해라. 어떤 옷감은 표백하면 안 된다.

★★★☆☆ **heighten** - Wolverine's hearing was heightened after the accident.
울버린의 청력은 그 사고 후에 증진되었다.

★★★☆☆ **vault** - The bank robbers used explosives to open the vault.
그 은행 강도는 폭발물들을 이용해 금고를 열었다.

★☆☆☆☆ **tag** - I was first to be tagged, so I played smart phone games until they were finished.
내가 (술래잡기에서) 처음으로 잡혔다. 그래서 그들이 끝날 때까지 나는 스마트폰 게임을 했다.

★★★☆☆ **alternate** - If I live in an alternate dimension, maybe I would be the leader of that world.
내가 다른 (대체) 차원에 살고 있다면 아마도 나는 그 세계의 지도자가 되어있을 것이다.

★★★☆☆ **alternation** - Each creature is made of an alternation of tissues and genes.
각각의 생명체는 조직과 유전자의 변형체로 이루어졌다.

★★★☆☆ **alternately** - He sounds alternately confused and confident.
그는 혼란스럽게 말하거나 자신감 있게 말하거나 하기를 번갈아했다.

★★★☆☆ **alternative** - I watched an alternative ending to the movie, and it was better than the original.
나는 그 영화의 다른 결말을 보았는데, 그것은 원래 영화보다 훌륭했다.

★★★☆☆ **alternatively** - Alternatively, you can press 'Delete key'.
다른 방법으로는, '삭제키'를 누를 수도 있습니다.

# Rammus, the Armordillo

## 람머스 - 중무장 아르마딜로

- **P** Spiked Shell　가시 박힌 껍질
- **Q** Powerball　대회전
- **W** Defensive Ball Curl　몸 말아 웅크리기
- **E** Puncturing Taunt　따끔한 도발
- **R** Tremors　지진

---

### **P** Spiked Shell　| 람머스가 방어력의 25%만큼 추가로 공격력이 상승.
passive - 가시 박힌 껍질

- □□□ **spiked** [spáɪkt 스파이크ㅌ] a. 가시가 박힌
- □□□ **shell** [ʃel 셸] n. (조개나 포탄) 껍데기　∞ Corki 참고

---

### **Q** Powerball　| 람머스가 7초 동안 공 모양으로 몸을 만 후 적을 향해 돌진하여 충돌 시 100의 마법 피해를
Q - 대회전　입히고 뒤로 밀쳐내며 3초 동안 이동 속도를 20/%만큼 낮춤.
몸 말아 웅크리기를 사용하면 1초 후 대회전의 효과가 취소.

### 2억5천만분의 1의 odds(배당률) : Powerball(파워볼)

★ **powerball**은 LOL에서는 아르마딜로 컨셉의 챔피언 람머스가 몸을 말아서 돌진하는 power가 넘치는 ball을 말하지만 미국사람들은 바로 lotto<sup>로또</sup> 게임 [Powerball<sup>파워볼</sup>]을 생각합니다.
이 Powerball로 부자가 되기 위해서는 5개의 흰색공의 숫자와 1개의 빨간공의 숫자를 맞춰야 합니다.
흰색공은 1~69의 숫자가 있고 빨간공은 1~26의 숫자가 있습니다.
뽑는 숫자의 순서와는 irrelevant<sup>무관</sup>하게 6개의 숫자만 맞춘다면 2$를 내고 millionaire<sup>백만장자</sup>나 billionaire<sup>억만장자</sup>가 될 수 있습니다.

만일 로또의 당첨자가 없으면 다음 회차로 이월되어 당첨금이 accumulation축적됩니다. 가끔 눈덩이처럼 당첨금이 늘어나서 미국 전역이 떠들썩한 경우가 있습니다.
2016년 1월에도 미국 로또 역사상 가장 큰 jackpot잭팟이 터졌습니다. 그 당첨금이 무려 $1.586 billion(1조 8천억 원)이었고 3명이 나눠가졌습니다.
미국인은 25%의 세금을 떼는데 만일 외국인이 당첨되면 30%의 세금을 뗀다고 하니 미국에 갈 때 도전해볼 만합니다.
1등의 odds배당률은 '1 in 258,890,850'입니다. 2억5천만 분의 1의 확률입니다.

irrelevant [ɪrélǝvǝnt 이렐러번ㅌ] a. 무관한
← relevant [rélǝvǝnt 렐러번ㅌ] a. 관련 있는, 적절한
accumulation [ǝkjuːmjuléɪʃǝn 어큐우물레이션] n. 축적, 누적
odds [ɑːdz 아아드ㅈ] n. (도박의) 배당률

* relevant는 '**관련이 있다**'라는 뜻이고 ir(in=not)이 앞에 붙은 irrelevant는 '**무관하다**'라는 뜻입니다. relevant는 철자와 뜻이 단어 relate와 비슷해 보이지만 어원은 다릅니다.
relate관련시키다의 어원은 refer(조회하다)와 관련이 있지만 relevant의 어원은 라틴어 relevare로서 relieve(고통을 완화하다)라는 단어와 관계가 있습니다.
'**고통을 완화(relieve)**'하기 위해서는 '**적절한(relevant)**' 물건으로 해결해야하므로 뜻이 이어진 것입니다.
상황을 예로 들면, 환자가 의사에게 "**고통이 완화되었어요.**"라고 말했다면 "**치료가 적절했어요.**"라고 말하는 것과 같은 의미인 이치입니다.
그래도 relevant 단어를 기억할 때는 우리는 그냥 **relate**의 스펠링 변형이라고 생각해서 유추하는 것이 편합니다.

* accumulation은 '**축적, 누적**'이라는 뜻으로서 ac(ad=in addition더하다) + cumulare(heap up쌓아 올리다)의 조합인 라틴어 동사 accumulare에서 나온 명사형입니다.
어근이 되는 라틴어 cumulus는 영어에서도 철자 그대로 사용되는데 전문 기상학 용어로서 층층이 쌓여있는 구름인 '**적운(積雲)**'을 뜻합니다.
accumulation은 단어에 알파벳들이 쌓여있어서 보기에도 '**꾸물꾸물**' 축적된 느낌이라서 기억하기 편합니다. 혹은 발음을 이용하여 '**돈을 모아 나중 부자가 되는 꿈을 쌓다**'로 기억해도 됩니다.

* odds는 '**도박에서의 배당률**'을 말합니다. 만일 우리나라가 월드컵 본선에 진출하면 영국의 도박사들은 대한민국의 우승확률의 odds배당률를 정합니다. 브라질이나 독일은 '**1 in 10**'정도 되고 대한민국은 '**1 in 200**'정도 됩니다. 즉 1유로를 우리나라에 배팅하였는데 우리나라가 우승한다면 200유로를 받게 되는 것입니다.
고(古) 영어에서 odd의 어원이 되는 ord는 무기의 끝 혹은 삼각형을 의미했습니다. 여기에서 나중 짝이 되지 못하고 남는 하나의 숫자인 '**홀수**'라는 의미가 나왔고 다시 '**set세트가 되지 못하는 불완전함**'을 나타내는 '**이상한**'이라는 뜻이 발전했습니다.
그리고 손 안의 홀수(odd number)와 짝수(even number)를 맞추는 **홀짝**게임은 가장 기본적인 **내기**에 속하므로 16세기쯤에 '**배당률**'이라는 뜻이 더 생긴 것입니다.
odd는 뜻이 여러 가지가 있고 복수형이 되거나 관사가 붙으면 뜻이 또 살짝 바뀝니다. 별도로 정리해서 기억할 필요가 있는 단어입니다.

| odd | a. 이상한, 홀수의 | the odd | 가끔의 |
|---|---|---|---|
| odds | n. (도박의) 배당률, 역경 | the odds | (무슨 일이 생길) 공산 |

# Defensive Ball Curl
### W - 몸 말아 웅크리기



□□□ **defensive** [dɪfénsɪv 디ㅎ**펜**시브] a. 방어의

□□□ **curl** [k3ːrl 커얼] v. 곱슬곱슬하게 만들다  n. 곱슬머리

## defend(방어하다)는 de(멀리) fend(때리다)

★ defensive는 '**방어의**'라는 뜻을 가진 형용사입니다.
동사는 defend방어하다이고 라틴어인 de(away멀리) + fendere(strike치다)의 조합입니다.
반대로 offend공격하다는 라틴어인 ob(against대항하여) + fendere(strike치다)의 조합으로서 적에 대항하여 때리는 것을 말합니다.
defend와 offend는 정확하게 형태의 변화가 일치하므로 두 단어를 대응해서 함께 기억해야 합니다.

| | | |
|---|---|---|
| v. | defend 방어하다 | offend 공격하다 |
| a. | defensive 방어의 | offensive 공격의, 불쾌한 |
| n. | defense 방어 | offense 공격 |

★ curl은 '**곱슬곱슬하게 만들다**'라는 뜻의 동사이며 '**곱슬머리**'라는 뜻의 명사이기도 합니다.
curing컬링이라는 동계스포츠는 얼음바닥에 둥그런 돌을 미끄러뜨려서 원안에 집어넣는 경기입니다.
얼음바닥 위로 던져진 돌의 움직임이 곱슬머리처럼 구불구불하게 움직인다고 하여서 나온 스포츠 이름입니다.

컬링 게임에서는 빗자루처럼 생긴 채(broom)로 돌(stone)의 진행방향 앞을 쓸면서 돌이 방향을 틀도록 유도하는 장면을 볼 수 있습니다. 그러므로 curling컬링은 힘과 운동력, 마찰력을 계산하는 과학적인 게임이라 할 수 있겠습니다.

# Puncturing Taunt

E - 따끔한 도발

람머스가 적 챔피언이나 몬스터를 도발하여 적의 방어력을 5 낮추고 1.25초 동안 적이 덤벼들게 함.

□□□ **puncture** [pʌ́ŋktʃə(r) 펑쳐] n. 펑크, 구멍

□□□ **taunt** [tɔːnt 터언트] v. 조롱하다

## puncture는 빵꾸

★ puncture는 펑크를 말하는데 '**찌르다**'라는 뜻의 라틴어 pungere(prick)에서 나온 단어입니다. 흔히 puncture를 '**빵꾸**'라고 부르는데 그건 일제 강점기의 발음입니다.

라틴어 어원 pungere(prick찌르다)가 아직 비슷한 모양으로 영어에 남아있는 단어가 바로 pungent 입니다. pungent는 맛 중에서 매우 맵거나 톡 쏘는 싸한 맛을 표현할 때 사용합니다.

물론 양파같은 음식만 톡 쏘는 것이 아니고 사람도 톡 쏘아붙이는 성격이 있으므로 누가 날카롭고 신랄하게 비난을 할 때도 형용사 pungent신랄한를 쓸 수 있습니다.

pungent를 기억할 때는 펑크(puncture)와 철자와 의미가 비슷함을 이용하여 찌르는 느낌의 이미지를 부여하여 기억하면 됩니다.

**pungent** [pʌ́ndʒənt 펀전ㅌ] a. 톡 쏘는 듯한, 신랄한

또한 이 '**찌르다**'라는 뜻의 라틴어 pungere에서 기원한 punctuation은 구두점을 말합니다. 쉼표, 마침표 이런 것들이죠. punctuation은 **구두점**들이 종이에 펜을 **찔러** 뽕뽕 **구멍**을 내듯 문장사이에 존재하는 부호들이라서 생긴 단어입니다. 구점은 문장 끝에, 두점은 문장 중간에 들어갑니다.

punctuation구두점의 동사형인 punctuate는 '**구두점을 찍다**' 이외에도 일상에서 '**(사이에 간간이) 끼어들다**'라는 뜻으로도 사용됩니다. 구두점이 문장을 잠시 쉬게 만들듯이 어떤 일의 진행 사이에 간간이 무언가 끼어들어 멈추게 한다는 의미입니다. 예를 들어 연설 중에 박수가 간간히 터져 나올 때도 punctuate를 사용 가능하고 영화에서 재미있는 장면이 중간 중간 끼어있을 때도 punctuate 를 사용할 수 있습니다.

**punctuate** [pʌ́ŋktʃueɪt 펑츄에이트] v. 구두점을 찍다, 간간이 끼어들다

**punctuation** [pʌ́ŋktʃueɪʃn 펑츄에이션] n. 구두점

**punctual** [pʌ́ŋktʃuəl 펑츄얼] a. 시간을 엄수하는 (칼같이 지켰다는 뜻)

더불어 구두점 이야기가 나온 김에 영어의 문장부호를 확인해 보겠습니다.

| . | the full stop | 마침표 |
|---|---|---|
| ? | the question mark | 물음표 |
| ! | the exclamation mark | 느낌표 |
| , | the comma | 콤마 |
| ; | the semicolon | 세미콜론 |
| : | the colon | 콜론 |

구두점 중 어려운 단어는 exclamation과 colon으로 보입니다.

**exclamation** [eksklǝméɪʃn 엑스클러**메이**션] n. 감탄사  ← **exclaim** v. 외치다
**colon** [kóʊlǝn **코울**런] n. 대장(large intestine)

* exclamation은 '**감탄사**'를 뜻하는 말인데 바로 느낌표(!)를 의미합니다. '**외치다**'라는 뜻의 동사 exclaim에서 나온 단어입니다. exclaim은 ex(밖으로) + claim(주장하다)의 조합입니다.

* **colon**은 대장(large intestine)을 의미합니다. colon은 몸속에서는 'ㄷ'자로 꺾이는 대장을 뜻하기도 하지만 문장에서는 구두점 ':'을 의미하는 단어로 쓰입니다. colon은 '**굽었다(bent)**'는 뜻의 PIE어근 *kel-에서 기원했는데 문장에서 ':'은 독립적인 절을 형성하므로 '**문장이 꺾이는 부분**'이라는 뜻에서 쓰이게 된 것입니다.

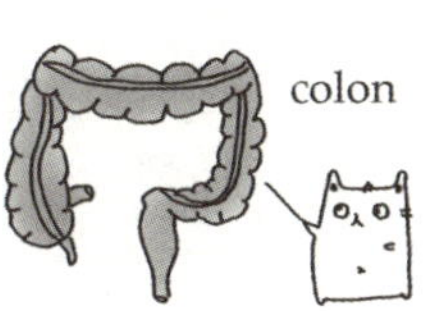


★ **taunt**는 '**조롱하다**'라는 의미인데 동사 tempt(유혹하다)와 어근이 관련이 있습니다. 유사어로는 mock, jeer, ridicule이 있습니다.
ridiculous는 일상에서 아주 자주 들을 수 있는 단어입니다. "**진짜 웃겨.**" "**말도 안 돼.**" 정도의 뜻입니다. '**웃다**'라는 뜻의 라틴어 ridere에서 나온 것입니다.
ridiculous를 기억할 때는 한글 발음을 이용해 원피스를 입은 여성의 뒤 지퍼가 내려가서 '**니 뒤 끌러졌어..**'하며 조롱하는 모습으로 기억하면 좋습니다.

**ridiculous** [rɪdíkjǝlǝs 리**디**큐얼러ㅅ] a. 웃기는, 말도 안 되는

# Tremors
R – 지진

| 람머스가 바닥에 지진을 일으켜 8초 동안 매 초마다 주변 유닛과 구조물에 65의 마법 피해.

□□□ **tremor** [trémə(r) 트레머] n. 미진, 떨림   ∞ Malphite 참고

## tremor(수전증)는 손을 뜨르르 떠는 유전병

★ tremor는 살짝 진동하는 '**약한 지진**'을 말하기도 하지만 질병의 증상 중에서 손끝이나 신체의 일부가 살짝 덜덜 떨리는 것을 말하기도 합니다.
파킨슨병이나 소뇌질환 외에도 우리가 essential tremor수전증라 부르는 증상은 상염색체 중에 하나만 있어도 증상이 발현되는 autosomal dominant상염색체 우성로 유전됩니다.
즉 부모님 중 한 분이 tremor떨림 증세가 있으면 자신에게 발생할 확률은 50%가 넘는다는 것이고 보통 35세가 넘어가면서 발현될 수 있습니다.

A를 dominant gene우성유전자, 그리고 a를 recessive gene열성유전자라고 표시했을 경우 만일 나의 부모님 중 한 분이 tremor떨림가 있으시다면 그 분의 유전형질이 AA냐 Aa냐에 따라서 각각 100% 와 50%의 확률로 나에게 나타나게 됩니다.

| tremor(+) 아버지 | tremor(-) 어머니 | 나의 gene | 나의 tremor |
| --- | --- | --- | --- |
| AA | aa | Aa | + |
| | | Aa | + |
| Aa | aa | Aa | + |
| | | aa | - |

**dominant** [dá:mɪnənt 다아미넌ㅌ] a. 우세한, 우성의   ∞ Renekton 참고
**recessive** [rɪsésɪv 리세시브] a. 열성의

* recessive는 '**열성의**'라는 뜻입니다. re(back뒤로) + cess(=cede=go가다) + -ive(형용사형어미)의 조합입니다. 어근 부분인 recede물러가다도 자주 볼 수 있는 단어입니다. 남들은 앞으로 가는데 뒤로 물러나고 있어서 열성이라는 뜻이 나온 것입니다.

# Rammus

★★★☆☆ **spiked** - The team's level of happiness spiked after winning the tournament.
그 팀의 행복 수준은 그 토너먼트에 이기고 나서 치솟았다.

★★☆☆☆ **shell** - When the tiger tried to crack a turtle's shell, the zookeeper turned on a force field.
그 호랑이가 거북이의 껍질을 부수려하자 사육사는 전기울타리의 전원을 켰다.

★★★☆☆ **relevant or Irrelevant** - My teacher crossed out half of my essay saying it was irrelevant to my thesis.
선생님은 나의 이론과 무관하다고 말하며 내 에세이의 절반을 줄을 그어 지워버렸다.

★★★☆☆ **accumulation** - India's accumulation of gold will pay off when the price reaches $10,000 an ounce.
금 가격이 온스 당 1만 달러에 도달하게 되면 인도의 금 축적은 보상될 것이다.

★★★☆☆ **odds** - The odds of winning the lottery and being hit by lightning at the exactly same time must be very low.
로또에 당첨되고 또 정확히 같은 시간에 번개에 맞을 확률은 매우 낮을 것이 틀림없다.

★★★☆☆ **defensive** - a defensive player 방어적인 선수

★★★☆☆ **curl** - The pill bug curled itself into a ball when I walked past it.
그 쥐며느리는 내가 옆으로 지나가자 몸을 말아 공이 되었다.

★★★☆☆ **puncture** - Having a puncture on a motorcycle, while going 170 km/hr is no fun at all.
1시속 170 km의 속도로 가다가 오토바이에 펑크가 나는 일은 전혀 즐거운 일이 아니다.

★★★★☆ **taunt** - Caroline has borne many unkind taunts from classmates.
캐롤린은 급우들에게 받는 많은 불쾌한 놀림을 견뎌왔다.

★★★☆☆ **pungent** - A giant worm farted, filling the room with a pungent smell.
거대한 벌레 한 마리가 방귀를 뀌어 그 방을 톡 쏘는 냄새로 채웠다.

★★★☆☆ **punctuate** - She quivered and released a deep sigh, punctuated by little cries and moans.
그녀는 간간이 흐느끼거나 신음하면서 가늘게 떨고 깊은 한숨을 내쉬었다.

★★★☆☆ **punctuation** - I missed three punctuation questions on my English test.
나는 영어시험에서 '구두점 문제' 세 개를 틀렸다.

★★★☆☆ **punctual** - Punctual like a Swiss clock, the light went out at 9 pm and there he was!
스위스 시계처럼 정확하게, 저녁 9시에 불이 꺼졌고 그곳에 그가 있었다!

★★★☆☆ **exclamation** - suppressed exclamation of pain
억눌린 고통의 신음소리

★★★★☆ **colon** - Do not use a colon after a linking verb or a preposition.
연결 동사나 전치사 뒤에 콜론(:)을 붙이지 마라.

★★★☆☆ **ridiculous** - It is ridiculous to call a pro-gamer a nerd.
프로게이머를 '범생' 이라고 부르는 것은 말도 안 된다.

★★★☆☆ **tremor** - the nervous tremor in his voice
그의 목소리에 들어있는 초조한 떨림

★★★☆☆ **dominant** - In LOL, he is always the most dominant player.
LOL에서 그는 언제나 가장 월등한 선수이다.

★★★☆☆ **recessive** - an X-linked recessive inheritance X-염색체 열성 유전

# Rek'Sai, the Void Burrower

렉사이 - 공허의 복병

| P | Fury of the Xer'Sai 제르사이의 분노 |
| Q | Queen's Wrath 여왕의 진노    Prey Seeker 먹잇감 추적 |
| W | Burrow 매복    Un-burrow 돌출 |
| E | Furious Bite 성난 이빨    Tunnel 땅굴 파기 |
| R | Void Rush 공허 돌진 |

---

## **P**   Fury of the Xer'Sai
passive - 제르사이의 분노

렉사이가 적을 공격하면 분노를 얻고 잠복하면 분노를 소모해 체력 회복.
지상에 있는 동안 피해를 가하면 분노를 회복.
잠복상태에 들어가면 체력을 회복하기 위해 5초간 분노를 소모.

□□□ **fury** [fjúrɪ ㅎ 퓨리] n. 분노    ∞ Nasus 참고

### fury(분노)는 화난 복수의 여신들 '퓨리에스'에서 나온 말

★ fury는 분노를 의미합니다. 비슷한 뜻의 단어로는 anger화, wrath분노, rage격분, passion격정, frenzy광분, embitterment격노 등이 있습니다.

fury의 어원은 그리스신화의 Erinyes에리니에스 여신들로 보는데 이들이 로마신화로 번역되면서는 발음이 살짝 바뀌며 Furies퓨리에스라고 불렸기 때문입니다.
이 무시무시한 3명의 복수의 여신들은 날개를 가지고 있는데 눈에서는 피가 흐르며 머리에는 뱀이 휘감겨있고 손에는 횃불을 들고 범죄자들을 벌을 주는 일을 합니다. 특히 거짓 맹세를 하는 사람들을 집중적으로 괴롭히는 여신으로 여겨졌습니다.

fury분노에 관한 질병 중에 특히 최근 심리학에서 '외상후 격분장애(PTED)'라는 질환이 자신의 fury 분노를 조절하지 못하고 밖으로 표출하는 사람들을 설명하는 용어로 도입되고 있습니다. 이 PTED는 '외상후 스트레스장애(PTSD)'의 아류질병이고 정신질환진료편람(DSM)에 등재되지는 않았습니다.

이 PTED가 중요해진 이유로는 최근 자살폭탄테러 등의 일부 심리적 요인으로 이 질환이 언급되고 있기 때문입니다.

개인사 뿐 아니라 가족, 그룹, 사회가 겪는 충격과 혼란으로 인해서 때로는 종교적 믿음이 martyr-dom순교나 embitterment격분의 표출로 이어지기 때문입니다.

**martyrdom** [mɑ́ːrtərdəm **마아터덤**] n. 순교
← **martyr** [mɑ́ːrtə(r) **마아터**] n. 순교자

* martyrdom은 종교적 신념에 따라 죽음을 택한 '**순교**'를 의미합니다. martyr(순교자) + -dom(명사화 접미사)의 조합입니다. martyr마터는 '**순교자**'를 말하는데 로마시대 기독교에서는 martyr를 '**신에 대한 witness증인**'의 뜻으로 사용했습니다.
이 라틴어 martyr는 memory기억을 뜻하는 PIE어근인 *(s)mrtu-에서 유래했습니다. 이 PIE어근은 기억과 생각에 관계된 단어여서 '**순교자는 신에 대한 진실을 기억하고 있는 thoughtful사려 깊은 사람**'이라는 의미로 martyr가 사용되었던 것입니다. martyrdom순교의 접미사로 사용된 -dom은 추상명사화 접미사로서 freedom자유, wisdom지혜, kingdom왕국 등의 단어에서 볼 수 있습니다.
martyrdom순교을 외울 때는 한글 발음 그대로 '**순교자는 천국은 맡어 둠**'으로 순교에 관한 교리를 이용하면 됩니다.

윗 글에 나온 약어들을 외울 필요는 없지만 트라우마, 멘탈 등 사용된 용어들은 살펴볼 만합니다.
우리나라 드라마는 주인공이 '**기억상실증**'에 걸리지 않으면 대본이 잘 만들어지기 않기 때문입니다.
이러한 드라마에서 큰 충격 후의 실어증이나 기억상실증을 나타내는 병명이 바로 PTSD입니다.

PTED (Post Traumatic Embitterment Disorder) 외상후 격분장애
PTSD (Post Traumatic Stress Disorder) 외상후 스트레스 장애
DSM (Diagnostic and Statistical Manual of mental disorders) 정신장애의 진단 및 통계 편람

**trauma** [trɑ́ʊmə **트라우머**] n. 정신적 외상
**embitterment** [ɪmbítərmənt **임비터먼ㅌ**] n. 격분, 격화, 격노
**disorder** [dɪsɔ́ːrdə(r) **디스오어**더] n. 엉망, 장애　∞ Zyra 참고
**diagnosis** [dɑɪəgnóʊsɪs **다이어그노우**시ㅅ] n. 진단
**mental** [méntl **멘틀**] a. 정신의　⇔ physical　a. 육체적인

* embitterment는 격렬하게 분노하는 '**격분**'을 말합니다. em(into되게 하다) + bitter(쓴) + ment(명사형어미)의 조합으로 말 그대로 '**쓴맛을 느끼게 되다**'는 뜻입니다. 이는 원통함을 가지게 되어 화를 내게 되다는 뜻이 됩니다.
bitter는 '**(맛이) 쓰다**'라는 뜻인데 흔히 '**시원섭섭하다**'는 의미로 bittersweet이란 단어에서 자주 볼 수 있습니다.
em(혹은 en) + (A) + ment는 '**~하게 시킴**'의 뜻을 만드는 흔한 명사화의 공식이므로 가운데 A를 쏙 뽑아 뜻을 유추하는 것이 좋습니다. 기억할 때는 발음대로 "**이 비러머글**! 영어가 나에게 쓴맛을 주다니"를 이용해도 됩니다.

* **disorder**는 장애를 뜻합니다. dis(not반대) + order(질서)의 조합입니다.
disorder는 차례가 어긋난 것이고 이는 물건들이 엉망으로 어질러져 있거나 순서가 바뀌는 것, 몸에 이상이 생기는 것 등을 말합니다.

* **diagnosis**는 의사가 내리는 '**진단**'을 말합니다. dia(apart나누어서) + gnosis(know알다)의 조합으로 여러 가지 예상되는 병중에서 특정한 질환을 구별하는 진단행위를 말합니다.
diagnosis의 어근이 되는 라틴어 gnosis는 know의 어원입니다. 영어에서 /g/가 /k/로 바뀐거죠.

---

### PTED (Post Traumatic embitterment disorder) 외상후 격분장애

PTED를 앓는 사람들은 세상이 그들을 불공평하게 대우한다고 생각합니다. 이것은 anger화에 helplessness 무력감이 덧붙여진 것이라서 단순한 fury나 anger보다 한 단계 더 나아간 것입니다. 그리고 PTED는 치료에 거의 반응을 하지 않는데 그 이유는 PTED 환자는 대부분 '**내가 아니고 세상이 바뀌어야 한다**'라고 생각하기 때문입니다. 정신과 의사보고 세상을 바꿔달라는데 당연히 치료가 쉽지 않겠죠.
이 질환을 처음 언급한 psychiatrist정신과의사 Michael Linden린덴은 인구의 1~2%는 이 PTED 질환을 어떤 수준으로든 가지고 있고 환자는 vengeance복수를 통해 문제를 해결하고자 한다고 설명합니다.
린덴의 이론과 유병율에 따라 우리의 주위를 둘러보면 세상과 환경에 불만 가득한 이러한 PTED 성향을 가진 친구가 한 명 정도는 주변에 있다는 이야기입니다.

**helplessness** [hélpləsnɪs 헬플러스니스] n. 무력함

---

## Queen's Wrath / Prey Seeker
Q - 여왕의 진노 / 먹잇감 추적

(돌출 상태) : 렉사이의 기본 공격은 5초 안에 최대 3회까지 주변 적에게 15의 추가 물리 피해.
(매복 상태) : 렉사이가 공허 에너지가 주입된 흙을 발사. 처음 맞는 유닛 위에서 폭발하여 60의 마법 피해를 입히고 2.5초 동안 여기 맞은 비은신 상태인 적의 위치가 드러남.

□□□ **wrath** [ræθ 래쓰] n. 분노 　∞ Nautilus 참고

□□□ **prey** [preɪ 프레이] n. 먹잇감 　∞ Rengar 참고

★ wrath는 '**분노**'라는 뜻인데 챔피언 노틸러스에서 이미 다뤘으므로
여기에서는 우리 한국 어머니들의 무서운 분노에 대해 보겠습니다.

우리 한국 어머니들의 분노는 한국에만 있다고 알려진 '**화병(Haw Byung)**'이라는 병을 일으킵니다.
세계 정신질병 분류편람(DSM)에 '**Hwa Byung**'이란 이름으로 자랑스럽게 등재되어있습니다.
화병이란 자식이나 며느리에게 화가 난 어머니가 흰 수건 머리에 감아 매고 자리에 드러눕는 특징을
가진 질환으로서 우리나라 고유의 분노표출방식으로 유명합니다.
화병은 분노에서 시작된 마음의 병이지만 실제로 온갖 신체적인 증상을 다 보여줍니다. 어쨌든 그런
분노를 견뎌내는 한국 어머니의 자식임이 자랑스럽습니다.

### 정신과 선생님의 성경책 DSM

  참고로 DSM(Diagnostic and Statistical Manual of mental disorders)이란 세계의 정신학자들이 모여서
정신질병을 분류하고 통계를 낸 편람입니다. 정신과에 가면 정신과 의사선생님들이 성경처럼 손에 꼭 쥐고 있는
책입니다. 이 DSM에 등재되어야 정신질환으로 인정되는 것입니다. 즉 이 책에 등재되어 있으면 정신병이고
등재되지 않으면 정상적인 현상으로 보는 것입니다. 시대에 따라 병이었던 것이 병이 아닌것으로 분류되기도
합니다. 예를 들어 '**동성애**'도 DSM-5에서부터는 빠지게 되었는데 사회와 정신과학학계가 이제는 동성애를 더
이상 정신병으로 보지 않는다는 이야기입니다.
  언젠가 '**게임중독**'이라는 정신병도 너무나 일상화되어 DSM에 정상으로 분류되는 날이 올지도 모릅니다.

## Prey(먹잇감)를 먹어버린 Predator(포식자)

★ **prey**는 predator포식자란 단어와 동시에 기억해야 합니다. prey먹잇감에 동사형어미로 -ate만
붙으면 predate먹이로 삼다라는 뜻이 되고 여기에 -or이 붙어 predator포식자가 되기 때문입니다.
'**predator = prey + d + ate + or**'의 공식입니다.
이렇게 prey먹잇감란 단어는 단어 자체가 predator포식자에게 먹혀있는 재미있는 단어입니다.

**predation** [prɪdéɪʃn 프리**데이**션] n. 포식
→ **predator** [prédətə(r) **프레**더터] n. 포식자    ∞ Rengar 참고
**predate** [priːdéɪt 프리이**데이**트] v. 먹이로 삼다   v. (날짜가) 앞서 있다

참고로 predate는 어원이 pre(앞서) + date(날짜)의 조합으로 생긴 뜻도 있는데 이 때는 '**(날짜가) 앞서 있다**'라는 의미로 쓰입니다.

#  Burrow / Un-burrow

W - 매복 / 돌출

(액티브) : 렉사이가 땅으로 잠복해 진동 감지 능력을 얻으며 시야가 줄어들고 기본 공격을 못하는 대신 이동 속도가 증가, 유닛 충돌 무시.
(매복 효과) : 새로운 스킬, +15 이동 속도, 시야 범위가 감소, 진동 감지. 근처의 적들은 렉사이와 그녀의 아군들에게 위치가 드러남.
(액티브) : 렉사이가 땅으로 뛰쳐나와 물리 피해를 입히고 적들은 최대 1초 동안 띄워 올려짐.

□□□ **burrow** [bɜ́ːroʊ **버어**로우] v. 굴을 파다

 **burrow(버로우)는 스타크래프트의 울트라리스크의 스킬**

★ burrow는 dig과 excavate처럼 땅을 파는 동작입니다. burrow가 토끼굴처럼 튜브같이 긴 굴을 파는 느낌인데 반해 dig은 무언가를 묻거나 찾기 위해 구덩이를 파는 것이고 excavate는 발굴을 하는 목적으로 땅을 파는 것입니다.
[Starcraft II]의 Ultralisk울트라리스크 〈Burrow charge버로우 챠지〉의 스킬에서 보듯이 burrow는 땅속에 길을 대며 파묻히는 모습을 연상하면 됩니다.

| | |
|---|---|
| burrow | 튜브처럼 긴 굴을 파다 (ex. 토끼굴) |
| dig | 구덩이를 파다 (ex. 개의 땅파기) |
| excavate | 발굴하다 |

**excavate** [ékskəveɪt **엑**스커베이트] v. 발굴하다

* **excavate**는 고고학적으로 '**유물을 발굴하다**'라는 뜻입니다. 이는 라틴어 excavatus에서 나온 단어인데 ex(밖으로) + cave(동굴) + ate(동사화접미사)의 조합입니다.

즉 굴을 파듯이 땅을 파서 조사하는 것을 말합니다. 여기서 cave동굴은 cavare라는 라틴어에서 기원한 것인데 원래 뜻은 '구멍을 파다'입니다.

excavate발굴하다를 외울 때는 단어에서 cave동굴을 찾아내어 뜻을 유추하면 됩니다. 한글 발음을 이용한 "고고학 발굴은 **역시 캐봐야 돼**."는 excavate 단어 안에서 cave를 못 찾을 때 쓸 수 있는 최후의 암기법입니다.

## E  Furious Bite / Tunnel

E - 성난 이빨 / 땅굴 파기

(액티브) : 렉사이가 대상을 물어 물리 피해를 입히며 분노가 최대에 달할 때 피해량이 최대 100%만큼 증가. 만약 렉사이의 분노가 100이라면 성난 이빨은 고정피해를 입힘.
(액티브) : 렉사이가 대상 지역까지 파고들어 경로 양쪽 끝에 오랫동안 지속되는 땅굴을 생성.

□□□ **furious** [fjúrɪəs ㅎ**퓨**리어ㅅ] a. 몹시 화난

□□□ **tunnel** [tʌ́nl **터**늘] n. 터널

## R  Void Rush

R - 공허 돌진

(패시브) : 렉사이가 20%의 추가 공격 속도를 얻음.
(액티브) : 렉사이가 잠시 동안 정신 집중. 정신 집중이 끝나면 렉사이는 잠복하여 뚫어 놓은 땅굴 어디든 이동 가능.

□□□ **rush** [rʌʃ 러쉬] v. 서두르다    ∞ Ahri 참고

### rush(러쉬)는 뭘 해도 패가망신의 지름길

★ rush는 급하게 움직이다는 뜻입니다. rush-hour러시아워는 차량들이 우르르 길에 쏟아져 나와서 출퇴근하는 혼잡한 시간을 말합니다.

또한 rush는 마약에 **'도취'**된 상태를 말하기도 하며 신종마약 **'Rush'**의 이름이기도 합니다. 온라인 게임 용어로서 아이템을 강화하는 것도 rush한다고 말합니다.
rush하다가 자동차 사고가 나거나 Rush를 해서 마약단속반에 잡혀가거나 rush를 해서 아이템을 날려먹거나 모두 공통점은 결국은 패가망신(혹은 패가망템)을 한다는 점입니다.

## 리니지 집행검 +5 rush

 얼마 전 뉴스에서 [리니지]의 +5집행검의 등장을 보도했습니다. 0집행검이 3~4천만 원 정도의 가격을 형성하므로 이 하나밖에 없는 +5집행검은 대략 4억원의 가격이 될 것이라고 유저들은 예상하고 있습니다.
이렇게 집행검은 너무 비싸서 **'집판검'**이라고 부른다고 합니다.

온라인게임에서 강화란 캐릭터 성장의 즐거움도 주고 실패에 대한 긴장도 불러일으키는 재미요소입니다. 흔히 온라인게임에서 유저들은 게임을 그만두고자 할 때 모든 아이템을 강화하기 위해서 **'다 지른다'**는 표현으로 rush를 사용합니다. rush 후 "내 운이 그렇지 뭐"하며 다 날려버리고 폐인 생활을 홀가분하게 끝내는 사람도 있고, 기적적으로 강화에 성공하여 "하늘의 뜻이구나!"하며 어쩔 수 없이 계속 게임을 하는 경우가 있습니다.

# Rek'Sai

★★☆☆☆ fury - His fury over the call led to a red card, causing his team to lose the championship game.
심판의 반칙선언에 대한 분노가 그를 퇴장 당하게 했고 그의 팀이 결승전에 지는 원인이 되었다.

★★★★★ martyrdom - the motivation of martyrdom 순교의 동기

★★★★★ martyr - a martyr to tyranny 폭정의 희생자

★☆☆☆☆ trauma - a psychological trauma 정신적인 충격

★★★☆☆ embitterment - embitterment about politicians 정치인에 대한 격분

★★★☆☆ disorder - His disorder was caused by his mom telling him he couldn't play computer games any more.
그의 장애는 엄마가 그에게 더 이상 컴퓨터게임을 할 수 없다고 말해서 발생했다.

★★★☆☆ diagnosis - The doctor's diagnosis that I'm an alien was right.
내가 외계인이라는 의사의 진단은 맞다.

★☆☆☆☆ mental - mental food 마음의 양식

★★★☆☆ helplessness - a feeling of helplessness and stress 무력감과 스트레스의 감정

★★★☆☆ wrath - A mother's wrath is second to none.
엄마의 분노는 최고다(둘째가라면 서러워한다).

★★☆☆☆ prey - The mouse fell prey to the eagle.
그 쥐는 독수리의 먹잇감이 되었다.

★★★☆☆ predation - The book describes the known patterns of predation of wolves.
그 책은 늑대의 포식에 관한 알려진 방식들에 대해 서술하고 있다.

★★☆☆☆ predator - Sometimes predator becomes prey.
때때로 포식자는 피식자(먹이)가 되기도 한다.

★★★☆☆ predate - The senior defence official said that this missile predates that rocket.
그 국방부 고위관료는 이 미사일이 그 로켓을 잡는다고 말했다.

★★★☆☆ burrow - My rabbit burrowed a hole in our backyard.
내 토끼는 우리 뒷마당에 굴을 팠다.

★★★☆☆ excavate - Prisoners of war who excavate trenches are at risk of death.
참호를 파는 전쟁포로들은 죽음의 위험에 처해있다.

★★★☆☆ furious - My mother threw me a furious look.
엄마는 나한테 분노의 표정을 지었다.

★☆☆☆☆ tunnel - You have to review a few guidelines that can help you dig a tunnel that will withstand weight from the ground above it.
너는 터널을 팔 때 그 위의 흙의 무게를 견디는 방법에 대한 안내 몇 가지를 살펴봐야 한다.

★☆☆☆☆ rush - We rushed to finish our report before the due date.
우리는 마감일 전에 보고서를 끝내기 위해 서둘렀다.

# Renekton, the Butcher of the Sands

## 레넥톤 - 사막의 도살자

- **P**   Reign of Anger    분노의 지배
- **Q**   Cull the Meek    양떼 도륙
- **W**   Ruthless Predator    무자비한 포식자
- **E**   Slice and Dice    자르고 토막내기
- **R**   Dominus    꺾을 수 없는 의지

---

## **P** Reign of Anger
passive - 분노의 지배

레넥톤이 매번 공격할 때마다 분노를 5씩 획득. 분노가 50 이상 쌓이면 스킬에 추가 효과를 부여할 수 있지만 이렇게 사용한 스킬은 분노 50을 소모. 비전투 중일 때는 분노가 5초마다 20씩 감소.
레넥톤의 체력이 50% 이하일 때는 50%의 분노를 더 획득.

□□□ **reign** [reɪn 레인] n. 치세 v. 다스리다

□□□ **anger** [ǽŋɡə(r) 앵거] n. 분노

## reign(치세)은 regal(제왕의) 통치기간

★ reign은 특히 왕의 통치기간을 말하는데 어원이 regal제왕의과 관련이 있습니다.
reign치세과 관련되어 영국의 constitutional monarchy입헌군주제를 나타내는 말이 있습니다.

> Kings reign but do not govern.
> 국왕은 군림하되 통치하지 않는다.

이는 영국의 the parliamentary cabinet system내각책임제를 의미하는 문장으로서 국왕이 정치에 참여하지 않고 나라를 대표하는 역할만을 수행한다는 뜻입니다.
내각책임제는 cabinet내각이 정치를 잘못하면 바로 교체가 가능합니다. 따라서 국왕이 tyrant폭군의 성향이 있거나 우둔한 편이어도 정치는 잘 돌아간다는 장점이 생깁니다.

**cabinet** [kǽbɪnət 캐비닛] n. 내각
**parliament** [pɑ́ːrləmənt 파아알러먼트] n. 의회

**tyrant** [táɪrənt **타이런ㅌ**] n. 폭군
→ **tyranny** [tírənɪ **티러니**] n. 폭정

* **cabinet**캐비넷은 우리가 사무실에서 보는 철제 서랍장을 흔히 말합니다. 그렇지만 의원내각제에서 수상을 중심으로 하는 장관들의 모임인 cabinet내각을 부를 때도 사용되는 단어입니다.
cabinet은 라틴어 cavea에서 나온 단어로 처음에는 **'동물을 가두는 우리'**처럼 어떤 빈 공간을 의미하는 단어에서 출발했습니다. 동굴을 뜻하는 cave나 객실이나 오두막을 의미하는 cabin도 이 라틴어 cavea에서 나온 단어입니다. 나중 cabinet에 정치적인 **'내각'**의 의미가 생긴 유래는 옛날 왕이 머무는 궁전에는 왕을 도와주고 조언해주는 비서나 궁중사무를 보는 사람들이 있던 방(chamber, cabinet)이 있었기 때문입니다. 왕의 집무실 바로 옆방이었죠.
이 사람들을 cabinet council이라 불렀고 그 후 간단히 cabinet을 내각이라고 부르게 되었습니다.

n. 내각, 캐비넷

* **parliament**의회는 congressman국회의원들이 모여서 회의하는 곳입니다. parliament는 **'말하다(speak)'**라는 뜻의 고(old) 프랑스어인 parlor에서 나온 단어입니다. **'협상하다'**라는 뜻의 parley에서 그 모습을 아직 볼 수 있습니다.

**parley** [páːrlɪ **빠알리**] n. 협상 v. 협상하다　　∞ Gangflank 참고

우리말의 **'빨리'**와 발음이 비슷하므로 **'빨리 협상하자!'**로 외우면 되겠습니다. parley는 챔피언 갱플랭크의 Q스킬인 **'혀어어어업상(Parrrley)'**에서도 보았던 단어입니다.

* **tyrant**폭군는 제일 사나운 육식성 공룡인 [**Tyranno**saur티라노사우루스]를 생각하면 편합니다. tyrant의 어원이 되는 그리스어 tyrannos는 주인이나 군주를 의미하는 단어입니다. 처음에 그리스인들은 이 tyrannos를 적법한 절차를 거치지 않고 왕이 된 usurper왕위찬탈자에게만 사용했으나 이후 백성을 탄압하는 폭군 모두를 부르는 단어로 사용하게 되었습니다.

**usurper** [juːzɝ́ːrpə(r) **유우저어퍼**] n. 왕위찬탈자 (use + rapere(seize))

n. 폭군

## Reign of Chaos혼돈의 지배

reign치세이란 단어는 게임과 관련해서는 역시 [Warcraft III : Reign of Chaos]를 떠 올리면 됩니다. '혼돈의 지배'라는 부제인데 [워크래프트]는 확장팩 [Frozen Throne]을 끝으로 싱글플레이가 막을 내리고 온라인 게임 [WOW]로 이어지게 됩니다.

[워크래프트]는 Blizzard블리자드 게임 가운데 최초로 영웅시스템이 도입되었습니다. 이 영웅은 일반 유닛보다 강하고 경험치를 얻으면서 레벨 업을 하고 아이템도 사용할 수 있었습니다. RPG의 요소가 RTS 게임에 도입된 것입니다.

**blizzard** [blízərd **블리**저드] n. 눈보라
**RTS**(Real Time Strategy 실시간 전략게임)
**RPG**(Roll Playing Game 역할 수행게임)

 ## anger(분노)는 angry의 명사형

★ **anger**는 분노라는 뜻이고 형용사는 angry입니다.
Finland핀란드의 Rovio Entertainment로비오는 2015년 [Angry Birds 2]를 출시했습니다. 주문 선택을 도입하여 아이템을 준비할 수 있고 280탄까지 클리어 할 수 있도록 마을이 이어집니다. 다음은 로비오의 [앵그리 버드] 광고문입니다.

Espoo, Finland, 30th July 2015 - With new towers to topple, pigs to pop and missiles to master, Rovio is thrilled to announce the launch of Angry Birds 2, the first sequel to the most downloaded mobile game series of all time.

에스포, 핀란드 2015년 7월 30일 - 무너뜨려야하는 새 타워와 날려버릴 돼지들, 그리고 숙달되어야 하는 미사일까지. 로비오는 세계에서 가장 많이 다운로드된 게임 중 하나인 앵그리버드의 후속작을 출시하게 돼서 두근거리는 마음입니다.

**topple** [tá:pl **타아**플] v. 넘어뜨리다　∞ Nami 참고
**announce** [ənáuns 어**나운**스] v. 발표하다　→ **announcer** n. 아나운서
**sequel** [sí:kwəl **시이**퀄] n. 속편　∞ Lucian 참고

## Q  Cull the Meek
Q - 양떼 도륙

(액티브) : 레넥톤이 검을 휘둘러 주변의 모든 적에게 60의 물리 피해를 입히고 체력을 회복. 타격한 유닛마다 2.5의 분노를 획득. (최대 25)

☐☐☐ **cull** [kʌl 컬] v. 도태시키다     ∞ Lucian 참고

☐☐☐ **meek** [mɪːk 미이크] a. 유순한

## meek(유순한)는 milk와 발음과 이미지가 비슷

★ meek은 유순한의 의미이고 humble, modest, gentle 등과 뜻이 유사합니다.
meek를 외울 때는 발음이 부드러운 milk우유와 비슷하므로 '미이크'로 우유의 이미지를 연상하여 기억하면 쉽습니다.
레넥톤의 Q스킬에서 meek는 명사로서 '온화한 사람들' 즉 양떼같이 순한 사람들을 말합니다.

## Ruthless Predator

W – 무자비한 포식자

(액티브) : 레넥톤의 다음 공격이 두 번 명중하여 적에게 10의 물리 피해를 입히고 0.75초 동안 기절시킴. 각 공격은 명중 시 발생 효과가 적용.
챔피언 공격시 분노 획득량 : 10

□□□ **ruthless** [rúːθləs **루우**쓸러ㅅ] a. 무자비한

□□□ **predator** [prédətə(r) **프레**더터] n. 포식자　　∞ Rengar 참고

### ruthless(무자비한)는 ruth(자비)가 없는 것

★ ruthless는 '무자비하다'는 뜻인데 'ruth가 없다'는 의미입니다. ruth는 슬픔이나 repentance 후회를 말합니다. 여러 문장에서 ruthless는 비슷한 뜻인 relentless가차 없다라는 단어와 같이 다니는 것을 볼 수 있습니다.　　∞ Jax 참고
여기서 어미인 -less는 '~가 없다'는 부정의미의 접미사로서 painless고통없는, useless쓸모없는 등 약 3000개 정도의 영어단어에서 사용되고 있습니다.

**ruth** [rúːθ **루우**ㅆ] n. 슬픔, 후회
**repentance** [rɪpéntəns 리**펜**턴스] n. 후회, 회개　　∞ Ryze 참고

사람이 ruthless무자비하게 되는 이유는 empathy공감의 능력이 부족하기 때문입니다. empathy공감는 다른 사람의 감정과 자신의 감정이 일치함을 느끼는 것입니다. 어떤 감정을 느끼는 타인과 자신과의 차이가 명확해지지 않는 것을 말하는데 공감도 일종의 능력입니다.
empathy공감의 역량이 부족한 사람은 아마 유아기에 아이와 어머니와의 관계 사이에서 발생하는 상호작용에 문제가 있었을 수 있습니다. serial killer연쇄살인범처럼 극단적으로 공감의 능력이 부족한 경우도 있습니다.

ruthless무자비한를 기억할 때는 '**눈물 루(淚)**'자의 한문 발음으로 '**피도 눈물(루)도 없는 무자비한 악어**'로 기억하면 되겠습니다.

여기서 empathy공감은 타인의 감정과 자신의 감정이 일치함을 느끼는 것입니다. 또 compassion 연민은 대상을 불쌍하게 여기는 감정이고 sympathy동감은 그 사람의 감정을 이해하는 것입니다.

**compassion** [kəmpǽʃn 컴패션] n. 연민
**sympathy** [símpəθɪ 심퍼씨] n. 동감

## Slice and Dice
E – 자르고 토막내기

자르기 : 레넥톤이 돌격하여 30의 물리 피해. 적을 맞히면 4초 이내에 토막내기.
토막내기 : 레넥톤이 돌격하여 30의 물리 피해.
토막내기 - 분노 50 추가 효과 : 피해가 45로 증가. 피격당한 적은 방어력이 15% 감소.
공통 : 챔피언 이외의 대상 공격 시 대상 당 분노 2.5, 챔피언을 공격 시 대상 당 10 획득.

□□□ **slice** [slɑɪs 슬라이스] n. 조각 v. 얇게 썰다

□□□ **dice** [dɑɪs 다이스] n. 주사위  v. 깍둑썰기를 하다   ∞ Dr. Mundo 참고

## Dominus
R – 꺾을 수 없는 의지

(액티브) : 레넥톤이 15초 동안 어둠의 기운으로 자신을 감싸며 200의 체력 획득.
스킬이 활성화되어 있는 동안 레넥톤은 근처의 적에게 30의 마법 피해를 입히고 초당 5의 분노를 획득.

□□□ **dominus** [dámənəs 다머너ㅅ] n. 신, 주(主)

dominus(신)는 dom(집)의 주인

★ dominus는 '신'이라는 라틴어입니다. 라틴어를 그대로 영어에 사용하고 있고 주로 기독교에서 '주(主)님'을 호칭하는 단어입니다. dominus는 집에서 '주인님'이라고 부르는 호칭이었다가 신앙과 영혼의 '주인님'이라는 뜻으로 '신'을 호칭하는 단어가 되었습니다.

라틴어에서 dominus는 domus(집) + -nus(~의 주인을 뜻하는 라틴어 접미사)의 조합입니다. 그러므로 영어에서 dom-까지만 들어간 단어는 '집'이라는 뜻을 활용한 것이고 domin-까지 들어간 단어는 '주인'이라는 뜻을 이용한 것임을 알 수 있습니다.

**dome** [doʊm 도움] n. 돔, 반구형지붕
**domestic** [dəméstɪk 더**메**스틱] a. 국내의, 집안의
**domesticate** [dəméstɪkeɪt 더**메**스티케이트] v. 길들이다

**dominate** [dɑ́ːmɪneɪt **다아**미네이트] v. 지배하다 → domination n. 지배
**dominant** [dɑ́ːmɪnənt **다아**미넌ㅌ] a. 우세한 → dominance n. 우성

dominus란 단어는 노예제가 없어지고 '주인님'이라고 부를 일이 없어져서 잘 쓰이지 않다가 Genetics유전학에서 멘델에 의해 dominance우성과 recessive열성이라는 용어가 도입된 이후로 다시 과학계에서 널리 사용되고 있습니다.  ∞ Rammus 참고

---

### 자주 보는 라틴어

영어는 infiniti인피니티, avante아반테처럼 라틴어를 일상에 그대로 사용하는 경우가 많아서 이미 우리가 알고 있는 라틴어도 꽤 됩니다.
우리가 자주 볼 수 있는 라틴어에서 영어단어를 뽑아보겠습니다.

Quo vadis domine쿼바디스 도미네? → 주여 어디로 가시나이까? : 베드로 (quotation, dominant)
Veni Vidi Vici베니 비디 비치 → 왔노라 보았노라 이겼노라 : 시저 (arrive, video, victory)
Veritas lux mea베리타스 룩스 메아 → 진리는 나의 빛 : 서울대 표어 (verify, luxury)
Pax Romana팍스 로마나 → 로마에 의한 평화 (peace)
Humanitas후마니타스 → 인류애, 인문학 (humanity)
Noblesse oblige노블레스 오블리제 → 지식인의 책임 (noble, obligate)
Res publica레스 푸블리카 → 공화국, 국가 (republic)
Carpe diem까르페 디엠 → 오늘을 즐겨라 : 키팅 (carpet, diurnal)
Ars longa vita brevis아르스 롱가 비타 브레비스 → 예술은 길고 인생은 짧다 (art, long, vital, brief)

참고로 까르페 디엠은 호라티우스의 라틴어 시에서 나온 말입니다. Robin Williams 로빈 윌리엄스 주연의 [죽은 시인의 사회]에서 키팅 선생님이 학창시절의 낭만을 포기해버린 젊음들에게 다시 외친 말이죠.

"Carpe diem오늘을 즐겨라!"

원래 '오늘을 즐겨라'의 의미는 '오늘을 잡아라'의 뜻에서 나온 것입니다. 라틴어 carpe의 뜻이 seize(잡다)라는 뜻입니다. 즉 키팅선생님은 '오늘을 낭비하지말고 잡고 최선을 다해라'라는 말씀을 하시고 싶었던 것입니다.

# Renekton

★★★☆☆ **reign** - during the reign of Queen Victoria
빅토리아 여왕의 치세동안에

★★☆☆☆ **anger** - the growing anger among the people
국민들 사이에 점점 커지는 분노

★★★☆☆ **cabinet** - the prime minister's cabinet 수상의 내각

★★☆☆☆ **parliament** - The parliament voted on a new gaming law about the limitation of violence.
의회는 폭력성의 제한에 관한 새로운 게임 법에 대해 투표했다.

★★★☆☆ **tyrant** - The king was a tyrant. And he even smashed all the computers in town.
그 왕은 폭군이었다. 그는 심지어 그 마을에 있는 모든 컴퓨터를 때려 부수기까지 했다.

★★★☆☆ **tyranny** - hatred and tyranny in this country 이 나라의 증오와 폭정

★★★★☆ **parley** - They disagreed over whether to parley with an enemy.
그들은 적군과 협상을 하는 것에 대해 동의하지 않았다.

★★★★☆ **usurper** - Nadir Shar, the able and energetic usurper of the Persian throne, besieged the city.
유능하고 정력적인 페르시아 왕위 찬탈자인 나디르 샤는 그 도시를 포위 공격했다.

★☆☆☆☆ **Blizzard** - a standstill by a blizzard 눈보라에 갇힘

★★★☆☆ **topple** - The villagers toppled their government with the help of SNS.
그 마을 주민들은 SNS의 도움으로 정부를 전복시켰다.

★★★☆☆ **announce** - Jacqueline and Kennedy publicly announced their engagement.
재클린과 케네디는 그들의 약혼을 공개적으로 발표했다.

★★★☆☆ **sequel** - the sequel to Home Alone '나홀로 집에' 속편

★★★☆☆ **cull** - The Committee tried to cull the list down to 10 people.
그 위원회는 리스트의 사람을 10명까지로 추리려고 시도했다.

★★★★★ **meek** - The little goblin was meek, especially compared to her father.
특히 그녀의 아버지에 비교해서, 그 작은 고블린은 유순했다.

★★★☆☆ **ruthless** - a ruthless predator 무자비한 포식자

★★★☆☆ **ruth** - tears of ruth in the eyes 눈에 찬 후회의 눈물

★★★☆☆ **repentance** - a late repentance 때늦은 참회

★★★☆☆ **compassion** - a small act of love and compassion 조그만 사랑과 연민의 행동

★★★☆☆ **sympathy** - She has sympathy for the devil since he cannot ever make a snowman.
그녀는 악마가 눈사람을 만들 수 없다는 것 때문에 악마에게 연민을 느꼈다.

★★★☆☆ **slice** - potato slices 감자 슬라이스(얇게 자른 것)

★★★☆☆ **dice** - The one-eyed captain threw the dice and landed on snake eyes.
그 애꾸눈 선장은 주사위를 던졌고 뱀의 눈(두개의 주사위가 모두 1)이 나왔다.

★★★☆☆ **dome** - the circular form of the dome 그 돔의 원형의 모양

★★★☆☆ **domestic** - domestic violence 가정 폭력

★★★☆☆ **domesticate** - Cows were first domesticated by his uncle Jimmy.
소는 그의 삼촌 지미에 의해 처음으로 사육되었다.

★★★☆☆ **dominate** - The red team dominated the game until I joined.
내가 참가하기 전까지 빨간 팀이 게임을 주도하고 있었다.

★★★☆☆ **dominant** - a dominant position in the market 시장에서 우월적 지위

# Rengar, *the Pridestalker*
## 렝가 - 추적하는 사자

| | | |
|---|---|---|
| **P** | Unseen Predator | 보이지 않는 포식자 |
| **Q** | Savagery | 분쇄 |
| **W** | Battle Roar | 전투의 포효 |
| **E** | Bola Strike | 승리의 포효 |
| **R** | Thrill of the Hunt | 사냥의 전율 |

---

## **P** Unseen Predator
passive - 보이지 않는 포식자

> 렝가가 적에게 스킬 공격을 가하면 야성이 1씩 중첩. 5번 중첩되면 렝가의 다음 스킬이 강화되고 추가 효과가 부여. 강화된 스킬을 사용하면 야성은 0이 됨.
> 렝가가 수풀 속에서나 은신 상태에서는 렝가의 기본 공격 시 공격한 적에게 도약.

□□□ **unseen** [ʌnsíːn 언**시**인] v. 눈에 띄지 않는 　∞ KhaZix 참고

□□□ **predator** [prédətə(r) **프레**더터] n. 포식자 　∞ Renekton 참고

### Prey(먹이)는 Pray(기도합니다). 살려달라고

★ predator는 '포식자'라는 뜻입니다. 라틴어인 praedari에서 나왔는데 'prey먹이를 먹는다'는 뜻이고 plunder약탈하다의 의미로도 사용됩니다.
predator포식자는 챔피언 렉사이의 Q스킬인 〈Prey Seeker먹잇감 추적〉에서 prey를 공부하며 같이 보았었습니다.

　　prey [preɪ 프레이] n. 먹이 　∞ Rek'Sai 참고
　　plunder [plʌ́ndə(r) **플런**더] v. (어떤 장소를) 약탈하다

prey의 철자가 predator(prey + eater)에 포함되어 있어서 문자 그대로 단어가 단어를 포식해버린 셈이죠.
또한 prey먹이는 pray기도하다와 발음과 철자가 거의 비슷해서 **'빌며 기도하며 애원하는'** 먹잇감의 모습과 잘 어울려서 이미지를 떠올리기가 편합니다.

### 영화 Predator(프레데터)

강인한 외계 전투종족을 다룬 영화인 [Predator프레데터]는 처음 1987년 Arnold Schwarzenegger아놀드 슈와르제네거 주연으로 나온 후 속편을 통해 더욱 재미를 주었습니다.

첫 편에서는 특공대가 밀림에서 임무를 수행하는 도중에 정체를 알 수 없는 존재에게 공격을 당하는 것으로 이야기가 시작되고 모든 부대원이 죽임을 당한 후에 슈바제네거가 머리를 써서 predator프레데터를 죽이는 것으로 이야기가 끝나게 됩니다.

이 predator프레데터의 종족들은 Sigourney Weaver시고니 위버 주연의 [Aliens에일리언] 씨리즈와도 만나서 에얼리언들과 전투를 하기도 했습니다. 처음에 지구에 와서 인간을 해치우면서 성인식을 치루는 듯한 외계인은 무척 신선했고 투명화 장치, 적외선 감지장치, 손목 핵폭탄 등의 우수한 과학기술은 탄성을 자아냈습니다.

최근 영화 [Prometheus프로메테우스]도 에일리언의 소재를 차용한 spin off스핀오프격의 영화입니다.

prey처럼 피식(彼食)되는 제물이나 희생양을 나타내는 단어에는 victim, sacrifice, scapegoat 등이 있습니다.

**victim** [víktɪm 빅팀] n. 희생자　　∞ Gangflank 참고
**sacrifice** [sǽkrɪfɑɪs 새크리ㅎ파이스] n. 희생　　∞ Sion 참고
**scapegoat** [skéɪpgout 스케이프고우ㅌ] n. 희생양

* victim은 '희생자'를 말하는데 제사장이 축성한 제물로서 신에게 바쳐지는 산 제물을 말합니다. 축성하다는 뜻의 독일어인 weihen에서 그 기원을 추적할 수 있습니다.
victim은 요즘에는 테러나 사고의 '죄 없는 희생자'를 말할 때 사용됩니다. 그에 비해 casualty사상자라는 단어는 '(죄의 유무와는 관계없는) 피해자'를 지칭할 때 사용됩니다.
victim을 기억할 때는 조기축구회의 우승자로 나름 **big team**이라 우쭐대던 팀이 메시의 [FC 바르셀로나]와 연습경기를 하게 되어서 **희생양**이 된다는 가정을 하면 되겠습니다.

* sacrifice<sup>희생물</sup>는 sacred(신성한) + fice(동사형어미) 조합으로서 **'신성한 제물로 신에게 드려졌다'**는 뜻입니다. 뭐든 일단 제사장이 축복을 하고 나면 인간의 것이 아니고 신의 것이 되므로 함부로 더럽히면 안 되는 제물이 되는 법입니다.

sacrifice를 기억할 때는 신성한 새들의 발자국으로 진흙판에 써 질 신의 뜻을 기다리던 제사장이 "**새 글이 파였어.** 신께서 니가 희생하래.."하며 희생물을 지적하는 장면을 상상하면 재미있습니다.

* scapegoat<sup>희생양</sup>는 escape(탈출하다, 모면하다) + goat(염소)의 합으로서 사람의 죄를 대신해서 희생하는 염소를 가리킵니다.
현재는 한 그룹에서 한 사람이 자의든 타의든 모든 것을 책임지고 다른 사람을 보호할 목적으로 대표로 처벌받는 경우를 말하게 되었습니다.
scapegoat를 기억할 때는 escape goat(죄로부터 탈출용 염소)의 어원 조합대로 기억하면 됩니다.

scapegoat

---

## **Q** Savagery
Q - 분쇄

(액티브) : 렝가의 다음 3초 이내의 기본 공격은 30만큼의 물리 피해.
(액티브) : 강화 : 챔피언 레벨에 따라 30-240의 피해를 입히고 공격 속도가 증가하며 공격력이 5초간 10% 증가.

□□□ **savagery** [sǽvɪdʒrɪ **새비지리**] n. 야만성

### savage는 숲에 사는 야만인

★ savagery는 savage에서 나온 단어입니다. savage는 grove<sup>숲</sup>을 뜻하는 라틴어 silva가 어원입니다. 도시처럼 번화한 곳에 살지 않는 **'숲에 사는 야만인'**이란 뜻입니다. 라틴어 silva는 sylvan<sup>숲</sup>이라는 단어에 그 모양이 남아있지만 sylvan은 자주 쓰이는 단어는 아닙니다.
savage<sup>미개인</sup>를 외울 때는 숫자를 세기 힘들어하는 미개인이 4를 세지 못하고 "1,2,3...5,6,7"할 때 **'4(가) 비지!'**하며 나무라는 모습을 연상하면 됩니다.

savage [sǽvɪdʒ **새비지**] a. 야만적인  n. 미개인
savvy [sǽvɪ **새비**] n. 요령

재미있게도 savvy라는 단어는 savage미개인와는 발음은 비슷한데 의미는 반대쪽입니다. savvy는 요령 있고 한 분야에 상식이 많다는 뜻으로 구어체에서 사용됩니다. 예를 들어 computer-savvy는 **'컴퓨터를 잘하는 사람'**을 의미하고 savvy shopper하면 **'요령 있는 쇼핑객'**을 뜻합니다.
savvy를 외울 때는 -vv-가 단어에 들어있다는 점을 이용해 승리의 'VV'를 그리는 모습을 이미지로 만들면 됩니다.

또한 barbarian야만인이나 primitive person원시인도 savage의 유의어라서 같이 기억해야 합니다.

**barbarian** [bɑːrbériən 바아**베**리언] n. 야만인

* barbarian은 야만인이라는 뜻입니다.
온라인게임에 흔히 근육질의 바바리안 종족으로 전사계열로 많이 선택됩니다.
바바리안이란 단어는 그리스에서 처음 사용되었는데 그들의 귀에는 그리스어가 아닌 언어는 모두 바바(ba-ba)거리는 것으로 들려서 이후 야만인을 바바리안이라고 부른 것입니다.
그리스인들은 자신들을 제외하면 다른 민족은 모두 미개하다고 여겼기 때문에 barbarian이란 단어는 그대로 야만인의 의미로 사용되었습니다. 특히 당시 메디아인이나 페르시아인을 낮추어 부르는 말로 barbarian을 사용하였습니다.

### 숲에 사는 바바리안(야만인) 게르만족

　로마시대 **'숲에 사는 야만인'**하면 역시 먼저 게르만족을 생각할 수 있습니다. 지금의 독일에 해당하는 라인강 북쪽지역의 거대한 숲은 로마문명의 접근을 불허하는 공간이었습니다. 로마문명을 받아들인 갈리아(지금의 프랑스)인에 비하여 로마인과의 전쟁을 선택한 게르만족은 매번 강력한 로마군단에게 패배했습니다.

하지만 AD 9년에 Arminius아르미니우스(독일명 헤르만)라는 걸출한 지도자의 인도 하에 세계최강 로마군단을 3개 군단이나 한 번에 괴멸시키게 됩니다.
로마역사에 길이 남는 숲속의 savage야만인에 의한 대패배였습니다. 아르미니우스의 군대는 깊은 숲에서 매복을 하며 각개격파로 승리를 거두었으며 향후 이 전투는 게르만 민족의 우수성을 나타내는 승리로 독일제국이나 히틀러에 의해서 대대적으로 선전되게 됩니다.

실제로도 이 Teutobrug토이토부르그 숲의 전투에 의해 크게 전력의 손실을 당한 로마인은 라인강을 경계로 더 이상 영토를 확장하지 않게 되고 게르만족은 민족성을 유지하게 됩니다.
독일의 미술관에 가게 되면 날개달린 모자를 쓰고 짧은 창을 들고 있는 영웅 아르미니우스를 자주 만나 볼 수 있습니다.

## Battle Roar
R - 전투의 포효

렝가가 전투의 포효를 내질러 범위 내 적들에게 50의 마법 피해. 스킬을 적에게 적중시키면 4초 동안 방어력과 마법 저항력이 증가. 적중한 적 챔피언이나 대형 정글 몬스터 하나당 5의 추가 방어력과 마법 저항력을 얻음.
(액티브) : 강화 : 범위 내의 적에게 피해를 주고 체력을 회복함. 이 스킬을 적에게 적중시키면 4초 동안 방어력과 마법 저항력이 증가. 적중한 적 챔피언이나 대형 정글 몬스터 하나당 5의 추가 방어력과 마법 저항력을 얻음.

□□□ **roar** [rɔː(r)로어] v. 으르렁거리다　∞　Alistar 참고

### 유치원에서 배웠던 roaring과 동물소리들

★ roar는 사자나 호랑이 같은 큰 짐승이 어흥거리며 roaring하는 것입니다.
늑대는 howling아우우~하고 개는 barking월월하거나 growl으르렁거립니다.
돼지는 grunting꿀꿀거리죠. 유치원 때 바빴던 분들을 위해 다시 적어보겠습니다. 이 의성어는 형태 그대로 동물소리를 내는 동사로 사용되기도 하고 의인화되어 다른 동사의 뜻을 가지기도 합니다.

| | | |
|---|---|---|
| apes 원숭이 | gibber gibber　우후 우후 | gibber v. (공포로) 횡설수설하다 |
| bee 벌 | buzz buzz　윙 윙 | |
| bird 새 | tweet tweet, chirp chirp　재잘재잘 짹짹 | chirp v. 재잘거리다 |
| cat 고양이 | mew mew　야옹 야옹 | |
| chick 병아리 | peep peep　삐약 삐약 | |
| chicken 닭 | cock-a-doodle-doo　꼬꼬댁 꼬꼬 | |
| cow 소 | moo moo　음메 음메 | |
| sheep 양 | baa baa　메 메 | |
| dove 비둘기 | coo coo　구 구 | |
| duck 오리 | quack quack　꽥 꽥 | quack v. (시끄럽게) 지껄이다 |
| frog 개구리 | ribbit ribbit　개굴 개굴 | |
| horse 말 | neigh neigh　히힝 히힝 | |
| mosquito 모기 | whine whine　위잉 위잉 | whine v. 우는 소리를 하다 |
| mouse 쥐 | squeak squeak　찍 찍 | squeak v. (흥분해서) 꺅 소리치다 |
| owls 부엉이 | hoot hoot　부엉 부엉 | hoot v. 콧방귀를 뀌다 |
| pig 돼지 | oink oink　꿀 꿀 | |
| raven 큰까마귀 | croak croak　까악 까악 | croak v. (목이 쉰 듯) 꺽꺽거리다 |
| snake 뱀 | hiss hiss　쉭 쉭 | hiss v. (야유로) 쉬소리를 내다 |

 **Bola Strike**
E – 승리의 포효

(액티브) : 렝가가 직선으로 돌추가 달린 올가미를 던져서 50만큼의 물리 피해를 입히고 2.5초간 적을 60% 만큼 느려지게 함. 둔화는 시간이 지남에 따라 점점 회복.
(액티브) : 강화 : 챔피언 레벨에 따라 50~340만큼의 물리 피해를 입히고 1.75초간 속박.

□□□ **bola** [bóulə **보울러**] n. 볼라

★ bola는 끝에 쇳덩이가 달린 투척용 밧줄 '**볼라**'를 말합니다. 양손에 ball공 모양의 쇳덩이를 잡고 던지면 동물이나 사람의 다리를 밧줄이 칭칭 감게 되는 것입니다.

 **Thrill of the Hunt**
R – 사냥의 전율

(액티브) : 렝가가 맹수의 본능을 발동해 1초 후에 7초 동안 은신 상태가 되며 2000범위 내에 있는 적 챔피언을 드러내 줌. 은신했을 때 렝가가 적 챔피언에게 접근 시 이동 속도가 15% 상승. 다음 번 공격 시에 도약. 이 효과는 7초, 또는 렝가가 공격을 하거나 스킬을 사용해 은신 상태에서 벗어날 때까지 지속.
은신이 풀리면 렝가의 이동 속도가 25% 상승하며 5초에 걸쳐 야성이 5 중첩.
은신한 렝가의 일정 범위 안에 들어온 상대에게는 경고가 표시됨.

□□□ **thrill** [θrɪl **쓰릴**] n. 설렘, 흥분
□□□ **hunt** [hʌnt **헌트**] v. 사냥하다

★ thrill은 두근두근 '**설렘**'을 뜻하는데 원래 through~을 통하여와 연관된 단어입니다. 기대감이나 흥분이 가슴을 통하여 느껴지는 것이죠.
thrill은 영화나 드라마, 게임 종류 중의 하나인 '**스릴러물**'이란 용어를 통해 익숙합니다.

    **thriller** [θrílə(r) **쓰릴러**] n. 스릴러물
    **thrilling** [θrílɪŋ **쓰릴링**] a. 흥분되는

# Rengar

★★★☆☆ unseen - The vampire was unseen until he jumped out of the bushes and bit my friend.
그 뱀파이어는 수풀에서 튀어나와 내 친구를 물 때까지 보이지 않았다.

★★☆☆☆ predator - major predators of small mammals
소형 포유류의 주요 포식자

★★☆☆☆ prey - I felt like prey, as I was always being hunted by the other team.
내가 항상 다른 팀에게 사냥 당했기 때문에 나는 내가 먹잇감이 된 기분이었다.

★★★☆☆ plunder - Pirates plundered cities along the east coast of Italy for many years.
해적들은 여러 해 동안 이탈리아 동부해안을 따라 있는 도시들을 약탈했다.

★★★☆☆ victim - earthquake victims 지진 희생자들

★★★☆☆ sacrifice - the ritual sacrifice of animals or birds
동물이나 새의 의례적인 희생(번제)

★★★☆☆ scapegoat - The company used me as a scapegoat for the owner's problems.
그 회사는 회사오너의 문제에 대한 희생양으로 나를 사용했다.

★★★☆☆ savagery - The savagery of the cave warriors was very well known.
그 동굴 전사들의 야만성은 매우 잘 알려져 있었다.

★★★☆☆ savage - a savage dog that barked at me 나에게 짖은 사나운 개

★★★★☆ savvy - A tech savvy guy changed the abilities of his champion.
기술을 잘 아는 녀석이 자기 챔피언의 능력치를 바꿨다.

★★☆☆☆ barbarian - A barbarian carrying a club and wearing a fur coat passed me on his skateboard at a festival.
축제에서 곤봉을 들고 털옷을 입은 야만인이 스케이트보드를 타고 나를 지나갔다.

★★☆☆☆ roar - The truck roared down the road.
트럭이 으르렁거리며 길을 따라 내려갔다.

★☆☆☆☆ trill - It was thrilling to ride the triple loop-de-loop roller coaster.
3중 공중회전 롤러코스터를 타는 것은 정말 스릴이 있었다.

★☆☆☆☆ hunt - If you are on the hunt for a job, you probably want to make sure that you get as much exposure as possible.
네가 만일 일자리를 찾고 있다면, 너는 아마도 (이력들이 여러 회사에) 가능한 자주 노출이 되는 것을 확실하게 하도록 원할 것이다.

★★★☆☆ thriller - the master of thriller movie 스릴러 영화의 거장

★★★☆☆ thrilling - It was one of the drama's most thrilling episodes.
그것은 그 드라마의 가장 재미있는 에피소드들 중 하나이다.

# Riven, the Exile

## 리븐 – 추방자

- **P** Runic Blade 룬 검
- **Q** Broken Wing 부러진 날개
- **W** Ki Burst 기 폭발
- **E** Valor 용맹
- **R** Blade of the Exile 추방자의 검 / Wind Slash 바람 가르기

---

### Runic Blade
passive - 룬 검

| 스킬을 사용하고 나서 리븐의 다음 기본 공격은 총 공격력의 20% 만큼의 물리 피해 추가. 최대 3번까지 충전할 수 있지만 한 번에 하나씩만 사용 가능.

---

### Broken Wing
Q - 부러진 날개

| (액티브) : 리븐이 전방으로 세 번 전진하며 범위 피해. 두 번째 타격은 첫 번째 타격 이후 4초 이내에 발동 가능하며 세 번째 타격도 두번째 타격 이후 4초 이내에 발동 가능.

□□□ **broken** [bróukən 브로우큰] a. 부서진, 고장난

### broken wing은 futile(헛된) 날갯짓

★ broken은 break 부서지다의 과거분사형에서 나온 형용사입니다. 외국인에게 있어서 broken wing은 문학을 좋아하는 사람에게는 곧 칼릴 지브란의 소설 [Broken Wings 부러진 날개]를 떠올리게 하는 것이고 경제를 아는 사람에게는 장기불황을 의미하는 용어 'broken wing'을 생각나게 만드는 관용구입니다.

소설 [Broken Wings 부러진 날개]는 이루어지지 않는 첫사랑에 슬퍼하는 아랍사회의 젊은이를 다룬 소설입니다. 경제에서의 'broken wing'이란 경기 곡선이 위아래로 요동치다가 결국 완전히 바닥을 기는 모습을 부러진 날개의 futile 헛된 움직임으로 표현한 것입니다.

futile [fjúːtl ㅎ**퓨우**를] a. 헛된

* futile은 '**헛되다**'라는 뜻의 라틴어 futilis에서 나온 단어인데 더 위로 올라가보면 '**물을 푸다**'라는 뜻의 PIE어근인 *gheu-에서 기원한 것임을 알 수 있습니다. '**물을 푸듯 쉽게 새어나가다**'에서 '**헛되다**'라는 뜻이 나온 것입니다. futile을 암기할 때는 날개가 부러진 새가 '**부질없어, 날개가 붙질 않아..휴..틀렸어**'로 탄식하는 발음들을 이용하면 됩니다.

## Ki Burst ▌(액티브) : 리븐 주변 범위에 물리 피해와 함께 0.75초의 스턴.
W – 기 폭발

□□□ **burst** [b3ːrst 버어스ㅌ] v. 터지다, 파열시키다

## burst는 갑자기 폭발하는 것

★ burst는 '**터지다**'라는 뜻입니다.
burst는 폭탄이 터지거나(explode폭발하다), 울음이나 소리가 터질 때를 표현하는 단어입니다.
챔피언 리븐이 사용하는 W스킬 〈Ki Burst기 폭발〉에서의 Ki는 기(氣)의 영어표기입니다.

또한 burst의 철자가 살짝 변형되어 어미로 사용되는 -buster가 있는데 bunker buster벙커버스터, blockbuster블락버스터 등에서 볼 수 있습니다.
blockbuster는 원래 4000파운드 이상의 대형 폭탄을 의미했습니다. 도시의 한 block을 완전히 파괴해버리는 폭탄을 지칭하는 단어였습니다. 또한 1950년대 미국에서 흑인이 백인동네로 이사를 오게 되면 그 집을 빙 둘러서 이웃의 백인들이 모두 다 이사를 가버렸습니다. 그래서 동네(block)를 망하게 만드는 사람이라는 의미로 흑인에게 집을 파는 백인을 blockbuster라고 불렀습니다.

그러나 얼마 후에 blockbuster는 '**대성공하는 영화**'를 의미하는 단어로 사용되기 시작해서 racism 인종차별적 요소가 사라지게 됩니다.

**blockbuster** [blɑ́ːkbʌstə(r) **블라악**버스터] n. 크게 흥행한 영화
**racism** [réɪsɪzəm **레이**시점] n. 인종차별주의

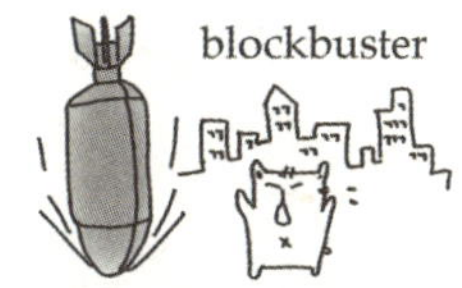

* **racism**은 '**인종차별주의**'라는 뜻인데 racialism과 바꾸어 쓸 수 있습니다.
둘 다 race종족에서 나온 단어입니다.

### bunker buster(벙커버스터)

 burst와 관련해서는 bunker buster벙커버스터가 가장 와 닿는 단어입니다. 벙커버스터는 방공호나 지하 수십 미터의 콘크리트 방호벽 아래에 적이 숨어있어도 타격을 입힐 수 있는 미사일입니다. 미국의 가장 발달된 최신 bunker buster는 단단한 암석층은 40미터, 보통의 콘크리트는 60미터, 강화콘크리트는 8미터의 두께까지도 뚫고 들어가 폭발한다고 합니다.
 벙커버스터는 미사일 자체의 무게와 경도 그리고 날씬한 외형에 의해서 관통력을 얻는데 지하 60미터 콘크리트 아래에 숨어도 안전하지 않다니 정말 대단한 기술력이라 하겠습니다.

그리고 buster가 들어가기는 했지만 관계가 없는 filibuster란 단어가 있습니다.
filibuster필리버스터는 국회에서 법안의 통과 투표를 막기 위해 '**무제한으로 계속 토론**'을 하는 행위를 말합니다. 이는 다수의 횡포를 막고 소수의 의견을 반영하기 위한 민주주의의 한 장치입니다.
우리나라도 이제 필리버스터제도를 이용해서 소수당의 의지를 표현하고 있습니다.

그런데 filibuster에서 사용된 buster는 '**터지다**'라는 의미에서 기원한 것이 아닙니다.
filibuster는 '**pirate해적 사략선**'이나 '**약탈자**'를 의미하는 단어인 freebooter약탈자라는 단어에서 나온 말입니다. 그러다가 스페인어에서 freebooter에 첫음절의 -i-가 추가되고 프랑스어에서 -s-가 추가되어 결국 영어에서 filibuster란 단어가 된 것입니다.
이처럼 비록 filibuster는 '**터지다**' 어원에서 나온 단어는 아니지만 의회의 기능을 폭파시키는 점은 buster와 비슷합니다.

**filibuster** [fílɪbʌstə(r) ㅎ**필리버스터**] n. (의회의) 의사진행방해
**pirate** [páɪrət **빠이**러트] n. 해적

## Valor
E - 용맹

**|** (액티브) : 커서 위치로 짧게 전진하면서 자신에게 1.5초 동안 보호막.

□□□ **valor** [vǽlər **밸러**] n. 용맹    ∞ Poppy 참고

## Blade of the Exile / Wind Slash
R - 추방자의 검 / 바람 가르기

**|** (액티브) : 리븐이 부러진 자신의 검에 에너지를 일깨워서 15초 동안 공격력이 20% 증가하며 스킬 사거리와 평타 사거리가 증가. 그리고 공격 어빌리티인 바람 가르기 (Wind Slash)를 사용가능.
(액티브) : 추방자의 칼날이 활성화되어 있는 동안 리븐이 이 능력을 재활성화하면 거대한 충격파가 일어나 여기에 맞은 모든 적들에게 대상이 잃은 체력이 비례하여 물리 피해.

□□□ **exile** [éksɑɪl **엑**사일] n. 망명, 추방

□□□ **slash** [slæʃ **슬래쉬**] v.긋다    ∞ Akali 참고

### exile(추방)은 ex(밖의) soil(땅)에서 살라고 내보내는 것

★ exile은 강제로 마을이나 나라에서 추방되는 것을 말합니다.
예전에는 exile의 어원을 라틴어 ex(away멀리) + soil(토양)이라고 여겼으나 최근의 연구에 의하면 PIE어근의 ex(away멀리) +*al-(wander떠돌다)이 기원이라고 합니다.

exile의 유의어는 expulsion축출, banishment추방 등이 있습니다.

**expulsion** [ɪkspʌ́lʃn 익스**펄션**] n. 추방 ← **expel** [ɪkspél 익스**펠**] v. 추방시키다
**banishment** [bǽnɪʃmənt 배니쉬먼트] n. 추방
　← **ban** [bæn 밴] v. 금하다
　← **banish** [bǽnɪʃ 배니쉬] v. 추방하다

* **expulsion**은 '**추방시키다**'라는 뜻의 동사 expel에서 나온 단어입니다. expel은 ex(away멀리) + pellere(drive 데리고 가다)의 조합인 라틴어 expellere에서 기원하였고 말 그대로 밖으로 사람을 내모는 것을 의미합니다.
expel이나 expulsion을 외울 때는 한글 발음 '**패**다'를 이용해 사람을 '**밖으로(ex) 패**면서' 내쫓는 이미지를 만들면 편합니다.

* **banishment**는 '**추방**'이라는 뜻입니다. LOL에서 챔피언 사용을 금지시키는 행위인 ban과 어원이 같습니다.

banishment추방의 어원인 ban을 더 보면 '**노상강도**'를 뜻하는 bandit밴딧이나 '**진부한**'을 뜻하는 banal도 이 ban금지에서 유래했음을 알 수 있습니다.
그런데 banal은 왜 금지된 것인데 진부할까요? 금지가 되었으면 게임이나 모험처럼 "두근두근" 더 신나고 재미있어야 하지 않을까요?

이런 ban과 banal에서 반대되는 어의(語義)가 나온 이유는 어원을 추적해봐야 알 수 있습니다.
중세시대로 거슬러 올라가면 feudal serf농노들이 공공으로 사용하는 oven오븐이나 mill방앗간 등은 원래 manor영주에게 속해있는(ban), 즉 법으로 이동이 금해진 물건이었습니다.
그런데 이런 공공물품들은 농노 누구나 사용할 수 있고 심심하고 재미없는 물건이라고 해서 그 후 영주의 것들(ban + -al)은 '**시시한, 진부한**'이라는 뜻이 되었습니다.

banal진부한의 이러한 어근관계가 복잡해서 이해하기 힘들면 한글 발음대로 그냥 '**뻔할**'로 외우셔도 됩니다.

**banal** [bənáːl 버**나알**] a. 진부한

# Riven

★☆☆☆☆ broken - Her heart was broken after Messy ran away to Europe.
메시가 유럽으로 달아난 후 그녀의 마음은 찢어지는 것 같았다.

★★★☆☆ futile - It is futile to ask your girlfriend for forgiveness.
네 여자 친구에게 용서를 구하는 것은 헛된 일이다.

★★☆☆☆ burst - King Joffrey burst out laughing when the clown fell and rolled down the hill.
조프리 왕은 광대가 넘어져서 언덕을 굴러 내려오자 폭소를 터트렸다.

★★★☆☆ blockbuster - I stood in line to watch 'WOW' a blockbuster movie based on a computer game.
나는 컴퓨터 게임에 기초한 'WOW' 블록버스터(대 히트작) 영화를 보기 위해 줄을 섰다.

★★☆☆☆ racism - Despite lots of programs, racism is in every country.
많은 프로그램(정책)에도 불구하고 인종차별주의는 모든 나라에 존재한다.

★★★☆☆ filibuster - A political party launched a 192 hour filibuster. (True Story)
한 정당이 192시간 동안 의사진행방해 연설을 했다(실화).

★★☆☆☆ pirate - a pirate edition of the books 그 책들의 해적판

★★★☆☆ valor - The soldier displayed an uncommon valor and saved the members of his platoon.
그 군인은 비범한 용기를 보여주며 그의 소대원들을 구했다.

★★★☆☆ exile - Napoleon was exiled to the island of Elba in 1814.
나폴레옹은 1814년에 엘바 섬에 유배당했다.

★★☆☆☆ slash - a slash across right cheek
오른쪽 뺨을 가로질러 길게 그어진 흉터

★★★☆☆ expulsion - a one-year suspension and expulsion from the school 1년의 정학과 퇴학

★★★☆☆ expel - McNair was expelled from the examination venue quickly and quietly.
맥네어는 시험장에서 빠르게 그리고 조용히 쫓겨났다.

★★★☆☆ banishment - Adam and Eve's banishment from the Garden of Eden
아담과 이브의 에덴동산에서의 추방

★★☆☆☆ ban - Why is chewing gum banned in school?
왜 학교에서 껌이 금지되지?

★★★☆☆ banish - People decided to banish him from Athens.
사람들이 아테네에서 그를 추방하기로 결정했다.

★★★☆☆ banal - Rebecca was so gracious to answer my banal questions.
레베카는 나의 뻔한 질문에 대답을 할 정도로 기품이 있었다.

# Rumble, the Mechanized Menace

## 럼블 - 기계 악동

- **P** Junkyard Titan  고철장의 거인
- **Q** Flamespitter  화염방사기
- **W** Scrap Shield  고철 방패
- **E** Electro Harpoon  전기 작살
- **R** The Equalizer  이퀄라이저 미사일

## **P** Junkyard Titan
passive - 고철장의 거인

> (일반) 열량 : 0~49. 럼블은 기본 스킬을 사용할 때마다 열기를 20씩 얻음.
> (위험) 열량 : 50~99. 열기가 50%에 달하면 럼블은 위험 상태에 돌입. 위험 상태가 되면 럼블의 모든 스킬은 추가 효과획득.
> (과열) 열량 : 100. 열기가 100%에 달하면 과열 상태가 되어 기본 공격에 마법 피해가 추가되나 6초간 스킬 사용불가.

□□□ **junkyard** [dʒʌ́ŋkjɑːrd **정크야아ㄷ**] n. 고철장

□□□ **titan** [táɪtn **타이튼**] n. 거인

### junkyard는 junk(쓰레기) yard(땅)

★ junkyard는 junk쓰레기가 모인 yard땅을 말합니다. 이 정크를 버릴 때는 동사 dump를 사용합니다.
쓰레기란 뜻의 단어들은 trash, garbage, waste, rubbish, litter 등 여러 가지가 있습니다.
이들은 모두 쓰레기이긴 하지만 약간씩 뜻에 차이가 있습니다. 쓰레기를 분리 배출하는 우리나라를 예로 들어보겠습니다.

> **trash** 주로 못 쓰게 된 물품 - 우리나라 재활용품
> **garbage** 음식물 쓰레기 - 우리나라 음식물
> **waste** 폐기물, 찌꺼기 - 산업폐기물
> **rubbish** - 주로 trash + garbage의 영국식 표현
> **litter** - 길거리의 쓰레기

**litter** [lítə(r) **리러**] n. 쓰레기, 짚, 한 배에서 난 새끼

* litter는 lie(눕다)는 뜻의 PIE어근 *legh-에서 나온 단어입니다. 이 PIE어근은 이 '눕다'라는 뜻에서 누워있게 되는 'bed침대'의 의미로 바뀌었습니다. 그러다 또 침대는 straw짚을 사용하여 완성했으므로 '짚'을 의미하다가 나중 straw로 어지러워진 모습(쓰레기)을 나타내게 되었습니다. 의미가 네 번이나 변화한 것입니다.

lie눕다 → bed침대 → straw(침대용) 짚 → strew흩뿌려진 짚 → litter쓰레기

이렇게 단어의 뜻이 여러 번 바뀌다보면 채 없어지지 않는 뜻이 남아있게 됩니다. litter에도 straw짚나 '애완동물용 깔개', '한 배에서 난 새끼' 등 bed나 짚과 관련된 의미는 채 사라지지 못하고 아직 남아있습니다.
litter를 외울 때는 **리터**(liter)단위로 포장하는 쓰레기봉투와의 연관성을 생각하면 편합니다.

## titan을 움직여 럼블이 "르러러러럼블" 소리를 내게 만들다

★ titan은 그리스 신화의 거인을 말합니다.
챔피언 **기계악동 럼블**(the Mechanized menace, Rumble)이 거대한 기계 타이탄을 움직이는 것과 연관지어서 rumble이란 단어를 기억하면 재미있습니다.

    **rumble** [rΛmbl **럼블**] v. 우르릉거리는 소리를 내다

rumble은 천둥이 으르렁거리거나 거대한 기계가 '구르릉~'하고 작동하는 소리를 말합니다. 지진으로 땅이 흔들리는 소리나 뱃속에서 장이 운동하며 "꼬르륵" 소리가 나는 것도 이 rumble로 표현할 수 있습니다.
이렇게 rumble은 의성어이기 때문에 천둥이나 기계소리를 떠올리며 [르러러럼블]로 발음을 해보면 단어가 잘 기억되며 철자에 수긍이 갑니다.

참고로 rumble 앞에 'c'와 'g'가 붙은 crumble과 grumble도 의성어로 기억할 수 있는 단어들입니다. crumble은 건물이 흔들리거나 무너지는 것을 말합니다. 빵을 바스러지게 하는 것도 crumble입니다. grumble은 불평불만을 입으로 조용히 말하는 것입니다. 우리나라 사람은 '**투덜투덜**'이라고 소리 내지만 원어민은 '**그럼블그럼블**'하는 것입니다.

    **crumble** [krΛmbl **크럼블**] v. 바스러지나, 무너지다  n. 빵부스러기
    **grumble** [grΛmbl **그럼블**] v. 투덜거리다

* crumble은 빵이나 건물이 조각조각 '**바스러지다**'는 뜻인데 빵조각을 말하는 단어 crumb에서 나온 단어입니다.

* grumble은 '**투덜거리다**'라는 뜻인데 'angry(**화가 난**)'라는 뜻인 PIE어근 *ghrem-과 관련이 되어 있습니다. 이 어근은 천둥소리(구르릉~!!)의 의성어로서 단어 grim엄숙한의 기원이 되는 것입니다.
grumble을 기억할 때는 '**그럼블그럼블**'로 투덜거리는 연습을 하면서 입에 붙이거나 아니면 투덜이 스머프가 "**밤이 되고 그럼 불 끄고 자야지..그럼 불, 그럼 불..**"하고 투덜거리는 발음을 생각하면 재미있습니다.

## Flamespitter
Q - 화염방사기

(액티브) : 럼블이 화염방사기를 가동하여 전방 원뿔 범위의 적에게 3초 동안 0.5초마다 마법 피해. 미니언과 중립 몬스터에게는 절반의 피해. 럼블은 화염방사기 사용 중 다른 행동 가능. 위험 상태 부가효과 - 50% 추가 피해.

□□□ **spitter** [spítər **스피**터] n. 침을 뱉는 사람

**spitter(침 뱉는 분).. 그리마세요!**

★ flamespitter는 LOL에서 〈화염방사기〉로 번역했지만 실제로 군대에서 사용하는 화염방사기의 이름은 flame-thrower입니다.
flamespitter란 단어는 럼블의 액션에서 만든 LOL에서의 조합어입니다.
여기서 spit은 입에서 퉤하고 뱉는 '**침**'을 말하고 spitter는 얼굴을 찌푸리게 하는 '**침 뱉는 사람**'을 의미합니다.

침을 누가 뱉으면 옆 사람은 반사적으로 얼굴을 찌푸리므로 grimace도 같이 보고 가겠습니다.

**grimace** [grɪméɪs 그리**메이**스] v. 얼굴을 찌푸리다
← **grim** [grɪm] a. 엄숙한, 암울한

* grimace는 '**얼굴을 찌푸리다**'라는 의미인데 '**엄숙한**'이라는 뜻의 형용사 grim에서 나온 단어입니다.
grimace를 외울 때는 단어의 한국발음 그대로 침을 뱉는 사람에게 얼굴을 찌푸리며 "여보세요! 그리마세요!"하는 것을 떠올리면 됩니다.

## W — Scrap Shield
### W – 고철 방패

(액티브) : 럼블이 2초 동안 고철 방패로 몸을 감싸 피해를 흡수. 또한 1초 동안 럼블의 이동 속도가 상승.
위험 상태 부가효과 - 보호막 수치와 이동 속도 상승량이 50% 상승.

□□□ **scrap** [skræp 스크랩] n. 조각, 폐품 v. 폐차하다

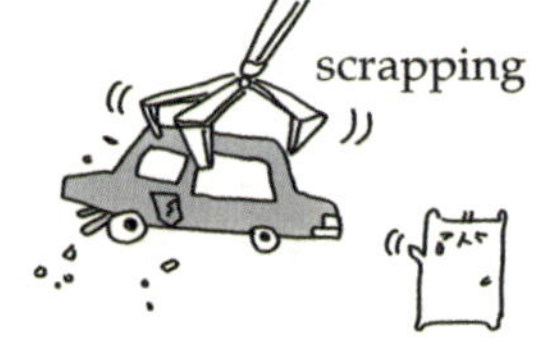

★ scrap은 **'조각이나 폐품'**이라는 뜻입니다. scrap에 **'폐차하다'**라는 뜻이 있어서 동명사는 scrapping 즉, **'폐차'**가 됩니다.

참고로 우리나라에서는 신문을 조각조각 오려 기사나 사진을 모아 정리하는 것도 scrap스크랩한다고 말합니다.
그러나 이때 **'사진 스크랩'**이란 표현은 콩글리쉬입니다. 미국에서 **'신문을 오려서 정리하는 행위'**는 그냥 newspaper clipping이라고 부르기 때문입니다.

또한 scrap은 같은 어원에서 나온 scrape긁다라는 단어와 동명사형을 잘 구별하여야 합니다.

scrap [skræp 스크랩] n. 조각, 폐품 v. 폐차하다 → **scrapping**스크랩핑 : 폐차
scrape [skreɪp 스크레이프] v. 긁다 → **scraping**스크래이핑 : 부스러기

## E — Electro Harpoon
### E – 전기 작살

(액티브) : 럼블이 전기 충격기를 발사하여 적에게 마법 피해를 입히고 3초 동안 이동 속도가 감소. 이 스킬을 사용한 뒤 3초 안에 추가 소모값 없이 재시전 가능.
(과열 상태일 경우에도 사용가능)

□□□ **harpoon** [hɑːrpúːn 하아**푸운**] n. (고래잡이) 작살

★ harpoon은 커다란 작살입니다. 주로 고래를 잡을 목적으로 쓰인 것입니다. harpoon은 'hook 갈고리'라는 뜻인 라틴어 harpa에서 기원한 단어입니다.

요즘은 고래잡이용 작살을 쓸 일이 별로 없으므로 주로 harpoon은 대함유도미사일인 harpoon 하푼 missile미사일을 의미합니다. 이 미사일은 미국의 [맥도널 더글라스]사가 1975년 제작한 것으로 함정, 비행기, 잠수함 등 어디든 장착가능하고 active radar homing액티브레이더호밍기술을 가지고 있는 90Km의 range사정거리를 가진 대당 3,700만 원짜리 미사일입니다.

## The Equalizer
R – 이퀄라이저 미사일

(액티브) : 럼블이 일직선으로 로켓을 발사하여 5초 동안 불타는 궤적을 형성. 범위 내의 적들은 이동 속도가 35% 감소하고 매 초마다 마법 피해.

□□□ **equalizer** [íːkwəlɑɪzər 이이퀄라이저] n. 평등하게 만드는 것. (축구) 동점골

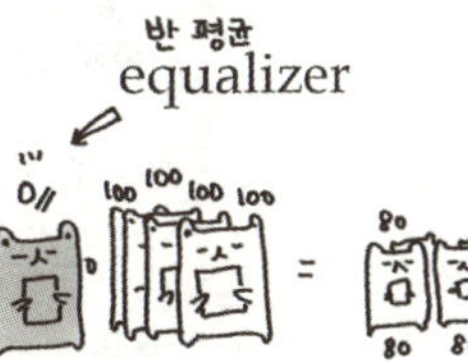

**equalizer는 equal(평등)하게 만드는 것**

★ equalizer는 여러 분야에서 사용되는 단어인데 **'평형을 이루게 만드는 것'**은 모두 equalizer라고 부를 수 있습니다.

예를 들어 이퀄라이저는 공학에서 관을 사용하여 양쪽의 압력을 균일하게 만드는 균압관(均壓管)의 이름이 됩니다. 음향학에서는 진동수 특성을 조절하는 이퀄라이저(audio equalizer)가 오디오에서 원음과 같은 소리가 나게 만드는 equalizer입니다. 또한 축구에서 equalizer는 동점골을 말합니다. 그리고 만일 혁명을 일으킨 사람이 자신을 **'이퀄라이저'**라고 부른다면 이는 그가 사회를 평등하게 만들겠다고 말하는 것입니다.

그럼 equal과 어원이 같은 단어를 모아보겠습니다. 이 단어들로 인해 성적이 좋아진다면 이 공부는 세상에서 우리를 앞서가는 친구들에 대한 equalizer가 될 수도 있습니다.

equal [íːkwəl **이이퀄**] a. 동일한
→equally [íːkwəlɪ **이이퀄리**] ad. 평등하게
→equality [ɪkwáːlətɪ 이**콰알**러티] n. 평등
→inequality [ɪnɪkwáːlətɪ 인이**콰알**러티] n. 불평등
→equalitarian [ɪkwalɪtéərɪən 이콸리**테어**리언] n. 평등주의자
equate [ɪkwéɪt 이**퀘이트**] v. 동일시하다
→equator [ɪkwéɪtə(r) 이**퀘이**터] n. 적도
→equation [ɪkwéɪ3n 이**퀘이**션] n. 등식
equivocal [ɪkwívəkl 이**퀴**버클] a. 모호한
equivalent [ɪkwívələnt 이**퀴**벌런트] a. 동등한
adequate [ǽdɪkwət **애디쿼트**] a. 적절한
→ inadequate [ɪnǽdɪkwət 인**애디쿼트**] a. 부적절한
equilibrium [ɪːkwɪlíbrɪəm 이이퀼**리**브리엄] n. 평형　　∞ Irelia 참고
equinox [íːkwɪnɑːks **이이퀴나악ㅅ**] n. 주야평분시 (춘분과 추분)　　∞ Soraka 참고

* equivocal모호한은 equal + vocal(voice소리)의 조합으로서 서로 다른 voice소리가 동등하게 들려서 '**모호하다**'는 뜻입니다. vague모호한, ambiguous모호한과 같은 의미입니다. 재미있게도 우리나라 속어인 '**예니오**'야말로 '**모호한**' 소리의 대표라고 말할 수 있습니다.

* equivalent동등한는 equal + value(가치)의 조합으로 value가치가 동등하다는 의미입니다.

* adequate적절한은 ad(to향하여) + equal의 조합으로 같게 만드는 방향으로 가는 것이므로 '**적절하다**'는 뜻이 되겠습니다.

* equilibrium평형은 equal + libra(balance균형)의 조합인데 libra는 무게를 재는 천칭을 말합니다. 즉 천칭이 평형을 이루는 상태가 되었다는 뜻입니다.

* equinox주야평분시는 equal + nox(night밤)의 조합으로 밤의 길이가 같아지는 1년 중에 추분과 춘분을 함께 말하는 단어입니다.

# Rumble

★★★☆☆ junkyard - I wonder the story behind this old robot hand which I found in the junkyard.
나는 고철장에서 발견한 이 오래된 로봇팔에 숨겨진 놀라운 이야기가 궁금하다.

★★★☆☆ titan - The little boy has a dream to be the titan of the lightsaber industry.
그 작은 소년은 광선검 산업의 거인이 되고 싶은 꿈을 가지고 있다.

★★★☆☆ litter - a litter of five kittens 한 배에서 나온 5마리의 새끼 고양이

★★★☆☆ rumble - My new Mustang rumbles down the street causing people to stare with envious eyes.
나의 새 무스탕은 부르릉거리며 거리를 내려가며 사람들이 부러운 눈으로 응시하게 만들었다.

★★★★☆ crumble - The building crumbled when Godzilla passed-by.
그 빌딩은 고질라가 옆을 지나갈 때 바스러졌다.

★★★☆☆ grumble - An old man grumbled when a hip hop crew started dancing in front of his produce stand.
힙합 팀이 자기 (농산물) 판매대 앞에서 춤을 추기 시작하자 노인은 투덜거렸다.

★★★☆☆ spitter - the gum spitters 껌을 뱉는 사람들

★★★☆☆ grimace - a grimace of pain 고통으로 찡그린 표정

★★★☆☆ grim - He learned of the grim news that his character is now officially banned.
그는 자신의 캐릭터가 이제 공식적으로 금지되었다는 우울한 뉴스를 알게 되었다

★★★☆☆ scrap - My dog ate a scrap of chicken that fell off my plate.
내 개는 내 접시에서 떨어진 치킨 조각 하나를 먹었다.

★★★☆☆ scrape - A thorn scraped my arm as I rode my magic carpet through the forest.
내가 나의 마법 양탄자를 타고 숲을 지나갈 때 가시 하나가 내 팔을 긁었다.

★★★★★ harpoon - whale hunting with harpoon 작살로 고래잡기

★★★☆☆ equalizer - Chess can be a great equalizer between two competitors.
체스는 두 경쟁자 사이에서 (두 사람을) 대단히 평등하게 만드는 것일 수 있다.

★☆☆☆☆ equal - equal amount of water and flour 같은 양의 물과 밀가루

★★★☆☆ equally - The money would be divided equally between you.
돈은 공평하게 너희들 사이에 나누어질 것이다.

★★★☆☆ equality - aiming to promote racial equality 인종 간 평등을 증진시키는 것을 목표로 하기

★★★☆☆ equalitarian - an irrational equalitarian 비이성적인 평등주의자

★★★☆☆ equate - This story criticizes those English people who equate love with money.
이 이야기는 사랑을 돈과 동일시하는 영국 사람들을 비판하고 있다.

★★★☆☆ equator - Solar energy will be a boon for countries along the equator.
태양에너지는 적도를 따라 위치하는 나라들에 요긴할 것이다.

★★★☆☆ equation - We can solve a variety of real world problems using simple equation.
우리는 간단한 방정식으로 실생활의 다양한 문제를 해결할 수 있다.

★★★☆☆ equivocal - They got an equivocal reply from the government. 그들은 정부로부터 애매한 대답을 받았다.

★★★☆☆ equivalent - One mile is equivalent to about 1.6 kilometers. 1마일은 1.6킬로미터와 같다.

★★★☆☆ adequate - adequate resources and funding 적절한 자원과 기금

★★★☆☆ inadequate - His shooting ability was inadequate for him to join the alien space shooter team.
그의 사격 실력은 외계 우주 사격 팀에 들어가기에는 부적절했다.

★★★☆☆ equilibrium - By finding the point of the gravitational equilibrium, the team reached Mars in record time.
중력 평형점을 발견함으로써 그 팀은 (최단시간) 신기록을 세우며 화성에 도착했다.

★★★★☆ equinox - An equinox is when night and day are equal.
주야 평분시(춘분, 추분)는 밤과 낮의 길이가 같은 때를 말한다.

# Ryze, the Rogue Mage
## 라이즈 - 방랑마법사

| | | |
|---|---|---|
| **P** | Arcane Mastery | 비전 연마 |
| **Q** | Overload | 과부하 |
| **W** | Rune Prison | 룬 감옥 |
| **E** | Spell Flux | 주문 흐름 |
| **R** | Desperate Power | 꺾을 수 없는 의지 |

---

**P** | **Arcane Mastery**
passive - 비전 연마

> 스킬을 시전할 때마다 비전 연마 중첩이 하나 쌓여 6초 동안 유지. 중첩이 5개 쌓이면 라이즈가 2.5초 동안과 충전 상태가 되어 피해를 흡수하는 보호막을 얻고 스킬 하나를 시전할 때마다 다른 스킬의 재사용 대기시간이 과부하 스킬 재사용 대기시간만큼 감소.

□□□ **arcane** [ɑːrkéɪn 아아케인] a. 신비로운　∞ Kog'Maw 참고

□□□ **mastery** [mǽstərɪ 매스터리] n. 숙달, 통달

## mastery(숙달)는 master(마스터)가 달성한 끝판

★ **mastery**는 master에서 나온 단어입니다. master는 '**위대하다**'라는 뜻에서 족장, 대표, 지휘자, 선생님 등의 뜻이 생기고 결국 '**권위를 가진 사람**'을 의미하게 되었습니다. 대학, 대학원, 박사과정을 master하면 여러 학위도 받게 됩니다.

| | |
|---|---|
| bachelor's degree | 학사학위 |
| master's degree | 석사학위 |
| doctor's degree | 박사학위 |

**bachelor** [bǽtʃələ(r) 배철러] n. 독신남, 미혼남

* bachelor는 결혼하지 않은 독신남을 의미하는데 원래는 knight기사를 따르는 젊은 squire종자를 의미했습니다. 이후 14세기가 되어서야 젊은 미혼남을 의미하는 단어로 의미가 바뀌었습니다. 어원도 종자들이 사용하는 목검을 의미하는 라틴어 baculum에서 기원한 것입니다. bechelor를 암기할 때는 결혼하라고 성화인 아버지에게 노총각 독신남이 '**배째라**'고 아버지께 대드는 것으로 기억하면 되겠습니다.

**Overload**
Q - 과부하

(기본 지속 효과) : 비전 연마의 지속시간이 증가.
(사용 시) : 일직선으로 날아가 처음 충돌하는 적에게 마법 피해.

□□□ **overload** [ouvərlóud 오우버**로우**ㄷ] v. 과적하다  n. 짐

## overload(과적)는 load(분량)을 over한 것

★ overload는 '**짐을 과적하다**'라는 의미로도 사용하고 charge전하나 information정보, task일이 너무 많아서 '**과부하 되다**'라는 표현으로도 사용됩니다.

load는 또한 접미사로 사용되어 '**한 대 분량의**'라는 뜻으로 사용됩니다. 이렇게 접미사로 -load를 이용하면 담거나 타는 것은 거의 다 조합이 가능합니다. 예를 들면 shipload, planeload, truck-load 등이 있겠습니다. 각각 배 한 척, 비행기 한 대, 트럭 한 대 분량을 의미하는 단어입니다. 또한 부사나 전치사가 load 앞에 붙은 upload, download 등은 각각 컴퓨터에 자료를 올리거나 다운로드하다라는 뜻으로 사용됩니다.

# Rune Prison  | 적을 1 초 동안 제자리에 묶고 마법 피해.
W - 룬 감옥

□□□ **prison** [prízn 프리즌] n. 감옥　　∞ Nami 참고

## Prison(감옥)의 속어는 can(깡통), 전문어는 penitentiary(교도소)

★ prison은 '**감옥**'이라는 뜻인데 jail과 같은 뜻입니다. 이 두 단어는 편하게 쓰이는 일상용어이고
정식명칭인 '**교도소**'로 사용할 때는 penitentiary를 사용합니다.

**penitence** [pénɪtəns 페니턴스] n. 참회
**penitent** [pénɪtənt 페니턴ㅌ] a. 후회하는
**penitentiary** [penɪténʃərɪ 페니**텐**셔리] n. 교도소
**repent** [rɪpént 리**펜**트] v. 회개하다, 후회하다　　∞ Ezreal 참고

* penitence참회하다는 repent후회하다와 어근과 같습니다. 같은 '**후회하다**'라는 의미의 라틴어 paenitentia에서 나온
단어인데 재미있게도 원래의 뜻은 '**거의 다 되었는데 완벽하지 못해서 후회하다**'라는 것입니다.
'**참회하다**'는 진중하고 교양있게 쓰이는 단어여서 종교적으로 잘못을 신에게 빌거나 대중에게 용서를 비는 행위를
주로 의미합니다.

* penitentiary는 '**교도소**'란 뜻입니다. '**교정당국**'으로 번역하는 것이 어울리는 전문적 용어입니다.
'**교도소**'를 뜻하는 범죄인들 사이의 slang속어으로는 can(쇠깡통 같다고)이나 clink(쇠가 짤랑거린다고)이 있습니다.
비슷하게 우리말에도 교도소를 부르는 말은 '**교정당국, 교도소, 감방, 빵**' 등 다양한 용어가 있습니다.
penitence를 외울 때는 **repent**의 어원을 생각하며 기억해도 되고 참회하는 사람이 말하는 '**남을 패니 (후회)됐어**'의
한글발음을 이용해도 됩니다.

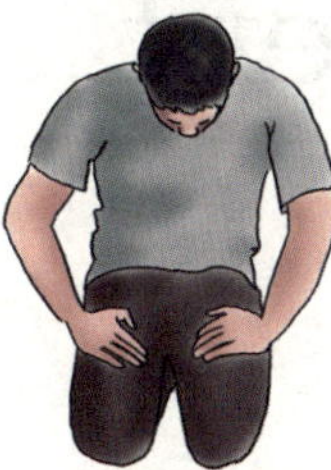

## Spell Flux
E - 주문 흐름

피해를 입히며 대상의 마법 저항력을 최대 3번까지 감소시키는 구체를 발사. 주문 흐름은 대상에 적중한 후 반사되어 근처 적들과 라이즈에게 날아가 마법 피해를 입히며 두 번째 대상들을 적중시킨 후 최초의 대상에게 돌아와 마법 피해.

□□□ **flux** [flʌks ㅎ플럭ㅅ] n. 변화(유동)

★ **flux**는 계속해서 움직이는 유동적인 흐름을 말합니다. flux를 어근으로 삼아 influx, fluctuate, fluent 등의 단어가 연관되어 있습니다. 이러한 단어들은 모두 **'(물이) flow**흐르다'의 뜻을 기본으로 삼아서 의미를 유추하면 됩니다.

flux
  → **influx** [ínflʌks 인ㅎ플럭ㅅ] n. 밀려듦    in(안으로) + flux(흐르다)
  → **reflux** n. 역류    re(거꾸로) + flux(흐르다)
  → **efflux** n. 유출    ex(밖으로) + flux(흐르다)
**fluctuate** [flʌ́ktʃueɪt ㅎ플럭츄에이트] v. 오르내리다
**fluent** [flúːənt ㅎ플루우언트] a. 유창한
  → **affluent** a. 부유한    a(향하여) + fluent(흐르다)
  → **confluent** a. 합류하는    con(함께) + fluent(흐르다)
  → **circumfluent** a. 주위를 흐르는    circum(주위로) + fluent(흐르다)
**influence** [ínfluəns 인ㅎ플루언스] n. 영향
  → **influential** [ínfluenʃl 인ㅎ플루엔셜] a. 영향력있는
**fluid** [fluɪd 플루이ㄷ] n. 유체, 유동체

## Desperate Power
R - 꺾을 수 없는 의지

(기본 지속 효과) : 재사용 대기시간 감소 수치가 10% 증가.
(사용 시) : 거대한 비전 에너지의 힘을 받아 주문 흡혈이 15%, 이동 속도가 80 증가. 스킬 공격으로 5초 동안 50%의 광역 피해.

□□□ **desperate** [déspərət 데스퍼럿] a. 필사적인, 자포자기의    ∞ Amumu 참고

# desperate는 자포자기(부정적)와 필사적인(긍정적)이 동시에 있다

★ desperate는 '필사적인'이라는 뜻입니다. 절망을 뜻하는 despair에서 나온 단어입니다. desperate<sup>필사적인</sup>는 절망적인 상황에서 발악을 하는 것을 말합니다. 물론 그렇다고 다시 잘된다는 보장은 없고 그 사실을 자신도 알고 있습니다.

**despair** [dɪspér 디스**페**어] n. 절망 v. 절망하다　　∞ Amumu 참고

이러한 desperate의 '**필사적인**'이라는 뜻은 아직 포기를 안했다는 것이어서 약간 '**긍정적인**' 의미가 됩니다. 또 desperate의 '**자포자기의**'라는 뜻은 거의 포기했다는 것이어서 약간 '**부정적인**' 의미가 됩니다. 이렇게 desperate는 긍정과 부정의 의미가 모두 가능한 단어이므로 문맥에 따른 해석을 잘 해야 하는 단어입니다.

> The miners who were trapped grew increasingly desperate.
> 갱도에 갇힌 광부들은 점점 **자포자기** 상태가 되었다
>
> We can see a desperate bid for freedom of prisoners.
> 우리는 죄수들의 자유를 향한 **필사적인** 시도를 볼 수 있다.

# Ryze

★★★★☆ arcane - Please explain what function this arcane rule is intended to serve.
이 난해한 규칙들이 무엇을 도와줄 목적으로 하는지 그 기능을 설명해주세요.

★★☆☆☆ mastery - a mastery of a foreign language 외국어의 숙달

★★★☆☆ bachelor - The bachelor is always walking around with a girl on each shoulder.
그 독신남은 항상 여자들을 양어깨에 끼고 돌아 다닌다.

★★★☆☆ overload - Don't overload students with too many expectations.
학생에게 너무 많은 기대로 짐을 지우지 마라.

★★☆☆☆ prison - Loki will be in prison for 20 years for stealing the keys to the universe.
우주로 가는 열쇠들을 훔친 죄로 로키는 감옥에 20년간 있게 될 것이다.

★★★☆☆ penitence - tears of penitence 무한한 참회의 눈물

★★★☆☆ penitent - The penitent sinner prayed on his knees and wept.
참회하는 죄인은 무릎을 꿇고 기도하며 흐느꼈다.

★★★☆☆ penitentiary - As everybody knows, they met in the penitentiary.
모두가 알고 있듯이 그들은 교도소에서 만났다.

★★★☆☆ repent - Isaiah did urge his listeners to repent and turn back to God.
이사야는 청중들에게 회개하고 하나님에게 돌아오라고 강권했다.

★★★☆☆ flux - the flux of ammonium through the barrier 장벽을 통한 암모늄의 유입

★★★☆☆ influx - Due to an influx of customers at their frozen alien brain soup restaurant, they had to open up a new store.
그들의 냉동 외계인 뇌 스프 레스토랑에 손님들이 너무 많이 밀려들어서 그들은 새 가게를 열어야 했다.

★★★☆☆ fluctuate - For some reason his test scores fluctuate with the weather.
어떤 이유 때문인지 그의 시험 성적은 날씨에 따라 오르내렸다.

★★★☆☆ fluent - He is fluent in 20 languages, including Korean, Chinese, and whale.
그는 한국어, 중국어 그리고 고래의 언어까지 20개의 언어에 능통하였다.

★★☆☆☆ influence - the influence of video-game violence
비디오 게임의 폭력의 영향

★★★☆☆ influential - Jean Valjean became an influential man in the town.
장발장은 그 마을의 영향력 있는 사람이 되었다.

★★★☆☆ desperate - He was so desperate to buy this book, he camped out for 3 weeks in front of the book store.
그는 이 책을 사려고 너무 필사적이어서, 서점 앞에서 3주간 야영을 했다.

★★★☆☆ despair - A night at the PC room cured his despair.
피시방에서의 하룻밤은 그의 절망감을 낮게 했다.

# Sejuani, the Winter's Wrath

세주아니 - 혹한의 서릿발

- **P** Frost Armor  서리 갑옷
- **Q** Arctic Assault  혹한의 맹습
- **W** Flail of Northern Winds  매서운 북풍 철퇴
- **E** Permafrost  만년서리
- **R** Glacial Prison  빙하 감옥

## P Frost Armor
passive - 서리 갑옷

스킬이나 기본 공격으로 적에게 피해를 입히면 2초 동안 방어력이 증가하고 세주아니가 받고 있는 이동 속도 둔화 효과가 10만큼 감소. 세주아니가 이미 서리 갑옷 효과를 받고 있는 경우 지속시간이 2초 증가.

□□□ **frost** [frɔːst ㅎ프러스ㅌ] n. 서리  ∞ Lissandra 참고

□□□ **armor** [áːrmər 아아머] n. 갑옷

### arm(팔)은 인간의 가장 기본적인 armor(무기)

★ armor는 '갑옷'을 말합니다. arm무장이 동사로 쓰인 '무장하다'에서 나온 말입니다.
armor는 갑옷뿐 아니라 다른 방어구 즉, 배나 비행기의 철갑을 뜻하기도 합니다.
인간은 도구가 아무것도 없는 상황에서 가장 기본적인 공격과 방어용 무기로 arm팔을 사용하게 됩니다. 어원에 따르면 거대한 핵폭탄과 두꺼운 철갑도 결국 이 arm팔의 다른 모습인 셈입니다.

**armistice** [áːrmɪstɪs 아아미스티스] n. 휴전
**armory** [áːrmərɪ 아아머리] n. 무기고
**armament** [áːrməmənt 아아머먼트] n. 군비, 대형무기
**ammunition** [æmjuníʃn 애뮤니션] n. 탄약

* **armistice**는 라틴어 armastitium에서 나온 단어인데 arm(무장) + sta-(정체, 멈춤)를 합하여 '싸움을 멈추다', 즉 truce휴전이라는 뜻으로 사용됩니다. '정지'라는 뜻을 가진 sta-의 어근이 사용된 단어는 static고정된, stasis정체 등이 있습니다.
armistice휴전를 기억할 때는 어근의 조합 그대로 arm(무기)의 stand(멈춤)로 유추하는 것이 좋습니다.

* **armory**는 arm에 장소를 나타내는 명사형어미 -ory가 붙어서 '**무기고**'라는 뜻이 되었습니다.
armory와 같은 뜻으로 arsenal이란 단어가 있습니다. 영국 축구팀인 [아스널 FC]로 익숙한 단어이지요. arsenal은
'**무기고**'라는 뜻과 '**무기 공장**'이라는 뜻으로 사용됩니다. arsenal은 '**공장**'을 나타내는 아랍어 dar al-sina'ah에서
나온 단어인데 영어에 와서는 '**무기 공장**'으로 뜻이 제한되었습니다.

**arsenal** [ɑ́ːrsənl **아아**서늘] n. 무기공장

* **armament**는 arm무기에 명사형어미 -ment가 붙어서 전쟁물자를 뜻하는 '**군비**'를 뜻하는 단어가 되었습니다.
이 경우 일반적인 무기를 말하기보다는 좀 더 국가적이고 전체적인 무기의 총량을 말하거나 핵폭탄같은 대형무기를
의미하는 때가 많습니다.

* **ammunition**은 arm(무기) + munition(탄약)이 붙어서 만들어진 단어로 munition과 똑같이 '**탄약**'이라는 뜻으로
사용됩니다. munition은 '**탄약**'뿐 아니라 다른 모든 '**군수품**'을 의미할 때도 사용되므로 ammunition보다는 약간
범위가 더 넓다고 하겠습니다.

### Arsenal(아스널) FC

우리가 기억하는 아스널은 영국 축구클럽의 이름입니다. 잉글랜드 Premier League프리미어리그의 [Arsenal
FC(아스널 FC)]가 '**무기공장 FC**'였던 것입니다.
원래 런던의 남동쪽 Woolwich울위치에는 무기를 생산하고 시험하며 보관을 하던 Royal Arsenal왕립 무기고가
있었습니다. 그곳에서 workers노동자로 일하던 사람들이 축구단을 만들었던 것이(1886) [아스널 FC]의 시작이
되었습니다.
처음 이름은 Woolwich Arsenal이었고 그 후 league리그에 등록한 클럽이 되어 발전해간 것입니다.

 **Arctic Assault**
Q – 혹한의 맹습

전방으로 돌진해 적들을 공중으로 띄우면서 마법 피해. 적 챔피언 하나를 공중으로 띄우면 이동을 멈춤.

☐☐☐ **arctic** [ɑ́ːrktɪk 아아ㅋ틱] a. 북극의

☐☐☐ **assault** [əsɔ́ːlt 어**서얼**ㅌ] n. 폭행　∞ Jax 참고

 **arctic(북극의) 곰은 이가 시려워.**

★ arctic은 '**북극의**'라는 뜻인데 bear곰를 뜻하는 그리스어인 arktos에서 나온 단어입니다. 북극은 North Pole이라고 그냥 부르기도 합니다. 북극성이 Ursa Major큰곰자리에 있는 별들 중 하나이기 때문에 북극이라는 이름에 그리스어로 '**곰**'이 붙여진 것입니다. '**남극의**'는 anti(반대)가 arctic 앞에 붙은 antarctic입니다. 또한 각각 북극 (지방)과 남극 (지방)은 the Arctic, the Antarctic입니다. arctic 단어를 기억할 때는 북극곰 한 마리가 추워서 "**악~!! 틱**틱틱"하며 이빨을 부딪치는 이미지를 사용하면 됩니다.

**antarctic** [æntɑ́ːrktɪk 앤**타**악틱]　a. 남극의

### 곰 : 말하기 두려운 단어

영어에는 진정한 곰의 이름에서 기원한 단어가 있고 곰을 돌려 말한 단어에서 기원한 '**곰의 호칭**'이 있습니다. 고대 북방의 사냥꾼들은 무서운 야생동물 '**곰**'이란 말을 직접하는 것이 금기였으므로 곰을 특징에 따라 다른 이름으로 불렀습니다.
즉 아일랜드에서는 '**튼튼한 송아지**', 러시아에서는 '**꿀빠는 녀석**', 리투아니아에서는 '**핥는 놈**'의 식이었습니다. 그리고 영국에서는 '**갈색(brown)의 녀석**'이었죠.

그래서 영어의 bear는 곰의 진정한 이름이 아니었습니다. bear는 갈색(brown)을 뜻하는 PIE어근 *bher-에서 나온 것이죠. '**갈색(brown)의 녀석**'이라고 부르다보니 나중 bear곰가 된 것입니다.

# Flail of Northern Winds
### W - 매서운 북풍 철퇴

세주아니의 다음 기본 공격은 대상과 그 주변의 적들에게까지 영향. 영향을 받는 유닛은 마법 피해. 그 다음 세주아니가 철퇴를 휘둘러 4초 동안 마법 피해. 재사용 시 즉시 철퇴를 휘두름.

□□□ **flail** [fleɪl ㅎ플레일] v. 마구 움직이다  n. 도리깨

## flail은 도리깨가 마구 fly(날아다니다)

★ flail은 타작을 할 때 곡식을 때리는 도리깨를 말합니다. 쌍절곤의 한 쪽처럼 마구 흔들리죠. flail은 이처럼 **'한 쪽은 붙어있지만 다른 쪽은 자유롭게 흔들리는 움직임'**을 표현할 때 사용됩니다. 길거리에서 팔을 마구 흔드는 풍선인형에서 볼 수 있는 움직임이 바로 이 flail입니다.

또한 flail도리깨는 타격무기로도 사용되었으므로 **'철퇴'**를 칭하는 말이기도 합니다.
flail의 어원은 라틴어 flagellum에서 찾아볼 수 있는데 이는 원래 꼬리나 채찍의 움직임을 나타내는 말이었습니다. 지금도 생물학에서는 편모충의 편모를 flagellum이라 부릅니다.
flail 단어의 기억을 위해 이미지를 만들 때는 날개가 퍼덕이는 fly날다 단어의 발음과 뜻을 이용하면 됩니다.

flail과 관련된 것 중 눈길이 가는 것은 flail tank가 있습니다.
flail tank는 **'대(對)지뢰전차'**입니다. 탱크의 앞부분에 원통형 회전장치를 붙이고
거기에 쇠사슬을 매달아 flail(도리깨질)하도록 원통을 돌립니다.
그러면 쇠사슬이 땅을 타작하듯 마구 때리게 되고 앞에 묻혀 있는 지뢰가 터지며
진격용 통로가 개척됩니다.

## E  Permafrost
E – 만년서리

(기본 지속 효과) : 스킬이나 기본 공격으로 적들에게 4초간 서리 효과가 적용.
(사용 시) : 서리 효과를 받는 주변 적들은 마법 피해를 입고 1.5초 동안 둔화.

□□□ **permafrost** [pɜ́ːrməfrɔːst 퍼어머ㅎ프러어스트] n. 영구동토층

### permanant(영구적인) 뽄글머리 perma(파마)

★ permafrost는 **'영구동토층'**을 말하는데 이는 지층의 온도가 연중 0°C 이하인 곳을 말합니다.
빙하지역 주변인 타이가 지역 북부와 tundra툰드라 지역에 주로 볼 수 있는 땅을 말합니다. 단어는
perma(영구적인) + frost(서리)를 조합해서 만들었습니다.

perma가 영구적인이라는 뜻의 어근으로 사용된 다른 단어로는 permaculture영구농업가 있습니다.
perma + culture(농업)의 조합으로서 화학비료를 사용하지 않고 생물학적인 방법에 의한 병해충
방제 등을 하는 환경보호적 지속가능한 농업을 뜻하는 용어입니다.

이처럼 'perma'는 **'영구적인'**이라는 뜻의 단어를 만들기 위해 permanent의 앞부분에서 떼어져
라틴어 어근처럼 사용되고 있습니다. 그런데 어원상 permanent는 per(through) + manere(stay
머무르다)의 조합입니다. 즉 라틴어를 잘 모르는 영어 사용자들에 의해서 per에서 끊어야 할 것을
perma에서 끊어버리는 오류가 발생한 것입니다.

단어 perm 자체도 **'파마머리'**를 뜻하므로 미국에서 permanent가 어근과 상관없이 허리가 동강난
셈이 되고 말았습니다.
비록 오류로 생성된 단어이지만 perma파마는 미용실과 아주머니들의 머리에서(!) 영구적인 **'언어의
생명력'**을 얻었으므로 이제 돌이킬 수는 없습니다.

permanent 단어의 암기도 이 **'굳어버린 아줌마 perma파마'**의 이미지로 기억하면 편합니다.

**permanent** [pɜ́ːrmənənt 퍼어머넌ㅌ] a. 영구적인
**perm** [pɜːrm 퍼엄] n. 파마

# Permanent

a. 영구적인

## Glacial Prison

R - 빙하 감옥

세주아니가 얼음 정수로 만든 올가미를 일직선 상으로 던짐. 올가미가 적 챔피언을 맞히면 부서지면서 대상과 주변 모든 적들을 기절시킴. 챔피언을 맞히지 못하고 올가미가 사거리 끝까지 가면 부서지면서 적들을 30% 둔화에 빠뜨림. 올가미가 부서진 범위 내의 모든 적들은 마법 피해.

□□□ **glacial** [gléɪʃl **글레이셜**] a. 빙하의    ∞ Annivia 참고

□□□ **prison** [prɪzn **프리즌**] n. 감옥    ∞ Ryze 참고

# Sejuani

★★★☆☆ **frost - Morning frost covered the battle field.**
아침 서리가 전장을 덮었다.

★★☆☆☆ **armor - a knight in armor** 갑옷을 입은 기사

★★★☆☆ **3armistice - Finally an armistice was signed by the humans and the machines.**
마침내 인간과 기계간의 휴전이 사인되었다.

★★★☆☆ **armory - the armory at the central barracks** 중앙 병영의 무기고

★★★☆☆ **armament - an armament race between China and Japan**
중국과 일본사이의 군비 경쟁

★★★☆☆ **ammunition - After fighting off the enemy all night, our squad ran out of ammunition.**
적과 밤새도록 싸운 후에 우리 분대는 탄약이 떨어졌다.

★★★★★ **arsenal - China's nuclear arsenal** 중국의 핵무기 보유량

★★☆☆☆ **arctic - the arctic circle** 북극권

★★★☆☆ **antarctic - Dry winds play in influencing the behaviour of Antarctic ice shelves.**
건조한 바람은 남극대륙의 빙붕의 움직임에 영향을 미친다.

★★★☆☆ **flail - The winner flailed his long arm like a windmill in front of millions of spectators.**
그 승자는 수백만의 관중 앞에서 자신의 긴 팔을 풍차처럼 흔들었다.

★★★☆☆ **permafrost - Due to global warming, vampires emerged from the permafrost.**
지구온난화 때문에 그 흡혈귀들이 영구동토층에서 모습을 나타냈다.

★★★☆☆ **permanent - Mankind needs a permanent solution to deal with these blood sucking giant mosquitoes.**
인류는 피를 빠는 이 거대 모기 문제를 다루기 위해 영구적인 해결책이 필요하다.

★★★☆☆ **perm - I got a perm yesterday.** 나 어제 파마했어.

★★★☆☆ **glacial - The glacial effects on sea level rise will swallow some famous cities.**
해수면 상승에 미치는 빙하효과는 몇몇 유명한 도시들을 삼킬 것이다.

★★☆☆☆ **prison - Malvo was sentenced to life in prison without parole for the sniper-style attacks.**
말보는 스나이퍼 식의 공격에 대해 가석방이 없는 종신형을 선고받았다.

# Shaco, the Demon Jester
### 샤코 - 악마어릿광대

| | | |
|---|---|---|
| **P** | Backstab | 암습 |
| **Q** | Deceive | 속임수 |
| **W** | Jack In The Box | 깜짝상자 |
| **E** | Two-Shiv Poison | 양날독 |
| **R** | Hallucinate | 환각 |

---

□□□ **jester** [dʒéstə(r) 제스터] n. 어릿광대

## jester는 jest(농담)를 던지는 어릿광대

궁정의 어릿광대(jester)는 중세나 르네상스 시대에 귀족이나 왕족에게 고용되어 손님을 환영하고 재미있게 해주는 임무를 가지고 있는 사람이었습니다. clown광대도 jester와 같은 뜻입니다. 주로 dwarf난장이들이 어릿광대 일을 많이 했습니다.
궁정뿐 아니라 일반 시중에도 떠돌이처럼 돌아다니며 행사를 하는 광대도 jester라고 불렸습니다.

밝은 색의 옷과 eccentric괴상한 모자, motley얼룩덜룩한 옷이 특징이고 모자에는 ass's ear당나귀 귀 같은 천을 달고 coxcomb수탉의 볏을 붙여 넣기도 하고 방울을 달기도 했습니다. jester는 노래나 농담을 하고 acrobatics아크로배틱스(곡예)나 juggling저글링(공던지기)같은 기술도 보여주었습니다. 못 웃기면 쫓겨나기도 하고 때로는 농담 속에 왕을 비판하기도 했으므로 쉬운 직업은 아니었습니다. jester 단어의 바탕이 되는 jest는 **'농담하다'**라는 뜻입니다.

**jest** [dʒest 제스ㅌ] n. 농담, 익살  v. 농담하다
**clown** [klɑʊn 클라운] n. 광대
**eccentric** [ɪkséntrɪk 익센트릭] a. 괴짜의
**motley** [mɑ́ːtlɪ 마아틀리] a. 얼룩덜룩한

* **clown**광대은 유치원 때도 배우는 단어이지만 어원을 살펴보면 꽤 심오합니다. clumsy어색한, 어설픈의 뜻을 가진 스칸디나비아어 klunni에서 영어로 전파되었다는 설이 있고 본국을 떠난 식민지(colony) 주민을 나타내는 라틴어 colonus에서 기원했다는 설이 있습니다.

의미상으로는 둘 다 '**어설프고 비슷하게 따라하는 사람**'을 말하고 나중에야 professional fool전문적 광대을 부르는 단어가 되었습니다.

* eccentric괴짜의은 ex(out) + center(중심) + ic(형용사형어미)의 조합으로 '**중심에서 벗어났다**'라는 뜻입니다. 원래는 별이 orbit궤도를 벗어난 것을 가리키는 astronomy천문학 용어였으나 나중 사람의 별난 행동을 나타내는 말이 되었습니다. ecccentric와 비슷한 단어 구조를 가진 exorbitant도 ex(out) + orbit(궤도) + ant(형용사형어미)의 조합이고 궤도를 벗어나서 '**지나친**'이라는 뜻입니다.
원래 대단한 천재들은 일반인이 이해하기 힘든 행동을 하므로 괴짜라고 인식되는 경우가 많습니다.
eccentric 단어는 단어 속에서 center를 찾아내어 기억하면 편합니다.

* motley얼룩덜룩한에서 mot는 반점을 나타내는 고 영어기원의 어근입니다. mot가 들어간 또 다른 단어인 mottle도 반점을 의미하는 단어입니다. motley는 일반적으로 motley crew(혼성조직)라는 용어처럼 공통점이 없는 다양한 사람들이 모여있는 경우에 자주 사용됩니다.
motley를 외울 때는 잔인하게 얼굴을 '**못으로 막 찔러서 반점이 많이 있다**'라고 생각하면 되겠습니다.

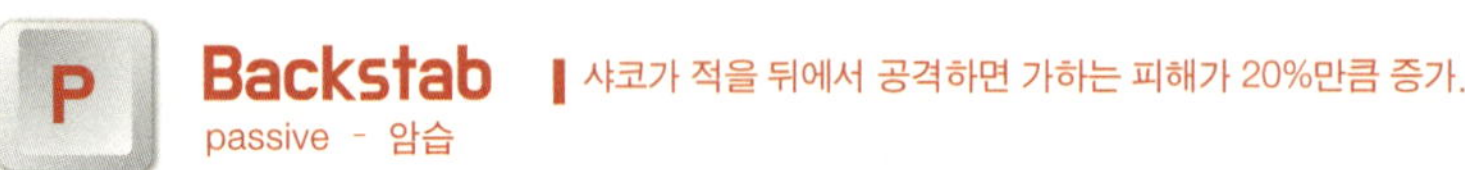

**Backstab** ┃ 샤코가 적을 뒤에서 공격하면 가하는 피해가 20%만큼 증가.
passive - 암습

□□□ **backstab** [bǽkstæ̀b 백스탭] v. 모함하다

backstab

## backstab은 뒤에서 stab찌르기. 푹!

★ backstab은 뒤에서 stab찌르는 것이므로 뒤통수를 치거나 험담을 하는 것을 말합니다. backstab 모함은 우리말 비속어에서도 '뒷다마를 까다(뒤통수를 치다)'라는 은어가 있어서 이해하기 좋습니다. 다마란 일본어로 머리를 뜻하는 '아타마(頭)'에서 나온 단어입니다.
뒷다마는 비속어이고 외래어이므로 순화하여 '뒷담화'로 말하자는 운동이 있습니다.
친구들 사이에 '뒷담화'와 관련되어 사용되는 은어로는 '왕따'가 있습니다. '왕따'의 적당한 영어식 표현으로는 outcast가 있습니다.

**outcast** [ávtkæst 아웃캐스트] n. 버림받은 사람(왕따)

* outcast는 버림받은 사람을 말하는데 out + cast(던지다)의 조합에서 나온 단어입니다. 인도의 계급질서를 말하는 caste카스트 제도를 이용하여 기억해도 됩니다. 이때는 out + caste(카스트, 계급)의 조합으로도 볼 수 있습니다. 어원상 caste카스트도 같은 cast 어근에서 나온 것입니다.
정해진 계급 밖으로(out) 던져지면(cast) 그 아래의 계급이 되는 것에서 카스트 제도의 명칭이 나왔습니다.

---

## Deceive
Q - 속임수

(액티브) : 샤코가 3.5초 동안 즉시 은신 상태에 들어가 지정한 위치 근처로 순간 이동. 다음 6초 이내의 첫번째 공격이 무조건 치명타로 들어가며 140%의 치명타 피해를 입힘.

□□□ **deceive** [dɪsíːv 디시이브] v. 속이다   ∞ Ahri 참고

## deceive는 누군가로부터 ceive(빼앗아 가는) 사기행위

★ deceive속이다의 라틴어 어근은 capere(take가져가다)입니다. capere 앞에 de(from)가 붙어서 무언가로부터 가져가버리는 것을 말하고 결국 '속이는 것'을 의미하게 되었습니다.
영어에서도 take는 광범위하게 사용되는 단어이므로 라틴어 capere(take)어근은 관련어휘도 많고 의미의 분화도 많습니다.

deceive v. 속이다  de(from로부터) + capere(take가져가다)
conceive [kənsíːv 컨**시**이브] v. 상상하다, 임신하다  con(com함께) + capere(take가져가다)
perceive [pərsíːv 퍼**시**이브] v. 인지하다  per(throughly철저하게) + capere(take가져가다)
receive [rɪsíːv 리**시**이브] v. 받다  re(back다시) + capere(take가져가다)

---

accept [əksépt 억**셉**ㅌ] v. 받아들이다  ac(ad: to향하여) + capere(take가져가다)
except [ɪksépt 익**셉**ㅌ] v. 제외하다  prep. 제외하고  ex(out밖으로) + capere(take가져가다)
incept  v. 섭취하다  in(안으로) + capere(take가져가다)
intercept [ɪntərsépt 인터**셉**ㅌ] v. 가로채다  inter(between사이의)+ capere(take가져가다)
precept  n. 행동수칙  pre(before전의) + capere(take가져가다)
susceptible [səséptəbl 써**셉**터블] a. 민감한
　　　　　　　sus(up from under아래로부터 위로) + capere(take가져가다) + ible(형용사형 어미)

---

anticipate [æntísɪpeɪt 앤**티**시페이트] v. 예상하다  ante(before앞으로) + capere(take가져가다)
emancipate [ɪmǽnsɪpeɪt 이**맨**시페이트] v. 해방시키다
　　　　　　e(ex : away멀리) + manus(손) + capere(take가져가다)
participate [pɑːrtísɪpeɪt 파아**티**시페이트] v. 참가하다 (=take part in)
　　　　　　part(divide나누어서) + capere(take가져가다)

이중 -ceive로 끝나는 동사들은 같은 변화형을 보이면서 명사를 만들게 됩니다.

| deceive v. 속이다 → | deception n. 속임, 사기 |
|---|---|
| conceive v. 상상하다 → | conception n. 구상  concept n. 개념 |
| perceive v. 인지하다 → | perception n. 지각, 통찰력 |
| receive v. 받다 → | reception n. 환영  receipt n. 영수증 |

* anticipate는 '**예상하다**'라는 뜻입니다. 어원 조합상 '**지금보다 앞 방향으로(미래로) 생각을 가져가다**'라는 뜻에서 나온 것입니다. 기억할 때는 anticipate에서 전치사 ante(before앞으로)를 뽑아내어 이해해야합니다.

* emancipate는 '**해방시키다**'라는 뜻입니다. 원래는 '**남의 손아귀(manual)에서 밖으로(ex) 가져갔다**'라는 조합의 단어이지만 우리는 그냥 '**갇혀있던 인간(man)을 밖으로(ex) 가져갔다**'라고 외우는 것이 편합니다.
다른 방법으로는 비속어를 사용해 한글발음 그대로 "**시험 해방이다! 학교 이만 (안녕) cipa~ 텨!**"로 기억하는 꼼수가 있습니다. 고운 말을 씁시다.

* participate는 '**참가하다**'라는 뜻입니다. 같은 뜻의 '**take part in**'과 함께 외우면서 '**파티**(party)에 **참가하다**'로 기억하면 됩니다. 원래는 전체에 참가하여 한 부분(part)이 되었다는 뜻에서 나온 것입니다.
이처럼 -cipate로 끝나는 단어는 영어 전체에 위에 열거한 3개가 거의 전부입니다.

## Jack In The Box
W - 깜짝상자

(액티브) : 샤코가 깜짝 상자를 지정한 위치에 생성. 깜짝 상자는 2초 뒤 은신 상태가 되었다가 적이 가까이 오면 공격을 가해 적을 공포에 빠트려 상자의 반대 방향으로 도망치게 함.
깜짝 상자는 마법 피해를 입히며 은신시 60초, 공격 시 5초 동안 지속.

★ jack in the box는 뚜껑을 열면 "띠용~"하고 용수철이 올라오는 깜짝 상자를 말합니다.
정육면체의 공간(box = cube)이 나온 김에 이런 정육면체의 방을 의미하는 라틴어 어근인 cubare의 관련 단어를 추적해 보겠습니다.
이 cubare 어근은 챔피언 녹턴에서 악마들인 서큐버스와 인큐버스의 이름에서 보았습니다.

라틴어 cubare는 '**눕다(lie down)**'라는 뜻의 어근입니다. 그 '**눕다**'가 누울 수 있는 '**작은 방(small chamber)**'의 개념으로 발전했고 영어로 cubicle이 된 것입니다. 2차원에서 3차원이 된 것입니다.

영어에서 cubicle은 작은 방 중에서 주로 칸막이가 쳐진 공간을 부르는 단어입니다.
예를 들어 도서관의 칸막이가 된 작은 개인 공간인 열람석도 cubicle이라 부르고 공동 샤워실에서 칸막이로 구획된 공간도 shower cubicle이라고 부를 수 있습니다.
그리고 나중 cubicle칸막이 공간에서 cube큐브(정육면체)의 개념이 나왔습니다.

> **cubicle** [kjúːbɪkl **큐우**비클] n. (작은)칸막이 공간
> → **cube** [kjuːb **큐우브**] n. 정육면체
> → **cubic** [kjúːbɪk **큐우**빅] a. 정육면체의

## Two-Shiv Poison
E - 양날독

(기본 지속 효과 ) : 샤코가 공격 시 적을 중독시켜 이동 속도를 감소시킴. 대상이 미니언일 경우 대상의 명중률을 2초 동안 감소시킴.
(사용시) : 대상에게 마법 피해를 입히고 3초 동안 중독시킴. 양날 독을 다시 사용할 수 있게 될 때까지 기본 지속 효과 효과가 사라짐.

★ shiv는 미국 속어로서 면도날을 말합니다. 소매치기나 도둑들이 사용할만한 용어입니다.
주로 교도소에서 죄수들이 몰래 만드는 칼붙이들을 shiv라고 부릅니다.
shiv는 앞으로 교도소에 갈 계획이 없다면 기억할 필요가 없는 단어이지만 굳이 외우겠다면 입으로 "**십!십!**"하면서 조직의 배반자를 shiv로 찌르는 의성어를 만들어보면 쉽습니다.

면도날을 뜻하는 속어가 아닌 단어로는 razor가 있습니다.

# Hallucinate
R - 환각

(액티브) : 시전시 0.5초 동안 사라진 후에 샤코 주변의 위치에 자신의 분신을 생성. 분신은 샤코가 입히는 피해의 75%(포탑을 공격할 때는 50%)를 입히며 피격시 150% 증가된 피해를 입음. 분신이 사망하거나 지속시간이 다할 경우 주변 적에게 마법피해.

□□□ **hallucinate** [həluːsɪnéɪʃn 헐루우시**네이트**] v. 환각을 느끼다　∞ Malzahar 참고

## hallucinate는 illusion(환상)을 보는 증상

★ hallucination은 '**환각**'이라는 뜻입니다. '**마음이 방황하다**'라는 뜻의 라틴어인 alucinari에서 나온 단어입니다. 환각이란 챔피언 Malzahar말자하르에서 본 vision환상과 비슷하게 비정상적인 감각의 체험을 말합니다. 그러나 hallucination은 vision보다는 조금 더 병적인 의미의 경험이라는 특징이 있습니다.

즉, 성경에서 사도 요한이 예수 재림의 환영을 보았다면 '**vision을 보았다**'고 말하면 어울릴 것이고, 정신병자가 자신의 몸에 벌레가 득실득실하며 살을 파먹는 환각을 보았다면 '**hallucination에 고통 받다**'가 적당할 것입니다.

> Vision without execution is just hallucination.
> 실행이 없는 비전은 환상일 뿐이다.

동사인 hallucinate는 '**illusion환상을 가지게 하다**'라는 뜻입니다. 또 hallucinogen환각제이라는 용어는 의학영역에서 사용됩니다.

**hallucination** [həluːsɪnéɪʃn 헐루우시**네이션**] n. 환각, 환상

hallucination을 외울 때는 illusion환상 단어의 발음을 이용해도 되고 '**나 홀로 see(보는)**'의 한글발음을 이용해도 됩니다.

# Shaco

★★★★★ **jester** - After trying to entertain the king for an hour, the king got bored and had the jester killed.
한 시간 동안 왕을 재미있게 하려고 노력한 후, 왕은 지루해했고 결국 그 광대를 죽이라고 명령했다.

★★★★★ **jest** - A lot of truth is said in jest.
많은 진실이 농담으로 말해진다(농담 속에 있다).

★☆☆☆☆ **clown** - a circus clown 서커스 광대

★★★☆☆ **eccentric** - His eccentric personality allowed him to eventually become president.
그의 별난 성격은 마침내 그를 대통령이 되게 했다.

★★★★☆ **motley** - a motley crew of diplomats, soldiers and slaves
외교관, 군인, 노예 등 가지각색의 패거리들

★★★☆☆ **backstab** - Don't backstab me. I'm your brother.
나를 모함하지 마. 난 너의 형제야.

★★★☆☆ **outcast** - He was outcasted by the aristocratic circles for his crimes against slaves.
그는 노예에 대한 범죄 때문에 귀족사회에서 따돌림을 받았다.

★★★☆☆ **deceive** - The scientist said this robot was made to help people, however he deceived everybody there.
그 과학자는 이 로봇이 사람을 도우려고 만들어졌다고 말했으나 (사실) 그는 거기에 있는 모든 사람을 속였다.

★★★☆☆ **conceive** - The team conceived a new plan to take over the world using remote controlled ants.
그 팀은 원격조종 개미를 이용해 세상을 차지할 새로운 계획을 구상했다.

★★★☆☆ **perceive** - I perceived a subtle change in her behavior.
나는 그녀의 행동에서 미묘한 변화를 감지했다.

★★☆☆☆ **receive** - The president receives a respectable salary.
대통령은 꽤 괜찮은 봉급을 받는다.

★★☆☆☆ **accept** - He seemed to have accepted his fate.
그는 그의 운명을 받아들이는 것처럼 보였다.

★★☆☆☆ **except** - According to Mark, the part time workers worked every day except Sunday.
마크에 따르면, 그 일용직 노동자들은 일요일을 제외하고 매일 일했다고 한다.

★★☆☆☆ **intercept** - The spy intercepted a message that helped us win the war.
그 스파이는 우리가 전쟁에 이기도록 도와준 한 메시지를 가로채주었다.

★★★☆☆ **susceptible** - The elderly is susceptible to infection due to several factors.
노인들은 몇 가지 요인 때문에 감염에 취약하다.

★★★☆☆ **anticipate** - Residents anticipate their new alien overlords will treat them kindly.
주민들은 새로운 외계인 지배자가 그들에게 친절하게 대해줄 것을 기대한다.

★★★☆☆ **emancipate** - We can emancipate ourselves from the forms of 'slavery' that exist in this day and age.
우리는 이 시대에 존재하는 '노예' 형태로부터 우리 자신을 해방시킬 수 있다.

★★★☆☆ **participate** - We participated in a debate over the effect of the summer updates.
우리는 여름 업데이트의 영향에 대한 토론에 참가했다.

★★★☆☆ **cubicle** - Working in a cubicle for 40 years must be very boring.
칸막이 방에서 40년 동안 일하는 것은 매우 지겨울 것이 분명하다.

★☆☆☆☆ **cubic** - a cubic figure 정육면체 도형

★☆☆☆☆ **cube** - a three dimensional cubes 3차원의 정육면체

★★★☆☆ **hallucinate** - The ragged beggar began to hallucinate uncontrollably.
그 누더기를 입은 거지는 조절할 수 없을 정도로 환각에 빠지기 시작했다.

★★★☆☆ **hallucination** - Three out of ten suffered from horrific hallucination by wizard's attack.
열 명 중에 세 명이 마법사의 공격으로 끔찍한 환각의 고통을 받았다.

# Shen.

**Eye of Twilight**

쉔 - 황혼의 눈

- **P** — Ki Strike　기의 일격
- **Q** — Vorpal Blade　날카로운 검
- **W** — Feint　닌자 방어술
- **E** — Shadow Dash　그림자 돌진
- **R** — Stand United　단결된 의지

## Ki Strike
passive - 기의 일격

매 9초마다 쉔의 다음 공격은 마법 데미지를 입힘. 적을 공격할 때마다 쿨다운이 1초씩 감소. 기의 일격 발동시 10의 기력을 회복.

□□□ **ki** 기(氣)

## Vorpal Blade
Q - 날카로운 검

(액티브) : 쉔이 대상에게 마법 데미지를 입히고 5초 동안 표식을 남깁니다. 이 대상에게 아군이 스킬을 쓰거나 기본 공격을 하면 체력을 3초에 걸쳐 회복시킴. 날카로운 검으로 마무리를 할 시 1초 분량의 체력 회복 효과를 즉시 받음.

□□□ vorpal [vɔ́ːrpəl **보어펄**] a. 날카로운　∞ Cho' Gath 참고

### vorpal은 루이스 캐롤이 만든 단어

★ vorpal은 주로 온라인 게임에서 검의 아이템 명으로 사용되는 단어입니다. [Alice's adventure in Wonderland이상한 나라의 앨리스]의 작가 Lewis Carroll루이스 캐롤의 다른 작품 [Jabberwock]이란 시에 나오는 칼의 이름입니다.
이처럼 작가들은 새 단어를 창조하기도 하고 언어의 법칙을 깨기도 합니다. 이런 창조행위를 예술적 자유(artistic licence)라고 부릅니다.

이 시에서 vorpal이 무엇인지 작가가 설명해주지 않습니다. 독자들은 그냥 'sharp예리한'의 뜻으로 받아들였을 뿐입니다. speculation추측을 통해 뜻을 얻을 수 있게 하여 독자의 상상력을 자극하는 작가의 의도가 들어있습니다.
vorpal은 처음에는 소설에 나오는 단어였지만 LOL을 포함한 여러 만화나 게임 장르에서 애용되고 있으므로 얼마 뒤에는 사전에 등록될 것으로 보입니다. vorpal을 지금 외울 필요는 없습니다.

speculate [spékjuleɪt 스페큘레이트] v. 추측하다, 투기하다

* speculate는 '추측하다'라는 의미입니다. '자세하게 조사하다'라는 뜻의 라틴어인 speculatus에서 나온 단어로서 spect(see보다) 어근이 들어간 단어입니다.
spect 어근은 respect존경하다, inspect조사하다 등의 단어에서처럼 무척 자주 사용되는 어근입니다.
또한 speculate는 경제용어로도 사용되는데 '미래의 가격을 추측하고 돈을 미리 투자하는 행위'라는 뜻에서 '투기하다'라는 뜻으로 사용됩니다.

**Feint**
W - 닌자 방어술

(액티브) : 쉔이 3초동안 자신에게 가해지는 데미지를 흡수하는 방어막을 만듦. 닌자 방어술 발동 중에 적을 공격하면 기의 일격의 쿨타임이 1초 감소.

□□□ feint [feɪnt ㅎ페인트] n. 스포츠에서 상대방을 속이는 동작

feint(페인트)는 축구의 페인트 모션

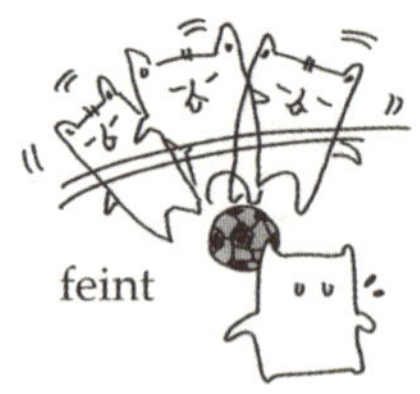

★ feint는 속이는 동작을 말합니다. 선수들이 농구나 축구에서 feint motion페인트 모션을 취하는 것을 보셨을 겁니다. 페인트 모션이란 속임수 동작으로 상대에게 효과 없는 동작을 유발하는 것을 말합니다.

feint의 어원은 '손가락'과 관련이 있는 라틴어인 'fingere(손을 대다)'에서 나왔습니다. 손을 대고 조작하여 속임수를 부렸다는 뜻이 들어간 것입니다.

'가장(假裝)하다'는 뜻의 feign도 같은 어원에서 나왔습니다. 그 외에도 속임수와 관련되어 손대고 조작하는 의미의 단어들인 faint나 fiction, fake도 모두 fingere 어근에서 나온 것들입니다.

feign [feɪn ㅎ페인] v. 가장하다, 꾀병을 부리다
faint [feɪnt ㅎ페인ㅌ] a. 희미한, 열의 없는  v. 기절하다
fiction [fíkʃn ㅎ픽션] n. 소설
fake [feɪk ㅎ페이크] a. 가짜의

또한 feign은 '꾀병을 부리다'는 뜻이 있습니다. 이때는 malinger란 단어로 바꿔 쓸 수 있습니다.

malinger [məlíŋgə(r) 멀링거] v. 꾀병을 부리다    ∞ LeBlanc 참고

* malinger는 '꾀병을 부리다'라는 뜻입니다. malinger는 이렇게 거지들이 구걸을 할 때 '아픈 척 하지만 그 증거가 빈약하다'는 의미에서 나온 단어입니다.

malinger는 어원이 meager(빈약한)와 연관되어 있지만 철자가 많이 달라서 연관성을 느끼기가 힘이 듭니다. 그래서 어원과 관계없이 외울 때는 그냥 mal(ill나쁜) + ing + er : 아픈(척) 행동을 하는 사람'로 동명사에서 나온 단어로 이해하는 것이 뜻이 더욱 잘 통합니다. 원어민들도 이 malinger를 mal-접두어 기원으로 생각하고 사용하고 있으니 우리도 모르는 척 따라가는 것이 편할 듯합니다.

그래도 malinger의 뜻이 생각이 나지 않을 때는 "걔? 꾀병이지. 네가 말린거야."로 기억해도 됩니다.

**Shadow Dash**
E - 날카로운 검

(액티브) : 쉔이 대상 위치로 빠르게 달려가며 스치는 모든 챔피언들에게 마법 데미지를 입히고 적들을 1.5초간 도발. 도발에 걸린 챔피언의 수 당 40의 기력이 회복. 도발에 걸린 적들의 기본공격에 쉔은 50%의 피해만 입음.

□□□ **dash** [dæʃ 대쉬] n. 돌진

## dot-and-dash는 모스 부호라는 의미

★ **dash**는 재빨리 움직이는 모습을 말합니다. 또한 문장부호 '/'도 dash이고 맘에 드는 여자에게 말을 걸어보는 것도 dash입니다.

dash가 들어간 유명한 단어로 Morse모스 부호로 송신하는 dot-and-dash전신부호 신호가 있습니다. 과거에 바다에서 조난을 당하면 CQD(Come, Quick, Danger)로 dot-and-dash전신부호 신호를 보냈었습니다. 그러나 이게 어렵고 복잡해서 혼선과 잡음의 염려가 없는 SOS(Save, Our, Ship)로 1906년 국제무선전신회의에서 바꾸었다고 합니다.

이 SOS(··· dot3회, ––– dash3회, ··· dot3회)의 신호를 보내는 방법을 기억해 놓는다면 언젠가 쓸모가 생길 수 있습니다. 기억하세요. **'짧게 3회 →길게 3회→ 짧게 3회'**입니다.

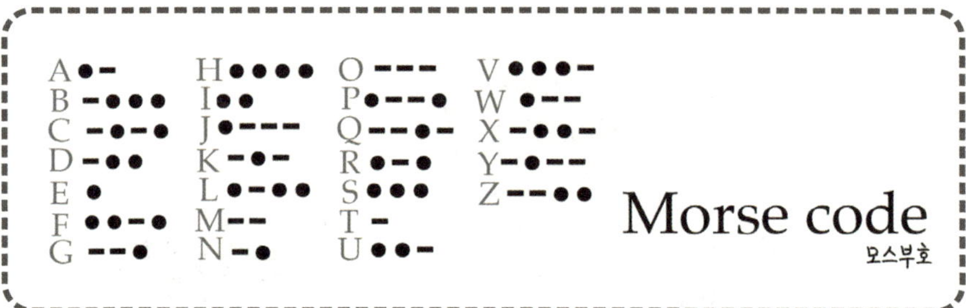

## Stand United
R - 닌자 방어술

(액티브) : 쉔이 즉시 대상 챔피언에게 데미지를 막아 주는 보호막을 5초간 생성. 그리고 3초간의 채널링을 하게 되며 채널링이 끝난 이후 쉔은 대상 아군의 위치로 순간이동.

□□□ **united** [junáɪtɪd 유**나**이티ㄷ] a. 연합된

## 소녀시대 태티서 unit(유닛)은 특수부대?

★ **united**는 '**연합된**'이라는 뜻으로서 unit에 -ed가 붙은 형용사형입니다. unit은 '**한 개**'의 단위를 의미하거나 작은 조합, 혹은 특정임무를 띤 부대를 말합니다.

소녀시대 unit유닛 태티서(태연, 티파니, 서연)는 3명만 모여 공연을 합니다. 이 역시 '**작은 조합**'일 뿐 아니라 '**특수부대**'의 성격까지 있으므로 unit이라고 부르는 게 맞아 보입니다.

united는 미국을 뜻하는 USA(United States of America), 영국을 뜻하는 UK(United Kingdom), 국제연합인 UN(United Nations) 등 여러 약어에 자주 사용되는 단어입니다.

나라가 모여서 연합하듯 사람이나 조직, 물체가 화합하다는 의미의 단어로는 cohesive란 단어가 있습니다.

cohesive [koʊhíːsɪv 코우**히이**시브] a. 화합하는, 결합하는
→ cohesion [koʊhíːʒn 코우**히이**젼] n. 화합, 결합

* cohesive는 라틴어 cohaerere에서 나온 단어입니다. co(함께) + haerere(stick고수하다)의 조합으로서 '**모임을
떠나지 않고 자리를 고수하다**'라는 뜻입니다. 즉 모임을 배신하지 않고 화합하는 것을 말합니다.
'**일관성이 있다**'라는 뜻의 coherent와 어원이 같습니다.
cohesive를 외울 때는 코인사를 하는 뉴질랜드의 원주민을 생각하여 '**코~해서 화합 합시다**'라고 기억하면 됩니다.

# Shen

★★★☆☆ **speculate** - I speculated that the international price of gold would rise, but it went down.
나는 국제 금 가격이 오를 것이라고 추측했지만, 가격은 떨어졌다.

★★★☆☆ **feint** - Ali's feint caused his opponent to lose his balance and his uppercut ended the match.
알리의 속임수동작이 그의 적수의 균형을 무너뜨렸고, 그의 어퍼컷은 시합을 끝냈다.

★★★☆☆ **feign** - Instead, we feign horror and disbelief when the inevitable chaos ensues.
그 대신에, 불가피한 혼란이 따라오게 될 때 우리는 공포와 불신을 가장한다.

★★★☆☆ **faint** - I fainted when my mom pulled out the internet cable during an important match.
중요한 시합 도중에 엄마가 인터넷 선을 뽑아버리자 나는 실신했다.

★★☆☆☆ **fiction** - He mixed-in a little bit of fiction to create a best-selling detective series.
그는 베스트셀러 형사물 시리즈를 창조하기 위해 허구를 약간 가미했다.

★★☆☆☆ **fake** - a fake marriage 위장 결혼

★★★☆☆ **malinger** - malingering patients 꾀병을 부리는 환자들

★★☆☆☆ **dash** - He dashed to the market to buy coke and candy for his volcano experiment.
그는 화산 실험을 준비하기 위해 콜라와 사탕을 사려고 시장으로 달려갔다.

★★☆☆☆ **united** - They united together to create the top forward line in soccer history.
그들은 축구 역사상 가장 훌륭한 포워드라인을 만들기 위해 연합했다.

★★★☆☆ **cohesive** - Her argument about going to university was very cohesive.
대학에 가는 것에 대한 그녀의 논쟁은 매우 응집력(일관성)이 있다.

★★★☆☆ **cohesion** - Group cohesion allowed us to get an A+ on our project.
집단 응집력은 우리가 과제에서 A+를 맞게 해주었다.

# Shyvana, the Half-Dragon

**쉬바나 - 하프 드래곤**

- **P** — Dragonborn　용족
- **Q** — Twin bite　무 번 물어뜯기
- **W** — Burnout　연소
- **E** — Flame Breath　화염 숨결
- **R** — Dragon's Descent　용의 강림

## Dragonborn
passive – 용족

| 쉬바나가 추가 방어력과 마법 저항력을 얻음. 이 효과는 용 형상일 때 두 배로 상승.

## Twin bite
Q - 두 번 물어뜯기

(기본 지속 효과) : 근접 공격을 할 때마다 이 스킬의 재사용 대기시간이 0.5초 감소.
(액티브) : 인간 형상 - 다음 기본 공격시 쉬바나가 두 번 공격.
　　　　　용 형상 - 쉬바나 앞에 있는 모든 적들을 베어 가름.

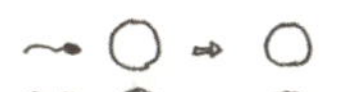

□□□ **twin** [twɪn 트윈] n. 쌍둥이
□□□ **bite** [baɪt 바이트] v. 물다

**fraternal twin(이란성 쌍둥이)은 brother(형제)같은 쌍둥이**

★ twin은 monozygotic twin<sub>일란성 쌍둥이</sub>과 dizygotic twin<sub>이란성 쌍둥이</sub>으로 나눌 수 있는데 이는 난자의 개수에 따른 구분입니다. 여기서 zygote는 난자와 정자가 결합된 접합자를 말합니다. 한 난자가 쪼개져서 나온 일란성 쌍둥이는 생긴 것이 똑같고 두 난자가 각각 정자와 결합되어 나온 이란성 쌍둥이는 일반적인 형제정도로 닮게 됩니다.

우리나라에서 쌍둥이를 구분할 때 어려운 **'일란성, 이란성'**이라는 용어를 쓰는데 비하여 영어에서는

identical동일한(=일란성의), fraternal형제의(=이란성의)이라는 쉬운 단어를 더 자주 사용합니다.

**identical** [aɪdéntɪkl 아이**덴**티클] a 동등한, 동일한
**fraternal** [frətȝ́ːrnl ㅎ프러**터어**늘] a. 형제의, 공제의

* identical동등한은 'the same같다'라는 뜻인 라틴어 idem에서 나온 단어입니다. 우리가 신분증명카드라고 부르는 ID카드도 이 Identification Card의 준말입니다. 사진과 내 얼굴이 같아서 나를 증명하는 것이 ID카드의 역할이죠. 같은 어근의 identity는 '**신원**'을 말하기도 하고 자신의 '**정체성**'을 말하는 단어이기도 합니다.

* fraternal형제의은 라틴어 frater에서 나온 단어인데 이는 brother형제의 기원인 단어입니다. 발음도 거의 같습니다. 비슷하게 가족관계를 나타내는 maternal모성의, paternal부성의 모두 발음만 살짝 바뀐 라틴어 기원 형용사형입니다.

**maternal** [mətȝ́ːrnl 머**터어**늘] a. 모성의, 어머니의
**paternal** [pətȝ́ːrnl 퍼**터어**늘] a. 부계의, 아버지의

| | |
|---|---|
| **mother** | **maternal**  a. 모성의, 어머니의 |
| **father** | **paternal**  a. 부계의, 아버지의 |
| **brother** | **fraternal**  a. 형제의 |
| **sister** | **sororal**  a. 자매의 (sister + -al) |

또한 fraternal은 '**형제처럼 우애가 있는 관계**'라는 뜻을 토대로 fraternal society공제조합이나 fraternal insurance 공제보험처럼 서로 돕는 기금을 모으는 경우에도 사용됩니다.
fraternal은 /f/를 /b/로 바꾸면 brother의 발음이 되니 기억하기 편합니다.

## Burnout
W - 연소

(기본 지속 효과) : 근접 공격을 할 때마다 지속 시간이 1초 늘어남. 몬스터에게는 20%의 추가피해.
연소 지속 시간 중 기본공격시 연소 피해량의 25%가 추가 마법피해로 들어감.
(액티브) : 인간 형상 - 쉬바나가 3초간 근처 적에게 초당 마법 피해를 주며 이동 속도가 상승.
용 형상 - 연소 사용시 불타는 땅 위에 서 있는 적들은 계속해서 피해를 입음.

□□□ **burnout** [bɜ́ːrnɑʊt **버언**아웃] n. 극도의 피로

## burnout은 힘을 다 태우고, exhaust는 힘이 다 마르고

★ burnout은 로켓의 연료가 모두 소진되듯이 더 이상 힘이 없는 피로 상태를 말합니다. burnout 처럼 '**지치고 힘이 없음**'을 표현할 때 쓰는 단어로는 exhaust, fatigue, weary 등이 있습니다.

**exhaust** [ɪgzɔ́ːst 이그**저어**ㅅㅌ] v. 기진맥진하게 만들다   n. 배기관
**fatigue** [fətíːg ㅎ퍼**티이크**] n. 피로
**weary** [wɪrɪ 위이리] a. 몹시 지친

* **exhaust**는 힘이 다 빠지게 하는 것을 말하는데 라틴어 exhaustus에서 나온 단어입니다. 이 조합은 ex(밖으로) + haurire(물이 마르다)으로 이루어져서 물이 가뭄에 마르듯이 기력을 완전히 소진한 상태를 나타냅니다. tired지친와 비교하면 exhausted진이 다빠진는 훨씬 더 힘이 빠진 상태를 표현합니다.
exhaust를 기억할 때는 **ex + house**로 이해해서 '**집 나가서 힘이 빠지고 고생하는**' 이미지를 그리거나 '**힘이 집을 나가버리는**' 이미지를 생각하면 됩니다.

## Flame Breath
E - 화염 숨결

(기본 지속 효과) : 화염구에 맞은 대상에게 기본 공격을 하면 추가 마법 피해.
(액티브) : 인간 형상 - 쉬바나가 관통하며 마법 피해를 주는 화염구를 던짐.
용 형상 - 화염 숨결로 부채꼴 범위 내의 모든 적을 불태움.

□□□ **breath** [breθ 브레쓰] n. 숨결, 입김　　∞ Karma 참고

★ breath는 입김, 호흡을 말합니다. 쉬운 단어이므로 breath와 관련된 단어를 보겠습니다.
이 중 breathtaking은 엄청나게 아름다운 경치나 장관을 보았을 때 숨이 탁 막히는 감동을 표현하는
단어입니다.

> **breathe** [brɪːð 브리이ㄷ] v. 호흡하다
> **breathing** [bríːðɪŋ **브리**이딩] n. 호흡
> **breathtaking** [bréθteɪkɪŋ **브레**쓰테이킹] a. 숨이 탁 막히는
> **breathless** [bréθləs **브레**쓸러스] a. 숨이 찬

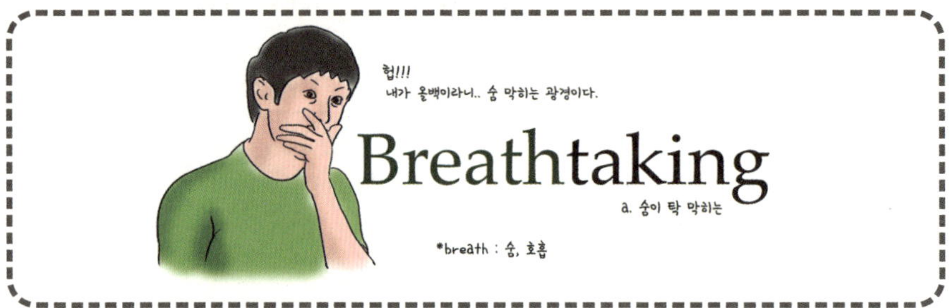


## R  Dragon's Descent
R - 용의 강림

(기본 지속 효과) : 근접 공격을 할 때마다 분노 2를 얻으며 인간 형태일 때 1.5
초마다 분노를 얻음.
(액티브) : 쉬바나가 용으로 변신해 목표 지점으로 날아감. 비행 중 쉬바나와
부딪힌 적들은 마법 피해를 입으며 목표 지점 쪽으로 밀려남.

□□□ **descent** [dɪsént 디쎈ㅌ] n. 하강　　∞ Irelia 참고

**descent는 de(아래로) scent(오르다)**

★ descent는 챔피언 Irelia이렐리아의 R스킬인 〈Transcendent Blade초월의 검〉에서 같은 어원의
라틴어 scandere를 이야기하며 다뤘습니다.

transcendent의 어근 scandere(오르다)는 descent와 ascent에서도 사용됩니다. 각각 de(down
아래로)-와 as(ad향하여)-가 어근 scandere의 앞에 붙어서 descent하강와 ascent상승라는 단어가
만들어졌습니다.
descent를 기억할 때는 어근 부분인 /scend/를 발음 그대로 send보내다로 생각해도 뜻이 통하므로
**de(아래로) + sent(보냈다)**로 이해하면 됩니다.

**descend** [dɪsénd 디**센**ㄷ] v. 내려가다    de(down아래로) + scandere(오르다)

→ **descent** n. 하강

→ **descendent** a. 하강의, 전해내려 오는

→ **descendant** [dɪséndənt 디**센**던트] n. 후손

**ascend** [əsénd 어**센**ㄷ] v. 올라가다    as(ad-향하여) + scandere(오르다)

→ **ascent** n. 상승

→ **ascendent** a. 상향의

→ **ascendant** [əséndənt 어**센**던ㅌ]  n. 선조, 우월

| descend | descent | descendent | descendant후손 |
|---------|---------|------------|----------------|
| ascend | ascent | ascendent | ascendant선조 |
| 동사 | 명사 | 형용사 | n. 사람 |

그 외에도 escalade에스컬레이터가 라틴어 scandere와 관련되어 있습니다.
escalade는 원래  e-(발음편의용 e) + scandere(오르다)의 조합으로 공성전에서 병사들이 성벽을
**'사다리로 기어오르다'**는 뜻입니다.
그 후 escalator에스컬레이터가 발명되면서 기존에 있던 동사인 escalade에 -ator를 붙여 기계의
이름을 만들었습니다. 이때 사용된 -ator 어미는 같은 자동운반장치인 elevator엘리베이터에서 따온
것입니다.
동사인 **'에스컬레이터를 타다'**는 뜻의 escalate는 더 나중에 만들어졌습니다.

**escalade** [eskəléɪd 에스컬레이드] v. 사다리로 기어오르다
**escalator** [éskəleɪtə(r) **에스컬레이터**] n. 에스컬레이터
→ **escalate** [éskəleɪt **에스컬레이트**]  v. 확대되다, 악화되다

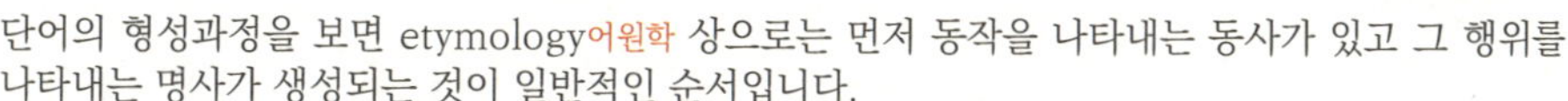

단어의 형성과정을 보면 etymology어원학 상으로는 먼저 동작을 나타내는 동사가 있고 그 행위를
나타내는 명사가 생성되는 것이 일반적인 순서입니다.
그런데 에스컬레이터는 기계(명사)가 먼저 발명되고 난 뒤 그 행위나 작동을 뜻하는 동사가 만들어진
것에 해당합니다. 즉, 명사발명 후 동사형성의 순서가 된 것입니다.

이러한 새로운 동사나 명사의 형성 현상은 요즘에도 신문물이나 신기계가 나오면 자주 볼 수 있습니다.

# newly coined words(신조어)

최근 가장 hot한 새로운 newly coined words신조어를 보겠습니다. 보면 뜻이 재미있게 금방 이해가므로 외울 필요는 없습니다. 또한 알아도 너무 따끈따끈해서 외국인도 잘 모를 수 있으니까요.

    **google** v. 구글하다, 검색하다 (구글을 동사로 만든 단어)
    **facebooking** v. 페이스북하고 있다 (페이스북을 동사로 만든 단어)
    **illiterati** n. 무식자, 모르는 사람 (illuminati, literati에서처럼 -ati는 '사람들'을 나타내는 복수형어미)
    **infomania** n. 정보광 (information + mania의 조합)
    **locavore** n. 자기 동네(지역) 음식만 먹는 사람 (local + -vore(herbivore채식주의자에 쓰인 어미))
    **mini-me** n. 미니미 (영화 [오스틴 파워스]에 나온 난쟁이. 좀 더 작지만 닮은 사람을 뜻함)
    **muggle** n. 대화에 잘 참여 안하는 사람 ([해리포터]에서 나온 마법사가 아닌 일반인을 부르는 말)
    **screenager** n. 컴퓨터에 열광하는 10~20대
    **whovian** n. 영드 [닥터 Who]의 팬들

만일 새롭게 생성된 이런 단어들이 널리 사용되면 사전에 등재가 될 수 있습니다. 예를 들어 Gerrymandering 게리맨더링이란 단어는 이미 만들어진 때가 100년쯤 지나서 이젠 일상에 뿌리를 내렸습니다. 1812년 당시 미국 매사츄세츠 주지사인 Gerry는 마음대로 선거구를 자신의 당에게 유리하게 획정(구역설정)했습니다. 사람들은 새로 만들어진 그 누더기 같은 지역구 형태가 salamander불도마뱀와 비슷하게 생겼다고 Gerry + mander를 붙여서 비난했습니다. 이런 정치행태는 역사에서 쉽게 사라지지 않으므로 단어는 반복해서 쓰이게 되고 여전히 게리맨더링은 선거철마다 뉴스에 나오는 단어가 되었습니다.

# Shyvana

★★☆☆☆    **bite** - a bite of bread 빵 한 입

★★★☆☆    **identical** - That his score was identical to mine made me wonder if he copied from me.
그의 점수가 나랑 동일해서 나는 그가 내 것을 베낀 것은 아닌가 싶었다.

★★★☆☆    **fraternal** - One of the things he felt it most urgent to reveal was his obsessive sense of fraternal rivalry.
그가 가장 긴급하다고 느낀 것들 중의 하나는 자기의 강박적인 형제간 경쟁의식을 밝히는 것이었다.

★★★☆☆    **maternal** - a maternal instinct 모성 본능

★★★☆☆    **paternal** - My father always says paternal love is the reason he doesn't let me play games.
아버지는 항상 부성애(父性愛) 때문에 내가 게임을 하지 못하게 하는 것이라고 말씀하신다.

★★★☆☆    **burnout** - The gamer is burned-out after going on a 20-0 run tonight.
그 게이머는 오늘 밤 20 ; 0을 얻고 난 후 지금 완전히 (기력이) 소진되었다.

★★★☆☆    **exhaust** - I was exhausted after my ironman race.
나는 철인 경기를 마친 후에 기진맥진했다.

★★★☆☆    **fatigue** - The scholar felt fatigue after pulling an all-nighter.
그 학자는 밤새워 공부한 후에 피로를 느꼈다.

★★★☆☆    **weary** - The beauty was weary of the beast living in her castle.
미녀는 그녀의 성에 야수가 사는 것이 싫증이 났다.

★☆☆☆☆    **breath** - Hold your breath! 숨을 참아!

★★★☆☆    **breathe** - Breathe in and breathe out. 숨을 들이마시고 숨을 내쉬어라.

★★★☆☆    **breathtaking** - After being teleported through space to planet 34134H4, I saw the breathtaking view of the Sky Mountains.
혹성 34134H4로 공간이동 되고나서 나는 스카이마운틴의 숨을 멎게 하는 광경을 보았다.

★★★☆☆    **breathless** - I was breathless after winning the race versus the spider monster from my mom's basement.
우리 엄마의 지하실에서 거미괴물과의 경주에서 이기고 난 뒤 난 숨이 찼다.

★★★☆☆    **descent** - a man of Scottish descent 스코틀랜드 혈통의 남자

★★★☆☆    **descend** - a vehicle descended a ramp 램프(경사로)를 내려오는 차량

★★★☆☆    **descendant** - a remote descendant 먼 후손

★★★☆☆    **ascend** - He ascended to the next tier because of abilities.
그는 능력치 때문에 그 다음 티어(등급)로 올라갔다.

★★★☆☆    **ascendant** - She embodies the rapid colonization of new cultural territory by an ascendant social liberalism.
그녀는 상승하는 사회적 자유주의에 의한 새로운 문화적 영역의 빠른 식민지화를 상징한다.

★★★☆☆    **escalade** - The fire escaladed out of control after the gas tanker caught on fire.
가스 탱크에 불이 옮겨 붙은 뒤로 그 불은 통제 불능단계로 (올라가게) 되었다.

★☆☆☆☆    **escalator** - We had just got to the top of the escalator when we heard screaming.
우리가 비명 소리를 들었을 때 우리는 막 에스컬레이터의 꼭대기에 도착했었다.

★★★☆☆    **escalate** - the escalating cost of Obama care
오바마케어(미국건강보험)의 점점 증가되는 비용

# Singed, the Mad Chemist

## 신지드 - 미친 화학자

| | | |
|---|---|---|
| P | Empowered Bulwark | 방벽 강화 |
| Q | Poison Trail | 맹독의 자취 |
| W | Mega Adhesive | 초강력 접착제 |
| E | Fling | 던져 넘기기 |
| R | Insanity Potion | 광기 물약 |

---

## P Empowered Bulwark | 신지드는 마나의 25% 만큼 추가 체력을 얻음.
passive - 방벽 강화

□□□ **empower** [ɪmpáʊə(r) 임**파**우어] v. 권한을 주다　∞ Jax 참고

□□□ **bulwark** [búlwɜːrk 불**워**어ㅋ] n. 방어물　∞ Galio 참고

---

## Q Poison Trail
Q - 맹독의 자취

(활성화 시) : 신지드가 자신의 뒤에 독 연기를 흩뿌림. 독 연기는 3.25초 동안 남아있으며 독에 닿는 적에게 3초 동안 초당 마법 피해. 독 연기에 닿으면 독의 지속 시간이 초기화. 독을 뿌리는 동안에는 매초 마나를 소모.

□□□ **poison** [pɔ́ɪzn 포이즌] n. 독

□□□ **trail** [treɪl 트레일] n. 자취

### Poison(독)은 Potion(물약)과 관련된 단어

★ poison은 '독'이라는 뜻입니다. '마시다'라는 뜻의 라틴어 potare에서 나온 것입니다. 대부분의 독약은 마시는 식으로 흡수가 되서 독성을 나타내게 되므로 '마시다'에서 '독약'으로 의미가 발전한 것입니다.

poison처럼 potare 어근에서 나온 potion물약 단어에는 아직 '마시다'라는 뜻이 잘 남아있습니다.
poison독과 potion물약은 온라인 게임에서 마나**포션**과 체력**포션**을 수없이 마셨던 기억을 살려서
외우면 되는 단어입니다.

**poisonous** [pɔ́ɪzənəs **포이**즈너ㅅ] a. 유독한

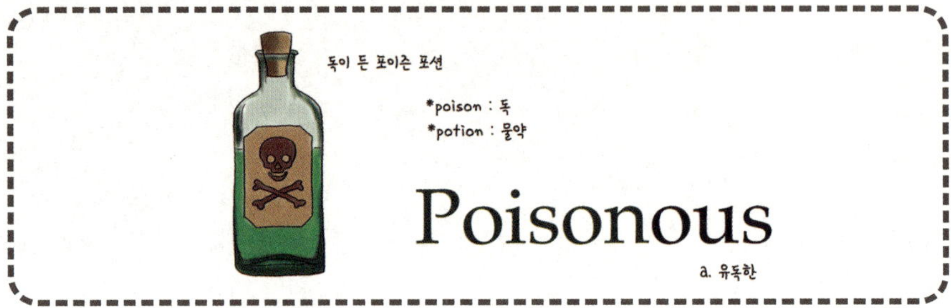

## trail은 끈 달린 javelin(투창)이 남긴 자취

★ trail은 누가 지나가거나 무언가를 끌고 갈 때 남은 자취를 말합니다. trail은 '**pull**끌다'라는 뜻의
라틴어 trahere에서 나왔습니다. 그리고 이 trahere의 변형인 tragula가 trail의 바탕이 되었는데
이것은 끈이 매달린 javelin투척창을 던졌을 때 땅에 남겨진 자취를 의미합니다.

trail 이외에도 trahere(pull끌다) 어원에서 비롯한 다른 단어들로는 tract, troll, trace, train, trait
이 있습니다.

**tract** [trækt 트랙ㅌ] n. (사람들이 걸어 다녀서 생긴) 길, 관(管)
**troll** v. 돌림노래하다
**trace** [treɪs 트레이스] v. 추적하다
**train** n. 기차
**trait** [treɪt 트레이ㅌ] n. 특성

다른 모든 단어들은 pull 어근에서 기원한 무언가를 줄줄 따라가는 의미가 보입니다만 '**trait**특성'은
조금 설명이 필요합니다.
프랑스어로 trait은 원래 '**선**'이라는 의미였는데 나중 영어에서 '**특성**'이라는 뜻이 나온 것입니다.
일단 그려진 선들은 한 물건이나 사람의 구별할 수 있는 특징적인 차이점이 되므로 trait에 '**특성**'의
의미가 생기게 되었습니다.
그러므로 암기를 위해 만드는 trait 단어의 이미지는 '**얼굴에 흉터 선을 길게 끄는 것**'을 생각하면
됩니다. 얼굴에 칼자국이 하나 있는 사람은 금방 **선(tract)** 하나로 구별할 **특성(trait)**이 생기게 됩니다.

trahere(trail끌다) → trait 짧게 그려진 선(**drawing**) → **trait** 특성

# Trait n. 특성

## Mega Adhesive
### W – 초강력 접착제

(액티브) : 목표 위치에 5초 동안 지속되는 강력한 접착제를 뿌림. 접착제 위의 적들은 이동 속도가 감소. 감소 효과는 접착제 위를 벗어나도 1초 동안 유지됨. 사정거리는 1000.

□□□ **adhesive** [ədhíːsɪv 어드**히이**시브] a. 들러붙는  n. 접착제

### adhesive(접착제)로 adhere(달라붙다)시키자

★ adhesive는 형용사의 뜻으로는 '**들러붙는**'이라는 의미이고 명사로는 '**접착제**'라는 뜻입니다. adherent지지자가 단어의 뿌리인데 이는 라틴어 ad(to방향) + haerere(stick달라붙다)에서 기원한 단어입니다.
adhesive접착제의 기본이 되는 adhere달라붙다를 기억할 때는 철자 그대로 ad(방향) + here(여기)로 생각하는 것이 편합니다. "**여기**(here)**로**(ad) **엄마 등에 꼭 붙어!**"

# Adhere v. 달라붙다

**adherent** [ədhírənt 어드**히**런ㅌ] n. 지지자
**adhere** [ədhír 어드**히**어] v. 달라붙다
**adherence** [ədhírəns 어드**히**런스] n. 고착, 고수
**hesitate** [hézɪteɪt **헤**지테이트] v. 망설이다, 주저하다

* hesitate는 '**망설이다, 주저하다**'라는 뜻입니다. 명사형은 hesitation주저입니다. adhesive처럼 stick달라붙다에서 유래한 단어입니다. 말할 때 혀가 **달라붙어** 주저하면서 단호하게 말을 하지 못하는 것에서 그 뜻이 나온 것입니다. hesitate주저하다처럼 말을 해야 하는데 주저주저 '**혀끝에 말이 맴돌다**'라는 표현으로는 '**hover on the tip of my tongue**'이란 것이 있어서 같이 기억하면 좋습니다.
hesitate를 외울 때는 용기 없는 친구가 "**혜지**에게 **데이트**를 신청할까 말까.."하며 주저하는 것을 떠올리면 됩니다.

## 사랑은 proximity(근접성)이 전부일까

달라붙어있는 adhesion고수과 관련해서 새끼 원숭이가 엄마 원숭이에게 attachment애착하는 것을 연구하여 인간의 사랑의 본질에 대해서 연구한 심리학자 Harry Halo해리 할로의 [애착 실험]이 유명합니다. 그의 섬뜩한 실험은 심리학을 공부하는 사람에게 큰 화두가 되는 proximity근접성란 개념을 던집니다.

먼저 할로는 어미와 격리된 새끼 원숭이가 수건에 달라붙는다는 사실을 알고서 잔인한 실험을 준비했습니다. 새끼 어미를 어미에게서 떼어 놓은 후 철사와 못이 박힌 몸을 가진 젖이 나오는 가짜 강철 어미와 젖은 없지만 폭신한 천 수건을 가진 가짜 어미인형에게 가져다 놓았습니다. 어미가 없어져 발악을 하던 새끼 원숭이는 수건 어미에게 달라붙어서 안정을 찾았고 배가 고플 때에만 강철 어미의 젖을 빨았습니다. '**사랑이란 입맛이 아닌 skinship스킨십이었다**'는 것(근접성)을 발견한 것입니다. 새끼들은 나중 가짜 어미가 전기충격을 주고 찬물을 쏟아 부어도 계속 수건 어미에게 달라붙었습니다.

그 후 sociality사회성과 교육에 관한 추가 실험을 통해 정상적인 사회생활을 할 수 있으려면 가짜 어미에게서 자라더라도 약간의 놀이와 어미의 흔들거림만 추가되면 된다는 사실이 밝혀졌습니다. 실험결과로는 사랑과 사회성의 형성은 '**스킨십 + 놀이 + 흔들거림**'이 전부였습니다. 즉, 할로는 엄마가 아이를 키우는 데는 몸을 약간 흔들어주고 부드러운 스웨터를 입고, 살아있는 primates영장류와 30분을 놀게만 해주면 모든 게 해결된다는 연구결과를 내놓은 셈이었습니다. 사랑은 과연 이 세 가지가 전부인 것일까요?

---

**E**  **Fling**
E – 던져 넘기기

| (액티브) : 적을 신지드 뒤로 던져 마법 피해. 초강력 접착제가 살포된 지점에 대상을 던져 넘기면 1초간 속박.

☐☐☐ **fling** [flɪŋ ㅎ플링] v. 던지다, 바람을 피우다

첫날밤에 재미만 보고 내팽개친다. fling~

★ fling은 '**내던지다**'라는 뜻인데 시험을 보고 화가 나서 가방을 내 던지는 동작을 생각하면 됩니다. fling에는 '**바람을 피우다**'라는 의미도 있는데 이는 첫날밤에 재미만 보고 '**의무를 내팽개치다**'라는 것에서 그 뜻이 나왔습니다.
또한 fling의 과거형이 들어간 far-flung은 형용사로서 '**멀리 떨어진**'의 뜻입니다.
fling던지다의 단어 이미지는 비슷한 발음의 **flying**을 떠올리면 됩니다. 엄지로 동전을 던져서(fling) 동전이 날아가는(flying) 모습으로 기억하는 것이지요.

물론 바람 피운(fling) 남자가 다른 여자에게 날아가 버리는(flying) 것도 암기법으로 가능합니다.

## Insanity Potion
R - 초강력 접착제

(액티브) : 신지드가 25초 동안 향상된 전투 능력을 얻음. 신지드의 주문력, 방어력,
마법 저항력, 이동 속도, 체력 재생력, 마나 재생력이 증가.

□□□ **insanity** [ɪnsǽnəti 인쌔너티] n. 정신이상

□□□ **potion** [póʃn 포우션] n. 물약, 비약

### insane은 sane(정상의) 세인이 아닌 자

★ insanity는 정신이상을 말합니다. 미쳤다는 뜻이죠.
정상이 아니라는 뜻의 in(반대) + sane(정상의) + -ity(명사형어미)의 조합입니다.
sane의 어원은 라틴어 sanus인데 이는 '**건강하다(sound)**'라는 의미입니다. sound에는 우리가 잘
아는 '**소리(sound)**'라는 뜻 외에 여기에서처럼 '**건전한, 건강한**'이라는 뜻이 있습니다. sound의 이
두 가지 뜻은 어원이 달라서 각각 라틴어 sonare소리나다, 독일어 gesund건강한와 관련이 있습니다.
insane을 기억할 때는 발음을 이용하여 정상인 사람은 **세인**(世人:세상사람)이고 미친 사람은 세인이
아닌 '**in**(반대) + **sane**'인 것으로 기억하면 됩니다.

insane [ɪnséɪn 인세인] a. 미친     ∞ Elise 참고

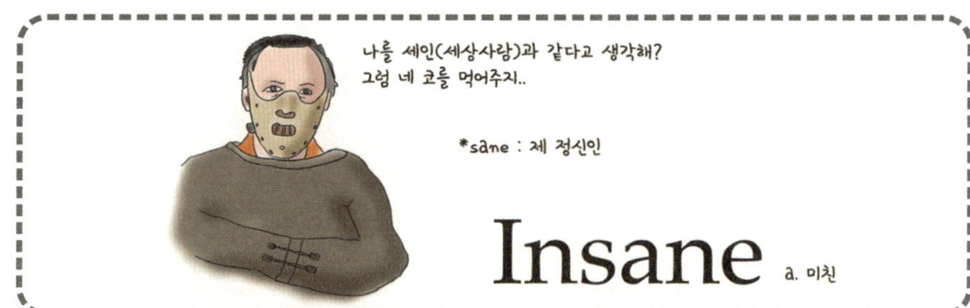

insane미친의 의미를 가진 단어는 mad, crazy 외에도 여러 가지가 있습니다.

**lunatic** [lúːnətɪk **루우너틱**] n. 미치광이　　∞ Diana 참고
**fanatic** [fənǽtɪk ㅎ퍼**내**틱] n. 광신도
**frenetic** [frənétɪk ㅎ프러**네**틱]　a. 정신없이 바쁜, 부산한　　∞ Elise 참고
→ **frenzy** n. 광분
**frantic** [frǽntɪk ㅎ**프**랜틱] a. 광분하는

* lunatic은 미치광이란 뜻입니다. lunar달의 의미에서 나온 단어입니다. 달을 향해 울부짖는 늑대인간을 연상하면 됩니다. 늑대인간은 미친 듯이 사람을 물어뜯죠.

* fanatic은 광신도란 뜻입니다. fanatic의 준 말이 바로 우리가 자주 사용하는 fan팬입니다. 기본적으로 fan팬들이 조금만 오버하면 광팬이나 사생팬이 되므로 fanatic에 '**광신도**'라는 뜻을 붙이기엔 무리가 없습니다.

* frenetic은 미친듯이 바쁘다는 뜻입니다. 마음의 염증이라는 뜻의 그리스어 phrenitis에서 나온 단어입니다. phren(mind횡경막) + itis(염증)의 조합인데 예전에는 심장에 마음이 있다고 생각해서 생성된 단어입니다. 횡경막은 흉강과 복강을 가르는 '**라지(large) 피자**' 크기의 넓적한 모양의 근육이고 그 위에 심장이 얹혀 있습니다. frenzy광분는 frenetic에서 명사형으로 탄생한 단어입니다.

* frantic도 광분하다는 뜻인데 frenetic의 철자 변형으로 생긴 단어입니다.


★ potion은 물약이라는 뜻입니다. love potion은 '**사랑의 비약**'입니다. '**마시다**'라는 뜻의 라틴어 어원인 potare에서 나왔습니다.
챔피언 Singed신지드의 컨셉은 '**독약 potion병을 든 미친 화학자(chemist)**'입니다.

참고로 신지드 이름으로 단어 하나를 더 외울 수 있는데 singe는 '**불에 그슬리다**'라는 뜻입니다.
Singed(신지드)의 오른쪽 눈이 하얗게 변해있고 화학적으로 화상을 입어 몸의 여기저기가 녹아내린 것이 신지드의 배경 story입니다.
화상을 입은 챔피언 신지드 덕분에 외운 singe신지라는 단어, 소중히 간직합시다.

**singe** [sɪndʒ 신지] v. (실수로) 그슬리다　　∞ Brand 참고

# Singed

★★★☆☆ **empower** - I was empowered by positive comments from my baseball coach.
나는 내 야구코치의 긍정적인 말에 힘을 얻었다.

★★★★☆ **bulwark** - It was a bulwark against infiltrating suicide bombers.
그것은 자살폭탄 공격자들의 침투에 대항한 방벽이었다.

★★☆☆☆ **poison** - strong chemical poisons
강력한 화학적 독극물

★★★☆☆ **trail** - I trailed far behind, but passed them all when I found the corkscrew slide short-cut.
나는 한참 뒤떨어져 따라가고 있었지만 내가 회전 미끄럼 지름길을 발견하고 나서는 그들을 모두 제치게 되었다.

★★★☆☆ **poisonous** - My enemy didn't know that my skin is poisonous.
나의 적은 내 피부가 독이 있다는 것을 몰랐다.

★★★☆☆ **tract** - large tracts of natural forest
커다란 자연 삼림 지역

★★★☆☆ **trace** - Leave No Trace Canada is a national non-profit organization dedicated to promoting responsible outdoor recreation.
'흔적을 남기지 않기. 캐나다' 는 책임감 있는 야외활동을 증진시키기 위한 국가 비영리 기구이다.

★★★☆☆ **trait** - a family trait 가족의 특성

★★★☆☆ **adhesive** - I used an adhesive on my hands to climb the castle wall to save the princess.
나는 공주를 구하려 성벽을 기어오르기 위해 손에 접착제를 사용했다.

★★★☆☆ **adherent** - an adherent of the communist party 공산당 지지다

★★★☆☆ **adhere** - Wet clothes adhere to the skin.
젖은 옷은 피부에 달라붙는다.

★★★☆☆ **adherence** - adherence to the principle 원칙의 고수

★★★☆☆ **hesitate** - The young boy hesitated before pulling the trigger.
그 어린 소년은 방아쇠를 당기기 전에 주저했다.

★★★☆☆ **fling** - He flung himself to the floor.
그는 바닥에 몸을 던졌다.

★★★☆☆ **insanity** - My insanity will be tested tonight if I lose to my sister.
내가 만일 우리 여동생에게 진다면 내 광증은 오늘밤 시험받을 것이다.

★★★☆☆ **potion** - an invisibility potion
투명인간이 되는 물약

★★★☆☆ **insane** - It was insane to try to jump over 27 cows on his skateboard.
그의 스케이트보드로 소 27마리를 점프해서 넘어가려 시도한 것은 미친 짓이었다.

★★★☆☆ **lunatic** - lunatic ideas 미친 생각

★★★☆☆ **fanatic** - The fanatic asked the whole team to sign on his shirt.
그 광팬은 팀원 전부에게 그의 셔츠에 사인을 해달라고 요청했다

★★★☆☆ **frenetic** - a frenetic pace of activity
정신없이 바쁜 속도의 활동

★★★☆☆ **frantic** - frantic cries for help
도움을 구하는 미친 듯한 울부짖음

★★★★★ **singe** - the smell of singed hair
머리카락이 타는 냄새

# Sion, the Undead Juggernaut
## 사이온 - 언데드 학살병기

| P | Glory in Death | 영광스러운 죽음 |
|---|---|---|
| Q | Decimating Smash | 대량 학살 강타 |
| W | Soul Furnace | 영혼의 용광로 |
| E | Roar of the Slayer | 학살자의 포효 |
| R | Unstoppable Onslaught | 멈출 수 없는 맹공 |

---

**P** **Glory in Death**
passive - 영광스러운 죽음

사이온은 사망한 이후 되살아나 체력이 급속히 떨어짐. 이동안 이동과 공격이 가능. 생명력 흡수 효과가 100%증가하고 매우 빠르게 공격하며 적중시 대상의 최대 체력의 10%에 해당하는 추가 물리 피해. 몬스터 상대로는 최대 75의 추가 피해. 모든 스킬이 죽음의 물결로 대체되어 이동 속도가 대폭 상승.

□□□ **glory** [glɔ́ːrɪ 글로어리] n. 영광　　∞ Viktor 참고

## glory in death(영광스러운 죽음)은 저거넛 앞에 무릎 꿇기

★ 〈Glory in death영광스러운 죽음〉 스킬은 조금 의아한 이름입니다.
죽는데 어떻게 영광스러울 수 있을까요? 이런 스킬이 챔피언 Sion사이온에 들어간 배경은 사이온의 별명을 보면 유추할 수 있습니다.
별명 〈the Undead Juggernaut〉는 〈언데드 학살병기〉라고 번역되었는데 '불사의 저거넛'이라는 뜻입니다. 서양에서 이 저거넛이란 단어는 '영광스러운 죽음'의 대명사입니다.

신의 조각상을 운반하는 거대한 저거넛이라는 수레바퀴 앞에 인도인들이 몸을 던져 깔리면서 자신의 신앙을 보여주는 충격적인 모습에서 나온 단어입니다.
따라서 사이온의 스킬 〈Glory in death영광스러운 죽음〉의 의미는 힌두교도가 스스로 바퀴 앞에 무릎 꿇고 죽음을 맞이하듯이 상대편 챔피언도 죽음을 당할 것이라는 의미일 것입니다.
이후에 juggernaut저거넛은 돌진하는 버스처럼 무자비하고 멈출 수 없는 것을 표현할 때 사용하는 단어가 되었습니다.
우리에게 '저거넛'은 온라인게임 [카스(Counter Strike Online)]에서 시나리오 모드의 좀비 보스 중의 한 명로 익숙한 단어입니다.

그 외에도 여러 게임에서 juggernaut저거넛은 거대한 덩치의 기계 Golem골렘처럼 묘사됩니다.

**dedication** [dedɪkéɪʃn 데디케이션] n. 전념, 헌신
**devotion** [dɪvóuʃn 디보우션] n. 헌신
**sacrifice** [sǽkrɪfaɪs 새크리ㅎ파이스] n. 희생　　∞ Kayle 참고
**victim** [víktɪm 빅팀] n. 희생자　　∞ Rengar 참고

* dedication은 '**봉헌하다, 축성하다**'라는 뜻이고 라틴어 dedicatus에서 기원한 단어입니다. 이는 de(away멀리) + dicare(proclaim선언하다) + tion(명사형어미)의 조합이고 기독교 종교 예식 중에 '**이것은 신의 것이다**'고 선언하는 행위를 말합니다. 만일 축성을 받는 대상이 사람이면 이제 그는 신을 위해 열심히 일해야 할 것이고 그 대상이 교회나 물건이면 '**이젠 신의 것이니 건들지 마라**'라는 뜻이 되겠습니다.
여기서 dicare 어근은 우리가 dictate구술하다, diction발음 등의 단어에서 '**말하다**' 뜻으로 자주 볼 수 있는 것입니다. 영어에서 dedicate가 일상에서 사용되면 '**정말 열심히 하고 있다. 전념하고 있다**'라는 뜻으로 해석해야 편합니다.
dedicate 단어 기억을 위한 이미지는 천주교에서 주교가 학생에게 **멀리**(de) **말씀을**(dict) 내리며 축복하는 모습과 동시에 그 학생이 **대딩**이 되도록 공부에 **전념**함을 다짐하는 모습을 생각하면 됩니다.

* devotion은 de(away멀리) + vow(맹세하다) + tion(명사형 어미)의 조합으로 자신을 sacrification희생하기로 신 앞에서 엄숙하게 맹세하는 것을 말합니다. 신에게 바치는 헌신도 가능하지만 자신의 가족이나 일에 몰두하고 전념할 때도 사용가능한 단어입니다.
devotion 단어 안에서 **vow**를 찾아내어 기억해야 합니다.

* sacrifice는 '**sacred신성한**'이라는 단어에서 나온 동사형이고 sacred(신성한) + -fice(동사형어미)의 조합으로 된 단어입니다.

sacred신성한는 sanctify신성하게 하다라는 뜻의 PIE어근인 *sak-와 관련이 있습니다. saint성자, sanction제제 같은 단어들도 같은 PIE어근에서 출발한 단어들입니다.

* victim은 희생자를 뜻합니다. 이는 '신에게 드리는 신성한 제물로서 죽임을 당하게 되는 사람이나 동물'을 뜻하는 라틴어 victima에서 나온 단어입니다.
victim은 영어에서는 축성의 의미의 사라지고 희생자의 의미만 남아있습니다. 그러나 독일어에는 아직 '축성된' 또는 '신성함'을 뜻하는 'weihen바이헨'이라는 단어가 축성의 의미로 남아 있습니다. 또한 독일어로 크리스마스는 신성한 밤이라는 뜻의 'weihnachten바이나흐튼'이므로 꽤 유명한 단어라고 할 수 있습니다.

## Juggernaut(저거넛)에 대한 서양인의 오해

Juggernaut저거넛은 인도 Sanskrit epics산스크리트 서사시의 Krishna크리슈나 신의 여러 이름 중 하나였습니다. 힌두어에서 저거넛은 world-lord세계의 주인라는 뜻입니다. 유럽에 이 저거넛이 알려진 것은 힌두교에서 해마다 거대한 바퀴를 가진 마차에 저거넛과 다른 힌두교의 신의 신상을 싣고 행진했기 때문입니다.

이 축제에서 유럽인들은 힌두교도들이 거대한 temple cars신전 마차 바퀴 아래에 무릎을 꿇고서 스스로 깔려 죽는다고 여겼습니다. 소설 [Pride and Prejudice오만과 편견]의 저자 Jane Austen제인 오스틴은 자신의 책 내용 중에 '이교도가 저거넛의 바퀴아래에 무릎 꿇고 브라만 신에게 자신을 희생하는 것보다 나쁘다'라고 묘사했고 다른 19세기 유럽의 여러 지식인들도 비슷한 표현으로 저거넛을 야만적인 종교 dedication헌신의 한 종류인 blind devotion맹목적인 봉헌으로 이해했습니다.

이러한 바퀴에 깔리는 일은 군중에 밀려서 사고로 발생했을 가능성이 높고 그 결과를 힌두교도들은 '슬프지만 sacred sacrifice신성한 희생'이라고 좋게 해석했을 가능성이 높습니다. 그렇지만 자신이 본 것을 과장하기 좋아하는 유럽인들이 그 victim희생자의 의도에 대해 다르게 전했을 가능성이 높습니다. 그러므로 juggernaut 저거넛은 아시아인을 포함한 타 민족에 대한 lacking in understanding몰이해과 그들을 야만족으로 생각하는 19세기 유럽인의 기저의식을 엿볼 수 있는 단어입니다.

# Decimating Smash
### Q - 대량 학살 강타

사이온이 2초 동안 강력한 일격을 준비. 일격을 날리면 반경 안의 적들에게 물리 피해. 여기에 맞은 적들은 잠깐동안 속도가 느려짐.
사이온이 최소 1초라도 정신을 집중했을 때는 적들이 띄워 올려지고 1.25에서 2.25초 동안 기절.

# Soul Furnace
### W - 던져 넘기기

(기본 지속 효과) : 사이온은 유닛을 하나 처치할 때마다 최대 체력이 2 증가함. (대형 몬스터와 챔피언을 처치하거나 어시스트를 올리면 10)
(사용 시) : 사이온이 6초 동안 보호막을 자신에게 씌움. 3초 후에 보호막이 유지되는 동안 사이온이 이 스킬을 재시전하면 보호막이 폭발하여 주변 적들에게 마법 피해. 미니언과 몬스터 상대로는 최대 추가 피해량 400.

□□□ **furnace** [fɜ́ːrnɪs ㅎ퍼어니스] n. 용광로　∞ Darius참고

## furnace(용광로)는 부엌의 여신 Fornax에서 나온 단어

★ furnace는 '**용광로**'라는 뜻입니다. 특히 blast furnace는 제철소의 용광로를 말합니다. 로마 신화에서 화덕(부엌)의 여신이며 oven(아궁이)을 관장하는 여신의 이름이 Fornax포르낙스입니다. 이 신의 이름을 따서 furnace용광로라는 단어가 나왔습니다. 부엌이나 용광로나 둘 다 불을 꺼뜨리면 시어머니나 사장님에게 혼난다는 점에서 아궁이와 용광로의 공통점이 있어 보입니다.
극도로 furnace가 기억이 나지 않을 때는 한글발음 '**용광로에 불났어**'를 이용해도 됩니다.

---

**E**

# Roar of the Slayer
### E - 학살자의 포효

사이온이 단거리 충격파를 발사해 첫번째로 맞는 적에게 마법 피해를 입히고 속도를 늦추며 2.5초간 방어력을 20% 낮춤.
대상이 챔피언이 아니면 뒤로 밀려남. 뒤로 밀려난 유닛이 통과하는 적들은 30%의 추가 피해를 입고 속도가 40% 느려짐.

□□□ **roar** [rɔː(r) 로어] v. 포효하다　∞ Alistar, Rengar 참고
□□□ **slayer** [sleɪə(r) 슬레이어] n. 살해자　∞ Hecarim 참고

## 여러 나라의 다양한 개소리들

★ roar는 '**포효하다**'라는 뜻입니다.
동물의 소리를 듣고 표현하는 의성어는 동서양이 살짝 다릅니다만 각 단어를 가지고 흉내를 내보면 신기하게도 그 동물의 소리와 비슷하게 들립니다. 인류의 동반자인 개의 경우 한국어에서는 '**멍멍**', 영어에서는 'bow wow', 중국어는 'wang wang', 일본어는 'wan wan' 또는 'yankyan', 러시아어는 'gav gav', 프랑스어에서는 'ouah ouah' 등으로 표현하고 이 소리들을 발음해보면 역시 개소리인 듯한(그런데 같은 개는 아닌듯한) 소리가 납니다.
각 언어마다 실제로는 같은 소리를 다르게 표현하는 것은 중요한 인간 언어의 특징입니다.

# Unstoppable Onslaught

R - 멈출 수 없는 맹공

사이온이 8초 동안 일정한 방향으로 돌진하며 서서히 마우스 커서 방향으로 조종이 됨. 돌진하는 동안 사이온은 모든 군중 제어기에 면역. 이 스킬을 다시 사용하여 사이온의 돌진을 일찍 끝낼 수 있음.
사이온이 적 챔피언이나 벽과 충돌하면 물리 피해를 입히고 작은 반경 안의 적들을 0.75초간 공중으로 띄워 올리며 기절시킴. 더 넓은 반경의 적들은 피해를 입고 이동 속도가 40% 감소.

□□□ **unstoppable** [ʌnstáːpəbl 언스타아퍼블] a. 막을 수 없는　　∞ Malphite 참고

□□□ **onslaught** [ɑ́ːnslɔːt 아안슬러어ㅌ] n. 맹공격　　∞ Hecarim 참고

## unstoppable(막을 수 없는) 머리의 단단함 : 저거넛

★ unstoppable이란 'stop시키는 것이 불가능하다'라는 뜻인데 단어가 가장 어울리는 캐릭터는 저거넛입니다.
영화 [X-men 엑스맨]에서 머리에 반구형 쇠투구를 쓰고 건물의 벽을 모조리 헤딩으로 뚫고 지나가던 근육맨 초능력자의 이름이 juggernaut 저거넛 입니다.

저거넛은 아무것도 멈추게 할 수 없고(unstoppable) 무적(invulnerable)의 돌진형 초능력자인데 영화에서는 **'모든 초능력을 무위로 만드는 초능력자'**에게 능력을 잃게 되면서 패하게 됩니다.
[X-men]에서는 그 외에도 다양한 능력을 가진 여러 superhero들이 나옵니다.
히어로들은 mutation 돌연변이에 의해서 다양한 능력을 가지게 되는데 미국 만화출판사인 Marble Comics 마블 코믹스에서 창조한 캐릭터입니다.

**invulnerable** [ɪnvʌ́lnərəbl 인**벌**너러블] a. 무적의, 안전한
← **vulnerable** [vʌ́lnərəbl **벌**너러블] a. 상처받기 쉬운, 취약한　∞ Nidalee 참고
**mutation** [mjuːtéɪʃn 뮤우테이션] n. 돌연변이

* vulnerable은 '**상처받기 쉬운**'이라는 뜻입니다. '**때리다 혹은 상처**'라는 뜻의 PIE어근 *wele-에서 기원한 것으로서 wound상처를 뜻하는 라틴어 vulnerabilis로 이어졌습니다.
vulnerable 단어에서 wound의 모습을 찾기는 힘드므로 기억할 때는 전라도 사투리로 '**난 무적인께 인자 발을 불에 넣어블것이여~**'라는 한글 발음을 이용하면 쉽습니다.

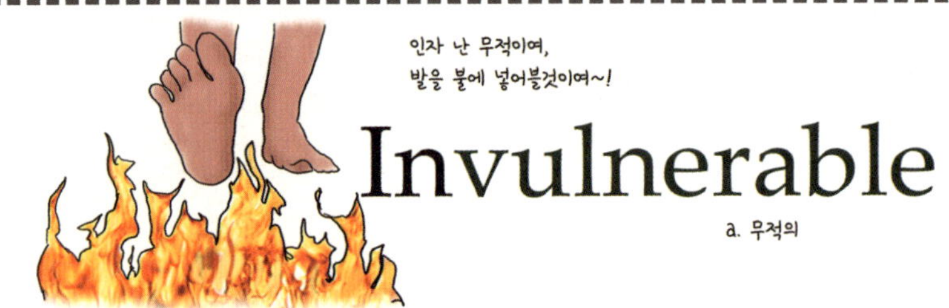


* mutation은 '**돌연변이**'라는 뜻입니다. 라틴어 mutationem에서 나온 단어인데 이는 '**변화의 작용**'을 의미합니다. 단어의 바탕이 되는 PIE어근 *mei-는 '**움직이다(move)**'라는 뜻인데 amoeba아메바나 migrate이주하다에서 볼 수 있는 어근입니다. 형용사형은 mutant돌연변이의입니다.
mutation을 기억할 때는 돌연변이 영웅들이 모여서 "**무어 대써?**" "난 스파이더맨." "난 아무것도 **못 됐어**."라고 하며 뭔가로 돌연변이하는 장면을 상상하면 재미있습니다.

# Sion

★☆☆☆☆ **glory** - Slaying the dragon added glory to his name.
드래곤을 죽인 것은 그의 명성에 영광을 더해주었다.

★★★☆☆ **dedication** - The only way to reach my LOL level is through dedication.
내 LOL 레벨에 이르는 단 하나의 방법은 전념을 통해서이다.

★★★☆☆ **devotion** - devotion to duty 임무에 대한 헌신

★★☆☆☆ **sacrifice** - Sacrificing a bishop for a pawn is sometimes a good strategy.
폰을 위해 비숍을 희생하는 것은 때때로 좋은 전략이 된다.

★★☆☆☆ **victim** - victims of organized crime
조직범죄의 희생자들

★★★☆☆ **decimate** - We are bringing up massed multiple rocket-launchers to decimate the enemy
우리는 적을 섬멸하기 위해 다연장로켓포를 가져오고 있다.

★★★☆☆ **furnace** - The blizzard hit, and I put another log in the furnace.
눈보라가 몰아쳤고 나는 난로에 장작을 하나 더 넣었다.

★★★☆☆ **roar** - the roar of a heavy truck 무거운 트럭의 큰 굉음

★★★☆☆ **slayer** - The slayer needs to be stopped before another person is murdered.
다른 사람이 살해되기 전에 그 살인자를 막아야 한다.

★★★☆☆ **arbitrary** - Donald would often make an arbitrary decision which had nothing to do with our happiness.
도널드는 우리의 행복과 전혀 관계가 없는 독단적인 결정을 종종 할 것이다.

★★★☆☆ **unstoppable** - He created an unstoppable mouse, with the power of 200 men.
그는 200명의 남자(만큼)의 힘을 가진 아무도 막을 수 없는 쥐를 만들어냈다.

★★★☆☆ **onslaught** - a series of onslaughts on the castle
성에 대한 연쇄 맹공격

★★★☆☆ **invulnerable** - He was invulnerable to any kind of attack as long as he wore his invisibility shield.
그가 투명 방패를 착용하고 있는 이상 그는 어떠한 종류의 공격에도 상처받지 않았다.

★★★☆☆ **vulnerable** - When feeling vulnerable to verbal insults, please ask for help.
언어적 모욕에 상처받기 쉬운 것을 느낄 때는 도움을 요청하세요.

★★★☆☆ **mutation** - Researchers don't know what causes the mutation which ultimately created humans.
연구자들은 무엇이 궁극적으로 인간을 창조한 돌연변이를 일으켰는지 모른다.

# Skarner, the Crystal Vanguard

## 스카너 - 수정 선봉장

- **P** Energize 수정 첨탑
- **Q** Crystal Slash 수정 베기
- **W** Crystalline Exoskeleton 수정 외골격
- **E** Fracture 균열
- **R** Impale 꿰뚫기

## **P** Energize
passive - 수정 첨탑

스카너의 존재로 인해 맵의 정해진 위치에서 수정이 생겨남. 수정은 양팀 누구든 가까이에서 있으면 점령할 수 있음. 점령하고 나면 15초 간은 다른 팀이 점령할 수 없움. 아군이 점령한 수정 근처에서는 스카너가 수정 충전 효과를 받음.
수정 충전 - 이동 속도가 70~120, 공격 속도가 43~160% 상승하며 초당 최대 마나의 2%가 회복.

□□□ **energize** [énərdʒɑɪz 에너자이즈] v. 활기를 북돋우다

### energy는 en(안으로) ergon(일)을 가하는 것

★ **energize**는 energy에 동사형어미 -ize가 붙은 것입니다. -ize어미는 '**~화(化) 시키다**'는 뜻의 중요한 동사화 접미사입니다.
energy는 그리스어 en(at) + ergon(action)의 조합인데 '**work**일**이 작용되는 것**'을 말합니다. 일이 작용되어 힘의 결과를 보게 되는 것에서 에너지라는 뜻이 나오게 된 것입니다.
energize처럼 활기를 북돋아주다는 뜻의 단어에는 vitalize와 invigorate가 있습니다.

**vitalize** [váɪtəlɑɪz **바이털**라이즈] v. 활력을 북돋아 주다
**invigorate** [ɪnvígəreɪt 인**비**거레이트] v. 기운나게 하다

* **vital**은 '**필수적인, 생명의**'라는 뜻의 형용사이고 생명을 뜻하는 라틴어 vita에서 나온 단어입니다. vitalize는 vital 에 -ize(~화 시키다)의 동사형어미가 붙어서 만들어진 단어입니다. vitamin비타민을 생각하면 편한 단어입니다.

* **invigorate**는 in(안으로) + vigor(power) + ate의 조합으로 '**힘을 안으로 불어넣다**'라는 뜻이 되겠습니다. 기운을 복돋우다라는 의미입니다.
vigor는 육체적인 힘을 말하는데 라틴어에서도 같은 철자 vigor로 사용되었습니다.

암기할 때는 그냥 발음대로 vigor힘를 bigger로 인식하여 주사를 맞고 근육이 점점 커지는 모습을 연상하면 됩니다.

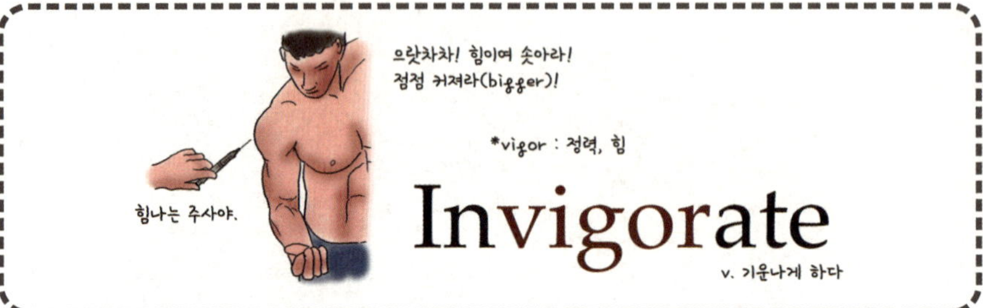


## Q  Crystal Slash
Q - 수정 베기

(액티브) : 스카너가 집게를 휘둘러 주위에 있는 모든 적에게 물리 피해. 유닛에게 공격이 명중하면 4초 동안 수정 에너지를 충전하며 수정 에너지가 충전된 상태로 수정 베기를 하면 명중된 상대에게 추가 마법 피해.
기본 공격시 수정 베기의 재사용 대기시간이 감소. 공격하면 이 효과가 네 배가 됨.

□□□ **crystal** [krístl 크리스틀] n. 결정체　　∞ Ashe 참고

□□□ **slash** [slæʃ 슬래쉬] v. 긋다　　∞ Akali 참고

## crystal은 단단한 crust(껍질)에서 나온 단어

★ crystal크리스탈은 결정체를 말하고 crust껍질에 어원이 있습니다. 마음이나 계획이 '**확고해지다**' 라는 뜻의 동사로는 crystallize를 씁니다.
LOL에서 crystal은 피나 마나를 올려주는 〈Ruby crystal루비 크리스탈〉이나 〈Sapphire crystal 사파이어 크리스탈〉처럼 상점 아이템으로 볼 수 있어서 무척 익숙한 단어입니다.
그리고 crystallization으로 명사가 되면 물질적인 '**결정화**'나 심리적인 '**구체화**'라는 뜻이 됩니다.

**crystallization** [krɪstəlɪzéɪʃən 크리스털라이**제이**션] n. 결정화, 구체화

### 용액에서의 crystallization(결정화)

crystallization결정화은 액체가 고체가 되는 현상인데 이는 화학반응에서 중요한 용어이고 두 가지 과정으로 이루어집니다. 하나는 nucleation핵화이고 다른 하나는 crystal growth결정 성장입니다.
nucleation핵화은 액상분자가 nanometer나노미터 규모에서 모이기 시작해서 작은 응집을 이루는 것입니다.

핵화된 분자가 다시 용해되지 않고 안정화되려면 어느 크기 이상의 군집을 이뤄야합니다. 이때 영향을 미치는 요소가 온도나 포화도, 불순물, 첨가제 등이 되겠습니다. 결정화는 각 원자의 특성에 따라 주기적인 방법으로 생성됩니다. crystal growth결정 성장은 이 핵화된 덩어리가 결정적인 크기에 도달하는 것을 말합니다.

어느 용액이 supersaturation과포화된 상태가 되면 이러한 핵화와 결정성장이 동시에 일어나 결정화를 이루게 되고 조건에 따라 핵화와 결정성장이 서로 우세함을 다투게 되고 이는 결정의 모양에 영향을 미치게 됩니다. 우리가 볼 수 있는 얼음의 다양한 경계는 이러한 결정화 과정의 산물입니다.

**nucleate** [njúːklɪət **뉴우**클리엇] v. 핵을 이루다

**saturation** [sætʃə́reɪʃn 새츄**레이**션] n. 포화

---

# Crystalline Exoskeleton
### W – 수정 외골격



□□□ **exoskeleton** [éksouskelɪtn **엑**소우스켈리튼] n. 외골격

**exoskeleton(외골격)은 몸의 exo(바깥)의 skeleton(뼈)**

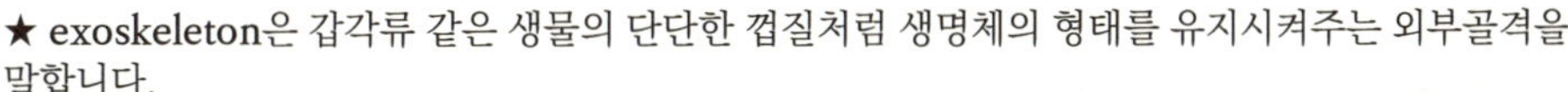


★ exoskeleton은 갑각류 같은 생물의 단단한 껍질처럼 생명체의 형태를 유지시켜주는 외부골격을 말합니다.
외골격은 최근에는 군사영역이나 산업영역에서 인간의 힘을 증가시킬 목적으로 연구가 많이 되고 있는 분야입니다. 외골격 장비로 근력이 강화된 super soldier슈퍼솔져의 등장이 멀지 않아 일반화될 것으로 보입니다. 혼자서 무거운 전투장비를 번쩍 들고 임무를 수행하는 것이죠.
영화 [Edge of Tomorrow엣지 오브 투모로우]에서 외계인과 싸우며 무한 반복 사망하던 Tom Cruise 톰크루즈가 착용했던 전투복이 exoskeleton입니다.

여기서 exo-는 '**바깥쪽**'을 뜻하는 접두사이고 skeleton은 '**해골 뼈대**'를 말합니다.
해골 뼈대를 가리키는 skeleton은 형용사형인 skeletal도 같이 기억해야 합니다.

**skeletal** [skélətl 스켈러틀] a. 해골의

exo-가 들어간 단어는 그 외에도 exodus, exogenous, exonerate, exotic, exorbitant 등이 있습니다. exo-의 반대 의미로 '**안쪽**'을 뜻하는 접두어는 endo-입니다.

**exogenous** [eksáːdʒənəs 엑**사아**저너ㅅ] a. 외인성의 ⇔ **endogenous** a. 내인성의
exo(바깥쪽) + genus(born발생하다) + -ous(형용사형 어미)

exonerate [ɪgzɑ́ːnəreɪt 이그**자아**너레이트] v. 무죄임을 밝혀주다
  exo(바깥쪽) + onerare(overload짐) + -ate(동사형 어미)
exotic [ɪgzɑ́ːtɪk 이그**자아**틱] a. 외국의, 이국적인
  exo(바깥쪽) + -tic(형용사형어미)
exorbitant [ɪgzɔ́ːrbɪtənt 이그**저어**비턴ㅌ] a. 지나친
  exo(바깥쪽) + orbita(orbit궤도) + -ant(형용사형 어미) : 궤도를 벗어난

* exonerate는 '**무죄임을 밝혀주다**'라는 뜻인데 영어에서 좀처럼 보기 힘든 라틴어 어근인 onerare(짐)가 사용된
단어입니다. '**짐을 벗겨주다**'(unload)라는 뜻에서 재판에서 '**무죄임을 밝혀주다**'로 의미가 발전된 것입니다.
반대로 유죄선고를 하는 것은 convict를 사용합니다.
exonerate를 암기할 때는 그냥 발음 무시하고 '**내신 1등급(one rate)만 무죄**이고 나머지(ex) 등급은 유죄**'라고 보는
한국교육의 현실을 이미지로 삼으면 재미있습니다.

<table>
<tr><td>E</td><td>

**Fracture**
E - 균열

</td><td>

(패시브) : 균열과 꿰뚫기 스킬로 적을 제압하면 이동 불가 상태의 지속 시간만큼 수정 충전량이
오르고 같은 수치만큼 재사용 대기시간이 감소.
(액티브) : 스캐너가 수정 에너지를 소환하여 여기 맞는 적에게 피해를 입히고 2초 동안 속도를
늦춤. 균열에 맞은 적들은 5초 동안 수정 독에 중독되며 이 대상에 대한 스캐너의 다음 기본
공격은 추가 물리 피해를 입히고 1초 동안 대상을 기절시킴.

</td></tr>
</table>

□□□ **fracture** [frǽktʃə(r) ㅎ**프랙**쳐] n. 골절

## fracture(골절)은 break(부러지다)에서 나온 것

★ fracture는 뼈가 부러지는 골절을 의미합니다. PIE어근의 *bhreg- (break부러지다)에서  나온
단어입니다. 이 *bhreg-어근이 들어간 단어는 fracture 외에 break부러지다, 전체의 한 부분을
뜻하는 fraction, fractal프랙탈 등이 있습니다.
fracture를 암기할 때는 사투리 한글 발음 그대로 '**부닥쳐서 뼈가 뿌라졌다**'로 기억하면 됩니다.

fraction [frǽkʃn ㅎ**프랙**션] n. 부분
fractal [frǽktl ㅎ**프랙**틀] n. 프랙탈, 차원분열도형    ∞ Bard 참고

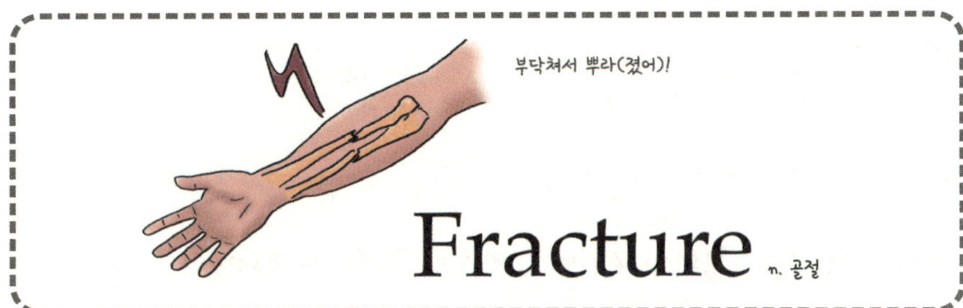


* fractal프랙탈이란 언제나 부분이 전체를 닮는 self-similarity자기유사성을 반복(순환성)한다는 이론입니다. 예를 들면 번개의 가지치기, 강의 분지, 뇌의 주름은 더 작게 더 작게 계속 반복되는 similarity유사함을 보여줍니다. fractal은 break의 발음 [브레이크]를 이용하여 뜻을 연관 지으면 기억이 쉬운 단어입니다.

### Guildwars 2의 fractal(프랙탈) 던전

 재미있게도 프랙탈의 어려운 반복성 개념은 게임에서도 이미 구현되어 [길드워 2]를 즐기는 게이머들의 철학적 사고를 강제로 도와주고 있습니다.
 [길드워 2]의 Fractals of the Mists프랙탈 던전은 무작위로 결정되는 3개의 미니 던전과 1개의 보스방으로 구성됩니다. 1~50까지의 난이도를 무한반복하며 스킨, 악세사리 등의 보상을 받게 됩니다. 일종의 노가다에 이런 심오한 이론을 붙이니 게이머들은 더욱 의욕이 생기는 듯합니다.

 [길드워 2]는 NC soft사에 인수된 Arenanet아레나넷이 개발한 게임으로서 북미에서 엄청난 인기가 있습니다. 북미의 여러 MMORPG게임이 한국진출을 노렸다가 실패했는데 NC soft사는 [길드워 2]의 한국 오픈 계획이 없어보입니다. 프랙탈을 말할 것도 없이 무한반복하면 우리나라 게이머가 세계 최고인데 아쉽습니다.

**Impale**
R - 꿰뚫기

(액티브) : 스카너가 1.75초 동안 적 챔피언을 제압하고 물리 피해와 마법 피해. 기술이 지속되는 동안 스카너는 저항하지 못하는 대상을 끌고 마음껏 돌아다닐 수 있음. 효과가 끝나면 대상은 같은 양의 피해를 한 번 더 입음.

□□□ **impale** [ɪmpéɪl 임**페**일] v. (뾰쪽한 것으로) 찌르다

### impale은 칼로 찔러서 pale(창백한) 얼굴로 만드나?

★ impale은 '**찌르다**'라는 뜻인데 라틴어 어원인 im(in안으로) + palus(stake말뚝)의 조합입니다. 어원에서 보다시피 그냥 포크나 칼로 찌르는 정도가 아닙니다. pale은 명사로 '**말뚝**'이라는 뜻인데 이 기다란 말뚝을 항문으로부터 시작하여 입까지 통하게 박는 것입니다.
이 말뚝에 사람을 박는 잔인한 형벌은 흡혈귀가 되기 전에 헝가리의 Count Dracula드라큘라백작이 가장 선호했던 이교도 사형방법이기도 합니다.

impale은 pale이란 단어에 '**창백한**'이라는 뜻이 있어서 보기에는 '**(뾰쪽한 것으로 찔러서) 창백하게 만들다**'의 조합처럼 생각됩니다. 그러나 형용사 pale은 어원이 라틴어 palus와 관계가 없습니다. 어원이 어찌되었든 당장의 암기를 위해서는 impale을 '**안으로(im) 찔러서 창백하게(pale) 만드는 것**'이라고 기억하는 것이 이해가 편합니다.

**pale** [peɪl 페일] a. 창백한  n. 말뚝

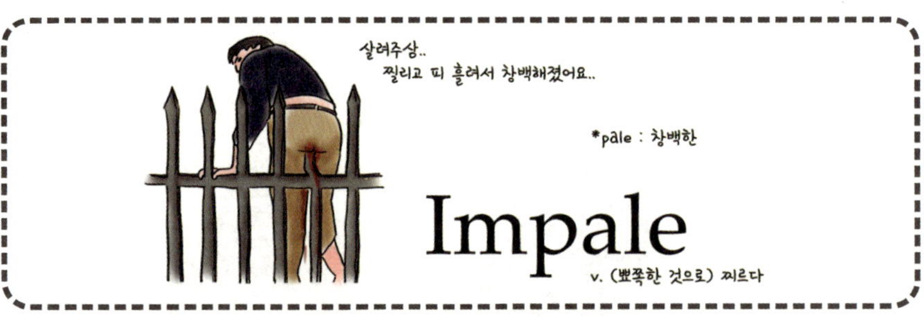


|  | 어원 | 어원 관련어 |
| --- | --- | --- |
| **pale** a. 창백한 | **PIE**어근 *pel-(창백한) | **pallor**창백 |
| **pale** n. 말뚝 | 라틴어 palus(말뚝) | **palace**궁전 |

# Skarner

★☆☆☆☆ **energize** - They are really energized by the election of USA.
그들은 미국 선거로 정말 기운을 북돋우게 되었다.

★★★☆☆ **vitalize** - Abe do his best to vitalize the economy of Japan.
아베는 일본 경기를 활성화하기 위해 최선을 다한다.

★★★☆☆ **invigorate** - A decorated veteran was invigorated by a long vacation in an underwater paradise.
훈장을 받은 한 참전용사는 수중 낙원에서의 긴 휴가로 기운을 얻었다.

★☆☆☆☆ **crystal** - liquid crystal display 액정 표시 장치

★★☆☆☆ **slash** - Slashing the fishing net was the only way to free my pet shark that was trapped inside.
그물을 길게 자르는 것만이 그 안에 잡힌 나의 애완 상어를 풀려나게 할 유일한 방법이다.

★★★☆☆ **crystallization** - the crystallization of sentiment into words
언어로의 감정의 결정화하기(표현하기)

★★★☆☆ **saturation** - The saturation of the computer game book market is nowhere close to reaching 100%.
컴퓨터 게임 책 시장의 포화도는 아무데서도 100%에 이르지 않는다.

★★★☆☆ **exoskeleton** - A lot of people would be saved if humans were born with exoskeletons.
만일 인간이 외골격을 가지고 태어난다면 많은 사람들이 목숨을 건질 것이다.

★★★★☆ **skeletal** - the skeletal system 골격계

★★★☆☆ **exogenous** - an exogenous stress 외인성 스트레스

★★★☆☆ **exonerate** - It doesn't exonerate her of crime.
그것은 그녀를 범죄에서 면죄시키지 않는다.

★★☆☆☆ **exotic** - a distinct exotic atmosphere 특이하고 이국적인 느낌

★★★☆☆ **exorbitant** - He has an exorbitant amount of information on mutations to review.
그는 확인을 요하는 돌연변이에 관한 지나치게 많은 정보를 가지고 있다.

★★★☆☆ **fracture** - I fractured my wrist trying to catch my games that were being thrown outside by my mom.
나의 엄마에 의해 밖으로 던져진 게임을 잡으려다가 나의 손목을 부러뜨렸다.

★★★☆☆ **fraction** - I only finished a fraction of my homework because the World Cup is on.
월드컵이 진행 중이어서 나는 숙제의 한 부분밖에 끝내지 못했다.

★★★☆☆ **impale** - He was impaled on the spikes.
그는 스파이크(대못)에 찔렸다.

★★☆☆☆ **pale** - While studying, a ghost floated past his screen leaving him pale and speechless.
공부하고 있는데, 한 유령이 그의 시야를 떠서 지나가자 그는 창백해지고 말문이 막히게 되었다.

# Sona, Maven of the Strings
## 소나 - 현의 명인

| | | |
|---|---|---|
| **P** | Power Chord | 파워 코드 |
| **Q** | Hymn of Valor | 용맹의 찬가 |
| **W** | Aria of Perseverance | 인내의 아리아 |
| **E** | Song of Celerity | 기민함의 노래 |
| **R** | Crescendo | 크레센도 |

---

**P** 

## Power Chord
passive - 파워 코드

궁극기 이외의 스킬을 3번 시전하고 나면 소나의 다음 기본 공격이 마지막으로 연주한 곡의 추가 효과와 더불어 추가 마법 피해.

□□□ **chord** [kɔːrd 코어ㄷ] n. 화음

---

**Q** 

## Hymn of Valor
Q - 용맹의 찬가

사용시 : 가장 가까이 있는 적(챔피언 우선) 둘에게 마법 피해. 소나에게 오오라가 생겨 5초동안 아군은 다음번 공격시 추가 마법 피해.
파워 코드- 스타카토 : 파워 코드에 40%만큼의 추가 마법 피해.

□□□ **hymn** [hɪm 힘] n. 찬송가
□□□ **valor** [vǽlər 밸러] n. 용맹    ∞ Poppy 참고

### hymn(찬송가)과 hymen(처녀막)은 어원이 같다

★ hymn은 교회 등에서 부르는 찬송가를 말합니다. 원래 그리스신화의 혼인의 여신인 '휘멘'을 지칭하는 hymen에서 결혼축가를 의미하는 hymen이 나왔고 나중 찬송가 hymn이 된 것입니다.

**hymnal** [hímnl **힘늘**] a. 찬송가의  n.찬송가책

그러다가 hymen은 16세기 해부학자 Vesalius베살리우스에 의해서 여성의 virginal membrane 처녀막을 일컫는 말로 사용되었습니다.

| hymen 결혼의 여신 → | 결혼 축가 → | hymn 찬송가 |
|---|---|---|
| | 처녀 → | hymen 처녀막 |

찬송가를 뜻하는 말에는 Psalm도 있지만 기독교 외의 다른 종교에서 쓰기는 힘듭니다. 이는 Psalm이 성경의 한 권인 **'시편'**의 이름이기도 해서입니다.
타 종교에서 찬송의 의미로 성경의 **'시편'**을 이야기할 수는 없으므로 **'찬송'**을 기독교 외의 종교어로 번역할 때에는 hymn이 더 어울립니다.
hymn과 비슷하게 국가처럼 같이 부르는 노래란 뜻의 단어로는 anthem이 있습니다.

**Psalm** [sɑːm **삼**] n. (성경의) 시편
**anthem** [ǽnθəm **앤썸**] n. ~가(歌)   * national anthem 국가(國歌)

**virgin** [vɝːrdʒɪn **버어진**] n. 숫처녀
**virginal** [vɝːrdʒɪnl **버어**지늘] a. 숫처녀의
**vagina** [vədʒáɪnə 버**자이**너] n. (여성생식기) 질
**membrane** [mémbreɪn **멤**브레인] n. 막

* virgin은 남자를 모르는 숫처녀를 말합니다. 라틴어 virga에서 파생된 단어인데 virga는 young젊다의 뜻입니다. 미국의 Virginia버지니아 주는 처녀여왕(Virgin Queen)이었던 엘리자베스 I세에게 존경을 표하며 붙인 식민지의 이름입니다. 참고로 영어에서 숫총각은 male virgin이라고 부르고 속어로는 cherry boy라고 부르기도 합니다.

* vagina는 여성생식기인 질(膣)을 의미합니다. 발음은 virgin처녀과 비슷하지만 어원은 다릅니다. vagina는 어원상 로마시대에는 칼집(sheath)이나 무언가를 감싸는 **'싸개'**의 의미로만 사용되었습니다. 그러다가 근대에 해부학이 발전하면서 여성의 생식기인 질(膣)을 지칭하는 것으로 바뀐 단어입니다.

* membrane은 얇은 막을 말합니다. 예를 들어 안구의 결막이나 귓속의 고막 같은 형태를 말합니다. 원래는 라틴어 membrum에서 나온 말인데 이는 member구성원란 단어의 기원입니다. 즉 어원상 membrane막은 얇은 skin피부을 말하는 것으로 신체의 각 구성요소(member)를 포장하고 있다는 뜻에서 나온 것입니다.

단어를 기억할 때는 '**신체의 각 member를 감싸는** membrane<sup>막</sup>'으로 이해해서 철자를 유추하거나 **매미**의 막 같은
날개를 생각해서 연상해도 됩니다.

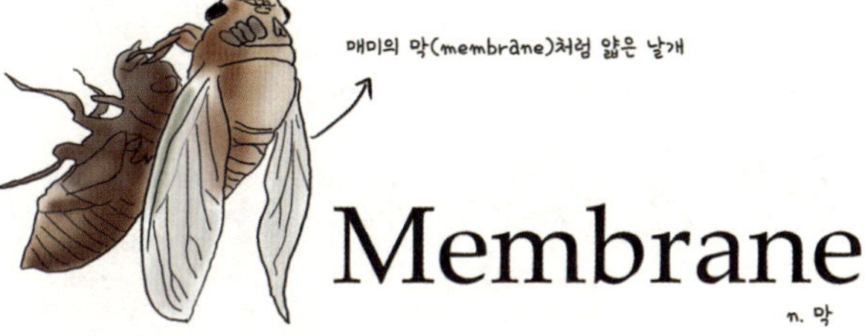


### 해부학의 아버지 Vesalius(베살리우스)

베살리우스는 16세기 벨기에의 해부학자로서 근대 anatomy<sup>해부학</sup>의 창시자로 불리는 사람입니다. 그가 1543
년 지은 저서 [인체해부에 대하여]는 근대 의학의 시발점이라고 할 수 있습니다. 베살리우스가 해부학을 통해
인체의 진실을 전하기 전까지 의사들은 약 1300년 동안 고대 그리스의 의학자인 갈레누스의 [4체액설]을 믿고
있었습니다.   ∞ Vladimir 참고

갈레누스는 당시 사람을 해부하지 않고 돼지 등 동물에서 해부학 이론을 정립했습니다. 심지어 갈레누스는
심장에서 혈액이 무한하게 공급된다고 여겼었고 중세까지 의사들은 그걸 믿고 4체액설에 맞지 않는 현상은
오히려 시체에 문제가 있는 것으로 여겼습니다. 1300년 동안이나 옳게 여겨졌으니 진실일 것이라고 의사들은
생각한 것입니다. 베살리우스는 갈레누스의 저서의 이런 오류를 일일이 지적하며 7가지 분야로 인간의 신체
시스템을 분류하여 체계적으로 해부학을 재정립하였습니다.

이 때 베살리우스 책의 해부학 illustration<sup>일러스트</sup>를 그린 사람이 바로 티치아노의 문하생인 이탈리아 화가
Calcar<sup>칼카르</sup>입니다. 칼카르는 이 덕분에 인류 의학의 발전에 가장 큰 공헌을 한 일러스트레이터가 되었다고 할
수 있겠습니다.

**anatomy** [ənǽtəmɪ 어**내**터미] n. 해부학   ana(up) + tome(cut자르다)

---

# Aria of Perseverance

W - 인내의 아리아

(사용시) : 소나와 근처에서 가장 많이 부상당한 아군 챔피언을 치유. 이 치유 효과는 대상이 잃은
체력의 1%마다 0.5%씩 증가. 소나에게 오오라가 생겨 1.5초간 아군에게 보호막을 씌워줌.
소나의 오오라는 3초 동안 지속되며 도와준 아군 하나당 지속 시간이 0.5초 연장.
(파워 코드 - 디미누엔도) : 대상이 가하는 피해를 3초간 20% 감소시킴.

□□□ **aria** [ɑ́ːrɪə 아**아**리어] n. 아리아

□□□ **perseverance** [pɜːrsəvírəns 퍼어서**비**런스] n. 인내   ∞ Garen 참고

★ aria는 오페라에서 나오는 선율적인 독창부분을 말하고 영창이라고 번역합니다만 그냥 아리아라고
다들 부릅니다. 보통 기악에 맞춰 오페라에서 가수가 아름답게 부르는 부분입니다.

## Song of Celerity
E - 기민함의 노래

(사용시) : 소나의 이동속도가 상승했다가 시간이 흐를수록 정상으로 줄어들고 3
초 동안 주위에 기민함의 오오라가 생김. 오오라에 닿은 아군들은 1.5초 동안
이동 속도가 증가. 소나의 오오라는 3초 동안 지속되며 효과를 받은 아군 하나 당
오오라 지속 시간과 소나의 이동속도 상승 효과가 0.5초 연장.
(파워 코드 - 템포) : 2초 동안 적 하나에게 40% 둔화효과.

□□□ **celerity** [səlérətɪ 설레러티] n. 기민함　　∞ Jayce 참고

★ celerity는 기민함을 말하는데 주로 물의 파속을 설명하는 용어입니다. celerity에 사용된 라틴어
celer는 swift신속함를 말하는데 accelerate가속하다의 어원과 같습니다.
celerity의 기민함의 뜻을 외울 때는 자동차 속도를 올리는 악셀의 '셀' 발음을 연결하면 되겠습니다.

## Crescendo
R - 크레센도

(사용시) : 저항할 수 없는 선율을 연주하여 적 챔피언을 기절시키며 마법 피해.
(기본 지속 효과) : 크레센도의 레벨을 올릴 때마다 오오라의 위력이 강해집니다. 기민함의
노래는 소나 자신에게 적용되는 이로운 효과의 위력 역시 높힘.
(용맹의 찬가) : 추가 마법 대미지 추가
(인내의 아리아) : 보호막 수치 추가
(기민함의 노래) : 소나 자신과 오오라를 받은 챔피언들의 이동 속도 증가 추가

□□□ **crescendo** [krəʃéndoʊ 크러셴도우] n. (점점 세게) 크레센도　　∞ Xin Zhao 참고

crescendo(크레센도)는 crescent(초승달)이 커지는 모습

★ crescendo는 '점점 세게'라는 musical symbol악상기호로 사용됩니다. crescent moon초승달이
날이 갈수록 점점 커져 보름달이 되는 모습에서 나온 단어입니다.
악상기호는 이탈리어를 사용하는데 이는 라틴어 기원의 영어를 이해할 때 도움이 됩니다.
몇 가지 악상기호를 보며 관계된 영어 단어를 보겠습니다.

| | | | |
|---|---|---|---|
| crescendo크레셴도 | < | 점점 세게 | crescent초승달모양 |
| decrescendo데크레셴도 | > | 점점 약하게 | |
| pianissimo피아니시모 | pp | 아주 약하게 | piano부드럽게 |
| piano피아노 | p | 약하게 | |
| mezzo piano메조피아노 | mp | 조금 약하게 | medial중간의 |
| mezzo forte메조포르테 | mf | 조금 세게 | |
| forte포르테 | f | 세게 | fort요새, fortify요새화하다 |
| fortissimo포르티시모 | ff | 아주 세게 | |
| staccato스타카토 | · | 끊어서 짧고 날카롭게 | detach떼다 |
| tenuto테누토 | - | 음을 지속 | tenuous미약한, tenure재임기간 |
| marcato마르카토 | ∧ | 음을 강조하여 | mark기호 |
| da capo다카포 | D.C. | 처음부터 다시 | capital수도, capo마피아두목 |
| dal segno달세뇨 | D.S. | 세뇨표부터 되풀이하여 | sign사인, signature서명 |

* piano의 경우 형용사나 부사로 사용되면 부드럽다라는 뜻이 됩니다.

* 이탈리아어인 mezzo는 중간의 뜻인 라틴어 medius에서 나와서 영어에서는 medial로 사용되며 '중간의, 내측의'
뜻입니다. 반대로 (중심에서 보았을 때) 측면을 의미할 때는 lateral이 사용됩니다.

* 이탈리아어 forte는 강하다는 뜻인데 영어에서 fort요새 혹은 fortify요새화하다, 강화하다에
그 용례가 있습니다. 국민 각도게임 [Fortress포트리스]를 생각하면 편합니다.
fortress도 fort처럼 요새라는 뜻입니다.

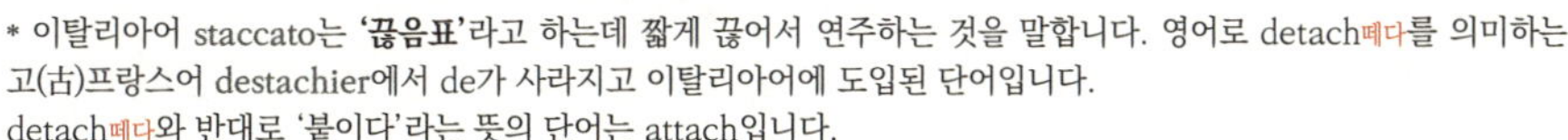


 fort [fɔːrt ㅎ포어ㅌ] n. 요새 = fortress
 fortify [fɔːrtɪfaɪ ㅎ포어티ㅎ파이] v. 요새화하다

* 이탈리아어 staccato는 '끊음표'라고 하는데 짧게 끊어서 연주하는 것을 말합니다. 영어로 detach떼다를 의미하는
고(古)프랑스어 destachier에서 de가 사라지고 이탈리아어에 도입된 단어입니다.
detach떼다와 반대로 '붙이다'라는 뜻의 단어는 attach입니다.

 detach [dɪtætʃ 디태취] v. 떼다
 attach [ətætʃ 어태취] v. 붙이다

* 이탈리아어 tenuto는 음을 죽 늘여서 연주하는 것인데 '뭔가를 길고 가늘게 늘이다'는 뜻이어서 영어의 tenuous
미약한 단어에서 그 모습을 볼 수 있습니다. 또한 그 '늘어진 임기의 기간'을 의미하는 tenure재임기간에서도 어근을
찾을 수 있습니다.
tenuous는 "밧줄 가닥이 처음엔 10(ten)이었어. 그러다가 하나 남아서 미약해."라고 기억하면 편합니다.
또한 tenuous ties라고 하면 '미약한 연결'이라는 뜻으로 자주 사용되는 숙어입니다.
참고로 어원이 되는 PIE어근 *ten은 string끈이라는 뜻으로서 extend늘리다, tennis테니스, tenor테너, tent텐트 등 끈과
관계된 여러 단어에서 사용되므로 단어 안에서는 'ten = 끈'의 공식을 기억하면 편합니다.

tenuous [ténjuəs 테뉴어ㅅ] a. 미약한
tenure [ténjə(r) 테뉴어] n. 재임기간

* 이탈리아어 marcato는 영어의 mark마크와 같은 뜻입니다. 연주할 때는 '좀 더 세고 힘차게'라는 뜻으로 쓰입니다. 노트의 중요한 부분에 형광펜으로 마크하는 것을 생각하면 됩니다.

# Sona

★☆☆☆☆ chord - I hit the wrong chord and the floor beneath me broke apart.
나는 잘못된 줄을 때렸고 (그래서) 내 밑에 있던 바닥이 부서져서 쪼개졌다.

★★★★★ hymn - We were singing that hymn in assembly when the government rang to say the school should be closed.
정부가 폐교해야한다고 통고하는 전화를 걸었을 때 우리는 회합에서 찬송가를 부르고 있었다.

★★★☆☆ valor - That old woman showed great valor by saving her cat Wilber from a poisonous snake.
그 노파는 자기 고양이 윌버를 독사에게서 구하는 대단한 용기를 보여주었다.

★★★★★ hymnal - hymnal music 찬송가

★★★★★ Psalm - Our priest recited the Psalm 23.
우리 사제는 시편 23편을 암송했다.

★★★☆☆ anthem - national anthem 국가(國歌)

★★★☆☆ virgin - the destruction of virgin forest 처녀림(원시림)의 파괴

★★★☆☆ virginal - the virginal purity of an unmarried woman 미혼녀의 처녀적 순수성

★★★★★ vagina - blood flow to the vagina 질(膣)로 향하는 혈류

★★★★★ membrane - The doctor sliced away thin membrane cautiously.
그 의사는 조심스럽게 얇은 막을 얇게 잘라냈다.

★★★☆☆ anatomy - human anatomy based on dissection of animals
동물 해부에 기초를 둔 인간 해부학

★★★☆☆ aria - a thrilling concert of Verdi aria
베르디 아리아의 황홀한 콘서트

★★★☆☆ perseverance - I'm so proud of these guys and the perseverance they showed.
나는 이 친구들과 이들이 보여준 인내가 자랑스럽습니다.

★★★☆☆ celerity - Our motto is to be celerity, punctuality, and regularity.
우리의 모토는 빠르게, 정확하게, 일정하게 되는 것이다.

★★★☆☆ crescendo - My music teacher signaled me to play a crescendo during the symphony.
나의 음악 선생님은 교향악단 연주 중에 점점 크게 연주하라고 나에게 신호를 보냈다.

★★★☆☆ fort - build a fort 요새를 구축하다

★★★☆☆ fortify - The castle was fortified by stone and a moat with alligators.
그 성은 돌, 그리고 악어가 있는 해자에 의해서 강화되었다.

★★★☆☆ detach - We were headed for the cliff, so I detached the wagon, and mounted the horse.
우리는 절벽을 향했다. 그래서 나는 마차를 떼어내고 말위에 올라탔다.

★★☆☆☆ attach - UFC fighter James attached a copy of memo to the surface of the meat.
UFC 격투선수인 제임스는 고기의 표면에 메모 복사한 것을 붙였다.

★★★☆☆ tenuous - Korea's tenuous lead over China could soon vanish. However, we do have a secret weapon.
한국의 중국에 대한 미약한 우세는 곧 사라질 수 있다. 하지만 우리는 비밀무기를 가지고 있다.

★★★☆☆ tenure - My tenure as school president is almost up, so leave me alone.
나의 학교회장 임기는 거의 끝나간다. 그러니 나를 혼자 내버려둬라.

# Soraka, the Starchild

소라카 - 별의 아이

- **P** Salvation　구원
- **Q** Starcall　별부름
- **W** Astral Infusion　은하의 마력
- **E** Equinox　별의 균형
- **R** Wish　기원

**P** **Salvation**
passive - 구원

소라카는 체력이 40%이하인 아군 챔피언 쪽으로 이동할 때 이동 속도가 70% 상승.
(소라카로부터 2500 범위 안의 아군에게만 해당)

□□□ **salvation** [sǽlvéiʃn 샐**베이**션] n. 구원　∞ Anivia 참고

salvation(구원)은 save(구하다)에서 나온 단어

★ salvation은 '구원'이라는 뜻인데 라틴어 salvare(save구하다)에서 나온 단어입니다. salvation 구원은 '죄에 빠진 인간을 신이 구원하다'라는 종교적 의미로 자주 사용됩니다.
save와 같은 어근의 단어이므로 salvation의 'l'을 가볍게 발음해보며 단어안에서 save를 찾아 의미를 기억하면 되겠습니다.

salvation구원과 같은 뜻으로 redemption이 있습니다.

**redemption** [rɪdémpʃn 리**뎀**션] n. 구원, 상환(相換)   ∞ Akali 참고
→ **redeem** [rɪdíːm 리**디임**] v. 보완하다, 벌충하다, (포인트를) 현금으로 바꾸다

* redemption은 '**구원 또는 상환**'이라는 뜻입니다.  라틴어 re(다시) + emere(buy사다)의 조합입니다.
redemption의 어원의 뜻은 '**ransom**몸값**을 내고 되사오다**'는 것으로서 '**지옥에서 악마로부터 영혼을 되사오다**'라는 뜻이 되겠습니다.
구원의 뜻 이외에도 redemption의 현대적인 의미 중 하나에는 '**상환(相換), 현금화**'라는 것이 있습니다. 주식이나 포인트 등 숫자로 적힌 것을 상품이나 현금 등으로 눈에 보이는 것으로 바꾼다는 것입니다.
redeem보완하다은 redemption의 동사형입니다.
redemption을 기억할 때는 길거리에서 포교하는 사람이 "당신은 구원받았습니까? 니 구원됨? **니 뎀**?"하고 물어보는 장면을 떠올리면 됩니다.

### 포인트를 redemption(구원)하라

 redemption의 뜻에는 구원과 상환이라는 뜻이 같이 있습니다. 여기서 상환이란 돈으로 바꾼다는 것입니다. 예를 들어 비행기 마일리지를 많이 모아두었다가 항공권으로 교환할 때나 포인트를 많이 모았다가 극장에서 영화표로 교환할 때 redeem했다고 표현할 수 있겠습니다.
 '**포인트의 현금화**'와 어원인 '**종교적인 구원**'이 무슨 관계가 있을까 하고 생각할 수 있지만 사실 포인트는 안 쓰고 놔두면 없어지는 경우가 많으니 돈으로 바꾸는 redeem을 하게 되면 포인트 입장에서는 '**구원**'받은 것과 다름이 없습니다.
 알뜰한 젊은이들이 이 포인트 시스템을 많이 사용하고 있으므로 redeem의 '**포인트를 현금화하다**'라는 의미는 앞으로 갈수록 사용빈도가 올라갈 것으로 보입니다.

**Starcall**
Q – 인내의 아리아

| 소라카가 지정한 위치에 별을 떨어뜨림. 폭발 반경 안에 서 있는 적들은 마법 피해. 중앙에 서 있는 적들은 150%의 피해를 입고 2초간 속도가 느려짐.

**Astral Infusion**
W – 은하의 마력

| (기본 지속 효과) : 별부름에 맞은 적 챔피언 하나 당 소라카의 일정 체력이 치유.
(사용 시) : 대상 아군의 체력을 회복시킴. 소라카의 체력이 5% 이하일 때는 시전 불가.

□□□ **astral** [金stræl 애스트럴] a. 별의
□□□ **infusion** [ɪnfjúːꜱn 인ㅎ**퓨우즌**] n. 투입, 주입

 # astro-는 별 성(星)을 뜻하는 어근

★ **astral**은 별을 뜻하는 라틴어 **astrum**에서 나온 단어입니다. PIE어근에서 별을 뜻하는 *ster-는 산스크리트어에서는 **star**, 히타히트어에서는 **shittar**, 그리스어에서는 **aster**, 라틴어에서는 **stella**가 되었습니다.
결국 영어에서 별에 관련된 star, stellar, astral 같은 단어들은 모두 PIE어근에서 기원해서 각각의 언어권을 돌다가 영어에서 다시 모였다고 생각하면 되겠습니다.

astro-를 어근으로 삼은 관련된 여러 단어를 보겠습니다.

**astronomy** [əstrá:nəmɪ 어**스트라**너미] n. 천문학
**astrology** [əstrá:lədʒɪ 어**스트라**알러지] n. 점성학

**astronaut** [ǽstrənɔːt 애스트러너엇] n. 우주비행사
**astrophysics** [ǽstroufísɪks 애스트로우ㅎ**피**직ㅅ] n. 천체물리학
**asteroid** [ǽstərɔɪd 애스터로이ㄷ] n. 소행성
**asterism** [ǽstərɪzm̄ 애스터리즘] n. 성좌(별자리)
**asterisk** [ǽstərɪsk 애스터리스ㅋ] n. 별표(*)

**disaster** [dɪzǽstə(r) 디**재**스터] n. 재앙   dis(좋지 않은) + astro-(star별)

* **astronomy**는 천문학을 말합니다. 천문학과 점성학은 원래는 동일한 학문이었다가 15세기가 지나면서 점성학이 별개로 갈라져 나왔습니다.
natural astrology자연점성학는 별의 운행을 보고 계산하여 현상을 예측하는 astronomy천문학으로 발전했고 judicial astrology판정점성학는 별이 인간의 일에 미치는 영향을 연구하여 미래를 judge판단하는 astrology점성학으로 남게 되었습니다.

* **astronaut**우주비행사과 astrophysics천체물리학는 astro-에 각각 승무원을 뜻하는 naut과 물리학을 뜻하는 physics가 붙어서 만들어진 단어입니다.

* **asteroid**소행성은 astro-(star별) + -oid(모양의) = star-like의 조합으로 '**별과 같은, 별처럼 생긴**'라는 뜻입니다.
별처럼 보이지만 큰 별은 아닌 조그마한 소행성들을 의미합니다.
이처럼 -oid는 '**~와 같은**'의 의미로 사용되는 접미사이고 그 예로는 android안드로이드, opioid합성마약, amyloid 유사녹말체(아밀로이드) 등이 있습니다.

* **disaster**는 dis(좋지 않은) + astro-(star별)의 조합으로 별이 좋지 않은 위치에 있음으로 해서 생기는 '**재앙**'을 의미합니다.
과거에는 점성학적으로 재앙의 근원을 잘못된 별의 위치나 배열에서 유래한 것으로 여겼기 때문에 만들어진 단어입니다. 죄 없이 별이 욕을 먹어왔던 것이지요.
disaster재앙을 암기할 때는 astro-(별) 어근을 생각하면서 "**재앙으로 우린 다 디졌수다!**"라고 제주도 사투리로 외치는 사람을 생각하면 됩니다.

### 혼동되는 학문들 대칭 모음

고대에 비하여 학문이 새로 탄생하고 분화하면서 여러 비슷한 단어들이 많이 생겼습니다. 어원이 같아서 생긴 일인데 비슷한 학문을 쌍으로 묶어보면 기억하기 편리합니다.

천문학(astronomy) - 점성학(astrology)
정신과학(psychiatry) - 심리학(psychology)
물리학(physics) - 생리학(physiology)
기하학(geometry) - 지질학(geology)

각각의 학문에 종사하는 학자들은 화를 내겠지만(사실 쉬고 노는 학문은 존재하지 않습니다), 좀 더 쉬워보이는 그리고 좀 더 놀 것 같은 학문을 오른쪽에 놓으면 쉽게 구분이 됩니다. 발음도 오른쪽 학문이 '놀로지'가 되서 좀 더 놀 것 같은 발음입니다. 천문학자보다는 점성학자가 놀 것처럼 보이고, 정신과 의사보다는 심리학자가 놀 것 같습니다.

## infusion은 안으로 뭔가를 pour(부어) 넣는 것

★ infusion은 어떤 것을 강화하기 위해 뭔가를 집어넣는 것을 말합니다.
infusion 단어 안에 fusion이 들어있지만 fusion융합과는 관계가 없고 라틴어 어원으로 in(안으로) + fundere(pour쏟아 붓다)의 조합에서 나왔습니다.

**infuse** [ɪnfjúːz 인ㅎ**퓨으즈**] v. (특성을)불어넣다, 주입하다

infusion은 쓰러져가는 사업에 현금을 투여한다거나, 새로운 인재를 현장에 투입할 때의 뉘앙스로 쓸 수 있는 단어이지만 의학적인 약물의 투입에서 더 자주 볼 수 있습니다.
예를 들어 diabetes당뇨 환자에게 사용하는 insulin infusion pump인슐린투입펌프 같은 경우를 들 수 있습니다.
인슐린은 알약으로는 개발이 되어있지 않습니다. 단백질이어서 알약으로 먹으면 소화가 되어버리기 때문입니다. 그래서 혈관으로 흡수되는 수밖에 없는데 이 infusion pump는 피부에 바늘을 꽂고

생리적인 패턴에 맞추어 insulin을 서서히 주입하는 기계입니다. infusion pump는 주기적으로 자기 피부에 인슐린주사를 놓는 것보다 당뇨병환자들이 편리해하는 장점이 있습니다.
이 때 우리 몸으로 투여되는 것에 infusion이라는 개념이 적절하다 하겠습니다.

이를 이용해 infusion불어넣다은 어원대로 '안으로 붓다(in + pour)'로 외우기보다는 인슐린펌프를 생각하며 우리 맘대로 '안으로 들어가 섞이다(in + fusion)'로 기억하는 것이 편합니다.
이렇게 뭔가 몸에 들어와 섞이는 개념은 transfusion수혈(trans + fusion)의 단어에서도 볼 수 있는 개념입니다.

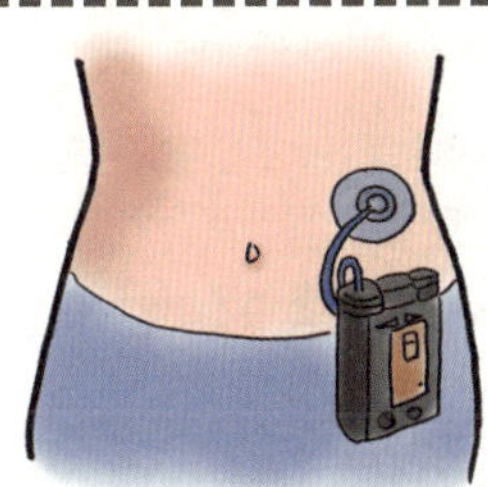



## Equinox
E – 별의 균형



□□□ equinox [íːkwɪnɑːks 이이퀴나악ㅅ] n. 주야평분시 (춘분과 추분)　　∞ Rumble 참고

equinox는 낮과 밤의 길이가 equal한 것

★ equinox는 어려운 천문학용어로서 '주야평분시'란 뜻입니다.
낮과 밤의 길이가 같아지는 추분과 춘분을 말합니다. equal(같은) + nox(night밤)의 조합으로서 단어는 '밤이 (낮과 그 길이가) 동등하다'라는 뜻입니다.
춘분은 vernal(spring) equinox, 추분은 autumnal equinox라고 부릅니다.
또한 반대 개념으로 밤이 일 년 중 제일 긴 winter solstice동지와 낮이 가장 긴 summer solstice하지가 있습니다.

　　vernal [vɜ́ːrnl 버어늘] a. 봄의
　　solstice [sáːlstɪs 사알스티스] n. 지점(至點)

* solstice는 하지와 동지 같은 '지점(至點)'을 말하는 것입니다. sol(태양) + sistere(stay멈추다)의 라틴어 조합에서 나왔습니다.
마치 태양이 멈춘 것처럼 지극히 긴 낮(하지)이나 밤(동지)을 보여주는 날이라는 뜻입니다.
여기서 태양을 뜻하는 sol- 어근은 solar태양의, parasol파라솔, solarium일광욕실 등의 단어에서 자주 볼 수 있는 것입니다.
solstice지점 단어를 기억할 때는 -stice에서 stay나 stand의 발음을 유추하면 됩니다.

**Wish**
R - 기원

신의 권능을 빌어 모든 아군 챔피언의 체력을 회복시키고 이전에 적용됐던 모든 고통스러운 상처 효과를 제거. 체력이 40% 이하인 챔피언에게는 기원의 위력이 50% 증가.

# Soraka

★★★☆☆ salvation - Many unemployed people looks for salvation in computer games.
많은 실업자들이 컴퓨터게임에서 구원을 찾고 있다.

★★★☆☆ redemption - God's plans for the redemption of the world 세상의
구원을 위한 하나님의 계획

★★★☆☆ redeem - He redeemed his points and flew around the world.
그는 그의 (마일리지) 포인트를 사용해서 전 세계를 날아다녔다.

★★★☆☆ astral - astral navigation 별의 운항

★★★☆☆ infusion - an herbal infusion 허브를 우려낸 차

★★☆☆☆ astronomy - On his astronomy test he said that a star grouping was Heimerdinger's hair.
천문학 시험에서 그는 '별무리' 를 '하이머딩거의 머리카락' 이라고 말했다.

★★★☆☆ astrology - the widespread popular faith in astrology
점성술에 대한 널리 퍼진 대중적 믿음

★★★☆☆ astronaut - The astronaut flew past my house and hit my cow Betsy.
그 우주비행사는 내 집을 지나쳐 날아가 내 소 벳시와 부딪혔다.

★★★☆☆ astrophysics - the museum's curator of astrophysics
그 박물관의 천체물리 큐레이터

★★★☆☆ asteroid - Since I was the first to find it, I will name that asteroid LOL.
내가 그것을 처음으로 발견한 사람이니까, 나는 그 소행성을 LOL이라고 이름을 붙이겠다.

★★★★★ asterism - Admiral Gunter looked at 1,585 stars grouped into 257 clusters or 'asterism'.
군터 제독은 257개의 군집, 혹은 '별자리'로 그룹 지어진 1,585개의 별들을 바라보았다.

★★★☆☆ asterisk - I will put an asterisk beside his best score because he cheated.
그가 부정행위를 했기 때문에 나는 그의 최고 점수 옆에 별표를 치겠다.

★★★☆☆ disaster - I believe that assumptions can bring about national disaster.
나는 그러한 가정이 국가적인 재앙을 불러올 수 있다고 믿습니다.

★★★☆☆ infuse - His drink is infused with ox blood.
그의 음료는 소의 피가 들어간 것이다.

★★★★☆ equinox - the autumnal equinox 추분점(秋分點)

★★★★☆ vernal - the vernal equinox 춘분점(春分點)

★★★★☆ solstice - the summer solstice and winter solstice 하지와 동지

# Swain,
## the Master Tactician
### 스웨인 - 전술의 대가

**P**    Carrion Renewal    시체 흡수

**Q**    Decrepify    노쇠화

**W**    Nevermove    부동진

**E**    Torment    고통

**R**    Ravenous Flock    굶주린 새떼

□□□ **tactician** [tæktíʃn 택**티**션] n. 책략가, 전술가

□□□ **tactic** [tǽktɪk 택틱] n. 전술

### tactic(택틱)은 LOL의 승리의 기본 전술

★ tactician은 책략가, 전술가를 말하고 동양에서는 모사(謀士)라고도 부릅니다. 챔피언 Swain 스웨인은 별명이 '**tactic**전술**의 대가**'로 나옵니다. LOL게임도 택틱을 잘 짜는 것이 한 팀의 승패에 중요한 요소로 작용합니다.

tactic전술의 어원을 찾아 멀리 올라가면 tac은 order질서를 의미하는 PIE어근 *tag-에서 그 기원을 찾을 수 있습니다.
또한 이 어근 *tag-은 배열의 기술(art of arrangement)을 의미하는 그리스어 taktike techne에 쓰였으며 이는 '**군대를 질서 있게 배치하는(tactic) 기술(technic)**'을 의미했습니다.
이러한 배열 기술(tactic)은 국가의 존망을 가르는 그리스의 장갑보병전에서 승리할 수 있는 중요한 요소였습니다.

전술을 의미하는 다른 단어로는 strategy가 있는데 이는 좀 더 윗 단계에서 상황을 멀리 보는 '**전략**'이라는 의미로도 사용되는 단어입니다.
보통 부대단위의 전투계획은 tactic전술이라 부르고 커다란 군 단위 혹은 국가 단위의 전투계획은 strategy전략라고 부릅니다.

**strategy** [strǽtədʒɪ **스트래**러지] n. 전략

* **strategy**는 '**군대의 장군**'을 의미하는 그리스어 strategia에서 나온 단어입니다. 그리고 이 장군이 행하는 병법(art of general)이 strategy입니다. 여러 단위로 나누어진 군대를 stratos라고 칭했는데 이는 structure구조물와 연관되어 있는 단어입니다. 즉 strategy전술이라는 단어는 '**structure(구조물) → 구조물(단위)들이 모인 군대 → 그 단위들을 지휘하는 장군 → 그 장군이 쓰는 전술**'의 순서로 의미가 형성된 것입니다.

요즘 뜨는 아놀드 슈왈츠제네거가 모델인 모바일 게임 [Mobile strike모바일 스트라이크]도 구조물을 건설하고 적들과 strategy전술를 겨루는 일종의 장군놀이라고 할 수 있습니다.

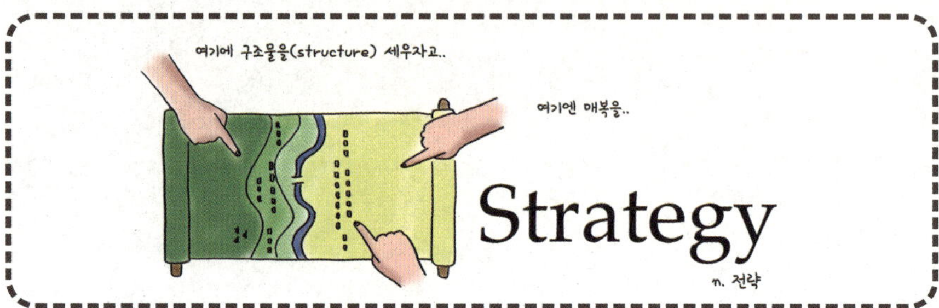


### 그리스 장갑보병 Hoplite(호플리테)

그리스 중무장 장갑보병을 말하는 hoplite호플리테는 영화 [300]에서 등근 방패와 창을 든 병사의 모습을 생각하면 됩니다. 장갑보병대란 뜻의 호플리테스는 군사학 책에서 자주 볼 수 있는 용어입니다.

그리스 시대 hoplite장갑보병의 밀집대형은 자신의 우측병사의 방패에 몸을 가리기 위해 오른쪽으로(아군의 우익), 즉 시계반대방향으로 도는 경향이 있었습니다. 따라서 정예부대를 우측에 배치해 적의 좌익으로 밀고 나가 뒤로 돌아가 적군의 진을 와해시키는 것이 중요했습니다. 물론 그 사이에 아군의 좌익이 버텨주는 것도 중요합니다. 훌륭한 tactician이라면 자신의 병사들의 능력을 잘 확인해 phalanx formation밀집대형으로 좌, 우익에 적절히 배치하였을 것입니다.

팔랑크스는 그리스 장갑보병의 밀집대형을 말하는데 당시 세계최강의 전투방식이었습니다.
손가락 5개를 짝 붙여서 바라보면 이 장갑보병의 모습과 비슷해서
손가락뼈(指骨)를 phalanx bone이라고 부르기도 합니다.

**hoplite** [hɑ́plaɪt 하플라이트] n. 호플리테, (그리스)장갑보병

**phalanx** [fǽlæŋks ㅎ팰랭크스] n. 팔랑크스, 밀집대형

---

## Carrion Renewal
passive - 시체 흡수

| 스웨인은 미니언을 처치할 때마다 9의 마나를 회복하고 챔피언을 처치하거나 어시스트를 올릴 경우 최대 마나량의 9%를 회복.

□□□ **carrion** [kǽrɪən 캐리언] n. 썩어가는 고기

□□□ **renewal** [rɪnúːəl 리뉴우얼] n. 재개발, 연장    ∞ Karma 참고

## carrion(썩어가는 고기)는 caro(고기)에서 나온 단어

★ **carrion**은 주로 죽은 동물의 썩어가는 고기를 말합니다. 따라서 우리가 알고 있는 송장벌레나
시체꽃 등에 사용하는 단어가 되겠습니다.

**carrion beetle** 송장벌레
**carrion flower** 시체꽃

carrion flower시체꽃이라 불리는 거대한 꽃 Titan Arum타이탄 아룸은 전 세계에
100여개 본 정도만 남아있고 5년에 한번 꽃이 피며 48시간 안에 져버리기 때문에
그 희귀함이 대단합니다. 꽃에서 동물 썩는 냄새가 나서 이름이 시체꽃이 되었습니다.
이 꽃의 향기에 대한 가장 정확한 표현은 **'썩은 소고기에 둘러싸인 더러운 양말냄새'**라고 합니다.

carrion의 어원은 라틴어인 caro고기에서 나왔습니다. carcass시체나 carnival축제같은 단어에 그
어원의 모습이 남아있습니다.

**carcass** [káːrkəs **카아커스**] n. 시체

* **carcass**는 주로 동물의 시체를 말합니다. 동물의 시체는 바로 우리가 먹기도 하므로 **'식용고기'**를 의미할 때도 있고
도로에 죽어있는 **'큰 동물의 시체'**를 뜻할 때도 있습니다.
carcass를 기억할 때는 도로에서 차에 치인 동물이 "차가(car) 갔어(cass)..내 위로.."하며 죽어가는 장면을 떠올리면
됩니다.

**Decrepify**
Q - 노쇠화

| (액티브) : 스웨인이 까마귀로 적을 공격. 다음 3초 동안 적은 초당 마법 피해를 입고 속도가
느려짐.

★ **decrepify**는 한국에서는 **'노쇠화'**로 번역되었지만 원래 사전에는 존재하지 않는 단어입니다.
[Diablo II디아블로2]의 Necromancer네크로멘서 스킬에서처럼 crippling curse를 걸어서 creep

기계 만드는 것으로 LOL 게임 상 제조한 단어로 보입니다. de + creep(기다) + fy로 생각됩니다.

**creep** [krɪːp 크리잎] v. 기다
**cripple** [krípl **크리**플] v. 불구로 만들다　∞ Lee Sin 참고
**curse** [kɜːrs 커어스] n. 저주　∞ Amumu 참고

## Nevermove
W - 부동진

| (액티브) : 스웨인이 목표 지점을 표시하면 0.875초 뒤 강력한 발톱이 적 유닛을 붙잡으며 마법 피해를 입히고 2초 동안 속박.

★ nevermove는 LOL에서 만든 단어입니다. **'상대방을 붙잡다'**라는 뜻으로 보면 되겠습니다.
이렇게 무언가 정체가 돼서 움직이지 못하는 상황을 나타내는 단어로는 congestion이 있습니다.
예를 들어 차가 막혀 교통이 정체되거나 코가 막혀 코막힘 증상이 생길 때, 또는 물의 통로가 막혀서
호스가 커질 때 모두 congestion되었다고 표현할 수 있습니다.

**congestion** [kənd3éstʃən 컨**제**스쳔] n. 혼잡, 막힘

* congestion은 **'함께 모이는 행동'**을 나타내는 라틴어 congestionem에서 나온 단어이고 어원을 보면 con(함께)
+ gesture(제스쳐)로 이해할 수 있습니다.
좁은 문에 서로 들어가려고 **함께(con) 제스처**를 취하는 모습이 상상되는 단어입니다. 단어의 기억도 gesture제스처를
가지고 의미를 유추하면 쉽습니다.

## Torment
E - 고통

| (액티브) : 스웨인이 대상에게 4초에 걸쳐 마법 피해. 고통의 지속 시간 동안 대상은 스웨인에게 공격받을 경우 추가로 피해.

□□□ **torment** [tɔ́ːrment **토어**먼트] n. 고통, 고민거리　∞ Aatrox 참고

# Ravenous Flock
## R - 굶주린 새떼

(활성화 시) : 스웨인이 까마귀로 변신. 활성화 되면 3마리의 작은 까마귀가 근처 적을 매 초마다 공격하며 적 챔피언을 우선 공격. 각 까마귀는 마법 피해를 입히고 챔피언에게 준 피해의 75%만큼을 체력으로 회복.

□□□ **raven** [réɪvn 레이븐] n. 큰까마귀　∞ Fiddlesticks 참고

□□□ **flock** [flɑːk ㅎ플라아ㅋ] n. 떼

★ flock은 짐승의 큰 무리를 말하는 데 주로 사용합니다. 양이나 염소 무리도 표현이 가능하지만 주로 새 떼를 말할 때 쓰입니다.

herd

Same feathers flock together. 유유상종.

떼를 나타내는 단어는 flock 외에도 herd, troop, group, swarm, school 등도 있습니다. herd는 역시 목축과 관계있는 단어이므로 양이나 소, 사슴, 코끼리 떼를 표현할 때 어울립니다. 교회에서 목사님이 신도들에게 양손을 들고 "Oh, my herd~!오 나의 신도들이여!"라고 하기도 합니다. 이때는 신도들을 양떼로 보고 자신은 그들을 이끄는 목자로 비유한 것입니다. troop은 행군하는 부대와 관계있으므로 지축을 울리는 사슴 떼나 한 무더기의 서커스의 원숭이 떼를 떠오르게 합니다. group은 사람을 포함 아무 집합에나 사용이 가능합니다. swarm은 벌이나 개미 등이 바글거리는 모습을 말합니다. school은 집단으로 움직이는 물고기 떼의 모습을 뜻합니다.

참고로 이러한 동물의 무리를 한 곳으로 모을 때는 동사 aggregate를 사용할 수 있습니다.

**aggregate** [ǽgrɪgeɪt 애그리게이트] v. 모으다, 종합하다

* **aggregate**는 '그룹 안으로 모으다'는 뜻의 라틴어 aggregare에서 나왔고 조합을 분석해보면 ag(ad향하여) + gregare(herd무리)로 나눠볼 수 있습니다. 명사는 aggregation집합입니다. aggregate를 암기할 때는 동물들이 "어디로 모이는 거래?", '**어~그리 가래**'라고 대화하며 모이는 모습을 상상하면 편합니다.

# Swain

★★★☆☆ **tactician** - a political tactician 정치적인 책략가

★★★☆☆ **tactic** - His tactic was to quickly run around in a ring until he made a circle of fire.
그의 전술은 불의 원을 만들 때까지 링에서 빠르게 달려 다니는 것이었다.

★★★☆☆ **strategy** - shifts in marketing strategy 판매 전략의 변화

★★★★★ **carrion** - a carrion beetle 송장벌레

★★★☆☆ **renewal** - Fill out the renewal forms before the due date, or we will be kicked-out of our apartment.
마감일 전까지 재계약 서류를 작성해라. 그렇지 않으면 우리는 아파트에서 쫓겨날 것이다.

★★★★★ **carcass** - The carcass is starting to smell fowl.
그 (동물의) 시체는 썩은 악취가 나기 시작했다.

★★★☆☆ **creep** - The prince of Persia crept past the guards and into the castle.
그 페르시아의 왕자는 (몰래) 기어 경비병들을 지나 성안으로 들어갔다.

★★★☆☆ **cripple** - China killed or imprisoned several CIA sources to crippled US's spy operations.
중국은 미국의 스파이 작전을 좌절시키기 위해 몇 명의 CIA 정보원들을 죽이거나 투옥시켰다.

★★★☆☆ **curse** - He always thought curses were stupid, but now he is a chicken.
그는 항상 저주는 멍청한 짓이라고 생각했는데, 지금은 그가 닭이 되어 있었다.

★★★☆☆ **congestion** - Road congestion has gotten worse, since the aliens from Jupiter came to Earth.
외계인이 목성에서 지구로 온 이후로 도로의 정체가 점점 심해졌다.

★★★☆☆ **torment** - a woman in torment 고뇌에 찬 여인

★★★☆☆ **raven** - A raven flew in through the window and smashed right into my birthday cake.
큰 까마귀 한 마리가 창문을 통해 날아 들어와 바로 내 생일케이크에 처박혔다.

★★★☆☆ **flock** - a flock of birds 새 떼

★★★☆☆ **aggregate** - My room is an aggregate of every game made.
내 방은 제작된 모든 게임의 집합장소이다.

# Syndra, the Dark Sovereign

신드라 - 어둠의 여제

| | | |
|---|---|---|
| P | Transcendent | 초월 |
| Q | Dark Sphere | 어둠 구체 |
| W | Force of Will | 의지의 힘 |
| E | Scatter the Weak | 적군 와해 |
| R | Unleashed Power | 풀려난 힘 |

□□□ **sovereign** [sάːvrən 사아브런] n. 군주  a. 독립된  ∞ Trundle 참고

★ sovereign은 '**군주**'라는 뜻입니다. 신드라는 〈the Dark Sovereign어둠의 여제〉가 별칭입니다.
sovereign은 국왕을 의미하는 말로서 프랑스어인 soverain에서 나온 단어입니다. 나중 영어에서
super + reign(통치)의 뜻이되도록 철자를 바꿔서 사용하게 되었습니다. 형용사로는 '**독립된**'의
뜻인데 여기에 -ty를 붙여서 sovereignty자주 단어가 나왔습니다.
sovereignty는 흔히 국가의 3 요소(territory영토, people국민, sovereignty주권)를 말할 때 볼 수
있는 단어입니다.
sovereign을 기억할 때는 강화도에서 소 키우던 총각에서 어느 날 갑자기 왕이 된 조선 25대 철종을
생각하면 됩니다. 바로 왕이 돼서 키우던 '**소 버린** 철종(군주)'이죠.

| | | |
|---|---|---|
| P | **Transcendent**<br>passive - 초월 | 스킬을 사용시 3초간 유닛충돌을 무시할 수 있고 주변적과 건물에 마법피해.<br>미니언에게는 2배 데미지. |

□□□ **transcendent** [trænséndənt 트랜**샌**던ㅌ] a. 초월하는  ∞ Irelia 참고

 문명을 transcendent(초월하는) 메시지

★ transcendent는 '초월하는'이라는 뜻입니다. 초월하는 것의 예로는 보이저 1호에 실린 메시지를 들 수 있습니다. 인간이 아닌 외계인에게 전해질 이 메시지는 우리의 언어로 전해질 수는 없으므로 문명을 '초월하는' 공통의 우주에 대한 지식이 필요했습니다.
외계인도 이 레코드를 보면 "아하!"하고 고개를 끄덕이며(고개라는 것을 그들이 가지고 있을지는 모르지만) 작동법을 이해하고 태양계의 위치를 알 수 있도록 적어놓은 것입니다.

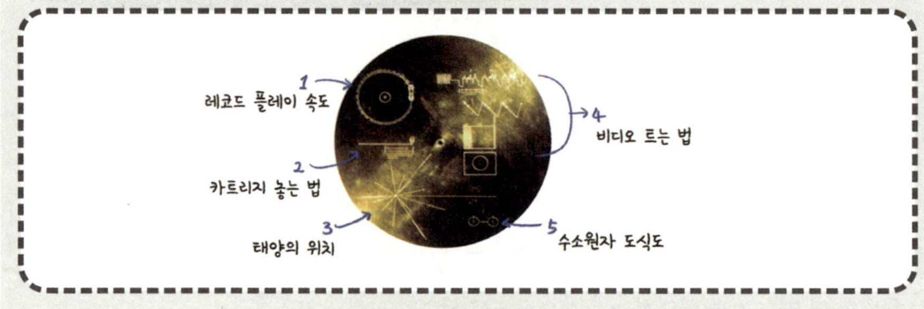

## Dark Sphere
Q - 어둠 구체

(액티브) : 신드라가 어둠의 구체를 지정한 위치에 소환해 일정 범위에 마법 피해. 구체는 6초 동안 그 자리에 남아 있으며 신드라의 다른 스킬로 움직일 수 있음.

## Force of Will
W - 의지의 힘

(액티브) : 어둠의 구체나 적 미니언, 또는 중립 몬스터를 잡음.
(액티브) : 잡은 어둠의 구체나 적을 지정한 위치로 던짐. 여기에 맞은 적은 마법 피해를 입고 이동 속도가 1.5초 동안 느려짐.

□□□ **force** [fɔːrs ㅎ포어스] n. 물리력　　∞ Kassadin 참고

## May the force be with you. (포스가 함께 하길)

★ force는 물리력이나 폭력을 말하기도 하고 동사로는 누구에게 강압하고 강요하는 것을 말합니다. 그러나 조지 루카스 감독의 영화인 [Star Wars스타워즈]에서 force는 제다이 기사들의 마나와 같은 역할을 하는 힘의 종류로 나옵니다. 이 force는 이제 일상에서도 영화 속 대사인 "May the force be with you. 포스가 함께 하길"를 인사말로 재미있게 쓸 정도가 되었습니다.

언어를 배운다는 것은 그 언어를 사용하는 문화를 이해한다는 것이므로 스타워즈나 스타트랙 같은 기본 문화 contents컨텐츠를 같이 알고 있는 것이 좋습니다.

스타워즈의 시리즈의 제목을 보며 기본 지식을 보겠습니다. 스타워즈는 prequel trilogy3부작가 나중에 나온 관계로 시리즈의 순서는 episode 4,5,6,1,2,3이 되겠습니다.

| 4 | Star Wars (A New Hope) | 새로운 희망 | 루크와 오비완, 레아공주 |
|---|---|---|---|
| 5 | Episode V- The Empire Strikes Back | 제국의 역습 | 솔로, 베이더 |
| 6 | Episode VI- The Return of the Jedi | 제다이의 귀환 | 요다, 자바 더 헛 |
| 1 | Episode I- The Phantom Menace | 보이지 않는 위험 | 아나칸, 아미달라 여왕 |
| 2 | Episode II- Attack of the Clones | 클론의 역습 | 두쿠 백작, 파드메 |
| 3 | Episode III- Revenge of the Sith | 시스의 복수 | 그리버스 장군, 팰퍼틴 |

1977년에 나온 첫 [Star Wars]에는 부제가 없다가 나중 재개봉을 하게 되면서 [A New Hope새로운 희망]이라는 [에피소드 IV]에 해당하는 부제가 붙었습니다. 각 시리즈에 붙은 부제목에서 관심이 가는 단어를 몇 가지 보겠습니다.

**phantom** [fǽntəm ㅎ**팬**텀] n. 유령
**menace** [ménəs **메**너스] n. 위협
**clone** [kloʊn 클로운] n. 복제생물
**revenge** [rɪvéndʒ 리**벤**지] n. 복수　　∞ Maokai 참고

* **phantom**은 유령을 뜻하는데 전투기 이름 팬텀시리즈로 유명합니다. phantasm환영을 뜻하는 라틴어 phantasma 에서 나온 단어이고 fantasy판타지와 관련이 있는 단어입니다.

* menace는 위협을 뜻하는데 같은 뜻의 라틴어 minacis에서 나온 단어입니다. menace 단어를 기억할 때는 men(남자) + ace(에이스)로 이해해서 '상대편 에이스가 가하는 위협'으로 암기해도 되고 발음을 이용해서 '매 넣었어. 알아서 잘해'라고 위협하는 이미지를 이용해도 됩니다.
라틴어 minacis 어근과 관련하여 amenable이란 단어도 같이 이해하면 좋습니다.

**amenable** [əmíːnəbl 어**미이**너블] a. 말을 잘 듣는

* amenable은 '**말을 잘 듣는**'이라는 뜻입니다. 기독교에서 기도 할 때 '**아멘 = 믿습니다**'라는 말을 하는데 이 Amen 의 느낌이 고분고분 '**말을 잘 듣는**' 모습이어서 연관되어 기억하기 좋습니다.
물론 어원학 상으로는 ad(향하여) + menace(위협) + able(~할 수 있는 : 형용사형어미)의 조합이라 Amen아멘과는 관계가 없습니다. "너 이거 안 하면 죽어!"라고 위협할 수 있을 만큼 고분고분 말을 잘 듣는 사람이라는 뜻입니다.

---

## E　Scatter the Weak
### E - 적군 와해

(액티브) : 원뿔 모양의 범위에 있는 적에게 마법 피해를 입히고 신드라와 가까이 있는 적일수록 멀리 밀어냄. 스킬 범위에 어둠의 구체가 있는 경우 구체 또한 뒤로 밀려나며, 구체가 지나는 경로에 있는 적들은 1.5초 동안 기절.

□□□ **scatter** [skǽtə(r) **스깨**러] v. 흩뿌리다　　∞ Ekko 참고

### scatter는 깨를 흩뿌리는 것

★ scatter는 씨앗같이 작은 것들을 여기저기 흩뿌리는 모습을 말합니다. '스**깨**러' 발음 그대로 깨를 사방에 뿌린다고 이미지를 만들면 되겠습니다.
scatter는 중세에 영어에서 shatter의 변형으로 발생한 단어입니다. 비슷한 뜻의 단어에는 spread, disseminate, diffuse, sprinkle 등이 있습니다.

**shatter** [ʃǽtə(r) **섀**터] v. 산산조각 내다　　∞ Ekko 참고
**spread** [spred 스프레드] v. 펼치다, 퍼트리다
**disseminate** [dɪsémɪneɪt 디**세**미네이트] v. 퍼트리다

**diffuse** [dɪfjúːs 디ㅎ**퓨우스**] v. 분산시키다
**sprinkle** [sprínkl **스프링클**] v. 뿌리다

* spread는 '**뿌리다, 퍼트리다**'라는 뜻도 있지만 주로 뭔가를 넓게 펼치는 의미가 강합니다.

* disseminate는 '**퍼트리다**'라는 뜻입니다. 라틴어 어원 dis(사방으로) + semen(seed)으로 이루어졌습니다. '**씨앗을
사방으로 뿌리다**'라는 의미인데 semen은 '**씨앗**'이라는 뜻에서 현대에는 '**정액**'이라는 의미가 되었습니다.
disseminate를 기억할 때는 semen을 단어 안에서 뽑아내어 퍼트리는(dis) 모습으로 기억하면 편합니다.

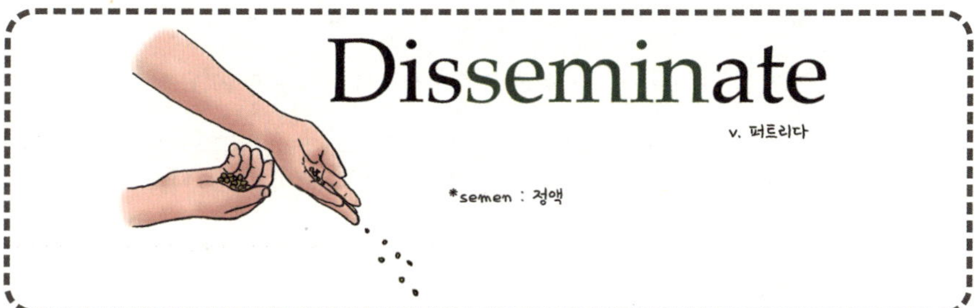


* diffuse는 '**퍼지다, 번지다**'라는 뜻으로 주로 빛이나 작은 입자의 방산이나 확산을 의미합니다.
dis(사방으로) + fundere(pour붓다)의 라틴어 조합인데 사방으로 물 같은 것을 흩뿌리는 모습을 말합니다.
또한 몸에 발진이나 점이 쫙 퍼져있는 모습이나 사진의 영상이 뿌옇게 보이는 모습일 때도 '**diffuse하다**'는 표현을
사용할 수 있습니다.
diffuse를 기억할 때는 '**다 퍼져**!'하며 물을 퍼붓는 모습을 이미지화하면 됩니다.
혹은 어근과는 관계없이 di(반대) + fuse(융합시키다)의 조합으로 이해해서 기억해도 됩니다. 융합의 반대가 분산이죠.

* sprinkle은 '**뿌리다**'라는 뜻입니다. 잔디에 물을 뿌리는 sprinkler스프링클러를 생각하면
되겠습니다.
spring은 봄이라는 뜻 외에도 '**통통 튀다(스프링처럼), 자라다, 퍼지다**'는 뜻이 있는데
이 spring의 반복적 의미에서 sprinkle 단어가 나왔다고 합니다.

# Unleashed Power
R - 풀려난 힘



□□□ **unleash** [ʌnlíːʃ 언리이쉬] v. 불러일으키다, 촉발시키다

 **개의 목줄을 풀고(unleash) 다음에 벌어질 일을 기다리다**

★ unleash는 상대편의 반응이나 감정 등을 불러일으킨다는 뜻입니다. 어떤 사건을 촉발시킨다는 의미도 있습니다.
말로는 복잡하지만 그냥 '**leash**개 목줄을 풀어 놓은 것'입니다. 풀려난 개는 물고 뜯고 난리법석을 부릴 것인데 이처럼 unleash는 '**다음 사건을 불러일으키다**'는 의미가 있습니다.

**leash** [líːʃ **리이쉬**] n. 개 목줄

leash는 '**개 목줄**'이라는 뜻인데 대개 leash는 thong가죽 끈으로 만들어져 있습니다.
어원상 leash는 라틴어 laxus에서 나온 단어인데 개 목줄 thong가죽 끈이 느슨하게(loose) 매어져 있는 모습에서 개 목줄의 뜻이 나온 것입니다. (loose → leash)
이 느슨하다(loose)라는 뜻의 라틴어 laxus 어근은 relax느긋이 쉬다, laxative설사제 같은 단어에서 볼 수 있는 것입니다.

> strain at the leash 몹시 원하다

**thong** [θɔːŋ 쏘엉] n. 가죽 끈
**relax** [rɪlǽks 릴**랙**ㅅ] v. 느긋이 쉬다, 완화하다
**laxative** [lǽksətɪv **랙**서티브] n. 완화제, (변비치료용) 설사제

# Syndra

★★★☆☆ sovereign - The British sovereign has little real power.
영국의 군주는 실권이 거의 없다.

★★★☆☆ transcendent - He sang a transcendent song, and was never to be seen again.
그는 초월적인 노래를 불렀다. 그리고 다시는 보이지 않았다.

★★★☆☆ sphere - I needed to create a sphere in math class, so I used my old soccer ball.
나는 수학시간에 구(球)를 만들어야 해서 오래된 내 축구공을 사용했다.

★☆☆☆☆ force - When the President on board, it is called Air Force One.
대통령이 탑승하고 있을 때, 그 비행기는 공군 1호기(미국 대통령의 전용 비행기)라고 불린다.

★★☆☆☆ phantom - The phantom haunted us from 3AM to 4AM every night.
그 유령은 새벽 3시부터 4시까지 밤마다 우리를 홀렸다.

★★★☆☆ menace - My puppy is such a menace, he knocked over everything on my desk.
내 강아지는 완전히 성가시다. 내 책상위에 있는 모든 것을 넘어뜨렸다.

★★★☆☆ clone - clone troopers in Star Wars 스타워즈의 클론 군인들

★★☆☆☆ revenge - Revenge is a dish best served cold.
복수는 차갑게 제공될 때가 최고인 요리다. (화가 나 있을 때는 복수도 잘되지 않는다. 차분하게 복수하자.)

★★★☆☆ amenable - parents who have an amenable children
말을 잘 듣는 아이들을 가진 부모

★★★★★ scatter - The peasants scattered seeds over the field.
농부들이 밭에 씨를 뿌렸다.

★★★★★ shatter - Be careful with the crystal, or it might shatter.
그 수정을 조심해서 다뤄라. 그렇지 않으면 산산이 부서질지도 모른다.

★★★☆☆ spread - It is time to spread the word about its availability.
이제 그것의 유용성에 대한 소문을 퍼뜨릴 때다.

★★★☆☆ disseminate - The astronomer has worked hard to disseminate his important information about the meteor.
그 천문학자는 그 운석에 관한 자신의 중요한 정보를 퍼뜨리기 위해 열심히 일해왔다.

★★★☆☆ diffuse - The law can diffuse power without creating anarchy.
그 법은 무정부상태를 유발하지 않고 권력을 분산시킬 수 있다.

★★★☆☆ sprinkle - Her kid sprinkled the floor with water.
그녀의 아이는 물을 바닥에 흩뿌렸다.

★★★☆☆ unleash - Opening the box, unleashed doom to mankind.
그 상자를 열자 인류의 멸망이 촉발되었다.

★★★☆☆ leash - Letting your dog off the leash can be dangerous for your neighbors.
네 개의 끈을 풀어주는 것은 네 이웃에게 위험할 수 있다.

★★★★★ thong - a leather thong 가죽 끈

★☆☆☆☆ relax - the place for a relaxing holiday
느긋한 휴일을 보낼 장소

★★★★☆ laxative - Teddy suffered from severe diarrhea after swallowing 20 laxative pills.
테디는 변비약 20알을 삼키고 생긴 심한 설사로 고통받았다.

# Tahm Kench, The River King

탐 켄치 - 강의 폭군

| | | |
|---|---|---|
| **P** | An Acquired Taste | 절대 미각 |
| **Q** | Tongue Lash | 혀 채찍 |
| **W** | Devour/Regurgitate | 집어삼키기/역류 |
| **E** | Thick skin | 두꺼운 피부 |
| **R** | Abyssal Voyage | 심연의 통로 |

## P An Acquired Taste
passive - 절대 미각

> 기본 공격 또는 스킬 공격으로 적 챔피언을 공격할 때마다 절대 미각 중첩이 쌓임. 중첩이 세 번 쌓인 적에게는 탐 켄치의 스킬 효과가 달라짐.

□□□ **acquired** [əkwáɪərd 어**콰이**어ㄷ] a. 획득된, 후천성의　∞ Poppy 참고

□□□ **taste** [teɪst 테이스ㅌ] n. 맛　v. 맛보다　∞ Kha'zix 참고

acquired(후천성의)는 살다가 ad(부수로) quire(찾은) 성질

★ acquired는 '**처음에 존재하는 것이 아닌 나중에 획득된**'이라는 뜻입니다.
챔피언 탐 켄치의 〈An Acquired Taste〉 스킬은 '**절대미각**'으로 번역되었지만 원래는 '**처음에는 안 좋아했지만 차차 서서히 좋아하게 된 것**'을 말합니다. 즉 새로 생긴 입맛이라는 뜻입니다. 한글로 번역된 '**절대 미각**'을 거꾸로 영어로 옳게 번역하라하면 absolute taste가 더 적절하겠습니다.

acquired의 기본이 되는 동사 acquire는 라틴어인 ad(extra부수로) + quaerere(찾다)의 조합으로 생성된 단어입니다. '**추가로 찾아서 더 얻다**'라는 뜻의 동사인 것입니다.
그런데 acquired의 '**획득된**'이라는 뜻은 영어식 표현이라서 '**후천성의**'라는 뜻으로 기억하기가 더 편합니다. congenital선천성의 반대말로 이해하여 두 단어를 세트로 기억하는 것이죠.

| | | |
|---|---|---|
| congenital | a. 선천성의 | 처음부터 가지고 있던 것 |
| acquired | a. 후천성의 | 나중에 얻은 것 |

**congenital** [kəndʒénɪtl 컨**제**니틀] a. 선천성의

* congenital은 부모로부터 받아서 태어날 때부터 가지고 있던 것을 말합니다. 라틴어 어원으로 분해해보면 con(together) + genitus(beget아비가 된)의 조합이 됩니다.

여기서 라틴어 genitus는 gene유전자이나 genital생식기의과 관련된 단어입니다. 유전자(gene)는 생식기로(genital) 후손에게 선천성의(congenital) 형질을 전달하므로 모두 의미가 연결되는 단어들입니다.

병원에서는 '고추, 불알, 잠지' 등 이런 지저분해보이는 단어를 사용하지 않고 'genital area생식기부위'라고 점잖게 그 부위를 부릅니다.

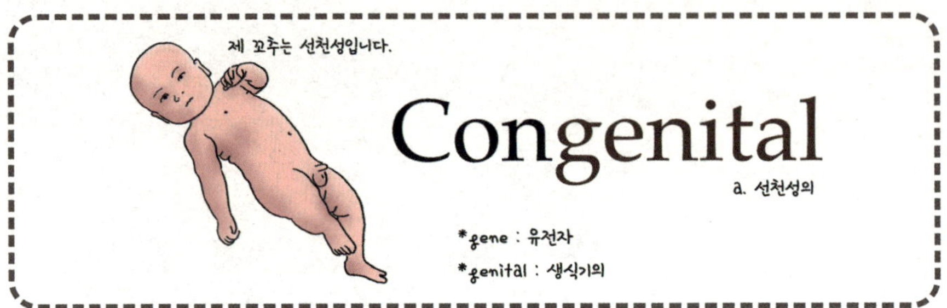


그리고 acquire획득하다 이외에 quire가 들어가서 '찾다'의 의미로 쓰인 단어로는 require요구하다나 inquire물어보다 등이 있습니다.

또한 quire가 들어갔지만 어원이 다른 단어로는 '~씨, ~님'을 나타내는 단어 esquire에스콰이어가 있습니다. esquire는 중세시대 knight기사를 따라다니던 종자 squire에서 기원한 단어입니다.

**require** [rɪkwáɪər 리**콰이**어] v. 요구하다　∞ Azyr 참고
　　→ **request** n. 요청
**inquire** [inkwáɪər 인**콰이**어] v. 묻다　∞ Azyr 참고
**esquire** [éskwaɪər **에**스콰이어] n. 귀하, ~씨, ~님

## Q　Tongue Lash
Q - 혀 채찍

탐 켄치가 지정된 방향으로 혀를 날리며 움직일 수 없는 상태가 됨. 첫 대상을 가격하면 80의 피해와 2초간 둔화효과. 이 스킬로 절대미각 스택을 쌓을 수 있으며 만약 3중첩인 대상을 맞추면 1.5초간 기절시킴.

□□□ **tongue** [tʌŋ 텅] n. 혀

□□□ **lash** [læʃ 래쉬] v. 후려치다

### tongue(혀)와 lingua(혀)는 영어에서 다시 만난 이산가족

★ tongue은 '혀'라는 뜻인데 PIE어근의 *dhghwa-에서 나온 단어입니다.

이 PIE어근은 라틴어에서는 lingua-(혀) 어근으로 이어져서 /l/발음으로 영어로 왔고 독일 쪽에서는 그대로 고(古)독일어 *tungon을 지나 /t/발음으로 이어졌습니다.

결국 우리가 아는 혀를 뜻하는 두 단어 lingua와 tongue은 모두 처음에는 같은 어원이었다가 먼 거리를 지나 다시 영어에서 만난 같은 형제라는 이야기가 됩니다.

| PIE어근<br>*dhghwa- | → 라틴어 lingua- | → 영국 lingua | → 혀(lingua, tongue) |
|---|---|---|---|
| | → 고 독일어 *tungon | → 고 영어 tunge | |

lingua는 라틴어 철자 그대로 영어에서 '**혀**'라는 뜻이고 어근으로도 쓰여서 lingual혀의, language 언어같은 단어를 만들었습니다.

**lingua** [líŋgwə **링궈**] n. 혀, 언어
**lingual** [líŋgwəl **링궐**] a. 혀의, 언어의
**linguist** [líŋgwɪst **링귀스ㅌ**] n. 언어학자
**language** [lǽŋgwɪdʒ **랭귀지**] n. 언어

혀가 하는 일은 다양합니다. 미뢰(taste bud)를 통하여 다양하고 특별한 cuisine요리의 맛을 느끼기, 발음을 구성하도록 움직이기, 침 뱉기, 프렌치 키스하기..
그런데 챔피언 탐 켄치의 스킬 〈Tongue-lash〉는 혀를 채찍처럼 이용해 때리는 것입니다. 카멜레온 같은 동물은 물리적으로 혀로 먹이를 때릴 수도 있지만 인간의 혀채찍은 '**호되게 말로 꾸짖다**'는 뜻으로 사용됩니다.
이 스킬의 아이콘을 보면 혓바닥을 실제의 채찍으로 사용하는 그림이어서 아주 재미 있습니다. 말로 맞는 것이 더 아플까요, 아니면 혓바닥으로 맞는 것이 더 아플까요?

**cuisine** [kwɪzíːn **퀴지인**] n. (비싼) 요리, 요리법

* cuisine은 일반적인 요리를 뜻하는 dish, food 같은 단어보다 좀 더 특별한 요리를 부를 때 사용되는 단어입니다. 예를 들어 근사한 레스토랑에서 비싼 풀코스 '**프랑스 요리**'를 먹었다면 French cuisine이라고 표현하는 것입니다.
cuisine은 부엌(kitchen)을 뜻하는 라틴어 coquina에서 나온 단어입니다. kitchen과 사촌 관계의 단어라서 영어 [키친] 발음이 cuisine 안에 들어있습니다.
cuisine을 기억할 때도 '**키친에서 요리한 퀴진**'을 떠올리면 됩니다.
만일 키친을 cuisine에서 찾아낼 수 없는 절망적인 눈을 가지고 있다면 다른 기억법으로 '**사촌(cousin)이 만들어 준 특별한 cuisine**'이라는 발음 연상법을 사용하면 됩니다.

★ **lash**는 whip채찍에서 가죽으로 된 채찍 끈을 말합니다. 그러나 요즘 'lash'라고 하면 거의 여성의 화장술에서의 eyelash를 의미합니다.
속눈썹을 예쁘게 위로 말라 올리는 것이 채찍의 휜 모습과 비슷해서 나온 것으로 보입니다.

 **Devour / Regurgitate**

W - 집어삼키기/역류

탐 켄치가 근처의 아군 챔피언 혹은 미니언 및 몬스터를 집어삼킴. 삼켜진 대상은 짧은 시간 대상 지정 불가 상태가 됨.
미니언을 삼키면 지정된 방향으로 역류시켜 대상 지역의 적들에게 피해. 아군 챔피언을 삼켜 적 챔피언에게 향할 때 이동속도가 증가. 적 챔피언은 절대적 미각의 3중첩 효과를 받고 있다면 집어삼킬 수 있음. 탐 켄치가 무언가를 집어삼켰을 경우 역류 스킬을 사용가능.

□□□ **devour** [dɪváʊə(r) 디**바우**어] v. 게걸스럽게 먹다　∞ Katarina 참고

□□□ **regurgitate** [rɪgɜ́ːrdʒɪteɪt 리**거어**지테이트] v. 역류시키다

 **regurgitate(역류하다)는 re(다시) gurge(소용돌이)치는 것**

★ **regurgitate**는 '역류(逆流)시키다'라는 뜻인데 목 아래에서 신물이 싸악 올라오는 것을 말합니다. 가끔은 음식이 올라올 수도 있습니다.
또는 하수관이나 변기에서 오물이 되올라 올 때도 regurgitation역류의 표현을 사용할 수 있습니다.
regurgitate는 라틴어인 re(다시) + gurgitare(engulf에워싸다)에서 나온 단어이고 삼킨 것을 다시 올려보내는 모습을 말합니다. 이 라틴어 어원은 영어단어 gurge소용돌이에 그 모양이 남아있어서 소용돌이가 무언가를 휘감아서 삼키는 모습을 나타냅니다.

이 gurge소용돌이 단어를 이용해 regurgitate를 뱃속에 내려갔다 다시금 소용돌이치듯이 올라오는 구토의 이미지로 기억할 수 있습니다.
어원과 관계없이 regurgitate를 암기할 때는 조금 더럽지만 '**거지**가 **토**한 것(역류)을 다시(re) 먹는' 장면을 사용하면 됩니다.

또한 regurgitate 단어 속에 들어있는 engulf 자체도 많이 쓰이는 단어인데 **'에워싸다, 휩싸다'**라는 뜻으로 사용되고 있습니다. 단어인 engulf를 자세히 들여다보면 en(make) + gulf(만)로 이루어져 있습니다. 이는 해안이 육지 방향으로 볼록 들어가 있는 만(灣)에서 육지가 바다를 '에워싸는' 모습을 연상시킵니다.

gulf만는 육지 쪽으로 활같이 휘어 들어간 바닷물의 입장에서 나온 단어이고 engulf에워싸다는 그 만을 둥그렇게 에워싸는 육지의 입장에서 나온 단어입니다.

**engulf** [ɪngʌlf 인**걸**ㅎㅍ] v 에워싸다, 휩싸다

**gulf** [gʌlf 걸ㅎㅍ] n. 만

참고로 **'위식도regurgitation역류병'**은 중요한 식도질환의 하나입니다. stomach위의 gastric acid 위산이 식도로 자꾸 넘어와 앞가슴이 쓰린 병입니다. 그런데 이 regurgitation은 일상에서 쓰기에는 조금 어려운 전문용어여서 reflux가 역류의 의미로 더 자주 사용됩니다.

**reflux** [ríːflʌks] **리이**ㅎ플럭스] n. 역류

**Thick skin**
E - 두꺼운 피부

(지속 효과) : 재사용 대기시간이 아닐 때는 탐 켄치가 받는 모든 피해는 회색 체력으로 바뀜. 탐 켄치가 전투에서 벗어나면 회색 체력 양의 일부를 자신의 체력으로 회복시킴.
(사용 시) : 탐 켄치가 마지막 6초 동안 얻은 회색 체력을 빠르게 감소하는 보호막으로 변환시킴.

**Abyssal Voyage**
E - 심연의 통로

(기본 지속 효과) : 탐의 기본공격과 스킬 피해량이 (20 + 탐 켄치의 추가 체력의 4%) 만큼의 마법피해.
(사용 시) : 탐 켄치가 15초간 주둥이를 벌려 아군이 그의 뱃속으로 들어갈 수 있음. 아군이 뛰어 들거나 탐 켄치가 이 스킬을 재 시전하면 대상 지점으로 순간 이동.

□□□ **abyss** [əbís 어비스] n. 심연

□□□ **voyage** [vɔ́ɪɪdʒ 보이이지] n. 항해　∞ Zyra 참고

## abyss(심연)는 a(없다) byss(바닥)가..

★ **abyss**는 심연 또는 깊은 구렁텅이를 말합니다.
같은 심연의 뜻인 그리스어 **abyssos**에서 나온 단어인데 a(without없는) + byssos(bottom바닥)의
조합으로 만들어졌습니다. 어원 그대로 '**바닥이 없다**'라는 뜻이 되겠습니다. 참고로 단어의 /a/가
without의 뜻으로 쓰이는 접두사에서 만들어졌을 경우 대개 강세가 /a/에 없습니다.
abyss를 외울 때도 어원을 생각하여 '**심연은 바닥이 어! 비었어!**'로 기억하면 됩니다.

abyss의 형용사형은 abyssal과 abysmal이 있습니다. abyssal이 명사의 뜻 '**심연**'에서 자연스럽게
'**심연의**'라는 의미가 된 반면 abysmal은 심연 밑바닥의 어두컴컴한 이미지가 주가 되어서 '**최악의,
최저의**'라는 뜻의 형용사가 되었습니다.

| | |
|---|---|
| **abyss** n. 심연 | → abyssal  a. 심연의 |
| | → abysmal  a. 최악의, 최저의 |

**abyssal** [əbísl 어비슬] a. 심연의
**abysmal** [əbízməl 어비즈멀] a. 최악의, 최저의

우리가 아는 abyss와 관계된 것으로는 LOL의 맵 중에는 〈Howling Abyss〉가 있습니다.
번역을 사전 그대로 '**울부짖는 심연**'으로 하지 않고 LOL에서는 '**칼바람 나락**'으로 번역했습니다. 좀
더 강렬한 느낌이 납니다.

# Tahm Kench

★☆☆☆☆ **taste** - Andrew tasted the deep taste of the wine.
앤드류는 그 포도주의 깊은 맛을 맛보았다.

★★★☆☆ **congenital** - By looking at his family tree, Joshua felt his superpowers were congenital.
그의 가계도를 보는 것으로 조슈아는 그의 슈퍼파워가 유전적인 것을 느꼈다.

★★★☆☆ **require** - I require 10 soldiers to come with me on this dangerous mission.
나는 이 위험한 임무에 나와 함께할 10명의 병사를 요청합니다.

★★☆☆☆ **inquire** - Clinicians need to routinely inquire about suicide ideation.
임상의들은 자살에 대한 생각에 대해 관례적으로 물어보아야 한다.

★★★★☆ **esquire** - to George Fort, Esq. (편지에) 조지 포트 씨에게

★★★★☆ **tongue** - the thermometer in the child's mouth under the tongue
그 아이의 혀 아래로 입 안에 있는 체온계

★★★☆☆ **lash** - I lashed out at my team for running away just before the battle.
나는 전투 바로 전에 도망간 것에 대해 우리 팀을 맹렬히 비난했다.

★★★☆☆ **lingua** - the lingua franca of the world 국제 공용어

★★★☆☆ **lingual** - a multi-lingual country 다중 언어 사용국

★★★☆☆ **linguist** - We hired a linguist on our long sea voyage.
우리는 우리의 오랜 항해 여행에 언어학자를 고용했다.

★☆☆☆☆ **language** - a native language 모국어

★★★★☆ **cuisine** - French cuisine consists of many courses including snails.
프랑스 요리는 달팽이 요리를 포함한 여러 코스로 이루어져있다.

★★★☆☆ **devour** - Katherine devoured of burger in one bite.
캐서린은 한 입에 햄버거 반을 게걸스럽게 먹었다.

★★★☆☆ **regurgitate** - Erin deliberately regurgitated the medication.
에린은 고의적으로 약을 토했다.

★★★☆☆ **engulf** - The building was engulfed in flames.
그 빌딩은 화염에 휩싸였다.

★★★☆☆ **gulf** - a gulf between generations 세대 간의 깊은 골

★★★☆☆ **abyss** - an abyss of despair 절망의 깊은 심연

★★☆☆☆ **voyage** - the famous voyage to the Antarctic
남극대륙을 향한 유명한 항해

★★★☆☆ **abyssal** - a dark abyssal crack in the planet
그 행성의 어두운 심연의 갈라진 틈

★★★☆☆ **abysmal** - the abysmal lack of knowledge about East Asia
동아시아에 대한 최악의 지식부족

# Talon, the Blade's Shadow
## 탈론 - 검의 그림자

- **P**    Mercy    자비
- **Q**    Noxian Diplomacy    녹서스 식 외교
- **W**    Rake    갈퀴손
- **E**    Cutthroat    목 긋기
- **R**    Shadow Assault    그림자 공격

---

## P   Mercy
### passive - 자비

| 탈론은 둔화, 기절, 속박 및 제압당한 적에게 기본 공격을 가할시 10%만큼의 추가 피해를 줌.

□□□ **mercy** [mɜ́ːrsɪ 머어시] n. 자비

**mercy(자비)는 프랑스어 '감사합니다 : 메르시'와 같은 어원**

★ mercy의 정확한 의미는 죄에 대해서 벌을 줄 수 있음에도 그 판단함에 있어서 discretion<sup>재량권</sup>을 행사하여 용서를 해주다는 것입니다.

원래 mercy<sup>자비</sup>는 감사의 징표로서 주는 선물인 merchandise<sup>상품</sup>과 관련이 있는 단어였습니다. 고대에 자비는 **'선물을 주는 것'**이었습니다.

그러다 mercy는 중세 때 죄와 구별시켜주는(discern) 의미로 **'인간의 잘못에 대한 신의 용서'**를 뜻하는 단어가 되었습니다. 중세 때 자비는 **'신이 용서해주는 것'**이 되었습니다.

죄인을 죽음의 처벌에서 구별시키는(discern) 것이 바로 mercy<sup>자비</sup>의 뜻이므로 구별에 대한 단어도 같이 보겠습니다.

     **discretion** [dɪskréʃn 디스크레션] n. 재량(권)
       → **discreet** [dɪskríːt 디스크리이ㅌ] a. 신중한
     **discern** [dɪsɜ́ːrn 디서언] v. 알아듣다, 구별하다    ∞ Zac 참고

     * **discretion**은 discern<sup>구별하다</sup>과 어원이 같은 단어입니다. 라틴어 문법에서 discern에 해당하는 discernere의 라틴 과거분사형이 형용사 discretus로 사용된 것입니다. 즉 **'구별하다'**가 **'구별된→신중한'**이라는 뜻이 된 것입니다.

지금의 영어에서는 discreet는 정신적인 구별의 개념으로 '신중한'이라는 뜻만 있습니다. 하지만 discrete라는 단어에서는 아직도 물건을 구별하는 개념의 '구별된, 별개의'라는 뜻이 남아있습니다.

즉 어원상 discreet신중한과 discrete구별된은 서로 이란성 쌍둥이와 같은 관계, 또 discern구별하다은 그들의 누나 같은 관계라고 할 수 있겠습니다.
discreet신중한과 discrete구별된의 뜻과 철자는 -eet는 e를 2번 쓰며 '신중한' 모습으로 기억하고, -ete는 중간에 t가 들어가서 '구별된' 것으로 기억하면 됩니다.

| 라틴어 discernere v. 구별하다<br>(영어 discern v. 구별하다) | → 라틴어 discretus a. 구분된 | → 영어 discreet  a. 신중한 |
| --- | --- | --- |
| | | → 영어 discrete  a. 별개의 |

* discern은 라틴어 discernere에서 나온 단어인데 이는 dis(away) + cernere(구별하다)의 조합으로서 '뭉뚱그려져 이해하기 어려운 것을 나누어서 알아가다'라는 의미입니다.
discern은 초등학교 때 책상에 선을 긋고 짝꿍과 영역을 구별하였던 기억을 떠올리면 기억하기 편한 단어입니다.
"이(this) 선 넘지 마! 구별하는 선이야."

참고로 프랑스어의 '감사합니다'라는 뜻인 merci메르시를 아실 겁니다(프랑스어로 '매우 감사합니다'는 'Merci beaucoup메르시 보꾸'입니다). merci 역시 자비를 뜻하는 라틴어인 mercedem에서 나온 단어입니다. mercedem이 프랑스어로 가서는 감사로 사용되고 영어에 와서는 자비의 뜻으로 쓰인 것입니다.
그리고 독일에 가서는 Mercedes-Benz, 벤츠회사(!)의 이름이 되었습니다.

그 외에 mercy자비와 연관된 단어를 보겠습니다.

merciful [mɜ́ːrsɪfl 머어시ㅎ플] a. 자비로운
merciless [mɜ́ːrsɪləs 머어실러스] a 무자비한
charity [tʃǽrətɪ 채러티] n. 자선
clemency [klémənsɪ 클레먼시] n. 관용
leniency [líːnɪəns(ɪ) 리이니언시] n. 관대, 너그러움

| charity 자선 | 선의를 가지고 넓은 이해를 보여주는 것 |
| --- | --- |
| clemency 관용 | 판사나 제왕 등이 처벌을 하는 과정에서 보여주는 자비로운 성향 |
| leniency 관대 | 처벌을 함에 있어서 혹독함이 없는 것 |

* merciful과 merciless는 각각 '**자비로운**'과 '**무자비한**'이라는 뜻입니다. mercy자비의 유무를 나타내는 단어죠. mercy + ful(가득) 과 mercy + less(없는)의 조합입니다.

* charity자선는 가난한 사람을 위하여 costliness값 없이 주는 agape아가페적인 사랑을 말하는 라틴어 caritas에서 나온 단어입니다. 연인과의 사랑을 나타내는 amor아모르와는 다른 사랑의 개념입니다. 자선구호 단체(charity foundation) 명칭에서 자주 볼 수 있는 단어입니다.
charity를 기억할 때는 '**자선단체를 차렸지. 뮤료급식소를 차렸지**'라는 발음을 사용할 수 있습니다.

* clemency관용는 '**lean**기울다'라는 뜻을 가진 라틴어 clinare에서 나온 단어입니다. 판단을 함에 있어서 좀 기울어진 결정을 내리는 모습을 묘사한 것입니다. 살살 봐주는 것이죠. '**기울다**'는 뜻의 어근 clinare는 incline~쪽으로 기울다, decline감소하다 등의 단어에서 볼 수 있습니다.
clemency를 암기할 때는 보안관이 범인에게 "**총을 끌르면 관용을 베풀어 주마**"라고 하는 장면을 생각하면 됩니다.

* leniency관대는 '**부드럽다**'라는 뜻의 라틴어 lenis와 관련 있습니다만 외우기가 쉽지 않습니다. 우린 그냥 볼셰비키 혁명의 중심인물이자 소비에트의 창설자인 Lenin레닌을 연상하면 어떨까요?
트로츠키를 포함한 반대파를 무자비하게 숙청했고 러시아혁명 이후 2천만 명의 국민을 죽게 한 Lenin레닌이 사실은 lenient관대한 leniency너그러움의 결정체였다고 우리 마음대로 생각하는 것이죠. "나는 관대하다~!"

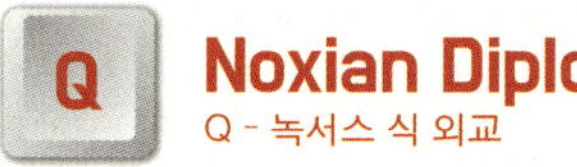
## Noxian Diplomacy
Q - 녹서스 식 외교

|**(액티브)** : 탈론의 다음 기본 공격이 추가 물리 피해. 대상이 적 챔피언인 경우 출혈을 일으키며 6초 동안 물리 피해를 받고 지속 시간 동안 위치가 드러남.

□□□ **diplomacy** [dɪplóuməsɪ 디플로우머시] n. 외교, 외교술　　∞ Poppy 참고

## Rake
W - 갈퀴손

|**(액티브)** : 탈론이 부메랑 단검을 여러 개 던져 명중하는 적에게 두번에 걸쳐 물리 피해. 검에 맞은 적은 2초 동안 느려짐.

□□□ **rake** [reɪk 레이크] n. 갈퀴

# rake는 갈퀴로 샅샅이 뒤지는 것

★ rake는 농기구인 '**갈퀴**'를 말하고 갈퀴질을 하는 동작이나 어딘가를 샅샅이 뒤지는 동작을 의미하기도 합니다.
영국의 Wiltshir월트셔 지방은 Stonehenge스톤헨지가 있는 유서 깊은 지방인데 그 지역의 농담 중에 moonraker라는 단어가 있습니다. 이는 연못에 비친 달을 치즈로 생각하고 rake갈퀴로 긁는 '**바보**'를 말합니다. 영화 [007 문레이커]에서도 볼 수 있는 단어입니다.

rake갈퀴 이외의 농기구에 관한 단어들을 정리해 보겠습니다.

**shovel** [ʃʌvl **셔블**], **spade** [speɪd **스페이드**] n. 삽　　∞ Mordekaiser 참고
**sickle** [síkl **시클**] n. 낫
**plow** [pláu **플라우**], **plough** [plɑu **플라우**] n. 쟁기
**hoe** [hou **호우**] n. 괭이

* shovel은 영어에서 기원한 우리말 '**삽**'의 어원이라고 여겨집니다. 우리말 '**삽**'의 유래는 정확하지 않아서 여러 설이 있습니다.
받침 발음을 잘 못하는 일본인에게 전해진 scoop숟갈 단어가 '**스푸쁘**'로 발음되어 이후 우리나라에 전해져서 '**삽**'이 되었다는 설도 있습니다. 하지만 shovel셔블은 '**삽**'과 거의 같은 발음이어서 셔블에서 기원했다는 설이 더 가능성이 높아 보입니다.

* sickle은 '**낫**'을 의미하는 단어인데 어원상으로 cut자르다는 뜻인 PIE어근 *sek-에서 기원한 단어입니다. 구획을 뜻하는 단어 section을 생각하면 됩니다.

### Sickle Cell Anemia(겸상적혈구빈혈증)

아프리카에서 볼 수 있는 Sickle Cell Anemia겸상적혈구빈혈증라는 유명한 질병의 이름에 sickle이 들어갑니다. 여기서 한글로 '**겸상**'이란 '**낫 모양의**'라는 뜻입니다.

이 질환은 Malaria말라리아가 유행하는 지역의 아프리카인들에게 주로 발생합니다. 적혈구가 sickle낫 모양으로 휘어지는 변형이 생겨서 anemia빈혈 증상을 일으키게 됩니다. 또한 적혈구가 깨져서 jaundice황달를 일으켜 오래 살기 힘든 병입니다.

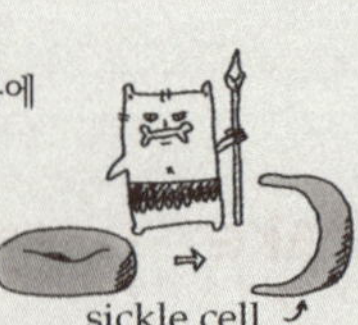

그런데 이 질환의 특이한 장점 하나가 바로 적혈구에 파고드는 말라리아 원충에는 내성이 생긴다는 것입니다. 즉 겸상적혈구빈혈증에 걸리면 오히려 말라리아로부터의 생존에 도움이 되는 것입니다.

아프리카는 말라리아가 유행하는 지역이라서 말라리아에 살아남는 것이 빈혈에 조금 고생하는 것보다는 중요할 수 있고 그렇게 살아남은 사람들만이 gene유전자을 자손에게 남겨주게 됩니다.

이 유전적인 변형 모습은 질환에 대항하는 생물체의 evolution진화의 모습을 보여주는 한 예가 되어 과학자들 사이에 유명해졌습니다. 결국 현대의학에 의해 말라리아가 퇴치되지 않았다면 선택진화에 의해 먼 훗날에는 적혈구의 모습이 sickle낫 모양으로 된 아프리카인만 살아남았을 것입니다.

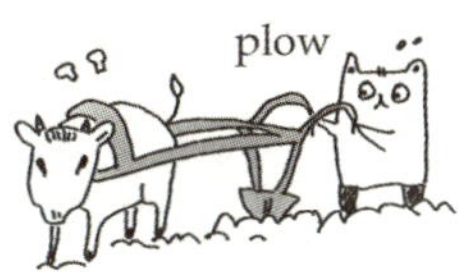


* plow쟁기는 우리나라에서는 기원전 1000년경의 유적에서 쟁기형태의 유물이 출토 되었고 삼국유사에 그 사용기록이 남아있습니다.
plow쟁기는 까마득한 옛날부터 인류가 사용한 도구로 보이며 로마의 학자 Pliny플리니에 의하면 plow라는 라틴어는 Rhaetia라에티아지방(지금의 알프스 북부)에서 유래한 단어라고 합니다. 또한 plow 단어는 고랑을 뜻하는 furrow와 관련되어 있습니다. furrow고랑는 발음이 비슷해서 고랑을 파는 plow쟁기와 함께 외우기 좋습니다.

* hoe괭이는 작은 괭이인 호미를 생각해서 기억할 때는 호미의 '**호**'를 생각하면 됩니다.

이러한 농기구는 peasantry소작농나 serf농노가 평생 사용하는 대표적인 도구입니다.
소작농이란 지주의 땅을 지대를 내고 경작하는 농부를 말하고 농노는 영주에게 예속되어 영지에서 노동하는 계급을 말합니다.
peasant피젼트는 [워크래프트]의 인간 종족의 일꾼으로 익숙한 단어입니다.

**peasant** [péznt **페**즌ㅌ] n. 소작농
**serf** [s3ːrf 서어ㅎ프] n. 농노

# E   Cutthroat
E - 목 긋기

| (액티브) : 탈론이 순식간에 대상 뒤에 나타나 0.25초 동안 이동 속도를 99% 감소시킴. 이후 탈론이 가하는 모든 피해가 3초간 증가.

□□□ **cutthroat** [kʌ́tθrout **컷**쓰로우ㅌ] n. 목 긋기

**throat(목구멍)은 밥이 through(통하여) 지나가는 길**

★ cutthroat은 throat목구멍을 자른다는 것이니 무시무시한 단어입니다.
일상에서 cutthroat는 '**경쟁이 치열하다**(cutthroat competition)'는 표현이나 '극악무도하다'는 형용사로 사용됩니다.

여기서 throat은 목구멍을 말하는데 같은 뜻의 고대독일어인 *thrut-에서 기원한 것입니다. throat은 전치사 through~을 통하여와 발음과 의미(**목구멍**은 음식의 **통로**라는 점에서)가 비슷하므로 **through**의 이미지로 throat을 기억하면 편합니다.

throat [θrout 쓰로우ㅌ] n. 목구멍

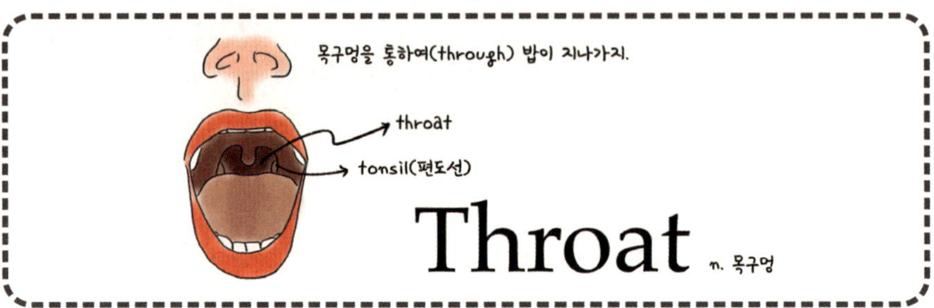

## Shadow Assault
### E - 그림자 공격

**R**

(액티브) : 탈론이 원 모양으로 검을 던지며 2.5초 동안 은신 상태에 들어감. 또한 이동 속도가 40% 상승. 은신 상태가 풀리면 퍼져 있던 검이 탈론이 있는 곳으로 돌아감. 적 유닛은 검에 맞을 때마다 물리 피해.

□□□ **shadow** [ʃǽdou 쉐도우] n. 그림자　∞ Zed 참고

□□□ **assault** [əsɔ́:lt 어서얼ㅌ] n. 폭행　∞ Jax 참고

# Talon

★★☆☆☆ **mercy** - Have mercy when you capture the enemy.
적을 포로로 잡았을 때에 자비심을 가져라.

★★★☆☆ **merciful** - Our task is to find ways of being merciful to the guilty.
우리의 임무는 유죄인 사람에게 자비를 가지게 되는 방법을 발견하는 것이다.

★★★☆☆ **merciless** - the merciless summer heat 무자비한 여름의 열기

★★★☆☆ **discretion** - Andrea used discretion and common sense.
안드레아는 신중함과 상식을 이용했다.

★★★☆☆ **discreet** - Edgar told her discreetly that she is off the team.
에드가는 그녀가 팀에서 나가게 되었다고 조심스럽게 그녀에게 말했다.

★★★☆☆ **discern** - Sophie couldn't discern the true nature of a situation.
소피는 상황의 진정한 본성을 구별할 수 없었다.

★★★☆☆ **charity** - a charity concert 자선 콘서트

★★★☆☆ **clemency** - Harper urged the judge to show clemency.
하퍼는 판사에게 관용을 보여 달라고 간청했다.

★★★☆☆ **leniency** - Queen Daenerys showed leniency by letting their slaves go free.
대너리스 여왕은 그들의 노예들에게 자유를 줌으로서 관대함을 보여주었다.

★★★☆☆ **diplomacy** - the efficacy of diplomacy and dialogue 외교와 대화의 효과

★★★☆☆ **rake** - The officers and crew were working to remove the debris with a rake.
장교들과 일반 사병들이 갈퀴로 잔해를 치우고 있었다.

★★★★☆ **shovel** - His summer job was shoveling cow manure into a giant container.
그의 여름 알바는 소똥거름을 거대한 컨테이너로 삽질해 넣는 것이었다.

★★★☆☆ **spade** - The team was given spades to trim the castle grass.
그 팀에게 성채의 풀을 다듬도록 삽이 주어졌다.

★★★★☆ **sickle** - Use sickles to cut down barley and other wild grasses.
보리와 다른 야생잡초를 잘라내기 위해서는 낫을 사용해라.

★★★☆☆ **plow or plough** - As a latecomer to golf, he has ploughed his own furrow.
골프를 늦게 시작한 관계로 그는 독자적인 길을 걸어왔다.

★★★☆☆ **hoe** - the best hoes for weeding 김매기에 가장 좋은 호미

★★★★★ **peasant** - an ordinary peasant 평범한 소작농

★★★★☆ **serf** - The serfs would revolt if they were not freed.
농노들은 풀려나지 않으면 아마 봉기할 것이다.

★★★★☆ **cutthroat** - Blackbeard was known as a cutthroat pirate.
블랙비어드(검은수염)는 극악무도한 해적으로 알려져 있다.

★★★★☆ **throat** - Doc, I have a sore throat. 의사선생님, 목이 아파요.

★☆☆☆☆ **shadow** - The budget deficit of the US cast a dark shadow over the global economy.
미국의 재정결핍이 세계 경제에 어두운 그림자를 드리웠다.

★★★☆☆ **assault** - a military assault 군대의 습격

# Taric.
### the Gem Knight
## 타릭 - 보석 기사

**P** Gemcraft  보석학

**Q** Imbue  원기 부여

**W** Shatter  산산조각

**E** Dazzle  황홀한 강타

**R** Radiance  영롱한 빛

---

**P** **Gemcraft**
passive - 보석학

타릭이 스킬을 사용한 후 다음 기본 공격은 방어력의 20%에 해당하는 추가 마법 피해를 주며 모든 기술의 재 사용 대기시간을 2초 감소시킴.

□□□ **craft** [kræft 크래ㅎ프트] n. 공예

### crafty는 부정적인 '교활한'의 뜻. 칭찬이 아니다

★ **craft**는 공예를 말합니다. 챔피언 타릭이 사용하는 Gemcraft라는 스킬은 사전에는 없고 LOL 에서 만든 단어이지만 딱 보기에도 **'보석공예'**란 뜻임을 알 수 있습니다.
온라인게임에서 craft공예는 무기나 갑옷을 스스로 제작하는 컨텐츠의 한 분야입니다.
다양한 재료를 얻기 위해 수십 일을 노력하다 멋진 무기를 제작하는 재미는 온라인게임에서만 느낄 수 있는 묘미입니다.

**crafty** [kræftɪ 크래ㅎ프티] a. 교활한, 술수가 뛰어난

crafty는 형용사로 사용되면 호의적인 뜻이 아닙니다. cunning교활한, tricky교묘한, sly음흉한, foxy 간교한에서의 의미처럼 남을 꾀로 속이는 것입니다.
하긴 능력이 있고 재주가 있다고 남에게 모두 도움이 되는 것은 아닙니다. craft공예의 좋은 기술을 남을 속이는 데 사용한다면 긍정의 뜻을 얻을 수 없는 것이지요.

만일 craft공예를 하는 기술자를 긍정적으로 **'기술이 뛰어난'**, **'능숙한'**으로 묘사하고 싶다면 단어 skillful, skilled, proficient, dexterous 정도를 쓰면 되겠습니다.

**proficient** [prəfíʃnt 프러ㅎ**피**션ㅌ] a. 능숙한

* proficient는 '**능숙한**'이라는 뜻입니다. 능숙하다는 것은 결국 이윤을 남긴다는 의미가 되므로 profit이익 단어와 한 형제처럼 어원이 같습니다.
proficient능숙한와 profit이익의 어원은 pro(앞으로) + facere(make되게하다)의 조합의 라틴어인 proficere입니다. 일이 잘 되어 앞으로 진행되다는 뜻입니다.
더불어 여기에 사용된 라틴어 facere 어근은 '**do나 make의 동사의 뜻(되게 하다)**'을 가진 어근이어서 -fy로 끝나는 동사는 모두 이 어근에서 나온 것으로 보면 됩니다.
-fy(되게 하다)가 쓰인 예로는 verify증명하다, petrify겁에 질리게하다, notify알리다 등 무수한 단어가 있습니다.
proficient능숙한를 기억할 때 profit이익을 잘 몰라 어원으로 유추하기 힘들다면 자기 분야에 능숙한 professional **프로페셔널** 단어의 발음과 뜻을 떠올리면 편합니다.

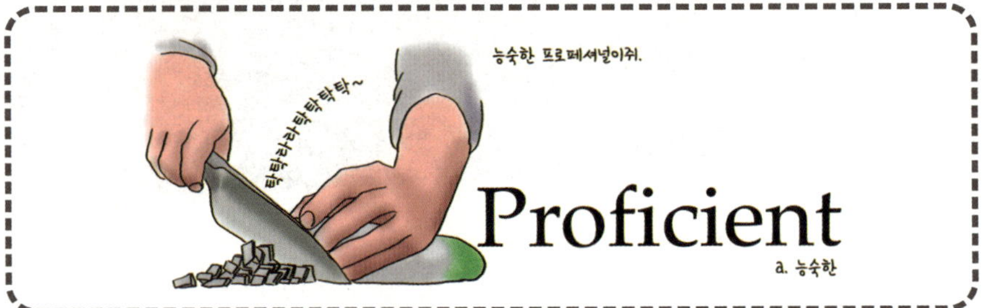

**Imbue**
Q - 원기 부여

(액티브) : 타릭이 대지의 에너지를 가져와 자신과 목표 아군의 체력을 회복시킴. 만일 자기 자신을 대상으로 삼을 경우 회복 수치가 40% 상승.

## imbue는 안으로 물을 가득 붓(bue)는 것

☐☐☐ **imbue** [ɪmbjú: 임**뷰**우] v. 가득 채우다

★ imbue는 '**(흡수하여) 가득 채우다**'라는 뜻입니다. 라틴어인 imbuere에서 비롯된 단어인데 이 라틴어는 '**(비에) 젖었다, 푹 잠겼다, 포화되다**'란 의미입니다. 여기서 라틴어 imbuere는 rain비를 뜻하는 라틴어 imber에 라틴동사형 어미 -ere가 붙어서 나온 단어입니다.
이 라틴어 어원을 외울 필요는 없지만 비가 내려서 옷이 잔뜩 젖어가는 imbue 단어의 생성 이미지는 기억할 만합니다.

그런데 imbue는 감사하게도 단어 안에 [부] 발음이 있어서 어원과는 상관없이 그냥 **im(안으로)** + **bue(붓다)**로 외우면 간단히 머릿속에 쏙 들어옵니다.

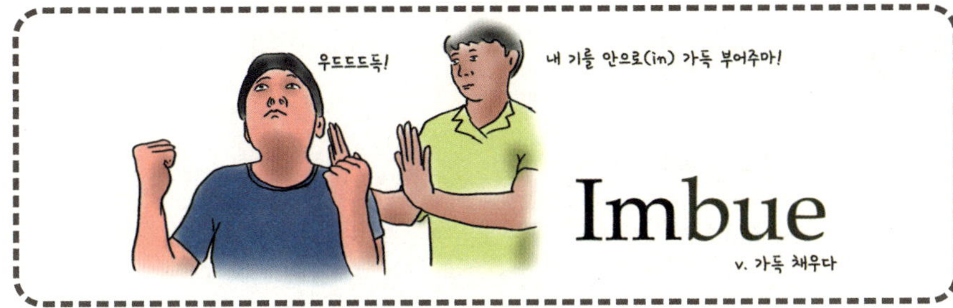


또한 imbue는 사람의 머릿속에 사상이나 의견 등을 '**부어서 가득 채우다**'라는 뜻으로 '**고취시키다**'라는 의미로도 쓰입니다. 이때는 물이 채워지는 것이 아니라 생각이 채워지는 것이죠.

그 외에 imbue처럼 '**생각을 채우다**'라는 의미의 단어로는 inspire, instill 등이 있습니다.

**inspire** [ɪnspáɪə(r) 인스**파**이어] v. 고취시키다　　∞ Karma 참고
**instill** [ɪnstíl 인스**틸**] v. 서서히 주입시키다

* instill은 액체나 사상 같은 것을 서서히 주입시키다는 뜻입니다. 라틴어 instillare에서 나온 단어이고 분해해보면 in(안) + stilla(drop방울)의 조합임을 알 수 있습니다. 한 방울 한 방울씩 떨어져 주입되는 링거 주사가 생각나는 단어입니다.
이 stilla(drop방울) 어근을 사용한 단어로는 distill증류하다도 있습니다. 이때는 dis(apart) + stilla(drop방울)의 조합이 되어 물을 한 방울씩 제거해나가는 '**증류**'를 의미하게 됩니다.
사람의 생각을 바꿀 때 instill은 한 방울 한 방울 스며들 듯이 주입시키므로 비를 부어서 채우는 imbue보다는 서서히 사상이나 생각을 변화시킬 것으로 보입니다.
instill을 기억할 때는 링거가 다 들어갔냐는 물음에 간호사가 "instill :**안으로**(in) **아직도**(still) 링거를 서서히 주입 중이다"고 대답하는 장면을 생각하면 됩니다.

## Shatterke
W - 산산조각

(패시브) : 타릭의 보석이 주변 아군의 방어력을 올려줌. 타릭은 추가 방어력을 얻음.
(액티브) : 타릭이 자신의 방어구를 산산조각내어 주위 적에게 마법 피해를 입히고 방어력을 4초간 감소시킴.

□□□ **shatter** [ʃǽtə(r) 섀러] v. 산산조각 내다　　∞ Karma 참고

★ shatter 외에 '**부서지는**' 것에 대한 표현은 상황에 따라 유사어가 많습니다. 예를 들어 조직이나 사회가 붕괴한다면 disintegrate가 어울리고 건물이 와르르 무너지면 collapse, 유리나 희망이 산산이 부서지면 shatter가 좋습니다. 빵이 가루로 부서지면 crumble이 사용됩니다.

 **Dazzle**
E - 황홀한 강타

(액티브) : 타릭이 반짝반짝 빛나는 구를 적에게 던져 기절시키고 마법 피해. 황홀한 강타의 피해는 대상과 타릭의 거리가 가까울수록 증가.

□□□ **dazzle** [dǽzl **대즐**] v. 눈부시게 하다

★ dazzle은 동사 daze눈부시게 하다와 똑같은 뜻입니다. 이 dazzle을 기억할 때는 비속어인 "**되질**래? 눈부셔. 불꺼"의 한글발음을 이용하면 됩니다. 고운 말을 씁시다.

그런데 엄밀하게 말하면 dazzle은 daze가 한 번 더 반복된 것을 의미하는 동사입니다. 즉 daze & daze, 눈부시고 또 눈부신 것입니다.
이처럼 동사의 행위가 반복되는 것을 나타내기 위해서 자음을 하나 더 집어넣는 경우를 영어에서 자주 볼 수 있습니다. 예를 들어 chat의 반복이 chatter입니다.

그 외에도 pose포즈를 반복해서 취해 상대에게 스무고개를 맞추게 하는 puzzle퍼즐, nose코에서 콧김을 여러 번 팍팍 내뿜듯 하는 기계의 nozzle노즐, 이슬이 반복해서 떨어지는(drip) drizzle보슬비 등의 단어에서 반복되는 자음의 형태를 볼 수 있습니다.
만일 처음 보는 영어단어인데 같은 자음이 여러 번 겹쳐있거나 -le로 끝나는 반복형 어미가 보인다면 기본형을 찾아내어 쉽게 기억할 수 있습니다.  ∞ Aatrox W Skill 참고

**Radiance**
E - 영롱한 빛

(액티브): 타릭이 망치로 지면을 강타하여 주위 적들에게 마법 피해를 주고 이후 10초간 타릭의 보석이 에너지를 발산하여 타릭의 공격력과 주문력이 상승. 주위 아군은 타릭이 받는 효과의 절반을 받음.

□□□ **radiance** [réɪdɪəns **레이디언스**] n. 광채, 빛

# radiance(광채)는 radius(빛살) 어근에서 나온 단어

★ radiance는 밝게 빛나는 광채를 말합니다. 얼굴에서 빛이 난다고 말할 때도 사용이 가능합니다. 과학에서는 '**복사**'를 말합니다.
어원은 라틴어의 radius인데 이는 beam빛살이나 바퀴의 spoke살를 말하는 단어입니다. 그리고 이 radius의 빛살처럼 사방으로 퍼지는 모습을 따라 여러 단어가 기원하게 됩니다.

그럼 라틴어 radius(빛살) 어근에서 기원한 단어들을 보겠습니다.

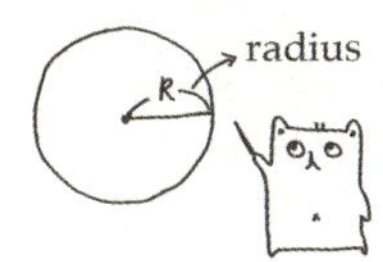

**radial** [réɪdɪəl **레**이디얼] a. 방사상의
**radius** [réɪdɪəs **레**이디어ㅅ] n. 반지름　　(*diameter = 지름)
**radiate** [réɪdɪeɪt **레**이디에이트] v. 내뿜다
**radiation** [reɪdɪéɪʃn 레이디**에**이션] n. 방사능
**radio** [réɪdɪoʊ **레**이디오우] n. 라디오
**radioactive** [reɪdɪoʊǽktɪv 레이디오우**액**티브] a. 방사능의

* radio라디오는 처음 발명되었을 때 radiotelegraphy로 불렸는데 나중 짧게 radio가 되었습니다. 여기서 radio-는 wireless선이 없다는 뜻이어서 영국에서는 처음에 라디오를 'wireless'라고 불렀습니다.

참고로 radius빛살 어근과 비슷할 것으로 여겨지는 단어, 그러나 전혀 다른 어근에서 기원한 '**radical**' 이란 단어도 이 기회에 같이 확인하겠습니다.

**radical** [rǽdɪkl **래**디클] a. 근본적인, 급진적인

radical은 빛살과 관련이 없고 뿌리와 연관이 있습니다.
radical은 '**과격하다**'라는 뜻인데 원래는 root뿌리를 뜻하는 라틴어 radix에서 나온 단어입니다.
여기에서 나온 라틴어 radicalis는 종교에서 자주 보는 fundamentalism근본주의과 비슷합니다.
이 라틴어 radicalis는 '**뿌리로 다시 돌아가다**'라거나 '**뿌리로부터 바꾸다**'라는 뜻이어서 모든 것을 철저하게 바꾸려는 것을 의미합니다. 그러다 보면 당연히 과격하고 급진적이어서 반발을 일으키고 결국 폭력을 수반하게 됩니다.
영어에서 radical이 왜 '**근본적**'이고 '**철저한**'이라는 뜻이면서 동시에 '**급진적**'이고 '**과격한**'이라는 형용사로 사용되는가는 이 철저하게 뿌리부터 바꿔서 다시 돌아가려는 단어의 기원을 보면 이해할 수 있습니다.

| **radical** | |
| --- | --- |
| 어원 : root뿌리 근본적, 철저한 | → 의미 : 급진적, 과격한 |

## 모든 종교는 radical(과격한) 종교일까?

 각 종교에는 대부분 근본주의 혹은 원리주의가 있어서 secular세속적인 것을 반대하고 청빈과 종교원리에 충실할 것을 강요하는 doctrinal교리적 억압을 행사하게 됩니다. 이는 종교적이지 못한 인간의 방탕함을 혐오해서 순수한 사회로 만들고자 하는 것입니다. 어떻게 보면 인류가 쌓아온 문화의 토대를 전부 무시하는 셈이어서 기독교, 유대교, 이슬람, 유교 등의 모두 근본주의는 이런 과격함을 내포하고 있습니다.

 1. **기독교** : 미국에서는 20세기 초에 성경을 문자 그대로 해석하자는 원리주의 신학이 탄생하게 됩니다. 그러다 나중에는 국수주의, 반공주의의 보수우파의 모습을 가지게 되고 반대의견을 탄압하게 됩니다.
 2. **이슬람** : 이슬람 원리주의는 현대 이슬람사회의 후진과 혼란의 원인을 서구 열강으로 대변되는 기독교 사회의 침탈로 봅니다. 그러므로 이슬람 율법으로 돌아가는 것만이 그들을 다시금 번영으로 이끌 것이라고 주장하는 것입니다. 이에 반대하는 세력은 모두 악이고 처단하여야 할 대상이 됩니다. 그리고 테러와 폭력이 따라오게 됩니다.
 3. **유대교** : 테러를 감행하는 유대교 원리주의자들이 유명합니다. 그들은 "모든 이스라엘의 적들은 소멸될 것이다!"라며 예루살렘의 이슬람 모스크를 폭파시키기도 하고 이슬람대학에서 총을 난사하기도 했습니다.
 4. **유교** : 조선시대 성리학자들의 유교적 순결주의는 불교와 천주교에 대한 탄압, 그리고 민간신앙의 탄압을 통해 나타났습니다.

이처럼 여러 종교에서 평화를 찾는 것보다 폭력을 찾는 것이 쉬운 것은 종교의 구원이라는 목적을 생각하면 큰 아이러니라고 할 수 있습니다.

**secular** [sékjələ(r) **세큐얼러**] a. 세속적인   (색(色 :색정적인)의 발음과 연관하여 외울 것)

# Taric

★★★☆☆ craft - arts and crafts 예술과 기술

★★★☆☆ crafty - His crafty plan worked, and his team was able to rob the bank.
그의 교활한 계획이 성공해서 그의 팀은 은행을 털 수 있었다.

★★★☆☆ proficient - The proficient sailor was able to sail around the world in 67 days.
그 능숙한 항해자는 67일 만에 지구를 한 바퀴 돌아 항해할 수 있었다.

★★★☆☆ imbue - I spend a lot of time praying that our politicians are imbued with greater wisdom.
나는 우리의 정치인들이 좀 더 지혜로 가득 차라고 기도하는 데에 시간을 많이 썼다.

★★★☆☆ inspire - The coach inspired his team to crush their opponent.
그 코치는 팀이 상대를 박살내도록 (의욕을) 고취시켰다.

★★★☆☆ instill - The book instilled a sense of rightness in today's youth.
그 책은 오늘날의 젊은이에게 정직성을 주입했다.

★★★★★ shatter - Her silence shattered the hopes of many people.
그녀의 침묵은 많은 사람의 희망을 산산이 부쉈다.

★★★★★ dazzle - It was a dazzling victory, which will be remembered forever.
그것은 눈부신 승리였다. 그것은 영원히 기억될 것이다.

★★★☆☆ radiance - the smooth sea with soft silvery radiance
부드러운 은빛 광채가 나는 잔잔한 바다

★★★☆☆ radial - an imaginary radial pattern 가상의 방사상 패턴

★★★☆☆ radius - The radius of the moon is 1,737 kilometers.
달의 반지름은 1,737km이다.

★★★☆☆ radiate - the energy that radiates from the sun
태양으로부터 방사되어 나오는 에너지

★★★☆☆ radiation - The radiation from the blast spread across the land.
그 폭발에서 발생한 방사능은 그 땅에 퍼졌다.

★★★☆☆ radioactive - tiny radioactive particles 아주 작은 방사능 입자

★★★☆☆ radical - His radical idea brought back the dinosaurs.
그의 과격한 아이디어는 공룡을 되가져왔다.

★★★☆☆ secular - our modern secular society
우리의 현대 세속 사회

# Teemo, the Swift Scout

## 티모 - 날쌘 정찰병

| P | Camouflage | 위장 |
| Q | Blinding Dart | 실명 다트 |
| W | Move Quick | 신속한 이동 |
| E | Toxic Shot | 맹독 다트 |
| R | Noxious Trap | 유독성 함정 |

---

## P Camouflage
passive - 위장

티모는 1.5초 동안 가만히 서 있으면 은신 상태로 전환. 수풀 속에서는 위장 속도가 2배 빨라지며 움직여도 은신이 풀리지 않음.
은신이 해제되면 3초동안 공격 속도가 증가.

□□□ **camouflage** [kǽməflɑː3 캐머ㅎ플라아지] n. 위장

### camouflage(위장)는 disguise(변장하다)라는 뜻

★ camouflage 군인들이 얼룩모양 군복 등으로 '**위장**'하는 것을 말합니다.
camouflage는 딱 보기에도 영어처럼 생기지 않았는데 맞습니다. 프랑스어에서 나온 단어입니다. 이 단어는 제 1차세계대전 때 미군에 의해 프랑스어에서 비슷한 뜻의 두 단어가 동시에 도입되면서 철자와 뜻이 섞여버린 경우에 해당합니다.
즉, parisian파리지앵이 '**disguise**변장하다'라는 뜻의 속어로 쓰던 camoufler라는 단어와 '**시야를 가리는 자욱한 담배연기**'를 뜻하는 프랑스어 camouflet이란 단어가 섞이면서 camouflage위장가 생성된 것입니다.

카무플라주는 대학교 수준의 어려운 단어이지만 밀덕(밀리터리 덕후)들은 꼭 외우는 단어입니다. camouflage를 기억할 때는 '**밀덕들이 위장복을 입고 다니며 개멋 부리쥐...**'라는 한글발음을 이용하면 됩니다.

참고로 군인이나 동물들이 주변의 환경과 구별이 안 되도록 하는 camouflage위장와 달리 disguise변장는 다른 사람으로 보이게 꾸미는 것을 말합니다.

**disguise** [dɪsgáɪz 디스**가이즈**] v. 변장하다

* **disguise**에서 '**변장하다**'라는 뜻인데 dis(away) + guise(style겉모습)의 조합으로 이루어진 단어입니다.
즉 자신의 원래 모습을 떼어내고(away) 다른 모습으로 바꾸는 것을 의미합니다.
disguise를 암기할 때는 '**이 자식들(this guys).. 다 같은 모습으로 변장했어!**'로 기억하면 됩니다.

### Guise of the Wolf(늑대의 변장)

2014년 발매된 PC게임 중에 [Guise of the Wolf늑대의 변장]가 있습니다. Jordan요르단 Amman암만에 있는 [FUN Creators]란 회사가 발매를 했는데 Dominik이란 Alchemist연금술사 주인공이 괴물들로부터 왕국을 지키려고 노력하다 자신도 늑대에 물려서 늑대인간이 되는 스토리입니다. 인간모드와 늑대모드를 변형하면서 게임을 즐길 수 있습니다.
해마다 수많은 게임회사들이 신작을 내놓고 성공을 기원합니다. 노력이 보상을 받는 경우도 있고 별 관심을 못 받고 또 하나의 실패로 조용히 막을 내리는 경우도 있습니다. 이 요르단 회사도 아직은 게임 하나로 시작해보는 회사이고 결국 조용히 사라질지도 모르지만 인상 깊은 말을 홈페이지 맨 마지막에 써놓았습니다.

We know there is nothing called Overnight Success.
우리는 벼락 성공이 존재한다고 생각하지 않습니다.

사업이나 공부에 있어서 아주 좋은 자세입니다. 저런 마음을 계속 유지할 수 있다면 언젠가 이루어 질 미래의 성공을 부르는 표어라고 할 수 있겠습니다.

# Blinding Dart
**(액티브)** : 상대에게 마법 피해를 입히고 1.5초 동안 모든 기본 공격이 빗나가게 함.

Q - 실명 다트

□□□ **blind** [blɑɪnd 블라인ㄷ] a. 눈이 먼   ∞ Karma 참고
□□□ **dart** [dɑːrt 다아ㅌ] n. 작은 화살

# Move Quick
**(기본 지속 효과)** : 5초 이상 챔피언과 포탑에 피격당하지 않았을 때 이동 속도가 증가.
**(액티브)** : 이동 속도 증가량이 3초간 2배가되고 공격당해도 효과가 유지.

W - 신속한 이동

★ move는 '이동하다'라는 뜻입니다. 쉬운 단어이므로 여기서는 다른 '이동'에 대한 단어 migrate 를 보고 가겠습니다.

migrate는 '이동하다'라는 뜻의 라틴어 **migrare**에서 나온 것입니다. 더 멀리는 PIE어근 *mei-까지 그 기원을 찾아볼 수 있습니다. 꿈틀꿈틀 이동하는 amoeba아메바나 고통을 덜어서 없애다는 뜻의 mitigate완화시키다 등이 이 PIE어근에서 나온 단어입니다.

migrate 앞에 im(안으로)이 붙으면 immigrate이민을 오다, em(ex-:out)가 붙으면 emigrate이민을 가다가 됩니다.

immigrate를 기억할 때는 발음 그대로 '**이민**갈란다'로 생각하면 편리합니다.

**mitigate** [mítɪgeɪt **미**티게이트] v. 완화시키다
**migrate** [máɪgreɪt **마이**그레이트] v. 이주하다
→ **immigrate** [ímɪgreɪt **이**미그레이트] v. 이민오다   im(안으로) + migrate
→ **emigrate** [émɪgreɪt **에**미그레이트] v. 이민가다   em(ex밖으로) + migrate

* mitigate는 '고통을 완화시키다'라는 뜻입니다. 이 때의 고통은 신체적, 정신적 고통이 둘 다 해당됩니다.
mitigate는 같은 뜻의 단어가 많아서 함께 기억하는 것이 좋습니다.
일명 고통을 완화시키는 12가지 방법에 해당하죠.
비교적 쉬운 단어 ease, calm, lessen, lighten, reduce, relieve 6가지와 어려운 단어 alleviate, appease, molify, mitigate, pacify, soothe의 6가지를 이용하면 세상의 모든 고통을 다 해결할 수 있습니다.

| 고통완화법 6가지 | |
| --- | --- |
| alleviate | 고통에서 엘리베이터 타고 내려가듯이 완화시켜주지 |
| appease | ap + peace : 평화를 향하여 가자 |
| molify | 딱딱하게 아픈 것을 몰랑몰랑하게 하다 |
| mitigate | 아파서 미치겠지? 완화시켜줄게 |
| pacify | 고통을 the Pacific태평양처럼 잔잔하고 peace평화롭게 해주지 |
| soothe | 쑤딩겔 : 피부자극완화 엄마화장품 |

# Toxic Shot
E - 맹독 다트

(기본 지속 효과) : 기본 공격에 마법 피해를 추가하고, 대상을 중독시켜 4초 동안 초당 6의 마법 피해.

□□□ **toxic** [tɑ́ːksɪk **타아**식] a. 독성의　∞ Elise 참고

★ toxic은 독성을 말하며 한글의 **독(毒)**과 영어의 톡식의 발음이 비슷해서 외우기 편하다고 챔피언 Elise엘리스에서 확인하였습니다.

여기서는 toxic과 발음은 비슷한데 전혀 다른 tacit에 대해 보겠습니다.

　　**tacit** [tǽsɪt **태**싯] a. 암묵적인, 무언의
　　　→ **taciturn** [tǽsɪt3ːrn **태**시터언] a. 뚱한, 말수가 적은

tacit은 **'암묵적인'**이라는 뜻입니다. tacit law관습법같은 용어에서 볼 수 있는 단어인데 관습법이란 statute law성문법의 반대말로서 관습을 바탕으로 사회에서 무의식적으로 합의된 법을 말합니다.
tacit은 라틴어 tacitus에서 나온 말인데 **'(당연하다고 여겨) 말없이 지나가다'**라는 뜻입니다. 그래서 tacit은 **'무언(無言) : 말이 없다'**라는 의미에서 tacit approval묵인이나 tacit pray묵도같은 단어에 사용됩니다. 묵인은 **'말없이 허락하다'**라는 뜻이고 묵도는 **'말없이 하는 기도'**라는 뜻입니다.
tacit을 기억할 때는 길거리에서 손을 들면 **암묵적**으로 **택시**를 부르는 것이라고 생각하면 됩니다.

tacit암묵적인을 알면 taciturn뚱한의 뜻을 이해하기가 쉽지만 만약에 모를 때는 taciturn의 발음을 이용해보면 됩니다. 발음상 taciturn은 **'택시가 턴하나..?'**하는 생각이 듭니다.
taciturn을 기억할 때는 취객이 **"택시! 턴~! 왜 말 없이 가는 거야. 삐졌나? 택시돌려!"**하는 정도로 외우면 되겠습니다.

## Noxious Trap
E - 유독성 함정

(액티브) : 버섯을 던져 적이 밟으면 폭발하는 함정을 만듦. 함정이 터지면 독이 퍼져 주변 적의 이동 속도가 감소하고 4초 동안 마법 피해. 둔화 효과는 시간이 흐를수록 감소. 함정은 5분 동안 유지되며 은신할 때까지 1.5초가 걸림. 던진 함정이 다른 함정 위에 떨어지면 튕겨서 설치됨. 티모는 몸집이 작아서 한 번에 3개만 가지고 다닐 수 있음.

□□□ **noxious** [nɑ́ːkʃəs **나악**셔스] a. 유독한　∞ Cassiopia 참고

□□□ **trap** [træp 트랩] n. 덫　∞ Caitlyn 참고

### noxa는 '다칠 상(傷)'이고 necro-는 '시체 시(屍)'의 뜻이다

★ noxious는 **'유독한, 유해한'**이라는 뜻입니다. 손상(injury)을 의미하는 라틴어인 noxa 어근에서 기원했습니다.
이 라틴어 noxa 어근은 멀리 죽음(death)을 뜻하는 PIE어근 *nek-에서 나왔습니다. 그리고 이 PIE 어근 *nek-에서 시체(dead body)를 뜻하는 라틴어 necro- 어근도 나온 것입니다.

| PIE어근 *nek- (death죽음) | → 라틴어 noxa (injury손상) | noxious유독한, obnoxious아주 불쾌한 |
| | → 라틴어 necro- (dead body시체) | necromancer강령술사, necrosis괴사 |

necro- 어근이 들어간 단어는 [디아블로]나 [WOW] 등 악마가 등장하는 여러 온라인게임에서 자주 볼 수 있습니다. 바로 강령술을 부려서 망자의 영혼을 불러오는 necromancer네크로맨서 클래스의 이름이 그것입니다.
necromancer의 뒷부분 mancer는 **'귀신들린 사람, 접신한 사람'**을 뜻하는 그리스어 manteia에서 나온 것입니다.　∞ Annie 참고

그 외에도 시체를 해부하여 죽음의 원인을 찾아내는 necropsy부검, 생체조직이 죽어서 썩어가는 necrosis괴사 등의 단어에서 necro- 어근을 볼 수 있습니다. 모두 시체나 죽음과 연관있는 으스스한 단어들입니다.
만일 게이머가 어근 necro-나 noxa가 들어간 단어들을 기억하지 못한다면 그동안 온라인 게임에서 죽어갔던 수만 마리의 악마형 몹들이 매우 억울해할 것입니다. 그들의 숭고한 죽음을 헛되이 만들지 마세요.

참고로 noxious 앞에 ob-(toward)가 붙은 obnoxious란 단어는 '아주 불쾌한'이라는 뜻입니다. obnoxious를 기억할 때는 "오빠. 녹이 셔츠에.. 아주 불쾌한데?"로 기억하면 좋습니다.

**obnoxious** [əbnáːkʃəs 어브**나악**셔스] a. 아주 불쾌한

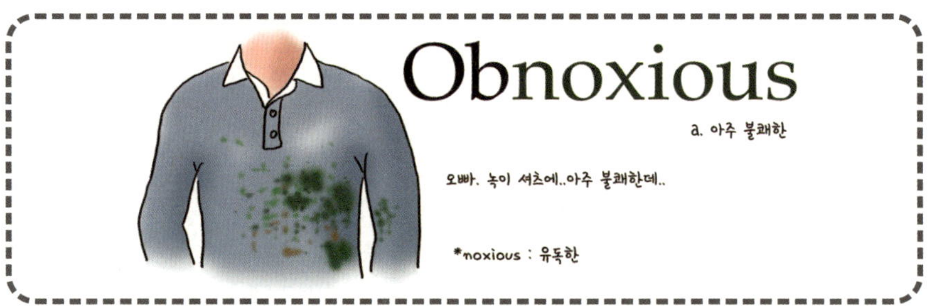

# Teemo

★★★★★ camouflage - By wearing yellow they were able to camouflage themselves in the mustard field.
노란 옷을 입음으로써 그들은 겨자 밭에서 잘 위장할 수 있었다.

★★★☆☆ disguise - Both celebrities disguised themselves as tourists.
두 유명인은 그 자신들을 관광객으로 변장했다.

★★☆☆☆ blind - Blind people could teach us how to be better listeners.
시각장애인은 우리에게 어떻게 더 나은 청자가 될 수 있는지 가르쳐줄 수 있다.

★★★☆☆ dart - I darted across the field in time to defuse the bomb.
나는 시간 안에 폭탄을 제거하기 위해 들판을 가로질러 쏜살같이 달려갔다.

★★★☆☆ mitigate - Aspirin can mitigate inflammation and pain.
아스피린은 염증과 통증을 완화시킬 수 있다.

★★★☆☆ migrate - There were a lot of reasons for Chinese farmers to migrate to urban areas.
중국 농부들이 도시로 이주하는데 많은 이유가 있었다.

★★☆☆☆ immigrate - We immigrated to Switzerland in hopes of avoiding WWIII.
나는 제3차 세계대전을 피하려는 희망으로 스위스로 이민을 왔다.

★★☆☆☆ emigrate - Fewer than a thousand creatures emigrated from their world onto ours.
천 마리 조금 안 되는 생명체가 그들의 세계에서 우리 세계로 이주했다.

★★☆☆☆ toxic - Toxic chemicals filled the air after the factory fire.
그 공장의 화재 후에 독성화학물질들이 대기를 채웠다.

★★★☆☆ tacit - tacit agreements and understandings 암묵적인 동의와 이해

★★★☆☆ taciturn - a rather taciturn person in nature 본래 다소 뚱한 사람

★★★☆☆ noxious - noxious insects 해충

★★☆☆☆ trap - He was caught in a bear trap, so he removed his leg.
그는 곰 잡이용 덫에 걸렸다. 그래서 그는 자신의 자리를 제거했다.

★★★☆☆ obnoxious - An obnoxious student asked the same question ten times in a row.
한 밉살스러운 학생이 같은 질문을 열 번 연속해서 물어보았다.

# Thresh. The Chain Warden

쓰레쉬 - 지옥의 간수

- **P** Damnation  지옥살이
- **Q** Death Sentence/Death Leap  사형선고/죽음의 질주
- **W** Dark Passage  어둠의 통로
- **E** Flay  사슬 채찍
- **R** The Box  영혼 감옥

---

**P** **Damnation**
passive - 지옥살이

| 쓰레쉬가 죽은 적의 영혼들에 가까이 다가가면 채집할 수 있음. 영혼을 채집하면 영구적으로 주문력과 방어력을 얻을 수 있음.

□□□ **damnation** [dæmnéɪʃn 댐**네이**션] n. 지옥살이

## damnation(지옥살이)는 damn it!

★ damnation은 '**제기랄**'이라는 뜻인 욕인 damn의 명사형으로서 '**지옥살이**'를 말합니다. damn 의 어원은 damage손상나 penalty페널티를 뜻하는 라틴어 damnum입니다.
damage손상, condemn경멸하다도 모두 이 라틴어 damnum 어원에서 나온 단어입니다. damn은 처음에는 '**(욕을 하여) 손상을 시키고 벌을 가하다**'는 의미였습니다. 그리고 '**damn을 시키다 = 벌을 가하다**'라는 뜻에서 명사화가 된 damnation은 인간이 자신의 행위에 대해 afterlife사후에 심판을 받는다는 의미가 되었습니다.

damn은 현재는 '**이런 젠장**', '**이런 망할**'이라는 뜻을 가진 욕인 interjection감탄사로 이용됩니다. 이 damn에서 기원한 단어들은 damage를 통해 챔피언 그레이브즈에서 한 번 본 단어들입니다.

**damage** [dǽmɪdʒ 대미쥐] n. 손상    ∞ Graves 참고
**condemn** [kəndém 컨뎀] v. 비난하다   con(강조) + demn(damn벌을 주다)    ∞ Graves 참고

* condemn은 '**비난하다**'라는 뜻입니다. 기억할 때는 함께(com=con) 누군가를 욕하는(damn) 모습으로 이미지를 만들면 이해가 편합니다.

# Condemn
v. 비난하다



## the Book of the Dead(사자의 서(書))

피라미드에 들어가보면 벽화의 내용으로 이집트신화의 저승길 안내서 [The Book of the Dead사자의 서(書)] 그림이 그려져 있는 경우가 많습니다.

그림에는 대개 안내자이자 동시에 저울을 다는 Anubis아누비스 신이 쟈칼의 머리를 하고 죽은 자의 손을 끌고 가고 있습니다. 서기관인 Thoth토트 신은 열심히 뭔가 글을 적고 있고 Ammit암무트 신은 악어의 머리, 사자의 갈기, 하마의 다리를 가진 신으로서 옆에서 심장을 먹을 준비를 하고 있습니다. 사후에 신들이 죽은 자의 심장의 무게를 저울에 달아 Maat마트 신의 깃털과 비교하는 것입니다. 만일 그 무게가 feather깃털보다 무거우면()) Ammit암무트 신에게 심장이 먹히게 됩니다. 다행히 죽은 자의 죄의 무게가 깃털과 같거나 가볍다면(≤) 영생을 얻고 천국인 Aaru아루에 가게 됩니다.

weight of heart ≤ feather of Maat → Aaru
weight of heart ) feather of Maat → Ammit

저 scale저울에 심장이 재지면서 흔들리는 것을 보는 사자(死者)의 마음은 수능 성적표 봉투를 여는 수험생의 마음과 비교할 수 있을 것 같습니다.

이집트뿐 아니라 티벳에도 [사자의 서]가 있습니다. 지금부터 1200년 전에 티베트의 승려 파드마삼바바가 쓴 책인데 그는 바위사이에 이 책을 감추고 600년 뒤에 책이 발견될 것이라고 예언하였습니다. 그리고 실제로 600년이 지난 1350년 이 책이 발견되어 티벳인의 정신적인 교본이 되었습니다. 이 책에 따르면 죽은 자는 염마라는 신을 만나게 된다고 합니다. 염마는 죽은 자가 생전에 행한 선업과 악업에 따라 흰 돌과 검은 돌을 던지게 되고 사람으로 태어날 지 짐승으로 태어날 지 혹은 지옥으로 직행할 지를 결정한다고 합니다. 일종의 '사람으로 다시 태어나기 위한 사후세계 안내서'가 되겠습니다.

# Death Sentence/Death Leap
Q - 사형선고/죽음의 질주

(액티브) : 적에게 낫을 걸어 쓰레쉬 쪽으로 끌어오거나 쓰레쉬가 적 쪽으로 도약.
쓰레쉬가 낫을 던져 처음으로 명중한 적에게 마법 피해를 입히고 1.5초 동안 자신 쪽으로 끌어당김.

□□□ **sentence** [séntəns 센턴스] n. 문장, 선고

□□□ **leap** [lɪːp 리이프] v. 뛰어오르다    ∞ Jax 참고

**sentence는 판사의 선고를 의미하기도 한다**

★ sentence는 글로 된 문장이나 형벌을 말합니다. 판사가 내리는 선고라는 뜻도 있습니다.
sentence는 라틴어 어원인 sentire(sense느끼다)에서 기원한 단어인데 처음에는 그냥 '**느낀 생각**'을
의미하다가 나중 opinion의견, judgement판단의 뜻으로 발전했습니다.

판사가 내리는 선고에는 유죄선고와 무죄선고가 있는데 동사로는 convict유죄를 선고하다와 acquit
무죄를 선고하다을 사용합니다.

| scentence | 유죄선고하다 : **convict** | ∞ Garen 참고 |
|---|---|---|
| 선고 | 무죄선고하다 : **acquit** | ∞ Garen 참고 |

또한 sentence선고하다처럼 공적인 발표를 하는 것은 '**선언하다**'라는 뜻의 declare가 있습니다.

**declare** [dɪklér 디클레어] v. 선언하다, 공표하다

* declare는 '**정부가 비상사태를 선언하다**'와 같은 경우처럼 공적으로 공공의 대상에게 내용을 선포할 때 사용하는
단어입니다. 라틴어 declarare에서 나왔는데 이는 de(강조의 의미) + clarare(clear)의 조합으로 선언을 통해 결정을
명확하게(clear)하는 것을 의미합니다.
단어를 기억할 때도 clear를 사용하여 엉덩이에서 나는 독한 냄새에 지친 사람들이 "**뒤를 clear(깨끗하게) 해야 함을**
**선언한다!**"라고 말하는 상황으로 기억하면 재미있습니다.

# Dark Passage
W - 어둠의 통로

(액티브) : 보호의 랜턴을 생성하여 아군이 쓰레쉬에게 질주할 수 있게 함. 특정 지점에 랜턴을 던짐. 주위 아군이 랜턴을 클릭하면 집어들 수 있으며 쓰레쉬가 랜턴과 함께 자기 쪽으로 끌어당김. 또 랜턴은 쓰레쉬와 아군 하나에게 피해를 흡수하는 보호막을 씌움.

□□□ **passage** [pǽsɪdʒ 패시지] n. 통로

## passage(통로)는 pass하는 길

★ **passage**는 route통로를 의미합니다. pass지나가다에서 나온 단어이고 passenger승객를 떠올리면 기억하기 쉽습니다.
일반적으로 비행기에서의 통로를 말할 때는 aisle을 사용합니다. 비행기 예약은 통로 쪽 좌석(aisle seat)과 창문 쪽 좌석(window seat)을 구분해서 주문하는 경우가 많으므로 해외여행을 위해서는 반드시 기억해야하는 단어입니다.
참고로 aisle에서 /s/는 묵음입니다. aisle을 기억할 때는 한글 발음을 이용해서 '**아일** 데리고 엄마가 **통로를 지나가는**' 이미지를 만들면 편합니다.

**passenger** [pǽsɪndʒə(r) **패**신져] n. 승객
**aisle** [ɑɪ **아**일] n. 통로

pass가 어근으로 사용된 단어로는 surpass능가하다, bypass우회도로, compass나침반, encompass 망라하다, trespass무단침입하다 등이 있습니다.

**surpass** [sərpǽs 서**패**스] v. 능가하다    sur(beyond지나서) + pass(지나다)
**bypass** [bɑɪpáːs 바이**파아**스] v. 우회하다  n. 우회도로    by(around주위로) + pass(지나다)
**compass** [kʌ́mpəs **컴**퍼스] n. 나침반    com(together함께) + pass(지나다)
**encompass** [ɪnkʌ́mpəs 인**컴**퍼스] v. 망라하다
                    en(make만들다) + com(together함께) + pass(지나다)
**trespass** [tréspəs **트레**스퍼스] v. 무단침입하다    tres(trans가로질러서) + pass(지나다)

* tresspass는 '**무단으로 침입하다**'라는 뜻입니다. 이는 tres(trans가로질러서) + pass(지나다)의 조합으로 어딘가를 허락받지 않고 가로질러 가는 모습을 나타냅니다.

tresspass를 기억할 때는 "**뜰에** 도둑이 무단침입해서 지나갔어(pass)."라고 말하는 상황으로 기억하면 됩니다.

## E **Flay**
E - 사슬 채찍

(기본 지속 효과) : 공격을 하지 않을 때 공격력이 증가해 매 공격시 추가 마법 피해. 추가 마법 피해량은 쓰레쉬의 마지막 공격으로부터 지난 시간에 비례.
(액티브) : 원하는 방향으로 근처의 적들을 밀쳐 침. 등 뒤에서 시작해 몸 앞까지 일직선상에 마법 피해. 이 스킬에 맞은 적들은 낫을 휘두른 방향으로 밀려난 다음 1초간 느려짐. 적을 당겨올 수 있음.

□□□ **flay** [fleɪ ㅎ플레이] v. 껍질을 벗기다

## flay는 껍질을 벗길 정도로 혹평하는 것

★ flay는 '**동물의 껍질을 벗기는 것**'을 말합니다. flay 동사를 사람에게 사용할 경우에는 '**혹평을 하다**'는 뜻입니다. fley와도 철자를 혼용하는 단어입니다.
LOL에서는 쓰레쉬의 스킬 〈Flay〉는 flay의 '**(껍질이 벗겨질 정도로) 후려치다**'는 뜻을 이용해 〈사슬 채찍〉으로 번역하였습니다.
참고로 피부를 뜻하는 명사 skin도 동사로 사용되면 '**껍질을 벗기다**'라는 뜻이 있습니다. 또 과일의 껍질을 벗길 때는 peel (off)를 사용하면 됩니다.
flay를 발음할 때 /f/발음을 주의하지 않으면 play로 오해할 수 있습니다. 마찬가지로 조심해야 할 발음에 fray가 있습니다. fray는 천이 닳아서 '**너덜너덜 헤어지다**'라는 뜻입니다.

### 껍질을 들고 있는 천재의 복수

flay와 관련해서 가장 재미있는 그림은 로마의 바티칸시티의 the Sistine chapel성 시스티나 예배당의 천장에 있는 프레스코화인 Michelangelo미켈란젤로의 작품입니다. [The last judgement최후의 심판]의 그림에서 보면 자신의 피부를 flay벗겨서 들고 있는 성 바돌로메오의 얼굴이 미켈란젤로의 self-portrait자화상입니다.

그런데 5년의 기간 동안 열과 성을 다하여 그린 그림을 교황청 의전장관이던 Biazio비아조가 성스러운 성당의 그림에 나체가 너무 많다고 비난하게 됩니다. 미켈란젤로는 비아조에게 소심한 복수를 하게 되는데 비아조를 축 처진 노인의 근육에 옷을 모두 벗고 있게 묘사하고 심지어 그의 성기가 뱀에게 물리는 모습으로 지옥 부분에 그려넣었습니다.

미켈란젤로는 자신의 모습은 근육질로 우아하게 신과 가까운 곳에 그려넣고 자신의 성기는 옷자락으로 예쁘게 가려놓았습니다. 수백 년 동안 매일 수천 명에게 성기노출의 모습을 보여 주어야하는 Biazo비아조를 생각하니 천재의 복수가 얼마나 무서운지 알 것 같습니다.

Michelangelo. 1541
THE
Last Judgement

**portrait** [pɔ́ːrtrət **포어**트럿] n. 초상화

**R** **The Box** | 사용 즉시 알리스타의 모든 상태이상 제거. 7초간 공격력 증가. 받는 피해 감소.
E - 영혼 감옥

## 챔피언 Thresh(쓰레쉬)가 사슬채찍으로 thresh(타작하다).

★ 영혼 감옥을 쓰는 챔피언 Thresh쓰레쉬는 사슬을 든 감옥의 간수 컨셉입니다.
사슬로 적을 잡아 자기 쪽으로 당기는 스킬을 사용합니다. 챔피언 쓰레쉬로 게임을 즐겼던 우리는 여기서 **'곡식을 타작하다'**라는 뜻의 thresh 단어를 공짜로 배울 수 있습니다.
쓰레쉬가 사슬 채찍으로 타작하듯이 마구 때리는 이미지를 떠올리면 됩니다.

**thresh** [θreʃ 쓰레쉬] v. 타작하다, 요동치다

thresh는 '**throw**던지다' 뜻의 PIE어근 *tere-에서 나온 단어입니다. thresh는 원래 '**밀(wheat)을 타작하다**'라는 뜻이었는데 타작에 더 자주 쓰이게 되는 단어 flail타작하다이 나온 뒤로는 그냥 '**strike 때리다**'라는 의미로 주로 사용됩니다.

참고로 과학에서는 thresh보다는 -hold가 뒤에 붙은 threshold역치가 더 중요한 단어입니다.

**threshold** [θréʃhould 쓰레쉬호울ㄷ] n. 문지방, 한계점, 역치(閾值)

* **threshold**는 일상에서는 '**문지방**'을 의미하고 과학에서는 '**역치**'를 뜻하는 단어입니다.
thresh(타작하다)에 hold(붙잡다)가 붙어 '**문지방**'이라는 뜻이 된 이유는 어원학자들도 아직 추측만을 할 뿐입니다.
아마도 집 바로 앞의 타작마당에서 날린 밀 껍질들이 문지방 앞에서 모두 멈추어서 더 이상 집안으로 들어가지 않는
모습에서 기원한 것으로 보입니다.
이렇게 생긴 threshold의 의미는 나중 문지방뿐만 아니라 더 이상 진행할 수 없는 '**한계점**'이나 '**참을 수 없는 지점**'을
설명하는 단어로 점점 발전하였습니다.
threshold를 기억할 때 챔피언 **쓰레쉬**가 분노를 붙잡고(hold) 참는 지점(역치)이라고 기억하면 되겠습니다.

### threshold value(역치점)이란 무엇인가?

과학에서는 작용을 일으키는 최소한의 값을 'threshold역치'라고 부릅니다. 처음에는 자극이나 에너지에 전혀
반응하지 않다가 점점 그 강도를 높이다보면 어느 순간 갑자기 반응을 일으키는 점이 생기게 되는데 바로 그
순간을 'threshold 점'이라고 부르는 것입니다.
맛의 농도를 점점 올리다보면 어느 순간 맛을 느끼게 되는 경우, 근육에 전기 자극을 서서히 올리다보면 어느
순간 경축(수축)을 일으키는 경우가 모두 역치점(threshold value)을 넘어갈 때 나타나는 현상입니다.

또한 '**치사역치**'라고 하면 사람을 죽일 수 있는 독성물질의 최소 농도를 말하는 것이고 '**식별역치**'라고 하면 두
물체를 구분할 수 있는 가장 최소의 크기를 말합니다. 일상에서도 이 역치는 흔히 볼 수 있습니다. 예를 들어
얌전하던 사람도 성질을 점점 자극하다 보면 어느 순간 갑자기 화를 버럭 내며 **"참는 데에도 한도가 있어!"**라고
외치는 경우가 있습니다. 그 참는 마지막 지점이 바로 threshold입니다.

# Thresh

★★★☆☆ damnation - His soul was burnt in the fires of eternal damnation.
그의 영혼은 영원한 지옥살이의 불길에서 불에 탔다.

★☆☆☆☆ damage - a great deal of damage to the zone
그 영역의 막대한 피해

★★★☆☆ condemn - The judge condemned him to 25 years of hard labor.
판사는 그에게 25년의 중노동형을 선고했다.

★★★☆☆ sentence - His sentence was increased for fighting with a guard.
그의 형기는 간수와의 싸움 때문에 더 늘어났다.

★★☆☆☆ leap - I leaped over the prison wall only to land in the guard dog cage.
나는 감옥 벽을 뛰어넘었지만 결국 경비견의 우리에 떨어지고 말았다.

★★★☆☆ declare - I declare July 1st to be International Computer Game Day.
나는 7월 1일을 국제 컴퓨터게임일로 선언한다.

★★☆☆☆ passage - I reserved my passage to Mars.
난 화성행 선실을 예약했다.

★★☆☆☆ passenger - the largest passenger plane in the world
세계에서 가장 큰 여객기

★★★☆☆ aisle - I walked down the cereal aisle of the supermarket and I saw whole-grain cereal.
나는 슈퍼마켓의 시리얼 통로로 걸어 내려갔고 통곡물 시리얼을 보았다.

★★★☆☆ surpass - Owen is so talented that he will soon surpass my score in this game.
오웬은 재능이 뛰어나서 곧 이 게임에서 내 점수를 능가할 것이다.

★★★☆☆ bypass - We recently started early planning work to progress the new town bypass.
우리는 그 신시가지 우회도로를 진행하기 위한 초기 계획 작업을 시작했다.

★★☆☆☆ compass - a map and compass
지도와 나침반

★★★☆☆ encompass - This old map shows the rest of the Asian region, encompassing Korea and Japan.
이 고지도는 한국과 일본을 망라한 아시아의 나머지 지역을 보여준다.

★★★☆☆ trespass - They trespassed into the haunted house and were never seen again.
그들은 귀신들린 집으로 무단 침입해 들어갔고 그리고 다시는 볼 수 없었다.

★★★★★ flay - The liar was crucified and flayed alive.
그 거짓말쟁이는 십자가에 못 박히고 (피부가 벗겨지도록) 산채로 후려쳐졌다.

★★★☆☆ portrait - A portrait of me hangs in the lobby of the NY Public Library.
내 초상화가 뉴욕 공공도서관의 로비에 걸려있다.

★★★★☆ thresh - The farmers stopped threshing the grain when they saw their neighbor use a new machine.
그 농부들은 이웃이 새 기계를 이용하는 것을 보고 곡식 타작을 멈추었다.

★★★★☆ threshold - The only way to improve yourself is to find your personal threshold.
너 자신을 향상시키는 유일한 방법은 너의 개인적 한계점을 발견하는 것이다.

# Tristana, the Yordle Gunner

## 트리스타나 - 요들 사수

**P** Draw a Bead　정조준

**Q** Rapid Fire　속사

**W** Rocket Jump　로켓 점프

**E** Explosive Charge　폭발 화약

**R** Buster Shot　대구경 탄환

---

**P** **Draw a Bead**
passive - 정조준　| 트리스타나의 공격 사거리와 폭발 탄환 및 대구경 탄환의 시전 거리가 레벨당 7만큼 늘어남.

□□□ **draw** [drɔː 드로] v. 그리다, 끌다, 비기다　n. 추첨, 무승부　∞ Graves 참고

□□□ **bead** [biːd 비드] n 구슬

## draw(그리다)는 drag(끌다)에서 나온 단어

★ draw는 무언가를 '끌다'라는 뜻입니다. PIE어근인 *dhragh-에서 나온 단어인데 이 PIE어근을 발음해보면 그 발음이 그대로 영어의 drag끌다이란 단어에 이어짐을 알 수 있습니다.
draw끌다와 drag끌다의 관계는 어원상 이란성 쌍둥이 같다고 보면 되겠습니다. 그리고 draft선발는 어원상 사촌동생쯤 되고 drift이동는 8촌동생쯤 됩니다.

draw의 '**그리다**'라는 뜻은 땅바닥에 나뭇가지를 끌면(drag) 당연히 그림이 그려지므로 유추하기가 쉽습니다.
그리고 draw가 '**비기다**'라는 의미일 때는 '**승부의 결정을 질질 끌어 무승부로 비겼다**'라고 생각하면 '**끌다**'라는 뜻과 연관시킬 수 있긴 합니다.
그러나 언어학자들은 draw에 '**비기다**'라는 의미가 발생한 어원학상의 이유는
withdraw철수하다란 단어에서 with가 사라지고 '**비기다**'라는 개념만 전해지게 된 것이라고 생각하고 있습니다.
승부를 보지 못하고 철수하게 되었으니 비긴 셈이 된 것입니다.

draw

**withdraw** [wɪðdrɔ́ 위드드로] v. 철수하다, (예금을) 인출하다　∞ Graves 참고

withdraw를 기억할 때는 **"천막 철수다! 위로 들어~"**라는 발음을 이용하면 좋습니다.
또한 withdraw에는 **'은행에서 예금을 인출하다'**라는 뜻도 있는데 이 표현은 쉬운데 막상 입으로
말하려면 잘 기억나지 않는 영어 표현 중에 하나입니다.

또한 draft란 단어도 이 **'끌다'**라는 뜻의 drag에서 기원한 단어입니다.

**draft** [dræft 드래ㅎ프ㅌ] n. 설계도, 원고, 수표, (선수)선발, 징병, 통풍

draft의 뜻은 다양하게 2차적 의미로 분화된 것이 많아서 여러 뜻을 통째로 암기하려 하면 골치 아픈
단어입니다. 하지만 drag끌다에서 각각의 의미를 차근차근 유추해내면 의외로 쉽게 연결이 됩니다.
무엇을 끌고 왔는가에 따라 뜻이 바뀌는 것입니다.

1. 먼저 draft는 사람을 끌어와서 생긴 **'선발, 징병'**이라는 뜻이 있습니다.
   draft를 보고 야구를 좋아하는 사람들은 off season 중에 유망주들을 각 구단이 뽑아가는 **'신인
   draft 제도'**를 가장 먼저 떠올릴 것입니다. 이 제도는 그 전 해에 꼴찌를 한 팀에게 가장 먼저
   선수를 선발 할 수 있는 (draft) 우선권을 주는 제도입니다.
   여기서 선수 draft(선발)는 팀에서 선수를 끌어가는(drag) 것입니다. 비슷하게 군대에서 강제로
   사람을 끌어가는(drag) 것이 바로 징병입니다.

2. 그 다음 draft에는 **'설계도, 원고, 수표'** 등의 의미가 있는데 이는 (그림)선을 끌어서 뭔가를 적는
   모습에서 나온 뜻입니다. 설계사, 작가, 재벌이 각자 펜을 들어서 뭔가를 그렸는데 결과는 각각
   **'설계도, 원고, 수표'**로 다르게 나온 셈입니다.

3. 마찬가지로 끌어오는(drag) 것이 공기라면 이때의 draft는 **'통풍'**이라는 의미가 됩니다.

| draw | | | draft | |
|---|---|---|---|---|
| | 사람을 draw끌다 | → | | n. 선발, 징병 |
| | (그림)선을 draw끌다 | → | | n. 설계도 ,원고, 수표 |
| | 공기를 draw끌다 | → | | n. 통풍(通風) |

참고로 drift이동는 자동차 게임을 할 때 옆으로 드리프트하는 스킬을 써봐서 익숙한 단어입니다.
drift는 어원도 drive운전하다와 관계되어 있습니다. drift 앞에 /a/가 붙은 adrift는 **'표류하다'**라는
뜻입니다.

★ bead는 '구슬'을 말합니다. Gothic고트족의 단어인 bida에서 나온 것인데 이는 'please제발'라는 뜻입니다. bead는 나중 천주교에서 기도할 때 돌리는 rosary묵주를 의미하게 되었습니다. 그 후 천주교의 묵주뿐 아니라 일반적인 구슬도 널리 bead라고 부르게 되었습니다.
거리의 상점 중에 '비즈(beads)공예 강습'이라고 적힌 곳은 이 bead구슬를 이용해서 목걸이나 여러 장식품을 만드는 기술을 가르치는 곳입니다.
bead구슬을 묵주로 생각했을 때 묘하게 한글로 '빌다'와 발음이 비슷해서 기억하기 좋습니다.

rosary [róuzərɪ 로우저리] n 묵주

**Q** **Rapid Fire**
Q - 속사

(기본 지속 효과) : 트리스타나가 폭발 화약 표식이 된 적을 기본 공격할 때마다 속사의 재사용 대기시간이 1초씩 감소. 적을 기본 공격할 때마다 폭발 화약의 재사용 대기시간이 감소.

□□□ rapid [rǽpɪd 래피드] a. 빠른    ∞ Evelynn 참고

rapid(빠른)는 공룡 raptor(랩터)와 같은 어원

★ rapid는 '빠르다'라는 뜻으로 라틴어 rapidus에서 기원하였습니다. 맹금류를 말하는 raptor 랩터나 공룡 중의 Velociraptor벨로시랍토르도 이 어원에서 비롯된 것입니다.

**rapidity** [rəpídəti 러**피**더피] n. 신속

rapid와 뜻이 비슷한 단어는 무척 많습니다. quick, fast, swift, speedy, hasty 등이 모두 빠르다는 뜻을 가지고 있습니다.
이중에 hasty는 '**빠르다**'는 뜻 중에 '**성급하다**'는 부정적인 뉘앙스가 포함되어 있습니다. 우리에게 hasty는 명사형인 haste헤이스트를 통해 온라인게임의 신속스킬 이름으로 자주 볼 수 있는 단어입니다. 헤이스트 스킬을 시전하면 속도가 빨라져 갑자기 캐릭터가 몇 배의 속도로 시원하게 몹을 때려잡거나 도망갈 수 있게 됩니다.

**haste** [heɪst 헤이스트] n. 서두름, 급함

## Rocket Jump
W - 로켓 점프

트리스타나가 땅에 로켓을 쏴서 먼 곳으로 이동하여 마법 피해. 적의 속도를 60% 늦춤. 폭발 탄환의 영향을 받는 유닛 위에 착지 시 로켓 점프의 피해량이 증가하며 4 중첩이 쌓인 유닛 위에 착지하면 폭발 화약이 즉시 폭발.
챔피언을 처치하거나 어시스트를 올리면 로켓 점프의 재사용 대기시간이 초기화.

## Explosive Charge
E - 폭발 화약

(기본 지속 효과) : 트리스타나의 공격에 쓰러진 적은 폭발해 주변의 적에게 마법 피해.
(사용 시) : 대상 적이나 포탑에 화약을 설치하면 4초 후 폭발하면서 주변의 적에게 추가 물리 피해. 대상에게 가하는 기본 공격 당 이 화약의 피해량이 30%씩 증가하며 최대 4번까지 중첩. 트리스타나가 4 중첩 상태인 대상을 기본 공격하면 화약이 즉시 폭발. 포탑에 사용할 경우 폭발 반경이 두 배.

☐☐☐ **explosive** [ɪksplóʊsɪv 익스**플로**우시ㅂ] a. 폭발성의　∞ Gragas 참고

☐☐☐ **charge** [tʃɑːrdʒ 챠아지] n. 돌격　∞ Hecarim 참고

### charge(책임)는 load(짐)과 연관되어 있다

★ charge는 원래 어원의 뜻은 'load짐, a weight무게'입니다. 거기에서 요금이나 책임, 비난, 기소, 전하(충전) 등 무게와 관계된 여러 뜻이 나왔고 기병대의 '**돌격**'이라는 의미까지 생겼습니다. charge의 여러 가지 뜻은 '**짐**'의 뜻에서 분석을 해보면 각 의미의 연관성을 찾아 볼 수 있습니다.

요금도 물건을 사고 나면 지불해야하는 책임이 되고, 잘못을 해도 비난받거나 기소를 당하는 책임을 져야하는 짐이 됩니다. 전하도 전기적 전위에 따라 방전을 준비하고 있는 에너지(짐)가 있는 상태입니다. 기병대의 돌격도 무기를 load해서 달려 가야하므로 짐과 관계가 있습니다.

| charge<br>짐 | 1. 요금 (money) |
|---|---|
| | 2. 책임 (responsibility) |
| | 3. 비난 (criticism) |
| | 4. 기소 (prosecution) |
| | 5. 전하(충전) |
| | 6. 돌격 |

## 기병대 돌격을 막은 the thin red line(가느다란 붉은 줄)

전투를 실감나고 비장하게 묘사하는 기자의 가장 뛰어난 영어표현으로 'the thin red line' 또는 'the thin red streak'이란 것이 있습니다. 적의 기병대 돌격에 맞서 숫자가 부족하지만 결연한 저항의 의지로 길게 늘어선 영국군(빨간 군복)을 나타내는 묘사입니다. 이 표현은 영국의 [타임즈]지의 종군기자였던 William Howard Russell이 1854년 크림 전쟁동안의 Balaclava발라클라바 전투의 모습을 설명하며 사용하였습니다. 러셀은 역사상 **'종군기자의 아버지'**라고 불리는 유명한 사람입니다.

당시 기병대 돌격을 하는 러시아군에 맞선 영국군은 병력이 부족하여 원래의 4열 사격라인을 만들지 못하고 2줄의 가늘고 긴 보병라인을 구축하게 됩니다. 영국군은 캠벨장군의 스코틀랜드 93보병연대였고 검은 털모자, 빨간 상의와 체크무늬 치마를 모두 입고 있었습니다. 러시아군의 기병 charge돌격는 이 빨갛고 가느다란 라인을 돌파하지 못하고 물러나게 됩니다.

이후 'the thin red line(streak)'은 열세의 상황을 이겨내는 영국군의 단결력과 용기, 침착함 등을 상징하는 표현으로 사용되다가 현대에는 **'소수의 용감한 사람들'**을 나타내는 관용구가 되었습니다.

**streak** [strɪːk 스트리이크] n. 기다란 줄 모양의 가닥

여기서 streak은 바탕과 구별되는 기다란 줄 모양을 말하는 단어인데 검은 머리카락 사이의 흰머리가닥이 가장 좋은 예입니다. 또한 번갯불을 blue streak(파란 번개 가닥)으로 표현하기도 합니다.

# Buster Shot

**E - 대구경 탄환**



**I** 트리스타나가 적에게 거대한 대포를 발사하여 마법 피해를 입히고 적을 뒤로 밀어냄.

□□□ **buster** [bʌ́stə(r) 버스터] n. ~을 막는 사람, 임마(속어 호칭)    ∞ Riven 참고

★ buster는 '**~을 막는 사람**'이란 뜻인데 영화 [Ghost Buster유령사냥꾼], crime-busters범죄를 막는 사람들 같은 용법으로 사용됩니다. 뭔가를 예방하거나 물리치는 사람을 의미합니다.
챔피언 트리스타나의 R스킬인 〈Buster Shot〉은 거대한 대포에서 발사되는 마법탄환을 말합니다.
bust는 동사로 '**부수다, 고장 내다**'라는 뜻이 있습니다.

**bust** [bʌst 버스ㅌ] v. 부수다

# Tristana

★★☆☆☆　draw - After playing for three hours, the game ended in a draw.
세 시간동안 경기를 한 후 그 게임은 무승부로 끝났다.

★★★☆☆　withdraw - I withdrew from the game after noticing the other team was cheating.
나는 다른 팀이 속임수를 쓰고 있다는 것을 눈치 챈 후 게임에서 물러났다.

★★★☆☆　draft - Our league held a draft and we got to pick first.
우리 리그는 신인지명회의를 열었고 우리가 첫 번째로 뽑게 되었다.

★★★☆☆　rosary - I completed the rosary before heading into battle.
나는 전투에 나서기 전에 묵주신공(천주교의 묵주기도)을 마쳤다.

★★☆☆☆　rapid - A rapid change in the leader board caused me to panic.
최고점수판의 빠른 변화는 나를 공황상태로 몰고 갔다.

★★★☆☆　rapidity - the rapidity of the transmission 전달의 신속성

★★★☆☆　haste - working with feverish haste
몹시 흥분하여 서두름으로 일하기

★★★☆☆　explosive - An explosive sent the whole building down to the ground.
폭발물 하나가 그 건물 전체를 (폭파해서) 땅으로 무너뜨렸다.

★★☆☆☆　charge - The restaurants in Georgia may impose a service charge.
조지아의 식당은 아마 서비스 요금을 부과할 것이다.

★★★★★　streak - My team is on a long losing streak.
우리 팀은 오랫동안의 연패에 빠져있다.

★★★☆☆　buster - a bunker buster
벙커 버스터(방공호를 파괴하는 폭탄)

★★☆☆☆　bust - His business venture turned out to be a complete bust.
그의 모험적인 사업은 완전히 망한 것으로 판명되었다.

# Trundle, the Troll King

트런들 - 트롤 왕

- **P** King's Tribute   헌납
- **Q** Chomp   속사
- **W** Frozen Domain   얼음 왕국
- **E** Pillar of Ice   얼음 기둥
- **R** Subjugate   진압

---

**P  King's Tribute**
passive - 헌납

| 트런들 근처의 적 유닛이 쓰러질 때마다 트런들의 체력이 죽은 유닛의 최대 체력의 2% 만큼 회복. 회복률은 5/8/11/14레벨에서 상승.

□□□ **tribute** [tríbjuːt 트리뷰으ㅌ] n. 헌사, 조공

*tribute(조공)은 tribe(부족) 간에 공물을 주고받기*

★ **tribute**헌사는 특히 '죽은 사람에게 바치는 찬사'를 말합니다.
pay a tribute처럼 뭔가를 바치는 동작에는 pay 동사를 같이 씁니다.

   **pay a tribute** 조공을 바치다

tribute는 예전 약한 tribe부족이 강한 다른 tribe부족에게 평화의 대가로 공물을 바치는 데에 그 유래가 있습니다. tribute와 tribe는 발음도 거의 같습니다.
이 tribute가 어근이 된 중요한 단어가 몇 개 있습니다.

**attribute** [ətríbjuːt 어트리뷰으ㅌ] v. ~탓으로 여기다   ad(to방향의 의미) + tribute(바치다)
   * **attribute** A to B   A를 B의 탓으로 돌리다
**contribute** [kəntríbjuːt 컨트리뷰으ㅌ] v. 기부하다   con(bring together함께) + tribute(바치다)
   → **contribution**  n. 기부금
**distribute** [dɪstríbjuːt 디스트리뷰으ㅌ] v. 분배하다   dis(individually각자) + tribute(바치다)
   → **distribution**  n. 분포
**retribution** [retrɪbjúːʃn 레트리뷰우션] n. 응징   re(again다시) +tribute(바치다) + -ion(명사형어미)

위의 4단어를 그냥 외우려면 어려워 보이지만 tribe부족 간의 관계를 상상을 하면 쉬워집니다.
명나라와 조선, 여진족을 예로 들어보겠습니다.

| tribute<br>조공 | 명나라가 공물이 작다고 다시 바치라고 응징하면?  retribution |
| --- | --- |
| | 그 때 조선이 여진족이 방해해서 그렇다고 탓하면?  attribute |
| | 조선과 여진족이 함께 공물을 바치면?  contribute |
| | 명나라가 고생했다고 둘에게 나눠주면?  distribute |

# Tribute
n. 조공, 헌사

## Q — Chomp
Q - 깨물기

(액티브) : 트런들이 상대를 적을 물어 뜯어 물리 피해를 입히고 0.1초간 대상 적을 75% 둔화 효과. 이 공격으로 트런들의 공격력이 8초 동안 증가하고 상대방의 공격력은 해당 수치의 절반만큼 감소.

 chomp [tʃaːmp 챰ㅍ] v. (음식을) 쩝쩝 먹다

★ chomp는 우적우적, 쩝쩝 게걸스럽게 먹는 것입니다. 쩝쩝 먹는 소리에서 나온 의성어이므로 소리를 내면서 외워야 느낌이 옵니다.
오늘 저녁식사에서 입으로 '챰프 챰프' 소리를 내면서 chomp 단어를 외워봅시다.

## W — Frozen Domain
W - 얼음 왕국

(액티브) : 트런들이 목표 지역을 얼음으로 8초간 뒤덮음. 트런들은 얼음이 덮인 지점 위에서 이동 속도가 20%, 공격 속도가 20% 상승. 모든 시전자에게서 받는 치유와 재생 효과가 20% 상승.

 frozen [fróuzn ㅎ프로우즌] a. 냉동된    ∞ Lissandra 참고

domain [douméin 도우메인] n. 영역, 분야    ∞ Reneckton 참고

★ frozen은 '**냉동된**'이라는 뜻입니다. 동사인 freeze얼리다의 과거분사형에서 나온 단어입니다.
(freeze-froze-frozen)
frozen은 냉동식품(frozen food), 냉동 참치(frozen tuna), 냉동육(frozen meat)과 같은 단어처럼
'**냉동 ○○**'라는 단어를 형성하고자 할 때 자주 볼 수 있습니다.
게임에서는 Warcraft III에서 [the Frozen Throne프로즌 쓰론]을 떠올리게 하는 단어입니다.
[프로즌 쓰론]은 얼어붙은 왕좌라는 뜻이 되겠습니다. 리치왕이 앉아서 게이머를 기다리고 있죠.

**throne** [θroun 쓰로운] n. 왕좌

# domain(영역)은 인터넷 사이트의 주소

★ **domain**영역은 이미 인터넷 사이트를 말하는 단어로 잘 알려져 있습니다. domain은 홈페이지
각각의 주소를 말하므로 인터넷의 영역이라고 할 만 합니다.
원래 domain은 고(古) 프랑스어에서 '**영주의 영지**'를 말했습니다. 라틴어에서는 dominium으로
'**재산**'을 말했습니다. 이 라틴어는 '**집**'이라는 뜻의 domus에서 나온 단어입니다.
따라서 domus와 관련된 단어들은 집, 주인, 재산에 대한 것들이 많습니다.
dominate지배하다, condominium아파트, domestic국내의 등의 단어들이 그 예가 되겠습니다.

domain영역에 관계된 다른 단어로 주권을 나타내는 sovereignty가 있습니다. 국가의 3요소로 거론
되는 것이 영토와 주권과 국민입니다.
sovereignty주권은 '**한 영역을 다스리는 가장 강한 힘을 가진**' 것을 의미합니다. 사실 주권이란 것은
조금씩 침해당하다 보면 어느새 자기 것이 아니게 됩니다. 구한말에 일본에게 우리나라를 빼앗기는
과정이 그러했습니다.
그 domain영역에 가장 dominant우세한한 힘을 계속 유지해야 비로소 주권이라 할 수 있지 조금씩
권리를 나눠주다 보면 어느새 주권은 사라지고 없어지게 됩니다.

**sovereign** [sá:vrən사아브런] a. 자주적인  n. 군주   ∞ Syndra 참고
　　→ **sovereignty** n. 자주권

## Pillar of Ice
E - 얼음 기둥

| (액티브) : 트런들이 목표 지점에 6초 동안 통과할 수 없는 얼음 기둥을 생성하여 기둥 주변의 모든 적의 이동 속도를 30% 늦춤.

□□□ **pillar** [pílə(r) **필러**] n. 기둥　　∞ Brand 참고

★ 얼음 기둥을 던지는 거인 챔피언인 트롤왕 트런들(Trundle, the troll king)은 LOL에서 이름을 지을 때부터 별명이 연관된 단어여서 우리에게 단어 2개를 공짜로 외우게 해줍니다.
쿵쾅쿵쾅 걸어가는 거인 트롤을 이미지로 삼으면 됩니다.

**trundle** [trʌ́ndl **트런**들] v. (무거운 것이 시끄럽게) 굴러가다, 터덜터덜 걷다
**troll** [troul 트로울] v. 돌림노래하다, 견지낚시하다　n. 트롤

* **trundle**은 바퀴를 뜻하는 고(古) 영어인 trendel에서 나온 단어입니다. 이 어원에서 trend가 나왔는데 '**최신 취향**'을 말하는 그 트렌드입니다. trend는 성향이 '**바퀴처럼 굴러서**' 어느 방향으로 모두 모인다는 뜻입니다.
trundle은 이처럼 바퀴와 관련이 있는데 무거운 기차가 서서히 끽끽 큰 소리를 내며 굴러가는 모습을 떠올리게 하는 단어입니다. 반복해서 쿵쾅거리며 걷거나 바퀴가 쿵쿵거리는 식입니다.
trundle을 기억할 때는 트롤왕 **트런들**이 쿵쾅거리며 걷는 것을 상상하면 됩니다.

* **troll**은 원래는 스칸디나비아 신화에 나오는 심술궂은 거인 괴물 '**트롤**'을 말하는데 온라인 게임에서는 멍청하지만 맷집이 센 괴물로 자주 나옵니다.
이 신화에서의 괴물 트롤을 나타내는 어원과는 별도로 troll은 '**돌림노래하다**'라는 뜻이 있는데 이는 바퀴처럼 구르며 반복하는 모습을 나타냅니다. '**돌림노래하다**'라는 뜻일 때의 어원은 원시 독일어인 *truzlanan입니다.
이러한 돌림노래의 반복성 때문에 troll은 견지낚시를 뜻하기도 합니다. 견지낚시란 파리채 모양의 견지대에 살아있는 미끼를 달고 낚싯줄을 감았다 풀었다 반복하여 물고기를 꾀는 낚시방법을 말합니다.

또한 이 troll의 '**낚시질**'이라는 뜻에서 최신 단어 '**트롤링**'이 나왔습니다. trolling트롤링하면 요즘에 인터넷공간에서 남의 화를 부추기기 위해 글을 쓰는 것을 말합니다. 예를 들어 독도지킴이 사이트에 가서 일본을 찬양하고 독립군을 욕하는 사람이 바로 trolling하는 것이라고 하겠습니다. 수많은 욕 댓글을 보며 그 숫자와 반응에 희열을 느끼는 사람들이 하는 짓입니다.
괴물인 트롤과 낚시질한다는 트롤의 어원은 전혀 관계가 없었지만 '**트롤링**'이란 단어에서 결국 '**낚시질을 하는 괴물 같은 인성의 사람**'이라는 [뜻의 통합]이 인터넷상에서 일어난 셈입니다.

| 스칸디나비아 신화 괴물 troll | → troll n. 괴물 | |
|---|---|---|
| 원시 독일어인 *truzlanan | → troll v. 돌림노래하다, 견지낚시하다 | → trolling n. 비방 |

# Subjugate
E - 진압

(액티브) : 트런들이 적 챔피언의 최대 체력에서 20% 만큼의 체력을 흡수하고, 방어력과 마법 저항력의 40%만큼을 흡수. 절반은 즉시, 나머지 절반은 4초 후에 적용. 흡수 효과가 끝난 다음 4초 동안 방어력과 마법 저항력은 서서히 회복.
트런들은 스킬 지속시간 동안 흡수한 수치만큼의 능력치를 얻음.

□□□ **subjugate** [sʌ́bdʒugeɪt 섭쥬게이트] v. 예속시키다

## subjugate는 sub(아래)로 yoke(멍에)를 씌워 예속시키다

★ **subjugate**는 라틴어 subiugare에서 나왔고 이는 subdue진압하다라는 뜻입니다. sub(under 아래로) + iugum(멍에)의 조합에서 나왔는데 의미상의 뜻은 '**목에 yoke멍에를 씌우다**'입니다. iugum(멍에)라는 라틴어 단어는 경정맥을 나타내는 단어 jugular에서도 볼 수 있는 어근입니다. (jugular경정맥은 의학용어라서 암기 금지입니다.)

subjugate 단어의 이미지는 로마의 변경 지방에서 로마군단이 다른 부족을 아래로(sub) 복속시키며 그들의 목에 멍에(yoke)를 씌우는 장면입니다. 마치 단어 하나에 로마시대 영화 한 편이 들어가 있는 느낌입니다.

**subdue** [səbdú 서브듀] v. 진압하다

jugate(yoke멍에)가 들어간 또 다른 단어인 conjugate도 탈출하려던 노예를 잡아서 다른 노예와 함께(con) 멍에(yoke)를 씌워 일을 시키는 노예영화 한 편을 상상하게 만듭니다.

**conjugate** [káːndʒəgeɪt 카안저게이트] v. 활용시키다

conjugate는 원래 con(com함께) + iugum(멍에)의 뜻이어서 목에 yoke멍에를 함께 씌워서 일을 시킨다라는 뜻이 되겠습니다.

conjugate는 또한 문법용어로서 동사나 인칭 등을 활용하는 것을 의미합니다. 즉 be동사라면 am, are, is, was, were 등으로 활용되고 go동사라면 goes, went, gone 등으로 인칭이나 시제에 따라 바뀌며 활용되는 것이지요.

How does this axillary verb conjugate?
이 조동사는 어떻게 활용하나요?

재미있는 점은 conjugate가 conjugal로 형용사형이 되면 의미가 '**부부의**'가 된다는 것입니다. 즉 부부란 서로에게 '**함께 지고 가야하는 yoke멍에**'가 된다는 이야기입니다.
멍에에 관한 어원 이야기를 모르면 'conjugate활용하다'에서 갑자기 'conjugal부부의'라는 단어가 튀어나와서 '**부부란 서로 활용하며 이용해 먹는 사이인가?**'로 오해하기 쉬운 단어의 변환입니다.
사실은 서로에게 멍에가 되어 다른 사람을 쳐다보지 말라는 뜻이겠지요.

**conjugal** [kάːndʒəgl **카안**저글] a. 부부의

멍에는 이젠 도시에서 구경하기 힘들어진 물건이 되었지만
jugate(yoke멍에)라는 어근으로 언어 속에 남아 계속 활용되고
있다는 점이 재미있습니다.

# Trundle

★★★☆☆ **tribute** - The tribute band played all my favorite songs.
그 트리뷰트밴드(유명밴드를 기념하는 밴드)는 모두 내가 가장 좋아하는 곡들을 연주했다.

★★★☆☆ **attribute** - She attributed her remarkable recovery to the skill of the surgeons.
그녀는 그녀의 놀랄만한 회복을 그 외과 의사들의 실력 덕으로 돌렸다.

★★★☆☆ **contribute** - I contributed $20 towards the night's PC room bill.
나는 야간 피시방 이용료에 20달러를 보탰다.

★★★☆☆ **distribute** - The coach distributed oranges to all team members.
코치는 모든 팀 멤버에게 오렌지를 나눠주었다.

★★★☆☆ **retribution** - inevitable retribution 피할 수 없는 응징

★★★★★ **chomp** - My dog chomped on his bone until we took it away.
내 개는 우리가 뺏을 때까지 뼈다귀를 쩝쩝거리며 먹었다.

★★★☆☆ **frozen** - frozen assets of terrorists 테러리스트들의 동결 자산

★★★☆☆ **domain** - The gang said "This is my domain, so go away."
그 갱이 "여긴 우리 구역이야. 그러니 꺼져." 라고 말했다.

★★★☆☆ **throne** - Edward VIII becomes the first English monarch to voluntarily abdicate the throne.
에드워드 8세는 자발적으로 왕좌를 퇴위한 최초의 영국 군주가 된다.

★★★☆☆ **sovereign** - the last sovereign of the Chosun dynasty 조선 왕조의 마지막 군주

★★★☆☆ **pillar** - The truck crash knocked down the main pillar, causing the building to fall to the ground.
그 트럭충돌이 주된 기둥을 넘어뜨려서 빌딩이 (땅으로) 무너지게 만들었다.

★★★★☆ **trundle** - I trundled across the scary narrow wooden bridge.
나는 무서운 좁은 나무다리를 터덜터덜 건넜다.

★★★★★ **troll or trolling** - A troll on the LOL online forum started a discussion on how players of the game can't get girlfriends.
LOL 온라인 포럼에서의 트롤(비난 글을 올리는 인터넷 이용자, 또는 비난 글)은 그 게임을 하는 사람들이 어떻게 여자 친구가 없는지에 대한 토론을 시작시켰다.

★★★☆☆ **subjugate** - Julius Caesar waged a decade long war to subjugate the savages.
줄리어스 시저는 야만인을 복속시키기 위한 십 년간의 전쟁을 벌였다.

★★★☆☆ **subdue** - He subdued the mad dog by throwing him a bone.
그는 뼈다귀를 던져 주는 것으로 그 미친개를 진정시켰다.

★★★☆☆ **conjugate** - The best part of this class is learning how to conjugate the verb.
이 수업의 최고 부분은 동사를 활용하는 법을 배우는 것이다.

★★★☆☆ **conjugal** - It was the natural conjugal love between husband and wife.
그것은 남편과 아내 사이의 자연스런 부부간의 사랑이었다.

# Tryndamere, the Barbarian King
## 트린다미어 - 야만전사 왕

- **P** Battle Fury　격노
- **Q** Bloodlust　피의 갈망
- **W** Mocking Shout　조롱의 외침
- **E** Spinning Slash　회전 베기
- **R** Undying Rage　불사의 분노

---

**P** **Battle Fury**
passive - 격노

트린다미어의 분노 1 당 치명타 확률이 0.35%씩 상승하고 평타 당 5의 분노를 획득하며 치명타시 10의 분노, 적을 죽일 시 10의 추가 분노를 획득. 분노는 8초간 적을 공격하지 않으면 조금씩 감소.

☐☐☐ **battle** [bǽtl **배틀**] n. 전투　∞ Xin Zhao 참고

☐☐☐ **fury** [fjúrɪ ㅎ**퓨**리] n. 분노　∞ Nasus, Rek' Sai 참고

### battle은 bat(배트)로 치고 받는 것일까?

★ battle은 '**전투**'라는 뜻인데 '**strike**치다'라는 뜻의 라틴어인 battuere에서 나온 단어입니다.
battle은 쉬운 단어이므로 여기서는 hostile적대적인이라는 단어에 대해 보겠습니다.

**hostile** [háːstaɪl **하아스타일**] a. 적대적인

* hostile은 '**적대적인**'이라는 뜻인데 적(enemy)을 나타내는 라틴어 hostis에서 나온 단어입니다.
이 라틴어 hostis는 더 멀리는 PIE어근 *ghosti-(손님)에서 기원을 찾을 수 있습니다.
지금이야 손님은 왕이라고 하지만 고대에는 멀리서 온 손님은 대부분 약탈자였을 것이라서 '**손님=적**'이라는 등식이 이해가 갑니다.
그리고 손님의 반대말인 host주인는 라틴어인 hospitem에서 나온 단어이고 더 멀리는 PIE어근 *ghosti-(손님) 뒤에 '**힘**'을 뜻하는 *poti-가 붙어서 '*ghos-pot-**손님들의 주인**'이란 조합에서 나온 것입니다.

이 어근관계를 알고 나면 왜 비슷한 철자를 가진 두 단어 중에 hostile은 '**적대적**'(손님에서 기원)이 되고 hospitable 은 '**환대하는**'(손님들의 주인에서 기원)을 의미하게 되었는지 이유를 알 수 있습니다.

| PIE어근 *ghosti- | → 라틴어 hostis | → guest 손님 | → hostile  a. 적대적인 |
| --- | --- | --- | --- |
| PIE어근 *ghos-pot- | → 라틴어 hospitem | → host 주인 | → hospitable  a. 환대하는 |

hostile을 기억할 때는 손님이자 적인 hostis 어근을 생각하면 됩니다. 또는 적대적인 권총강도가 "호~스타일 죽이네. 빵!"하는 장면을 상상해도 됩니다.

참고로 PIE어근 *ghosti-는 처음에는 '손님'이란 뜻 자체보다는 손님과 주인사이의 '관계'를 나타내는 단어였습니다. 이는 이 단어가 탄생한 지역의 풍습과 관계가 있습니다. 특히 고대 인도-유러피안 지역에서는 손님과 주인 두 사람이 자주 서로의 관계를 교환하는 풍습이 있었습니다. 즉 서로의 집을 찾아갈 때마다 '손님-주인'이 '주인-손님'의 관계로 바뀌는 것입니다. 서로를 방문하며 적대감을 줄여가는 과정에서 서로 "우리는 *ghosti-관계"라고 부르며 손을 맞잡는 모습이 상상이 됩니다.
이처럼 어원학을 공부하면 실물을 연구하는 고고학 못지않게 수천 년 전의 사회상을 들여다볼 기회가 생긴다는 것이 흥미롭습니다.

### battle fatigue(전투피로반응)

 battle fatigue는 다른 말로 Combat Stress Reaction(CSR)전투피로반응이라고 부르며 급성스트레스 반응의 하나입니다. 이는 드라마에서 자주 보는 Post-Traumatic Stress Disorder(PTSD)외상후증후군의 일종입니다. 주인공이 큰 충격을 받고 '기억상실증', '실어증' 등에 빠지는 것이 바로 PTSD의 증상 중 하나입니다. 비슷하게 CSR은 전투를 겪은 후 발생하는 혼란과 불안, 무기력, 공포와 행동장애 등의 증상을 말합니다. 심지어 동료에게 적대적(hostile)이고 공격적인 모습을 취하는 경우도 있습니다.

 일단 CSR이 전투 중에 발생하면 발병 병사의 40%정도만 다시 부대복귀가 가능할 정도로 군대의 전투역량에 많은 영향을 끼치는 질환입니다. 이 CSR 때문에 총을 쏠 수 있는 군인의 수가 급격하게 줄어들어 부대가 거의 해체되는 경우도 있습니다.

 CSR의 증상은 제 1차 세계대전 때는 폭발의 shock쇼크 등으로 신경계에 손상이 온 것으로도 여겼으나 이후에 전투에 의한 정신적인 충격이 원인인 것으로 밝혀졌습니다. CSR의 prevalence유병율은 상당히 높아서 베트남 참전군인의 30%가 일생 중 이 질환에 의해 고통을 받았다고 합니다. 아직도 CSR을 겁쟁이의 병으로만 알고 있는 사람이 많지만 인간정신이 감당할 수 있는 충격에는 한계가 있으므로 정밀한 정신의학적 접근이 필요한 질환입니다.

## Bloodlust
Q – 피의 갈망

(기본 지속 효과) : 공격력이 5만큼 증가. 추가로 체력이 1% 줄어들 때마다 공격력이 증가.
(액티브) : 현재 가지고 있는 분노를 모두 소모하여 기본 체력 회복량 30에 추가로 소모한 분노 당 추가 체력을 회복.

□□□ **bloodlust** [blʌ́dlʌst **블러**드러스ㅌ] n. 살인충동

### lust는 비난받을 성욕에 대한 갈망

★ bloodlust는 피에 대한 갈망, 즉 살인이나 폭력에 대한 충동을 말합니다. 여기서 lust는 갈망을 말하는데 주로 비도덕적인 성적 갈망을 의미합니다.
lust는 PIE어근인 *las- (to be eager갈망하다)에서 나온 단어입니다. 원래 lust의 뜻은 '**기쁨, 식욕, 감각적인 즐거움**'이었으나 차차 성경에 의해 금욕적인 가르침을 받던 중세를 지나면서 일상적인 즐거움을 뜻하는 단어가 '**정욕, 비난받을 성욕**'이라는 의미로 바뀌었습니다.

lust의 형용사형은 lusty와 lustful 두 가지가 있는데 뉘앙스가 서로 약간 다릅니다.
형용사형인 lusty에는 아직도 lust의 긍정적인 의미가 남아있어서 '**활기찬, 건장한**'이라는 뜻으로 사용됩니다. 그에 비해 lustful은 '**성적인 욕망이 있는**'이라는 부정적인 의미입니다.
다행히 lust는 19금 단어라서 시험에서 보기는 힘든 단어입니다. lust로 인터넷검색을 하면 이상한 그림들이 나와서 공부를 방해하기 때문이지요. 절대 검색하지 마세요.

**lusty** [lʌ́stɪ **러**스티] a. 건장한, 활기찬
**lustful** [lʌ́stfl **러**스트ㅎ플] a. 욕정에 가득 찬

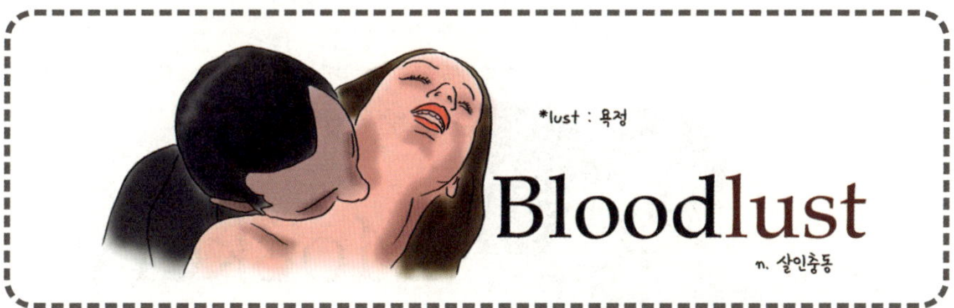

## Mocking Shout
W – 조롱의 외침

(액티브) : 4초간 주변 적 챔피언의 물리 공격력을 낮추고 주변 적 챔피언이 트린다미어 에게 등을 보이고 있을 경우 이동속도를 4초간 낮춤.

□□□ **mock** [mɑːk 마아ㅋ] v. 조롱하다    ∞ LeBlanc 참고

□□□ **shout** [ʃaʊt 샤우ㅌ] v. 외치다

 # mock(조롱하다)는 얼굴에 먹칠하기

★ mock은 '조롱하다'라는 뜻입니다. mock의 뜻이 생긴 이유에 대해서는 여러가지 설이 있는데 재미있으니 나열해 보겠습니다.

## 1. 라틴어 muccare에서 나온 단어라는 설
muccare는 로마인이 코를 '팽'하고 푸는 행위를 말합니다. 상대방을 조롱할 때 행하는 제스처 였는데 점액(콧물)을 뜻하는 단어 mucus에 그 철자가 남아있습니다.

## 2. 중세 저지 독일어인 mucken 기원설
중세 독일어 mucken은 '투덜거리다(grumble)'라는 뜻이었는데 현대 독일어도 mucken은 같은 철자 같은 뜻입니다. 이는 상대에게 투덜투덜거리는 것이 조롱하다가 되었다는 설입니다.

## 3. mock 자체가 조롱하는 단어라는 설
로마시대에는 상대가 뭐라고 말할 때 억양을 따라하면서 **"먹먹먹 먹먹!"**, 다시 또 뭐라고 말하면 **"먹먹먹!"**하며 계속 따라하는 행동이 조롱하는 의미였다고 합니다. 그래서 mock이 발음 그대로 조롱하다는 뜻이 되었다는 설입니다.
이 행동이 로마시대처럼 현대에도 조롱의 의미가 있는지는 다른 어른이 말씀하실 때 한 번 따라서 실험해보시기 바랍니다. 그 후 어른에게 한 대 맞으시면 mock 단어를 영원히 기억하게 됩니다.

여기서 mock은 '마악'으로 발음하면 됩니다.
mock조롱하다를 암기할 때는 '얼굴에 먹을 칠하며 조롱하다'라고 외우면 됩니다.

**mockery** [mɑ́ːkərɪ 마아커리] n. 조롱

### Mockingjay(모킹제이, 흉내어치)

mocking흉내내기과 관련된 가장 유명한 것은 최근의 수잔 콜린스 원작의 영화 [Hunger Game헝거게임]에서 혁명을 상징하는 새 mockingjay흉내어치가 있습니다. [헝거게임]은 미래세계를 배경으로 독재국가가 지배하는 세상에서 tribute조공로 survival서바이벌 전쟁게임을 해야 하는 식민국가 청소년들의 이야기입니다.

잔인한 살인 게임에서 헝거게임 참가자 어린 루가 자신이 살아있음을 알리며 사용하는 신호가 'mockingjay 모킹제이(흉내어치 새)의 노래'인데 이는 나중 혁명의 상징이 됩니다. 원작 책은 3부로 나눠집니다.

**1부 The Hunger Game** - 가난한 사람들의 굶주린 게임이란 뜻입니다.
**2부 Catching Fire** - 불은 여자주인공 Katniss캣니스를 말합니다.
　　　　　　　　　　캣니스가 불타는 소녀의 분장을 하고 나왔기 때문에 생긴 제목이고 Capital캐피털의
　　　　　　　　　　스노우 대통령은 반란의 중심점이 된 캣니스를 죽이고 싶어 합니다.
**3부 Mockingjay** - 흉내어치 새입니다. 반군의 상징이 된 새이고 바로 캣니스를 말합니다.

Hunger Game. 2014
Directed by Francis Lawrence

# Mockingjay
흉내어치

★ shout는 '**외치다**'라는 뜻입니다. 흔히 '**shout 창법**'이라고 rocker로커가 소리 지르듯이 노래하는 것을 뜻하는 단어로 잘 알려져 있습니다.
커다랗게 소리를 던지듯이 외친다는 의미로서 비슷한 철자인 shoot에서 나온 단어입니다.

---

**E**

## Spinning Slash
E - 회전 베기

| (액티브) : 회전 베기를 하면서 돌진하여 범위내의 유닛에게 70에 해당하는 피해. 트린다미어가 치명타를 때릴 때마다 쿨다운이 1초(챔피언의 경우 2초)씩 감소.

□□□ **spinning** [spínɪŋ 스피닝] n. 방적, 회전　　∞ Draven 참고

spin은 spider, spindle, spinster의 기원

★ spin은 '**회전하다**'라는 뜻이 있고 물레를 돌리면서 '**실을 잣다**'라는 의미도 있습니다. 이는 PIE 어근의 *(s)pen-(뽑아내다, 회전하다)에서 나온 단어입니다.
그 외에 이 PIE어근의 *(s)pen-에서 나온 단어로는 실을 뽑는 곤충 거미(spider)나 물레에서 나온 실을 감던 spindle방추 같은 단어가 있습니다.
방추(spindle)는 현대에 와서 기계의 회전축의 의미로 사용되고 있습니다.

또한 노처녀나 독신여성을 말하는 spinster도 같은 어근에서 나왔는데 실을 감는 사람(spinner)에 여성형 접미사 -ster가 붙은 것입니다. 과거 노처녀는 시집을 못가면 집에서 물레나 돌리고 있어야 했으므로 자연스레 만들어진 단어입니다.

spinster노처녀는 단어의 기원도 그렇고 뜻도 그렇고 듣는 사람에게 기분 좋은 단어가 아닙니다. 상대방에게 "Are you a spinster?"라고 묻는다면 생각만 해도 끔찍스러운 결과를 가져올 질문이 됩니다. 비슷한 뜻인 old maid도 노처녀에게 쓰기엔 예의바르지 않습니다. 굳이 시집을 가지 않은 여성임을 표현하고자 할 때는 a single이 가장 적절해 보입니다.

    **spindle** [spíndl **스핀**들] n. 축, 굴대, 방추
    **spinster** [spínstə(r) **스핀**스터] n. 노처녀

spin이 들어간 단어 중 spin-off는 영화용어로서 자주 보는 단어입니다. spin-off 영화는 본(本) 영화가 아주 성공했을 때 다른 version버전이 추가로 나오는 경우라고 생각하면 됩니다. 예를 들면 [반지의 제왕] 이후에 [호빗]이 나왔고, 과학수사물 미드인 [Crime Scene Investigation(CSI)]는 마이애미, 뉴욕, 라스베가스 등 여러 도시 버전이 spin-off로 나왔습니다. 또한 [Shrek 슈렉]에서는 [장화신은 고양이]가 나왔습니다.

또한 기업을 분할하는 것도 spin-off라고 부릅니다. 여러 개의 회사로 나누어서 책임감을 가지고 수행할 작은 회사들을 만드는 것입니다.

**R** **Undying Rage**
R - 불사의 분노

(액티브) : 트린다미어가 즉시 일정량의 분노치를 획득하고 5초 동안 죽음에 면역. 이 스킬은 기절하거나 침묵, 제압 등에 걸린 상태에서도 사용할 수 있음.

□□□ **undying** [ʌndáɪɪŋ 언**다이**잉] a. 불멸의, 영원한

★ undying은 '**불멸의**'라는 뜻입니다. 그러나 '**영원한**'이라는 뜻의 permanent, eternal이나 같은 '**불사의**'라는 뜻을 가진 immortal 등 더 격식 있는 라틴어 기원의 단어들이 많아서 사용할 때 폼은 안 나는 단어입니다.

# Tryndamere

★☆☆☆☆ **battle** - the battle of Waterloo
워털루 전투

★★☆☆☆ **fury** - the extreme fury and violation
극도의 분노와 침해

★★★☆☆ **hostile** – Hostile forces have invaded our country, so prepare counter-measures.
적군이 우리나라를 침범해왔으니 반격을 준비해라.

★★★☆☆ **bloodlust** - The man was filled with bloodlust after the murder.
그 남자는 살인 후 피에 대한 굶주림으로 가득 차 있었다.

★★★☆☆ **lusty** – his lusty young sons
그의 혈기왕성한 젊은 아들들

★★★☆☆ **lustful** – The young monk tried to avoid becoming angry, greedy or lustful.
그 젊은 수도사는 화나고, 욕심 부리고, 정욕이 강하게 되는 것을 피하려고 노력했다.

★★★☆☆ **mock** – Being mocked as a kid didn't stop him from becoming president later.
꼬마라고 조롱받은 것은 그가 나중에 대통령이 되는 것을 막지 못했다.

★★☆☆☆ **shout** – I shouted at my dog, until he returned my shoe.
나는 내 개한테 소리 질렀고, 마침내 개가 신발 (한 짝)을 돌려주었다.

★★★☆☆ **mockery** - a mockery of black people
흑인에 대한 조롱

★★★☆☆ **spinning** – Woman used an old spinning wheel to turn wool into thread.
여자는 양모에서 실을 뽑기 위해 오래된 물레를 사용했다.

★★★☆☆ **spindle** - spindle shaped cells
방추형 세포

★★★☆☆ **spinster** - A spinster built a large home in the country-side to live with her cats.
그 노처녀는 그녀의 고양이들과 살기 위해 교외에 커다란 집을 지었다.

★★★☆☆ **undying** - Jessica professed her undying love for this book.
제시카는 이 책에 대한 영원한 사랑을 고백했다.

# Twisted Fate. the Card Master

## 트위스티드 페이트 - 카드의 달인

- **P** — Loaded dice  사기 주사위
- **Q** — Wild card  와일드 카드
- **W** — Pick a card  카드 뽑기
- **E** — Stacked deck  속임수 덱
- **R** — Destiny / Gate  운명 / 관문

---

**P** **Loaded dice**
passive - 사기 주사위

| 트위스티드 페이트는 유닛을 하나 처치할 때마다 '행운의' 주사위를 굴려 1에서 6까지의 골드를 추가로 얻음.

□□□ **load** [loʊd 로우드] n. 짐

□□□ **dice** [daɪs 다이스] n. 주사위  v. 깍둑썰기를 하다  ∞ Nasus, Rek' Sai 참고

★ load는 명사로 짐이나 부담을 말하고 **'짐을 싣다'**라는 동사로도 쓰입니다.
챔피언 트위스티드 페이트가 사용하는 P스킬 〈Loaded dice〉는 보통의 주사위가 아니고 주사위 안에 구멍을 파고 그 안에 무거운 부분을 채워 넣어 특별한 숫자가 계속 나오도록 고안된 것입니다. 이런 loaded dice는 주사위 도박에서 사기 치는 용도로 사용됩니다.

---

**Q** **Wild card**
Q - 와일드 카드

| (액티브) : 트위스티드 페이트는 카드 세 장을 던져 지나가는 카드에 맞은 각 적 유닛에게 피해.

 **wild card는 패자부활카드**

★ wild card는 카드게임에서 나온 용어인데 **'만능 패'**를 말합니다.

또한 와일드카드는 스포츠 경기에서 자격을 얻지 못하는 팀에게 주어지는 특별한 기회를 뜻합니다. 예를 들어 미국 MLB(Major League Baseball 메이저리그 야구)에서는 post season(공식전 이후 시즌 : 가을 야구)에서 지구우승을 하지 못한 팀끼리 승률을 따져서 상위 두 팀에게 wild card 결정전을 치르게 한 후 승리한 팀에게 wild card를 주어 post season에 참여하게 해줍니다.

AL(American League)와 NL(National League)에는 각각 서부, 중부, 동부지구가 있고 지구마다 5팀 정도가 각 지구우승을 놓고 다투게 됩니다. wild card는 우승을 못했지만 승률이 높은 팀들끼리 겨뤄서 가지게 됩니다. 각 지구 우승 3팀 중 가장 승률이 높은 팀이 wild card를 가진 팀과 5판 3 선승제의 Division Series 지구별승자결정전를 치르게 됩니다. 나머지 지구의 우승 2팀은 둘이 승부를 겨루고요.
그 후 이긴 팀들은 Championship Series 리그승자결정전를 치르고 마지막으로 각 리그 우승팀끼리 7판 4선승제의 World Series 월드시리즈챔피언결정전를 치르게 됩니다.
이러면 3월에 시작된 기나긴 한 season은 10월 말이 되면 끝나게 되고 지던 이기던 다시 겨울동안 몸을 다지고 그 다음 3월을 기약하는 것입니다.
이처럼 wild card 제도는 하위팀이 상위팀에게 도전할 기회를 주는 동기부여(motivate)의 역할을 합니다.

**motivate** [móʊtɪveɪt 모우티베이트] v. 동기를 부여하다

* motivate는 어떤 행동을 하게 자극을 주는 것을 말합니다. 동사 move에서 명사 motive 동기, 모티브가 나왔고 여기에 -ate가 붙어서 다시 동사가 되었습니다.

**Pick a card**
W - 카드 뽑기

(액티브) : 트위스티드 페이트의 머리 위로 6초 동안 블루, 레드, 골드 카드가 순서대로 지나가게 함. 이 기술을 한 번 더 사용하면 머리 위로 지나가고 있는 카드를 선택하며 선택된 카드는 다음 6초 이내의 일반 공격에 추가적인 효과를 줌.

 **Stacked deck** | (패시브) : 4번째 공격마다 트위스티드 페이트가 추가 피해. 또한 공격 속도가 증가.

E - 속임수 덱

□□□ **stack** [stæk 스택] n. 무더기, 더미   ∞ Draven 참고

 **Stack은 포개어 쌓은 더미**

★ stack은 **'한 무더기'**라는 뜻의 명사로 쓰이거나 보통 up과 함께 **'쌓다, 포개다'**라는 뜻의 동사로 쓰입니다. 예를 들어 stack이 들어간 단어 haystack이라하면 **'건초더미'**라는 뜻이 됩니다.
영어표현에서 **'무엇이 많다'**라는 뜻으로 **'stacks of + A'** 그러면 **'A 한 무더기'**라고 해석됩니다.

I've got stacks of work to do. 내가 할 일이 한 무더기 생겼다.

LOL에서는 stack champion스택챔피언이 있어서 후반에 갈수록 강해지는 경우가 있습니다. 이런 챔피언은 stack을 잘 쌓아야 게임을 이길 수 있는데 이때의 stack은 능력치가 쌓인 것을 말합니다.

**Nasus**나서스 : Siphoning Strike (Q)로 kill하면 Q damage증가
**Veigar**베이가 : Baleful Strike (Q) 로 kill하면 AP 증가
**Thresh**쓰레시 : Damnation (패시브)으로 AP증가, 방어력증가.
**Cho'Gath**초가스 : Feast(R) 로 6 stack되면 커지고 체력, 공격범위증가.

챔피언 Twised Fate의 E 스킬인 〈Stacked Deck〉은 카드를 정해진 순서로 미리 준비해서 속임수를 쓰는 것을 말합니다. deck은 카드 한 팩을 말하는데 이것을 미리 쌓아 놨다(stack)라는 뜻이 되겠습니다. 영화 [타짜]에서 볼 수 있었던 **'탄'**이 바로 이 stacked deck입니다.
여배우가 야하게 옷을 입고 순간적으로 대상의 눈길을 집중시킨 후 순식간에 순서가 정해진 화투패 뭉치(탄)를 바꿔치기하는 것이지요.
화투의 속임수는 그 외에도 **'갓접기(카드에 살짝 표시하기)'**, **'목카드(속임수카드)'**, **'밑장빼기'**, **'스 태끼(둘이상이 서로 도와주기)'**등이 다양하게 있어서 아무리 자기가 도박을 잘 한다고 하더라도 사기 도박단에게는 지게 되어있습니다.
우리나라 못지않게 외국도 카드와 관련된 속임수(trickery)가 많고 관련용어도 많은 것을 보면 역시 인류는 어디에 살든 나쁜 짓에는 한결같음을 알 수 있습니다.

**trickery** [tríkərɪ **트리커리**] n. 속임수, 사기

## R  Destiny / Gate
R - 운명 / 관문



(액티브) : 트위스티드 페이트가 적들의 미래를 점쳐 은신 중인 적을 포함한 모든 적 챔피언을 발견해 냄. 운명의 효과가 발동되는 동안 트위스티드 페이트는 1.5초의 정신 집중 후 지정한 위치로 순간이동가능.

□□□ **destiny** [déstənɪ **데스터티**] n. 운명

□□□ **gate** [geɪt 게이트] n. 문

### destiny(운명)은 destination(목적지)에 도착하는 과정

★ destiny는 '**운명**'이라는 뜻의 명사이고 destined는 '**~할 운명인**'이라는 뜻입니다.
챔피언 Twisted Fate에서의 fate도 운명이란 뜻이니 트위스티드 페이트를 제대로 번역하면 '**꼬인 운명**'이 되겠습니다.

　　destine [déstɪn **데스틴**] v. 예정해 두다

destiny는 라틴어인 destinare에서 나왔는데 이는 '**약속 등을 확고하게 하다**'라는 뜻입니다.
이 라틴어는 de(completely 완전히) + -stinare(stand서다)의 조합이고 원래는 '**신들의(deities) 행동에 의해 운명으로 확고하게 된 것**'이라는 의미가 숨어있습니다.
destiny는 어원에서 운명은 인간의 손에 있지 않고 신들이 가지고 노는 것이라는 옛사람들의 생각을 보여주는 단어입니다.

어원상 destination에서 destined와 destiny 등의 단어들이 나왔으므로 이들을 문장으로 만들어 의미의 흐름을 따라가 보면 '**destination목적지에 도착하게끔 이미 신들에 의해 destined예정된 것이 destiny운명**'이라고 정의할 수 있겠습니다.

　　destination [destɪnéɪʃn 데스티**네이션**] n. 목적지

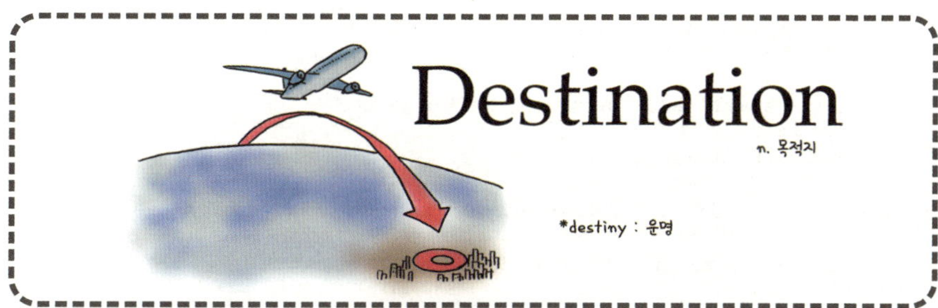


참고로 deity는 보통 그리스나 로마, 힌두교의 신을 말합니다. 그런 신화에는
여러 다양한 신들이 존재합니다. 반면에 유대교나 기독교, 이슬람교 등은
유일신을 섬깁니다. 유일신은 복수형 어미 -s가 붙지 않지만 deity는 'deities
신들'처럼 복수형으로 더 자주 쓰입니다.
영어에서는 대문자로 써진 God는 창조주, 하나님인 유일신을 뜻하고
소문자에다 복수형 -s를 붙여진 gods는 여러 문명의 다양한 신들을 의미합니다.
신의 이름을 부를 때는 's'하나라도 조심해야하는 것이죠.
diety를 기억할 때는 "그후 난 공부의 신이 **데어찌**, 난 잠신이 **데어찌**, 난 한타의 신이 **데어찌**" 등
난무하는 여러 잡신들이 되는 것을 생각하면 됩니다.

**deity** [déɪətɪ **데**이어티] n. (유일신이 아닌) 신

### 운명의 3여신 Moirai(모이라이)

운명의 3여신 Moirai(모이라이)야 말로 Greek mythology그리스신화에서 가장 마음에 와 닿는 신들의
이야기일 것입니다. '**모이라이**'는 '**할당된 몫**'이라는 뜻이고 운명을 관장하는 deities여신들입니다. 요즘엔
모이라이는 '**운명**'이라는 뜻으로도 비장하고 멋있게 사용됩니다. 모이라이는 Zeus제우스와 Themis테미스
사이에서 태어난 딸 3 자매를 말합니다. 이 운명의 3 자매는 사람이 태어나면 Clotho클로트는 운명의 실을
뽑고(spinner), Lachesis라케시스는 잡아당기고(alloter), Atrophos아트로포스는 가위로 끊습니다(unturn-
able).
신이건 인간이건 죽음을 부르는, 가위로 끊는 이 운명의 순간을 피할 수 없다고 합니다. 라케시스가 오늘도
우리들의 운명의 끈을 잘 잡아당기고 있기를 기원합니다.

# Twisted Fate

★☆☆☆☆ **load** - Load another torpedo. The battleship is still operational.
어뢰를 하나 더 장전해라. 그 군함이 아직 기동하고 있다.

★★☆☆☆ **dice** - He threw the dice and won the jackpot.
그는 주사위를 던졌고 잭팟을 터트렸다.

★★☆☆☆ **motivate** - If you read this book, you are motivated to improve your vocabulary.
네가 이 책을 읽으면, 너는 네 어휘를 향상시키는 동기를 부여받게 된다.

★★☆☆☆ **stack** - During the pirate age, turtles were stacked in pirate ships.
해적 시대에는 거북이가 해적선에 쌓여 있었다.

★★★☆☆ **trickery** - the fine-tuned trickery of an old master
노(老) 대가의 잘 조율된 속임수

★★☆☆☆ **destiny** - an inescapable tragic destiny
피할 수 없는 비극적인 운명

★☆☆☆☆ **gate** - the main gate of the park 그 공원의 정문

★★★☆☆ **destine** - Having a genetic predisposition to gain weight doesn't destine you to be obese.
살이 잘 찌는 유전적 소양을 가졌다는 것이 네가 비만이 될 운명이라는 것은 아니다.

★★★☆☆ **destination** - We reached our destination in record time.
우리는 목적지에 신기록을 세우며 도착했다.

★★★★☆ **deity** - A statue of his deity lost an arm in the fire.
그의 신상(神像)은 화재에 팔을 하나 잃었다.

# Twitch.
### the Plague Rat

트위치 - 역병 쥐

| P | Deadly Venom | 맹독 |
| Q | Ambush | 매복 |
| W | Venom Cask | 독약병 |
| E | Contaminate | 오염 |
| R | Rat-Ta-Tat-Tat | 파바바박 |

---

## P  Deadly Venom
passive - 맹독

> 트위치의 기본 공격을 받은 대상은 중독되어 6초간 초당 2의 고정 피해. 맹독은 최대 6번까지 중첩.

□□□ **deadly** [dédlɪ 데들리] a. 치명적인, 완전한    ∞ Zyra 참고

□□□ **venom** [vénəm 베넘] n. 뱀 등의 독    ∞ Elise 참고

★ deadly는 dead죽은의 뜻 그대로 죽음에 이르게 하는 '**치명적인**'이라는 뜻의 형용사입니다. 우리말에도 강조의 의미로 '**죽도록, 죽이게**'라는 말이 자주 사용되듯이 영어에서도 똑같이 deadly 는 '**완전히, 극도의**'라는 뜻으로 자주 사용됩니다.
죽음은 '**끝**'을 말하므로 극단적인 경험을 표현할 때 그보다 좋은 형용사가 없어서 동서양을 막론하고 deadly가 사용되는 듯합니다.

---

## Q  Ambush
Q - 매복

> 1.5초 동안 피해를 입지 않거나 4.5초가 경과하면 트위치가 4초 동안 투명 상태. 투명 상태에서는 이동 속도가 20% 상승하며 투명 상태가 풀린 다음 5초간은 공격 속도가 30% 상승.

□□□ **ambush** [ǽmbʊʃ 앰부쉬] n. 매복  v. 매복했다가 습격하다

★ **ambush**는 군사용어로서 숨어서 적들을 기다리는 매복을 말합니다. 고 프랑스어인 embuscher 를 영어에 빌려온 말인데  en(in안에) + busch(bush숲)의 조합으로 만들어진 단어입니다. 말 그대로 숲 속에 숨어있는 것이지요.

ambush매복을 하다가 적들을 저격하는 sniper스나이퍼들은 1 Km가 넘는거리에서도 표적을 맞추는 accuracy정확도를 가지고 있습니다.

**accuracy** [ǽkjərəsɪ 애큐어러시] n. 정확도

* accuracy는 정확도를 말합니다. 형용사는 accurate정확한입니다.
단어는 ac(ad : 향하여) + curare(care주의하다)의 조합에서 나왔습니다. 즉 '**주의를 집중하고 신경 써서(care) 어떤 행동을 했다**'라는 의미이고 곧 '**정확하게 일을 하다**'라는 뜻이 되었습니다.
accuracy를 외울 때도 단어 안에서 care를 찾아내어 의미를 유추하는 것이 좋습니다.

### Sniper(스나이퍼)의 사살 기록

　제 2차 세계대전의 top2 sniper인 Ivan Mikhailovich Sidorenko이반 시도렌코는 스탈린그라드 전투에서 무너진 건물 사이에서 ambush를 하며 독일군 500명을 저격하였습니다. 영화 [Enemy at the Gate에너미 엣 더 게이트]에서 유명한 소련군 sniper로 나오는 Vasily Grigoryevich Zaytsev바실리 자이체프는 공식적으로 242 명을 사살하였다고 합니다.
　400명 이상을 사살한 2위부터 10위까지가 모두 소련군 저격수인 것이 특이합니다.

이는 소련이 제2차 세계대전 전부터 많은 sniper를 양성하였기 때문이고 스나이퍼를 영웅 선전용으로 적극 활용해서입니다. 소련에는 1943년에만 2000명이 넘는 여성 sniper가 활약할 정도였습니다. 이처럼 소련이 1932년부터 양성하기 시작한 저격수들은 일본과의 카잔호 전투와 2차 대전 초기 독일군에 대항한 전투 때 큰 효과를 보았습니다.

참고로 역사상 스나이퍼 1위는 소련군에게 'White Death'이라고 불리던 Finland핀란드의 Simo Häyhä시모하이하입니다. 하얀 눈 속에 ambush하며 소련군 542명을 사살했는데 대부분이 소련과의 [the Winter War겨울전쟁]의 100일 동안 기록한 것입니다. 더 놀라운 것은 optical scope망원렌즈를 사용하지 않고 맨눈으로 저격을 했다는 것입니다. 맨눈 사격은 몇 가지 장점이 있는데 첫째는 telescope망원렌즈를 들여다 볼 때보다 머리의 위치가 낮다는 점, 렌즈에 서리가 끼지 않는다는 점, 햇볕에 렌즈가 반사되지 않는다는 점입니다. 망원렌즈도 없이 맨눈으로 542명을 사살하다니 정말 대단한 accuracy정확도라고 할 수 있겠습니다.

## Venom Cask
W - 독약 병

| 트위치가 명중하면 폭발하는 독약 병을 던져 범위 내에 있는 대상 적들에게 맹독을 2번 중첩시키고, 이동 속도를 3초 동안 감소시킴.

□□□ **cask** [kæsk 캐스ㅋ] n. 술통　　∞ Gragas 참고

## Contaminate
E - 오염

| 맹독에 감염된 주위 적 모두에게 물리 피해를 입히고 추가적으로 중첩된 맹독 한 개당 15의 추가 피해.

□□□ **contaminate** [kəntǽmɪneɪt 컨태미네이트] v. 오염시키다　　∞ Dr. Mundo 참고

**contamination(오염)은 con(함께) 때를 미는 아재들일까?**

★ contaminate는 '오염시키다(pollute)'라는 뜻인데 챔피언 문도박사의 〈Infected Cleaver오염된 대형식칼〉 스킬에서 나온 단어 infection감염을 다루면서 한 번 보았습니다.
contaminate는 '접촉된'이라는 뜻인 라틴어 contaminatus에서 나왔습니다.
기본 어근은 com(함께) + *tag-(touch만지다)의 조합으로서 **'접촉에 의해 뭔가를 오염시키다'**라는 의미가 되겠습니다.
이 PIE어근 *tag-는 **'만지다'**라는 뜻의 여러 단어에 사용되는 중요 어근입니다. (touch, tangent, contact, intact, tangible 등)

여기에서는 간단하게 contaminate는 어원상 contact와 관련이 있다고만 기억하면 됩니다. 앞서 contaminate는 더러운 거지들이 'con(함께) 때를 밀어 욕탕을 오염시키다'로 외웠었습니다. 같은 *tag-(touch만지다) 어근에서 나온 오염에 관한 형용사로는 contagious전염성의가 있습니다.

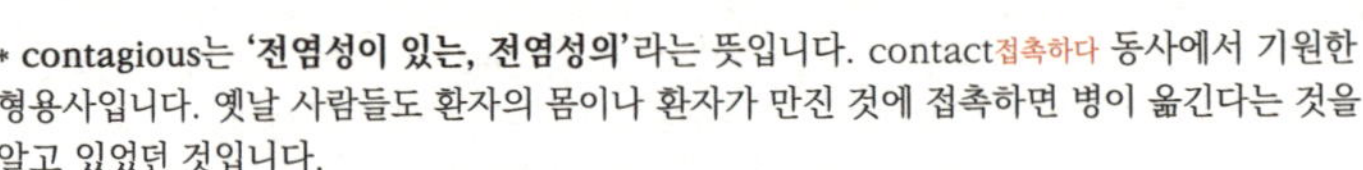

**pollute** [pəlúːt 펄루우트] v. 오염시키다
  → **pollution** [pəlúːʃn 펄루우션] n. 오염, 공해
**contagious** [kəntéɪdʒəs 컨테이져ㅅ] a. 전염되는, 전염성의

* contagious는 '전염성이 있는, 전염성의'라는 뜻입니다. contact접촉하다 동사에서 기원한 형용사입니다. 옛날 사람들도 환자의 몸이나 환자가 만진 것에 접촉하면 병이 옮긴다는 것을 알고 있었던 것입니다.
병균에 오염이 된 수동적인 상황은 contaminated(오염된)를 사용하면 되고, 대상을 오염시키는 능력을 표현하는 능동적인 상황은 contagious(전염성이 있는)를 사용하게 됩니다.
contagious를 외울 때는 '병균들이 con(함께) 떼를 지어서 전염성이 있다'로 기억하면 되겠습니다.

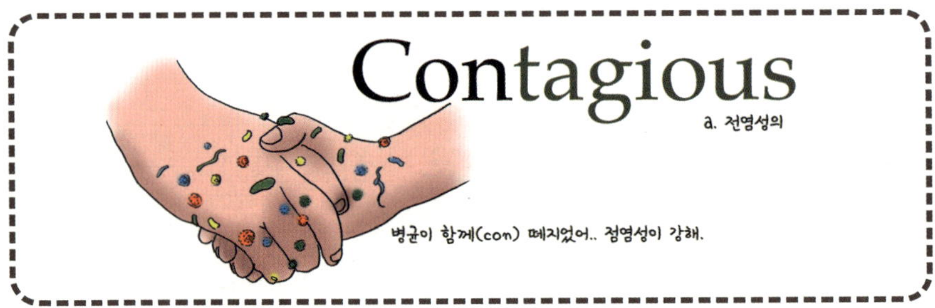


또한 contamination오염과 관련하여 반대 의미인 '위생(sanitary)'이라는 단어도 알아야합니다. sanitary는 명사 앞에서만 형용사로 사용되는데 sanitary towel(생리대), sanitary cup(종이컵), sanitary ware(위생도기-변기, 욕조 등)의 단어에서 볼 수 있습니다.

**sanitary** [sǽnətərɪ 새너테리] a. (명사 앞에만 쓰임) 위생의

* sanitary는 어원상 sane(healthy건강한)에서 나온 단어입니다. sane은 주로 '정신적으로 건강함'을 뜻하는 단어 입니다. 암기할 때는 그냥 소변을 본 뒤 "쌌니? 털어. 위생적으로.."로 좀 지저분하게 기억하면 재미있습니다.

#  Rat-Ta-Tat-Tat
R - 파바바박

7초 동안 트위치의 공격 사거리가 300만큼 증가하고 공격력은 20만큼 증가. 기본 공격은 적을 관통하며 한 번 관통할 때마다 피해량이 20%씩 감소. 최소 피해량은 40%까지 내려감.

 **Twitch(트위치)가 독에 중독되어 씰룩씰룩 twitch(경련하다).**

★ 트위치는 〈독을 사용하는 쥐〉로 concept컨셉을 잡은 챔피언입니다. twitch트위치는 입가 근육을 씰룩거리는 모습을 연상시키는 단어입니다.
아마도 LOL에서는 쥐약에 중독되어 씰룩씰룩 경련하며 죽어가는 이미지로 Twitch를 명명한 것 같습니다.

또 미국의 게임전용 인터넷 개인방송 서비스로 유명한 [트위치(Twitch.TV)]는 외국인에게는 제일 처음 떠오르는 '**twitch**' 단어의 이미지이기도 합니다. 이 트위치는 달마다 4,500만 명의 게이머들이 모여서 서로 게임을 방송하고 관련정보를 교환하는 세계에서 제일 큰 게이머의 community커뮤니티 라고 할 수 있습니다.

**twitch** [twɪtʃ 트위치] v. 씰룩거리다, 경련하다

＊ **twitch**는 '**잡아 뽑다**'라는 뜻인 고(古) 영어인 twiccian에서 나왔는데 이 어원은 tweak과 관련이 있습니다.
tweak은 손을 집게모양으로 만들어 코나 귀를 잡아 끄는 동작을 말합니다. 못된 학생에게 선생님이 자주 쓰시는 벌이 바로 이 tweak입니다. tweak은 twist꼬다와 발음과 동작이 비슷하여 기억하기 편합니다.
twitch를 기억할 때는 챔피언 **트위치**가 쥐약먹고 씰룩거린다고 생각하면 되겠습니다.

**tweak** [twɪːk 트위이ㅋ] v. 잡아당기다, 비틀다

# Twitch

★☆☆☆☆   **deadly** - A deadly hurricane destroyed the town.
치명적인 허리케인이 그 마을을 파괴했다.

★★★☆☆   **venom** - He used the venom of a viper to poison his enemy.
그는 적을 독살하기 위해 독사의 독을 이용했다.

★★★☆☆   **ambush** - The team ambushed their captain in the locker room after the win and poured water all over him.
그 팀은 그 승리 후 라커룸에서 그들의 대장을 숨어서 기다리다가 그에게 물을 온통 뒤집어씌웠다.

★★★☆☆   **accuracy** - The accuracy of a sniper's rifle is much higher than that of a machine gun.
저격병의 소총 정확도는 기관총보다 훨씬 높다.

★★★☆☆   **cask** - The bullet pierced a hole in a cask.
그 총알은 통에 구멍을 뚫었다.

★★★☆☆   **contaminate** - The army contaminated the soil with their chemical bombs over Vietnam.
그 군대는 베트남에 쏜 화학폭탄으로 토양을 오염시켰다.

★★☆☆☆   **pollute** - Coal power stations pollute the air worse than any other form of power generation.
석탄 화력발전소는 어떤 다른 형태의 발전소보다 더 심하게 공기를 오염시킨다.

★★☆☆☆   **pollution** - Solar energy can be used in residential areas without creating noise pollution.
태양에너지는 거주 지역에서 소음공해 발생 없이 사용될 수 있다.

★★★☆☆   **contagious** - the most contagious thing in the world
세상에서 전염성이 가장 강한 것

★★★☆☆   **sanitary** - Did you know that your keyboard and mouse are one of the least sanitary things in your house?
네 키보드와 마우스가 너의 집에서 가장 위생적이지 않은 것 중 하나라는 것을 알고 있니?

★☆☆☆☆   **dirt** - Allen brushed a dirt off of his hat meticulously.
앨런은 자신의 모자에서 먼지를 꼼꼼하게 솔로 털어냈다.

★☆☆☆☆   **dirty** - The dirty boy ran through the house causing a huge mess.
그 지저분한 소년은 엄청난 난장판을 만들면서 집을 가로질러 뛰어갔다.

★★★★★   **twitch** - For some unknown reasons, a nervous twitch occurs to him whenever his teacher says 'monkey banana'.
알려지지 않은 어떤 이유로, 그의 선생님이 '원숭이 바나나'라고 말할 때마다 그에게 신경성 경련이 일어난다.

★★★★★   **tweak** - I tweaked the results to show that my arm to leg experiment is possible.
나는 내 팔을 다리에 붙이는 실험이 가능하다는 것을 보여주기 위해 그 결과를 조정했다.

# Udyr. the Spirit of Beast
## 우디르 - 야수의 혼

**P** Monkey's Agility　원숭이의 민첩성

**Q** Tiger Stance　호랑이 태세

**W** Turtle Stance　거북이 태세

**E** Bear Stance　곰 태세

**R** Phoenix Stance　불사조 태세

---

**P** ## Monkey's Agility
passive - 원숭이의 민첩성

우디르가 태세를 변경 할 때마다 10%의 공격 속도와 5의 이동속도가 증가. 5초간 지속되며 3회까지 중첩.

□□□ **agility** [ədʒíləti 어**질**러티] n. 민첩　∞ Fizz 참고

### agility는 원숭이가 민첩하게 어지르는 것

★ **agility**는 행동이 기민하게 빠른 민첩을 말하는데 act행동하다 뜻의 라틴어 agere에서 나왔습니다.

　　**agile** [ǽdʒi 애쥘] a. 날렵한

nimble날렵한, dextrous능숙한의 단어들과 의미가 비슷합니다.
agility를 기억할 때는 원숭이가 날렵하게 **어질러**서 난리법석을 떠는 것을 생각하면 됩니다.

또한 agility민첩는 온라인게임에서 캐릭터 stat스탯의 한 종류로 자주 쓰이는 단어입니다. 여기서 사용된 stats스탯이란 단어는 statistics통계를 간단하게 줄인 약자입니다. 온라인 게임에서 민첩력은 여러 단어로 표현이 가능한데 [WOW]나 [Diablo디아블로]같은 블리자드회사의 작품에서는 agility 대신 dex덱스로 민첩력을 나타냅니다. [리니지]에서도 dex덱스를 중요 stat스탯 중 하나로 정했습니다. 이때의 dex는 dexterity(손)재주의 약자입니다.

아시다시피 온라인게임에서 게이머는 '**덱스냐 힘이냐**'를 선택해야하는 경우가 많습니다. 캐릭터가 잘 성장하기 위해서는 '**잘 피할 것인가 or 잘 때릴 것인가**', '**크리티컬인가 or 파워인가**'처럼 고르기 힘든 선택을 계속해야 합니다. 이처럼 선택할 것이 있다는 고민은 게임의 한 즐거움이기도 합니다.

**statistics** [stətístiks 스터**티**스틱ㅅ] n. 통계, 통계학　　∞ Blitzcrank 참고
**dexterity** [dekstérəti 덱스**테**러티] n. 손재주　　∞ Fizz 참고

* statistics는 통계학을 말하는데 어떤 대상의 상태에 대해 date데이터를 연구하는 학문입니다. 어원상 상태(state)를 뜻하는 라틴어 status에서 기원했습니다. 라틴어 status는 영어에서 그 철자 그대로 '**신분이나 지위상태**'를 나타내는 단어로 사용되고 있습니다.
statistics통계학를 기억할 때는 캐릭터의 힘, 민, 체, 정, 지 등의 숫자를 나타내는 게임용어인 'stat스탯'을 이용하거나 단어 state상태를 단어 속에서 찾아내어 기억하면 편합니다.
참고로 statistics에서 단어 가운데에 있는 /ist/의 철자가 빠지고 statics가 되버리면 '**정역학**'이라고 정지된 사물의 역학을 다루는 학문을 의미하는 단어가 됩니다.

**status** [stéitəs 스**테**이터ㅅ] n. 지위, 자격
**statics** [stǽtiks 스**태**틱ㅅ] n. 정역학

---

## Q Tiger Stance
Q - 호랑이 태세

(지속 효과) : 기본 공격 적중 시 추가 물리 피해. 그리고 사용 시 첫번 째 공격에 명중하는 적에게 2초에 걸쳐 추가 물리 피해.
(사용 시) : 우디르의 공격 속도가 5초간 증가.

□□□ **stance** [stæns 스탠스] n. 입장, 자세, 태세

### stance(자세)는 stand에서 나온 단어

★ stance는 stand서다에서 나온 단어이고 어떤 일에 대한 자신의 입장이나 스포츠에서의 취하는 자세, 온라인게임에서 태세 같은 것을 말합니다.
특히 스포츠에서는 자세, 폼이야말로 실력이나 성적의 모든 것이라고 할 수 있습니다.
야구를 예로 들어보면 타격자세(batting stance)가 타자의 성적을 결정하는 중요한 요소임을 알 수 있습니다.

여기서는 타자의 stance의 3가지 종류를 보고 그와 연관된 단어를 보겠습니다.

1. square stance : 발을 나란히 놓기
   pitcher투수를 양쪽 눈으로 보기 편하고 상체는 이미 공을 치기 위해 준비된 적절한 자세입니다.

2. open stance : 투수 쪽 발을 뒤로 놓기
   정면으로 투수를 바라보고 있어서 공을 보는 binocular vision양안시이 훨씬 편하지만 다시
   투수쪽 발이 나란히 돌아와야 할 때에 우타자가 우투수를 만나거나 좌타자가 좌투수를 만나면
   방향이 좁아져 약점이 생깁니다.
   장점은 발을 안쪽으로 끌어당기는 자세에서 힘이 붙어 파워가 증가될 수 있고 여러 방향의 공을
   치기 편하다는 것입니다.

3. closed stance : 투수 쪽 발을 앞으로 놓기
   어깨 너머로 투수를 바라보기에 불편하지만 투수쪽 다리를 뒤로 열며 momentum동력을 얻어
   장타를 칠 수 있습니다.

   **square** [skwer 스퀘어] a. 정사각형의
   **binocular** [bɪnáːkjələr 비**나아**큐얼러] a. 양안시의
   **momentum** [mouméntəm 모우**멘**텀] n. 탄력, 동력, 가속도

   * square는 정사각형을 말합니다. 야구에서 square stance는 양발을 나란히 놓으므로 11자형의 정사각형이 되기에
   칭한 것입니다.
   square는 어원상 s(ex- : out) + quad(4(四))의 라틴어 조합입니다. 이 뜻을 풀이해보면 **'4개의 똑같은 변(side)과 4
   개의 똑같은 직각(right angle)을 가진 도형을 향하여(ex) 가다'**는 정사각형의 정의와 관련되어있습니다.
   참고로 square와 관련된 단어는 squad선수단가 있습니다. 고대시대 병사들은 정사각형의 진형을 짜서 전투를 했기
   때문에 생긴 단어입니다.

   **squad** [skwɑːd 스콰아ㄷ] n. (경찰서)계, 선수단    ∞ Olaf 참고

   * binocular는 **'양안시의'**라는 뜻을 가진 형용사입니다. 둘(二)을 뜻하는 라틴어 bini에 눈을 의미하는 ocularis가
   붙은 것입니다.
   라틴어 bini는 **'두 조각, 쌍(雙)'**을 나타내는 어근입니다. 이 bini가 사용된 단어로는 **'이진법의'**라는 뜻을 가진 binary
   가 있습니다. 그리고 binocular의 뒷부분 어근이 되는 ocular는 **'눈의'**를 뜻하는 형용사이고 주로 과학용어로서
   사용됩니다. ocular는 eye나 visual처럼 눈을 나타내는 좀 더 쉬운 단어 때문에 일상에서는 잘 사용되지 않습니다.
   참고로 양안시(兩眼視)란 쌍안경을 볼 때처럼 사물을 양쪽 눈으로 보는 것을 말합니다. 양안시를 하게 되면 물체의
   공간적 위치를 알기가 편해집니다.

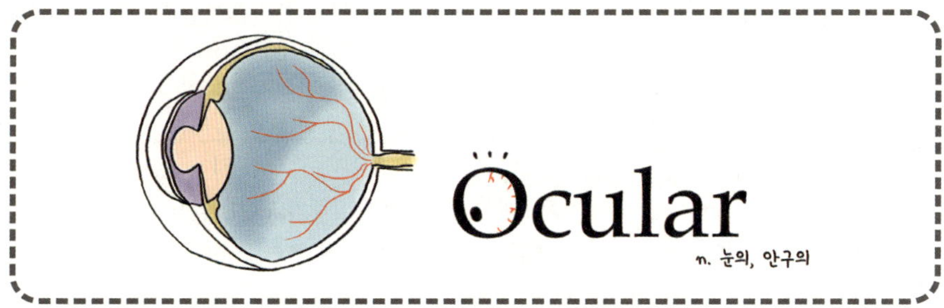

**binary** [báɪnərɪ **바**이너리] a. 이진법의
**ocular** [áːkjələ(r) **아아**큐얼러] a. 눈의, 안구의

ocular안구의처럼 optic눈의이라는 단어도 '**눈**'을 나타내는 단어입니다. 두 단어 모두 눈(eye)을 나타내는 PIE어근인
*okw-에서 기원한 단어인데 해부학적으로 약간 쓰임새가 다릅니다.
ocular는 안구덩어리 자체를 의미하는 경우에 사용되고 optic은 눈의 능력인 시력을 나타내는 경우에 사용됩니다.
즉 하나는 구조에 대한 개념이고(ocular) 하나는 기능에 대한 개념입니다(optic).
또한 optic이란 단어는 빛을 전달하는 섬유인 광섬유(optic fiber)란 물질로 공학에서도 자주 볼 수 있습니다.

* momentum은 물체가 움직이는 동력이나 가속도를 의미하는 물리용어입니다.
원래 moment순간에서 나온 단어인데 move움직이다의 의미가 숨겨져 있습니다. momentum 단어 안에 '**순간이란
너무나 짧아서 작은 입자가 살짝 움직이는 모습이다**'라는 개념이 들어있습니다.

## Turtle Stance
W - 거북이 태세

(지속 효과) : 피해의 일정 비율만큼 체력을 회복.
(사용 시) : 우디르가 5초간 일정 피해를 흡수하는 보호막을 생성.

## Bear Stance
E - 곰 태세

(지속 효과) : 우디르가 대상을 향해 짧게 돌진하고 강하게 내리쳐 1초간 기절시킴. 한번
기절시킨 대상은 5초간 기절시킬 수 없음.
(사용 시) : 우디르의 이동 속도가 증가. 이동속도 증가시간 동안 유닛 충돌을 무시.

□□□ **bear** [ber 베어] v. 참다, 견디다, 낳다  n. 곰

### bear는 '낳다'와 '곰'의 뜻이 다른 어원에서 기원했다

★ bear는 '**곰**'이라는 뜻 외에도 '**아이를 낳다**'는 뜻과 '**참고 견디다**'는 뜻이 있습니다.
bear는 유치원생도 아는 단어이지만 각 뜻의 어원이 다르다는 것은 원어민도 잘 모르는 사실입니다.

| 고(古)영어 bera (bring아이를 낳다) → | bear | v. 아이를 낳다 → 참다, 견디다 |
|---|---|---|
| 고(古)영어 beran (brown갈색) → | | n. 곰 |

갈색을 뜻하는 beran이라는 고(古) 영어와 '**아이를 낳다**'란 뜻의 고(古) 영어 bera에서 각각 기원한
단어들이 '**다른 뜻 같은 철자**'가 된 것입니다.   ∞ Sejuani 참고

bear곰와 관련된 재미있는 영어 표현 중에는 주식시장에서 값이 떨어지는 시기인 '**하락세 장(場)**'을

나타내는 bear market이란 용어가 있습니다.
18세기 초 미국주식시장에서 나온 표현으로서 bearskin jobber라는 말의 준말입니다.
여기서 jobber는 주식중개인을 말합니다. 영어 표현에 'to sell the bearskin before one has kill the bear. 누가 곰을 잡기도 전에 곰 가죽부터 팔다'라는 것이 있습니다. '김칫국부터 마신다'라는 뜻인데 이 표현을 변형해서 투자자들이 마구 주식(곰가죽)을 파는 모습에서 bear market하락장이란 단어가 나온 것입니다.

반대로 상승세의 주식시장을 의미하는 관용구로는 bull market이 있습니다. 이 용어도 18세기 초에 bear market의 반대말로 쓰이기 시작했습니다. 성난 bull황소이 콧김을 씩씩대며 돌진하는 모습이 주식시장의 활황세의 이미지와 비슷해서 곰의 반대 동물로 선택된 것입니다.

    **bear market** 하락장(場)
    **bull market** 상승장(場)

그래서 Wall street월가를 비롯한 금융가나 주식시장에는 곰과 황소의 조각상이 유난히 많습니다.
특히 상승세가 계속되어 자본이 propagation증식되기를 바라는 마음에서 거의 황소가 곰을 이기는 것으로 조각 자세가 설정됩니다. 정부도 주식시장이 bear market이 되지 않도록 경기를 부양하기 위해(prop up) 많은 노력을 합니다.

    **propagation** [prapəgéiʃən 프라퍼**게이**션] n. 증식, 선전
    **prop** [prɑːp 프라앞] n. 지지대    **prop up** 지원하다

* **propagation**은 동식물의 번식, 증식을 의미합니다. 원래 식물의 줄기가 앞으로 기어가서 단단히 고정되어 새로운 뿌리를 내리며 증식하는 모습에서 나온 단어입니다. pro(앞으로) + *pag-(고정하다)의 조합입니다.
그런데 17세기에 천주교에서 전도를 통한 믿음의 전파를 나타내는 의미로 propagation증식 단어를 사용하면서 '증식'의 뜻에 종교적 의미인 '선전'의 뜻이 더해지게 되었습니다. 요즘에 '선전'은 체제의 이념이나 정부 정책에 대한 '선전'이 주를 이루고 있습니다.
같은 어원의 propaganda프로파간다는 '선전선동'이라는 뜻으로 정치에서 자주 사용되는 단어입니다.
propagation증식을 쉽게 외우는 방법은 "증식하려고 줄기가 땅을 앞으로(pro) 파가고 있어."의 발음을 이용하면 됩니다.

* **prop**은 '지지대'를 말하는데 up을 같이 써서 'prop up(지지하다, 받쳐주다)'의 용법으로 자주 사용됩니다.
여기서 prop은 포도나무 덩굴이 증식(propagation)하도록 받쳐주는 것을 말합니다.
prop 단어의 기원도 propagation에서 나온 것으로 언어학자들은 추측하고 있습니다.

# R Phoenix Stance
## E - 불사조 태세

(지속 효과) : 태세를 전환한 첫번째 공격과 3번째 공격마다 우디르가 정면으로 불을 뿜어 마법 피해.
(사용 시) : 우디르가 5초간 주변을 화염으로 뒤덮어 마법 피해.

□□□ **phoenix** [fíːnɪks ㅎ**피이닉**ㅅ] n. 불사조

## Phoenix(피닉스)는 rehab(재활)의 새?

★ phoenix는 불사조를 말합니다. 원래 phoenix는 그리스 신화에 등장하는 전설상의 새인데 500년에 한 번씩 이집트로 날아간다고 합니다. 그러다가 죽을 때가 되면 불속에 뛰어들어 그 재 속에서 다시 태어난다고 합니다.

영어에서 phoenix는 중간의 'o'를 빼고 phenix의 철자로 사용하기도 합니다. 이러한 현상은 중세 라틴어와 고(古) 프랑스어를 통해 영어로 도입된 그리스어 기원의 단어에서 나타납니다. 즉 원래 그리스어에서 'oi'였던 것이 라틴어에서는 'oe'로 적히고 중세에 'e'로만 사용되다가 근대에 이르러 라틴어 느낌을 되살리며 'oe'를 다시 사용하는 것입니다.
이러한 예의 단어로는 phoenix피닉스 외에 diarrhoea설사, amoeba아메바, Oedipus오이디푸스 등이 있습니다. 그리고 encyclop(a)edia백과사전도 'ae'로 라틴어 느낌을 살린 단어입니다.

또한 불사조 phoenix는 재미있게도 phoenician페니키아인과 철자가 비슷한 단어입니다. 아랍어가 기원인 것으로 여겨지는 불사조의 어원과는 다르게 그리스어로 phoenix는 royal purple자주색을 뜻하는 철자였었기에 생긴 현상입니다. 이 금보다 비싼 자주색 염료는 뮤렉스 쿠룬툴루스라는 바다 달팽이에서 채취되는 것인데 그 염료를 생산하는 지역이 페니키아 땅이어서 '**자주색(이 생산되는)의 땅**'에 사는 사람들이란 의미로 페니키아인을 불렀던 것입니다.

지중해의 패권을 두고 로마와 3차례의 전쟁을 했던 카르타고도 페니키아인들이 세운 나라였습니다. 로마인의 입장에서는 그 페니키아인 이름이 불사조와 철자가 같아서 더욱 지긋지긋했을 것입니다. 그래서 로마인이 카르타고를 멸망시킬 때 모든 건물을 무너뜨리고 가래로 갈고 소금을 뿌렸는지도 모르겠습니다.

또한 일상에서는 흔히 스포츠 선수들이 큰 부상을 당했다가 rehabilitation재활에 성공하였을 때
**'불사조 같다'**라는 표현을 사용합니다.

rehabilitation [rɪːhəbɪlətéɪʃən 리이허빌러**테이**션] n. 재활

* rehabilitation재활은 신체적 손상을 당한 후에 기능회복을 하는 과정을 말합니다. 구성요소를 나눠보겠습니다.

| | |
|---|---|
| able | a. 할 수 있는 |
| ability | n. 능력 |
| habilitate | v. (교수) 자격을 얻다 |
| rehabilitation | n. 재활 |

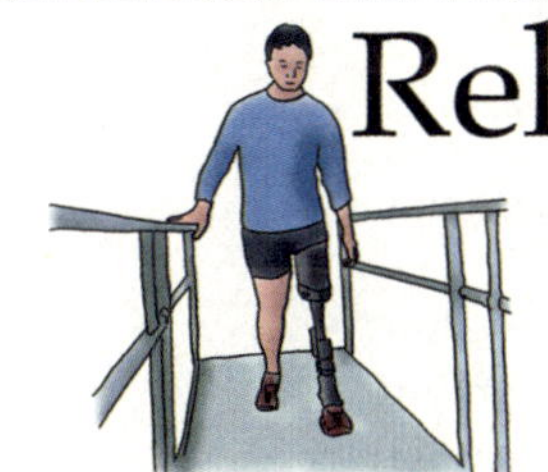


### 세계를 지배할 뻔한 Phoenician(페니키아인)

페니키아는 지중해 동쪽 연안에 근거를 둔 고대문명입니다. 현재의 시리아 해안, 레바논 그리고 팔레스타인에
해당하는 땅입니다. 기원전 1200년경부터 900년까지 지중해의 해상무역에서 이름을 떨쳤던 문명이고 최초로
알파벳을 사용한 것으로 알려져 있습니다. 페니키아인들은 북아프리카, 이탈리아 등까지 지중해 전역에 걸쳐서
도시를 건설하였고 그 중 하나가 기원전 5세기경 두각을 나타낸 Carthago카르타고입니다.

카르타고는 시칠리아 건너편의 북아프리카에 있는 나라였습니다. '**고대 세계대전**'이라고 부를만한 3차에 걸친
포에니전쟁(Punic Wars)을 통해 로마와 지중해의 패권을 다투었던 나라였고 제2차 포에니전쟁 당시 카르타고
의 한니발(Hannibal)은 거의 로마를 점령할 뻔했습니다. 만일 로마에 천재적인 젊은 장군 스키피오(Publius
Cornelius Scipio)가 없었다면 로마는 기원전 200년경에 멸망당했을 것이고 유럽문명은 페니키아인에 의해
쓰였을 것입니다.
전쟁에 패한 후 시리아에 망명하고 있던 한니발과 승자인 스키피오가 만나 나눈 대화입니다.

"한니발 장군, 장군은 세계에서 가장 위대한 명장이 누구라고 생각하십니까?"
"당연히 알렉산드로스 대왕이죠."
"두 번째는요?"
"에피루스의 피로스죠."
"세 번째는요?"
"바로 나 한니발이요."
자신의 이름이 거론되길 기대했던 스키피오는 실망해서 말합니다.
"하지만 장군은 저에게 지지 않았습니까?"
"내가 만일 당신에게 그때 지지 않았다면 내가 세계 최고의 명장이 되었을 것입니다."

# Udyr

★★★☆☆ **agility** - His agility was so great that he became a circus performer.
그의 민첩성은 매우 뛰어나서 그는 서커스 공연자가 되었다.

★★★☆☆ **agile** - an agile movement 재빠른 움직임

★★★☆☆ **statistics** - Statistics show Korea's population might be shrink in the near future.
통계는 한국 인구가 가까운 미래에 줄어들지도 모른다는 것을 보여준다.

★★★☆☆ **dexterity** - You must have amazing dexterity if you built that sand castle.
네가 만약 저 모래성을 지은 거라면 너는 놀라운 손재주를 가지고 있는 것이 틀림없다.

★★★☆☆ **status** - He switched his online status to invisible, so he could focus on his work.
그는 자신의 온라인 상태를 투명(모드)으로 바꾸었다. 그래서 그는 일에 집중할 수 있었다.

★★★☆☆ **statics** - statics and dynamics 정역학과 동역학

★★★☆☆ **stance** - His Tae-kwon-do coach told him to use an open stance.
그의 태권도 코치는 그에게 오픈스탠스(발을 벌린 자세)를 이용하라고 말했다.

★★★☆☆ **square** - He began drawing small squares on his paper.
그는 자기 종이에 작은 정사각형을 그리기 시작했다.

★★★★☆ **binocular** - With his binoculars he was able to see the whole battle.
그는 쌍안경으로 전투 전체를 볼 수 있었다.

★★★☆☆ **momentum** - Our team has the momentum, so continue to push.
우리 팀은 탄력을 받았다. 그러니 계속 밀어붙여라.

★★★☆☆ **squad** - I think we have the best squad in the league.
나는 우리가 그 리그에서 최고의 선수단을 가졌다고 생각한다.

★★★☆☆ **binary** - binary code 2진법

★★★☆☆ **ocular** - The doctor examined ocular and cognitive response of mine.
그 의사는 나의 안구 반응과 인식반응을 검사했다.

★★☆☆☆ **bear** - I couldn't bear the responsibility if our team loses.
우리 팀이 지면 나는 그 책임감을 견딜 수 없었다.

★★★☆☆ **propagation** - the propagation of bacteria
박테리아의 번식

★★★☆☆ **prop** - measures to prop up the economy
경제를 부양시킬 수단들

★★★★★ **phoenix** - A phoenix flew up from the ashes and destroyed his enemy.
불사조가 잿더미에서 날아올라 그의 적을 멸망시켰다.

★★★☆☆ **rehabilitation** - The first step in rehabilitation is admitting you have a problem.
재활의 첫 번째 단계는 네가 문제를 가지고 있다고 인정하는 것이다.

# Urgot, the Headsman's Pride
## 우르곳 - 처형인의 긍지

- **P**   Zaun-Touched Bolt Augmenter   자운식 탄환 강화기
- **Q**   Acid Hunter   산성 추적탄
- **W**   Terror Capacitor   공포 축전가
- **E**   Noxian Corrosive Charge   녹서스 부식성 수류탄
- **R**   Hyper-Kinetic Position Reverser   초동역학 위치전환기

---

**P**   ## Zaun-Touched Bolt Augmenter
passive - 자운식 탄환 강화기

우르곳의 기본 공격과 산성 추적탄 스킬에 맞은
대상이 가하는 피해량이 2.5초 동안 15% 감소.

□□□ **augment** [ɔːgmént 오어그**멘**ㅌ] v. 증진시키다

augment는 aug(증가) 어근에서  시작한 단어

★ augment는 '증가시키다, 증진시키다'라는 뜻입니다. 어원은 같은 '증가시키다'라는 뜻의 라틴어
augmentare에서 나왔고 이 라틴어는 PIE어근인 *aug-에 더 깊은 뿌리를 두고 있습니다.
aug 어근은 단어에 따라 aux, auct 등의 형태로 변화되어 사용됩니다.
가장 쉽게 이해가 가는 augment 단어의 사용법으로는 요즘 가장 핫한 증강현실(AR : Augmented
Reality)이라는 용어를 들 수 있습니다.

이렇게 증강현실(AR)에서 쓰인 단어 augment를 이용하여 개념을 잡으면 aug(증가) 어근이 들어간 다른 단어의 이미지를 세우기가 쉬워집니다. 그러면 그 외 aug 어근이 들어간 단어를 보겠습니다.

auction [ɔ́:kʃn 어억션] n. 경매
August [ɔ́:gʌ́st 어어거스ㅌ] n. 8월, 아우구스투스
author [ɔ́:θə(r) 어어쎄] n. 저자
　→ authority [əθɔ́:rətɪ 어쎄어러티] n. 권한
inaugurate [ɪnɔ́:gjəreɪt 이너어규어레이트] v. 취임시키다
auxiliary [ɔ:gzíliərɪ 어어그질러리] a. 예비의 n. 조동사　　∞ Yorick 참고

* auction은 경매를 말하는데 aug 어근의 변형인 auct가 사용된 단어입니다. 이는 점점 돈을 올려가면서 가장 높은 금액을 제시한 사람에게 물건이 팔리는 모습을 표현한 단어입니다.

* August는 8월을 말하는 단어입니다. 단어의 기원은 Caesar카이사르의 조카이자 양아들이고 로마의 초대황제가 된 Octavianus옥타비아누스에게 헌정된 칭호인 August아우구스투스에서 나온 것입니다. 이는 위대한 기초를 세운 황제라는 뜻인데 이후 신록이 우거지는 8월에도 붙여진 단어가 되었습니다.
이렇게 aug 어근은 사회나 부족을 점점 크게 만드는 master주인나 leader리더, founder설립자의 의미가 되었습니다.

* author는 저자를 말합니다. aug 어근이 들어가 creator창조자나 originator기원자의 의미에서 (책에 관한) author 저자 단어가 나오게 되었습니다. author에서 명사형 authority권한가 나왔습니다.

* inaugurate는 높은 자리에 취임하는 것을 말합니다. inaugurate는 대통령이나 사장님 등의 취임식 뉴스기사에서 주로 볼 수 있는 단어입니다. 반대로 resign은 '사임하다'라는 뜻의 단어입니다.
어원을 보면 inaugurate는 in(안으로) + augur(신관)+ ate(동사형어미)의 조합으로서 로마시대에는 높은 자리인 신관의 자리에 올라가는 것을 말했습니다.
여기서 라틴어 augur신관는 로마시대의 신관들이 곡식의 생산을 증가시키기 위한 의식과 제례를 주관하므로 '증진시키다'라는 뜻의 aug 어근에서 파생시켜 나온 단어로 보입니다.
이러한 라틴어 augur신관의 단어는 영어에서는 동사로 'augur전조가 되다'라는 뜻이 되었고 길흉을 점치는 의식과 관계되어서 '상서로운'이라는 뜻의 단어 auspicious에 영향을 주었습니다.
inaugurate를 기억할 때는 aug 어근을 이용하여 높은 자리로 점점 올라가는 이미지를 만들거나 발음을 이용하여 **"나 취임했어. 이제 사장님이라구래."**로 암기하여도 됩니다.

* auxiliary는 조동사를 말합니다. 조동사는 동사를 보조하는 동사죠. 또한 옆에서 무언가가 발전하도록 증진시키며 돕다라는 뜻에서 '예비의'라는 형용사의 의미도 생겼습니다.

## Acid Hunter
Q - 산성 추적탄

우르곳이 커서 위치로 미사일을 발사하여 물리 피해. 산성 추적탄으로 유닛을 처치하면 소모된 마나의 절반을 돌려받음. 녹서스 부식성 수류탄에 맞은 적에게 마우스를 올려 클릭하면 자동 조준 기능이 활성화.

□□□ **acid** [ǽsɪd **애**시ㄷ] n. 산

### acid(산성)는 '날카로운'이라는 뜻

★ acid는 산성이라는 뜻으로 vinegar식초의 맛을 나타내는 단어였습니다.
acid는 라틴어인 acidus에서 나왔고 이는 '**시고 예리한 맛**'을 의미했습니다. 그에 앞선 PIE 어근에서는 *ak-의 뜻이 있어서 sharp날카로운의 의미의 바탕이 되었습니다.
단어 acrid매캐한도 같은 PIE어근인 *ak-에서 나온 단어입니다.

**vinegar** [vínɪɡə(r) **비**니거] n. 식초
**acrid** [ǽkrɪd **애**크리ㄷ] a. 매캐한

acrid매캐한을 기억할 때는 발음 그대로 "**에이크! 매캐한 최루탄이다!**"를 이용하면 됩니다.

acid산성의 반대말인 alkali염기성는 acid와 동시에 기억해야 하는 단어입니다.
alkali는 중세 라틴어인 alkali에서 나온 단어이고 이는 아랍어의 ashes재를 뜻하는 단어인 al-qaliy
에서 기원한 단어입니다. 아랍어에서 al은 정관사이고 qaliy는 재(炭)를 말하는데 qaliy는 Kalium
칼륨에 그 발음이 남아있습니다. 옛 사람들이 화학을 알기 전에는 나뭇재 속의 탄산칼륨을 알칼리로
이용했기 때문에 발생한 단어입니다.　∞ Kennen 아랍어기원단어 참고

> **alkali** [ǽlkəlɑɪ **앨컬라이**] n. 알칼리
> **alkaline** [ǽlkəlɑɪn **앨컬라인**] a. 알칼리성의

## Terror Capacitor
W - 공포 축전기

우르곳이 충전기를 충전하여 7초 동안 피해를 흡수하는 보호막을 생성. 보호막이
작동하는 동안 우르곳의 공격과 미사일이 적의 이동 속도를 늦춤.

□□□ **terror** [térə(r) **테**러] n. 테러, 공포　∞ Fiddlestick 참고
□□□ **capacitor** [kəpǽsɪtə(r) 커**패**시터] n. 콘덴서, 축전기　∞ Jayce 참고

## Noxian Corrosive Charge
E - 녹서스 부식성 수류탄

우르곳이 목표 위치에 부식성 수류탄을 투척. 공격에 당한 적은
방어력이 감소하고 5초에 걸쳐 물리 피해.

□□□ **corrosive** [kəróusɪv 커**로우**시브] a. 부식성의　∞ Kog' Maw 참고

## Hyper-Kinetic Position Reverser
R - 초동역학 위치전환기

우르곳이 적 챔피언을 대상으로 1초 동안 초동
역학 위치전환기를 가동하여 대상과 자신의 위
치를 바꿈. 대상은 제압 상태가 됨.

□□□ **kinetic** [kɪnétɪk 키**네**틱] a. 운동의
□□□ **position** [pəzíʃn 퍼**지**션] n. 위치
□□□ **reverse** [rɪvɝ́ːrs 리**버어**스] v. 뒤바꾸다, 역전시키다　a. 반대의

# kinetic(운동)은 역학에서의 운동

★ **kinetic**은 '**운동의, 운동에 관한**'이라는 뜻을 가진 형용사입니다. 이때의 운동은 육체적인 운동을 뜻하는 것이 아니고 물리학(역학)에서의 물질의 운동을 의미합니다. 그리스어 *kinetikos*에서 나온 단어입니다.

kinetics운동역학를 기억할 때는 진자 운동기구의 구슬을 놓으면서 "**운동을 일으키네.. 틱하고..**"하는 발음을 이용하면 됩니다.

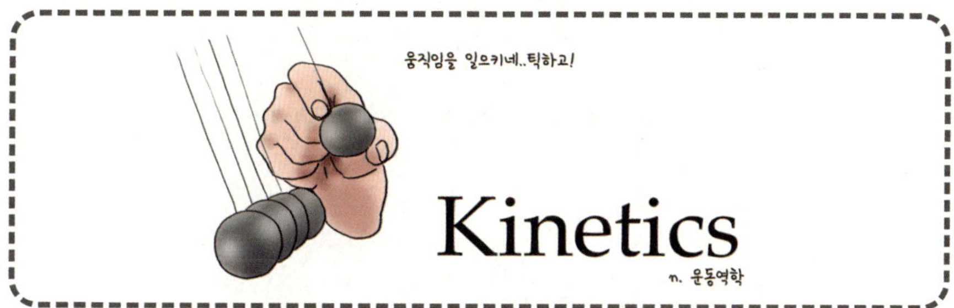


kinetics가 나온 김에 운동역학 발달과 관계된 용어를 보겠습니다.

운동에 관한 물리학은 몇 번의 혁명적인 발달을 거쳤습니다. 인류는 뉴턴이 [the law of gravity 만유인력의 법칙]을 발견하고 나서 고전역학의 지배하에 살게 되었습니다. 그러다가 아인슈타인의 [theory of relativity상대성이론]로 고전역학이 적용되지 않는 부분을 발견하게 됩니다.

최근에는 [elementary particle physics소립자물리학]에서 새로운 운동과 새로운 힘이 발견되어 상대성이론의 적용이 되지 않는 미세한 세계가 있다는 것을 알게 되었습니다.

이후 과학자들은 알려진 우주의 4가지 힘인 중력, 전자기력, 약력, 강력에 대해 연구하고 이 모두를 함께 설명할 수 있는 unification theory대통일장이론을 찾고 있습니다.

**relativity** [relətívəti 렐러**티**버티] n. 상대성
**particle** [pá:rtɪkl **파아**티클] n. 입자
**physics** [fízɪks ㅎ**피**직ㅅ] n. 물리학
**unification** [juːnəfɪkéɪʃən 유우너ㅎ피케이션] n. 통일

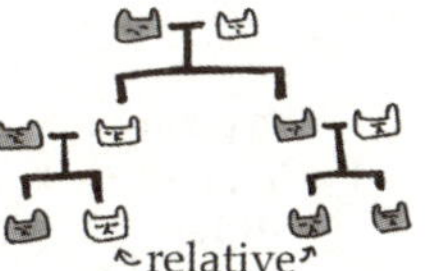


* **relativity**는 상대성을 말하는데 이는 relative상대적인. 친척에서 나온 단어입니다. 동사는 relate관련시키다이고 명사는 relation관계입니다.

relate의 어원은 라틴어 relatus로 re(다시) + latus(carried)의 조합입니다. 어근이자 동시에 어미로 사용된 라틴어 latus는 translate번역하다나 legislate법을 제정하다에서처럼 무언가를 실행하는 모습을 나타내는 (-late) 어미의 형태로 자주 볼 수 있습니다.

* **particle**은 입자를 의미하는데 part부분에서 나온 단어입니다. -icle 어근은 '**작은 부분**'을 뜻하는 접미사로 많이 사용됩니다.

전체 글의 작은 부분을 말하는 article기사나 작은 쪽방을 말하는 cubicle 등에서 -icle 어근의 예를 볼 수 있습니다.

한글발음도 '**-티끌**'이라서 작다는 느낌이 팍 옵니다.

* physics는 물리학을 말합니다. 어원인 라틴어 physic은 처음에는 자연과학(natural science)을 말했었고 동시에 치료술(art of healing)도 의미했습니다.
그러나 이후 치료술은 자연과학과 분리되서 medicine의학의 단어를 사용하게 되었고 남아있는 physics는 물리학을 뜻하는 단어가 되었습니다.
그런데 그 '자연과학과 치료술을 행하던 사람'을 뜻하는 단어는 제대로 갈라지지 못해서 비슷하게 생긴 두 단어가 발생하게 됩니다. 바로 물리학자인 physicist와 의사 특히 내과의사를 말하는 physician이 그것입니다.

* unification은 '하나가 되게 하다'라는 뜻의 동사 unify에서 나왔습니다.
unify는 라틴어 unificare에서 나온 단어인데 uni(one) + facere(make)의 조합입니다. 하나로 만드는 것이죠.
facere 어근은 영어에서 -fy의 접미사로 쓰이며 주로 '~되게 하다(化)'의 뜻으로 사용됩니다.

---

### Grand unification theory(대통일장이론)

우주의 힘들은 다음 4가지입니다.

1. gravity 중력
2. electromagnetic force 전자기력
3. weak force (weak interaction) 약력
4. strong force (strong interaction) 강력

지금까지 과학자들이 이룬 성과로 gauge theory게이지 이론을 통해서 강력, 약력, 전자기력을 하나로 묶는 grand unification theory대통일장이론이 가능하게 되었습니다. 이로서 3가지 힘은 합쳐진 것인데 아직 중력은 통일되어 설명되지 못하고 있습니다.
이에 과학자들은 최신 지견으로서 'string theory끈 이론'이나 'membrane theory막 이론' 등을 도입해서 통일장을 설명하려 하고 있습니다. 이는 입자가 끈이나 막에 연결되어 운동하는 것으로 설명하는 것인데 아직 완벽한 이론은 아닙니다.

---

## position(위치)는 물건을 놓아두는 것

★ position은 '위치'를 말합니다.
'place물건을 놓다' 뜻의 PIE어근인 *po-s(i)nere에서 나왔고 이는 apo- (off멀리) + sinere(leave 남기다)의 조합입니다. '물건을 멀리 놓아두다 혹은 떨어뜨려 놓다'라는 뜻입니다.
여기에 사용된 어근인 sinere는 단어 site에서 그 모습을 볼 수 있습니다. site는 현장이나 위치, 인터넷 사이트를 말하는 단어입니다.
또한 position은 단어 posture자세에도 그 어근이 남아있습니다.

농구에서 position change위치변경를 하며 상대편 진로를 막는 screen play스크린 플레이를 할 때나 축구에서 position change위치변경를 하며 상대 markman담당수비수을 따돌리며 공격을 할 때 쓸 수 있는 단어입니다.

# reverse(반대의) 결과를 보여주는 reversal(반전) 영화

★ reverse는 형용사일 때 **'반대의'**라는 뜻입니다. 동사형인 revert되돌아가다에서 나온 단어입니다. 동사 revert되돌아가다는 길을 되돌아가는 것같은 물리적인 행동보다는 예전의 관습이나 습관, 또는 원래 상태로 되돌아가는 추상적인 행동을 말합니다. 자동사로 사용될 때는 항상 **'revert to A(A로 되돌아가다)'**에서처럼 전치사 to를 대동합니다.

또한 reverse의 명사형인 reversal반전은 게임의 역전이나 영화의 반전을 나타낼 때 사용됩니다. reversal반전 단어의 이미지는 가장 극적인 반전이 있는 영화 [the Sixth Sense식스센스]를 상상하면 됩니다.

**revert** [rɪvə́ːrt 리**버어**ㅌ] v. 되돌아가다, 복귀하다
**reversal** [rɪvə́ːrsl 리**버어**슬] n. 역전, 반전

어원을 살펴보면 revert는 re(back 뒤로) + vertere(turn바꾸다)의 조합임을 알 수 있습니다. 형용사 reverse반대의는 라틴어 reversus에서 나온 것입니다. reversus는 라틴어 동사 revertere의 라틴어 과거분사형입니다. 영어에서처럼 라틴어도 동사의 과거분사형은 **'~가 된'**의 뜻의 형용사로 사용되는 문법형태인 것입니다.

| 라틴어 | 영어 |
|---|---|
| 동사 revertere (뒤로 바꾸다)  = | **revert** v. 되돌아가다 |
| 형용사 reversus (뒤로 바꾸어진)  = | **reverse** a. 반대의 |

vertere(turn바꾸다) 어근이 사용된 여러 단어에서 이런 형용사-동사 조합을 볼 수 있습니다. 그 예를 몇 가지 보겠습니다.

| | |
|---|---|
| **avert** 방지하다 - **averse** 반대하는 | ab(away) + vertere(turn바꾸다) |
| **convert** 개조하다 - **converse** 역으로 | con(함께) + vertere(turn바꾸다) |
| **divert** 전환시키다 - **diverse** 다양한 | de(from) + vertere(turn바꾸다) |
| **pervert** 왜곡하다 - **perverse** 삐딱한 | per(away) + vertere(turn바꾸다) |

또한 그 외에도 라틴어 어근 vertere(turn바꾸다)가 사용된 단어는 많이 있습니다.
versus~대, vice versa거꾸로, vertebra척추, anniversary기념일, advertisement광고 등이 모두 다
vertere 어근이 들어간 단어입니다. 단어 속에서 뭔가 바꾸는(turn) 모습을 찾아보시기 바랍니다.

**versus** [vɜ́ːrsəs **버어**서ㅅ] prep. ~대(對)
**vice versa** [váɪsə-vɜ́ːrsə **바이**서-**버어**서] ad. 거꾸로
**vertebra** [vɜ́ːrtɪbrə **버어**티브러] n. 척추뼈
**anniversary** [ænɪvɜ́ːrsərɪ 애니**버어**서리] n. 기념일
**advertisement** [ædvərtáɪzmənt 애드버**타이**즈먼ㅌ] n. 광고

* versus는 'A : B의 시합'을 간단히 'A vs B'로 표현할 때 사용되는 단어입니다.

* vice versa는 '**거꾸로**'라는 뜻의 부사인데 라틴어를 철자 그대로 사용한 단어입니다. vice(change) + versa(turn)의
조합으로서 '**순서를 바꾸다**'라는 뜻입니다. 보통 문장 끝에 써서 "~, and vice versa."라고 자주 사용되어 "~, 반대도
그렇다'라는 의미로 생략적인 용법으로 쓰입니다.
예를 들면 "Dad hates me, and vice versa."이런 문장이라면 "아빠는 날 미워한다. 반대도 그렇다(나도 아빠를
미워한다)"라는 뜻이 되겠습니다.

* vertebra는 척추뼈를 의미하는데 vertere(turn) 어근에 도구, 물건을 나타내는 어미 –bra가 붙은 단어입니다.
복수형이 되면 /e/가 더 붙어서 vertebrae가 됩니다.
척추뼈는 여러 개가 쌓여서(인간 성인은 26개) 몸을 돌리는(turn) 역할을 하므로 vertere 어근이 이용된 것입니다.
척추는 또한 그 등뼈의 뾰쪽뾰쪽한 모습 때문에 spine가시,등뼈이라고도 불립니다.

* anniversary는 기념일을 말합니다. 라틴어 anni(year해) + vertere(turn바꾸다)의 조합으로서 해가 바뀔(turn) 때마다
(annually) 돌아오는 날을 의미합니다.

* advertisement는 광고를 말하는데 일상에서 간단히 ad로 줄여서 사용되는 단어입니다. 바탕이 되는 동사 advert는
'**언급하다**'라는 뜻인데 ad(to) + vertere(turn바꾸다)의 조합으로서 '**다른 사람을 향하여 알리다**'라는 뜻이 되겠습니다.

# Urgot

★★★☆☆ augment - The mayor of Gotham city tried to augment the police.
고담시의 시장은 경찰력을 증진시키려고 노력했다.

★★★☆☆ virtual - the protection for virtual networks 가상 네트워크 방어

★☆☆☆☆ auction - I had the highest bid at the auction, so I got to take home this dragon head.
나는 그 경매에서 가장 높은 액수로 응찰했고 그래서 나는 이 드래곤의 머리를 집으로 가져오게 되었다.

★☆☆☆☆ august - at the end of August this year 올해의 8월말에

★★☆☆☆ author - an anonymous author 익명의 저자

★★★☆☆ authority - The officer bowed to authority to make a living.
그 공무원은 생계를 위해서 권위에 굴복했다.

★★★☆☆ inaugurate - The holy cow is set to be inaugurated as a President of this country on Tuesday.
그 신성한 소는 화요일에 이 나라의 대통령으로 취임하게 되어있다.

★★★☆☆ auxiliary - The Zulu always had an auxiliary army in reserve.
줄루족은 항상 예비로 보조부대를 가지고 있다.

★★☆☆☆ acid - Acid was poured down the wall when the enemy got too close.
적들이 너무 가까이 오자 산성 물질이 벽 아래로 쏟아 부어졌다.

★★★★★ vinegar - I added a little vinegar to my monkey brain soup.
나는 내 원숭이 골 수프에 식초를 약간 더했다.

★★★☆☆ acrid - the acrid smell of tobacco 담배의 매캐한 냄새

★☆☆☆☆ alkali - a mild alkali solution 약알칼리성 용액

★★★☆☆ alkaline - an alkaline lake in southern Kenya
남부 케냐의 알칼리성 호수

★★☆☆☆ terror - Always look out for any possible terror events.
항상 발생 가능한 어떠한 테러 행위라도 조심해라.

★★★☆☆ capacitor - the high voltage capacitor 고전압 축전기

★★★☆☆ corrosive - The corrosive metal cracked causing the building to collapse.
그 부식된 금속은 그 건물을 붕괴시키며 틈이 벌어졌다.

★★★☆☆ kinetic - kinetic energy 운동 에너지

★★☆☆☆ position - Our geographic, demographic advantages have enabled us to take a leading position in the world.
우리의 지리적, 인구학적 장점은 우리가 세계의 선봉에 서는 것이 가능하도록 만들었다.

★★★☆☆ reverse - the reverse charge call 수신자 부담 전화

★★★☆☆ relativity - the theory of relativity 상대성 이론

★★☆☆☆ particle - Even the tiniest particle has enough energy to destroy us all.
가장 작은 입자라도 우리 모두를 파괴시킬 수 있는 충분한 에너지를 가지고 있다.

★★★☆☆ physics - the physics of elementary particles 소립자 물리학

★★★☆☆ unification - Unification of the two countries might never be possible.
그 두 나라의 통일은 전혀 가능하지 않을지도 모른다.

★★★☆☆ revert - Let's revert to the subject.
본 주제로 돌아갑시다.

★★★☆☆ reversal - the reversal of tidal currents 조류(潮流)의 역전

★★☆☆☆ versus - England versus India 영국 대 인도

★★★☆☆ vice versa - cruise from Taiwan to Busan or vice versa
대만에서 부산으로의 크루즈 여행 또는 그 반대(로의 여행)

★★★★★ vertebra - He crushed a vertebra in a fall.
그는 낙상으로 척추가 으스러졌다.

★★★☆☆ anniversary - the 100th anniversary of the birth of former President Park
전임 박대통령의 탄생 100주년 기념일

★★★☆☆ advertisement - He has the power to regulate the advertisement of military weapons.
그는 군사 무기들의 광고를 제한할 권력을 가지고 있다.

# Varus, the Arrow of Retribution

## 바루스 - 응징의 화살

**P** Living Vengeance  죽지 않는 복수심

**Q** Piercing Arrow  꿰뚫는 화살

**W** Blighted Quiver  역병 화살

**E** Hail of Arrows  퍼붓는 화살

**R** Chain of Corruption  부패의 사슬

---

## Living Vengeance
passive - 죽지 않는 복수심

챔피언을 처치하거나 어시스트를 올리면 6초간 바루스의 공격 속도가 40% 상승. 미니언이나 몬스터를 처치할 경우엔 바루스의 공격 속도가 3초간 20% 상승. 두 효과는 서로 중첩되지 않음.

□□□ **vengeance** [vénd3əns 벤전스] n. 복수   ∞ Maokai 참고

★ **venge**복수에 관한 것은 챔피언 마오카이에서 다루었습니다.

여기에선 참고로 단어에 venge가 들어간 scavenge를 보겠습니다. scavenge는 전혀 venge와 관계가 없습니다.

scavenger스케빈져는 하이에나처럼 죽은 동물을 먹는 청소부를 말합니다. 원래는 런던에서 물건을 파는 외국인에게 세금을 걷는 공무원을 말했는데 나중에 거리의 쓰레기를 청소하는 사람을 부르는 명칭이 되었습니다. 그리고 곧바로 청소동물에게로 뜻이 전해졌습니다.

**scavenge** [skǽvɪnd3 스케빈지] v. 쓰레기 더미를 뒤지다

---

## Piercing Arrow
Q - 꿰뚫는 화살

(최초 시전) : 바루스가 다음 화살을 조준하여 점차 사거리와 피해량이 증가. 조준하는 동안 바루스의 이동 속도가 20% 감소. 4초가 경과하면 꿰뚫는 화살이 발사되지 못하고 소모된 마나의 50%가 회복.
(두 번째 시전) : 바루스가 화살을 발사하여 물리 피해.

□□□ **piercing** [píːrsɪŋ 피어싱] a. (시선이) 날카로운  n. 피어싱   ∞ Kalista참고

□□□ **arrow** [ǽroʊ 애로우] n. 화살

## arrow(화살)을 입으로 말하면 죽는다

★ arrow는 화살입니다. 라틴어인 arcus에서 나온 단어인데 arch아치처럼 활의 휜 모습을 나타내는 단어입니다. 라틴어 arcus는 '**활에 속한 물건**'이라는 의미로 부른 것인데 옛 사람들이 직접 화살을 '**화살**'이라고 그 이름을 부르지 않은 것은 superstitious미신적인한 이유에서입니다.
마치 [Harry Potter해리 포터]에서 Lord Voldemort볼드모트의 이름을 아무도 부르지 못한 것처럼 그 이름을 부르면 나쁜 일이 생길 것으로 생각했습니다.
예를 들어 오늘 전투에 나가는 군인이 '**화살**'이라고 말을 하면 진짜 '**화살**'이 자신에게 올 것으로 생각한 것입니다. 그래서 '**활에 속한 물건**'이라고만 부른 것입니다.
그리고 화살의 각 부위는 arrowhead화살촉, arrow shaft화살대, feathering화살깃이라고 부릅니다.

**superstition** [suːpərstíʃn 슈우퍼**스티**션] n. 미신

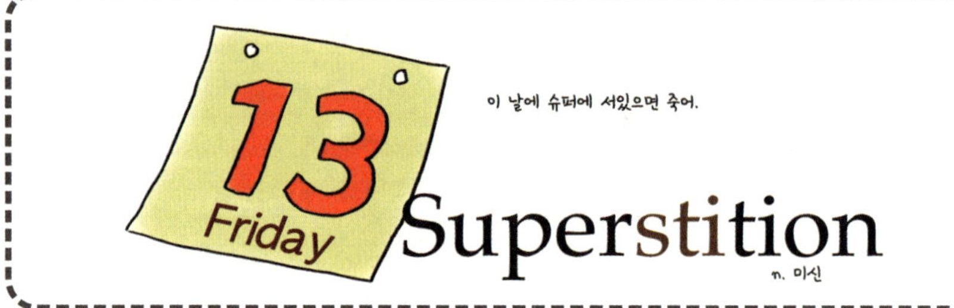



* superstition은 비이성적인 믿음인 '**미신**'을 말합니다. super(위에) + stare(stand서다) + tion(명사형어미)의 조합이고 여기서 어근이 되는 stare는 '**서다(stand)**'라는 뜻의 PIE 어근 *sta-에서 나온 것입니다.
어원 그대로 해석하면 stand over(옆에서 지켜보다)라는 뜻이 되어 등 뒤에 서있는 귀신의 느낌이 나는 으스스한 단어입니다.
그러나 어원학자들은 그냥 '**죽지 않고 서 있을 수 있는 방법**'에서 기원했다고 의견을 내놓았습니다. 옛날 사람들이 가진 '**미신을 지키면 살고 안 지키면 죽는다**'라는 믿음의 다른 표현이므로 그렇게 유추한 것입니다.
이것도 역시 증거가 없는 해석이므로 우리는 그냥 '**슈퍼**에 **서**있으면 **죽는다**.'고 기억하는 것이 편합니다.
또한 superstition미신은 '**초자연적인(supernatural)**'이라는 단어와 이미지가 겹치므로 함께 묶어서 기억하는 것이 좋겠습니다.

또, 일반 활과 화살의 관계처럼 석궁(crossbow)에 사용되는 석궁화살(bolt)도 화살의 일종입니다.

**bolt** [boʊlt 보울ㅌ] n. 빗장, 볼트, 화살   v. 갑자기 달아나다, 급하게 먹다

bolt는 빗장, 볼트, 화살 등을 뜻하고 동사로는 갑자기 달아나는 모습을 의미합니다. 어원은 PIE 어근의 *bhled-에서 나온 것으로 strike때리다의 뜻입니다.
이러한 bolt의 다양한 뜻은 '**석궁화살**'의 이미지에서 출발했습니다. 길쭉한 것이 빠르게 날아가는

모습에서 나머지 의미가 분화된 것입니다.
즉 석궁화살의 기다란 모양에서 문을 잠그며 가로지르는 '**빗장**'이나 나사 같은 부품인 '**blot볼트**'라는 나왔고 석궁화살의 빠르게 쏘아지는 모습에서 '**말이나 사람이 갑자기 달아나다**', 음식을 '**급히 먹다**' 등의 의미가 나오게 되었습니다.

| **bolt** 석궁화살 | 기다란 모양 → | 빗장, 볼트 |
|---|---|---|
| | 빠르게 쏘아지는 모습 → | 갑자기 달아나다, 급하게 먹다 |

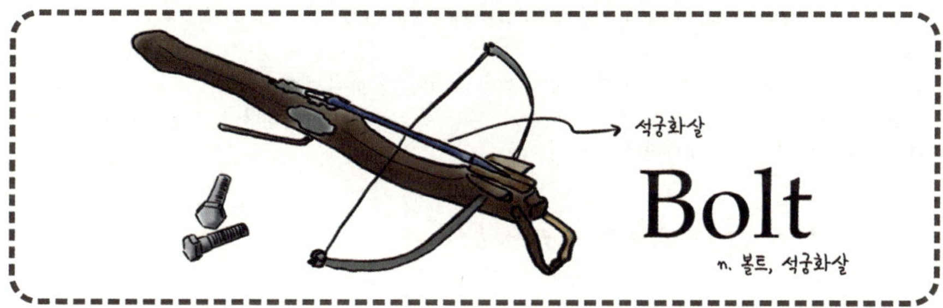

## Blighted Quiver
W - 역병 화살

(기본 지속 효과) : 기본 공격이 추가 마법 피해를 입히고 6초 동안 역병을 붙임. 바루스가 다른 스킬을 사용해 역병을 폭발시키면 중첩 횟수당 대상 최대 체력의 일부에 해당하는 마법 피해.

□□□ **blight** [blɑɪt 블라이ㅌ] v. 엉망으로 만들다 n. 병충해
□□□ **quiver** [kwívə(r) 퀴버] n. 화살통

**blight(병충해)는 농부의 black light(어두운 그림자)**

★ blight는 '**엉망으로 만들다**'라는 뜻인데 '**병충해**'를 뜻하는 명사의 의미에서 나중 동사의 의미가 나왔습니다. 병충해는 한 해의 농사를 엉망으로 만드는 것이니 농부들의 입장에서는 모든 것이 엉망이 된 것일 겁니다.
blight는 고(古) 영어의 blæce에서 나온 것으로 보이며 처음에는 '**창백해지는 병**'이라는 뜻이었다가 나중 '**무언가 잘 되던 것을 망치는 것**'에 대한 뜻이 되었습니다.
blight는 또한 명사로 '**어두운 그림자**'라는 의미도 있는데 이는 '**불길한 기운**'을 의미합니다.
우리처럼 단어를 외우는 입장에서는 '**blight = black light**'에서 '**b**'를 딴 blight로 이미지를 만들면 기억하기 편해집니다.

암기 : 병충해 → 엉망으로 만들다 → 어두운 그림자(black light)

참고로 light 앞에 철자 한 개가 붙은 단어들을 재미삼아 모아보겠습니다.
alight불타는, blight병충해, flight비행, plight곤경, slight약간가 있습니다. 이중 plight은 (p)피가 좀
나는 곤란한 일이라고 암기하면 됩니다.

## quiver(화살통)는 훈족의 언어유산

★ quiver는 화살통을 말합니다. container보관통을 말하는 초기 게르만어의 kukur쿠쿠르에서 나온
단어인데 4세기경 동고트와 서고트를 물리치고 동로마제국까지 침범해 유럽을 공포에 몰아넣었던
훈족이 게르만에 전해준 단어라고 합니다.
또한 동사로서 quiver는 '(가볍게) 떨다'라는 뜻이 있는데 이는 quiver화살통를 등이나 말에 매달고
다니면 들썩들썩 흔들리는 모습에서 나온 의미로 보입니다.
단어의 뉘앙스를 보았을 때 quiver는 격하게 흔들리는 정도까지 떠는 것은 아닙니다. 그냥 여배우가
가볍게 흐느끼며 떠는 모습이나 cockroach바퀴벌레가 더듬이를 흔드는 정도의 떨림을 말합니다.

### 흉노족

훈족은 기마 nomad유목민족으로서 한(漢)나라에 밀려 서쪽으로 이동한 흉노족이 기원이라는 설이 있습니다.
5세기 전반의 'Attila아틸라의 훈족'은 오늘날의 Hungary헝가리의 국명에도 Hun이 들어있을 정도로 서양에
영향을 많이 미쳤는데 당시 침략당한 로마제국은 속수무책으로 당하면서 훈족을 인간의 힘으로는 어쩔 수 없는
'God's Whip신의 채찍'이라고 불렀습니다.

훈족의 최전성기에 아틸라는 로마교황 레오1세가 보낸 신부를 가장한 예쁜 assassin암살자 Ildiko일디코에게 첫날밤 죽임을 당합니다. 만일 일디코가 아틸라의 눈에 아름답게 보이지 않았다면 지금의 유럽은 황인종이 지배를 하고 있었을지도 모릅니다.

사마천의 사기 [흉노열전]에 보면 흉노는 '**문서는 없고 언어로 약속한다**'라고 적혀있습니다. 훈족 지도자 Attila 아틸라가 있을 때의 로마제국을 위협하고 갈리아까지 도달한 대단한 정복민족이었지만 아틸라가 죽은 이후에는 급속하게 쇠퇴하여 타민족과 mixed-blood혼혈을 통해 사라지게 됩니다. 아마도 민족에게 문자가 없었던 것이 이 훈족의 소멸을 가속화하였다고 여겨집니다. 학자들은 그들의 문자를 복원하고 있는데 몽골의 historian 사학자 도르스주렌은 그의 저서 [북흉노]를 통해 흉노족이 14개의 문자를 가지고 있었다고 주장합니다.

그러나 그 14개의 문자모양이 1600년 전 용맹한 그들의 존재를 보여주기는 힘들고 오늘날 우리는 이 quiver 화살통라는 단어와 Attila아틸라가 등장하는 여러 온라인 게임을 통해 간신히 옛 흉노족의 존재를 확인할 수 있을 뿐입니다.

**nomad** [nóumæd **노우매ㄷ**] n. 유목민    ∞ Zed 참고

---

# E **Hail of Arrows**
### E – 퍼붓는 화살

바루스가 화살을 비처럼 쏟아부어 물리 피해를 입히고 4초 동안 지면을 오염. 오염된 지면은 적의 이동 속도를 늦추고 회복 효과는 50% 감소시킴.

□□□ **hail** [heɪl 헤일] n. 우박, 만세    v. (훌륭하게) 묘사하다, 악담을 퍼붓다

## hail은 환호하며 훌륭하게 묘사하는 것

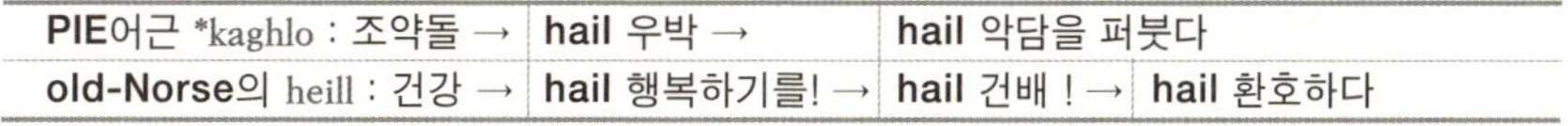


★ hail은 어원이 다른 두 단어가 여러 가지 뜻으로 분화되어 사용됩니다.
그러다 보니 철자는 같은데 hail 안에 정반대의 감정을 가진 뜻이 있습니다.
즉 '**악담을 퍼 붓다**'와 '**환호하다**'가 둘 다 가능합니다.
어원이 각각 달라서 생긴 일이므로 추적을 해보겠습니다. 일단 통째로 외우는 방법은 우박피해를 입은 농부의 입장에서 "**우박 만세!**라고 **환호**하면 **악담을 퍼부어**주지!"를 사용하면 됩니다.

| PIE어근 *kaghlo : 조약돌 → | hail 우박 → | hail 악담을 퍼붓다 | |
|---|---|---|---|
| old-Norse의 heill : 건강 → | hail 행복하기를! → | hail 건배 ! → | hail 환호하다 |

먼저 pebble조약돌을 말하는 PIE어근 *kaghlo-에서 유래한 hailstone우박의 뜻에서 '**(우박처럼) 악담을 퍼붓다**'라는 의미가 발전하였습니다.
그 다음 health건강의 뜻인 old-Norse노르딕 고어의 heill에서 나온 hail은 '**건강해라**'라는 인사로 사용되어 '**행복하기를!**'로 쓰이거나 건배사로 사용되어 '**만세!**'라는 뜻으로 사용되었습니다.

여기에서 다시 '**환호하다, (부르려고) 소리치다**'라는 뜻을 차차 가지게 되었고 나중에는 무언가를 '**(훌륭한 것으로) 묘사하다**'라는 뜻으로도 쓰이게 되었습니다.

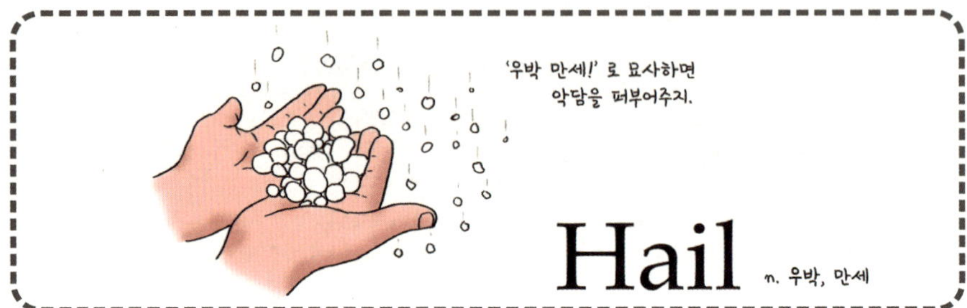


이처럼 hail은 뜻이 다양하고 때로 반대 의미가 되기도 합니다. 어떤 때는 좋은 감정으로 '**(훌륭하게) 묘사**'하기도 하고 어떤 때는 나쁜 감정으로 '**악담을 퍼붓기**'도 하는 것입니다.
결국 hail 단어는 문맥을 보고 해석을 잘 해야합니다.

> The presentation of Korea at the final meeting was hailed as a great success.
> 마지막 미팅에서 한국의 발표는 대성공으로 갈채를 받았다.
>
> The white man hailed curses on a old black woman.
> 그 백인 남자가 늙은 흑인 여자에게 욕을 퍼부었다.

**pebble** [pébl **페블**] n. 조약돌　　∞ Gnar 참고

---

## Chain of Corruption
R - 부패의 사슬

바루스가 부패의 촉수를 발사해 마법 피해를 입히고, 처음 맞은 적의 이동을 2초간 막음. 이후 근처의 감염되지 않은 적 챔피언에게 촉수가 뻗어가 닿은 적에게 동일한 양의 마법 피해를 입히고 이동 불가 상태로 만듦.

□□□ **corruption** [kərʌ́pʃn **커럽션**] n. 부패, 타락　　∞ Cho'Gath, Hecarim 참고

**corruption(부패)은 썩어서 rupt(터지다)되는 것**

★ corruption은 corrupt부패한의 명사형으로 com(강조) + rupt(터지다)의 조합입니다.
생물의 시체가 부패하면 미생물에 의해 특히 혐기성 세균에 의해 아민이나 황화수소 등의 악취가 나는 가스를 발생시킵니다. 이렇게 가스에 의해 내부가 부풀어 오르다 **터지게** 되는 것이 corrupt의 이미지입니다.

이 생물학적 부패의 의미에서만 쓰이던 corrupt는 14세기에 이르러서는 도덕이나 영혼이 타락할 때도 비유적으로 사용하게 되었습니다.

요즈음엔 정치인이 타락하여 국민보다 자신의 이익을 위해 행동할 때 corrupt를 쓸 수 있습니다.
시체가 부패하면(corrupt) 식물의 영양분이라도 될 수 있지만 정치인은 타락하면(corrupt) 도저히 그 용처(用處)를 찾을 수가 없습니다.
corrupt를 외울 때는 rupt(터지다) 어근을 기초로 하여 erupt분출하다, disrupt방해하다, bankrupt파산 등과 함께 기억하면 편합니다.

∞ Cho' Gath 참고

# Varus

★★★☆☆ vengeance - After the judge threw out the case, Kevin took vengeance on his father's boss.
판사가 그 소송을 기각한 후 케빈은 그의 아빠의 사장에게 복수를 했다.

★★★☆☆ scavenge - Homeless people scavenged for food on the streets of New York.
노숙자들이 뉴욕의 거리에서 음식을 얻으려 쓰레기를 뒤졌다.

★★☆☆☆ piercing - The piercing sound of the fighter jets will never be forgotten by the enemy.
귀청을 찢는 것 같은 제트전투기의 소음은 적군에게 절대 잊히지 않을 것이다.

★☆☆☆☆ arrow - When she broke up with him, it was like an arrow through his heart.
그녀가 그와 헤어질 때, 화살이 그의 심장을 관통하는 것 같았다.

★★★☆☆ superstition - Superstitions around the world have played a huge role in shaping cultures and societies.
세계 곳곳의 미신은 (여러) 문화와 사회를 형성하는데 중요한 역할을 해왔다.

★★☆☆☆ bolt - I bolted down my lane and crossed the line in first place.
나는 레인을 재빠르게 달려서 1등으로 선을 넘었다.

★★★☆☆ blight - Blight ravaged the town's maple trees.
병충해는 그 마을의 단풍나무를 황폐화시켰다.

★★★★☆ quiver - I quivered from head to toe when a man twice my size approached me on the battle field.
내 크기의 두 배되는 남자가 전장에서 나에게 접근했을 때 나는 머리에서 발끝까지 달달 떨었다.

★★★☆☆ nomad - Jericho, the survivor of the holocaust, dwelt among the nomads of North America.
대학살의 생존자인 제리코는 아메리카의 유목민 사이에서 살았다.

★★★☆☆ hail - You can hail a cap by raising your arm anywhere in the city.
너는 도시 아무 곳에서나 팔을 들어 올려서 택시를 부를 수 있다.

★★★☆☆ pebble - When I threw a little pebble in the water, a giant creature jumped out and chased me.
내가 물속에 작은 조약돌을 던지자 거인 같은 생물이 튀어나와 나를 쫓아왔다.

★★★☆☆ corruption - reporters who expose corruption
비리를 폭로하는 기자들

# Veigar.
## the Tiny Master of Evil
### 베이가 - 악의 작은 지배자

| P | Equilibrium | 균형 |
| Q | Baleful Strike | 사악한 일격 |
| W | Dark Matter | 암흑 물질 |
| E | Event Horizon | 사건의 지평선 |
| R | Primordial Burst | 태초의 폭발 |

---

## P Equilibrium
passive - 균형

| 소모된 마나 1%당 마나 회복 능력이 1.5% 씩 증가.

□□□ **equilibrium** [ɪːkwílɪbrɪəm 이퀼리브리엄] n. 평형  ∞ Irelia 참고

---

## Q Baleful Strike
Q - 사악한 일격

(기본 지속 효과) : 피해 종류에 관계없이 적 챔피언을 처치하거나 어시스트를 올린 경우 베이가의 주문력이 증가.
(액티브) : 적에게 암흑의 에너지 줄기를 쏟아내 처음 맞는 두 명의 적에게 마법 피해. 사악한 일격으로 대상을 처치했다면 베이가의 주문력이 1만큼 증가. 챔피언과 대형 미니언, 몬스터에 대해서는 두 배의 효과가 적용.

□□□ **baleful** [béɪfl 베일ㅎ플] a. 해로운

**baleful(해로운)은 별이 꼬인 악마가 안에 들어있는 것**

★ baleful은 '악의적인, 해로운'이라는 뜻의 형용사입니다. 고 영어였던 bealu에서 나온 단어로서 '해롭다(harm)'라는 뜻의 PIE어근 *bhelu-에서 기원합니다. 이는 사악하거나 해로운 것, 또는 evil 악마을 의미했습니다. 그리고 baleful은 이 bealu에 형용사형 어미 -ful이 붙어서 사악하거나 해를 끼치는 특성을 의미하게 되었습니다.

baleful<sup>해로운</sup>을 암기할 때는 묻지마 범죄를 저지르려는 악의적인 사람이 **'한 넘 걸리기만 해. 나 뱀이 풀로 꼬였거든'**이라고 말하는 이미지를 사용하면 됩니다.

baleful과 비슷하게 **'사악한, 해로운'**이라는 뜻을 가진 유의어로는 wicked, pernicious, malevolent, malicious 등이 있습니다.

> **wicked** [wíkɪd 위키드] a. 못된, 사악한
> **pernicious** [pərníʃəs 퍼니셔ㅅ] a. 치명적인, 악성의, 유해한
> **malevolent** [məlévələnt 멀레벌런ㅌ] a. 악의적인　∞ LeBlac 참고
> **malicious** [məlíʃəs 멀리셔ㅅ] a. 악의적인　∞ LeBlac 참고
> ← **malice** [mǽlɪs 맬리스] n. 악의

* wicked는 여러 가지 사악함을 나타내는 단어 중에서는 그나마 조금 **'귀엽게 사악한'** 편입니다. 짓궂은 장난을 치는 악동들 정도에게 **표현**할 수 있는 단어입니다.
wicked의 어원은 고(古) 영어인 wicca입니다. 이 wicca는 wizard를 뜻하는 단어로서 우리가 온라인게임에서 자주 보는 마법사 클래스 **'위저드'**를 말합니다.
wicked는 보기에는 동사에 -ed가 붙은 과거분사형처럼 보이지만 연관된 wick이란 동사는 없습니다. 영어에는 가끔 이처럼 동사에서 발생하지 않은 **'근본 없는(!)'** 비정형적 형용사가 있습니다. 또 하나의 근본 없는 형용사로 wretched <sup>비참한</sup>가 있는데 이 단어도 동사 없이 -ed가 붙은 이상한 단어입니다.

* pernicious는 우리말로 번역할 때 **'악성(惡性)의'**가 적당합니다. 이 단어는 학문적인 표현이어서 일상에서 보기는 힘듭니다. 서서히 다가오는 진지한 위험을 나타낼 때 쓰입니다. 악성빈혈(pernicious anemia), 위험한 사상(pernicious opinion) 등의 예에서 볼 수 있습니다.
pernicious 단어는 per(completely완전히) + necis(murder살인)의 조합으로서 파괴적이란 뜻의 라틴어 pernicies 에서 나왔습니다.
어근이 되는 necis는 **'해롭다, 죽음'**이라는 뜻으로서 noxious <sup>유독한</sup> 단어와 관련이 있습니다.　∞ Teemo참고
pernicious를 외울 때는 **"선생님이 오늘이 시험이라더니 치명적인 뻥이셨어.."**같은 상황을 만들면 되겠습니다.

**Dark Matter**　┃ (액티브) : 1.2초 후 대상 지정 225의 범위에 마법 피해.
W - 암흑 물질

□□□ **matter** [mǽtə(r) 매터] n. 물질, 일   v. 중요하다

## matter(물질)는 mother(엄마)에서 나온 단어

★ **matter**는 물질을 말합니다. 실존하는 물질뿐 아니라 생각이나 예상되는 미래처럼 가상의 개념을 지칭할 때도 사용됩니다.

matter는 라틴어인 materia에서 나왔는데 이는 **'무언가를 만들고 있는 사물'**을 의미했습니다. 어떤 것의 기원이라는 의미이고 mother엄마를 의미하는 라틴어 mater에서 시작한 단어입니다.

우주는 기본적인 입자가 mother엄마가 되어 ordinary일상의 모든 원소와 물질이 만들어진 것이므로 물리적으로도 맞는 어원으로 보입니다. 동사로는 중요하다는 뜻이 있습니다.

> It doesn't matter. 상관없어.

**ordinary** [ɔ́:rdnerɪ 오어드네리] a. 일상의, 보통의

* **ordinary**는 usual일반적이고 regular규칙적이다라는 뜻의 라틴어 ordinarius에서 나온 단어입니다.

그리고 그 기본어원은 단어 order순서입니다. 어원상 ordinary는 순서(order)와 법칙을 따르며 존재하는 일상적인 것들이라는 의미입니다. 그 외에 질서를 따르지 않는 것들은 일상적이지 않은 것들이므로 예외적인(extraordinary) 것들이라고 불렀습니다.

ordinary 단어를 기억할 때는 **order**를 뽑아내거나 **'오디나 있는, 일상적인'**의 한글발음을 사용하면 됩니다.

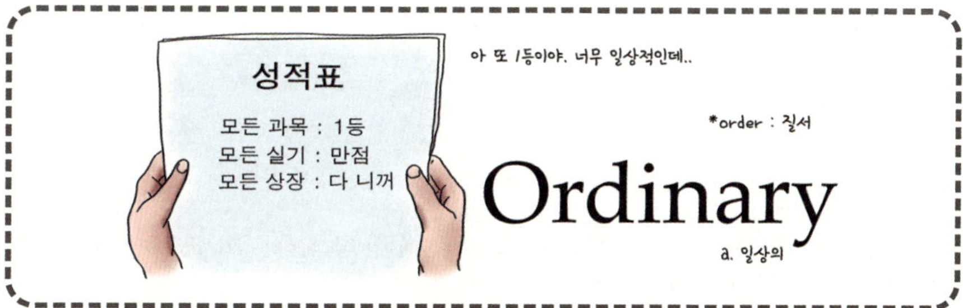


물질세계에 대한 고대인의 세계관과 철학은 일상은 규칙으로 채워져 있고 그 규칙을 벗어나는 것이 extraordinary기이한 것이라고 생각했습니다. 즉 **'질서가 정상, 예외는 비정상'**으로 본 것입니다.

그러나 현대의 과학자들은 거꾸로 우주는 무질서를 원칙으로 하고 있고 우연한 예외가 바로 우리가 사는 세상이라고 생각합니다. 즉 현대는 **'무질서가 정상, 질서는 비정상'**이라고 보는 것입니다. 바로 카오스이론입니다.

**extraordinary** [ɪkstrɔ́:rdənerɪ 익스트르**오어**더네리] a. 놀라운, 기이한

**dark matter(암흑물질)**

 dark matter암흑물질는 존재하고 있다는 사실은 과학자들이 알아냈지만 구체적인 성분이나 성질은 밝히지는 못한 우주의 구성물질입니다. 전파나 적외선, X-선등 우주를 관측하는 도구로는 보이지 않고 오직 gravitational lens중력렌즈같은 현상을 통해서만 존재를 유추할 수 있는 물질입니다. 1933년에 Fritz Ziwcky지위키가 그 존재를 주장하였고 은하의 회전 속도운동을 연구하던 Vera Rubin루빈과 Kent Ford포드가 1960년대에 암흑물질의 존재의 증거가 되는 공식을 내놓았습니다. 그 후 과학자들은 은하간의 충돌을 연구하며 암흑물질의 존재를 증명하는 현상을 관찰할 수 있게 되었습니다.

 연구에 따르면 전 우주의 질량-에너지 구성비는 우리가 만지고 볼 수 있는 ordinary matter기본물질이 4.9%, 측정이 되지 않는 dark matter암흑물질가 26.8%이고 그 암흑물질이 내는 dark energy암흑에너지가 68.3%라고 합니다.
 우리가 우주의 에너지를 겨우 5%만 이해하고 있다니 새삼 우주가 거대해 보입니다.

# E — Event Horizon
### E – 사건의 지평선

(액티브) : 베이가가 0.5초 후에 3초간 지속되는 반지름 425의 구조물을 설치하여 그 가장자리를 지나는 적을 기절시킴.

□□□ **horizon** [hərɑ́ɪzn 허**라이**즌] n. 수평선, 지평선

## horizon(지평선)은 허리의 zone일까?

★ **horizon**은 boundary경계를 뜻하는 라틴어 horizontem에서 나왔습니다.
수평을 뜻하는 형용사는 horizontal입니다.
horizon을 암기할 때는 허리가 지평선만큼 넓은 비만인이 '내 **허리존**(zone영역)이 **horizon**지평선**만 해**'라고 말하는 것으로 쉽게 외울 수 있겠습니다.

> **horizontal** [hɔ́ːrəzɑ́ːntl 호어러**자안**틀] a. 수평의
> **perpendicular** [pɜ́ːrpəndíkjələ(r) 퍼어펀**디**큐얼러] a. 수직의
> = **vertical** [vɝ́ːrtɪkl 버어티클] a. 수직의
> **diagonal** [daɪǽgənl 다이**애**거늘] a .사선의
> **parallel** [pǽrəlel 패럴렐] a. 평행의  ∞ Ekko, Graves 참고

* **perpendicular**는 수직을 의미하는데 per(throughly완전히) + pendere(hang매달다)라는 라틴어 조합에서 나온 단어입니다. plumb납로 만든 추를 매달면 중력에 의해 수직으로 내려오게 됩니다. 이 모양을 보고 pendere(hang매달다)에서 '**수직**'이라는 뜻인 perpendicular가 나왔습니다.
여기에 사용된 라틴어 pendere 어근은 목에 늘어뜨리는 pendant펜던트에서도 볼 수 있는 단어입니다. 이 pendere 어근은 중요하므로 챔피언 칼리스타(Kalista)의 P skill을 보며 다시 확인하십시오.

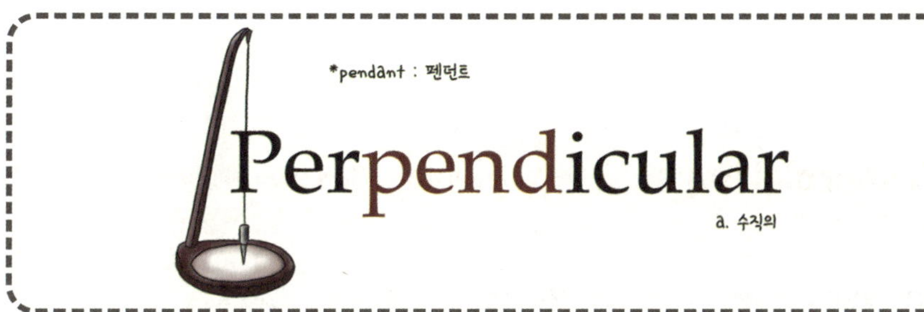


* **diagonal**은 사선을 뜻합니다. 어원상 dia(across가로질러서) + gonia(angle각도)의 조합인 그리스어 diagonios 에서 나온 단어입니다. 단어 성분의 뜻대로라면 **'from angle to angle각에서 각으로'**로 해석이 가능합니다. 이 개념을 직사각형에 대입해서 생각해보면 바로 대각선을 의미하는 뜻이 되겠습니다.

diagonal의 어근인 **gon**은 다각형을 뜻하는 어미(-gon)로도 쓰입니다. 예를 들면 미국 국방부 건물인 pentagon 펜타곤(오각형), UFC의 링을 말하는 octagon옥타곤(팔각형) 등에서 각을 의미하는 -gon 어미를 볼 수 있습니다.

* **parallel**은 두 선이 나란한 **'평행의'**라는 뜻입니다. para(beside옆으로) + allelois(each other서로)의 조합인 그리스어 parallelus에서 나온 단어입니다. 옆으로 서로 평행하다라는 뜻의 조합입니다.

여기에 사용된 allelois 어근은 alias~라고 불리는, else그외에 등에서 모습을 찾아볼 수 있습니다.

참고로 동맹을 말하는 alliance는 단어의 모습도 parallel평행의 어근과 비슷하고 **'옆에 서 있다'**는 뜻도 비슷하므로 같이 외울만합니다.

### event horizon(사건의 지평선)

event horizon은 사건(事件)의 지평선이라는 것으로서 우주와 블랙홀의 경계를 말합니다. 일단 그 선을 넘어가면 빛도 빠져나오지 못하게 됩니다. 즉 블랙홀 내부에서 일어난 일이 외부에 영향을 미치지 못하게 되는 현상이 시작되는 경계선입니다. 이는 아인슈타인의 일반 상대성이론에 벌써 그 존재가 예측되었습니다. 그리고 이론상으로 생각되던 **'사건의 지평선'**이라는 개념이 최근 증명되었습니다.

쌍성 중에 하나가 블랙홀이고 다른 또 하나의 형제별은 일반별이어서 블랙홀에 형제별에 흡수되는 모습이 관찰되면서 밝혀진 것입니다. 즉 에너지(별)를 흡수는 하지만 계속 블랙홀은 암흑으로 존재하고 충돌의 증거가 모두 사라지는 현상이 증명되었습니다.

이러한 중력과 빛, 시간간의 관계의 개념은 최근 영화 [Interstellar인터스텔라]에서도 다루어졌습니다. 블랙홀에 가까운 행성에 가야하는 주인공이 그 곳의 엄청난 중력에 의해 시간이 느리게 흐르는 바람에 딸보다 젊은 채로 다시 만나게 되는 장면이 나왔습니다.

# Primordial Burst | (액티브) : 적에게 250 의 피해. 투사체는 베이가의 주문력에 비례하여 증가.
R - 태초의 폭발

□□□ **primordial** [prɑimɔ́ːrdɪəl 프라이**모어**디얼] a. 원시의    ∞ Nidalee 참고

★ primordial은 '**원시의**'라는 뜻으로 사용되어 primordial cell원시세포이나 primordial rain forest원시림같은 용어에서 볼 수 있습니다. 어원상 prime(first최고의) + order(순서)의 조합이므로 '**모든 순서에서 제일 처음을 차지하는 것**'이라는 뜻이 됩니다.

### primordial soup theory(원시수프이론)

〈원시수프이론〉은 과학이 제시한 지구의 생명체의 기원(origin of life)에 대한 여러 가설 중 하나입니다. 구 Soviet소련의 biologist생물학자인 Alexander Oparin오파린이 1924년 주장한 것입니다.

원시시대에 걸쭉한 carbon탄소를 함유한 화학적인 수프 안에서 분자들이 점진적인 조합을 통해서 생명의 첫 모습을 만들었다는 이론입니다.

그 후 1953년 미국의 Stanley Miller스탠리 밀러가 실험실에서 inorganic precursor(무기물 전구체)로부터 organic molecule(유기물 분자)를 합성해내는 실험에 성공하면서 진화론자들의 지지를 받게 됩니다. 초기 지구의 대기로 생각되는 조합(암모니아, 메탄, 수소, 수증기) 속에 전기를 방전시켜 아미노산과 유기거대분자를 만들어 내었던 것입니다.

최근에는 이 이론의 일부 오류를 지적하며 '**원시피자(pizza)이론**', '**바다 속 화산활동지형에서의 생명탄생설**', '**외계의 생명씨앗 유입설**' 등의 여러 생명탄생에 대한 가설이 등장하고 있습니다.

**precursor** [priːkɜ́ːrsə(r) 프리이커어서] n. 선도자, 전구체    pre + cursor(커서, current)
**organic** [ɔːrgǽnɪk 오어개닉] a. 유기체의, 유기농의    ∞ Vel' Koz 참고

# Veiga

★★★☆☆ equilibrium - Creating equilibrium between control and freedom is essential for any leader.
통제와 자유 사이에 평형을 만드는 것은 어떤 지도자에게도 필수적이다.

★★★☆☆ baleful - She shot a baleful glance at his direction.
그녀는 그가 있는 쪽으로 심술궂은 눈초리로 던졌다.

★★★☆☆ wicked - The wicked witch turned my bed into a black hole.
그 사악한 마녀가 내 침대를 블랙홀로 바꾸어놓았다.

★★★☆☆ pernicious - The pernicious effects of smart phones isn't well known.
스마트 폰의 치명적인 효과는 아직 잘 알려지지 않았다.

★★★☆☆ malevolent - the fierce, malevolent eyes of a demon
사납고 악의적인 악마의 눈

★★★☆☆ malicious - malicious rumors surrounding her
그녀를 둘러싼 악의에 찬 소문

★★★☆☆ malice - the malice in your heart
너의 마음속의 악의(惡意)

★★★☆☆ matter - It is a matter of life or death, I need to come in.
이것은 죽느냐 사느냐의 문제이다. 난 꼭 안에 들어가야 한다.

★★☆☆☆ ordinary - It was an ordinary day, until the clouds changed into beasts.
그 구름이 야수로 변하기 전까지는 아주 평범한 날이었다.

★★☆☆☆ extraordinary - an extraordinary book 비범한 책

★★☆☆☆ horizon - The results of your experiment will open a new horizon of 21st century.
너의 실험의 결과는 21세기의 새 지평을 열 것이다.

★★★☆☆ horizontal - the maximum horizontal resolution 최고 수평 해상도

★★★☆☆ perpendicular - My teacher hit me when I drew parallel, not perpendicular lines.
내가 수직선이 아니라 평행선을 그렸을 때 선생님은 나를 때렸다.

★★★☆☆ vertical - a vertical mirror picture of the image
그 이미지의 상하 대칭 그림

★★★☆☆ diagonal - My commander drew a diagonal line between two opposite points.
내 대장은 반대편의 두 점 사이에 대각선을 그렸다.

★★★☆☆ parallel - It runs parallel to a radius of the planet.
그것은 그 행성의 반지름에 평행하게 지나간다.

★★★☆☆ primordial - A primordial feeling rushed over his body, allowing him to survive in the jungle.
그의 몸을 휩쓸고 간 원초적인 감각이 그를 정글에서 살아남게 해주었다.

★★★☆☆ precursor - This battle will be a precursor to a huge world war.
이 전투는 거대한 세계전쟁의 전조가 될 것이다.

★★★☆☆ organic - organic vegetable juice
유기농 야채 주스

# Vel'Koz.

## Eye of the Void

### 벨코즈 - 공허의 눈

P  Organic Deconstruction  유기물 분해

Q  Plasma Fission  플라즈마 분열

W  Void Rift  공허 균열

E  Tectonic Disruption  지각 붕괴

R  Lifeform Disintegration Ray  생물 분해 광선

---

**P** **Organic Deconstruction**
passive - 유기물 분해

벨코즈의 스킬 공격은 맞은 적들을 분해. 세 번째 적중 시 대상의
방어력을 조작하여 고정 피해를 줌.
적들은 7초 동안 공격 받지 않으면 유기물 분해 효과가 제거됨.
기본 공격 시 유기물 분해가 재적용 되지만 중첩은 쌓이지 않음.

□□□ **organic** [ɔːrɡǽnɪk 오어**개**닉] a. 유기체의, 유기농의  ∞ Veigar 참고

□□□ **deconstruction** [diːkənstrʌ́kʃn 디**컨스트럭**션] n. 해체  ∞ Mordekaiser 참고

**organic(유기농)은 organ(장기)에서 나온 단어**

★ organic은 라틴어 organicus에서 나온 단어입니다. 처음에는 '**인체의 organ**장기**처럼 (주인을)
섬기는**'이라는 뜻이다가 이후 18세기에는 '**유기체의**'라는 의미가 생겼습니다.
현대에 와서 organic은 '**pesticides**살충제**와 fertilizers**비료**를 사용하지 않은**'이라는 의미로 많이
쓰입니다. 이 경우 한글로는 '**유기농**'으로 번역이 됩니다.

> **organic** 장기의 → **organic** 유기체의 → **organic** 유기농의

**organ** [ɔ́ːrɡən **오어건**] n. 오르간, 장기
**pesticide** [péstɪsaɪd **페스티사이드**] n. 살충제  ∞ Garen, Vladimir 참고
**fertilizer** [fɜ́ːrtəlaɪzə(r) ㅎ**퍼어**털라이저] n. 비료

* organ은 성당의 파이프오르간을 말하기도 하지만 인체에서 간이나 콩팥처럼 우리 몸을 위해서 일하는 각각의 장기를 말하기도 합니다. organ이란 단어의 기원은 PIE어근에서는 *werg-로서 '**일하다**'라는 뜻입니다.
각각의 장기는 서로 화합하여 유기적으로 연결되어 작동하므로 명사형인 organization이 되면 '**장기처럼 되는 것, 즉 조직화**'하다는 뜻이 되겠습니다. 우리의 장기중의 하나인 심장이 '**귀찮아. 난 더 이상 뛰지 않겠어!**'라고 외치는 오합지졸 인체를 상상해보면 organization조직화라는 뜻의 이해가 편합니다.

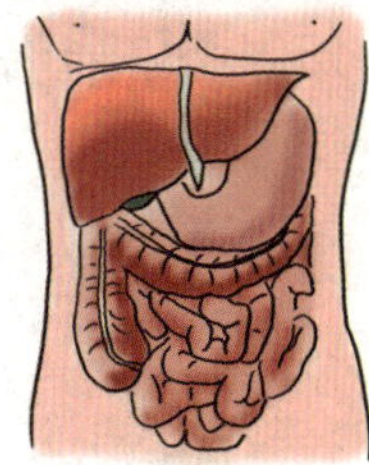



* pesticide는 pest(해충) + cide(죽이다)의 조합으로 '**살충제**'라는 뜻입니다. suicide자살, herbicide제초제등에서 볼 수 있는 cide(죽이다) 어미를 사용한 단어입니다.

* fertilizer는 '**땅을 비옥하게 만드는 물질**' 즉 비료를 말합니다. 동사형인 fertilize는 '**수정하다**'라는 뜻인데 fertile 비옥한에서 나온 단어입니다.
이러한 단어들은 기본적으로 '**아이를 배다**'라는 뜻인 라틴어 ferre에서 기원한 단어입니다. 땅도 애를 배듯이 식물을 배는 개념으로 생각하면 됩니다.
fertilizer비료를 기억할 때는 한글 발음 '**비료를 뿌려 씨앗을 잘 퍼트릴 수 있게 비옥하게 하다**'를 이용하면 됩니다.
즉 '**퍼틸라이저**'를 '**퍼트릴라이저**'로 맘대로 살짝 바꿔 암기하는 방법입니다.

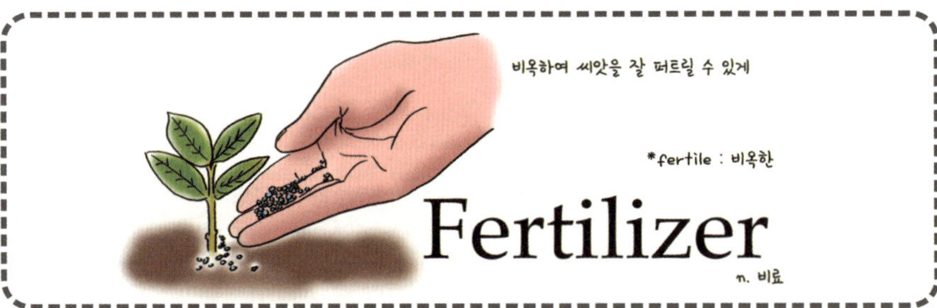



**Q** **Plasma Fission**
Q - 플라즈마 분열

(최초 시전) : 벨코즈가 플라즈마 광선을 발사해 마법 피해를 입히고 70%의 둔화를 적용. 둔화 효과는 점차 감소. 스킬을 재사용하거나 적을 맞히면 광선이 90도 각도로 두 개로 갈라짐.
(두 번째 시전) : 다시 시전하면 탄도가 90도 각도로 갈라짐.

□□□ **plasma** [plǽzmə 플래즈머] n. 혈장, 플라즈마 (=plasm)

□□□ **fission** [fíʃn ㅎ피션] n. 핵분열, 세포분열

## plasma(혈장)는 plastic처럼 쪼물쪼물 변형될 수 있는 물질

★ plasma는 생물의 혈액속의 혈장이나 물리학에서의 플라즈마를 말합니다. 라틴어의 plasma에서 나왔는데 이는 'molded : 어떤 사물이 주조된'을 의미합니다. 여기서 혈장이란 혈액에서 혈구들을 뺀 나머지를 말합니다. 또 물리학의 플라즈마는 초고온에서 이온과 전자의 결합상태를 말합니다. mold주조하다라는 뜻의 plasma 어근은 plastic에서처럼 여러 단어에 사용됩니다.

> **neoplasm** [níːəplæzm 니이어플래즘] n. 신생물, 종양(tumor)
> **plastic** [plǽstɪk 플래스틱] n. 플라스틱
> **plasticity** [plæstísətɪ 플래스티서티] n. 가소성
> **plaster** [plǽstə(r) 플래스터] n. 회반죽, 깁스

* neo-는 새롭다는 뜻의 접두사여서 neoplasm은 '새롭게 생긴 것, 종양'을 나타내는 말입니다. 암을 뜻합니다. neo(new) + plasm(formation형성)의 조합입니다.

* plasticity가소성이란 고체에 외력을 가해서 변형시켰는데 외력이 없어진 다음에도 변형이 그대로 남아있는 성질을 말합니다. 말랑말랑한 플라스틱이나 찰흙의 성질을 생각하면 됩니다.
psychology심리학에서는 plasticity가소성의 개념을 뇌에 적용해서 환경적 요인에 의해 인간의 발달이 위축되거나 다시 발전하는 성질을 말합니다. 뇌를 말랑말랑하다고 보고 조물조물 만졌을 때 고쳐질 수 있는 능력이 되겠습니다. 예를 들면 영화 [Werewolf Boy늑대소년]에서의 늑대소년 철수(송중기 분)의 사회정서 발달(social and emotional development)은 '가소성'이 있어서 순이(박보영 분)를 만난 후 야생의 성격을 인간적으로 바꿀 수 있었던 것입니다.

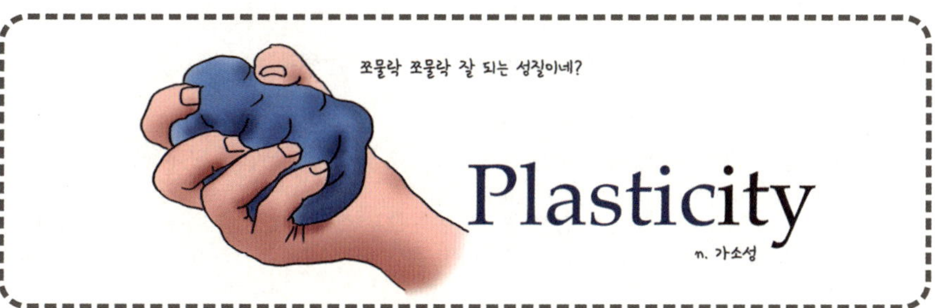

## fission(분열)의 fissure(틈)과 관련

★ fission는 세포나 생물체의 분열을 말합니다. 라틴어인 fissionem에서 나온 말이고 이 어원은 cleft균열를 뜻하는 fissure의 라틴어 과거 분사형입니다.

> **fissure** [fíʃə(r) 피셔] n. (암석, 땅의) 갈라진 틈　　∞ Braum 참고

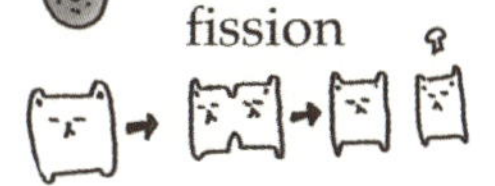

fission은 세포분열뿐만 아니라 물리학의 nuclear fission핵분열이라는 용어에도 사용할 수 있습니다. 핵분열이란 neutron중성자가 우라늄 234의 원자핵에 충돌하여 두 개의 다른 Ba바륨과 Kr크립톤의 원자핵으로 fission분열되는 것을 말합니다. 이 분열 결과로 중성자가 2~3개가 튀어나오고 에너지가 발산됩니다. 튀어나온 중성자는 다시 chain reaction연쇄반응을 일으키며 거대한 에너지의 발산을 일으키게 됩니다.

## Void Rift
W - 공허 균열

| 벨코즈가 공허로 통하는 균열을 열어 마법 피해. 잠시 후 추가로 마법 피해. 두 공격 모두 유기물 분해 중첩을 올림.

□□□ **void** [vɔɪd 보이드] a. 공허한   ∞ Kassadin 참고

□□□ **rift** [rɪft 리프트] n. 균열   ∞ Kassadin 참고

## Tectonic Disruption
E - 지각 붕괴

| 벨코즈가 가까운 지면을 붕괴시켜 잠시 후 마법 피해를 입히고 여기 맞은 적들을 0.75초간 공중에 띄움.
벨코즈와 가까이 있다가 이 공격에 맞은 적들은 스킬을 시전한 방향으로 약간 밀여남.

□□□ **tectonics** [tektánɪks 텍**타**닉ㅅ] n. 지질구조학   ∞ Orianna 참고

□□□ **disruption** [dɪsrʌ́pʃən 디스**럽**션] n. 붕괴   ∞ Cho' Gath 참고

★ disruption은 붕괴나 분열을 의미합니다.
단어의 조어법은 보통 동사에서 명사가 만들어지는 순서가 대부분인데 disruption은 거꾸로 명사 disruption에서 동사 disrupt가 만들어졌습니다.
동사 disrupt는 뜻이 약간 바뀌어서 **'방해하다'**라는 뜻으로 쓰입니다. disrupt는 dis(apart떨어져서) + rupt(터지다)의 조합이고 합심하여 잘 협력해야할 것을 나누고 쪼개버리니 방해한다는 의미가 생긴 것입니다.

## Lifeform Disintegration Ray
R - 생물 분해 광선

| 벨코즈가 정신을 집중하여, 2.5초 동안 마우스 커서를 따라가는 에너지 광선을 발사. 이 때 마법 피해가 총 500까지 상승하며 광선에 맞은 적들은 속도가 20% 느려짐. 매 0.5초마다 유기물 분해 중첩이 쌓임. 재시전하여 취소할 수 있음.

□□□ **disintegrate** [dɪsíntɪgreɪt 디스**인**티그레이트] v. 붕괴되다. 산산조각 나다.　　∞ Annie 참고

★ disintegration은 챔피언 벨코즈의 R스킬이 단어의 모든 것을 잘 보여주고 있습니다.
강렬한 ray광선에 의해서 life생물의 integration통합성이 de-(away멀리)되어
사라져 버립니다. 원자단계로 분해되어 버리는 느낌의 단어입니다.

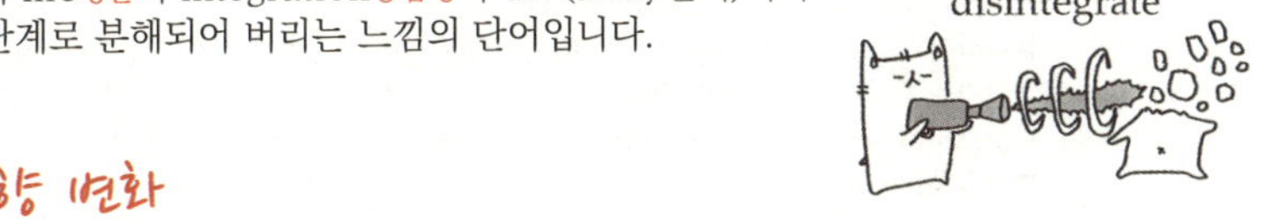


## ray(광선)의 방향 변화

★ ray는 optic광학에서 light빛의 방향을 나타내는 가상의 선을 말합니다. 즉 실제로는 wavefront
파면(波面)에 perpendicular수직인 선을 나타냅니다.
이런 선이 의미하는 것은 빛이 진행하여 에너지를 전달하는 **'방향'**입니다.
ray광선와 관련해서 알아볼 용어는 빛이 어떤 물질의 표면에 부딪힐 때 방향의 변화를 나타내는
incident ray입사광, reflected ray반사광, refracted ray굴절광 등이 있겠습니다.

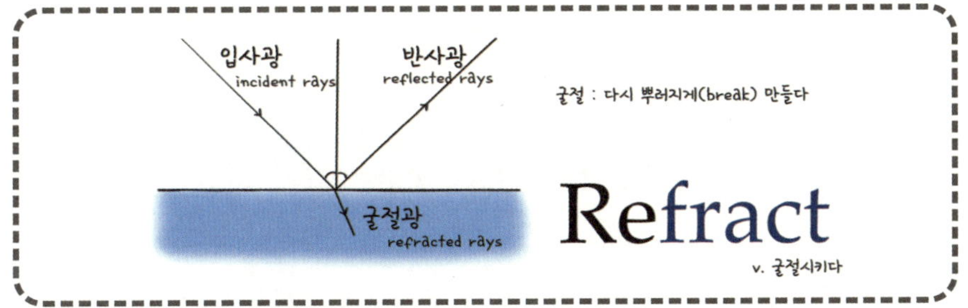


**incident** [ínsɪdənt **인**시던ㅌ] n. 일, 사건
**reflect** [rɪflékt 리ㅎ**플렉**ㅌ] v. (거울에)비추다, 반사하다
**refract** [rɪfrǽkt 리ㅎ**프랙**ㅌ] v. 굴절시키다

* incident사건는 라틴어의 in(on) + cidere(case사건)의 조합입니다. 라틴어 cidere는 원래 무언가 떨어지는 모습을
나타내는 단어입니다. 여기 광학에서는 빛이 물체의 표면을 향해 발사하는(입사시키는) 한 사건을 나타냅니다.
과학은 정적인 상태에 대한 기술(記述)보다 동적인 사건이나 현상의 기술이 많습니다. 이런 물리현상의 시작을 알리는
**'사건'**이라는 용어에 incident가 자주 사용됩니다.
참고로 incident의 다른 형태의 명사형인 incidence는 어떠한 일의 **'발생정도'**를 의미합니다. 예를 들어 incidence
rate는 범죄나 질병의 발생률을 말합니다.　　ex) incidence rate of measles : 홍역의 발병율

* reflect반사하다는 라틴어 reflectere에서 나온 단어입니다. 이는 re(back) + flectere(bend구부리다)의 조합입니다.
명사형은 reflexion반사이고 reflection반사과 철자변형 동의어입니다.

reflection = reflexion

reflexion반사 단어의 바탕이 되는 flexion(=flection)은 **'구부리기'**라는 뜻입니다. 그런데 그 형용사형인 flexible
구부릴 수 있는은 무척 좋은 뜻으로서 사회생활에서 자주 쓰이는 단어입니다.
flexible은 물건이 잘 구부러지는 **'유연한'**이라는 뜻과 함께 사람이 무슨 일을 처리할 때 사정을 감안하여 부드럽게

잘 해결한다는 **'융통성 있는'**이라는 뜻으로도 사용됩니다.

**flexible** [fléksəbl ㅎ**플렉**서블] a. 구부릴 수 있는, 신축성이 있는    ∞ Zac 참고

* refract굴절하다는 라틴어 refringere에서 나온 단어인데 re(back) + fringere(break부러뜨리다)의 조합입니다.
물리학적으로 굴절이란 파동이 다른 매질의 경계면을 지나면서 파장의 진행방향이 바뀌는 현상을 말합니다. 어항의
물고기를 밖에서 보면 실제와 약간 다른 위치에 있게 보이는 현상을 생각하면 됩니다.
refraction굴절을 기억할 때는 나뭇가지가 부러져서(break) 꺾이는 모습을 발음을 통해 연상하면 됩니다. 즉 **'다시(re)
뿌러지게(break)'**의 조합을 사용하면 어원과 한글 발음이 일치해서 이해하기가 편합니다.

| reflect | 반사하다 | 90도 반사. flextion구부리기 |
|---------|---------|----------------------------|
| refract | 굴절하다 | 약간 꺾임. break부러뜨리다 |

# Vel'Koz

★★★☆☆ organic - Organic food will ensure that our citizens will not grow obese.
유기농 음식은 우리 시민들이 살이 찌지 않도록 보장할 것입니다.

★★★☆☆ deconstruction - Deconstruction of my game play allowed me to improve my strategic thinking.
내 게임플레이를 해체(분석)하는 것은 나의 전략적 사고를 크게 향상시켰다.

★★★☆☆ organ - Organ failure is a possibility if he doesn't stop drinking and smoking.
그가 음주와 흡연을 그만두지 않는다면 장기 부전이 일어날 수도 있다.

★★★☆☆ pesticide - the pesticide used on GM crops GM(유전자변형) 곡물에 사용된 살충제

★★★☆☆ fertilizer - the use of chemical fertilizers 화학 비료의 사용

★★★★★ plasma - a yellowish fluid called plasma
플라즈마(혈장)라고 불리는 노란빛의 액체

★★★☆☆ fission - Cold fission has been promised by scientists for decades.
냉 분열은 과학자들에 의해 수십 년 간 약속(예고)되어왔다.

★★★★☆ neoplasm - a neoplasm of brain 뇌의 종양

★☆☆☆☆ plastic - plastic explosives that are impossible to detect
감지하기가 불가능한 플라스틱 폭탄

★★★☆☆ plasticity - a genetic plasticity and a complex ecosystem
유전적인 가소성(변하는 성질)과 복잡한 생태계

★★★☆☆ plaster - The wall was plastered with posters for the 'Monster Musical.'
그 벽은 '괴물 뮤지컬' 의 포스터로 도배되었다.

★★★★★ fissure - a fissure in the rock a few feet above her
그녀의 몇 인치 위에 있는 바위 틈

★★★☆☆ void - Huge void spaces suddenly surrounded the tanks of the Earth Defence Force.
갑자기 거대한 진공의 공간이 지구방위군의 탱크를 둘러쌌다.

★★★☆☆ rift - A rift in space allowed to new overlords to come.
공간의 균열이 새로운 오버로드(지배자)가 올 수 있게 해주었다.

★★★☆☆ tectonics - an area of active tectonics
활성화된 판구조 영역

★★★☆☆ disruption - A disruption in the balance of nature meant we were hunted by lions and not vice versa.
자연의 균형 붕괴는 우리가 사자에게 사냥을 당한다는 것을 의미했다. 그 반대가 아니라.

★★★☆☆ disintegrate - The authority of his teacher has been rapidly disintegrating since he started telling dirty jokes.
그의 선생님의 권위는 그가 야한 농담을 말하기 시작한 이래로 급속하게 붕괴되어가고 있었다.

★★★☆☆ incident - the recent incident that happened to one of my friends
내 친구 중의 한 명에게 일어난 최근의 사고

★★★☆☆ reflect - This plastic plates will absorb or reflect heat and light.
이 플라스틱판이 열과 빛을 흡수하거나 반사할 것이다.

★★★☆☆ refract - The warmer air refracts the light and amazing images can be seen.
따뜻한 공기는 빛을 굴절시키고, 놀라운 이미지가 보일 수 있다.

★★☆☆☆ flexible - a flexible rubber matrix
신축성이 있는 고무 매트릭스

# Vi. the Piltover Enforcer
## 바이 – 필트오버의 집행자

- **P**   Blast Shield    폭발 보호막
- **Q**   Vault breaker    금고 부수기
- **W**   Denting blow    찌그러뜨리기
- **E**   Excessive force    과도한 힘
- **R**   Assault & Battery    기동 타격

---

## Blast Shield
passive – 폭발 보호막

| 활성화 스킬로 적을 맞힐 때마다 3초 동안 바이의 최대 체력의 10%에 해당하는 보호막이 부여.

□□□ **blast** [blæst 블래스트] n. 폭발  v. 폭발시키다

□□□ **shield** [ʃiːld 쉬일ㄷ] n. 방패

★ blast는 폭탄이 "빵!" 하고 터지는 폭발을 말합니다. 동사로는 '**폭발시키다**'라는 뜻입니다. blast-off는 로켓이나 우주선이 지상에서 솟아오르는 '**로켓 발사**'이고요.

원래 어원상 blast는 입으로 바람을 '**훅~**' 불거나(blow) 트림(belch)을 거나하게 '**꺼억~**'하고 내뱉는다는 뜻이었습니다. PIE어근의 *bhle-가 blow의 기원입니다.
한글에서도 '**(바람을) 불다**'에서의 '**불[bul]**'은 이 PIE어근의 발음과 똑같아서 입으로 '**푸우~**'하는

소리에서 공통으로 기원하였다는 것을 알 수 있습니다. 세계 어디에서나 소리가 그대로 단어가 되는 것은 자주 볼 수 있는 현상입니다.

영어에서 이 PIE *bhle-어근의 'blow불다'라는 뜻에서 나온 단어들은 belch트림하다, bladder방광 (오줌으로 부풀어 오르는), bole나무줄기, bloom꽃, blast폭발 등이 있습니다. 모두 비슷한 발음과 부풀어 오르는 이미지를 가진 단어들입니다.

> **belch** [beltʃ 벨치] v. 트림하다
> **bladder** [blǽdə(r) **블래**더] n. 방광

LOL에선 blast는 〈Blasting Wand방출의 마법봉〉라는 아이템 이름으로 익숙한 단어입니다.
5.13 patch패치 때문에 AP damage마법공격력 기반 챔피언들이 애용하는 basic item하위 아이템인 〈Blasting Wand방출의 마법봉〉과 〈Needlessly Large Rod쓸데없이 큰 지팡이〉의 상점가격이 하락해서 인기를 얻었습니다.
자동적으로 〈Rabadon's Deathcap라바돈의 죽음모자〉이나 〈Zhonya's Hourglass존야의 모래시계〉, 〈Luden's Echo루덴의 메아리〉 등 다양한 AP 데미지 관련 아이템의 가격과 성능이 좋아졌습니다.

> **wand** [wɑːnd 와안드] n. (마술사의) 지팡이

## Vault breaker
Q - 금고 부수기

> 강력한 한 방을 충전하여 바이가 전방으로 돌진.
> (최초 시전) : 1.25초간 이동 속도가 15% 감소하면서 피해량과 돌진 범위가 증가.
> (두 번째 시전) : 전방에 돌진. 부딪친 모든 적에게 물리 피해. 찌그러뜨리기 효과를 적용. 적 챔피언과 충돌하면 멈추며 적을 뒤로 밀어냄.

□□□ **vault** [vɔːlt 보얼ㅌ] n. 납골당, 금고, 천장　　∞ Quinn 참고

## Denting blow
W - 찌그러뜨리기

> (기본 지속 효과) : 같은 대상을 3번 맞힐 때마다 대상의 최대 체력의 일주 해당하는 추가 물리 피해. 4초간 대상의 방어력을 20% 낮추며 바이의 공격 속도가 상승.

□□□ **dent** [dent 덴ㅌ] v. 움푹 들어가게 하다

dent는 '이빨 치(齒)'

★ **dent**는 처음에는 때리는(stike) 것을 의미하는 단어였다가 indent의 영향을 받아서 나중 **'움푹 들어가다'**라는 뜻이 되었습니다. indent는 in(안으로) + dent(이빨)의 조합으로서 이빨로 고기 같은 것을 물어서 자국을 내는 것을 말합니다.
indent는 그 외에도 물고 난 자국에 관계된 것은 다 해당되어 여러 뜻으로 발전했습니다.
다음은 대표적인 5가지 indent의 용법입니다.

> a. indent : 해안선이 들쭉날쭉하게 굽어 들다
> b. indent : 글의 행을 안으로 들여 쓰다
> c. indent : 톱니처럼 만들다
> d. indent : 기한부 고용을 하다 (계약서가 톱니모양 절취선인 것에서 유래)
> e. indent : 주문하다 (계약서가 톱니모양 절취선인 것에서 유래)

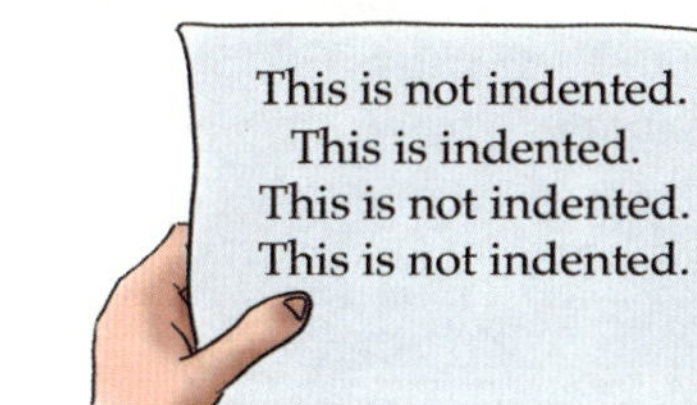


*dent : 이빨

# Indent

v. (행을) 들여쓰다

indent 이외에도 dent 어근은 다양하게 **'이빨'**이나 **'이빨이 물어뜯은 것'**과 관련된 어휘를 만들 때 사용됩니다.

**dentist** [déntɪst 덴티스ㅌ] n. 치과의사
**dental** [déntl 덴틀] a. 치과의
**dentition** [dentíʃn 덴티션] n. 치아상태
**indent** [ɪndént 인덴ㅌ] v. 안으로 들여쓰다, 주문하다
**indentation** [ɪndentéɪʃn 인덴테이션] n. (이빨이나 깎은) 자국, 주문
**trident** [tráɪdnt 트라이든ㅌ] n. 삼지창 (세 개의 이빨)   ∞ Fizz 참고

# Excessive force
### E - 과도한 힘

다음 기본 공격은 대상과 그 뒤의 적들에게 물리 피해.
바이는 14초에 한 번씩 새로운 한 방을 준비하며 최대 2번의 충전량을 유지할 수 있음.

□□□ **excessive** [ɪksésɪv 익세시브] a. 과도한, 지나친

 # excessive(과도한)는 ex(지나쳐서) cede(=go)가는 것

★ **excessive**는 기준을 surpass초과하는 '**과도한**'이라는 의미이고 동사는 '**exceed**초과하다'입니다. exceed는 라틴어인 excedere에서 나온 단어이고 ex(out밖으로) + cedere(go가다)의 합입니다. 말 그대로 무언가를 지나쳐 too much너무 많은 것을 말합니다.

> **exceed** v. 초과하다 → **excessive** a. 과도한 → **excess** n. 초과

exceed 이외에도 cede(go가다)어원이 들어간 단어는 다양하고 중요해서 눈여겨 봐야합니다.

**precede** [prɪsíːd 프리**씨이**드] v. ~에 앞서다    pre(앞에) + cede(go가다)
→ **precedent** [présɪdənt 프레시던트] a. 선행의 n. 판례    ∞ Garen 참고
→ **unprecedented** [ʌnprésɪdentɪd 언프레시덴티드] a. 전례없는
**recede** [rɪsíːd 리**시이**드] v. 후퇴하다    re(다시) + cede(go가다)
**secede** [sɪsíːd 씨**씨이**드] v. 분리독립하다    se(분리) + cede(go가다)
**concede** [kənsíːd 컨**씨이**드] v. 인정하다    con(함께) + cede(go가다)
**succeed** [səksíːd 석**시이**ㄷ] v. 성공하다    sub(나중에) + cede(go가다)
**exceed** [ɪksíːd 익**시이**ㄷ] v. 초과하다    ex(밖으로) + cede(go가다)

**ancestor** [ǽnsestə(r) 앤세스터] n. 조상    ante(전에) + cede(go가다) + or(사람의 명사형어미)
**cession** [séʃn 세션] n. 양도, 할양    cedere(가게하다) + ion(명사형 어미)
**necessary** [nésəseri 네서세리] a. 필요한    ne(반대) + cede(go가다) + ary(형용사형 어미)

* unprecedented는 '앞서가는, 선행의'란 뜻의 precede에 반대의 접두사 un-이 붙어서 '**선행이 없는**', '**전례 없는**'이라는 뜻이 되었습니다. 뒤에 -ed가 붙어서 사용됩니다. 길지만 분해해보면 쉬운 단어입니다. unprecedented는 한문을 이용해 '**미증유의**', '**전대미문의**'처럼 멋진 말로도 해석이 가능합니다.

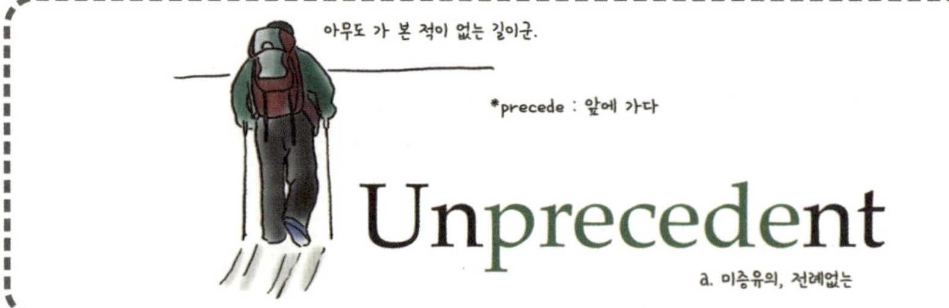


* succeed는 '**성공**'이라는 뜻인데 단어를 분해하면 suc(sub나중에) + cede(go가다)로서 '**뒤 따라가다**'라는 뜻임을 알 수 있습니다.
뒤따라가면 결국에는 그 자리를 차지하는 것(take the place)이 되고 그게 success성공입니다.
'**성공한 사람을 꾸준히 follow on뒤따라가다 보면 결국 성공한다**'는 어원 속 이야기는 본 받을 만한 사람을 정하고 배우는 자세를 설명해주는 것 같습니다.

* necessary의 '**필요한**'이라는 뜻입니다. 여기서 어원 cess(cede)는 단순하게 '**가는**' 것이 아니고 '**도망가는**' 것으로 이해해야 합니다. 즉 ne(못하는) + cede(도망가는)의 조합에서 '**도망가지 못하는**' 그래서 '**꼭 해야 하는**'이라는 뜻이 나온 것입니다. necessary는 unavoidable피할 수 없는과 의미가 비슷한 단어입니다.

# Assault & Battery
R - 기동 타격

대상 적 챔피언을 추격하여 1.25초 동안 공중에 띄워올리면서 물리 피해. 추격하는 동안 바이를 멈출 수 없으며 중간에 걸리는 적들을 띄워올리고 뒤로 밀어내면서 75%의 피해.

□□□ **assault** [əsɔ́ːlt 어**서**얼트] n. 폭행　　∞ Jax 참고

□□□ **battery** [bǽtrɪ **배**트리] n. 건전지

## battery(건전지)는 강하게 때리는 모습에서 나온 단어

★ battery는 우리가 모두 알고 있는 '**건전지**'이지만 그 뜻의 발전과정은 좀 복잡합니다. battery 단어의 기원인 bat는 원래 '**때리다**'라는 뜻이었습니다. 후에 중세 프랑스에서 '**강한 타격**'을 의미했다가 나중에 강한 타격의 대명사인 '**bombardment**포격'나 '**artillery**포병대**의 공격**'을 뜻하게 되었습니다.
battery의 이러한 뜻은 현대에 와서 '**electricity**전기**를 강하게 discharge**방출**하는 것(=배터리)**'으로 발전되었습니다.

> **battery** : 때리다 → 강한 타격 → 포병대의 공격 → 전기의 방출

### 투수와 포수의 조합은 왜 battery라고 부르는가?

　Henry Chadwick헨리 채드윅(1824-1908)은 야구의 아버지라고 불리는 유명한 미국의 스포츠 기자입니다. 그는 야구 스코어를 기록하는 법이나 스트라이크를 'K'라고 표현하는 것, 타율이나 방어율을 계산하는 방법을 발명하여 현대 야구에 지대한 영향을 미쳤습니다.
　또한 투수와 포수의 조합이 잘 맞을 때는 포병대의 포격(battery)만큼이나 기계적이고 효과적이라는 의미에서 '**pitcher**투수**-catcher**포수 **조합**'을 battery라고 최초로 칭한 사람입니다.

　최초의 battery라고 불릴만한 두 선수로는 양키스팀의 Yogi Berra요기 베라(포수)와 Whitey Ford화이티 포드(투수)를 들 수 있습니다. 우리나라의 박찬호 선수도 다저스 팀에서 포수 Chadden Kreuter채드 크루터와 호흡을 맞춰 배터리를 이뤘습니다. 그리고 이렇게 battery를 이룬 투수와 포수를 batterymen이라고 부르며 서로를 batterymate라고 칭하게 됩니다.
　요즘에는 야구뿐만 아니라 일상에서도 단짝을 이뤄 효과를 내는 사람들을 battery라고 부르고 있습니다.

**bombardment** [bɑmbáːrdmənt 밤**바아**드먼ㅌ] n. 포격, 폭격
**discharge** [dɪstʃáːrdʒ 디스**챠아**지] v. 방출하다, 퇴원하다
**artillery** [ɑːrtílərɪ 아아**틸**러리] n. 포병대, 대포　　∞ Kog' Maw 참고

* discharge는 '**방출하다**'라는 뜻인데 dis(반대로) + charge(load짐)의 조합으로서 짐에 해당하는 것들을 내보내는
것을 말합니다. 만일 그 '**load**짐'가 전하(電荷)면 전기방출이 될 것이고, 회사원이면 해고가 되고, 환자면 퇴원이 되며
죄수면 석방이 되는 것입니다.

* artillery는 포병대를 말하는데 art예술.기술을 의미하는 라틴어인 ars에서 나온 단어입니다. artillery는 15세기에는
기술(투석기, 활 등)을 사용하는 부대를 의미하다가 이후 대포의 발달로 포병을 의미하는 단어가 되었습니다.
팔 근육의 힘을 사용하는 일반 부대와 구별지은 것이죠.

# Vi

★★☆☆☆ blast - Even a single blast from a laser cannon can destroy an aircraft carrier.
레이저 포에서 나온 단 한 번의 폭발로도 항공모함을 파괴시킬 수 있다.

★☆☆☆☆ shield - the hostage as a human shield 인간 방패로 사용되는 인질

★★★★★ belch - Eating a triple decker hamburger caused me to belch.
삼 층짜리 햄버거를 먹은 것이 나에게 트림을 일으켰다.

★★★★★ bladder - Drinking a pitcher of Dr. Pepper filled up my bladder.
닥터페퍼 한 피처 마시는 것이 내 방광을 (오줌으로) 가득 채웠다.

★★★★☆ wand - When a monster rushed towards him, he used his wand, but nothing happened.
괴물이 그에게 돌진했을 때, 그는 마법봉을 사용했지만 아무 일도 일어나지 않았다.

★★★☆☆ vault - Some aliens at district 9 could climb on and vault over the fence.
9구역에 있는 몇몇 외계인은 울타리를 기어올라 뛰어넘을 수 있다.

★★★☆☆ dent - My new Ultra 3000x Fighter Ship was dented when a squirrel dropped an acorn on it.
내 새 울트라 3000x 전투함은 다람쥐가 그 위에 도토리를 떨어뜨리자 흠집이 생겼다.

★☆☆☆☆ dentist - a dentist in a good practice 실력 있는 치과의사

★☆☆☆☆ dental - inadequate dental care 부적절한 치과치료

★★★☆☆ dentition - peculiar dentition of the animal 그 생물의 특이한 치아상태

★★★☆☆ indent - I think it was cruel that I got a F- for not indenting my paragraphs.
나는 문단 들여쓰기를 하지 않았다고 F-를 받은 것은 잔인했다고 생각한다.

★★★☆☆ indentation - The janitor will clean all holes and indentations.
그 수위는 구멍들과 움푹 팬 곳을 청소할 것이다.

★★★☆☆ trident - Poseidon wielded his mighty trident to rule over all the world's water.
포세이돈은 세상의 모든 물을 통치하기 위해 그의 전능한 삼지창을 휘둘렀다.

★★★☆☆ precede - the preceding pages 앞에 있는 페이지들

★★★☆☆ precedent - without precedent in history 역사상 전례가 없는

★★★☆☆ unprecedented - the unprecedented financial crisis
전례가 없는 재정 위기

★★★☆☆ recede - Even at 17, his hair has started to recede from all the stress in his life.
17살임에도 그의 머리카락은 인생의 모든 스트레스 때문에 벗겨지기 시작했다.

★★★☆☆ secede - I decided to secede from the association.
나는 모임에서 탈퇴하기로 결정했다.

★★★☆☆ concede - Gary tried to resolve the problem, but had no choice but to concede to the city.
개리는 문제를 해결하려고 노력했지만, 시에 양보하는 수밖에 방법이 없었다.

★★☆☆☆ succeed - a mission which could not possibly succeed
성공할 것 같지 않은 임무

★★★☆☆ exceed - This book exceeded my expectation in its usefulness.
이 책은 유용성에 있어서 내 기대를 능가했다.

★★☆☆☆ ancestor - genetic lineages from ancestors to descendants
조상에서 후손으로 이어지는 유전적 혈통

★★★☆☆ cession - the cession of territory 영토의 할양

★★☆☆☆ necessary - For us, books were as necessary to life as bread.
우리에게 있어 책은 빵만큼이나 삶에 필수적이었다.

★★★☆☆ assault - a violent assault 맹습

★★☆☆☆ battery - A battery of German guns were in position.
수많은 독일군의 포들이 정위치(방렬)를 했다.

☆☆☆☆☆ bombardment - intensive bombardment 집중 폭격

★★★☆☆ discharge - He was discharged from the navy for calling the captain's girlfriend a whale.
그는 선장의 여자 친구를 고래라고 불렀다는 이유로 해군에서 예편되었다.

★★★☆☆ artillery - Artillery of NK army rained down on the city as the sirens moaned.
사이렌이 울리는 가운데 NK(북한) 군대의 포격이 도시에 쏟아져 내렸다.

# Viktor.
## the Machine Herald
### 빅토르 - 기계화의 전령관

- **P**   Glorious Evolution    영광스러운 진화
- **Q**   Siphon Power    힘의 흡수
- **W**   Gravity Field    중력장
- **E**   Death Ray    죽음의 광선
- **R**   Chaos Storm    혼돈의 폭풍

---

**P** **Glorious Evolution**
passive - 영광스러운 진화

빅토르는 고유 아이템 마공학 핵을 지닌 채로 게임을 시작. 마공학 핵은 게임 종료 시까지 총 세 번 업그레이드할 수 있음.

□□□ **glorious** [ɡlɔ́ːrɪəs **글로어리어ㅅ**] a. 영예로운

□□□ **evolution** [ɪːvəlúːʃn 이벌**루우션**] n. 진화    ∞ Heimerdinger 참고

### glory(영광)가 vain(텅빔)을 만나면 vainglory(자만)

★ glorious는 'glory영광가 가득하다'라는 뜻의 라틴어 gloriosus에서 나온 단어입니다.
또 glorious의 앞에 'vain헛된'이 붙은 vainglorious도 유용하게 사용되는데 이는 boastful뽐내다한 swaggering하는 사람에게 사용하는 형용사입니다.

glory [ɡlɔ́ːrɪ **글로어리**] n. 영광    ∞ Sion 참고
vainglorious [veɪnɡlɔ́ːrɪəs 베인**글로어리어ㅅ**] a. 자만심이 강한
boastful [bóʊstfl **보우스트ㅎ플**] a. 뽐내는
swagger [swǽɡə(r) **스왜거**] v. 으스대며 걷다

* **vainglorious**는 '**자만심이 강한**'이라는 뜻입니다. 여기서 vain은 '**텅 비었다**'라는 뜻의 라틴어 vacare에서 나온 단어이고 vacant텅 빈, vacuum진공 등과 그 기원이 같습니다.
결국 자만심이 강하면 '**텅 빈 영광**'을 가져올 뿐이란 것을 말해주는 단어가 되겠습니다.
vainglory는 모바일 AOS의 그래픽의 절정을 보여주는 슈퍼이블메가코프사의 게임 [Vainglory헛된 영광]를 통해 우리에게 익숙한 단어입니다.

세심하게 조종해야하는 LOL과 같은 AOS게임을 핸드폰에서 즐기게 해주는 대단한 작품입니다.

* boastful은 **'뽐내는'**이라는 뜻입니다. 여기서 boast는 가슴을 부풀리며 자랑하는 puffed up의 의미입니다. **'배꼽 또는 배'**를 뜻하는 고대영어 bellows에서 유래된 belly에서 시작되었습니다.
어원의 배꼽을 생각하며 boast 단어의 이미지를 만들면 **'배를 내밀며 잘난 척하는 boss사장님'**가 떠오르므로 boss와 boast를 연결지어 기억하면 좋습니다.

* swagger는 **'으스대며 걷다'**라는 뜻입니다. 팔을 휘휘 저으며 자랑스럽게 걷는 모습인 동사 swag에 반복을 뜻하는 어미 -er이 붙은 것입니다. sway흔들다에서 나온 단어로서 둘 다 swing과 어근이 관련되어 있습니다.
여기에 사람을 뜻하는 -er 어미가 한 번 더 붙어야 swaggerer활보하는 사람가 됩니다.
요즘 TV예능 프로에서 가장 핫한 단어가 'Swag스왜~'입니다. 다들 잘 놀다가 갑자기 'Swag스왜~'을 합창하죠.
이 swag이란 단어는 처음에는 힙합에서 으스대며 잘난 체하는 동작을 나타내다가 최근에는 **'여유'**, **'멋'**, **'허세'** 등의 뜻으로 여러 방면에서 사용되고 있습니다.

**Q** **Siphon Power**
Q - 힘의 흡수

(액티브) : 빅토르가 적 유닛에 폭발을 일으켜 마법 피해를 입히며 자신은 2.5초 동안 보호막을 얻음. 빅토르의 다음 번 기본 공격은 추가 마법 피해를 입힘. (추가 피해량은 빅토르의 레벨에 비례)
빅토르의 이동 속도가 2.5초 동안 30% 상승.

□□□ **siphon** [sáɪfn **사이**ㅎ**픈**] n. 사이펀　∞ Mordekaiser 참고

★ power에 대한 공부를 하다보면 누구도 못 찾은 **'제 5의 힘'**을 발견하고 싶어진다든가 알려진 4개의 힘을 모두 통합하는 공식을 발견하여 노벨상을 받고 싶어질 수 있습니다.

그러나 그러기 위해서는 가장 classic고전적인 뉴턴의 법칙을 공부해야합니다.
단어를 안다는 것은 개념을 안다는 것이므로 과학에서는 개념구분이 반을 차지합니다. 고전역학의 분류만 알아도 힘(power)의 많은 것을 알고 있는 셈이 됩니다.
그냥 한글로 보면 어려운 단어들지만 영어 단어를 보면 아는 것이 많이 보입니다. 박스에 있는 것을 구경만 하고 지나갑시다.

### mechanics(역학) : 고전물리학의 분류

1. solid mechanics(강체역학)
   a. dynamics(동역학) : 강체의 운동을 연구
      - kinematics(운동학) : 물체의 운동을 연구
      - kinetics(운동역학) : 운동과 운동을 일으키는 힘 사이의 관계를 연구
   b. statics(정역학) : 강체의 평형을 연구
2. fluid mechanics(유체역학)
3. plasmodium mechanics(변형체역학)

## Gravity Field
### W - 중력장

(액티브) : 빅토르가 중력장 감옥 장치를 생성해 4초간 대상 범위 내 모든 적의 이동 속도를 늦추고 매 0.5초마다 둔화 효과를 중첩시킴. 3번 중첩되면 대상은 1.5초간 기절.

□□□ **gravity** [ɡrǽvətɪ 그래버티] n. 중력

## gravity(중력)가 무겁고 심각한 grave(무덤)와 한 몸이 되다

★ gravity는 중력을 의미하는데 '**무거운**'을 뜻하는 형용사 grave에서 나온 단어입니다. grave는 어원이 원래는 각각 두 가지였는데 결국 나중에 가서는 연상되는 이미지가 비슷해지고 맙니다.

| | PIE어근 | 어근의 뜻 | grave의 영어의미 | 관련단어 |
|---|---|---|---|---|
| grave | *ghrebh- | **dig**파다 | n. 무덤 | **graveyard**묘지, **groove**홈 |
| | *gwere- | **heavy**무겁다 | a. 무거운 | **gravity**중력, **aggravation**악화 |

즉 '**무거운**'과 '**무덤**'으로 다른 어원에서 출발했지만 사실 무겁고 심각하다는 뜻은 무덤 옆에서처럼 잘 어울리는 곳이 없으므로 현대에 들어서 어근들이 영어에서 한 몸이 되었다고 봐야겠습니다.

**groove** [ɡruːv 그루으브] n. 홈, (음악의) 리듬
**aggravation** [æɡrəvéɪʃən 애그러**베이**션] n. 악화

* **groove**는 원래는 땅에 파인 구덩이 같은 홈을 말하는데 그 위를 지나가면 올라갔다 내려갔다 하게 됩니다. 우리가 흔히 음악에서 가수가 groove그루브 탄다고 하는 것은 리듬을 타는 것을 말합니다.

* **aggravation**은 ad(to향하여) + gravis(무거운) + tion(명사형 어미)의 조합입니다. 일이 갈수록 악화되는 것을 말합니다.
학문적으로는 주로 '**가중, 악화**'라는 의미로 쓰지만 구어에서는 '**도발이나 짜증**'을 의미하기도 합니다.

온라인 게임용어인 **'어그로'**가 이 aggravation 단어의 약자입니다. **'어그로'**란 탱커가 몹을 도발하여 자신을 보게 하여 다른 파티원을 보호하는 스킬을 말합니다.
aggravation악화은 기억할 때는 단어 중간의 gravity중력가 들어간 점을 들어 살이 점점 쪄 악화된 비만인이 **'지구에게 어그로를 끌고 있어'**라고 한탄하는 이미지를 사용하면 됩니다.

gravity중력는 Issac Newton뉴턴이 발견한 것입니다. 1666년 뉴턴이 과수원의 사과나무 밑에서 졸다가 사과가 뉴턴의 머리위에 떨어져서 잠에서 깬 뒤 중력을 발견했다고 하는 이야기는 전설처럼 유명합니다.
뉴턴이 말년에 4번이나 이 일화가 사실이라고 말했으므로 이 episode가 꾸며낸 이야기가 아니라는 것은 확실합니다. 그러므로 뉴턴의 머리위에 떨어진 사과는 인류역사에서 가장 중요한 사과라고 할 수 있겠습니다.

그런데 뉴턴은 도용당하거나 다른 학자들이 비판할 것이 두려워 중력에 관한 논문을 20년이나 묵히고 연구결과를 발표하지 않았습니다. 이때 소심한 뉴턴 옆에서 격려해주고 출판을 권유하며 돈도 대준 친구가 바로 핼리 혜성을 발견한 Edmond Halley핼리입니다.
그대로 사장될 위기에 처했던 인류 물리학의 위대한 발견은 좋은 친구 때문에 이루어진 것이라고도 할 수 있겠습니다.

이런 **'사과와 친구'**의 도움을 받아 뉴턴의 법칙은 1687년 [자연철학의 수학적 원리]라는 제목의 책으로 세상에 나오게 되었습니다. 바로 그 유명한 [Principia프린키피아] 책입니다.

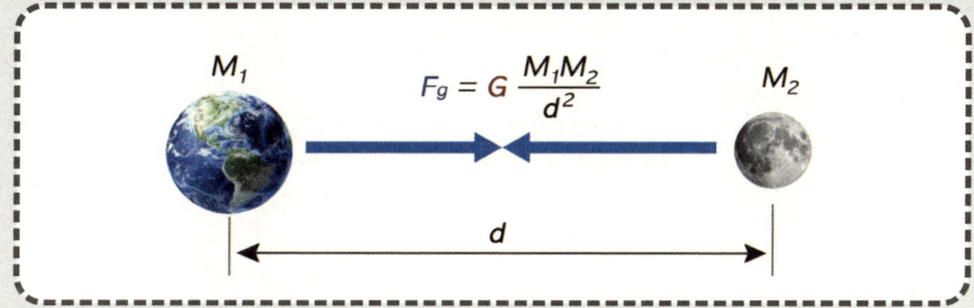

## universal law of gravitation(만유인력의 법칙)

뉴턴의 중력법칙은 universal law of gravitation만유인력의 법칙이라 불립니다. 질량이 있는 두 물질 사이에는 만유인력이 작용하는데 각 질량의 곱에 비례하고 거리의 제곱에 반비례한다는 법칙입니다.

$$M_1 \qquad F_g = G\,\frac{M_1 M_2}{d^2} \qquad M_2$$

$$d$$

이 식에서 중력 F는 d만큼 떨어져 있는 두 물체(M1, M2) 사이에 작용하는 힘을 말합니다. G는 gravitational constance중력상수를 말하는데 과학자들은 이 상수 값을 정확히 찾기 위해 그 후 많은 노력을 했습니다. (G = 6.673 x $10^{-11}$ Nm²/kg²)

그러나 행성단위가 아닌 일상에서의 중력은 물리적 힘 중에서는 상당히 약한 힘에 속합니다. 예를 들면 3ton 의 자동차 두 대가 3m정도 떨어져 있다면 그 사이에 작용하는 중력은 모래알 한 알 정도의 무게라고 합니다. 그렇다면 거리의 제곱에 반비례하는 중력의 공식에 대입해보면 80kg의 남자와 50kg의 여자가 만난다면 6cm 정도까지 가까워질 때 중력이 모래 한 알의 무게만큼 작용한다고 계산됩니다. 그럼에도 남녀를 6cm 거리로 붙여놓으면 그 작은 힘을 못 이겨내고 키스를 하게 된다는 점은 과학의 넌센스입니다.

## Death Ray
E - 죽음의 광선

(액티브) : 빅토르가 기계 팔을 사용해 땅을 가르는 혼돈의 빛줄기를 쏘아 맞은 적 모두에게 마법 피해. 죽음의 광선 파동을 따라 폭발이 일어나 마법 피해. 이미 죽음의 광선에 맞은 적들은 40% 의 피해.

## Chaos Storm
R - 혼돈의 폭풍

(액티브) : 빅토르가 목표 위치에 왜곡을 일으켜 대상 지역에 있는 적에게 마법 피해를 주며 적의 정신 집중을 끊음. 빅토르는 7초 동안 공간 왜곡 폭풍을 조종하며 주위 적들에게 매 초 30의 마법 피해. 공간 왜곡 폭풍은 빅토르에게서 멀어질수록 속도가 느려짐.

□□□ **chaos** [kéɪɑːs 케이아아ㅅ] n. 혼돈　　∞ Bard 참고

## chaos(카오스)는 하품에서 나온 단어

★ chaos는 같은 라틴어 철자인 chaos에서 나온 단어인데 이는 'vast광대하고 텅 empty비어있다'는 의미입니다.
어원을 찾아 PIE어근으로 더 거슬러 올라가 보면 chaos는 *gheu-어근, 즉 'gape입을 벌리다'나 yawn하품하다'라는 뜻에서 기원함을 알 수 있습니다.
이 후 과학이 발달하며 chaos는 **'태초의 극단적인 혼돈이나 공허'**를 말하는 단어가 되었다가 현재는 공허의 의미는 사라지고 'orderless confusion무질서한 혼란'만을 의미하게 되었습니다.
어원상으로 우주의 끝없는 혼돈과 공허가 모두 **'인간이 하품할 때의 검은 입 속'**에서 기원했다고 하니 재미있습니다.

chaotic [keɪɑ́ːtɪk 케이아아틱] a. 혼돈의

현대 카오스학자들은 그 혼돈의 복잡성과 일탈 자체를 진실의 전체로 보고 이해하는 노력을 하고 있습니다. 규칙에 맞는 법칙들은 그 혼돈에서 생긴 우연한 일부에 불과한 것이라고 생각합니다.
예를 들면 인간이 사는 지구와 그 법칙들은 수많은 우주의 무질서한 혼돈과 plethora과잉 속에서 우연에 우연이 겹친 질서의 한 가닥에 불과하다고 보는 것입니다.

plethora [pléθərə 플레써러] n. 과잉

* **plethora**는 물건이 넘쳐나는 '**과잉**'을 의미합니다. 그리스어 plethore에서 나온 단어인데 full(가득 찬)의 어원인 pleio-와 관련이 있습니다. 이 그리스어 pleio-는 poly나 full의 기초가 되는 어근이며 complete완전한나 deplete 감소하다, supply공급하다 등에서 자주 볼 수 있습니다.
plethora과잉를 기억할 때는 "**시장에 물건이 허벌나게 풀렸어라.**"라는 전라도 사투리 발음을 이용하면 편합니다.

자신을 둘러싼 세계를 모델화하여 출력이 입력에 정비례하는 선형계로 나타내려는 정통과학자들은 precise정밀한한 방법으로 순수한 힘을 찾으려 노력합니다. 카오스 학자들은 정통과학자에 비하여 우리 세상의 그 우연한 질서에 별로 집착하지 않는 사람들이라고 하겠습니다.

**precise** [prɪsáɪs 프리**사이스**] a. 정밀한

* **precise**는 '**정밀한**'이라는 뜻입니다. pre(before전에) + cise(cut자르다)의 조합인 라틴어 praecidere에서 나온 단어인데 미리 잘라서 정밀하다라는 의미입니다. 문장에서는 부사형인 precisely정밀하게를 더 자주 볼 수 있습니다. 이 -cise 어근은 -cide 어근의 변형으로서 suicide자살, herbicide제초제, decide결정하다 등 여러 단어에서 사용되는 중요한 어근입니다.
precise정밀한를 기억할 때는 "**미리(pre) 사이즈 재고 잘라서 정밀하다.**"라고 생각하면 편합니다.

# Viktor

★★☆☆☆ glorious - A glorious victory on the battlefield is in sight.
전장에서의 영광스러운 승리가 눈앞에 있다.

★★☆☆☆ evolution - the mystery of human evolution
인류의 진화의 미스터리

★☆☆☆☆ glory - Glory from the victory led to his bravery.
승리의 영광이 그의 용맹성으로 이어졌다.

★★★☆☆ vainglorious - a vainglorious journalist 허영심이 강한 기자

★★★☆☆ boastful - His boastfulness is second to none.
그의 허풍은 둘째가라면 서러워할 정도이다.

★★★☆☆ swagger - He walks with swagger after getting her phone number.
그는 그녀의 전화번호를 딴 후에 으스대며 걷는다.

★★★☆☆ siphon - The program would siphon off public money into personal account.
그 프로그램은 공공기금을 개인계좌로 빼돌릴 것이다.

★★☆☆☆ gravity - the center of gravity 무게 중심

★★★☆☆ groove - He is in a groove, after notching-up his tenth win in a row.
그는 연속으로 10승을 기록한 후에 평탄하게 쭉 잘 나갔다.

★★★☆☆ aggravation - His condition was aggravated by his noisy neighbor.
그의 상태는 그의 시끄러운 이웃에 의해 악화되었다.

★★★☆☆ chaos - the chaos and confusion caused by mass panic
군중의 패닉으로 발생한 혼돈과 혼란

★★★☆☆ chaotic - the world's most chaotic urban traffic system
세상에서 가장 혼란스러운 도시교통체계

★★★★☆ plethora - I'm sure you have a plethora of homework to do.
나는 네가 해야 할 숙제가 산더미라고 확신한다.

★★★☆☆ precise - To be precise, I don't remember what I said.
정확하게 말하면, 내가 무슨 말을 했는지 기억나지 않는다.

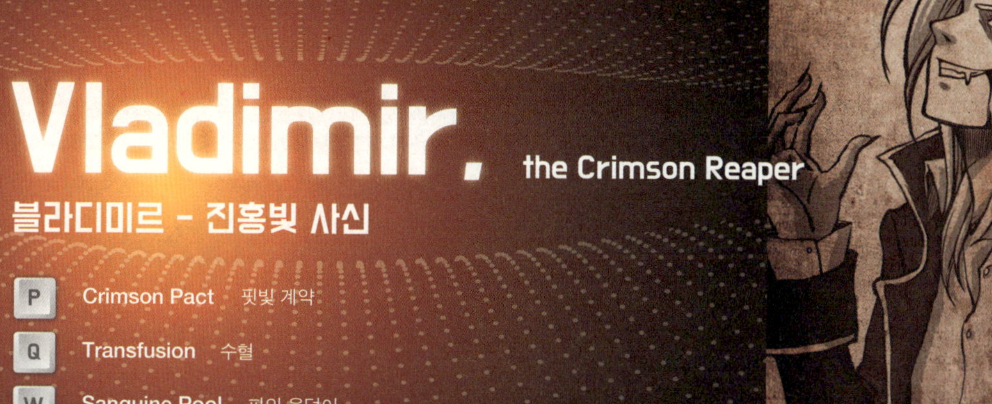


# Crimson Pact

P

passive – 핏빛 계약

얻은 체력 40당 블라디미르의 주문력이 1이 증가하고 얻은 주문력 1마다 체력이 1.4 만큼 증가.

 □□□ **crimson** [krímzn 크림즌] n. 진홍색
□□□ **pact** [pækt 팩ㅌ] n. 조약, 협정

## 고귀한 crimson(진홍색)은 연지벌레를 으깬 색

★ crimpson은 dark red진홍색을 말합니다. 고대 스페인어 cremesin에서 나온 단어인데 색소를 얻는 벌레인 kermes연지벌레를 말합니다. 진홍색은 더 정확히는 연지벌레의 암컷이 제공하는 색깔을 말합니다.
또한 진홍색은 잘난 챔피언인 블라디미르가 온 몸에 휘감고 있는 옷의 색일 만큼 아주 고급스러운 빛깔이어서 옛날부터 교황청이나 왕실에서 주로 애용되었습니다.
우리나라에서는 신부가 시집갈 때 볼에는 연지(臙脂)를 찍고 이마에는 곤지를 찍었는데 그 붉은색의 연지가 연지벌레의 이름이 되었습니다.

연지벌레가 염색약으로 쓰이는 것은 서아시아 지방의 beech tree너도밤나무에 기생하는 것들인데 그 추출물을 carmine카민이라 불렀습니다. 요즘은 중남미 지방의 cochineal cactus코치닐 선인장에 기생하는 연지벌레에서 pigment색소를 extraction추출하여 딸기우유나 게맛살 등 여러 가공식품의 빨간색을 내기 위해서 사용합니다.
오늘 만일 빨간색의 맛있게 보이는 음식을 편의점에서 샀고 그 성분 중에 카민이 들어있다면 우린 벌레를 말려서 으깨고 짜낸 액을 먹는 셈입니다.

연지벌레의 진실을 알게 되면 딸기우유를 먹기가 겁나게 되는데 실제로도 카민은 단백질성분의 색소여서 사람에게 allergy알러지를 일으킬 수도 있는 성분이기도 합니다.

**extraction** [ɪkstrǽkʃn 익스**트랙**션] n. 추출

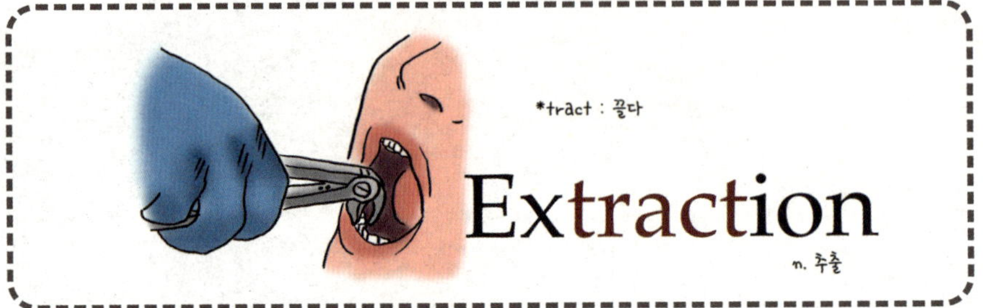


* extraction은 '**추출하다**'라는 뜻의 동사인 extract에서 나온 것이고 ex(out밖으로) + tract(draw끌다)의 조합인 라틴어 extrahere에서 기원한 것입니다. 원뜻은 '**밖으로 (성질을) 끌어내다**'라는 것입니다. tract(draw끌다)는 아주 중요한 어근이므로 몇 가지를 같이 보겠습니다.

**attract** [ətrǽkt 어**트랙**ㅌ] v. 마음을 끌다   ad(to향하여) + tract(draw끌다)
**abstract** [ǽbstrækt **앱**스트랙ㅌ] v. 추출하다 a. 추상적인   ab(away멀리) + tract(draw끌다)
**distract** [dɪstrǽkt 디스**트랙**ㅌ] v. 산만하게 하다   dis(away멀리) + tract(draw끌다)
**contract** [kɑ́ːntrækt **카안**트랙ㅌ] v. 줄어들다 n. 계약   con(together함께) + tract(draw끌다)
**retract** [rɪtrǽkt 리**트랙**ㅌ] v. 철회하다   re(다시) + tract(draw끌다)

## Pact(협정)은 원래 치밀하고 단단한 것

★ pact는 양측에 의해 동의된 treaty조약이나 compact협정을 의미합니다. 라틴어인 pactum에서 나온 단어이고 '**fix**고정'의 뜻을 가진 PIE어근 *pag-에서 기원했습니다.

같은 뜻의 compact는 pact조약보다 더 자주 볼 수 있는 단어인데 이는 com(함께) + pact(계약)의 조합으로서 원래 '**함께 맺은 contract계약**'라는 뜻입니다.
형용사로서의 compact에는 아직 '**단단하게 고정(fix)**'하는 PIE어근의 의미가 남아있어서 '**조밀한, 치밀한, 소형의**'라는 뜻으로 사용됩니다. 예를 들어 compact disc(CD)콤팩트디스크처럼 조밀하게 정보를 저장하는 기구나 compact(car)콤팩트카에서처럼 소형차를 지칭할 경우에 사용됩니다.
또한 여성들이 화장에 사용하는 compact powder콤팩트파우더에서도 '**단단하다**'는 뜻의 pact를 볼 수 있습니다. 이때의 콤팩트파우더는 단단하지만 스폰지로 두드리면 파우더가 묻어나오는 화장품을 말하는 것입니다.
단어 compact를 외우고 그 단단함을 느껴보려면 지금 바로 엄마의 콤팩트를 열고 두드려보세요.

**compact** [kɑ́ːmpækt **카암**팩ㅌ] n. 협정, 소형차, 분갑  a. 소형의, 조밀한
　　　　　 [kəmpǽkt 컴**팩트**] v. 단단히 다지다

**Q**  **Transfusion** Ⅰ (액티브) : 블라디미르가 대상의 생명력을 흡수해 마법 피해를 입히고 자신의 체력을 회복.
Q – 수혈

□□□ **transfusion** [trænsfjú:ʒn 트랜스ㅎ**퓨우전**] n. 투입, 수혈

피가 trans(가로질러) fusion한다. transfusion(수혈)

★ transfusion은 수혈을 뜻합니다. 이는 라틴어인 trans(aross가로질러서) + fundere(pour 쏟아 붓다)의 조합이고 말 그대로 '**교차해서 fusion융합하는 것**'입니다. 일반적인 수혈의 의미뿐 아니라 긴급하게 뭔가의 부족함을 메꾸는 상황에서 많이 쓸 수 있는 용어입니다.

fusion [fjú:ʒn ㅎ**퓨우전**] n. 융합

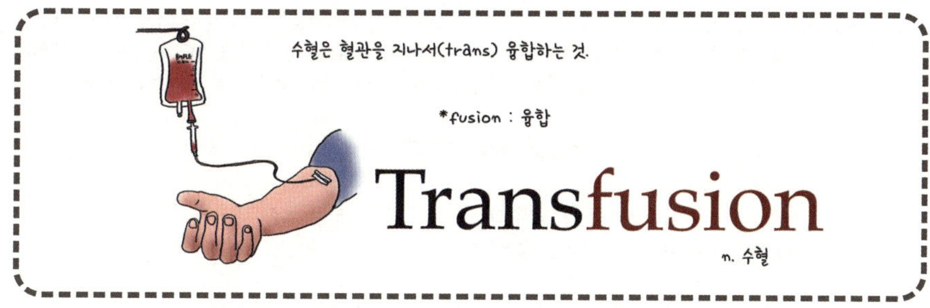

# Sanguine Pool
W - 피의 웅덩이



□□□ **sanguine** [sǽŋgwɪn 생귀인] a. 낙관적인

## 서양에서 sanguine(낙관적인) 사람은 blood(피)의 성격이라 부른다

★ sanguine은 '**낙관적이고 자신감이 넘치다**'라는 뜻입니다. 단어의 기원은 라틴어로서 '**blood**피에 **관한**'이라는 뜻인 sanguineus입니다. 언뜻 의미가 잘 이어지지 않는 '**blood**피'와 '**낙관적**'이라는 개념의 만남은 서양의 〈4체액설 철학〉과 관련이 있습니다. 여기서 고대철학의 4체액이란 담(chole-), 가래(phlegm), 흑담(black bile), 피(blood)를 말합니다.
그러면 4체액과 관련된 단어들을 차례로 보겠습니다.

1. chole-는 '**쓸개(담)**'을 뜻하는 어근입니다. 담즙성 성격은 욱하는 성격을 말합니다.
   고래로 동양에서는 혈기가 사람을 욱하게 한다고 여겼지만 서양에서는 쓸개의 yellow bile담즙이 욱하는 다혈질(多血質) 성격의 원인인 것으로 보았습니다.

   **choleric** [kɑ́ːlərɪk 카알러릭] a. 걸핏하면 화를 내는, 다혈질의
   **cholecyst** [kóuləsɪst 코울러시스ㅌ] n. 담낭
   **cholesterol** [kəléstərɔːl 컬레스터러얼] n. 콜레스테롤

2. phlegm은 '**가래**'입니다.
   점액질의 느리고 변화 없는 모습이 냉정함을 의미하는 단어가 된 것입니다.

   **phlegm** [flem ㅎ플램] n. 가래
   **phlegmatic** [flegmǽtɪk ㅎ플래그매릭] a. 냉정한

3. black bile은 '**흑담(검은 담즙)**'이라 하는데 melancholy멜랑콜리는 많이 들어보셨을 겁니다.
   우울감을 말합니다. 여기에 사용된 melano-어근은 black(검은색)을 뜻하는 어근입니다. 우리 얼굴에 검은색의 기미나 점을 만드는 melanin멜라닌 색소의 예에서 볼 수 있습니다.

   mela(black) + chole(쓸개) = **black bile** (흑담즙)

   **melancholia** [melənkóulɪə 멜런코울리어] n. 우울증 (옛날 표현)
   **melancholic** [melənkɑ́ːlɪk 멜런카알릭] a. 우울한

4. sanguine에서 sangui-는 '**blood**피'를 뜻하는 어근입니다. 피가 있어서 '**활기차다**'라는 것이죠.
   우리나라에서는 다혈질이라 하면 급한 성격을 말하는데 서양에서는 혈질(血質)이라 하면 반대로 낙관적이라고 봅니다. 동서양의 철학의 차이가 단어에 반대의 의미를 불러온 경우입니다.

   **sanguine** [sǽŋgwɪn 생귀인] a. 낙관적인

외국인과의 대화에서 긍정적이라는 표현을 positive로 하고 난 후 이 sanguine이란 단어를 덧붙일 수 있다면 여러분은 정말 대단한 intellectual지식인입니다.

sanguine낙관적인을 외울 때는 못생긴 친구에게 **"넌 참 낙관적으로 생긴 얼굴이야."**라고 농담하는 장면을 생각하면 재미있습니다.

optimistic긍정적인이란 단어도 이 어려운 sanguine과 바꾸어서 사용할 수 있는 표현입니다.

**optimistic** [ɑ:ptɪmístɪk 아앞티**미**스틱] a. 낙관적인

* **optimistic**은 '**긍정적인**'이라는 뜻입니다. optimum최적의에서 기원한 단어입니다. 그리고 이 optimum최적의을 항상 생각하고 사는 사람이 바로 optimist낙관론자입니다. 어떠한 일이 있어도 "the best, 최적이야, 좋아!"를 외치는 사람이죠.

optimistic을 기억할 때는 영화 [Transformer트랜스포머]의 **옵티머스** 프라임을 떠올리면 됩니다. "좋아. 인간 친구!" 반대말은 pessimistic부정적인입니다.

### 4체액설

한방에서 태음인-태양인-소음인-소양인을 나누어 성격을 분류하듯이 서양에서는 4원소설에 따라서 사람의 성격을 분류합니다. 기원전 약 400년경에 의학의 아버지 Hippocrates히포크라테스가 astrology점성술의 영향을 받아 주장하게 되어 사람의 성격과 질병을 이해하는 의학의 바탕으로 삼게 됩니다.

우주의 4원소설과 인간의 4체액설이 대응된 것입니다.

| Fire 불 | 뜨겁고 건조 | yellow bile 담즙 | choleric | 다혈질 |
|---|---|---|---|---|
| Water 물 | 차갑고 습함 | phlegm 점액 | phlegmatic | 냉정 |
| Earth 흙 | 뜨겁고 습함 | black bile 흑담즙 | melancholic | 우울 |
| Air 공기 | 차갑고 건조 | blood 혈 | sanguine | 낙관적 |

2천 년 전의 그리스인이 설명한 4체액설은 최초로 인간의 질병을 설명하려는 이성적인 시도입니다. 지금 보면 우스운 해석이지만 그 전까지는 신의 분노나 자연의 작용으로 질환의 원인을 설명했던 것을 생각해보면 인간 진보의 거대한 한걸음이라고 할 수 있습니다.

이 4체액설은 서양고대철학의 기초이므로 이론의 맞고 틀리고를 떠나서 많은 영어단어가 여기에서 기원했고 서양인의 사고의 바탕이 되었다는 데에 의의가 있습니다.

## Tides of Blood
E - 선혈의 파도

(액티브) : 블라디미르가 주변의 적들에게 피의 급류를 쏟아내어 마법 피해. 매 캐스팅마다 강화 스택이 쌓임. 스택 당 10초 동안 체력 회복과 재생량이 증가. 또한 중첩된 스택당 이 스킬이 주는 마법 피해가 25% 상승하고 체력 소모량이 25% 증가.

□□□ **tide** [tɑɪd 타이드] n. 조수(潮水)    ∞ Nami 참고

## Hemoplague
R - 혈사병

(액티브) : 대상 지역에 혈사병을 뿌려 적들을 감염시킴. 감염된 적은 5초 동안 받는 모든 피해가 12% 증가하고 5초가 지나면 마법 피해.

□□□ **plague** [pleɪg 플레이그] n. 전염병

### Plague(전염병)은 Pest(페스트)가 얼굴마담

★ **plague**는 calamity대재앙이나 epidemic전염병을 말합니다. plague의 어원은 라틴어인 plaga인데 stroke때리다의 뜻입니다. 대재앙을 당해서 너무너무 슬퍼 가슴을 두드리며 통곡하는 모습에서 나온 단어입니다.
챔피언 블라디미르의 R스킬 Hemoplague는 피를 뜻하는 hemo-에 전염병을 뜻하는 plague를 붙여서 만든 신조어입니다. 한글 번역도 적절하게 흑사병을 본 따서 〈혈사병〉이라고 지었습니다. 피를 주변에 추악~ 뿌려서 병을 전염시킨다는 개념으로 보입니다.

plague는 전염병이라는 넓은 말이지만 역사적으로 1340년대 유럽에서 인구의 반을 죽게 만든 pest페스트만한 대재앙도 없었으므로 plage하면 바로 pest흑사병을 말하기도 합니다.
쥐의 피를 빨아먹은 벼룩을 매개로 하거나 환자의 객담을 통해서 전파되는 pest는 당시 원인을 잘 몰랐습니다. 게다가 hygiene위생이 열악한 중세시대에는 치료법도 없어 속수무책이었고 모두들 세상의 종말이 왔다고 생각했습니다.

이제 흑사병은 지구에서는 실험실을 제외하고 거의 찾아볼 수 없는 질병이 되었습니다.
다만 pest흑사병의 단어는 pestilence역병와 pesticide살충제 등에 자취가 남아 인류에게 무서움을 기억나게 해줄 뿐입니다.

**hygiene** [hɑ́ɪdʒiːn **하이**지인] n. 위생
**pestilence** [péstɪləns **페**스틸런스] n. 역병    ∞ Yorik 참고
**pesticide** [péstɪsɑɪd **페**스티사이드] n. 살충제    ∞ Garen, Velkoz 참고

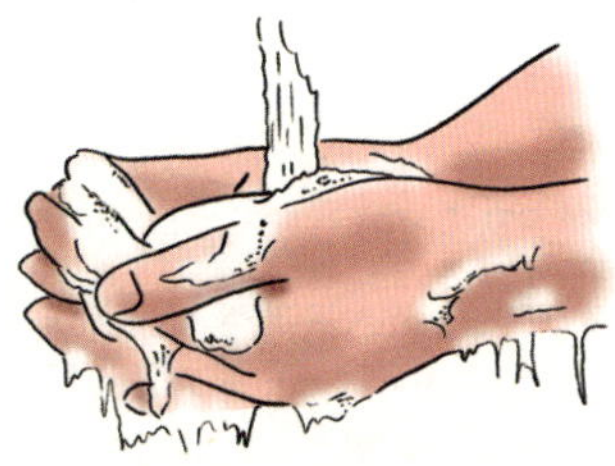


# Hygiene
n. 위생

* **hygiene**은 위생을 말하는데 생명을 뜻하는 PIE어근 *ayu-에서 기원한 것입니다. 그리스어 hygies는 건강함을 의미합니다. 옛사람들도 건강의 방법으로 위생을 알고 있었습니다.
hygiene위생을 암기할 때는 발음 그대로 '**위생적으로 손을 씻어 하예진**'으로 기억하면 됩니다.

### 새의 가면을 쓴 plaque doctor(페스트 의사)

중세시대 페스트를 진료하러 가는 plaque doctor페스트 의사는 'a beak-like mask새의 부리 모양의 마스크'를 쓰고 다녔습니다. 페스트가 나쁜 공기에 의해 전염된다고 여겼기 때문에 착용한 도구입니다. 마스크 안에는 여러 aroma향으로 채워진 공간이 있고 거기를 통하여 호흡했습니다. 요즘의 방독면의 concept컨셉으로 보입니다.

또한 염소가죽으로 된 부츠와 모자, 장갑 등을 착용해서 접촉 감염을 막으려고 노력했습니다.
그들은 전문적인 의사는 아니었지만 페스트 퇴치를 위해 특별히 고용되어 부자와 가난한 자를 가리지 않고 치료했던 사람들입니다.

가장 유명한 페스트 의사는 Nostradamus노스트라다무스일 것입니다.
노스트라다무스는 인류의 멸망에 대한 예언으로 유명합니다만 흑사병에 대해서도 처방을 내렸습니다.
죽은 시체를 즉시 제거하고, 신선한 공기를 마시며, 깨끗한 물을 음용하고 쥬스를 마셔야 한다는 것입니다. 이는 감염원을 조기에 제거하고 오염된 음식물의 섭취를 피하고 Vit-C를 공급하는 것이라서 지금 보아도 비교적 epidemiology역학적으로 고개가 끄덕여지는 예방치료법입니다.

1656. 동판화 자료에서

# Plague doctor
페스트 의사

# Vladimir

★★★★★ crimson - The lake became crimson after the battle.
그 호수는 전투 후에 진홍색으로 변했다.

★★★☆☆ pact - We have a pact to always look out for each other.
우리는 언제나 서로를 보살피기로 계약되어있다.

★★★☆☆ extraction - Come to the clearing at 07:00 for extraction by helicopter.
헬리콥터로 구출할 테니 오전 7시에 공터로 와라.

★★☆☆☆ attract - a bait to attract new customers
새로운 소비자를 끌 미끼

★★★☆☆ abstract - My abstract art shows the relationship between love and war.
내 추상 예술은 사랑과 전쟁간의 관계를 보여준다.

★★★☆☆ distract - Forgive me for distracting you from your game.
당신의 게임에서 당신의 주의를 돌리게 함을 용서해주세요(게임을 방해해서 미안합니다).

★★★☆☆ contract - a breach of the contract 계약 위반

★★★☆☆ retract - I retracted my statement after the principal phoned my mom.
교장선생님이 우리 엄마에게 전화를 한 뒤에 나는 나의 진술을 철회했다.

★★★☆☆ compact - A truly compact foldable phone will change our view of technology.
진정한 간편 폴더 전화기는 우리의 기술에 대한 관점을 변화시킬 것이다.

★★★☆☆ transfusion - A blood transfusion saved the soldier after he lost a leg.
그 병사가 다리 하나를 잃은 후 수혈이 그의 생명을 구했다.

★☆☆☆☆ fusion - We don't need to build a nuclear fusion reactor anymore.
우리는 핵반응 융합로를 더 이상 세우는 것이 필요 없다.

★★★★☆ sanguine - She's remarkably sanguine about the problems involved.
그녀는 관련 문제들에 대해 놀랄 만큼 낙관적이다.

★★★★☆ choleric - a choleric, self-important little man
화를 잘 내고 자기중심적인 작은 남자

★☆☆☆☆ cholesterol - You should avoid a high-cholesterol meal.
너는 고 콜레스테롤 음식을 피해야한다.

★★★★☆ phlegm - Don't spit out phlegm. 가래를 뱉지 마시오.

★★★★☆ phlegmatic - the phlegmatic British character 냉담한 영국인 성격

★★★★☆ melancholia - Ben Moody had suffered from a bit of melancholia.
벤 무디는 약간의 우울감에 고통 받았었다.

★★★★☆ melancholic - a haunting, melancholic melody
잊히지 않는 우울한 멜로디

★★★☆☆ optimistic - an optimistic way of thinking 낙관적인 생각

★★★☆☆ tide - the human tide in a jammed bus
만원버스의 (흔들리는) 인파

★★★☆☆ plague - a plague followed the big flood
큰 홍수에 이은 전염병

★★★☆☆ hygiene - I wonder if Tahm Kench has good hygiene.
나는 탐 켄치가 좋은 위생 상태인지 궁금하다.

★★★☆☆ pestilence - preventing the spread of pestilences
역병의 전파 방지

★★★☆☆ pesticide - the use of pesticide in agriculture
농경에서의 살충제의 사용

# Warwick, the Blood Hunter

워윅 - 피의 사냥꾼

| P | Eternal Thirst | 끝없는 갈증 |
| Q | Hungering Strike | 갈망의 일격 |
| W | Hunters Call | 사냥 본능 |
| E | Blood Scent | 피비린내 |
| R | Infinite Duress | 무한의 구속 |

## P Eternal Thirst
passive - 끝없는 갈증

워윅의 기본 공격은 마법 데미지를 주며 피해량만큼 체력을 회복. 동일한 대상을 공격할 경우 최대 3회까지 중첩되며 중첩시간은 4초간 지속.

□□□ **eternal** [ɪtɜ́ːrnl 이**터**어늘] a. 영원한

□□□ **thirst** [θɜ́ːrst 써어스ㅌ] n. 갈증　∞ Aatrox 참고

### eternal(영원한)은 aeon(영겁)에서 나온 단어

★ eternal은 '**영원한**'이라는 뜻이고 같은 뜻의 라틴어인 aeternalis에서 나왔습니다.
이 라틴어는 영겁을 말하는 단어 aevum(aeon영원)에서 나온 단어입니다. 그러다 중세부터 '**시작도 끝도 없는 것, 혹은 시작은 있으나 끝이 없는 것**'을 말하고자 할 때 사용했습니다.
eternal의 암기는 '**eeeeeeee터널**'로 기억해서 영원이 **이이이이어**지는 터널의 이미지를 만들면 편합니다.

**eternity** [ɪtɜ́ːrnətɪ 이**터**어너티] n. 영원

**aeon** [íːən **이**이언] n. 영겁

또한 eternal과 비슷한 '**영원의**'라는 뜻을 가진 단어들도 같이 알아두는 것이 좋습니다.

| a. 영원의 | eternal, everlasting, perpetual, permanent |
|---|---|
| ⇔ a. 일시적인 | temporary, ephemeral, transient |

# Eternal
a. 영원한

permanent [pə́ːrmənənt **퍼어**머넌ㅌ] a. 영구적인  ∞ Sejuani 참고
perpetual [pəpétʃuəl 퍼**페**츄얼] a. 영구적인
ephemeral [ɪfémərəl 이ㅎ**페**머럴] a. 덧없는, 단명한   epi(upon위에) + mera(day하루)
transient [trǽnʃnt **트랜**션ㅌ] a. 일시적인

* perpetual은 '**영구적인**'이라는 뜻입니다. per(through통하여) + petere(go)의 라틴어 조합으로 된 단어입니다.
어원 속의 뜻은 '**계속해서 가다**'입니다. 끊임없이 계속되는 소음(noise)이나 만년설(snow), 진자의 영구운동(motion) 등을 설명할 수 있는 형용사입니다.
perpetual을 기억할 때는 발음 그대로 진자가 영구적으로 '**퍼, 뺏, 퍼, 뺏, 퍼, 뺏..**' 운동하는 것을 떠올리면 됩니다.

* ephemeral은 '**덧없는, 단명한**'이라는 뜻입니다. 다른 말로 '**생명이 하루밖에 안가는**'이라는 의미이고 명사형인
ephemera는 '**하루살이(=mayfly), 덧없는 것**'을 말합니다.
영어에는 동물의 이름에 형용사형 어미가 붙어서 그 특징이나 이미지가 그대로 형용사가 된 경우가 많이 있습니다.
foxy(여우같이 섹시한), wolfish(늑대같이 음흉한), snaky(뱀같이 화가 난)의 단어 같은 경우인데 하루살이(ephemera)도 그 단명한 삶의 특징이 형용사형의 뜻으로 사용되었습니다.
ephemeral을 기억할 때는 하루살이가 하루 만에 노인이 되어서 치과에 가서 '**이 뺌을 할**' 덧없는 상황이라고 설정을
하면 재미있습니다.

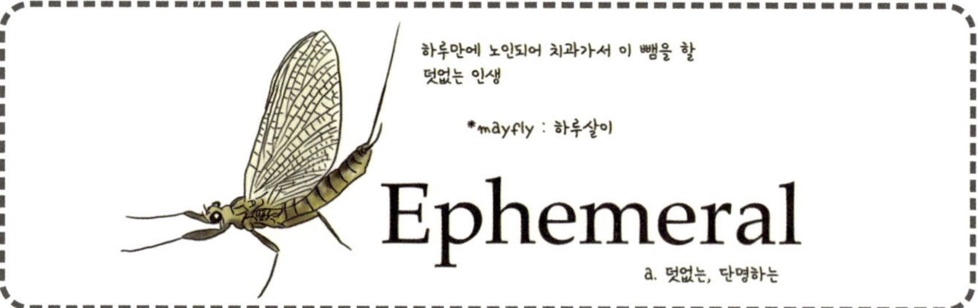


# Ephemeral
a. 덧없는, 단명하는

ephemeral덧없는과 관련해서 인간의 유한함과 겸손에 대한 로마시대의 재미있는 전통이 있습니다.
화려한 triumphal celebration개선식에서 개선한 집정관이나 장군의 뒤를 노예 한 명이 따라가면서
끊임없이 "Memento mori ! Memento mori!" 를 외치는 것이었죠.
이는 '죽음을 기억하라!, 덧없음을 기억하라!'라는 뜻이고 'ephemeral한 인간임을 잊지 말라'라는
뜻에서 만들어진 전통입니다.

* **transient**는 **'일시적인'**이라는 뜻입니다. trans(across지나서) + ire(go)의 라틴어 조합으로 된 단어입니다. 머물지 않고 휙 지나가버리다는 뜻입니다.

transient를 기억할 때는 **트랜스**젠더가 기분에 따라 일시적으로 여자로 성전환을 했다고 생각하면 됩니다.

## Lineage Eternal(리니지 이터널)

NC Soft사의 [Lineage Eternal리니지 이터널]은 2011년 지스타에서 처음으로 대중에게 공개되고 2014년 지스타에서 시연이 되어 대단한 화제를 모았던 게임입니다. 많은 분들이 기다리고 있는 게임입니다만 기다림이 길어져서 기다림 자체가 eternal하게 느껴집니다.

고등학생이 되어 처음 이 게임의 출시를 기대했던 친구라면 벌써 6년이 지나 대학을 졸업할 준비를 하고 있을 시간입니다. 아마도 그간 게임시장이 온라인에서 모바일로 대세가 옮겨가면서 platform플랫폼을 모바일과의 연동으로 바꿔야하는 상황이 되어 개발자의 기획이 바뀐 탓으로 보입니다.

**lineage** [lɪ́nɪɪdʒ 리니이지] n. (명문의) 혈통, 가계

# Q  Hungering Strike
### Q - 갈망의 일격

(액티브) : 하나의 적에게 마법 데미지 혹은 전체 체력 비례 데미지 중 더 높은 수치로 마법 데미지를 입히고 입힌 데미지의 80%만큼 체력을 회복.

□□□ **hunger** [hʌ́ŋgə(r) 헝거] n. 굶주림, 기아    ∞ Yorick 참고

## hunger(굶주림)은 'hungry 정신'으로 극복해야?

★ **hunger**는 **'배고픔이나 기아'**를 말하는데 원시 독일어 hungruz에서 나온 단어입니다.
아시다시피 형용사는 hungry입니다.
영화 [넘버3]의 대사에도 나오는 **'헝그리 정신'**은 영어와 한글이 섞여 그 속뜻이 이상하게 바뀐 경우입니다.  hungry배고픈 느낌에 대해 여기서는 정신적으로 말고 과학적으로 보겠습니다.

hungry배고픈한 느낌은 뇌의 한 영역인 시상하부에서 조절하고 있습니다. 인간의 간뇌는 thalamus 시상과 hypothalamus시상하부로 이루어져있는데 시상은 큰 호두알만한 것이 뇌의 중심부에 좌우에 각각 하나씩 총 2개가 박혀있다고 생각하면 됩니다.
그리고 시상하부는 바로 그 시상 아래쪽에 위치하고 있는 곳입니다.

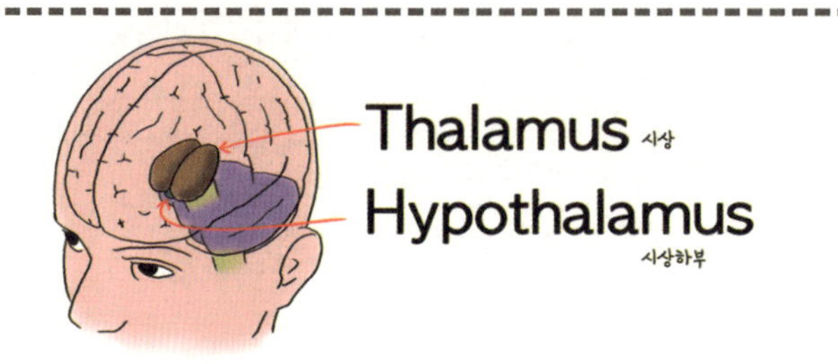


바로 이 시상하부가 우리 몸의 유지에 중요한 식욕과 성욕, 체온 조절 등을 담당하고 있습니다. 많이 먹으면 시상하부의 포만중추에서 satiety포만감을 느끼게 되고 배가 고프면 시상하부의 섭식중추에서 hunger배고픔을 느끼게 됩니다.
참고로 우리가 다이어트를 할 때 이 satiety center포만중추를 활성화해주는 것이 무척 중요한데 그 이유는 음식을 먹고 혈당이 올라 그 신호가 포만중추에 전달되기까지는 20분이 소요되기 때문입니다. 배가 부르다고 느껴야 적당한 선에서 식사를 멈추게 되는 것입니다.
그런데 허겁지겁 20분 안에 음식을 위장에 순식간에 집어넣어버리면 배가 부르다고 느낄 때쯤이면 벌써 이미 수 천 칼로리가 몸 안에 들어와 있게 되는 것이죠. 천천히 먹는 식습관만으로도 다이어트는 성공가능성이 높아집니다.

**satiety** [sətáɪətɪ 서**타이어**티] n. 포만감

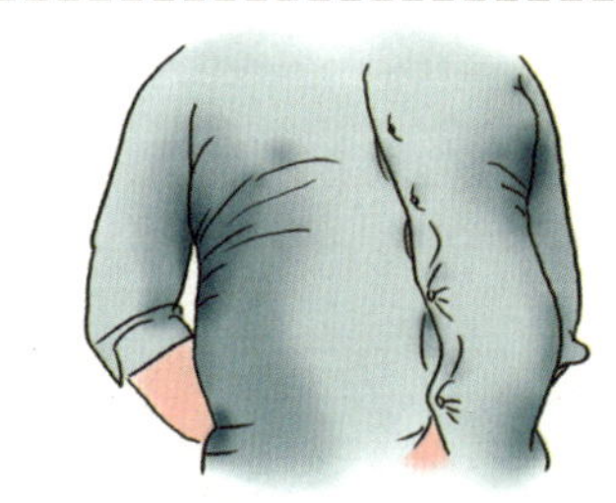


* **satiety**는 음식을 먹고 배가 부른 포만감을 말합니다. 충분하다는 뜻의 라틴어 satis에서 시작된 단어입니다. 이 어원은 satisfy만족시키다, satisfactory충분한 등의 단어에서 볼 수 있습니다.
satiety포만감를 기억할 때는 발음 그대로 '**배가 새 타이어**만큼 커져서 포만감이 든다.'라고 상상하면 되겠습니다.
참고로 비슷한 철자의 satire풍자도 같이 기억하는 것이 좋습니다. satire는 로마의 시인 Ennius에니우스 풍자시집에서 유래하여 풍자의 의미가 현대에 남게 되었습니다.

## 포만중추를 파괴당한 왕 Erysichthon(에리시크톤)

그리스로마 신화에 앞 페이지에서 본 시상하부의 satiety center포만중추가 화가 잔뜩 난 신에 의해 파괴된 Tessalia테살리아의 왕인 Erysichthon에리시크톤의 이야기가 나옵니다. 오만한 왕은 데메테르 여신에게 바쳐진 참나무를 직접 베어버렸고 분노한 데메테르 여신은 〈굶주림의 여신〉인 Limos리모스를 보내 영원한 배고픔을 느끼게 만듭니다.

신화에 따르면 으슥한 자정에 리모스 여신은 에리시크톤의 방에 몰래 들어가 그녀의 팔로 왕을 감싸고 그의 입과 목구멍, 폐를 그녀 자신으로 꽉 채운 다음 그의 혈관에 그녀의 영원한 craving갈망과 emptiness공허를 심어놓았다고 되어있습니다.

> **craving** [kréɪvɪŋ 크레이빙] n. 갈망
> **emptiness** [émptinəs 엠프티너씨] n. 공허

그 영원한 배고픔에 에리시크톤은 자기 모든 재산과 딸까지 팔아서 hunger허기를 달래보지만 실패하고 결국은 자신의 몸까지 먹어치우게 됩니다. 이렇게 '**포만중추 파괴형(刑)**'은 신이 내린 형벌 중에서 가장 가혹하다고 할 수 있겠습니다.

여기서 우리는 신경외과적인 상상을 한 가지 해볼 수 있습니다. 즉 만약에 리모스 여신이 벌을 주다가 실수로 에리시크톤의 '**포만중추(satiety center)**'가 아니라 바로 옆의 '**섭식중추(hunger center)**'를 파괴했다면 그는 반대로 영원히 배가 부르다고 느껴 빼빼 말라죽었을 겁니다. 그랬다면 에리시크톤은 배부르게 죽을 수 있었을 것이고 데메테르 여신의 분노는 다 풀리지 못했을 것 같습니다.

## Hunters Call
W - 사냥 본능

(액티브) : 6초 동안 워윅의 공격 속도가 증가. 주변에 있는 아군 챔피언의 공격 속도가 워윅이 받는 효과의 50%만큼 증가.

## Blood Scent
E - 피비린내

(활성화 시) : 체력이 절반 이하로 떨어진 적 챔피언이 일정 거리 이내에 들어오게 되면 해당 챔피언은 체력이 50% 이상으로 회복되거나 사정거리 밖으로 벗어나기 전까지 워윅에게 보이게 되며 워윅은 일정 수치만큼 이동 속도가 상승.

□□□ **scent** [sent 센ㅌ] n. 향기

★ scent는 좋은 향기를 말하고 sense느끼다 뜻의 라틴어 sentire에서 나온 단어입니다. 영어에서는 17세 기에 단어에서 's'다음에 없던 'c'를 넣는 게 유행했습니다.
아마도 science나 ascent, descent의 영향을 받았을 것입니다. 이렇게 단어에 /sc/가 유행했던 예가 scent향기, scythe낫 등의 단어에 남아있습니다.

# Infinite Duress
### R – 무한의 구속

(액티브) : 워윅이 적 챔피언에게 달려들어서 1.8초간 적 챔피언을 제압하고 0.3초 간격으로 5번의 공격을 하여 마법피해. 무한의 구속 중 30%의 흡혈량을 얻으며 5번의 공격은 모든 발동 효과를 발동.

□□□ **infinite** [ínfɪnət 인ㅎ피너ㅌ] a. 무한의

□□□ **duress** [durés 두레ㅆ] n. 협박

## infinite(무한의)는 finish(끝)되지 않는 것

★ infinite는 'limitless무한의'라는 형용사로 쓰이거나 '**무한한 것**'을 나타내는 명사로 쓰입니다. 라틴어 infinitus에서 나온 말이고 in(not반대) + finitus(definite확고한 or finish끝)의 조합으로 '**끝이 없다**'라는 의미입니다. 아이돌 그룹 [Infinite인피니트] 때문에 무척 익숙한 단어입니다.

**infinity** [ɪnfínətɪ 인ㅎ**피**너티] n. 무한성
**finite** [fáɪnaɪt ㅎ**파이**나이트] a. 한정된

이처럼 finish를 뜻하는 finis 어근에서 발전한 단어는 fine, final 등 꽤 많습니다. 모아봅시다.

**define** [dɪfáɪn 디ㅎ**파인**] v. 정의하다
→ **definite** [défɪnət 데ㅎ**피**닛] a. 확실한
→ **definition** [defɪníʃn 데ㅎ피**니**션] n. 정의
**confine** [kənfáɪn 컨ㅎ**파인**] v. 국한시키다
**affinity** [əfínətɪ 어ㅎ**피**너티] n. 친밀감

* define은 '**정의하다**'라는 뜻입니다. 즉 '**명제를 명확하게 설명하다**'는 의미를 가진 논리학의 기본 단어입니다. de(completely완전히) + finire(end끝)의 조합이고 이는 '**어떤 명제에 대한 토의가 끝까지 가서 결론에 도달했다**'는 뜻입니다.

* confine은 '**경계를 제한하다**'라는 뜻입니다. com(with함께) + finis(end끝)의 조합이어서 **여럿이** 손을 잡고 빙 둘러서 한 사람을 못나가게 하며 **끝**에 해당하는 곳을 모두 막는 이미지의 단어입니다.

* affinity는 친밀감을 말합니다. ad(to향하여) + finis(end끝)의 조합이고 '**바로 옆에 위치하고 있다**'라는 의미의 라틴어 affinis에서 나온 단어입니다. 이 말은 원래 결혼한 부부의 관계를 의미했습니다. 멀리 떨어져 살다가 이제 **결혼 후 바로 옆(나의 끝)**에 살게 되었다는 뜻입니다.
그런데 어원의 설명으로 기억하기는 좀 어려우므로 affinity는 그냥 '**끝까지(to final) 간 사이**'라고 생각하는 것이 (약간 야한 상상을 가져다주지만) 외우기에는 더 편합니다.
또한 과학용어로서 affinity는 친화도를 의미합니다. 친화도란 화학반응에 있어서 어떤 화합물을 생성할 때 각 원소 사이에 잘 결합하는 정도를 나타냅니다.

# Affinity
n. 친밀감

★ **duress**는 타인에게 받는 위협이나 협박을 말합니다. 어려움이나 고난을 뜻하는 라틴어인 durus 에서 나온 단어입니다.
duress의 어원과 연관된 단어로는 endure가 있습니다.
endure는 **'고난을 견디다'**라는 뜻의 en(into안으로) + durus(hard어려움)의 조합입니다.

**endure** [ɪndúr 인듀어] v. 견디다    ∞ Garen 참고

# Warwick

★★☆☆☆ eternal - the secret of eternal youth 영원한 젊음의 비밀

★★★☆☆ thirst - He built up quite the thirst, after his trip through the waste lands.
황무지를 통과하는 여행을 하고 난 후 그의 갈증은 꽤 심해졌다.

★★★☆☆ eternity - The son of man will make his name for all eternity.
그의 아들은 그의 이름을 불멸이 되게 만들 것이다.

★★★★☆ aeon - glaciers that formed aeons ago 영겁의 시간 전에 형성된 빙하

★★★☆☆ permanent - Human have 32 permanent tooth. 사람은 32개의 영구치가 있다.

★★★☆☆ perpetual - the perpetual ebb and flow of the tide 조류의 영구한 들고남

★★★☆☆ ephemeral - ephemeral popularity 덧없는 인기

★★★☆☆ transient - All love that depends on a transient thing, when the thing has ceased, the love ceases too.
일시적인 것에 의존한 사랑은 그것이 사라지면 사랑도 사라진다.

★★★☆☆ lineage - He found out his lineage can be traced to an Egyptian king.
그는 자신의 혈통이 이집트의 왕까지 거슬러 올라갈 수 있다는 것을 발견했다.

★★☆☆☆ hunger - Female farmers have the potential to pull 150 million people out of hunger.
여성 농부들은 1억 5천만의 사람들을 배고픔에서 벗어나게 만들 잠재성이 있다.

★★★☆☆ satiety - a feeling of satiety 포만감

★★★☆☆ craving - After a long hike, I suddenly crave ramen.
오랜 도보여행 후에 나는 갑자기 라면이 마구 먹고 싶어졌다.

★★★☆☆ emptiness - A feeling of emptiness was quickly repressed when he got a girlfriend.
그가 여자 친구를 사귀게 되자 공허감은 빠르게 가라앉았다.

★★★☆☆ scent - Our scent was picked up by a lion, who later found us in our tents, while we were sleeping.
우리의 냄새를 사자가 맡았고, 그 사자는 우리가 잠자는 동안 우리의 텐트 안에서 우리를 찾아냈다.

★★★☆☆ infinite - the infinite number of stars 끝없는 별의 수

★★★☆☆ duress - We were in great duress after learning our team will be next up.
우리 팀이 다음 순서라는 것을 알고 난 후 우리는 큰 압박 속에 있었다.

★★☆☆☆ infinity - an infinity of combinations 조합의 무한함

★★★☆☆ finite - a finite amount of memory 유한한 양의 기억

★★★☆☆ define - How do you define the meaning of love?
당신은 사랑의 의미를 어떻게 정의하나요?

★★★☆☆ definite - Definitely, you can come to my 1990s game character themed party.
당연히, 넌 내 1990년대 게임 캐릭터를 주제로 하는 내 파티에 참석할 수 있어.

★★★☆☆ definition - a dictionary definition of the noun 그 명사의 사전적 정의

★★★☆☆ confine - I was confined in my room all night because tomorrow is my final exams.
내일은 내 기말고사이기 때문에 나는 밤새 내 방에만 있었다.

★★★☆☆ affinity - The secret agents still have an affinity with that tribes in the planet.
그 비밀요원들은 아직 그 혹성의 종족에게 친밀감을 가지고 있다.

★★★☆☆ endure - Millions of refugees endure the lowest living standard on earth.
수백만의 난민들은 지구에서 가장 하위의 생활수준을 견딘다.

## P  **Stone Skin** | 오공의 방어력과 마법 저항력이 근처에 있는 적 챔피언의 수에 따라 높아짐.
passive - 바위 피부

### Stone Skin(바위피부)는 기생충병일 수도 있다

★ Stone Skin은 스킬이름 〈바위 피부〉로 번역이 되었는데 영화 [Fantastic4환타스틱4]의 바위덩이 친구인 'the Thing더 씽'를 떠올리게 합니다. 그런데 일반인도 그런 바위피부처럼 딱딱하고 커다란 피부를 가질 수 있는 방법이 있습니다.
바로 피부 parasite기생충인 림프사상충(Lymphatic Filariasis)에 감염되는 것입니다.
이 림프사상충의 larvae유충에 감염되면 림프절에 염증이 생겨서 다리가 퉁퉁 붓고
피부가 바위처럼 단단해집니다.

**parasite** [pǽrəsɑɪt 패러사이트] n. 기생충
**inflammation** [ínfləmeɪʃn 인ㅎ플러메이션] n. 염증
**larvae** [lɑ́ːrvə 라아버] n. 유충  (**larva**의 복수형)

* **parasite**기생충은 para(beside옆에서) + sitos(food음식)의 조합인 그리스어 parasitos에서 나온 단어입니다.
기생충은 어원 그대로 host숙주의 옆에 붙어서 host숙주를 음식으로 삼거나 가로채는 현명하고도 안전한 생존방식을
선택한 종입니다. 모든 생물체중 가장 성공적인 생활사를 가진 종으로 여겨집니다.      ∞ Ekko 참고
para는 parallel평행, paranoia편집증, paradise천국에서처럼 '옆, 가짜, 초월' 등의 뜻으로 쓰이는 접두사입니다.
parasite를 기억할 때는 site는 장소를 말하는 단어이기도 하므로 그냥 '옆(para) 장소(site)'에서 사는 기생충이라고
연상해도 뜻은 통합니다.

* inflammation염증은 어렵게 보이는 단어의 생김새와 달리 분해를 해보면 뜻은 간단합니다. in(into) +flame(불꽃)
+ ate(동사화어미) + tion(명사화어미)의 조합으로 몸 안에 flame불꽃을 피우는 것입니다.
염증이 생기면 그 부위에 열이 나고 빨갛게 붓고 아프게 됩니다. inflammation은 단어 조합 그대로 몸 **안에서 불이
난** 듯한 현상을 염증으로 이해하면 되겠습니다.

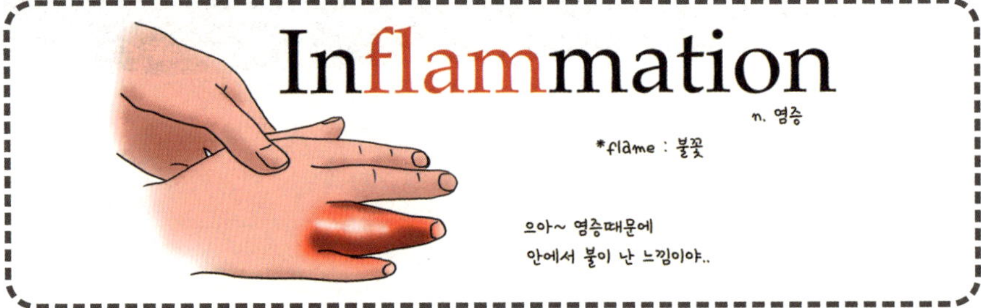


* larvae유충은 우리가 아는 [Starcraft스타크래프트] 저그 종족에서 귀엽게 꿈틀거리는 그 larva라바가 맞습니다. 여기서
larvae는 단수형 larva의 끝에 철자 /e/를 넣어서 plural복수형이 된 것입니다.
한글 발음은 단수 larva일 때는 [(을)라바], 복수 larvae일 때는 [(을)라비]라고 부르면 되겠습니다.
유충(애벌레)을 뜻하는 다른 단어로는 caterpillar캐터필러가 있습니다. 탱크의 무한궤도 바퀴도 캐터필러입니다.

## 코끼리 다리를 만드는 림프사상충

림프사상충은 길이가 수컷이 4cm이고 암컷이 6~10cm정도 되는 아주 커다란 녀석인데 모기에 의해 사람에게
감염됩니다. 모기가 사람피를 빨 때 larvae유충이 스며들어가 생기는 일이므로 동남아시아나 아프리카 등으로
여행을 가면 언제든 걸릴 수 있는 질환입니다.

이 기생충이 살아있을 때는 별 문제가 안 되는데 사상충이 죽게 되면 그 단백질이 격렬한 immune reaction
면역반응을 일으킵니다. 그 결과 림프관과 림프절이 inflammation염증이 생기게 되고 그 아래쪽은 림프통행이
막혀서 붓게 됩니다. 만일 다리 쪽이 막히면 코끼리 다리가 되고 고환 쪽이 막히면 고환이 농구공만큼 커집니다.
피부도 거칠고 딱딱해져서 stone skin처럼 거칠어지게 됩니다. 물론 누구도 이런 식으로 챔피언 Wukong오공의
passive 스킬 〈Stone Skin〉을 얻고 싶지는 않을 것입니다.
림프사상충 감염은 전 세계 1억 명의 환자가 고통 받는 질환이지만 다행히 최근 생리의학자들이 이 사상충의
larvae유충을 죽이는 약을 개발하여 점점 퇴치가 되고 있습니다.

 **Q**

# Crushing Blow  ┃ (액티브) : 오공의 다음 공격이 추가 물리 피해를 주고 적의 방어력을 낮춤.
Q  -  파쇄격

□□□ **crushing** [krʌʃɪŋ **크러**쉥] a. 참담한

## crush는 자동차사고가 나듯 이성에 훅 가버린 것!

★ crushing은 '**참담한, 치명적인**'이라는 뜻의 형용사로 전쟁이나 경기에 대패했을 때 쓸 수 있는 표현입니다. 으그러진다는 것은 강렬한 충격을 받았을 때에 생기는 현상이므로 crushing은 자동차 사고를 서술할 때에도 자주 사용됩니다. crushing은 '**으그러뜨리다, 부수다**'라는 뜻의 동사 crush 의 형용사형이며 crack과 어감이 같습니다.

　　**crush** [krʌʃ 크러쉬] v. 으그러뜨리다, 홀딱 반하다(on)  n. 반함

또한 crush는 이성(異姓)에게 '**홀딱 반하다**'라는 표현에도 쓸 수 있습니다. 마치 차에 부딪혀서 강한 충격을 받듯이 이성을 보고 순식간에 '**헉!**'하며 얼이 빠져버리는 이미지입니다. 일반적으로 이런 crush는 강렬하지만 오래가지 않는 불꽃같은 사랑인 경우가 많습니다.

이렇게 '**이성에 푹 빠지다**'라는 뜻으로 사용되는 crush의 표현은 자동차가 상당히 보급된 19세기 후반부터 사용되어 왔습니다. crush의 사랑에 관계된 뜻은 보기에는 slang속어같지만 나름 역사가 있는 셈입니다. 요즘 우리나라에는 여자가 여자에게 반하는 girl-crush라는 단어가 '**여자도 반할만 한 쎈 언니**'라는 뜻으로 TV에 자주 나옵니다.

참고로 crush돼서 '**홀딱 반하여 얼이 빠진**'을 나타내는 형용사로는 infatuated가 있습니다.

**infatuated** [ɪnfǽtʃueɪtɪd 인ㅎ**패**츄에이티ㄷ] a. (사랑에) 푹 빠진

* infatuated는 사랑하는 대상에 푹 빠져있는 것을 나타냅니다. 사람뿐 아니라 일에 심취해있어도 사용할 수 있는 표현입니다. in(into) + fatuous(foolish바보같은) + -ed(과거분사형 어미)의 조합으로서 '뭔가에 푹 빠져 바보로 **변해버리는**' 것을 의미합니다. 어근이 되는 fatuous바보같은는 어원상 fame명성과 연결되어 있다지만 알아차리기가 쉽지 않습니다.

그래서 그냥 암기할 때는 in + fa(바보) + tu(뚱딴지) + -ated로 기억해보면 재미있습니다. 어원과는 관계가 없지만 단어에 'fat지방'이 들어가 있어서 왠지 뚱뚱한 사람이 사랑에 빠져 바보가 되는 이미지가 떠오릅니다.

# Decoy
### W - 분신술

| (액티브) : 오공이 1.5초 동안 은신 상태. 조종 불가능한 분신이 뒤에 남아 소멸할 때 근처 적에게 마법 피해.

□□□ **decoy** [díːkɔɪ **디이**코이] v. 유인하다  n. 유인용 모형  ∞ Leona 참고

## decoy(디코이)는 꼬시는 cage(상자)

★ decoy는 보통 군함이나 잠수함에서 적의 어뢰나 탐지를 피하거나 대함미사일을 회피할 목적으로 사용되는 기만용 방어도구를 말합니다.
오리 사냥에서 오리를 꾀기 위해(entice) 쓰는 가짜 오리도 디코이라고 부릅니다.
decoy는 cage상자를 뜻하는 라틴어인 cavea에서 나와 독일에서 kaiwa로 사용되고 있었습니다. 그 후 이 단어가 Dutch네덜란드에서 영어로 도입되는 과정에서 정관사 de를 단어의 일부로 생각하여 decoy가 된 것입니다.

**entice** [ɪntáɪs 인**타이**스] v. 유인하다

* entice는 상대를 속이기 위해 유인하는 것을 말합니다. 어원은 정확하게 밝혀지진 않았지만 라틴어인 titio가 선동가를 말하므로 달콤하고 열렬한 말로 대상을 유인하여 마음속에 불을 지르는 모습에서 나온 것으로 추측됩니다. 우리는 entice를 기억할 때 그냥 바다의 아귀가 작은 물고기를 '**유인한 다음(and) ~ 이빨(teeth)로 콱!**' 무는 장면을 연상하는 것이 편합니다.

**노총각 오리를 잡는 decoy(디코이)**

방어무기로서의 decoy디코이는 화학약품을 방출하여 bubble curtain버블커튼을 형성시켜 적 잠수함의 sona소나나 torpedo어뢰의 탐지를 회피하는 식이었습니다. 요즘은 decoy가 직접 함정과 유사한 소리를 내면서 적의 탐지를 유인하는 식으로 발전하였습니다.

이런 군사적 목적 외에도 decoy는 사기를 치기 위한 attention diverter바람잡이나 남자를 꾀기 위한 여자를 가리킬 때도 사용할 수 있습니다.

또한 오리사냥에도 decoy는 자주 사용되고 있습니다. 무리끼리 모이는 오리의 습성을 이용해서 정교한 decoy duck(유인용 오리모형)을 물에 띄워놓고 친구라고 착각하여 찾아오는 오리에게 총을 쏘는 것입니다. 당하는 오리의 입장에서는, 특히 그 유인(entice)된 오리가 노총각 오리라면 무척 속상한 일이 아닐 수 없습니다.

## E **Nimbus Strike**
E – 근두운 급습

(액티브) : 오공이 대상에게 돌격하는 동시에 자신의 분신을 만들어 대상 근처에 있는 최대 2명의 적에게 추가 공격을 하여 물리 피해를 주고 4초 동안 공격 속도가 상승.

□□□ **nimbus** [nímbəs **님**버스] n. 비구름

**nimbus(비구름)은 어원상 nebula(성운)과 먼 친척**

★ **nimbus**는 rain cloud비구름을 말합니다. 비를 잔뜩 머금어 불투명하고 도톰해 보이는 구름이죠. nimbus는 라틴어로 성운을 뜻하는 nebula에서 기원한 단어입니다.
nimbus를 기억할 때는 인터넷 용어를 이용하여 "**님. 버스 좀 태워주세요. 비구름도 다가오는데..**"로 외우면 되겠습니다.
참고로 온라인게임에서 '**버스**'란 고랩이 쪼랩과 파티해서 몹들을 학살하며 도와주는 것을 말합니다.

별도로 nebula성운에 대해서 더 알아보면 nebula는 예전에는 '**구름**'을 의미하는 단어였습니다. 그러다가 18세기에 망원경이 발명되고 나서는 처음의 '**구름**'의 의미에서 '**밤하늘 별자리의 구름처럼 보이는 작은 patch조각**'를 가리키는 이름이 되었습니다.
그 후 1920년대에 카메라 기술이 발전하고 나서 별 주변에 우주 가스구름이 실제로 싸고 있는 것도 알게 되었습니다.
즉 18세기에 멋모르고 불렀던 '**구름**'이 정말로 우주의 '**가스 구름**'이었던 것입니다. 과학의 역사에서 가끔 볼 수 있는 [처음에 찍은 게 정답]인 경우에 해당합니다.

**nebula** [nébjələ **네뷰얼러**] n. 성운

## 근두운은 구름이 아니다

LOL에서는 챔피언 Wokong오공의 스킬 〈Nimbus Strike근두운 급습〉에서 보듯이 nimbus는 손오공이 타고 다니는 근두운(勤斗雲)을 말하는 단어로 번역되었습니다. 일종의 아이템이죠.

그러나 실제로 근두운이란 '**술법**'의 한 종류입니다.
이 근두운 술법은 한 번 재주넘어서 구름을 뛰어넘어 1만 8천리를 가는 손오공의 skill 중 하나인 것입니다. 중국의 [서유기] 원전을 읽는 사람은 매우 드물기 때문에 수보리조사가 가르쳐 준 이 스킬 근두운에 대한 오해가 생긴 것입니다. 쉽게 말해서 '**스킬이름**'을 '**아이템이름**'으로 착각한 것이지요.

근두운의 어원을 추적해보면 재주넘기를 말하는 우리말 '**곤두**'의 원말이 되는 한자 '**근두(勤斗)**'에서 의미를 찾을 수 있습니다. 아직 우리말 '**곤두박질**'에도 그 어원이 남아있으니 뜻이 이해가 갑니다. 만일 번역을 제대로 했다면 '**구름을 재주넘는 기술**'이 적당했을 것입니다.

이렇게 근두운은 '**근두하는 구름**'이 아니라 '**구름을 근두하다**'라고 해석되어야 했지만 이미 온갖 만화에서 손오공이 자가용처럼 타고 다니며 실체화된 아이템을 원전을 따라 스킬로 되돌릴 방법은 없어 보입니다.

**R** **Cyclone**
R - 회전격

┃ (액티브) : 오공이 봉을 늘린 후 이를 휘둘러 적에게 피해를 주고 공중으로 띄워 올림. 스킬을 쓰는 동안 오공의 이동 속도가 점점 증가.

□□□ **cyclone** [sáɪkloʊn **사이클로운**] n. 사이클론

**cyclone(사이클론)은 cycle(사이클)에서 나온 단어**

★ cyclone은 폭풍우를 수반하는 tropical cyclone열대성저기압으로 태풍과 같은 것을 지역에 따라 달리 부르는 것 중 하나입니다. 적도 부근에서 발생하여 점점 중위도로 이동하게 되며 강한 바람과 집중호우를 동반합니다. 소용돌이처럼 빙빙 도는 circle서클이나 cycle과 관련해서 나온 단어입니다.

열대성 저기압은 지역에 따라 동남아시아에서는 typhoon태풍, 인도양에서는 cyclone사이클론, 중남미의 카리브해에서는 hurricane허리케인, 호주에서는 willy-willy윌리윌리라고 부릅니다.

**typhoon** [taɪfúːn 타이ㅎ**푸운**] n. 태풍

* **typhoon**태풍의 어원을 추적해보면 광둥어 기원의 태풍(颱風)의 발음인 tai fung이 아랍어인 al-tufan을 거쳐 16세기에 포르투칼에서 영어로 유입된 단어인 것을 알 수 있습니다.
typhoon이 그리스 신화에서 제우스에 맞선 괴물인 Typhon티폰에서 유래했다는 설도 있습니다.
이 강한 바람이나 소용돌이를 뜻하는 그리스어 typhon은 우리가 알고 있는 typhus티푸스나 typhoid장티푸스(腸티푸스) 같은 병들과 어원이 같습니다. 티푸스는 병에 걸린 후 열에 의해서 정신이 반쯤 나가있는 모습이 바람이나 안개에 의해서 정신을 차릴 수 없는 것과 같아서 생긴 단어입니다.

## 가이아 할머니의 분노 Typhon(티폰)

제우스의 할머니에 해당하는 대지의 여신 Gaia가이아는 제우스가 자신의 아버지 크로노스를 몰아내고 세상을 지배하게 되자 이에 분노하여 Typhon티폰이라는 괴물을 낳고 제우스를 공격하게 합니다. 즉 자신의 아들을 손자가 몰아내자 할머니가 노하신 것입니다.　　∞ Ekko 참고

티폰은 번갯불과 불을 내뿜는 100개의 용의 머리와 인간의 몸, 그리고 뱀의 하반신을 가진 거인이었습니다. 이런 티폰이 무시무시한 힘을 가지고 올림푸스 산으로 진격을 하자 아테네와 제우스를 제외한 모든 신들은 이집트로 도망가고 제우스만 번개를 던지며 맞서 싸우게 됩니다. 하지만 제우스는 티폰에게 져서 모든 힘줄이 잘리고 동굴에 갇히게 됩니다.

제우스는 나중 자신의 잘린 ligament힘줄을 다시 훔쳐온 헤르메스의 도움을 받아 티폰에게 재도전을 하게 됩니다. 치열한 전투 후 결국 제우스가 이기게 되고 티폰은 반대로 Etna mountain에트나 산에 갇히게 됩니다. 그 후 그리스인들은 활화산인 에트나 산이 불꽃을 내뿜는 것은 갇혀있는 이 티폰이 잠시 분노의 기지개를 펴는 것이라고 여겼습니다. **"난 가이아 할머니가 시키는 대로 했을 뿐이라고!"**

# Wukong

★★★☆☆ parasite - A parasite has been controlling his behavior for the past 10 years.
기생충 한 마리가 지난 10년 간 그의 행동을 조종해왔다.

★★★☆☆ inflammation - Overuse of medication can cause inflammation of the liver.
약의 남용이 간에 염증을 일으킬 수 있다.

★★★☆☆ larvae - A sea of house flies morphed from larvae.
수많은 집파리 떼가 유충에서 탈바꿈되었다.

★★★☆☆ crushing - crushing defeat by the home team
홈팀에게 당한 참담한 패배

★★★☆☆ crush - They thought the young general would attack and crush the enemy force.
그들은 그 젊은 장군이 적군을 공격해 격파할 것이라고 생각했었다.

★★★☆☆ infatuated - a young boy who becomes infatuated with a friend's sister
친구의 여동생에게 사랑에 빠진 어린 소년

★★☆☆☆ decoy - My opponent fell for my decoy, allowing me to use a queen/bishop checkmate move.
내 적수는 내 유인에 빠져서 내가 퀸/비숍 체크 메이트 이동을 사용하게끔 허용하였다.

★★★☆☆ entice - I was enticed by my best friend to join him at the PC Room.
나는 가장 친한 친구가 피시방에 함께 가자고 하는 꾐에 빠졌다.

★★★★★ nimbus - Her hair splayed out around her head like a nimbus.
그녀의 머리카락이 그녀의 머리 주위로 비구름처럼 벌려졌다.

★★★★★ nebula - Their spaceship entered the nebula, never to be seen again.
그들의 우주선은 그 성운으로 들어갔고 다시는 볼 수 없었다.

★★★☆☆ cyclone - victims of tropical cyclone
열대성 저기압의 피해자들

★★☆☆☆ typhoon - A typhoon ripped through the town creating a wake of destruction.
태풍이 마을을 거칠게 할퀴고 지나가며 긴 파괴의 흔적을 남겨놓았다.

# Xerath.

## the Magus Ascendant

### 제라스 - 초월한 마법사

P **Mana Surge** 마나 쇄도

Q **Arcanopulse** 비전 파동

W **Eye of Destruction** 파멸의 눈

E **Shocking Orb** 충격 구체

R **Rite of the Arcane** 비전 의식

---

**P** **Mana Surge**
passive - 마나 쇄도

| 12초마다, 기본 공격이 30 ~ 195의 마나를 회복. 챔피언의 레벨에 따라서 회복하는 양이 증가. 적 챔피언을 공격할 경우 회복량은 두 배. 건물 공격시에는 적용되지 않음.

 **mana** [mɑ́ːnə 마아너] n. 마나

★ mana는 초자연적인 힘을 말합니다. 온라인게임에서는 채우거나 고갈될 수 있는 신비한 마법의 에너지입니다.

특이하게도 이 mana라는 단어는 유럽의 legend전설이나 myth신화에서 나온 단어가 아니고 19세기 영국의 민속학자 R. H. Codrington코드링턴이 저술한 [Melanesian멜라네시아인]이란 책에서 언급된 멜라네시아인의 특이한 개념입니다.

### Mana(마나)는 멜라네시아인의 능력

멜라네시아인들은 이 마나가 사물이나 자연환경뿐 아니라 전사의 창이나 추장의 몸에 깃들어 있어서 능력을 발휘한다고 생각했습니다.

또한 마나는 물질 간에 이동이 가능하므로 흡수를 통해서 마나를 배양할 수 있다고 여겼습니다. 마치 무협지의 내공과 개념이 비슷합니다. 무협지에서는 격체전력(隔體傳力)을 통해서 사부에게서 제자로 내공이 옮겨질 수 있고 또한 채음보양(採陰補陽)이라는 사악한 무공이 있어서 성관계를 통하여 내공이나 기를 흡수하는 '이동'의 개념이 있습니다.

현대의 모든 환타지 소설이나 온라인 게임의 용어는 거의 동유럽신화를 기반으로 하고 있는데 이 mana라는 개념만큼은 동남아시아에서 나온 것이라는 사실이 재미있습니다.

## Arcanopulse
Q - 비전 파동

(액티브) : 직선상의 있는 모든 적에게 마법 피해. 충전을 시작하면 사거리가 1.5초에 걸쳐 서서히 증가하고 이동속도가 서서히 50%까지 내려감. 최대 충전 후 추가 1.5초 동안 대기 가능. 3초 동안 스킬을 시전하지 않으면 50%의 마나를 반환. 이 스킬을 시전 중에는 다른 스킬을 시전 할 수 없음.

□□□ **arcane** [ɑːrkéɪn 아아케인] a. 신비로운　　∞ Kog' Maw 참고

□□□ **pulse** [pʌls 펄스] n. 맥박, 파동　　∞ Kassadin 참고

### pulse는 맥박이 뛰는 것

★ pulse는 맥박을 뜻하거나 빛이나 에너지의 파동을 말하는데 둘 다 period주기를 가진다는 특징이 있습니다. pulse는 PIE어근의 *pel-에서 기원했는데 이는 'throw던지다'라는 뜻을 가진 단어들의 기초가 되는 어근입니다.
이 *pel-어근은 expel추방하다, catapult투석기, compel강요하다, repel격퇴하다 등에서 볼 수 있는 아주 중요한 어근입니다.

pulse가 나온 김에 그동안 oscillating진동하는 그래프만 보면 눈이 어지러웠던 분들을 위해 소리나 에너지의 period주기와 관련된 단어들을 한데 모아서 정리를 해보겠습니다.

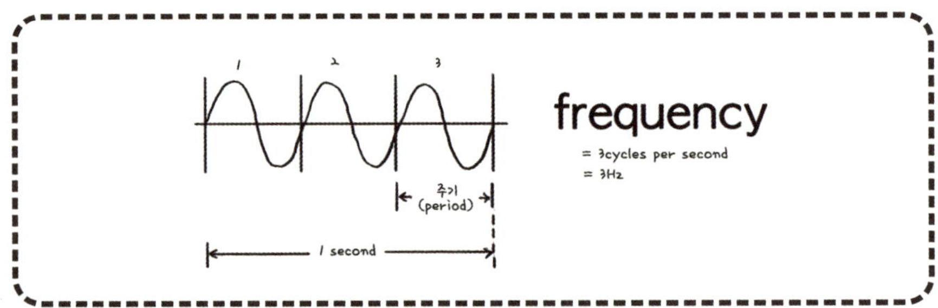


**frequency** [frí:kwənsɪ ㅎ프리퀀시] n. 빈도, 진동수　　∞ Ekko 참고
**amplitude** [ǽmplɪtuːd 앰플리튜으드] n. 진폭　　∞ Ekko 참고
**oscillation** [ɑːsɪléɪʃn 아아실레이션] n. 진동　　∞ Ekko 참고
**period** [píriəd 피리어드] n. 주기

* frequency는 '**빈도**'를 의미하고 Herz헤르츠(Hz)로 나타냅니다. 무언가 꽉 차있거나 많은 숫자로 이루어져있을 때를 뜻하는 라틴어 frequentia에서 나온 단어입니다. 형용사형은 '**잦은, 빈번한**'이라는 뜻의 frequent입니다.
라디오를 청취할 때 F.M(Frequency Modulation주파수 변조)방송과 A.M(Amplitude Modulation진폭 변조)방송의 구분에서 볼 수 있는 단어입니다.

* **amplitude**은 pulse파동가 진동하는 폭인 진폭을 뜻합니다. **'충분한'**을 뜻하는 형용사 ample에서 나온 단어입니다. 즉 진폭은 충분한(ample) 정도까지 위아래로 진동이 도달했을 때의 길이가 되는 것입니다. 동사는 **'증폭시키다'**라는 뜻의 amplify입니다.

ample충분한은 발음이 비슷한 ampule앰플과 함께 기억하면 편합니다. 병원에서 보통 주사액이 들어있는 작은 유리로 된 밀봉을 ampule앰플이라고 합니다. 주사약 ampule의 목을 부러뜨리면 "똑!" 소리가 나면서 유리가 깨지고 밀봉이 해제됩니다. 그러면 간호사가 주사기로 내용물을 쪽쪽 빨아서 엉덩이근육에 찔러 넣게 됩니다.

"ample충분한을 기억하려면 암기력 증진주사 1 ampule앰플이면 충분한(ample) 양입니다."

**ample** [ǽmpl **앰플**] a. 충분한

**amplify** [ǽmplɪfɑɪ **앰**플리ㅎ파이] v. 증폭시키다

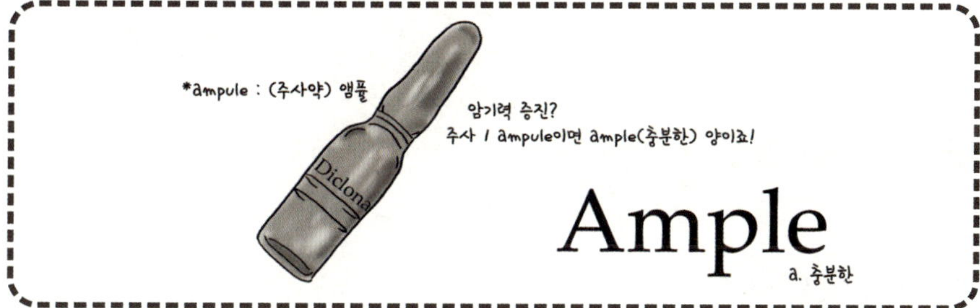



* **oscillation**은 **'왔다 갔다'**하는 진동을 나타내는데 여기서 os-는 mouth입이라는 뜻의 PIE어근이기도 합니다. 별로 관계가 없을 법한 oscillation진동과 mouth입가 연관된 이유를 찾으려면 멀리 로마시대까지 거슬러 올라가 봐야 합니다.

로마시대에 농부들은 풍작을 기원하며 풍요와 포도주의 신인 Bacchus바쿠스의 가면을 포도밭에 걸어놓았습니다. 이 Bacchus바쿠스 신은 우리에게 피로회복제 [박카스]로 익숙한 신인데 그리스 신화에서는 Dionysus디오니소스 신이라 불리었고 입 부분을 벌리고 있는 가면의 모습으로 자주 묘사되었습니다.

이 가면을 사람들은 'little mouth'라고 불렀는데 바쿠스신의 가면을 포도밭에 걸어놓으면 미풍에 흔들흔들 움직였고 이 모습에서 'oscillate진동하다' 단어가 나오고 결국 oscillation진동과 mouth입가 관련을 가지게 된 것입니다.

또한 oscillo-가 들어간 다른 단어로는 심장박동을 "띠~띠~"하며 그래프로 기록하는 oscilloscope오실로스코프가 있습니다. 응급실이나 수술실이 나오는 영화의 장면에서 자주 볼 수 있는 기계입니다.

단어 oscillation진동을 기억할 때는 공중그네를 타는 써커스에서 "**오실래**요 말래요..왔다갔다 하지마요~."라고 하는 모습을 상상하면 편합니다.

## Eye of Destruction
W - 파멸의 눈

| (액티브) : 0.5초 후에 비전 에너지 폭발. 중앙에서 타격당한 적에게는 마법 피해와 둔화 효과. 주변의 적에게는 마법 피해와 10%의 둔화 효과.

□□□ **destruction** [dɪstrʌ́kʃn 디**스트럭**션] n. 파괴     ∞ Mordekaiser 참고

## Shocking Orb
E - 충격 구체

| (액티브) : 논타겟 단발성 구체를 쏘아 맞은 적에게 마법 피해를 주고 기절시킴. 기절 시간은 구체의 이동 거리에 비례.

□□□ **shock** [ʃɑːk 샤아ㅋ] n. 쇼크
□□□ **orb** [ɔːrb 오어브] n. 구체     ∞ Ahri 참고

### 쇼바는 shock absorber(쇽 엎소버)이다

★ shock은 충격이란 뜻입니다. '갑자기 충격을 주다(jolt)'라는 뜻인 고대 고지 독일어(Old High German) scoc나 저지 네덜란드어 shokken에서 그 어원을 찾아볼 수 있습니다.
예전에 shock은 '**길을 가다 갑작스레 군대나 전사들을 만나 폭력적인 공격을 당하는 상황**'을 나타내는 단어였는데 차차 19세기에 들어서 의학적인 신체적, 정신적 쇼크 상태까지 의미하게 된 것입니다.

shock에 관계된 단어 중에 우리 아버지들이 쓰시는 표현인 '**쇼바**'가 있습니다. 자동차가 요철이나 울퉁불퉁한 길을 지날 때 마치 공기가 찬 주사기처럼 작동되어 꿀렁꿀렁 움직여 충격을 흡수하는 장치를 '**쇼바**'라고 부르시는 것입니다.
당연히 바른 영어표현이 아니고 제대로는 '**shock absorber**충격흡수장치'가 되겠습니다.

이 쇽업소버와 여러 스프링 장치 등이 합쳐져서 자동차의 현가장치인 shock suspension서스펜션을 이루게 됩니다.
우리나라의 과거 어른들에게는 '**쇽 업소버**'의 발음이 어려워서 중간은 다 건너뛰고 앞뒤만 발음하여 '**쇼바**'가 된 것으로 보입니다.

**absorb** [əbsɔ́ːrb 업소어ㅂ] v. 흡수하다
**suspension** [səspénʃn 서스**펜**션] n. 정직, 정학, 자동차의 현가(懸架)장치     ∞ Kalista 참고

* absorb는 '**흡수하다**'라는 뜻입니다. 라틴어 absorbere에서 나왔고 ab(from) + sorbere(suck in빨아들이다)의 조합입니다. absorb는 중요한 단어이긴 합니다만 어근이 되는 sorbere는 '**다시(re) 흡수하다**'라는 뜻의 resorb를 빼고는 영어에서는 도통 보기가 힘이 듭니다.

absorb흡수하다를 외우는 방법은 '(진공청소기로 다 흡수해서 먼지가) 하나도 **없업**!'이라고 숨을 한껏 들이쉬며 말하면 느낌이 팍 옵니다.

* suspension은 '**정직, 정학**'이라는 뜻입니다. 챔피언 Kalistar에서 보았듯이 sus(sub 아래에) + pendere(매달다)의 조합에서 나온 suspend매달다의 명사형입니다.

이 suspension은 학생이 학교에서 정학을 당하거나 공무원이 정직을 당하는 것을 표현하는 단어입니다. EPL(영국프리미어리그)이나 MLB(야구메이저리그)에서 출장정지를 당해도 suspension이라고 표현합니다. 이처럼 영어에서는 무언가를 매달아놓거나 얹어놓으면 중단하거나 연기한다는 의미가 됩니다. 예를 들어 '**to shelve plans**'하면 선반 위에 계획을 두는 것이니 '**계획을 보류하다**'라는 뜻이 됩니다.

suspension을 기억할 때는 교무실 어딘가에 '**매달려있는 정학당한 학생의 이름표**'를 이미지로 삼으면 좋습니다.

참고로 suspend는 명사형은 suspension과 suspense 두 가지입니다. suspense서스펜스는 영화 등에서의 긴장감을 말하는 단어입니다.

| suspend v. 매달다 | → suspension | n. 정직, 정학, 현가장치 |
|---|---|---|
| | → suspense | n. 긴장감 |

### 놀라서 shock에 빠져 진짜 죽을 수 있을까?

정답은 Yes입니다.

우리 몸은 원시시대에 옆에서 갑자기 맹수가 튀어나왔을 때 재빨리 도망갈 수 있도록 발달되었습니다. 이 때 우리 몸의 신경전달물질이 작용합니다. 맥박을 빠르게 만들어 피의 순환을 잘 되게하면 근육에 피가 많이 가서 후다닥 도망가서 살아남을 수 있습니다. 이 과정에 문제가 생기면 shock이 올 수 있습니다.

흔히 차가운 물에 갑자기 들어가 심장마비가 오거나(심장성 쇼크), 교통사고로 피를 너무 많이 흘려서 의식을 잃거나(출혈성 쇼크), 주사를 맞고 알러지 반응을 일으켜 혈압이 떨어지는(과민성 쇼크)것 등이 모두 쇼크에 속합니다. 심한 정신적 충격도 쇼크를 유발합니다. 어느 이유에건 쇼크에 빠지면 혈압이 떨어지고 약하고 빠른 맥박, 빠른 호흡과 의식소실, 혼란 등을 보이다가 치료에 실패하면 결국 죽게 됩니다. "놀라 죽겠네!"라고 말할 때 가슴이 두근거리는 것을 느끼실 겁니다. 결코 엄살이 아닌 것입니다.

 # Rite of the Arcane
### R - 비전 의식



□□□ **rite** [ɑɪt 라이트] n. 의식, 예식

 **ritual(의식)은 경전이나 주문을 read(읽다)하는 행위**

★ **rite**는 라틴어인 ritus에서나온 말로서 religious ceremony종교적인 예식을 말합니다. '**숫자를
세다**'라는 뜻의 PIE어근인 *re-와 연관되어 있는데 경전이나 주문을 읽어가는(read) 의식의 모습을
표현한 단어입니다.
형용사형인 ritual이 '**의례, 의식**'이라는 뜻으로 명사인 rite보다 오히려 더 자주 사용됩니다.

**ritual** [rítʃuəl **리츄얼**] n. 의식  a. 의식상의

기독교에서는 예배의 뜻으로는 service, worship이 사용되며 ritual은 좀 더 형식적이고 장엄한
여러 종교의 의식을 표현할 때 적절합니다. 물론 ritual은 촛불을 킨 마녀들의 악마소환의식에도
사용할 수 있는 단어입니다. 의식을 주재하는(preside) 사람에 따라 신을 부를 수도 있고 악마를
부를 수도 있는 것이 ritual입니다.

ritual을 기억할 때는 rite의식의 형용사형으로 떠올리면 됩니다. 만일 rite의식를 모를 때는 사제가
중얼중얼하며 "준비를 빨**리** 갖**추얼**..순서를 미**리** 맞**추얼**.. 소**리** 낮**추얼**.."하면서 의식을 집행하는
것을 생각하면 됩니다.

**preside** [prɪzáɪd 프리**자이드**] v. (회의, 의식을) 주재하다

* preside는 대표가 회의나 의식을 주재하는 것을 말합니다. 순서를 정하거나 의식을 행해서 참석한 사람들을 이끄는 것을 말합니다. pre(before) + sedere(sit앉다)의 조합으로 라틴어 praesidere에서 나온 단어입니다. 대장이 미리 근엄하게 앉아서 다른 사람들을 이끄는 모습을 연상하게 하는 어원입니다.
대통령을 뜻하는 president프레지던트도 이 preside에서 나온 단어입니다.
preside를 기억할 때는 회의를 주재하는 프레지던트가 미리(pre) 구석(side)을 차지하고 앉아 있는 모습을 생각하면 됩니다.

# Xerath

★★★★★ mana - He has enough mana to complete any task.
그는 어떤 임무라도 완수할 만한 충분한 마나를 가졌다.

★★★★☆ arcane - an archaic and arcane joke
케케묵고 잘 알려지지 않은 농담

★★★☆☆ pulse - Check his pulse, he might be dead.
그의 맥박을 확인해봐라. 그가 죽었을 지도 모른다.

★★★☆☆ frequency - What's the frequency of solar eclipses?
일식의 빈도는 어떻게 되지?

★★★☆☆ amplitude - The physicist compared the relative amplitudes of the different spectra.
그 물리학자는 (서로) 다른 스펙트럼들의 상대적인 진폭을 비교했다.

★★★☆☆ oscillation - This structure can withstand a violent oscillation in an earthquake.
이 구조는 지진의 강렬한 진동을 견딜 수 있다.

★★☆☆☆ period - We are experiencing a period of peace, enjoy it while it lasts.
우리는 평화의 시기를 경험하고 있으니, 지속되는 동안 그것을 즐겨라.

★★★☆☆ ample - Make sure we have ample amount of arrows before the fight.
전투 전에 우리에게 충분한 양의 화살이 있도록 확실히 해라.

★★★☆☆ amplify - Amplify the signal, I can't hear your commands.
신호를 증폭해주세요. 난 당신의 명령을 잘 들을 수 없어요.

★★★☆☆ destruction - the destruction of the rainforest 열대우림의 파괴

★★☆☆☆ shock - one of the most serious shocks you will ever experience
네가 경험할 가장 심한 충격 중의 하나

★★★☆☆ orb - After touching the orb, I changed into my former self.
그 구체를 만진 후 나는 예전의 내 자신으로 변했다.

★★☆☆☆ absorb - I used sand to absorb dripping oil from the old tank I bought.
나는 내가 산 오래된 탱크에서 떨어지는 기름을 흡수하기 위해 모래를 사용했다.

★★★☆☆ suspension - After driving over 27 cars, I had to change my front suspension on my monster truck.
27대의 차 위로 운전을 한 뒤 나는 내 몬스터 트럭의 전방 서스펜션을 교체해야했다.

★★★☆☆ rite - rite of passage 통과의례

★★★☆☆ ritual - singing in the religious rituals of many cultures
여러 문화의 종교 의식에서 노래 부르기

★★★☆☆ preside - As the class president, I presided over the class.
학급반장으로서 나는 학급회의를 주재했다.

# Xin Zhao,
## the Seneschal of Demacia
### 신 짜오 - 데마시아의 호위무사

| P | Challenge | 도전 |
| Q | Three Talon Strike | 삼조격 |
| W | Battle Cry | 전투의 외침 |
| E | Audacious Charge | 대담한 돌격 |
| R | Crescent Sweep | 초승달 휩쓸기 |

## P **Challenge**
passive - 도전

신 짜오가 기본 공격이나 대담한 돌격의 대상에게 도전하여 대상의 방어력이 3초간 15% 감소. 도전의 대상은 하나만 가능하며 다른 대상을 공격하면 즉시 바뀜.

□□□ **challenge** [tʃǽlənʤ **챌**런지] n. 도전 v. 이의를 제기하다

 **challenge는 현실에 만족하지 않는 이의신청의 자세**

★ challenge은 17세기까지는 상대방에 대한 악의적인 accusation고소나 뭔가를 claim요구하는 행위를 의미했습니다.
그러다가 현대에 들어서 'challenge하다'라는 표현은 '법적인 고소'라는 의미는 줄고 적법성이나 정당성에 이의를 제기한다는 조금 '생활적인 항의'로 사용됩니다.
예를 들면 야구경기에서 심판에게 비디오판독을 요청하는 '판정 challenge'나 국경에서 물건이나 수화물을 조사하려는 '검색 challenge', 법정에서 판사에게 절차나 내용상의 이의를 신청하는 '법정 challenge' 등이 있겠습니다.

〈도전과 이의제기〉 사이의 의미의 연관성을 생각해보면 사실 선생님이나 사장님, 혹은 대통령에게 "그건 아니지 않습니까?"라고 이의를 제기하는 것(challenge)이 자신의 평탄한 인생에 대한 대담한 도전이긴 하니깐 전혀 동떨어진 뜻은 아닌 것으로 보입니다.
그리고 이 '도전'과 반대되는 개념으로 기억해야 할 단어로는 '현실에 안주하다'라는 뜻의 complacent가 있습니다.

**complacent** [kəmpléɪsnt 컴**플레**이슨ㅌ] a. 현실에 안주하는

* complacent는 전혀 도전하지 않고 그냥 현실에 만족하는(satisfied) 모습을 의미합니다. 라틴어인 com(강조) + placere(please기쁘게하다)의 조합입니다. 이 단어에서 기쁘게 하는 대상은 자기 자신입니다.
complacent를 기억할 때는 **'현재의 이 place(자리)에 만족**하며 현실에 안주하다'라고 외워도 뜻은 통합니다.

# Q Three Talon Strike
### Q - 삼조격

(액티브) : 신 짜오가 강력한 연계 공격을 준비. 다음 3번의 기본 공격이 물리 피해 데미지를 추가하면서 다른 스킬의 재사용 대기시간을 1초씩 감소시킴. 마지막 공격은 적을 공중으로 띄워 올림.

□□□ **talon** [tǽlən **탤런**] n. 맹금류의 발톱

★ talon은 매나 독수리 같은 맹금류의 날카로운 발톱을 말합니다. 발목을 뜻하는 라틴어인 talus에 나온 단어인데 여기서 heel발뒤꿈치을 뜻하는 라틴어 talonem이 나왔고 나중에 새의 발이나 발톱을 의미하는 단어가 되었습니다.
어원인 라틴어 talus는 지금은 영어에서 철자 그대로 **'복숭아뼈'**를 말하는 단어로 쓰이지만 anatomy 해부학에서나 볼 수 있을 뿐 일상대화에서는 talus를 보기는 힘듭니다.
talon을 암기할 때는 〈갈퀴손〉 스킬을 쓰는 챔피언 Talon탈론과 연결지어 기억하면 됩니다.

참고로 발톱을 말할 때 사람은 toenail, 보통의 짐승은 claw, 맹금류는 talon을 사용합니다.

 **Battle Cry**
W - 전투의 외침

| (기본 지속 효과) : 신 짜오가 세 번의 공격마다 체력을 회복.
(액티브) : 신 짜오가 전투의 함성을 외쳐 5초 동안 공격 속도가 증가.

☐☐☐ **battle** [bǽtl 배틀] n. 전투　　∞ Tryndamere 참고

 battle 한 번에 바뀐 세계의 역사

### 만약에

　영국 역사뿐 아니라 세계의 역사를 바꾼 한 battle전투이 있습니다. 바로 노르만의 William the Conqueror 정복자 윌리엄의 영국침공입니다. 흥미로운 점은 영국이라는 나라가 [Hastings헤이스팅스 전투]라는 이 결정적인 한 번의 전투로 1066년 10월 14일 앵글로색슨 지배자에서 노르만인으로 전부 주인이 바뀐 것입니다. 약 7~8천 명 정도씩의 양측 병력이 싸운 전투의 결과로 영국의 해럴드왕을 포함한 귀족계급이 대부분이 죽고 물갈이가 됩니다. 역사가들은 이 과정에 자주 **'만약에'**라는 가정을 사용해서 사람들의 상상력을 자극합니다.

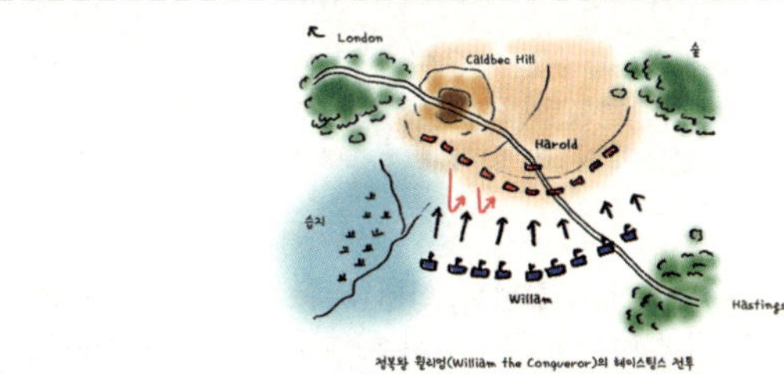

정복왕 윌리엄(William the Conqueror)의 헤이스팅스 전투

　만약에 헤이스팅스전투 19일 전에 영국왕 해럴드가 노르웨이 왕과의 전투에서 미리 힘을 빼지 않았었다면?
　만약에 영국군 우익의 방패병들이 신이 나서 노르만 기병을 추적하느라 전열이 망가지지 않았었다면?
　그랬다면 앵글로색슨족은 여전히 영국을 지배할 수 있었을 것이고 영국과 세계의 역사는 지금과 다른 방향으로 진행했을 것입니다.

 **Audacious Charge**
E - 대담한 돌격

| (액티브) : 신 짜오가 적 유닛에게 돌격하여 모든 주변 적에게 마법 피해를 입히고 2초 동안 이동 속도를 늦춤.

☐☐☐ **audacious** [ɔːdéiʃəs 오어데이셔ㅅ] a. 대담한

# audacious(대담한)는 칭찬과 동시에 뻔뻔하다는 욕이다

★ **audacious**는 intrepid용감무쌍하고 confident자신에 찬한 모습을 말합니다. bold대담한를 뜻하는 라틴어 audacia에서 나온 단어입니다.

**audacity** [ɔːdǽsətɪ 오어**대**서티] n. 뻔뻔함

audacity를 암기할 때는 깡패가 "**어디이써! 다나와!**"하는 뻔뻔하고 대담한 모습을 상상하면 됩니다.

audacious대담한는 '**용감하다**'라는 좋은 뜻으로 사용되긴 하지만 이미 16세기부터 반어적 의미로 '**shameless**부끄러움을 모르는'이라는 비난하는 의미가 끼어들게 되었습니다.
예를 들면 길에서 노상방뇨를 하는 친구에게 "참 audacious대담한 행동이다."라고 비난하는 상황을 생각하면 됩니다.

명사형인 audacity도 일상에서는 '**낯두꺼움, 철면피, 뻔뻔함**' 등 나쁜 비난이나 경멸을 담은 부정적 의미로 주로 사용됩니다. 하지만 미국의 대통령이 되기 전에 Barack Obama버락 오바마가 쓴 책 [Audacity of Hope담대한 희망]에서 보듯이 audacity를 긍정적인 의미로 사용한 용례도 볼 수가 있어서 이 단어가 칭찬인지 비난인지는 문단의 맥락과 관계있는 것임을 알 수 있습니다.

이처럼 영어에서는 audacious처럼 형용사에서 뉘앙스가 바뀌는 것을 조심해야합니다. 칭찬했다고 생각했는데 비난으로 알아들을 수 있기 때문입니다.
예를 들어 형용사 naive는 '**유순한**'이라는 뜻으로 칭찬으로 쓸 수 있습니다. 그런데 대부분 순진하다는 뜻보다는 '**순해 빠진**', '**나약한**'이라는 의미가 더 강해서 은근한 비난으로 받아들일 수 있습니다.

**naive** [nɑɪíːv 나이**이이**브] a. 순진한, 순해 빠진

# Crescent Sweep
R - 초승달 휩쓸기

(액티브) : 신 짜오가 창을 휘둘러 적 체력의 15%에 해당하는 물리 피해를
입히고 뒤로 밀쳐내고 0.75초간 기절시킴.
(도전) : 도전 당한 적은 초승달 휩쓸기에 맞아도 뒤로 밀쳐지지 않음.

□□□ **crescent** [krésnt **크레**슨ㅌ] n. 초승달모양　　∞ Akali 참고

□□□ **sweep** [swiːp 스윕] v. 손으로 쓸다

 크로아상을 먹을 때는 crescent(초승달)을 생각하자

★ crescent는 초승달 모양을 가리킵니다. 제과점에 가면 볼 수 있는 맛있는 crossant크로아상을 기억하실 겁니다. 크로아상은 프랑스를 대표하는 초승달 모양의 빵이고 crescent와 같은 어원에서 나왔습니다.
만일 누군가 **크로아상** 빵을 한 입 먹으면서 동시에 단어 crescent를 떠올린다면 대한민국 상위 1% 영어이용자가 확실합니다.

원래 crescent는 초승달의 'shape모양'을 말하는 것이 아니고 초승달에서 보름달로 점점 커져가는 'stage단계'를 말했었습니다. 이후 뜻이 차차 동적인(dynamic) 변화에서 정적인(static) 정지상태로 바뀐 것이죠.
아직도 음악에서는 음악부호인 '**점점 세게**'의 crescendo크레셴도와 '**점점 약하게**'의 decrescendo 데크레셴도처럼 변해가는 동적인 모습 자체를 설명하는 단어가 남아있습니다.

이슬람교가 국교인 국가 대부분은 국기에 전통적으로 초승달을 그려 넣습니다. 이슬람의 경전인 코란이 처음으로 계시된 610년 그날의 밤하늘이 초승달이어서 국기에 'C'자를 그려 넣은 것이라고 합니다. 그런데 원래는 초승달이 아니라 그믐달이었다고 여겨서 뒤집어진 'ᴐ'자형 달이나 월식 때의 'U'자형 달을 사용하는 이슬람 국가들도 있으니 나라마다 의미는 다양한 것으로 생각됩니다.
어쨌든 초승달은 이슬람의 상징이 되어 'the Crescent'만으로도 이슬람교를 뜻하게 되었습니다.
따라서 이슬람 지역에서는 Red Cross적십자사 대신에 Red Crescent적신월사가 구호활동의 표시로 사용됩니다. the Cross는 기독교를 말하므로 이슬람이 그 십자가 표시를 앰뷸런스에 달 수는 없을 것입니다.

또한 세계사 시간에 배우는 메소포타미아 문명의 발상지인 티그리스강과 유프라테스강 사이의 '**비옥한 초승달 지대**'는 영어 'the Fertile Crescent'를 그대로 한글로 번역한 지리학용어입니다.

# sweep, swoop, swipe, swap

★ sweep은 고대 영어인 swapan에서 나온 단어로서 손이나 broom빗자루로 깨끗이 청소하는 것을 말합니다.
sweep을 게임과 관련해서 기억해보면 [스타크래프트] 단체전 게임에서 한 사람이 차례로 상대편을 모두 이기면 sweep스윕했다고 합니다. 깨끗이 쓸어버렸다는 뜻이지요.

sweep은 같은 어원에서 유래한 다른 단어들과 모습이 비슷하므로 조심해야합니다.
sweep, swoop, swipe, swap의 4형제입니다.

어원상으로 빗자루를 휘두르는 sweep의 모습에서 '**덮치다**'라는 뜻의 swoop과 '**후려치다**'라는 뜻의 swipe가 나왔습니다.
또한 swap스윕이란 단어는 '**때리다**'라는 뜻이 발전해서 '**바꾸다**'라는 뜻으로 쓰이고 있습니다.

    **swoop** [swuːp 스우으ㅍ] v. 덮치다, 급강하하다
    **swipe** [swɑɪp 스와이프] v. 후려치다
    **swap** [swɑːp 스와아ㅍ] v. 바꾸다

* swoop은 '**덮치다**'라는 뜻입니다. 비행시뮬레이션 게임에서 swoop down attack(급강하공격)이라는 용어로 볼 수 있습니다. 새나 비행기가 급강하하여 덮칠 때 swoop down을 사용합니다.
swoop은 '**숟가락으로 아이스크림을 떠먹다**'는 뜻의 scoop스꿉과 발음과 동작이 비슷합니다.

* swipe는 '**후려치다**'라는 뜻입니다. 후려칠 때는 보통 팔을 사용하죠.
그리고 아이폰이나 아이패드에서 손가락을 옆으로 쓰윽 쓸면서 움직이면
옆 페이지로 가는 기능을 [swipe스와잎 기능(페이지 넘기기 기능)]이라고 합니다.
또한 swipe는 자동차 유리창에서 좌우로 움직이며 빗물을 닦는 wiper와이퍼와
발음과 동작이 비슷합니다.
swipe를 기억할 때는 "스와잎, 스와핍"하며 비오는 날 움직이는 자동차 와이퍼 소리를 떠올립시다.

* swap은 '**바꾸다**'라는 뜻입니다. 유래를 잘 추적해보면 이는 '**거래가 성사되었을 때 손바닥을 서로 치는 소리**'에서 나온 의성어이고 이 행위가 물건을 교환하는 뜻이 된 것임을 알 수 있습니다.
지금도 세계 여러나라에서 교환이 성사되면 손바닥을 "swap!" 소리가 나도록 마주칩니다.
swap을 기억할 때 우린 온라인 게임에서 전투 중 무기를 다른 무기로 바꾸는 것을 생각하면 됩니다.
[무기 swap스윕기능]이 있으면 원거리에서는 활을 쏘다가 근거리전투가 되면 대검을 쓰는 식으로 사실적인 게임을 즐길 수 있습니다.

# Xin Zaho

★☆☆☆☆ challenge - Tom decided to take the challenge.
톰은 도전을 받아들이기로 결정했다.

★★★☆☆ complacent - He is not being complacent and has already started studying hard.
그는 현실에 안주하지 않고 있다. 벌써 공부를 열심히 하기 시작했다.

★★★★★ talon - An eagle used his talons to grip his prey.
독수리는 먹잇감을 잡기 위해 발톱을 사용했다.

★☆☆☆☆ battle - We may have lost the battle, but we will win the war!
우리는 그 전투에 졌을지도 모른다. 하지만 우리는 전쟁에는 이길 것이다!

★★★☆☆ audacious - an audacious change of strategy
작전의 대담한 변경

★★★☆☆ audacity - I can't believe you have the audacity to steal all my kills.
나는 네가 내 킬 점수를 모두 훔칠 수 있는 대담함을 가졌다고 믿을 수가 없다.

★★★☆☆ naive - Don't act naive, as you know what happens when you steal.
순진한 척 하지마라. 네가 도둑질하면 무슨 일이 생기는지 너도 알잖아.

★★★☆☆ crescent - I saw a man dance on a crescent moon.
나는 초승달에서 한 남자가 춤을 추고 있는 것을 보았다.

★★☆☆☆ sweep - Not surprisingly, the new president was sweeping the floor of the kitchen.
놀랄 것 없이, 새 대통령은 부엌의 바닥을 (빗자루로) 쓸고 있었다.

★★★☆☆ swoop - The black bird swooped down and landed by the man's hand.
그 검은 새는 급강하하여 그 남자의 손에 앉았다.

★★★☆☆ swipe - Swipe your credit card here. I hope you enjoy your life size Mickey Mouse doll.
여기 당신의 신용카드를 긁어주세요. (당신의) 실물크기 미키마우스 인형으로 재미있게 노시길 바랍니다.

★★★☆☆ swap - Let's swap your doll for my pit bull.
네 인형을 나의 핏불(불독처럼 생긴 개)이랑 바꾸자.

# Yorick. the Gravedigger
## 요릭 – 무덤지기

| | | |
|---|---|---|
| **P** | Unholy Covenant | 부정한 서약 |
| **Q** | Omen of War | 전쟁의 징조 |
| **W** | Omen of Pestilence | 역병의 징조 |
| **E** | Omen of Famine | 기근의 징조 |
| **R** | Omen of Death | 죽음의 징조 |

## **P** Unholy Covenant
passive – 부정한 서약

요릭의 구울은 요릭의 공격력의 35%만큼의 공격력과 최대 체력의 35%만큼의 체력을 가짐. 구울의 체력은 초당 20%씩 감소. 또한 요릭은 소환수 한 마리 당 5%의 공격력이 증가하고 피해를 5% 덜 입음.

□□□ **unholy** [ʌnhóʊlɪ 언**호**울리] a. 위험한, 불경스러운

□□□ **covenant** [kʌ́vənənt **커**베넌ㅌ] n. 약속, 계약

### unholy는 불경스럽고 위험한 것

★ unholy는 un(not반대) + holy(신성한)의 조합으로서 '**위험한**'이라는 뜻의 형용사입니다. holy는 whole전체를 뜻하는 PIE어근 *kailo-에서 나온 단어입니다.
이 어근 *kailo-에서 health와 whole, heal 등의 단어들이 모두 기원했습니다.

> PIE어근 *kailo- : **whole**전체의, **health**건강, **holy**신성한, **heal**치유하다

때로 문장에서 unholy를 보고 '**불경한**'으로만 해석하다 '**위험한**'이라는 뜻을 놓치는 경우가 많습니다. 한국인이 사전의 뜻을 그냥 보고는 unholy에 왜 '**위험과 불경**'의 의미가 같이 있는지 연결이 어려워 생기는 일입니다.
그럼 혹시 **불경한** 짓을 저지르면 광신도들에게 맞아 죽을 수도 있으니 **위험**해지는 것일까요? 그건 아니고 사실은 어원을 추적해보면 holy가 health건강의 뜻에서 시작한 단어여서 그렇습니다.
즉, 원래 holy는 '**healthy**건강'와 '**신성**'을 동시에 의미했습니다. 건강은 신체가 전체적으로 온전한 것이고 신성은 신이 온전하여 범할 수 없는 것이니까요.

그러다가 오늘날 holy에는 건강의 뜻은 사라지고 신성함의 의미만 남게 되었고 사람들이 조금 덜 사용했던 unholy 단어에는 **'건강하지 않은(위험한)'**과 **'불경스러운'**이라는 뜻이 둘 다 살아남게 된 것입니다.
참고로 연관어로 unholy와 관련하여 blasphemy를 알아두는 것이 좋습니다.
blasphemy는 **'불경스럽게 신을 모독하는 행위'**인 **'신성모독'**에 해당하는 단어입니다.

> **blasphemy** [blǽsfəmɪ 블래스ㅎ퍼미] n. 신성모독　∞ Pantheon 참고
> →**blaspheme** [blæsfíːm 블래스ㅎ피임] v. 신성모독하다

* **blasphemy**는 **'험담하기'**나 **'신성모독'**이라는 뜻입니다. blax(slack느슨한, 해치다) + phemy(speak말하다)의 조합의 라틴어 blasphemia와 관계가 있습니다. **'말하지 말아야 할 것을 누설하여 해치는 것'**을 표현한 단어입니다. 단어 앞쪽의 blax부분은 영어에 거의 용례가 없는 단어입니다만 뒤쪽의 phemy부분은 fame명성의 어근으로 쉽게 알아챌 수 있습니다. fame명성은 famous유명한의 명사형입니다.
blasphemy를 쉽게 외우는 방법은 여러 가지가 있습니다.
　첫째, **black + fame**의 조합으로 인식하여 **'(명성에) 검게 먹칠하다'**로 외울 수가 있고
　둘째, blasphemy의 단어 안에서 blame비난하다의 알파벳을 뽑아내서 외울 수 있습니다.
　셋째, 십자가를 밟고 불을 지르는 장면을 상상하며 **"불났어 fame(명성)에.."**의 발음을 이용하면 됩니다.

## covenant(계약)는 convene(함께 오다)에서 나온 단어

★ **covenant**는 **'계약'**을 말하는데 주로 신이 인간에게 준 약속을 말합니다.
원래 라틴어인 covenire에서 나온 단어인데 **'함께 가다, 모이다'**라는 뜻입니다. 이 라틴어 어원에서 **'convene소집하다'**이라는 단어가 나왔습니다. 그 후 프랑스어에서 **'함께 모인 뒤 한 행위'**를 나타내는 **'agreement계약'** 뜻의 covenant로 발전하였습니다.

리들리 스콧 감독의 영화 [Alien : Covenant에일리언 커버넌트]가 2017년 개봉되어서 더욱 익숙해진 단어입니다. 인간의 창조자를 찾아 우주탐사를 하다 에일리언과 조우하는 스토리입니다.

> **convene** [kənvíːn 컨비인] v. (회의를) 소집하다　con(함께) + vene(come오다)　∞ Kayle 참고
> → **convention** [kənvénʃn 컨벤션] n. 관습, 대회
> → **conventional** [kənvénʃənl 컨벤셔늘] a. 관습적인
> → **convenience** [kənvíːnɪəns 컨비이니언스] n 편리

요즘 대도시에는 어디를 가든 컨벤션 센터(convention center)가 있습니다. 대규모 회의를 위한 시설입니다. 고대에도 주기적으로 부족끼리의 화합과 일처리를 위해 특정장소에 모이는 관습이 있었으므로 관습이란 뜻도 convention에 자연스럽게 포함되었습니다.
convene을 기억할 때는 "모두(com) 왔죠? 빈자리 없죠?"라고 물어보는 회의의 소집자를 생각하면 되겠습니다.

### 스코틀랜드의 covenanters(서약자들)

covenant는 스코틀랜드의 역사에서 중요한 단어입니다. 1630년대 잉글랜드의 Charles I찰스 1세는 자신의 고향인 스코틀랜드와 갈등을 겪게 됩니다. 그는 영국 국교회를 스코틀랜드의 장로회, 성공회와 통합하려는 정책을 시행하였고 여기에 반발한 스코틀랜드인 주교와 귀족들은 National Covenant국민서약을 통해 모여서 Bishop's War주교전쟁을 일으켜 국왕에 대항하게 됩니다.
그리고 이 전쟁을 주도한 사람들이 자신들을 covenanter서약자들라고 불렀습니다. 구약성경에 나오는 신과 이스라엘 백성 사이의 covenant언약을 들어 이름을 삼은 것입니다. 이것은 자기들은 신이 약속한 언약의 백성들로서 정의로운 행동을 하고 있다고 주장하는 것이었습니다.

결과적으로 이 스코틀랜드와의 전쟁은 영국역사에도 지대한 영향을 끼치게 됩니다. 이 반란 후 찰스 1세는 전쟁을 치르기 위한 예산을 승인받기위해 Short Parliament단기의회, 전쟁에 져서 배상금을 지불하기 위한 Long Parliament장기의회를 차례로 소집하게 됩니다. 이후 아일랜드에서도 가톨릭교도들의 반란이 일어나고 다시 이를 잉글랜드 하원에서 도와주고 있다고 여긴 국왕과 의회사이에 영국내전이 발생하게 됩니다.
또 영국내전에 이어 Puritan Revolution청교도 혁명과 Oliver Cromwell올리버 크롬웰의 등장과 그의 영국입헌군주제의 바탕이 된 Instrument of Government통치장전, 다시 왕정복고 등 굵직한 영국사의 사건들이 모두 실을 꿴 듯 발생합니다.
이러한 영국역사의 큰 변화의 첫 사건이 바로 covenanter커베넌터들의 반란인 것입니다.

**Omen of War**
Q - 전쟁의 징조

(액티브) : 요릭의 다음 공격이 물리 피해를 입히고 유령 구울을 소환. 이때 요릭의 기본 공격의 사거리가 175로 증가. 유령 구울은 다른 구울보다 이동 속도가 빠르며 공격력이 8 더 높음. 유령 구울이 살아있는 동안 요릭의 이동 속도가 15% 증가.

# omen(징조)은 길할 수도 불길할 수도 있다

★ omen은 '**예언하다**'라는 뜻의 라틴어인 omen에서 나온 단어로 어떠한 일의 징조를 나타냅니다. omen징조라는 것은 좋을 수도 있고 나쁠 수도 있습니다. 그러나 omen의 형용사형인 ominous는 나쁜 징조가 나온 것을 의미하는 '**불길한**'의 뜻이 됩니다.

**ominous** [ɑ́:mɪnəs 아아미너스] a. 불길한

결국 omen에서 나온 형용사형인 ominous가 나쁜 징조를 뜻하는 단어가 되어버려서 결국 좋은 징조를 나타내는 다른 형용사를 하나 기억하는 것이 필요하게 됩니다.
좋은 징조를 나타내는 형용사 auspicious가 바로 그것입니다.

| | | |
|---|---|---|
| **bad omen**(나쁜 징조) | → | **ominous**불길한 |
| **good omen**(좋은 징조) | → | **auspicious**상서로운 |

**auspicious** [ɔːspíʃəs 어어스**피**셔스] a. 상서로운, 길조의　∞ Fiddlesticks

'**상서로운**'이라는 뜻의 auspicious는 원래 고대 로마시대에 신관(auspex)들이 bird새로 점을 치던 전통에서 나온 단어입니다. 먼저 bird새를 뜻하는 PIE어근 *awi-에서 새 점을 보는 신관 auspex가 나왔고 다시 형용사형 어미 -ious가 붙어 '**상서로운**'이라는 뜻으로 발전한 것입니다.

| | |
|---|---|
| **au-** | 새(*awi-) |
| **auspex** | 새 + spek(see보다) : 신관 |
| **auspicious** | 상서로운 |

auspex신관들은 제물로 바쳐진 새들이 날아가는 방향을 보거나 싸움의 결과를 보고 신의 의중을 알아내는 임무를 수행하였기에 auspex에서 차차 '**길조의**'나 '**상서로운**'의 의미가 생긴 것입니다. auspicious길조의 단어를 기억할 때도 신관이 새를 보며 계시를 기다리다가 "**새님이.. 오 웃으셨어!**
**표정이 피셨어! 길조야!**"라고 외치는 이미지를 생각하면 어원에도 맞는 방법이 되겠습니다.

참고로 bird새를 뜻하는 PIE어근 *awi-은 '큰 새장'이라는 뜻의 단어 aviary나 조류인플루엔자의
약자인 AI(avian influenza), 그리고 aviation항공술에서 찾아볼 수 있습니다.

**aviary** [éɪvɪerɪ 에이비에리] n. 큰 새장
**avian** [éɪvɪən 에이비언] a. 새의, 조류의
**aviation** [eɪvɪéɪʃn 에이비에이션] n. 항공(술)

# Omen of Pestilence
W - 역병의 징조

(액티브) : 해당 지역에 폭발을 일으켜 마법 피해를 입히고 이동 속도를
감소시키는 동시에 부패하는 구울을 소환. 부패하는 구울 주변 적들의
이동 속도가 느려짐.

□□□ **pestilence** [péstɪləns 페스틸런스] n. 역병　　∞ Vladimir 참고

## Pestilence(역병)은 짧게 하면 Pest(페스트)다

★ pestilence역병은 단어 속에 pest가 들어있지만 현재는 '(모든) 역병'을 뜻하는 단어입니다. 현재
페스트균은 사라졌으니까요. 이 단어는 페스트균에 의해서 유럽 사람들이 너무나 많이 죽어서 pest
페스트라는 질병이 역병의 대표가 되어버린 것입니다.
같은 역병을 뜻하는 plague 단어에도 역병이라는 뜻과 페스트병이라는 뜻이 둘 다 있습니다.

pestilence역병은 전파모습이나 병의 발현장소에 따라 사용되는 단어를 구분해 볼 수 있습니다.
이는 epidemic, endemic, pandemic의 3가지입니다.
이 세가지는 각각의 접두사(epi, en, pan)와 -demic사람 어근이 조합되어서 만들어졌습니다.

**epidemic** [epɪdémɪk 에피데믹] n. 유행병
**endemic** [endémɪk 엔데믹] a. 풍토병의　　∞ Hecarim 참고
**pandemic** [pǽndemɪk 팬데믹] n. 전 세계적인 유행병　　∞ Pantheon 참고

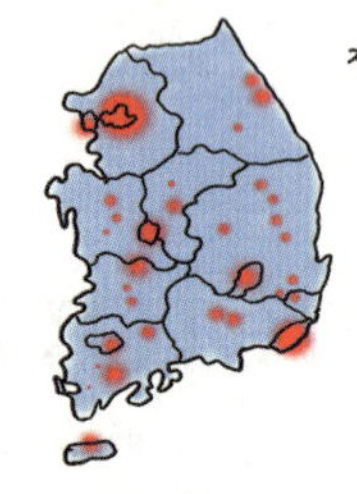


# Epidemic

n. 유행병

* epidemic은 '유행병'이라는 뜻입니다. epi(upon위에) + demos(people사람)의 그리스어 조합으로 이루어졌으며 말 그대로 사람들 사이에 돌아다니는 병을 의미합니다. epidemic유행병이라고 하면 일반적인 감기나 아폴로눈병, 독감, 페스트 등과 같이 사람사이에 전파되는 병을 떠올리면 됩니다.

* endemic은 '풍토병의'라는 뜻입니다. endemic은 한 지역의 특수한 질병이란 뜻인데 주로 아프리카에서 생기는 말라리아나 황열병 등을 예로 들 수 있습니다. 메르스(MERS)도 원래 중동지방에만 있었던 질환이므로 풍토병이라고 할 수 있습니다.
유행병과 풍토병은 서로 양상을 교환할 수 있으므로 반대어이라기보다는 병이 전파되는 방식에 관한 구분이라고 보면 됩니다.

* pandemic은 '전(pan) 세계적인 유행병'이라는 뜻입니다. 중세 흑사병이나 스페인독감(1918), 신종플루(2009)가 전 세계에 유행했을 때에 해당합니다.

| epidemic | n. 유행병 | epi(upon위에) + demos(people사람) | 사람사이를 떠도는 병 |
|---|---|---|---|
| endemic | a. 풍토병의 | en(in안에) + demos(people사람) | 한 지역에만 있는 병 |
| pandemic | n. 세계적인 유행병 | pan(all전부) + demos(people사람) | 대유행 |

## pest(흑사병)가 가져온 새로운 세상

흑사병은 수 억 명의 사람을 죽였지만 인류에게 미친 결과가 모두 부정적인 것만은 아니었습니다. 14세기 중국에서는 인구의 절반인 6,500만 명이 죽었고 유럽에서는 전체 인구의 약 3분의 1인 7,000만 명이 페스트로 죽게 되었습니다.
이후 유럽사회는 모습이 크게 바뀌게 됩니다. 엄청나게 사람이 많이 죽어서 일손이 부족해지니 임금이 오르게 되었고 살아남은 사람은 죽은 사람의 돈을 모을 수 있게 되었습니다. 또 중간층은 조금 더 두터워졌고 내일을 기약할 수 없는 세상에서 consumption tendency소비풍조가 만연했습니다.

결과적으로 흑사병의 충격에도 불구하고 경제는 surplus잉여 자본과 소비를 통해서 더욱 발전하게 되었고 이 부(富)를 기초로 유럽의 [the Renaissance르네상스]가 태어나게 되었습니다. 바로 근대 인문주의의 시작이고 시민사회의 시작이 되겠습니다.

# Omen of Famine
Q - 기근의 징조



□□□ **famine** [fǽmɪn ㅎ**패**민] n. 기근

## famine(기근)은 해민(害民)하는 것

★ famine은 기근이라는 뜻입니다. hunger배고픔을 나타내는 라틴어 fames에서 나온 단어입니다. 그 기원은 알려진 것이 없는데 아마도 라틴어 slang속어에서 단어가 나와서 그럴 것입니다. famine기근을 암기할 때는 '**기근은 백성에게 해를 끼치는 해민(害民)**'이라고 한글 발음을 이용하면 편합니다.
지금이야 과잉 칼로리 시대가 되어 살이 찌는 것이 걱정인 세대가 되었지만 우리의 할아버지 세대만 하더라고 보릿고개를 넘으며 배고픔을 참아야하는 famine기근의 시대를 겪어야했습니다.

**famish** [fǽmɪʃ ㅎ**패**미쉬] v. 굶주리게 하다

famine 이외에 배고프거나 배부름에 관한 단어들을 더 보면 starvation, hunger 등이 있고 어려운 의학용어로서 anorexia거식증, bulimia폭식증 등이 있습니다.

**starve** [stɑːrv 스타아브] v. 굶주리다
→ **starvation** [stɑːrvéɪʃn 스타아**베이**션] n. 기아
**hunger** [hʌ́ŋgə(r) 헝거] n. 굶주림, 기아　　∞ Warwick 참고

* **starve**굶주리다는 배가 고파서 죽어가는 것을 말합니다. 어원상 배고파서 stiff뻣뻣하게 굳어가는 사람과 관계있는 단어입니다.

# Omen of Death
R - 죽음의 징조

# 공포영화 [Omen오멘]과 귀신

horror movie공포영화의 대명사인 [Omen오멘]은 1976년부터 시리즈가 시작되어 전 세계인에게 여름밤의 섬뜩한 즐거움을 선사한 영화입니다. 영화는 영국대사가 한 아기(데미안)를 데려오면서 이야기가 시작됩니다. 6월 6일 새벽 6시에 태어난 아이이고 산부인과에서 아이가 바뀌어 대사 부부가 키우게 됩니다. 나중에 악마의 아이임을 알게 된 아빠(그레고리 펙)는 인류를 위해 아이를 죽여야 함을 고민하게 됩니다. 영화 [오멘]은 아무 하는 것 없이 쳐다보는 소년의 눈빛도 극도로 무서울 수 있다는 것을 보여줍니다.    ∞ Bard 참고

[오멘]처럼 공포영화인 최근 개봉작인 영화 [The Conjuring컨져링]도 귀신들림에 대한 이야기입니다. 공포영화는 기본적으로 악마나 귀신들린 것에 관한 이야기가 주를 이루는데 귀신들림에 관한 단어로는 haunt가 있습니다.

> **conjure** [kʌ́ndʒə(r) **컨져**] v. 마법을 부리다
> **haunt** [hɔ́ːnt **허언트**] v. 귀신이 나타나다
> **haunted** [hɔ́ːntɪd **허언티드**] a. 귀신들린

haunt는 특이하게도 사전 그대로 '**귀신이 나타나다**'로 해석하면 문장 속에서 해석이 잘 안됩니다. '**귀신들리게 하다, 귀신처럼 달라붙어 괴롭히다.**'로 해석하는 것이 더 부드럽습니다.

It'll haunt you for the rest of your life!
그것은 너의 여생동안 머릿속을 떠나지 않고 괴롭힐 것이다!

People say ghosts haunt that old house.
저 오래된 집은 귀신들린 곳이라고 한다.

Directed by Richard Donner. 1976

## Omen

# Yorick

★★★☆☆ unholy - The priest said it is unholy to lie to Jesus.
그 사제는 예수님께 거짓말하는 것은 불경스러운 것이라고 말했다.

★★★☆☆ covenant - a marriage covenant 결혼 서약

★★★★☆ blasphemy - My friend commented that my comments of his god were blasphemy.
내 친구는 그의 신에 대한 나의 발언은 신성모독이라고 말했다.

★★★★☆ blaspheme - You are not allowed to blaspheme against the Holy Spirit even in the dreams.
너는 심지어 꿈에서조차 성령에 대한 신성모독이 허락되지 않는다.

★★★☆☆ convene - The council convened a meeting to bring about peace.
의회는 평화를 가져오기 위한 모임을 소집했다.

★★★☆☆ convention - The veterans planned to hold annual convention in Jeju.
그 퇴역군인들은 제주에서 매년 회합을 가지기로 계획했다.

★★★☆☆ conventional - conventional viewing habits and expectations 형식적인 감상 습관들과 기대들

★★★☆☆ convenience - This devices intended to improve customer convenience.
이 장치들은 고객의 편리를 증진시키려고 의도한 것이다.

★★★☆☆ omen - It is a bad omen when a black cat crosses your path.
검은고양이가 네 길을 가로질러 가는 것은 불길한 징조이다.

★★★☆☆ ominous - ominous sounds of rumbling thunder 으르렁거리는 천둥의 불길한 소리

★★★★☆ auspicious - an auspicious moment to make our dream a reality 우리의 꿈을 실현하기 위한 상서로운 순간

★★★☆☆ aviary - a garden aviary of brightly colored birds 밝은 빛깔의 새들이 있는 정원 새장

★★★☆☆ avian - Bird flu, or avian influenza, is a viral infection spread from bird to bird.
조류독감, 혹은 AI는 새에서 새로 전파되는 바이러스 감염이다.

★★★☆☆ aviation - Aviation signal lights are a crucial element to the safety of pilots and their passengers.
항공 신호 불빛은 조종사와 그들의 승객의 안전에 대단히 중요한 요소이다.

★★★☆☆ pestilence - Pestilence raged through the town, creating a population of zombies.
전염병이 마을을 몰아쳐 지나가며 좀비 무리를 만들었다.

★★★☆☆ epidemic - the country's cholera epidemic 그 나라의 콜레라 유행

★★★☆☆ endemic - endemic parasitic infection among the population 인구 중의 풍토적인 기생충 감염

★★★☆☆ pandemic - the arrival of pandemic influenza 전 세계적으로 유행하는 독감의 상륙

★★★☆☆ famine - the famine as a result of civil war and anarchy
내전과 무정부상태의 결과로서의 기아

★★★☆☆ famish - The famished citizens resorted to cannibalism.
그 굶주린 시민들이 인육을 먹기 시작했다.

★★☆☆☆ starve - The girl starved to death after too afraid to go outside.
그 소녀는 밖으로 나가기를 너무 무서워한 끝에 굶어죽었다.

★★★☆☆ starvation - Most of them died of starvation during those years.
그 몇 해 동안 그들 대부분은 굶어 죽었다.

★★☆☆☆ hunger - This pill will regulate your hunger and cravings for alcohol and nicotine.
이 알약이 당신의 배고픔과 술과 담배에 대한 탐닉을 조절할 것이다.

★★★☆☆ conjure - The shaman pretended to conjure up spirits.
그 주술사는 영혼을 불러오는 것처럼 가장했다.

★★★☆☆ haunt - a deserted seaside house haunted by the ghost of a murdered woman
살해된 여자의 유령이 들린 버려진 해안가 집

★★★☆☆ haunted - They lived in a haunted house for 50 years, until something happened.
그들은 50년을 귀신들린 집에 살았는데 마침내 무슨 일이 일어났다.

# Zac, the Secret Weapon
## 자크 - 비밀 병기

| | | |
|---|---|---|
| **P** | Cell Division | 세포분열 |
| **Q** | Stretching Strike | 탄성주먹 |
| **W** | Unstable Matter | 불안정 물질 |
| **E** | Elastic Slingshot | 새총 발사 |
| **R** | Let's bounce! | 바운스 |

---

**P**

## Cell Division
passive - 세포분열

적에게 스킬을 명중시키면 자크의 신체조각이 땅으로 떨어짐. 자크가 이 신체조각 위로 이동하면 신체조각을 흡수해 최대 체력의 4%를 회복.
자크가 사망하면 그의 신체가 4조각으로 나눠짐. 이 조각은 8초에 걸쳐 다시 합쳐지며 조각 당 전체 체력의 12%를 가지고 부활. 이 효과는 5분의 재사용 대기시간을 가짐.

□□□ **division** [dɪvíʒn 디**비**젼] n. 분할, 분배　∞ Azyr 참고

### division은 divide에서 나온 단어

★ division분할은 수학에서 나눗셈을 의미하고 생물학에서는 세포분열을 의미하기도 합니다. 동사인 divide에서 나온 단어입니다.

　　　**divide** [dɪváɪd 디**바이**ㄷ] v. 나누다　∞ Azyr 참고

'나누다'라는 뜻의 유의어로는 dismantle해체하다이 있습니다.
dismantle은 dis(off분리) + mantle(망토)의 조합으로서 원래의 뜻은 '**외투를 벗겨내듯이 성벽을 조각조각 해체하다**'라는 것이었습니다. 그러다 요즘 dismantle은 '**기계, 조직 등을 분해하다**'라는 뜻으로 주로 사용되고 있습니다.
참치나 고래를 부위별로 해체할 때도 이 dismantle을 사용합니다.

여기서 어근이 되는 mantle은 지구과학에서 지구의 내부에 있다고 배운 바로 그 mantle맨틀층을 말합니다. 맨틀은 crust지각와 더 깊은 곳의 outer core외핵사이에 존재하는 두꺼운 층입니다.
지구과학에서의 맨틀은 이렇게 어원상 manteau망토란 의미에서 시작되었고 망토로 몸을 덮듯이

**'덮개처럼 지구 핵을 덮은 층'**이라는 의미가 되겠습니다.
그러므로 dismantle을 암기할 때는 어원을 이용하여 지구를 해체하여(dis) **맨틀**층이 보이게 하는
이미지를 연상하면 됩니다.

**dismantle** [dɪsmǽntl 디스**맨틀**] v. 해체하다

## Q  **Stretching Strike**
Q - 탄성주먹

| 자크가 전방으로 손을 뻗어 마법 피해를 입히고 2초 동안 대상의 이동 속도를 감소시킴.

□□□ **stretch** [stretʃ 스트레치] v. 늘리다

## Stretch(늘리다)는 String(줄)을 늘리는 것

★ stretch는 적당한 길이 이상으로 늘리는 것을 의미합니다. **'펼치다, 잡아당기다'**라는 뜻의 PIE
어근인 *strenk-에서 기원하였습니다. 이는 string줄의 어근이기도 합니다.
또한 structure구조, stratum지층 같은 단어들도 이 *strenk- 어근에서 나온 단어이므로 잡아당기는
느낌을 내포하고 있습니다.

**structure** [strʌ́ktʃə(r) **스트럭쳐**] n. 구조
**stratum** [stréɪtəm **스트레이텀**] n. 층, 지층

* stratum은 **'지층'**을 의미하기도 하지만 social stratum에서처럼 사회계층을 의미할 때도 사용할 수 있습니다.
stratum이 사회계층을 의미할 때는 social ladder, social class 등의 표현으로도 바꾸어 쓸 수 있습니다.
stratum의 복수형은 strata입니다.
참고로 stratum처럼 어미가 -um으로 끝나는 라틴어나 그리스어 계열의 단어의 복수형은 어미에 -a를 사용합니다.
예를 들면 curriculum-curricula커리큘럼, memorandum-memoranda메모, symposium-symposia심포지엄 등이
있습니다. 앞의 것이 단수형이고 뒤의 것이 복수형입니다. 아! datum-data자료도 있군요.

## Unstable Matter
W – 불안정 물질

자크의 몸이 터져서 주위에 있는 적 모두에게 마법 피해. 대상의 최대 체력의 일부만큼의 마법피해 추가.
자크가 몸 조각을 흡수하면 불안정 물질의 재사용 대기시간이 쿨타임이 1초 감소.

□□□ **unstable** [ʌnstéɪbl 언스테이블] a. 불안정한

**unstable(불안정한)은 stable(안정된) stable(마구간)이 없어서**

★ unstable은 un(반대) + stable(안정하다)의 조합으로서 '안정하지 않다'라는 뜻입니다.
stable은 명사로는 '**마구간**'이라는 뜻인데 그 어원은 라틴어 stabilis입니다. 이 stabilis는 'firm 굳건한, fixed고정된'의 뜻으로서 이는 '**말을 (안정되게) 매어 두는 장소**'라는 뜻이었습니다.
그 후 마구간을 사용하면 말을 데리고 이곳저곳 이동을 하지 않아도 되는 결과가 나오기 때문에 '**안정되어 있다**'라는 뜻으로 발전하게 되었습니다.
'**로마군은 병참으로 이긴다**'라는 말이 있는데 **군마**의 보급을 위한 **안정된** 거점을 만드는 전략 개념이 이 단어 stable에 포함되어 있는 듯합니다.
unstable을 기억할 때는 어원을 생각하여 '**안정된 마구간(stable stable)**'의 반복 단어의 이미지를 이용하면 되겠습니다.

**stable** [stéɪbl **스테이블**] a. 안정된 n. 마구간

stable/unstable은 또한 사람의 성격을 나타낼 때도 사용됩니다. prudent신중한, discreet신중한, calm침착한 등의 단어도 사람의 안정되고 침착한 모습을 가리키는 단어입니다.

**prudent** [prúːdnt **프루**으든ㅌ] a. 신중한
**discreet** [dɪskríːt 디**스크리**이ㅌ] a. 신중한　　∞ Talon 참고

* prudent는 '**신중하다**'라는 뜻의 형용사인데 어원은 '**먼저(pro) 보다(vision), 공급하다**'라는 의미인 provide의 과거분사형에서 나온 것입니다. 앞을 미리 보고 준비를 했으니 침착하고 신중하게 보이는 것은 당연해 보입니다. prudent를 기억할 때는 영국보험회사로서 우리나라에도 들어와 있는 '**푸르덴셜 생명**'이라는 상호를 떠올리면 됩니다. 생명보험으로 사고나 죽음을 대비하는 것은 멀리 앞을 내다보는 '**신중함**'을 의미하니 상호와 단어를 연결해서 암기할 만합니다.
prudent를 기억하는 다른 방법으로는 '**돌다리도 두드리며 건넌다**'는 속담을 응용해 손을 신중하게 돌다리에 '**앞으로 댄**'의 발음을 이용해도 됩니다.

* discreet도 '**신중하다**'라는 뜻인데 어원을 추적해보면 '**알아차리다**'라는 뜻의 discern과 관계가 있습니다. 도덕적으로 나쁜 사람들과 스스로를 신중하게 구별하여 몸가짐을 조심스럽게 행동한다는 의미입니다.
챔피언 탈론에서 본 단어들이지만 discreet신중한하게 한 번 더 보겠습니다.
원래 discreet과 discrete는 발음도 비슷하고 '**구별된**'이라는 뜻도 같아서 둘이 혼용되었으나 17세기에 discreet은 '**신중한**'이라는 뜻으로 바뀌게 되었습니다. discrete은 철자가 /t/에 의해 /e/가 좌우로 **구별되어** 있습니다.

|  | 초기 | 17C 이후 |
|---|---|---|
| discreet | 구별된 | 신중한 |
| discrete | 구별된 | 구별된 |

## E　Elastic Slingshot
E - 새총 발사

자크가 제자리에 멈춰 힘을 모음. 이후 지정한 위치로 뛰어올라 착지점 주변의 적을 1초간 기절시키고 마법피해. 이동으로 시전을 취소할 경우 소모한 체력의 50%를 돌려 받음.

▢▢▢ **elastic** [ɪlǽstɪk 일래스틱] a. 탄력 있는　n. 고무 밴드

★ elastic은 **'탄력 있다'**라는 뜻인데 'ductile늘여지는, flexible휠 수 있는'이라는 의미의 라틴어인 elasticus에서 나온 단어입니다.
elastic은 화장품 광고에 피부탄력유지 제품에 많이 사용되므로 자주 볼 수 있는 단어입니다.

**elasticity** [ɪːlæstɪ́sətɪ 이일래**스티**서티] n. 탄성, 탄성력

elastic과 비슷하게 **'물질이 변형되는 성질'**에 대한 단어로는 resilient와 flexible이 있습니다.

| | |
|---|---|
| **elastic** a. 탄력있는　→ | **elasticity** n. 탄성력 |
| **resilient** a. 회복력이 있는　→ | **resilience** n. 회복력 |
| **flexible** a. 구부릴 수 있는　→ | **flexibility** n. 휨성 |

**resilient** [rɪzɪ́lɪənt 리**질**리언ㅌ] a. 회복력이 있는
**flexible** [fléksəbl ㅎ**플**렉서블] a. 구부릴 수 있는, 신축성이 있는　　∞ Velkoz 참고

* **resilient**는 elastic처럼 **'탄성 있는'**이라는 뜻으로 쓰이지만 그 **'회복성'**에 좀 더 주안점을 둔 단어입니다. resilient 는 **'rebound되다'**라는 뜻의 라틴어 resilire에서 영어로 온 단어로서 re(다시) + salire(jump뛰다)의 조합입니다.
라틴어 salire(jump뛰다) 어원에서 나온 단어는 result결과가 있는데 result도 **'결과가 원인으로부터 튀어나오다'**라는 개념에서 나온 것입니다.
resilience회복력은 물질과학에서 주로 쓰이는 용어입니다. 어떤 재료에 변형을 주었을 때 변형량이 적을 때는 원래의 형태로 되돌아오지만 어느 한계를 넘어서면 permanent distortion영구변형이 생겨서 되돌아오지 못하게 됩니다.
이러한 과정에서 물질에 축적되는 탄성에너지의 값이 resilience회복력이 됩니다.
또한 resilience회복력은 psychology심리학의 영역에서 큰 심리적 충격 후에 이를 극복하는 인간의 정신적인 능력의 척도로 쓰이는 단어이기도 합니다.
resilient를 기억할 때는 **'공에 힘이 다시(re) 실린 듯 회복력이 있다'**는 발음을 이용하면 편합니다.

* **flexible**은 **'구부릴 수 있는'**이라는 뜻으로 **'유연성, 휨성'**과 관계가 있습니다.
flexibility휨성는 기기나 구조물을 설계할 때 쓰이는 용어로서 휨성은 재료의 탄성률과 반비례하는 고유성질입니다.
그러나 신체에 있어서는 **'유연성'**의 의미로 쓰이고 심리학이나 조직에 있어서는 **'융통성'** 이라는 뜻으로 쓰이는 단어입니다.

R **Let's bounce!**
R - 바운스!

자크가 4번 튕겨서 적들을 띄우며 둔화를 검. 한 번 튈 때마다 주변 적에게 마법 피해를 입히며 1초 동안 공중에 띄우고 1초 동안 20% 둔화를 검.
한 번 이상 맞은 적은 절반의 피해를 입고 공중에 뜨지 않음. 활성화하면 자크에게 적용된 모든 둔화 효과가 제거되며 지속 시간 동안 점차 이동 속도 증가 효과를 받음.
자크는 공중에 떴을 때 우클릭으로 이동할 수 있으며 불안정 물질 스킬 시전도 가능.

□□□ **bouncing** [báʊnsɪŋ 바운싱] a. 활발한   ∞ Katarina 참고

# Zac

★★☆☆☆ division - the division of the land into small fields
땅을 작은 밭으로 분할

★☆☆☆☆ divide - We divided up the loot after winning the battle.
우리는 전투에서 이긴 뒤에 전리품을 분배했다.

★★★☆☆ dismantle - The coal power station was dismantled, and replaced with solar panels.
그 화력발전소는 해체되었고, 태양광 패널로 대체되었다.

★★☆☆☆ stretch - I stretched my arms to grab cheese from the moon.
나는 달에 있는 치즈를 잡으려고 팔을 뻗었다.

★☆☆☆☆ structure - the traditional power structure in both parties
양당 모두에 있는 전통적인 권력구조

★★★☆☆ stratum - those in the lowest social stratum of this country
이 나라의 가장 낮은 사회 계층 사람들

★★★☆☆ unstable - The nuclear station is becoming unstable, so run away!
그 핵발전소가 불안정해지고 있다. 그러니 도망가!

★★☆☆☆ stable - a man of stable character
안정적인 성격의 남자

★★★☆☆ prudent - It is prudent to save money for university tuition.
대학등록금을 위해서 돈을 저축하는 것은 신중하다.

★★★☆☆ discreet - The couple tried to be more discreet about their own political leanings.
그 부부는 그들 자신의 정치적인 성향에 대해 좀 더 신중하려고 노력했다.

★★★☆☆ elastic - The fireman stretched an elastic band from my house to yours.
그 소방관은 우리 집에서부터 너의 집까지 고무 밴드를 잡아당겼다.

★★★☆☆ elasticity - This sticky oil will decrease the elasticity of the skin.
이 진득한 기름은 피부의 탄력성을 떨어뜨릴 것이다.

★★★☆☆ resilient - Children can be remarkably adaptable and are more resilient to trauma than older generations.
아이들은 나이든 세대보다 현저하게 적응을 잘하고 외상에서의 회복력이 더 좋다.

★★☆☆☆ flexible - a thin flexible rubber tube
신축성이 있는 가느다란 고무 튜브

★★☆☆☆ bouncing - Bouncing on a rubber world would be fun.
고무로 된 세상에서 방방 뛰는 것은 재미있을 거야.

# Zed, the Master of Shadow
## 제드 - 그림자의 주인

**P** Contempt for the Weak  약자 멸시

**Q** Razor Shuriken  예리한 표창

**W** Living Shadow  살아있는 그림자

**E** Shadow Slash  그림자 베기

**R** Death Mark  죽음의 표식

---

**P** # Contempt for the Weak
passive - 약자 멸시

제드가 체력 50% 이하인 적을 기본 공격하면 대상의 최대 체력의 일부에 해당하는 마법 피해를 추가.
이 효과에는 대상마다 10초의 재사용 대기시간이 적용.

□□□ **contempt** [kəntémpt 컨**템**프ㅌ] n. 경멸  ∞ Diana 참고

## contempt(경멸)는 condemn(비난하다)과 발음이 비슷

★ contempt는 '경멸하다(scorn)'라는 뜻입니다. 같은 뜻의 라틴어인 contemnere에서 나왔고 이는 com(함께) + temnere(경멸하다)의 조합입니다.
어근인 라틴어 temnere는 contempt 말고는 영어에서 별로 사용되지 않습니다.
contempt와 비슷한 의미인 condemn비난하다은 어근은 다르지만 발음이 비슷하므로 둘이 동시에 기억해야하는 단어입니다.
contempt는 '함께(con) 보스잡았는데 템 퍼먹고 틴 녀석을 경멸하다'고 기억하면 됩니다. 게임을 하다보면 가끔 그런 사람 있죠.

**condemn** [kəndém 컨**뎀**] v. 비난하다  ∞ Thresh 참고

챔피언 제드의 passive 스킬인 〈약자 멸시〉와 관계해서 정착하지 않고 떠도는 약자들인 wanderer방랑자나 집시, nomad유목민들에 대한 멸시도 생각해볼 수 있겠습니다.
정착한 인류 집단은 떠도는 집단을 항상 경멸해왔지만 인류 역사를 바꾼 대이동은 이러한 유목민에 의해 자주 이루어졌습니다.

wanderer [wɑ́ːndərə(r) **와안**더러] n. 방랑자
nomad [nóʊmæd **노우**매ㄷ] n. 유목민　　∞ Varus 참고

* wanderer는 '**떠돌다**'라는 뜻의 wander에 사람을 나타내는 접미사 -er이 붙은 것입니다.
wander는 원래 wind바람를 뜻하는 PIE어근인 *wendh-에서 나왔습니다. 바람처럼 여기저기 떠도는 방랑자에게
어울리는 어근입니다.
그 외에도 방랑자의 뜻을 가진 단어로는 roamer로머, drifter유랑인가 있습니다.
여기서 로머는 온라인게임에서 '**돌아다니는**' 몹을 말합니다. 보통 로머때문에 몹이 애드되서 파티가 전멸하죠.

* nomad는 '**유목민**'이라는 뜻입니다. 일견하기에 '**미치지 않았다(no + mad)**'라는 뜻으로 보이지만 사실은 pasture
초원를 나타내는 그리스어 nomos에서 나온 단어입니다.
nomad와 같은 어원을 가진 Numidia누미디아 인을 생각하면 철자를 유추하기가 편합니다.

### Numidia(누미디아)

　지중해 역사 가운데 Numidia누미디아는 로마에 대항한 Carthage카르타고와 함께 자주 나타납니다. 누미디아는
기원전 202~46년까지 지속된 아프리카 북부 사막의 nomad유목민인 Berber베르베르족이 세운 왕국입니다.
카르타고는 구두처럼 생긴 이탈리아 반도가 돌멩이처럼 생긴 시칠리아를 걸어차면 툭 부딪히는 아프리카의
해안 부분에 위치하고 있습니다. 이 카르타고의 좌우에 아프리카 해안선을 따라 위치했던 왕국이 누미디아입니다.
지금의 알제리에 해당하는 곳입니다.
　누미디아는 카르타고 전쟁 당시 로마에 대항하여 nomad유목민의 특징인 기마술을 발휘하여 공포의 기병으로
활약하였으나 나중 로마에게 멸망당하여 로마의 속주가 됩니다.

**Q**　**Razor Shuriken**
Q - 예리한 표창

제드와 그림자가 표창을 던져 각각 처음 맞는 적에게 물리 피해를 입히고 이후
추가로 맞히는 적에게는 각각 추가 피해. 동일한 적에게 추가로 표창을 맞히면
이전보다 피해량이 50%로 감소.

□□□ **razor** [réɪzə(r) **레이**저] n. 면도기

★ razor는 '**면도기**'라는 뜻인데 '**긁다, 조각하다**'라는 뜻인 rase 동사에서 나온 단어입니다.
'**긁다**'라는 뜻의 라틴어 radere에서 나온 단어인데 아직도 rodent설치류에 어근이 남아있습니다.
쥐나 다람쥐 같은 설치류가 나무나 전선을 갉아먹는 것과 면도기로 피부를 긁는 동작이 어원으로
이렇게 이어지니 왠지 비슷한 행동처럼 느껴집니다.
rodent를 기억할 때는 '**dent이빨로 모든 걸 갉아먹는 설치류(齧齒類)**'로 발음을 이용하면 됩니다.

**rodent** [róʊdnt **로우든ㅌ**] n. 설치류　　∞ Kog'Maw 참고

---

## W　**Living Shadow**
W – 살아있는 그림자

(기본 지속 효과) : 제드가 추가 공격력을 얻음.
(액티브) : 제드의 그림자가 전방으로 질주해 잠깐 동안 제자리에 머뭄. 그림자는
제드의 스킬을 그대로 복제. 그림자가 유지되어 있는 동안 살아있는 그림자를 다시
시전하면 제드가 그림자와 위치를 바꿈.

□□□ **shadow** [ʃǽdoʊ **쉐도우**] n. 그림자　　∞ Akali 참고

**shadow는 2차원이고 shade는 3차원**



★ shadow그림자는 쉬운 단어지만 shade그늘와 혼동을 조심하여야 합니다.
간단히 말해서 shadow는 2 dimension차원(평면)이고 shade는 3 dimension차원(공간)입니다.
즉 우리가 '**나무 그늘에서 쉬다**'라고 한다면 공간(3차원)에서 쉬는 것이므로 under the shade라고
해야 합니다.

> You don't need to fear your own shadow.
> 넌 너의 그림자를 겁낼 필요는 없다.
>
> They were sitting under the shade of trees.
> 그들은 나무 그늘 아래에 앉아있었다.

첫 번째 문장에 shadow를 shade로 바꿔 쓰면 '**공간**'을 무서워하는 암흑공포증 환자처럼 보입니다.
또한 두 번째 문장에서 shade 자리에 shadow를 쓰면 무척 어색해집니다.

우리는 shade그늘 공간에서 쉬는 것이지 shadow그림자에 앉아서 쉬는 것은 아니니까요.
물론 shadow에도 그늘의 뜻이 있으므로 원어민도 두 단어를 혼동하는 경우가 있습니다. 그러나
우린 원어민보다 영어 용례를 더 잘 알고 있어야 합니다. 마치 외국인이 [한국어 능력시험]을 보면
우리보다 국어시험을 잘 보는 것처럼 말입니다.

**dimension** [dɪménʃn 디멘션] n. 치수, 차원

* dimension은 공간의 크기를 말하는데 요즘엔 주로 3D(3차원), 4D(4차원)처럼 차원을 말할 때 사용됩니다. 라틴어
dis(away) + metiri(measure재다)의 조합에서 나왔는데 멀리 수치를 재가면서 공간의 크기를 알아가는 모습을
연상시키는 단어입니다.
dimenstion을 암기할 때는 그냥 '이(this) 맨션은 3차원구조군.'하며 맨션을 이미지로 삼으면 편합니다.

### Middle-Earth Shadow of Mordor(중간계 모르도르의 그림자)

우리나라에 아직 소문은 덜 나 있지만 PC. PS4 플랫폼으로 2014년 출시된 아주 호평 받는 액션 RPG게임이
하나 있습니다. [Middle-Earth Shadow of Mordor중간계 모르도르의 그림자]란 작품입니다. 반지의 제왕에서
곁가지로 나온 이야기라서 골룸과 사우론도 등장합니다. 상당히 재미있는 전투를 즐길 수 있다라는 평이
많습니다. 마치 [반지의 제왕] 영화 속으로 들어간 느낌을 받을 정도로 섬세한 그래픽과 액션, 짜임새 있는
스토리와 다양한 네임드 몬스터와의 대결 등이 흥미를 유발하는 게임이라고 하겠습니다.

모르도르는 [반지의 제왕]의 배경으로서 Sauron사우론에 의해 지배되는 가상의 세계입니다. 모르도르에 있는
용암 산맥인 Orodruin오로드루인은 반지원정대(Fellowship of the Ring)가 절대반지(the One Ring)를 파괴
시키려고 향하는 목적지입니다. 하나의 세계관은 또 하나의 우주를 말하므로 판타지는 항상 사람들에게 흥미를
유발하고 여러 곁가지 이야기의 재료가 됩니다.

## Shadow Slash
### E – 그림자 베기

제드와 그림자가 각각 그림자를 터뜨려 근처 적들에게 물리 피해. 제드 자신의 그림자
베기로 적 챔피언을 공격하면 살아있는 그림자의 재사용 대기 시간이 2초 감소.
그림자가 쓰는 그림자 베기에 맞은 적은 1.5초간 둔화.
살아있는 그림자: 하나의 적에게 다수의 그림자 베기가 적중 시 3추가 둔화.
두 개 이상의 그림자 베기는 추가 데미지가 없음.

## Death Mark
### R – 죽음의 표식

제드가 잠시 공격을 받지 않는 상태가 되어 제자리에 6초 동안 유지되는 그림자를 생성.
다음 대상 챔피언 뒤에 돌진하며 죽음의 표식을 남깁니다. 3초가 지나면 표식이 발동하여
해당 적에게 가한 모든 마법과 물리 피해의 일부를 물리 피해로 가함.

□□□ **mark** [mɑːrk 마아ㅋ] v. 표시하다  n. 자국    ∞ Kennen 참고

### mark를 다시 하면 remarkable(주목할 만한) 표시

★ **mark**는 '**표시하다**'라는 뜻입니다. 온라인게임에서는 [WOW]의 〈사냥꾼의 징표〉처럼 데미지를
증가시키고 타겟을 정하는 데 사용되거나 [Bless블레스]의 〈죽음의 마크〉처럼 데미지 중첩을 시키는
데에 사용됩니다.
mark가 들어간 단어로는 우리에게 익숙한 landmark<sup>주요 지형지물</sup>, benchmark<sup>기준점</sup>, hallmark
<sup>특질</sup> 등의 단어가 있고 이외에 remark를 remark<sup>주목</sup>할 만합니다.

benchmark [bentʃmáːrk 벤치**마아**ㅋ] n. 기준점
hallmark [hɔ́ːlmɑːrk **호**얼마아ㅋ] n. 특질, 품질보증마크
remark [rɪmáːrk 리**마아**ㅋ] v. 언급하다 n. 발언, 주목
→ remarkable [rɪmáːrkəbl 리**마아**커블] a. 주목할 만한

* **benchmark**는 '**기준점**'이라는 뜻입니다. 흔히 benchmarking(벤치마킹)의 단어로 자주 사용됩니다. 다른 기업의
성공사례나 좋은 점을 **기준점**으로 삼는다는 이야기인데 쉽게 말해서 '**따라하기**'란 뜻입니다.
benchmark는 고대의 토목공사에서 측량사가 건물의 기준점을 표시하기 위해 돌에 끌로 수평을 새겨 넣고 여기에
90도로 꺾인 쇠막대를 대어 수직을 맞추면 bench<sup>벤치</sup>처럼 보이는 것에서 단어가 유래합니다.
성공한 사람을 벤치마킹하다보면 어느새 자신도 성공한 사람이 되어있는 것을 발견할 수 있습니다.

* **hallmark**는 무언가의 전형적인 특질을 말하는데 '**hall**<sup>홀</sup>**에서 만들어진 mark**'라는 뜻입니다. 여기서의 hall<sup>홀</sup>은
영국의 Goldsmiths' Hall을 말합니다.
이 골드스미스 홀은 런던에 있는데 1327년 영국왕 에드워드 3세(Edward III)가 골드스미스 회사에게 은의 순도를
확인하고 품질보증마크를 새기도록 허가를 내주어서 이후 이 홀에서 새겨진 마크는 모두 hallmark라고 불렸습니다.

주로 '**표범의 머리(leopard's head)**'를 mark로 새겨 넣어서 다른 purity순도가 낮은 가짜 은제품과의 구분을 할 수 있게 만들었습니다.
그러다가 차차 hallmark라는 단어는 '**특질**'이라는 넓은 뜻의 단어로 발전하게 된 것입니다.

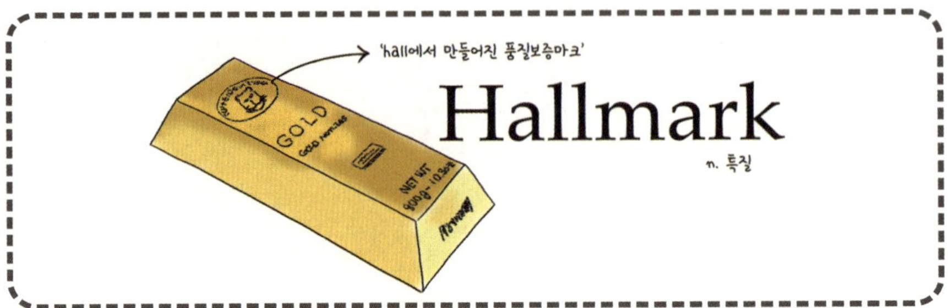


* remark는 re(다시) + mark(표시하다)의 조합으로 말이나 글로 의견을 한 번 언급하는 것을 말합니다. 예를 들어 선생님이 강의 중에 흘러가버리는 내용 중 하나를 **다시** "**밑줄 쭈악!**" 하면서 **강조**하는 상황을 떠올리면 됩니다.
remarkable은 '**remark**주목**할 만한 가치가 있다**'라는 뜻의 형용사이고 '**진기하고 놀랍다**'라는 뜻으로도 사용됩니다.

# Zed

★★★☆☆ contempt - The judge said to the accused, "You are in contempt of court for swearing."
판사는 피고인에게 "당신은 욕설로 법원을 모독하고 있습니다." 라고 말했다.

★★★☆☆ condemn - We condemn the racism in South Africa.
우리는 남아프리카공화국의 인종차별을 규탄한다.

★★☆☆☆ wanderer - a restless wanderer on the earth
세상을 떠돌아다니는 쉴 곳 없는 방랑자

★★★☆☆ nomad - They still prefer the nomad life style.
그들은 아직도 유목민 생활을 선호한다.

★★★★★ razor - I used a razor before coming to the party for the first time in my life.
나는 파티에 오기 전에 내 생에 처음으로 면도기를 사용했다.

★★★☆☆ rodent - A small rodent scurried up her dress.
작은 설치류 하나가 그녀의 드레스를 타고 종종걸음으로 올라갔다.

★★☆☆☆ shadow - A shadow cast over the soccer field.
그림자가 축구장에 드리워졌다.

★★★☆☆ dimension - Please measure all three dimensions - width, length and height.
폭, 길이, 높이 세 차원 모두의 치수를 재주세요.

★☆☆☆☆ mark - the tire marks in dirt on the right side of the road
길 오른편에 있는 먼지 속의 타이어 자국

★★★★★ benchmark - I just saw that my graphics card ranks 10th on the bench mark list.
나는 방금 나의 그래픽카드가 비교리스트에서 10위인 것을 보았다.

★★★☆☆ hallmark - The hallmark of any good essay is a shocking introduction.
모든 좋은 에세이의 특징은 쇼킹한 도입부이다.

★★★☆☆ remark - She remarked that she had some work to finish.
그녀는 끝내야 할 일이 있다고 말했다.

★★★☆☆ remarkable - Even after his leg got blown off, the remarkable soldier shot the enemy's general.
그의 다리가 (폭발로) 날아가 버린 뒤에도 그 주목할 만한 병사는 적군의 장군을 쏘았다.

# Ziggs, the Hexplosives Expert
## 직스 - 마법공학 폭파병

| | | |
|---|---|---|
| P | Short Fuse | 짧은 도화선 |
| Q | Bouncing Bomb | 반동폭탄 |
| W | Satchel Charge | 휴대용 폭약 |
| E | Hexplosive Minefield | 마법공학 지뢰밭 |
| R | Mega Inferno Bomb | 지옥 화염 폭탄 |

**P** **Short Fuse**
passive - 짧은 도화선

직스의 기본 공격이 12초마다 추가 마법 피해를 입힘. 직스가 스킬을 사용할 때마다 패시브의 재사용 대기시간이 4초 감소. 건물에는 150%의 피해.

□□□ **fuse** [fjuːz ㅎ퓨으즈] n. 퓨즈, 신관

## fuse는 두꺼비집 퓨즈와 폭탄의 퓨즈가 존재

★ fuse퓨즈는 두 가지 어원에서 기원한 두가지 뜻이 있는 단어입니다. 하나는 융합이라는 뜻에서 나온 **'전기합선방지용 퓨즈'**이고 다른 하나는 **'도화선 퓨즈'**입니다.

| fuse | 어원 : fusion(융합)에서 기원 | 전기합선방지 퓨즈 |
|---|---|---|
| | 어원 : fuso(spindle방추)에서 기원 | 도화선 퓨즈 |

먼저 융합의 뜻인 fusion에서 기원한 fuse는 집 현관의 두꺼비집에 있는 그 fuse퓨즈를 말하는 단어가 되겠습니다. 이 퓨즈는 전선에 정해진 값 이상의 전류가 흐르면 녹아서 전기가 끊어지게 하여 화재를 방지하는 장치입니다.
동사로는 **'녹이다, 융합시키다'**라는 뜻으로 사용됩니다.

그다음 라틴어 fuso에서 기원한 fuse는 화약을 폭발시키는 **'도화선'**이라는 뜻입니다.
라틴어 fuso는 굴대나 축을 의미하는 spindle방추을 의미하는 단어였는데 17세기 도화선은 그 모습이 방추형의 튜브 안에 화약이 채워져 있는 모습이어서 유래된 것입니다.
이 어원에서 나온 fuse는 현재에는 충전된 폭약의 큰 폭발을 불러일으키는 단어인 **'신관'**을 뜻하게

되었습니다. 신관이란 ignition점화장치나 detonator기폭장치를 의미하는데 작은 폭발로 폭탄, 어뢰, 탄환의 더 큰 폭발을 일으키는 장치를 말합니다.

ignition [ɪɡníʃn 이그니션] n. 점화 장치
← ignite [ɪɡnáɪt 이그나이트] v 점화하다
detonation [detənéɪʃn 디터네이션] n. 폭발, 폭파
← detonate [détəneɪt 데터네이트] v. 폭발시키다

* ignite는 '불을 점화하다'라는 뜻입니다. ignite는 'glow이글거리다'의 뜻인 라틴어 ignis로부터, 그리고 더 멀리는 불을 뜻하는 PIE어근인 *egni-에서 나온 단어입니다. 우리말의 '이글거리다'와 발음이 거의 같아서 언어의 계통을 뛰어넘는 공통성을 보여줍니다.
ignite를 암기할 때는 이 한글 발음을 이용하여 "이거나 eat(먹어)! 이글거리는 밤(night)이 되게 해주지."라며 불을 점화하는 모습을 상상하면 됩니다.

* detonate폭발시키다는 라틴어인 de(down아래로) + tonare(thunder천둥)의 조합으로 천둥이 내려치는 것처럼 큰 소리가 나는 폭발을 의미하는 단어입니다.
'tornado토네이도'도 이 tonare 어근에서 나온 단어입니다.
detonate를 기억할 때는 폭발성 토네이도의 휘도는 모습을 떠올리며 단어 속에서 의미를 유추해내면 편합니다.

# Q  Bouncing Bomb
### Q - 반동폭탄

(액티브) : 범위 내에 폭탄을 던짐. 폭탄은 적을 맞히지 않으면 튕기는데 2번 튕겨 3번째에 땅에 닿거나 적에게 맞히면 터지면서 마법 피해. 처음 던지는 사거리가 길수록 튕기는 속도가 증가.

□□□ **bouncing** [báʊnsɪŋ **바운싱**] a. 활발한　　∞ Katarina 참고

## bouncing bomb는 통통튀는 댐 폭파용 폭탄

★ bouncing은 챔피언 카타리나에서 공부했으므로 여기선 bouncing bomb에 대해 보겠습니다. bouncing bomb은 제 2차 세계대전에서 dam buster댐 파괴용 폭탄으로 영국군이 사용한 '**도약폭탄**'을 말합니다.

큰 cylindrical원통형의 폭탄을 물수제비처럼 수면에 튕긴 다음 댐의 벽에 부딪혀서 가라앉게 하고 수압에 의해서 폭발시켜 댐을 벽면 쪽에서 폭파시킨 것입니다. 폭격기의 velocity속도가 너무 빨라 직격하는 방법으로는 댐을 맞추기 힘들었는데 결국 도약폭탄으로 성공한 것입니다.

**cylindrical** [sílɪndə(r)ɪkl **실**린더리클] a. 실린더(원통) 모양의
**velocity** [vəlá:səti 벌**라아**서티] n. 속도

* **velocity**는 속도를 말하는데 '**빠르다**'라는 의미의 라틴어인 velox에서 나온 단어입니다. 빠른 육식공룡의 하나인 velociraptor벨로시랍토르의 단어에서도 볼 수 있는 어근입니다. 또한 차량 같은 운송 수단을 나타내는 vehicle도 멀리 어근이 관련되어 있습니다. velocity를 기억할 때는 '**시속 30km의 제한 속도를 준수하라(below thirty)**'의 한글 발음을 이용하여 이미지를 만들면 편합니다.

### 도약 폭탄의 영웅들

　도약 폭탄의 개발과 투하는 WWII 의 가장 치열한 장면 중 하나여서 이에 관한 여러 영화와 책들이 나와있고 전쟁이 과학에 끼친 영향을 보여주는 한 예이기도 합니다. 1943년 WWII가 한창일 때 영국은 독일의 산업에서 중요한 역할을 하는 Ruhr루르의 hydroelectric power plant수력발전소를 폭격으로 파괴할 계획을 세웁니다. 하지만 댐은 계곡에 위치해서 철저한 air defense network방공망을 지나야하고 수직으로 폭탄을 투하해서는 맞추기도 힘들고 설사 댐을 직격해도 손상을 많이 주기가 힘들었습니다. 그러다가 영국의 항공공학자 Barnes Wallis윌리스가 도약폭탄을 생각해냄으로써 이 문제를 해결하게 됩니다.

그 외에도 이 작전은 넘어야 할 과제가 많았습니다. bouncing반동, velocity속도, angle진입각도, explosive 폭약의 양, fuse신관의 종류 등을 모두 해결해야 했습니다. 예를 들어  반동이 너무 크면 폭탄이 튕기다가 댐을 넘어가 버리게 되고 반대로 반동이 너무 작으면 먼저 가라앉아 버리는 문제가 생길 수 있었기 때문입니다.

　수많은 연습을 통해 과학자들과 폭격수들은 18미터 상공에서 3톤의 지연 fuse신관가 장착된 폭탄을 373km의 속도로 비행을 하다 떨어뜨리고 동시에 폭탄에 백스핀을 걸어주면 된다는 사실을 밝혀냈습니다. 이것이 바로 bouncing bomb도약 폭탄이고 이 계획은 성공하여 결국 루르 댐은 파괴되었고 독일은 산업과 물자 생산에 막대한 지장을 받게 됩니다.

## Satchel Charge
W – 휴대용 폭약

(액티브) : 소형 폭탄을 던져서 설치함. 설치된 폭탄은 4초가 경과하거나 한 번 더 스킬을 활성화시키면 터지면서 마법피해. 터질 때 적들을 넉백시키고 직스 본인이 범위에 있을 때 폭파시키면 폭발의 반대 방향으로 날아가며 피해는 입지 않음.

□□□ **satchel** [sǽtʃəl 새철] n. 책가방

★ satchel은 작은 가방이나 책가방을 말하는데 라틴어로 saccellum에서 나온 단어이고 이는 sack과 어원이 관련되어 있는 단어입니다.
sack쌕은 흔히 등에 매는 마대자루처럼 생긴 가방을 말합니다.
satchel책가방은 발음 그대로 '**사철** 들고 다닐 수 있는 가방'으로 기억하면 좋습니다.

## Hexplosive Minefield
E – 마법공학 지뢰밭

(액티브) : 지정한 장소에 원형범위로 작은 지뢰들을 11개 설치. 지뢰는 설치된 지 0.3초가 지나야 폭발이 가능하며 적이 지뢰를 밟으면 마법 피해와 동시에 1.5초 동안 이동속도 감소.

□□□ **minefield** [máɪnfiːld **마인**ㅎ피일ㄷ] n. 지뢰밭

# mine(광산)에서 mineral(광물)이 나온다

★ minefield는 mine지뢰가 묻힌 지대라는 뜻입니다.
원래 mine은 '**광산**'이라는 뜻이었는데 나중 '**땅을 파고(undermine) 폭탄을 묻은 것**'이라는 뜻으로
현대적 무기인 '**지뢰**'라는 의미가 추가되었습니다.
고대에 광산이 많았던 곳은 켈트족의 영역이었습니다. 따라서 고대 켈트어인 *meini-에서 mine의
단어가 영어에 도입되었습니다.
mine과 연관된 단어로는 mineral미네랄과 undermine약화시키다이 있습니다.

mine [máɪn **마**인] n. 광산, 지뢰 → **miner** n. 광부
mineral [mínərəl **미**너럴] n. 광물, 무기질
undermine [ʌndərmáɪn 언더**마인**] v. (권위나 기반을) 약화시키다

* mineral은 '**광물**'을 의미합니다. 라틴어인 mineralis에서 나온 단어로서 '**광산에서 mining재광을 통해서 얻어진
물질**'이라는 뜻입니다.
그러다가 19세기에 들어와서 과학이 발달하면서는 유기물질(organic matter)의 반대 개념으로서 무기물(mineral,
inorganic matter)의 뜻으로 자주 쓰이게 되었습니다.

* undermine은 원래 '**땅 밑을 파다**'라는 뜻인데 차차 '**상대방의 권위나 자신감을 약화시키다**'라는 사회적인 의미로
발전하였습니다. 예를 들어 "He undermined me.그가 나를 깎아내렸어."에서처럼 사회적 평판이나 외모 등을 손상시키는
것으로 해석됩니다.
과거 공성전(siege warfare)에서 공수 양측에서 서로 발밑을 파고 들어가 침투하거나 적진 아래에 폭탄을 설치하는
undermining이 자주 사용되는 전술이어서 나온 단어입니다.
undermine약화시키다은 under(아래에서) + mine(땅을 파다)의 이미지로 기억하기 편한 단어입니다.

## 유기물(有機物)은 기(機)가 있다는 이야기인가?

유기물(organic)은 '**기**'가 있다는 뜻이고 무기물(mineral)은 '**기**'가 없다는 말인데 그럼 대체 기(機)는 무엇을
말하는 것인지 궁금해집니다. 우리나라에 화학은 일제 강점기에 처음 도입되었으므로 일제가 사용하던
방식으로 '**기(機)**'의 개념이 들어간 유기물과 무기물이란 단어를 해방 후에도 계속 사용하게 되었습니다. 아마
일본의 학자들은 기(機)를 '**생명의 틀**'로서 생각했던 것 같습니다. 그런데 우리말에서 '**기(機)**'는 기계나 기구 등
도구를 나타내는 말이어서 '**생명**'의 의미로 사용되지는 않으므로 참 곤란한 개념이 되었습니다.

영어로 organic matter와 inorganic matter(=mineral)는 '**생명물질이 있다와 없다**'라는 구분이므로 간단히
'**생명물질**'과 '**비생명물질**'로 번역했다면 이해하기도 쉽고 뜻도 정확했을 것입니다. 비슷한 단어인 organism
생명체에는 기의 개념이 들어가지 않게 번역되어 이해가 편합니다. 그러나 과학의 기본 개념 단어를 바꾸면 큰
혼동이 일어나므로 지금껏 한국과학계에서는 이 '**기(機)**'를 생명의 의미에도 계속 사용 중입니다.

언어는 자체의 생명력이 있으므로 일시에 바꾸지는 못할지라도 차차 과학용어적인 정리가 필요한 단어라고
하겠습니다. 그전까지는 당분간 '**기(機)**'는 일본학자들이 생각한 '**생명의 틀**'로 이해해야 하겠습니다.

**organic** [ɔːrgǽnɪk 오어**개**닉] a. 유기체의, 유기농의   ∞ Vel' Koz 참고

# Mega Inferno Bomb
R - 지옥 화염 폭탄

(액티브) : 특제 지옥 화염 폭탄을 투척. 던져진 폭탄은 일정 시간 후 땅에 떨어지고 터지면서 넓은 범위에 마법 피해. 폭발 범위 외곽에 있는 적들은 80%의 피해. 던진 후에 폭발하는 범위가 땅에 나타남. 미니언은 두 배의 피해.

□□□ **inferno** [ɪnfɜ́ːrnou 인ㅎ**퍼어노우**] n. 큰 불



★ inferno는 영원히 꺼지지 않는 '**지옥의 불**,' 혹은 '**큰 불**'을 의미합니다. inferno의 형용사형인 infernal은 원래 아래(inferior)를 뜻하는 라틴어 infernalis에서 나온 단어입니다.
우리가 사는 곳의 '**아래쪽에 속한**(inferior)' 곳은 바로 '**hell지옥에 속한**' 곳에 해당하므로 inferno는 지옥불이라는 뜻이 되었습니다.
미국의 뉴스에서는 건조한 캘리포니아 같은 곳에 거대한 산불이 발생하면 곧잘 헤드라인에 [The Inferno Broke Out.]이라고 '**큰 불이 났다**'라고 표현하는 것을 볼 수 있습니다.

온라인 게임에서는 마법사가 거대한 불덩이를 하늘에서 불러오는 이펙트로 보여줍니다.
보통 필살기로 쓰이는 **인페르노** 스킬이지요.

# Ziggs

★★★☆☆ **fuse** - He lit the fuse, and the bomb exploded like fireworks.
그가 도화선에 불을 붙였고, 그 폭탄은 불꽃놀이처럼 폭발하였다.

★★★☆☆ **ignition** - Ignition of the fire was caused by lightning.
그 화재의 발화는 번개에 의해서 일어났다.

★★★☆☆ **ignite** - The curtain can give off lethal fumes when it ignites.
그 커튼은 불이 붙으면 치명적인 연기를 내뿜을 수 있다.

★★★☆☆ **detonation** - atom bomb detonation at Hiroshima
히로시마에서의 원자폭탄 폭발

★★★☆☆ **detonate** - The missile detonated 100m above its target.
그 미사일은 목표물 100미터 위에서 폭발했다.

★★★☆☆ **bouncing** - Rachel gave birth to a bouncing baby boy.
레이첼이 건강한 사내아이를 낳았다.

★★★☆☆ **cylindrical** - The cylindrical dimensions of this pipe are perfect for a missile science experiment.
이 파이프의 원통 형태는 미사일 과학실험을 하기에 완벽하다.

★★★☆☆ **velocity** - The velocity of the fastest baseball thrown was 106miles per hour.
가장 빠르게 던진 야구공의 구속은 시속 106마일이었다.

★★★☆☆ **satchel** - He threw a satchel bomb into that police station in 1923.
그는 1923년에 그 경찰서에 폭탄 가방을 던졌다.

★★★☆☆ **minefield** - After our lead jeep blow-up, I knew we entered a minefield.
우리의 선도 지프차가 날아간 후에 나는 우리가 지뢰밭에 들어섰다는 것을 알았다.

★☆☆☆☆ **mine** - the privatization of coal mine in Great Britain
대영제국의 석탄광산의 사유화

★☆☆☆☆ **mineral** - the method of extracting minerals from rock
바위에서 광물을 추출하는 방법

★★★☆☆ **undermine** - I was undermined by a sarcastic student.
나는 빈정거리는 한 학생에 의해 깎아 내려졌다.

★★★☆☆ **organic** - The company used organic fertilizers and low-toxic pesticides.
그 회사는 유기적 비료와 저독성의 살충제를 사용했다.

★★★★☆ **inferno** - It was a huge inferno, the whole block was on fire.
그것은 거대한 대화재였다. 블록 전체가 불길에 휩싸였다.

# Zyra, Rise of Thorns
## 자이라 - 가시 덩굴의 복수

| | | |
|---|---|---|
| **P** | Rise of Thorns | 가시 덩굴의 복수 |
| **Q** | Deadly Bloom | 치명적인 꽃 |
| **W** | Rampant Growth | 맹렬한 성장 |
| **E** | Grasping Roots | 휘감는 뿌리 |
| **R** | Stranglethorns | 꺾을 수 없는 의지 |

## **P** Rise of Thorns
passive – 가시 덩굴의 복수

자이라가 쓰러지면 잠시 동안 식물 형태로 돌아감. 2초 후에 어떤 스킬이든 사용하면 커서가 있는 쪽으로 가시를 발사해 적중하는 적 각각에게 고정 피해.

□□□ **thorn** [θɔːrn 쏘언] n. 가시

### thorn(가시)가 쏘니?

★ thorn은 선인장이나 가시나무 같은 식물에 붙어있는 뾰족한 가시를 말합니다. thorny는 '**가시가 있는**'이라는 뜻도 있지만 주로 '**골치 아픈**'이라는 은유적 뜻으로 사용됩니다.
thorny처럼 가시나 까칠한 것이 '**따끔하게 하다**'라는 뜻의 다른 동사로는 prickle도 사용할 수 있습니다.
thorny<sub>곤란한</sub>는 발음 그대로 "**가시가 쏘니? 곤란해?**"로 기억하면 편합니다.

thorny [θɔ́ːrnɪ **쏘어**니] a. 곤란한, 골치 아픈
prickle [príkl **프리클**] v. 따끔거리다, 까칠거리다     ∞ Khazyx 참고

thorny처럼 **'가시가 있는'**의 의미를 가진 다른 단어는 prickly, spiny, barbed, bristly 등이
있습니다. 각각의 단어들의 기원과 그 따끔함을 만드는 예를 보겠습니다.

| thorny | ← thorn n.가시 | 선인장, 가시나무 |
|---|---|---|
| prickly a. 꺼끌꺼끌한 | ← prick v. 찌르다 | 가시덤불, 땀띠 |
| spiny a. 가시가 있는 | ← spine n. 가시, 척추 | 꽃게의 가시 |
| barbed a. 미늘이 있는 | ← barb n. 미늘 | 화살촉, 낚시 바늘 |
| bristly a. 꺼칠꺼칠한 | ← bristle n. 억센 털 | 돼지털, 턱수염 |

# Deadly Bloom
Q - 치명적인 꽃



□□□ **deadly** [dédlɪ **데들리**] a. 치명적인, 완전한     ∞ Twitch 참고
□□□ **bloom** [bluːm 블루음] n. 꽃

## bloom(꽃)은 blossom(꽃)

★ bloom은 **'꽃이 피다'**라는 동사나 **'꽃'** 자체를 나타내는 명사로 쓰입니다. bloom은 꽃을 의미하는
PIE어근인 *bhle-에서 나온 단어입니다. 꽃을 칭할 때 구식 영어에서는 같은 어근에서 나온
blossom을 많이 사용했으나 지금은 bloom이나 flower를 더 자주 사용합니다.
blossom이 다른 두 단어보다 좀 더 화사한 느낌이 있고 꽃이 많다는 어감이 있는데 이는 blossom
이 들어간 나무들은 유실수가 주를 이루고 또 모두 어느 계절에 갑자기 눈부시게 만발하는 특징이
있어서 그렇습니다.
예를 들어 cherry blossom벚꽃, peach blossom복숭아꽃, apple blossom사과꽃 등은 모두 어느
순간 풍경을 바꿀 정도로 꽃이 많이 피었다가 질 때는 바람에 눈처럼 날리고 결국 거리에 petals
꽃잎이 카펫처럼 깔리는 모습을 보여줍니다.

blossom [blɑ́ːsəm **블라아섬**] n. 꽃

꽃은 곧잘 여성의 아름다움에 비교되므로 건강한 혈색을 나타낼 때도 bloom을 쓸 수 있습니다.
즉 youthful bloom하면 **'젊음의 혈색'**을 뜻하게 됩니다.
또한 꽃이 활짝 만발한 것을 표현할 때나 나라나 집단이 번성한 모습을 나타낼 때에는 형용사형인
blooming을 사용하게 됩니다.

**blooming** [blúːmɪŋ 블루우밍] a. 만발한, 번성한

##  Rampant Growth
W – 맹렬한 성장

(기본 지속 효과) : 자이라의 기술들의 재사용 대기시간이 감소.
(액티브) : 30초 동안 유지되는 씨앗을 하나 심음. 심은 지 1.5초 이후 적 챔피언이 씨앗을 밟으면 파괴되며 2초 동안 밟은 적의 위치가 드러남. 자이라는 매 17.7 초당 씨앗 하나를 저장.

□□□ **rampant** [rǽmpənt 램펀ㅌ] a. (광란이) 만연하는　∞ Hecarim 참고
□□□ **growth** [groυθ 그로우ㅆ] n. 성장　∞ Lulu 참고

##  Grasping Roots
E – 휘감는 뿌리

(액티브) : 전방으로 가시 덩굴을 발사하여 적에게 마법 피해를 입히고 발을 묶음. 맹렬한 성장: 휘감는 뿌리를 씨앗에 시전하면 덩굴 채찍손이 자라나 적에게 마법 피해를 입히고 2초 동안 이동 속도를 30% 늦춤 10초 동안 유지.

□□□ **grasp** [græsp 그래스ㅍ] v. 꽉 붙잡다　∞ Blitzcrank, Malzahar 참고

이 동네는 내가 꽉 grasp(잡고 있어)!

grasp

★ grasp는 '꽉 잡다'라는 뜻인데 PIE어근인 *ghrebh-에서 나온 말로서 역시 '잡다'라는 뜻인 grab과 어원이 같습니다. '꽉 잡다'라는 의미는 차차 어떤 일에 대해서 **완전히 이해하거나 파악하다**'라는 뜻도 더해지게 되었습니다. grasp가 명사로 쓰일 때는 **이해**, **파악**과 더불어 그것을 달성하는 **능력**을 의미하기도 하고 동사형의 잡는 동작에서 이어진 (지배력을 꽉 잡고 있는) **통제**를 뜻하기도 합니다.

grasp와 관련된 과학적 단어로 grasping reflex란 것이 있습니다.
태어난 지 얼마 안 된 아기의 손바닥을 손가락으로 살짝 건드리면 그것을 꽉 붙잡고 놓지 않는데
이렇게 태어나자마자 무언가를 움켜쥘 수 있는 능력을 grasping reflex<sup>파악반사</sup>라고 부릅니다.
여기서 reflex<sup>반사</sup>란 의식의 작용 없이 작동하는 신체의 움직임을 말합니다.
아기가 막 태어났을 때 엄마나 아빠의 손가락을 움켜잡는 것은 부모에게 말할 수 없는 감동을 줍니다.
그 작은 손에 손가락 5개가 다 들어있다는 것이 신기하게 느껴지고 움직이는 생명의 에너지에 가슴이
벅차오릅니다.

그런데 아기의 이 행동은 'reflex<sup>반사</sup>'일 뿐이고 막 태어난 아기가 엄마와의 절실한 교감을 의식해서
잡는 것은 아닙니다. 이는 발바닥에서도 볼 수 있는데 발뒤꿈치에서 발가락방향으로 쓰윽 건드리면
원숭이가 나무를 잡듯이 발바닥을 오므리게 됩니다.

아기가 3~4개월이 되면 더 이상 이러한 귀여운 reflex<sup>반사</sup>는 아쉽게도 보이지 않지만 드물게 생후 1
년이 지나서도 이 grasping reflex<sup>파악반사</sup>가 남아있을 수도 있습니다.
그러나 이렇게 오래 남아있는 경우는 autism<sup>자폐증</sup>이나 ADHD, learning disorder<sup>학습장애</sup> 등의
발생가능성을 의미하므로 좋은 것이 아닙니다. 조카들의 손과 발에서 grasping reflex를 확인하며
정신건강을 체크해보기 바랍니다.

> **reflex** [ríːfleks 리이ㅎ플렉ㅅ] n. 반사　　∞ Vel' Koz 참고
> **autism** [ɔ́ːtɪzəm 오어티점] n. 자폐증
> ADHD (attention deficit and hyperactivity disorder) 주의력 결핍 및 과잉 행동 장애
> **disorder** [dɪsɔ́ːrdə(r) 디스오어더] n. 엉망, 장애　　∞ Rek' Sai 참고

* autism은 인지장애와 반복성을 보이는 행동, 사회성 부족 등의 증상을 보이는 발달장애인 자폐증을 말합니다.
자폐증 환자는 마치 혼자만의 세상에 살고 있는 것처럼 행동하므로 정신과학자들은 이 병에 auto(self) + -ism(질환명
접미사)이란 병명을 붙였습니다.
한문도 자폐(自閉)로 '**auto**(스스로) **(마음의) 문을 닫아 버리다**'라는 뜻입니다.

* disorder는 인간일 경우는 '**장애**', 물건일 경우는 '**엉망**'인 것을 말합니다. 이는 dis(not) + order(정돈하다)의
조합으로서 정상적인 질서에서 벗어나있는 상태를 의미합니다.
disorder는 여러 장애를 나타내는 질환의 이름에서 자주 볼 수 있습니다.

 **Stranglethorns**
R – 꺾을 수 없는 의지

(액티브) : 자연의 분노를 모아 목표에 뒤틀린 덩굴손을 소환. 덩굴손은 뻗어나가며 적에게 마법 피해. 2초 후 덩굴손이 위로 수축하며 적들을 공중으로 띄움.
(맹렬한 성장) : 덩굴손이 소환된 위치에 있는 식물들은 격분하여 공격 속도가 증가.

□□□ **strangle** [strǽŋɡl **스트**랭글] v. 목 졸라 죽이다

 ## 암살자의 목조르기 방법들

★ strangle은 '**교살하다**'라는 무시무시한 뜻인데 밧줄이나 끈을 사용하여 목을 졸라 죽이는 것을 말합니다. '**꽉 잡아당기다**'거나 '**꼬다**'라는 뜻의 PIE어근인 *strenk-에서 나왔습니다.
이 *strenk- 어근에서 string줄이 나왔으므로 '**string줄-strangle교살하다**'의 연결로 단어의 기억이 가능합니다.

strangle은 이처럼 string줄을 사용한 살해 방법인데 비슷하게 숨을 막히게 해서 죽이는 뜻의 다른 단어들도 많아서 연구가 필요합니다. 으스스한 assassinator암살자들이나 하는 공부 같지만 정리해 보겠습니다.
넓은 의미상 '**숨을 막히게 하다**'는 결과는 같지만 choke, throttle, suffocate, smother, stifle, hang 은 약간씩 떠오르는 이미지가 다릅니다.
각각의 단어를 상황과 연결하여 이미지로 삼고 어원을 떠올려 기억하는 것이 좋습니다.

**choke** [tʃouk 쵸우크] v. 목을 조르다
**throttle** [θrάːtl **쓰라아**틀] v. 목을 조르다
**suffocate** [sʌ́fəkeɪt **서**ㅎ퍼케이트] v. 질식시키다
**smother** [smʌ́ðə(r) **스머**더] v. 질식시키다
**stifle** [stάɪfl **스타이**ㅎ플] v. 질식시키다
**hang** [hæŋ 행] v. 교수형에 처하다

| strangle | 줄로 목을 묶어서 잡아당기다 | string줄과 관련 |
|---|---|---|
| choke | 레슬러들이 choking쵸킹 기술을 턱밑에 걸다 | 어원이 cheek빰과 관련 |
| throttle | 살인마가 양손으로 목을 조르다 | throat목구멍과 관계 |
| suffocate | 밀폐된 공간에서 산소부족으로 서서히 죽어가게 하다 | sub아래 + fauces목구멍을 막음 |
| smother | mouth입과 코를 베개나 손으로 막다<br>smoking연기에 질식시키다 | smolder그을리다와 관계 |
| stifle | 웃겨서 숨을 막히게 하다<br>독재정부가 자유를 숨 막히게 억압하다 | stuff물건으로 막아버림과 관계 |
| hang | 목을 매달아 교수형에 처하다 | hang걸다에서 나온 단어 |

* stifle은 '**질식시키다**'라는 뜻입니다. 어원은 stuff물건를 의미하는 독일어인 stopfen에서 나왔는데 '**물건으로 입을 막아버리는 것**'에서 뜻이 '**질식시키다**'로 발전했습니다.
stifle질식시키다을 기억할 때는 연예계의 비리를 폭로하려는 **스타**의 **입을** 막는 모습을 상상하면 재미있습니다.

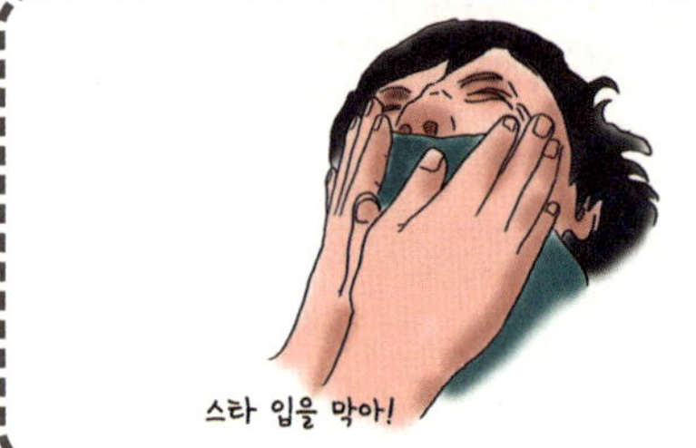


* hang은 '**hanging**교수형**에 처하다**'라는 뜻의 동사로서 목에 밧줄을 걸어 사형을 시키는 것을 말합니다.
그냥 '**(물건을) 걸다, 매달다**'라는 뜻의 hang 동사가 hang-hung-hung으로 시제변화를 하는데 비해서 '**교수형에 처하다**'라는 뜻일 때의 hang 동사는 hang-hanged-hanged로 변한다는 특징이 있습니다.

### Bunny Suicides(자살토끼)

목 조르는 것 하나의 단어가 이렇게 많은 것을 보면 죽이는 방법도 여러 가지고 죽는 방법도 여러 가지인 것을 알 수 있습니다. 이러한 무거운 주제인 '**죽음**'을 가장 재미있게 희화한 만화작품은 Andy Riley앤디 릴리의 [Bunny suicides자살 토끼]라고 할 수 있습니다.
독자들은 만화에서 죽으려고 수만 가지의 별 짓을 다하는 토끼를 보게 되지만 매번 살아서 다른 방법을 사용하는 것을 보면서 오히려 삶에 대한 강한 욕구를 떠올리게 됩니다.
공부 다 끝나고 [자살토끼]를 검색하며 삶의 욕구를 불태우기 바랍니다.

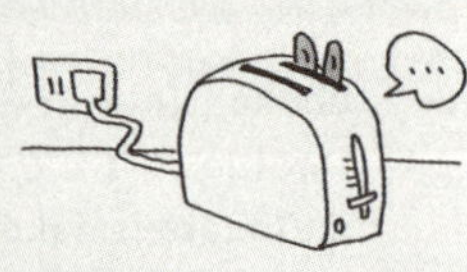

# Zyra

★★☆☆☆ **thorn** - the thorns hidden beneath a leaf
나뭇잎 아래에 숨어있는 가시들

★★★☆☆ **thorny** - We had to pass through a thorny rose field to get to the treasure.
우리는 보물에 이르기 위해 가시가 있는 장미 밭을 통과해야했다.

★★★☆☆ **prickle** - My skin prickled from cold air and from fear.
내 피부는 찬 공기와 공포로 오싹해졌다.

★☆☆☆☆ **deadly** - A deadly snake bit my best friend while we were looking for Black Beard's gold.
우리가 블랙 비어드(해적이름)의 황금을 찾고 있을 때 치명적인 독사가 내 친구를 물었다.

★★★☆☆ **bloom** - The trees burst into full bloom.
그 나무들의 꽃이 활짝 핀다.

★★☆☆☆ **blossom** - The blossom looked pretty, but it was actually deadly.
그 꽃은 예뻐 보였다. 그러나 그것은 실제로는 치명적인 것이었다.

★★★☆☆ **blooming** - a young woman at the blooming age of 20
꽃다운 스무 살의 젊은 여자

★★★☆☆ **rampant** - Rampant cheating on last year's final exams caused all results to be thrown out.
작년 기말고사에서의 만연한 부정행위 때문에 모든 결과가 무효처리 되었다.

★☆☆☆☆ **growth** - an enormous amount of growth in one season
한 계절에 (일어난) 엄청난 양의 성장

★★☆☆☆ **grasp** - She grasped my hand just before the rollercoaster was about to start its loop de loops.
그녀는 그 롤러코스터가 공중제비구간을 시작하기 직전에 내 손을 붙잡았다.

★★☆☆☆ **reflex** - I used my reflexes to stop the foul ball from hitting my daughter.
파울볼이 내 딸을 맞추는 것을 막으려고 나는 내 반사신경을 사용했다.

★★★★☆ **autism** - a relatively mild form of autism
상대적으로 경미한 형태의 자폐증

★★★☆☆ **disorder** - Both parties seek profit from this confusion and disorder.
양 정당은 이 혼란과 무질서에서 이익을 찾고 있다.

★★★☆☆ **strangle** - He was strangled by his mom for going to the PC room.
피시방에 가려고 하는 것 때문에 그는 그의 엄마에게 목 졸림을 당했다.

★★★☆☆ **choke** - She is choking on a fish bone from Fizz.
그녀는 피즈에서 나온 생선가시에 의해 목이 막혀있다.

★★★☆☆ **suffocate** - His smell suffocates anyone who passes by him.
그의 냄새는 그의 옆을 지나는 모든 사람을 질식하게 했다.

★★★★★ **smother** - The boy was killed by being smothered.
그 소년은 질식당해서 살해되었다.

★★★☆☆ **stifle** - We tried to stifle a laugh.
우리는 웃음을 억누르려고 노력했다.

★★☆☆☆ **hang** - I'm hanging on your every word.
난 너의 모든 말을 귀담아듣고 있어.

| repulsion | 상103 | sault | 상323 | skeletal | 하251 |
| request | 상84 | savage | 하177 | skeptical | 하105 |
| requiem | 상356 | savagery | 하177 | skitter | 상192 |
| require | 상84,하288 | savvy | 하177 | skyrocket | 상300 |
| resilient | 하475 | scaffold | 상156 | slam | 상270 |
| resin | 상381 | scapegoat | 하176 | slash | 상42,하186 |
| resolute | 상236 | scatter | 하282,상183 | slaughter | 상287,상27 |
| resolution | 상237 | scavenge | 하381 | slayer | 상287,하244 |
| resolve | 상237,상347 | scent | 하433 | slice | 하172 |
| resonance | 상181,하124 | schizophrenia | 하103 | sling | 상433 |
| resonate | 상409 | scorch | 상106 | slinge | 상433 |
| resound | 상182,상410 | scorn | 상159 | smash | 하28 |
| respire | 상349 | scourge | 상247 | smite | 상236 |
| respond | 상224 | scrap | 하192 | smother | 하499 |
| responsibility | 상277 | scrape | 하192 | snakebite | 상63 |
| restore | 상348 | scuffle | 상222 | snap | 상121 |
| resurgent | 상299 | scurvy | 상247 | soar | 상300 |
| resurrection | 상60 | sear | 상105 | sober | 상270 |
| retract | 하422 | secede | 하408 | sodium | 하67 |
| retribution | 하335 | secular | 하308 | soil | 하58 |
| reveal | 상374 | seeker | 하133 | solar | 상420 |
| revelation | 상374 | seethe | 하108 | solstice | 하269 |
| revenge | 하31,하281 | seismic | 하13 | solution | 상237 |
| revenue | 상377 | seismograph | 하13 | solve | 상237 |
| revere | 상295 | sentence | 하321 | somersault | 상323 |
| reverend | 상295 | sentinel | 상340 | sonance | 하124 |
| reversal | 하377 | sentry | 상340 | sonata | 상410 |
| reverse | 하374 | separate | 상290 | sonic | 상409 |
| revert | 하377 | sequel | 상437,하169 | sorrow | 하51 |
| revolution | 상292 | sequence | 상437 | southpaw | 상115 |
| revolve | 상292 | serf | 하299 | souvenir | 상377 |
| ridiculous | 하155 | serpent | 상127 | sovereign | 하337 |
| rift | 상364,하20 | serpentine | 상128 | soverign | 하279 |
| righteous | 상240,상376 | severe | 상251 | spade | 하50,하298 |
| rigorous | 하61 | sewage | 상216 | spear | 하131 |
| riot | 상148 | sewer | 상216 | species | 하94 |
| riposte | 상224 | shackle | 하60 | spectacle | 하94 |
| riptide | 하83 | shadow | 하481,하300 | spectator | 하94 |
| rise | 상207 | shake | 하102 | speculate | 하220 |
| rite | 하450 | shard | 상425,하13 | spell | 상207 |
| ritual | 하450 | shatter | 상183,하282 | sphere | 상361 |
| rive | 상364 | shavel | 하51 | spiderling | 상191 |
| roar | 하244,상48 | shear | 상425 | spike | 상140,상390 |
| robbery | 상29 | shell | 상143,하151 | spiked | 하151 |
| rodent | 하481,상394 | shepherd | 상119 | spindle | 하348 |
| rosary | 하329 | sheriff | 상119 | spinning | 하347,상175 |
| rouse | 상270 | shield | 하405 | spinster | 하348 |
| rumble | 하190 | shift | 상86,상210 | spirit | 하76,상35 |
| ruminate | 하36 | shiver | 하102 | spiritual | 하76 |
| runic | 상235 | shock | 하448 | spitter | 하191 |
| rupture | 상137 | shockwave | 하126 | spittle | 상393 |
| rush | 하164,상175 | shoplifting | 상29 | splinter | 상425 |
| ruth | 하171 | shout | 하345 | spread | 하282 |
| ruthless | 하171 | shovel | 하298 | sprinkle | 하283 |
| **S** sacred | 상375 | shrapnel | 상143 | squad | 하115,하365 |
| sacrifice | 하176,상375 | shrimp | 하75 | square | 하365 |
| sadism | 상170 | shrine | 상93 | stable | 하473 |
| safeguard | 상411 | shrink | 하75 | stack | 하353 |
| saga | 상146 | shrivel | 하74 | stadium | 하67 |
| salvation | 하265,상60 | shroud | 하101,상41 | stagger | 하81 |
| sanction | 하134 | sickle | 하298 | stance | 하364 |
| sanctuary | 하133 | sigil | 상401 | standard | 상316 |
| sandstone | 하12 | simmer | 하108 | starvation | 하467 |
| sanguine | 하424 | singe | 하238,상106 | starve | 하467 |
| sanitary | 하360 | singular | 상453 | static | 상102 |
| sap | 하27 | singularity | 상452 | statics | 하364 |
| satchel | 하490 | sinister | 상370 | stationary | 상102 |
| satiety | 하432 | sinistral | 상370 | stationery | 상102 |
| saturation | 하251 | siphon | 하52,하57 | statistics | 하364,상103 |